对外汉语教学
专业教材系列

跨文化交际与第二语言教学

毕继万 著

北京语言大学出版社
BEIJING LANGUAGE AND CULTURE
UNIVERSITY PRESS

图书在版编目(CIP)数据

跨文化交际与第二语言教学/毕继万著. —北京：
北京语言大学出版社，2009.12 (2024.1重印)
对外汉语教学专业教材
ISBN 978-7-5619-2520-1

Ⅰ.跨… Ⅱ.毕… Ⅲ.①汉语—对外汉语教学—
教学研究 Ⅳ.H195

中国版本图书馆 CIP 数据核字（2009）第 209726 号

书　　名：	跨文化交际与第二语言教学
	KUA WENHUA JIAOJI YU DI'ER YUYAN JIAOXUE
责任编辑：	徐雁
责任印制：	邝天

出版发行：	北京语言大学出版社
社　　址：	北京市海淀区学院路 15 号　邮政编码：100083
网　　址：	www.blcup.com
电　　话：	发行部　82303648 / 3591 / 3650
	编辑部　82303647 / 3395 / 3592
	读者服务部　82303653
	网上订购电话　82303908
	客户服务信箱　service@blcup.com
印　　刷：	北京市金木堂数码科技有限公司
经　　销：	全国新华书店

版　　次：	2009 年 12 月第 1 版　2024 年 1 月第13次印刷
开　　本：	787 毫米×1092 毫米　1/16　印张：34.25
字　　数：	560 千字
书　　号：	ISBN 978-7-5619-2520-1 / H·09243
定　　价：	85.00 元

凡有印装质量问题，本社负责调换。售后QQ号1367565611，电话 010-82303590

序

今年元月初，刘珣教授写信给我，告以"对外汉语教学专业教材系列"已基本撰写修改完成，将陆续出版，嘱我为之写一总序。对外汉语教学的本科与研究生教育是我校对外汉语教育体系中非常重要的一个有机组成部分，也是我校对外汉语教育师资培养和研究生教育的重要方向。因此，我为这套教材的出版感到欢欣鼓舞，写点东西是责无旁贷的。

"对外汉语教学专业教材系列"是专门为对外汉语教学的硕士课程编写的系列教材，著作者都是北京语言大学的资深教师和青年才俊，其中有颇负盛名的资深教授，也有崭露头角的中青年学者。这支队伍是我国对外汉语教学领域的精英和领军人物，他们的学术成就可以代表我国对外汉语教学领域的最高水平。对外汉语教学是一门交叉学科，语言学、教育学、心理学、现代教育技术等学科是这个学科的基础。因此在这一书系的作者队伍中，有对外汉语教育的专家，如刘珣教授、崔永华教授、杨惠元教授；有教学理论和教材研究的专家，如张宁志副教授；有语言学专家，如张旺熹教授；有第二语言习得研究专家，如施家炜副教授；有心理学专家，如江新教授；有教育学、对外汉语教学研究专家，如姜丽萍副教授；有语言测试和语言教育专家，如郭树军副教授、杨翼副教授、王佶旻博士；有跨文化交际研究专家，如毕继万教授；有现代教育技术专家，如郑艳群教授。这些同志多年来在对外汉语教学与研究的第一线，为以对外汉语教学为专业的本科生、研究生开课，有着丰富的教学经验和研究经验。对外汉语教学涉及很多因素，如教师、教材、课程、教育理念、教学模式、教学环境等，我认为在所有的因素中人的因素是最重要的。

对外汉语教学也是一门实践性很强的学科，因此基础理论研究与应用研究同样重要，在研究生的培养方案中，两者不可偏废。这套教材包括《对外汉语教学设计导论》、《课堂教学理论与实践》、《对外汉语教学论》、《对外汉语学习论》、《第二语言习得概论》、《汉语教学评价》、《语言测试概论》、《对外汉语教材论》、《语言教学研究方法》、《跨文化交际与第二语言教学》、《汉语多媒体教学课件设计》、《对外汉语教育学引论》(修订本)、《对外汉语教学论文选评》(第二集)等，既有基础理论研究的内容，又有应用研究的内容。它总结了北京语言大学二十多年来"对外汉语"本科专业和"(对外汉语教学)课程与教学论"硕士专业的教学与研究的成果，在国内开设对外汉语教学方向或专业的学校中，这样成系统的课程和与之配套的教材还是不多见的。在当前加快汉语走向世界、大力发展对外汉语教学事业的新形势下，这套教材的出版对我国对外汉语教学学科的建设、特别是教师队伍的建设来说真如雪中送炭。我的导师陆俭明先生曾经说过："对外汉语教学就是要研究怎么样在最短的时间里让学生掌握汉语。"这是我们最直接的目标。为了实现这一目标，我们要从汉语本身、教学方法、学习者习得过程和教学手段等方面着手进行深入细致的研究。这套教材也基本上体现了这样一种思想。

对外汉语教学作为国家和民族的事业得到了许多前辈学者的支持和鼓励，王力先生曾为这个专业题词曰"对外汉语教学是一门科学"，作为一门科学当然要有科学的范式和科学的态度。我想现在已经没有人认为"对外汉语是小儿科，只要会说中国话就能教"了。去年四月中旬，承蒙何九盈师惠赠他老人家的新作《汉语三论》（语文出版社，2007年3月），其中有一论叫做"全球化时代的汉语意识"，他把对外汉语教学看做"一门崭新的学科"，并认为这是一门很有前途的学科。何九盈先生还在电话中特意强调："对外汉语教学是一门独立的学科，这个学科要有国际视野，要有历史视角，要有跨学科意识，要有时代精神。"前辈学者的关怀和鼓励让我们信心倍增，也让我们感到肩上的责任重大。

  一个学科的发展需要不懈的追求和持之以恒的努力。新中国的对外汉语教学已经有五十多年的历史了，曾经有许多先行者筚路蓝缕，孜孜以求。正是因为有了他们的探索和鼓吹，这个学科才有了今天的成就。我们还应该看到，这个学科还是一个比较稚嫩的学科，需要更多人在这个园地里辛勤耕耘，需要更多地得到学界的关心和理解，需要在继承中发展、在发展中进步、在进步中成熟。

  北京语言大学一直秉持"推广汉语，弘扬中华优秀文化"的办学理念，在对外汉语教学的学科建设中，博采众长，融通诸家，不胶柱鼓瑟，不闭门造车，用科学的研究方法以聪明文思，用多样的文化活动以涵养性情。我希望我们培养的学生有理性的忧患意识，有扎实的专业基本功，有宽广的学术视野，有博大的人文情怀，有深沉的历史厚度，有高雅的审美情趣。

  是为序。

崔希亮

前　言

　　文化既有广义与狭义之分，也有共性与个性之别。交际受文化的制约，既有同文化交际，也有跨文化交际，二者之间差别悬殊，不可混淆。跨文化交际成败的决定因素是跨文化意识。交际包括语言交际和非语言交际，语言交际离不开非语言交际的补充和配合。跨文化交际不仅是跨文化语言交际，还包括跨文化非语言交际；不仅指来自不同文化的人之间的交际，也包括对跨文化环境的适应。

　　第二语言教学教授的是跨文化交际，不能只教授语言交际，也要教授非语言交际。在第二语言国家的第二语言教学还不能忽视外国留学生的文化休克对语言教学的干扰，需要将跨文化适应教育与语言教学相结合。对外汉语教学研究的跨文化交际理论内容包括跨文化教学领域对"文化"的理解，文化、交际与语言交际行为和非语言交际行为之间的关系以及跨文化交际学理论与第二语言教学的结合，着眼于从跨文化交际角度研究对外汉语教学的目标、内容和方法。

　　本书比较全面系统地讨论了跨文化交际与第二语言教学之间的关系和如何将跨文化交际理论引入第二语言教学课堂等问题。全书共分6章25节。每章都从研究的必要性入手，介绍相关方面的文化误解和文化冲突的表现，分析文化差异和文化冲突的根源，提出解决问题的方法，最后落实到如何在第二语言教学和跨文化交际中对相关问题进行有效和得体的处理。我们诚恳希望广大读者参与讨论和研究。为了有助于理论联系实际和发动读者参与讨论，本书每节之后都有思考题，基本上每节都有案例分析，每章后都有重点推荐参考文献。

本书第一章讨论的是第二语言教学与跨文化交际之间的关系，分别从四个方面进行讨论：第一节讨论文化、跨文化交际与第二语言教学之间的关系，介绍文化、交际、跨文化交际的含义和三者之间的关系，讨论跨文化交际研究与第二语言教学的结合。第二节至第四节分别讨论跨文化交际与第二语言教学之间关系的几种体现：第二节讨论的是第二语言教学的主要目标，指出第二语言教学的任务是架设跨文化交际的"桥梁"、第二语言教学的主要目标是培养学生的跨文化交际能力，还讨论了第二语言教学中需要处理的几种关系。第三节讨论培养跨文化交际能力的关键是不断增强跨文化意识，阐述增强跨文化意识的极端重要性、跨文化意识的阻力以及获取跨文化意识的过程。第四节讨论跨文化交际与第二语言教学的研究方法，阐述对比分析方法的重要性并对对比原则和方法做具体介绍。此章是对跨文化交际与第二语言教学之间的关系的综述。以下各章将分别从各个具体方面讨论二者之间关系的具体体现。

第二章讨论词语的文化含义与汉语词语教学。从四个方面进行讨论：词语文化含义研究的必要性，分析外国人对汉语词语含义的理解与运用中的困难，讨论汉外双语词典使用的利弊与正确使用词典的方法；介绍词语含义的研究方法——对比分析方法及其可靠性的保证；以汉英词语对比为例，区分不同语言之间词语文化含义对应的类型；最后具体讨论汉语词语的翻译与教学问题。

第三章讨论礼貌语言的文化特征和汉语礼貌语的翻译与教学。对西方相关理论的理解和借鉴是需要认真研究和严肃对待的大问题。此章首先对西方通用和中国人熟悉的"合作原则"、"礼貌原则"和"面子挽救（威胁）论"作一评介，讨论这些理论与中国文化礼貌之间的关系，提出礼貌文化特征研究的极端重要性，指出分析中国礼貌文化不能照搬西方理论，并总结中国礼貌文化的特征，还提出在跨文化交际中，必须进行礼貌原则的转化。最后，就汉语礼貌语的翻译与教学提出具体建议。

第四章讨论思维方式的文化特征在语言中的表现以及汉外翻译和第二语言教学中思维方式的转化问题。首先介绍西方人对中国文化思维方式的种种误解，说明认真研究和慎重处理思维方式文化差异的必要性，然后介绍思维方式与语言之间的关系。汉字是外国人学习汉语的最大难点，研究中国人思维方式的文化特征在汉字中的体现并从思维方式的文化对比角度进行汉字教学不失为一种有效方法。本书就这一问题进行了详细讨论。此外，思维方式的文化特征在词句、篇章和修辞中也有明显体现，此章通过汉英对比对这一问题进行了具体讨论。最后具体讨论思维方式的文化对比在第二语言教学中的作用。

第五章介绍跨文化非语言交际及其与第二语言教学之间的关系。什么是"非语言交际"？非语言交际与语言交际之间有什么关系？第二语言教学是只关心语言交际教学，还是也要包括非语言交际教学？第二语言教学中如何进行跨文化非语言交际教学？这些都是此章讨论的问题。

最后一章讨论的是文化适应与第二语言教学之间的关系。外国人学习汉语的目的是为了来中国工作或学习，或者准备将来在不同的领域与中国人合作共事，相互交往。他们要胜利完成任务，光靠学好汉语言还远远不够，还必须了解中国文化，尤其是当代中国的社会和文化情况。这种了解不仅仅是知识性的了解，还要做到真正认识和理解，并做好充分的思想和心理准备，学会适应与中国人交往，学会适应中国文化环境。

谈到文化适应，人们只注意外国人对中国文化环境的适应。其实，中国人对外国文化的适应，包括跨文化交际适应、对外国文化环境的适应和在本国对外国驻华机构与企业环境的适应，也非常重要，不可不重视，更不可无视不顾。谈到文化适应，人们还会忽略另一个大问题：文化休克和文化适应越来越成为一个全民性问题，尤其是在北京、上海、广州这样的国际大都市中，全民对多元文化环境的适应问题更加突出。对于这一点，经历过奥运会的北京全体市民深有体会。第二语言教师需要充分了解这一点，还要明确文化适应与第二语言教学之间的关系，并且研究出行之有效的教学方法。

毕继万

2009 年 11 月

目 录

第一章　跨文化交际与第二语言教学的关系 ……………………… 1

第一节　文化、跨文化交际与第二语言教学 ……………………… 1
1. 什么是文化 ……………………………………………………… 1
2. 什么是交际 ……………………………………………………… 6
3. 什么是跨文化交际 ……………………………………………… 7
4. 跨文化交际学与第二语言教学 ………………………………… 12

第二节　第二语言教学的主要目标是培养学生的跨文化交际能力 ……… 14
1. 第二语言教学的任务是架设跨文化交际的"桥梁" …………… 15
2. 第二语言教学的主要目标是培养学生的跨文化交际能力 …… 16
3. 第二语言教学中需要处理好三种关系 ………………………… 22

第三节　培养学生跨文化交际能力的关键是帮助他们不断增强跨文化意识 ……………………………………………………… 24
1. "跨文化意识"的界定 …………………………………………… 25
2. 跨文化意识的阻力 ……………………………………………… 26
3. 获取跨文化意识的过程 ………………………………………… 32

第四节　跨文化交际学习和研究的根本方法 ……………………… 34
1. 国内常用的研究方法 …………………………………………… 34
2. 对比分析的方法是跨文化交际研究的根本方法 ……………… 35
3. 对比分析的原则与方法 ………………………………………… 42

第二章　词语的文化含义与词语教学 ………………………………… 52

第一节　词语文化含义研究的必要性 ……………………………………… 54
　　1. 第二语言教学的需要 ……………………………………………… 54
　　2. 跨文化交际的要求 ………………………………………………… 58
　　3. 跨文化交际学研究的挑战 ………………………………………… 60

第二节　词语文化含义的研究方法 ………………………………………… 67
　　1. "联想组合分析法"与"语义区分法" …………………………… 68
　　2. 研究方法要有可靠性、有效性和可操作性 ……………………… 75

第三节　词语文化含义对比的类别 ………………………………………… 83
　　1. 词语的语言意义与跨文化交际价值 ……………………………… 84
　　2. 汉英词语文化含义对应的类别 …………………………………… 85

第四节　汉语词语的翻译与教学 …………………………………………… 96
　　1. 词语含义教学与翻译的方法 ……………………………………… 96
　　2. 汉语词义的变化 …………………………………………………… 105

第三章　礼貌的文化特征与汉语礼貌语言教学 ……………………… 113

第一节　礼貌语言文化特征研究的必要性 ………………………………… 114
　　1. 中西方礼貌的文化冲突与格赖斯的合作原则 …………………… 115
　　2. 中西方礼貌的文化冲突与利奇的礼貌原则 ……………………… 118
　　3. 中西方礼貌的文化冲突与西方的"面子威胁论" ……………… 121

第二节　礼貌的文化共性与文化个性 ……………………………………… 129
　　1. 格赖斯"合作原则"的"求真"与中国文化礼貌的
　　　　"求情"之别 ……………………………………………………… 130
　　2. 利奇"礼貌原则"的利益均衡与中国文化礼貌的"克己
　　　　待人"之别 ……………………………………………………… 132

3. 西方"面子威胁论"与中国文化"面子"之间维护自尊
　　　　与相互关切之别 ………………………………………… 148
　　　4. 中西方价值观念上的道德追求与策略应对之别 ……… 158
　　　5. 中西方礼貌目的上的寻求和谐与回避冲突之别 ……… 161

第三节　中国文化礼貌的特征及汉语礼貌语言运用的特点 ……… 163
　　　1. 中国文化礼貌的特征 …………………………………… 164
　　　2. 汉语礼貌语言运用的特点 ……………………………… 167

第四节　汉语礼貌语言的教学与翻译 ……………………………… 222
　　　1. 注意语言规则与交际规则的转化 ……………………… 222
　　　2. 认真研究和处理词典释义与词语交际价值之间的关系 … 226
　　　3. 引导学生严防礼貌语言的直译 ………………………… 228
　　　4. 注意礼貌词语文化含义的历史演变 …………………… 229
　　　5. 礼貌词语教学应"因词而异" ………………………… 230

第四章　思维方式的文化特征与第二语言教学 ……………… **233**

第一节　思维方式文化特征研究的必要性 ………………………… 234
　　　1. 中西思维方式的巨大差别 ……………………………… 234
　　　2. 需要研究的理论 ………………………………………… 235
　　　3. 如何认识汉语言及其反映出的中国文化思维方式的特征 … 237
　　　4. 正确认识思维方式的文化异同 ………………………… 238
　　　5. 清楚认识和正确处理思维方式文化特征的重要性 …… 241

第二节　汉英语言观与思维方式的文化差异 ……………………… 246
　　　1. 汉字与中国文化的语言观 ……………………………… 246
　　　2. 词句含义的误解与思维方式的文化冲突 ……………… 253
　　　3. 语篇的误解与思维方式的文化冲突 …………………… 256
　　　4. 语言修辞差异与思维方式的文化冲突 ………………… 258

第三节　中国文化思维方式的特征 ………………………… 277
1. 中外学者对中西思维方式文化差异的看法 ……………… 277
2. 从中西思维方式对比看中国文化思维方式的特征 ……… 283

第四节　思维方式的文化对比与第二语言教学 …………… 294
1. 从思维方式文化对比的角度进行汉字教学的必要性和可能性 … 294
2. 从思维方式文化对比的角度进行汉语字词结构教学 ……… 296
3. 从思维方式的文化对比角度进行汉语量词教学 …………… 303
4. 从思维方式的文化对比角度进行句型教学 ………………… 311
5. 从思维方式的文化对比角度进行篇章翻译教学 …………… 325

第五章　跨文化非语言交际与第二语言教学 ……………… **332**
第一节　非语言交际与跨文化非语言交际 ………………… 333
1. 什么是非语言交际 ……………………………………… 333
2. 非语言交际的种类 ……………………………………… 338
3. 什么是跨文化非语言交际 ……………………………… 340

第二节　非语言交际行为和手段的文化特征 ……………… 345
1. 体态语的文化特征 ……………………………………… 346
2. 副语言的文化特征 ……………………………………… 355
3. 客体语的文化特征 ……………………………………… 360
4. 环境语的文化特征 ……………………………………… 362

第三节　非语言交际礼俗规范的文化特征 ………………… 368
1. 仪容举止 ………………………………………………… 368
2. 基本礼节形式 …………………………………………… 374
3. 非语言交际功能的礼俗规范 …………………………… 384

第四节　跨文化非语言交际与第二语言教学 ………………… 397
 1. 跨文化非语言交际教学的目标 ……………………………… 398
 2. 跨文化非语言交际教学的内容 ……………………………… 398
 3. 跨文化非语言交际教学的方法 ……………………………… 406
 4. 跨文化非语言交际的研究方法 ……………………………… 406
 5. 校园跨文化非语言交际规则的文化差异与师生关系 ……… 407

第六章　跨文化适应与第二语言教学 ……………………… 418
第一节　文化休克 …………………………………………………… 419
 1. 文化休克的含义 ……………………………………………… 419
 2. 文化休克的主要表现 ………………………………………… 421
 3. 文化休克的根源 ……………………………………………… 422
 4. 文化休克的普遍性与特殊性 ………………………………… 423
 5. 对待文化休克的态度——西方的新理论 …………………… 426

第二节　跨文化适应 ………………………………………………… 430
 1. 跨文化适应的含义与种类 …………………………………… 430
 2. 文化适应的过程 ……………………………………………… 433
 3. 短期文化适应与长期文化适应 ……………………………… 436

第三节　从电影《刮痧》看移民文化适应问题 …………………… 443
 1. 电影《刮痧》反映出的是家庭关系中价值观念的文化冲突 … 445
 2. 电影《刮痧》反映出的是移民文化休克和文化适应问题 … 447
 3. 许大同面临的是文化身份的危机和抉择 …………………… 449

第四节　国际大都市公民的多元文化适应 ………………………… 455
 1. 国际大都市公民面临的文化休克与多元文化适应 ………… 456
 2. 精神文明建设对经济现代化的适应 ………………………… 457

3. 国际大都市公民要熟悉与适应国际交际规则 …………… 462
   4. 虚心学习他人之长，但不可东施效颦，更不可邯郸学步 …… 465
   5. 冷静地适应国际环境，理性地迎接国际挑战 …………… 478
   6. 不断增强跨文化意识，积极培养跨文化交际能力 ……… 484

第五节　跨文化适应与第二语言教学 ……………………………… 500
   1. 研究文化适应与第二语言习得之间关系的必要性 ……… 500
   2. 文化适应过程与第二语言习得过程之间的同步发展关系 …… 501
   3. 第二语言习得的文化关键期 …………………………… 505
   4. 通过第二语言教学培养学生的跨文化交际能力 ………… 510

后记 …………………………………………………………………… 521

参考文献 ……………………………………………………………… 523

案例目录

1. "老"字的文化误解（第一章第一节）………………………… 9
2. 如何翻译"下课了？"（第一章第二节）…………………… 21
3. 理解中国文化（第一章第三节）……………………………… 27
4. 大学游泳池中的有趣碰撞（第一章第三节）………………… 31
5. "己所不欲，勿施于人"与"己之所欲，施之于人"（第一章第四节）…… 45
6. "老外"一词引起的跨文化风波（第二章第一节）………… 56
7. 中国形象标志可能不再是"龙"（第二章第二节）………… 78
8. "Motel"是"汽车旅馆"吗（第二章第三节）……………… 92
9. 如何解释和翻译"顾客第一"（第二章第四节）…………… 98
10. "sorry"和"regret"的妙用（第二章第四节）…………… 101
11. 怎样适应中国的交际习俗（第三章第一节）……………… 127
12. 我来给你提箱子吧（第三章第二节）……………………… 133
13. 不再假谦虚（第三章第三节）……………………………… 166
14. 这句话我听不惯（第三章第四节）………………………… 224

15. 我们的标语口号给谁看（第四章第一节）……………………………… 242
16. 要求语中的文化冲突（第四章第二节）……………………………… 256
17. 出国留学推荐函（第四章第二节）…………………………………… 263
18. 测字术（第四章第三节）……………………………………………… 292
19. "恢复疲劳"的说法对吗（第四章第四节）…………………………… 309
20. 女士优先（第五章第一节）…………………………………………… 343
21. 中国文化的沉默（第五章第二节）…………………………………… 358
22. 中国人的微笑（第五章第三节）……………………………………… 382
23. 中国人的乡土观念与同胞之情（第五章第四节）…………………… 416
24. 西方人对东方文化的适应困难最大（第六章第一节）……………… 425
25. 华人在美国长期适应的困难（第六章第二节）……………………… 432
26. 了解中国如同剥洋葱（第六章第二节）……………………………… 442
27. 中国人莫当海外"丑陋的游客"（第六章第四节）…………………… 457
28. 在美国排队（第六章第四节）………………………………………… 459
29. 在国外行为举止不可违背当地习俗要求（第六章第四节）………… 462
30. 鼓掌算不算失礼（第六章第四节）…………………………………… 464
31. 讲文明不宜太自贬（第六章第四节）………………………………… 466
32. 对老外，热情也要有分寸（第六章第四节）………………………… 469
33. "抱抱"能改变冷漠吗（第六章第四节）……………………………… 471
34. 楼盘挂洋名，老外怎么看（第六章第四节）………………………… 473
35. 中国穿着文化陷入时尚误区（第六章第四节）……………………… 477
36. 西方解读中国为何老走样（第六章第四节）………………………… 480
37. 中国驻英大使撰文说心里话（第六章第四节）……………………… 482
38. 中国人对非洲人仍很好奇（第六章第四节）………………………… 485
39. 如何正确认识和对待传统中国文化与西洋化（第六章第四节）…… 486
40. 美国的"围墙"（第六章第四节）……………………………………… 489
41. 看看古今"中国热"（第六章第四节）………………………………… 492
42. 不必在意西方的掌声（第六章第四节）……………………………… 495
43. 在华外教什么人都有（第六章第四节）……………………………… 497

第一章　跨文化交际与第二语言教学的关系

要清楚认识跨文化交际与第二语言教学之间的关系，需要了解四种区别或关系：

一、文化、交际、语言三者之间关系；二、跨文化交际理论中跨文化比较论与跨文化交际学之间区别与关系；三、跨文化交际与同文化交际之间区别与关系；四、跨文化交际与第二语言教学之间关系。

本章将从四个方面讨论这些问题：

一、文化、跨文化交际与第二语言教学之间的关系；二、第二语言教学的目标；三、达到这一目标的关键因素；四、跨文化交际研究和第二语言教学的根本方法。

第一节　文化、跨文化交际与第二语言教学

1. 什么是文化

1.1 "文化"一词的来源

汉语中的"文化"古指文治与教化。《辞源》的释义是"文治和教化。汉刘向说苑指武：'凡武之兴，为不服也，文化不改，然后加诛。'文选晋束广微

（晳）补亡诗由仪：'文化内辑，武功外悠。'今指人类社会历史发展过程中所创造的全部物质财富和精神财富，也特指社会意识的形态。"这一释义包含两层含义：第一，古义有两个特点，一是与"武治"相对的"文治"，二是有"教化"义；第二，现在的含义与古义不同，指的是人类创造的全部财富和意识形态。《现代汉语词典》沿用了这一定义的现代含义，只是对精神财富加以举例说明："如文学、艺术、教育、科学等"。

英语中与"文化"相对应的词是"culture"，该词源于拉丁字"cultura"，原义指植物栽培，后引申为人的修养与训练。近代，日本人将"culture"译为"文化"。有人说，汉语的"文化"一词并不是中国古籍中所说的与武功相对而言的含义，而是由外来语意译而来的，也有人更具体到将汉语的"文化"一词说成是日语译文的借用。这些说法是否有依据和说服力，需要考证。但是，从汉英"文化"一词的发展演变可以看出二者的含义有其相似之处，都有品德与能力培养的含义。

1.2 中外学者关于"文化（culture）"定义的长期争论

"文化"是人类学和社会学的一个基本概念。"文化"是什么？中外学者都有各自的定义。中国学者普遍接受的对"文化"的界定为：广义的文化是指人类创造的一切物质产品和精神产品；狭义的文化专指包括语言、文学、艺术及一切意识形态在内的精神产品。西方许多学者接受的对"culture"的定义是美国文化人类学家 A.L. 克罗伯和 K. 克鲁克洪在 1952 年提出的定义：文化存在于各种内隐和外显的模式之中，借助于符号的运用得以学习与传播，并构成人类群体的特殊成就，这些成就包括他们制造物品的各种具体式样。文化的基本要素是传统（通过历史衍生和有选择得到的）思想观念和价值，其中尤以价值最为重要。（关世杰，1995：15）还有人认为，苏联 1980 年出版的《苏联百科全书》中的定义"是迄今为止最为精确和完整的定义之一，也是最符合辩证唯物主义和历史唯物主义观点的，它较之西方经典的把文化概念限定在精神文化之内的定义前进了一大步，因此也是我们较易接受的"。这一定义是，"文化这一概念，用以表征一定的历史时代（如古希腊罗马文化），也用以说明具体的社会、部族和民族（如玛雅文化），以及人们活动或生活的独特范围（劳动技能、生活方式、艺术文化）的特征。比较狭义的理解是，文化就是人们的精神生活。文化还包括人们活动所创造的具体成果（机器、建筑物、认知成果、艺术品、道德规范和法律准则），以及人们在活动中体现的创造力和才智的成果（知识、技能、熟巧；智力、道德和美学发展水平；世界观；人们交际的方式和形式）。"（赵爱国、姜亚明，2003：18）

自从19世纪以来，人们对"文化（culture）"的定义一直争论不休，据说不同的定义已经多达150（另一说为160）多种。有人说"文化是信念、习惯、生活模式和行为的总和"，有人认为"文化就是社会所做的和所想的"，有人认为"文化是某一社会群体的生活方式"，有人认为"文化解释社会所做的和所想的"。从表面上看，定义繁杂，内容无所不包，但是，有两点是共同的：一是都未超越前面介绍的基本定义范围；二是都认为"文化"是后天习得的思想与行为。其不同之处只是不同的领域和学科根据本学科或本领域的特点和需求做不同的细化和具体的解释。难以取得共识的是不同学科和领域所赋予的界定。既然各学科和各领域都只从基本定义中汲取自己需要的部分而对其他方面并不感兴趣，关于"文化"的定义恐怕永远难以得到统一认识，也不必追求统一认识。例如，在跨文化交际学领域，人们就将文化与交际结合起来，有人认为"文化是一种生活方式"。布朗（Brown）说："文化是一种生活方式，文化是我们生存、思维、感觉和与别人发生关系的环境，是联结人们的'粘合剂'。"（Brown，1987）有人认为"文化就是交际，交际就是文化"；也有人认为"文化是行为的模式"。这些都是将文化与交际结合起来。交际是一种社会现象，交际反映了社会的文化，文化的同异点是跨文化交际的决定因素。所以，从跨文化交际学研究角度，可以将"文化"定义为：文化是行为的方式和交际的模式。文化决定人们行为举止所遵循的习俗规范，也决定人们的交际规则、思维方式和价值观念。文化差异会影响人们的语言交际行为和非语言交际行为所传递的信息。

1.3 广义文化与狭义文化

我国学者普遍接受"广义文化与狭义文化"之说。这一分法实际上是《现代汉语词典》对"文化"界定中的两部分内容："文化指在人类社会历史发展过程中所创造的物质财富和精神财富的总和，特指精神财富，如文学、艺术、教育、科学等。""物质财富"可称为"物质文化"，"精神财富"可称为"精神文化"。对"精神文化"，人们又将其细分为"制度文化"和"心理文化"。（邢福义，2000：8~9）制度文化指种种制度和理论体系，包括生活制度（如饮食习惯、建筑工艺、卫生管理、娱乐方式等）、家庭制度（如婚姻形式、亲属关系、家庭财产分配等）和社会制度（如劳动管理、艺术生产、教育、道德、风俗、宗教、礼仪、法律、政治、警察、军队等）以及有关这些制度的各种理论体系，物质文化是人们认为的"广义文化"；制度文化基本上属于广义文化，但也包括狭义文化，如道德、风俗和礼仪。心理文化包括生活方式、风俗习惯、行为举止、交际礼俗、思维方式、审美情趣、价值观念等，属于人们认为的"狭义文化"的范围。

"广义文化"也可称为"大文化"（Culture 中的 C 大写），"狭义文化"也称"小文化"（culture 中的 c 小写）。

我国大陆对外汉语教学界现在的文化课和文化研究基本上属大文化范围，或者说是广义文化范围，重点教授和探究的是中国文化背景和文化知识，包括历史、传统文化、宗教、文学、汉学、建筑艺术、书法、绘画、戏剧、音乐、武术等。

1.4 文化共性与文化个性

文化共性即人类的共性。人类文化共性是主要的和基本的。文化共性构成各种文化之间交际和共存的基础。人类的文化共性主要表现为，人体基本构造相同，生活习性相似，生活需求和起居习惯相近，人类都有七情六欲，艺术欣赏和娱乐爱好也大同小异，还有国际交际规则的公认和共同遵守。各种文化的人都是生活在地球上的人类，不是有的人是生活在地球上的"正常人"，而另外一些人则是如同来自"其他星球的怪人"。各种文化的人都是善良的和友好的。记得我于 20 世纪 80 年代末在美国期间，在一个普通工人的家里生活过几天，与那一家人相处极好。临别时，该户男主人激动地对我谈起了几天相处后的感想。他说："你知道我们相处了几天后我的重大发现吗？原来我们都认为中国人奇特怪异，脸就像一本书（like a book）一样毫无表情。中国人不会哭，不会笑，对人毫无感情，就像是生活在其他星球上的人一样。我们相处了几天以后，我发现我们都一样，完全可以友好而又愉快地生活在一起。"我说："我们普通人本来都一样嘛，问题出在我们相互之间太缺乏交往（lack of communication）了。"当然，现在中美两国人民之间的交流增多了，但文化隔阂和相互间缺乏了解仍是大问题。

文化是后天习得的。由于社会环境、历史进程、自然条件等不同，来自不同文化的人形成了不同的生活习惯、行为规范、交际规则、思维方式和价值观念。长期的历史积淀形成了不同的文化特征，或者说不同的文化个性。文化差异造成了跨文化交际的障碍，甚至还会出现文化误解和文化冲突。在相互交往中人们只有主动自觉地不断排除文化障碍才能有效地进行跨文化交际。

1.5 主导文化和亚文化

主导文化，或称主体文化，是一个民族、一个国家或一个语言群体所共享的主流文化特征。从交际角度看，主导文化指的是人们日常生活和交际中起主导作用的文化因素，是同一文化群体共同认可和遵循的生活方式、行为规范、交际规则、思维方式和价值观念。在中外跨文化交际中，中国的主导文化指的是全中国人民共同遵循的、在对外交往场合要求的那些言谈举止和交际规则。

亚文化则指不同地区、不同民族、不同职业、不同社会团体、不同文化层次，甚至不同年龄段的人群特有的文化特征。亚文化既有主导文化的基本共性，又有自己的独特个性。这些亚文化个性表现在生活习性、言谈举止、行为方式、交际规则，甚至思维方式等各方面。例如，汉族与少数民族之间，北方人与南方人之间，城市人与农村人之间，老年人与青年人之间，脑力劳动者与体力劳动者之间，大陆人与港台人之间，本土人与海外华侨、华人之间，甚至不同的专业团体和行业组织之间，都有不同程度的差异。现在人们常说的"代沟（generation gap）"就是不同年龄段之间的亚文化差异。

1.6 本书使用的"文化"概念

本书讨论汉英语言及跨文化交际问题，所讨论的是汉语与英语以及中国（简称"中"）与西方以英语为母语的国家（英、美、加、澳等）（简称"西"）之间的文化对比及跨文化交际问题。

2. 什么是交际

2.1 交际的含义

"交际"一词在汉语中自古有之。古时指接触往来："际，接也。交际谓人以礼仪币帛相交接也。"（《辞源》）现代定义是"指社会上人与人的交际往来"。（《现代汉语词典》）

在跨文化交际学中，外语教学界和对外汉语教学界将英语的"communication"译成"交际"，国际政治界译为"交流"，新闻界译为"传播"，交通、通信界译成"沟通"、"通信"、"交通"。也有人将其译成"传通"。有人认为，不同译法源于汉语中没有与 communication 相对应的词。我们认为主要原因恐怕还是不同学科和不同领域根据自己的专业的要求和术语使用的习惯选用适合自己的译法。汉语的"交际"与英语的"communication"的基本含义是对应的，都有共同、共享和相互传递信息的含义。

2.2 交际是信息交流的过程

交际是交际双方信息交流的动态过程，这一过程包括八个要素：信息源（source）、信息编码（encoding）、信息内容（message）、信息渠道（channel）、信息接收者（receiver）、信息解码（decoding）、信息反应（response）和信息反馈（feedback）。

2.3 交际的特点

（1）动态性（dynamic）。交际是正在进行的过程，是动态的，而不是静止的。

（2）互动性（interactive）。交际是双方互动的，信息发出者与接收者、编码与解码是交替进行的。

（3）不可挽回性（irreversible）。一言既出，无法收回，只能修正。因此，交际中一个严重的问题是，无意识的言谈举止有时产生了负面的影响，讲话人却毫无觉察。

（4）情境性（physical and social context）。包括交际活动的具体环境和交际者之间的关系。

3. 什么是跨文化交际

3.1 交际与文化

关于交际与文化之间的关系，我国相关学科虽有不少研究，但还处于初级阶段。西方的研究，按照伯勒尔（Burrell）和摩根（Morgan）的总结（1988），可以分为四类（four paradigms）：应用派（Functionalist）依据社会心理学（social psychology）理论研究文化差异对人际交往的影响，探究文化与交际的因果关系；认知（释义）派（Interpretive）依据人类学和社会语言学（anthropology and socialinguistics）理论研究文化与交际之间的影响，着眼于理论认识的探索，重点探索言语群体内部的交际模式；人本主义评论派（Critical Humanist）探究的则是文化差异在教科书和大众媒体中的反映，研究社会角色变化和文化差异造成的交际冲突；社会结构派（Critical Structuralist）将文化看成社会结构（societal structure），研究的是大众文化语境和文化产业，适用于大众媒体。前两类与跨文化人际交往有关，也是我国当前跨文化交际学领域的两个主要研究派别：应用派理论着眼于跨文化交际行为的实际作用和效果；认知派注重的是理论认识的探索和内在的文化意识与态度的修炼。

3.2 "跨文化交际"的界定

"跨文化交际"现在是我国人们热议的名词和学者热心研究的课题，然而，对于什么是"跨文化交际"和什么是"跨文化交际能力"，却众说纷纭，莫衷一是，似乎还有点概念混乱。我们相信，这种"混乱"在所难免，会得到迅速澄清，但需要相关学者的不懈努力。

3.3 跨文化交际学的兴起与引进

跨文化交际学兴起于美国，美国人类学家霍尔（Edward T. Hall）是跨文化交际学的奠基人。霍尔在1959年出版的 *The Silent Language*（《无声的语言》）的序言中提出了两个名称：intercultural communication 和 cross-cultural communication，二者含义相同，都指旅居海外的美国人与当地人之间的交际。后来，跨文化交际所指的范围逐渐扩大到指称来自不同文化的人之间的交际。20世纪80年代初跨文化交际学引进中国,随之在我国外语教学界、对外汉语教学界、国际政治教学界、商业教学领域和大众传媒等领域迅速发展起来,以外语教学、对外汉语教学和商业领域的研究与教学的发展最为迅速。各个领域都将"intercultural"和"cross-cultural"译成"跨文化",但对 communication 的译法不同(见上文)。"Intercultural communication"和"cross-cultural communication"在我国都既译成"跨文化交际",也译为"跨文化交际学"。值得指出的是,对跨文化交际理论的引进和研究,到目前为止绝大多数人只注意美国的理论,对其他国家的研究和理论却有所忽视。其实,其他地区和国家也有跨文化交际研究,对跨文化交际的认识也不仅限于美国学者的观点。欧洲的英、德学者的研究和著述就不可忽视。例如,英国学者拜伦(Michael Byram)的著作 *Teaching and Assessing Intercultural Communication* 和梁镛与刘德章主编的《跨文化的外语教学与研究》(上海外语教育出版社,1999)中介绍的德国学者的著述就很值得研究。

3.4 跨文化交际与同文化交际的区别

跨文化交际不同于同文化交际(intra-cultural communication)。同文化交际是具有相同文化背景的人之间的交际,包括同种族、同民族、同语言文化群体之内的交际,是具有相同文化背景和文化习俗的人在共同的交际规则指导下进行的交际。同文化交际基本上不存在文化差异和文化冲突问题。

跨文化交际指的是来自不同文化背景的人之间的交际,需要处理的是交际与文化之间的关系,解决的是跨文化语境(cross-cultural context/setting)中的问题。跨文化交际是在观念和信号系统不同的人群之间的交际,文化差异会导致交际信息的失落、误解,甚至文化冲突。此有彼无和此无彼有的信息就容易失落。例如:"他这是平时不烧香,临时抱佛脚。"不了解佛教对汉语言和中国文化的深刻而又广泛影响的人就无法理解"平时不烧香拜佛,需要时才去求佛保佑或搭救"这一喻义。即使将其直译成外文,如英语"To offer no incense to Buddha when things go well and beseech his help only when in need."外国人也难以理解为什么其喻义为"seek help from persons with whom one does not ordinarily maintain contact, or do nothing until the last minute"。在跨文化交际中,交际规则、思维方式和价值观念不同的信息就易产生文化误解，甚至文化冲突。例如：中国人喜欢恭维老年人"您真是老当益壮，老骥伏枥呀！"这句成语比喻有志的人虽已年老、但仍有雄心壮志。这句在中国文化中表示尊老敬老的恭维话，按《汉英双语现代汉语词典》（修订本）和《汉英词典》的翻译英语为"You are old, but nonetheless vigorous and active. So you are really an aged hero who still cherishes high aspirations."受到"恭维"的西方国家的老人只会产生强烈反感并做出愤怒的反应，因为这句话触犯了西方说别人"老"的忌讳。

案例1. "老"字的文化误解

在一个中德合资企业，中方经理为即将退休的德方经理写了一首"祝寿"诗，让德方经理的翻译———一位中国女士译成英语。这首诗的前两行是"夕阳无限好，何愁近黄昏"。直译为英语是："The setting sun has boundless beauty; there is no need to worry about the coming dusk."这位中国女士将这两行诗译成"Most glorious is the sunset. Even the dusk is blessed."出乎她意料之外的是，德方经理见到这首诗时竟然大为反感，他气愤地说："这两句话的意思是劝我不要因年老而悲伤。这是告诉我生命的终点快到了。'sunset（夕阳）'和'dusk（黄昏）'都是寓意'死亡'。这种词语的使用让人感到惶恐不安。"

案例分析参考题

1. 这一案例中的中德文化冲突表现何在？原因是什么？
2. 如果你是这位翻译，你将如何处理这一问题？
3. 你如何利用这一案例告诉在外国机构工作或与外国人共事的中国人，应当怎样了解和处理中外文化差异和文化冲突问题？

跨文化交际的一个突出特点是，文化不同，交际者的语言、社会、历史、生活环境、风俗习惯、交际规则、思维方式乃至价值观念等各方面都会存在差异。在跨文化交际中，人们由于对自己土生土长的母语文化习以为常，而对与母语文化不同的其他文化却极为敏感，因而难以避免相互理解与相互沟通的困难。人们常常不理解为什么别人的交际行为与自己不同，不理解为什么别人的想法和自己不一样，更不理解别人对事物的看法和评判为什么与自己大相径庭。人们常常发现，自己喜爱的东西别人却可能感到厌恶，自己不欣赏的东西别人却可能赞赏有加，等等。文化不同，一切社会现象和交际行为都是那么不同，别人的行为举止又常常显得那么"怪异"。以中美文化对比为例：中国人讲求自谦尊人，美国人却主张对等互尊，甚至自我显示（self-assertive）；中国人喜好相互关切，美国人却讲求维护独立自主；中国人观察和分析事物习惯于从大到小，美国人却习惯于从小到大……所以，跨文化交际的有效进行并非易事，需要正确而又恰当地处理复杂多样的文化误解，甚至文化冲突，必须不断地排除文化障碍给跨文化交际造成的困难。在跨文化交际中，不仅要注意语言行为和非语言行为的正确性，还要注意语言行为和非语言行为的得体性。跨文化交际理论研究和跨文化交际过程中需要解决的就是排除文化误解和文化冲突所造成的干扰，保证跨文化交际的有效进行。

3.5 跨文化交际学包括跨文化比较论和跨文化交际论

从广义上看，"跨文化交际"是英语"cross-cultural communication"和"intercultural communication"的共同汉译名。因为这两个名称都指来自不同文化的人之间的交际。从狭义上看，"cross-cultural communication"（CCC）与"intercultural communication"（ICC）不同，在跨文化交际研究和教学中，需要加以区别。根据 CCC 与 ICC 之间的含义、理论和研究方法的差别，我们可以将"cross-cultural communication"译为"跨文化比较论"，将"intercultural communication"译成"跨文化交际"与"跨文化交际学"，并将 CCC 与 ICC 的结合译成"跨文化交际"和"跨文化交际学"。

3.5.1 CCC 与 ICC 之间的区别

3.5.1.1 CCC 与 ICC 研究的目的不同

CCC 研究的是，人类不同的文化类型之间直接影响和调节人们交际行为的文化准则和规则（cultural norms and rules）的区别，重在理论认知研究；ICC 研究的是跨文化交际的有效性（effectiveness）和合适性（appropriateness），注重跨文化交际双方相互文化适应和文化身份的调节，着眼于跨文化交际中实际问题的解决。

3.5.1.2 CCC 与 ICC 研究的内容不同

CCC 研究的是不同文化之间的某种社会现象和某种语言形式的相互比较（comparison）。例如：不同文化之间结婚典礼的习俗比较、不同语言的比较（如词语、句子结构、修辞方式）、某种交际行为的比较，等等。但是，ICC 研究的是不同文化的人之间的交际，要求解决的是排除跨文化信息传递过程中文化差异的干扰，例如词语含义、句子结构、修辞方式、某种交际行为的文化差异对跨文化交际的干扰，保证跨文化交际的顺利进行。简单地说，CCC 研究的是文化现象的比较，而 ICC 研究的是跨越文化的交际及其效果。所以，对不同文化现象与交际行为的静态认知比较研究和不同文化之间的交际行为过程与效果的动态对比研究是 CCC 与 ICC 的根本区别。

3.5.1.3 CCC 与 ICC 的研究方法不尽相同

二者之间最大的不同是，CCC 采用的是比较法（comparison），研究的是不同文化之间某种现象或某种行为的同异点，是一种静态研究，而 ICC 采用的是对比分析法（contrastive analysis），研究的是文化差异对跨文化交际的干扰过程，是一种共时动态研究。

3.5.2 CCC 理论与 ICC 理论的关系

ICC 理论是在 CCC 理论的基础上发展起来的。CCC 提出的文化差异论和文化比较论为 ICC 的对比分析法提供了理论基础；理解 CCC 理论是理解 ICC 理论的前提；CCC 理论又是 ICC 理论的有机组成部分。ICC 的许多研究都不能离开 CCC 理论，都是在 CCC 理论的基础上发展起来的。例如：人类文化存在差异；文化差异直接影响人们的生活方式、行为规范、交际规则、思维方式和价值观念。

3.6 跨文化交际学的内容

关于跨文化交际学的内容，西方著述甚丰，内容也不尽一致。根据古迪孔斯特（William B. Gudykunst）(2005) 年对西方理论研究的总结，可以归纳为七大类理论：关于交际与文化之间关系的理论、关于交际中文化多样性的理论、关于交际效果的理论、关于交际适应的理论、关于文化身份协调与掌控的理论、关于交际网络的理论和关于对异文化环境适应的理论。古迪孔斯特于

2003年对跨文化交际理论的总结（*Cross-cultural and Intercultural Communication*）中还讨论了跨文化交际能力以及交际与跨文化人际关系问题。

关于我国跨文化交际理论研究，也有不少著作，其中关世杰与贾玉新的论述比较全面。

关世杰的《跨文化交流学——提高涉外交流能力的学问》（1995）将跨文化交流学的内容综合为四大部分，共15个问题：

第一部分是绪论，讨论的问题包括文化与交流；跨文化交流的模式与特点；构筑跨文化交流学的理论。

第二部分讨论文化与交流的关系，包括文化与感知；文化与思维方式；跨文化交流与世界观、人生观和价值观；跨文化交流中的定型观念和归因；社会规范、物质文化与跨文化交流。

第三部分谈从交流的过程看跨文化交流，包括跨文化交流中的信息、渠道和反馈；跨文化交流的语言符号系统；跨文化交流中的非言语；交流者之间的关系。

第四部分讨论跨文化交流的不同层次，包括跨文化人际交流；跨文化组织交流以及国家之间的跨文化交流。

贾玉新的《跨文化交际学》（1997）共讨论24个问题，分为10大部分：交际、文化与跨文化交际；文化定势之对比分析；情景、人际关系与交际文化；规范、符号、代码及编译码；交际之文化差异；跨文化语用对比分析；跨文化语篇对比分析；情景（性别、场合）、交际文化与跨文化交际；非语言行为及其文化差异；跨文化交际能力与多元文化时代的交际。

他们的理论以介绍西方理论为主，但是注意结合中国实际和进行中外对比，内容全面丰富。

4. 跨文化交际学与第二语言教学

4.1 研究语言与文化之间关系的几个学科

当前，在我国第二语言教学界研究语言与文化之间的关系有数个学科，包括文化语言学、国情（国俗）语义学、语用学、对比语言学、跨文化交际学等。这些学科都从不同角度研究语言与文化之间的关系。文化语言学研究语言与文化之间的对应关系和语言与文化之间的相互影响；国俗语义学研究的是语言词语的文化背景意义；语用学研究的是语言的语境义，即在具体情境中理解和使用语言；对比语言学主要对比汉外语言的同异点，现在也涉及语言的文化含义对比；跨文化交际学则注重研究在跨文化交际过程中如何排除文化差异对跨文化交际（包括语言交际和非语言交际）的干扰，保证跨文化交际有效而又得体地进行。所有这些学科中，只有文化语言学是中国的"土生土长"的学科，其他都是先后从国外引进的"舶来品"。跨文化交际学与其他各学科之间的相似点是都研究语言与文化之间的关系。对比语言学与跨文化交际学都注意对比（或比较）。语用学与跨文化交际学都注意语言在具体语境中的运用。语用学中的"跨文化语用学"理论则更加靠近跨文化交际学。但是，语用学不等同于跨文化交际学，更不能代替跨文化交际学。语用学与跨文化交际学的主要区别有四：一是只关心语言行为与注重全面交际行为和文化适应之别。语用学"是专门研究语言的理解和使用的学问"（何自然，1997），重在语言行为的理解与运用，跨文化交际学则不仅研究语言交际，也研究非语言交际，还研究跨文化交际双方在交际过程中的相互适应和外来者对异文化环境的适应，我们可以说，跨文化交际学的核心是文化适应理论。二是重认知与重应用之别。语用学重在语言行为的理解，而跨文化交际学是"研究人们在跨文化交际过程中产生的问题和冲突以及如何解决这些问题和冲突的一门学问"（胡文仲，2002），研究的是具体语言交际行为和非语言交际行为的有效性和得体性，更关注跨文化交际双方在交际过程中的相互适应和外来者对异文化环境的适应。三是重理论引进与重文化差异对比之别。语用学注意引进和研究国外理论及其对汉语言及行为的指导作用，跨文化交际学则注重交际行为中的中外文化差异的对比和文化冲突的排除。四是语用学属语言学范围，受到的影响来自哲学和逻辑学，而跨文化交际学则是由多学科结合而形成的综合学科，融入了人类学、传播学、心理学、社会学、哲学、文化学、语言学等多学科的相关理论，大大超越了语言学范围。

所有这些学科都在第二语言教学中发挥着重要的作用。可喜的是，各个学科都在发展和变化，都在不断地吸收其他学科的长处，都在不断充实和丰富自己。各学科之间的相似点不断扩大，相互重叠之处越来越多。这种互相学习和共同发展的正确趋势必然会大大促进我国有关语言与文化之间关系研究工作的健康成长。跨文化交际学就应当博采众长，不断丰富自己，充实自己。只有这样才能保持跨文化交际学的持续发展，并且创立起适合中国国情的跨文化交际学，与其他各学科携手并进。

4.2 跨文化交际学与第二语言教学之间的关系

跨文化交际学在第二语言教学中有其独特的指导作用。这一作用关系到第二语言教学的目标、教学内容和教学方法等一系列问题，涉及第二语言教学的各个方面和整个过程，包括词语的文化含义对比与词语教学、礼貌的文化含义与礼貌语言教学、思维方式的文化特征与第二语言教学、跨文化非语言交际与第二语言教学以及跨文化适应与第二语言教学。

思考题

1. 什么是"跨文化交际"？跨文化交际学研究的核心问题是什么？
2. 跨文化交际与第二语言教学之间的关系是什么？
3. 如何将第二语言教学与跨文化交际研究相结合？

第二节　第二语言教学的主要目标是培养学生的跨文化交际能力

关于第二语言教学与跨文化交际之间的关系，可以从四个方面来认识：第一，第二语言教学的主要目标是培养学生的跨文化交际能力；第二，培养跨文化交际能力的关键是帮助学生不断增强跨文化意识；第三，学习和研究跨文化交际的根本方法是语言与文化对比，对比分析的方法也是第二语言教学和学习

第二节 第二语言教学的主要目标是培养学生的跨文化交际能力

的重要方法；第四，跨文化交际理论和对比分析的方法必须贯彻到第二语言教学的各个方面。本节、第三节和第四节将讨论前三个问题，第四个问题将贯穿全书始终。本节集中讨论第二语言教学的目标和任务。

关于第二语言教学的主要目标，我们可以从三个方面讨论：第二语言教学的任务、第二语言教学的主要目标以及第二语言教学中需要处理好的三种关系。

1. 第二语言教学的任务是架设跨文化交际的"桥梁"

如果我们问一位外语课程或外语专业的学生："你为什么学外语？"他会毫不犹豫地告诉你他的美好理想与计划：准备出国，准备在中国的外资企业、合资企业、外国驻华机构或中国驻外机构中工作，或者准备将来教外语或对外汉语。如果你问他："你希望你的外语达到什么水平？"很多人会说："最理想的水平当然是外语跟外语国家的人一样好。"来华外国留学生恐怕也不会反对这种想法。第一个答案很现实：都是准备从事跨文化交际工作。第二个答案富于理想和雄心壮志，却难以实现。

成人学外语永远难以达到目的语为母语者的语言水平，运用外语进行交际的行为也永远难以与目的语为母语者一模一样。他们的外语只能尽力达到最大限度地接近目的语为母语者的语言水平，口语水平难度更大，非语言交际行为与交际方式的学习和模仿的难度尤其大，文化知识、生活习惯、行为方式、交际规则、思维方式和价值观念，等等，很多方面都难以完全摆脱自身母语和母语文化的影响。要彻底改变自己的文化身份则完全不可能（只能寄希望于第二代甚至第三代移民）。实际上，人们学习外语的目标并不在此，而是要成为沟通母语文化与外语国家文化的"桥梁"，起到来自不同文化的人相互交际的媒介作用。英语中称"bridge"或"mediator"。第二语言教师的任务就不言而喻了：不是要将自己的学生培养成外国人，而是将他们培养成沟通中外交往的"桥梁"。从这个意义上说，第二语言教师都是桥梁建筑者，或者说"架桥人"。当然，他们自己也是沟通不同语言和不同文化的"桥梁"。

第二语言专业的师生所学习的专业和从事的职业也决定了他们不仅可以，而且也必须起到不同语言和不同文化之间的"桥梁"作用：他们熟悉两种（或多种）语言和两种（或多种）文化，这使他们有条件起到跨文化交际的桥梁作

15

用。他们也不能不做不同语言和不同文化之间的"桥梁",因为他们在教学和其他工作中不能只按一种语言和一种文化的规则行事,而是必须不断地进行两种语言和两种文化的转化(transform)工作。他们不但自己进行两种规则的转化工作,还要帮助(如教师)或学会帮助(如学生)其他跨文化交际者了解和做好两种规则的转化工作。

香港的一位教授总结亲身体验时说:"与美国人在一起,就照美国人的方式、习俗去说话、办事;与中国人在一起,就按中国人的习俗来做。千万不要洋不洋,中不中,而失去自己。有人认为,这是保持东方传统,遵循西方规范的'第三种文化。'"这一体验是生活在双重文化中的人的体会。与美国人交际,就要遵循美国文化的交际规则;与中国人交际,就要遵循中国文化的交际规则。我们掌握外语以后的生活和工作都是置身于这种双重(甚至多重)文化环境之中。我们还应该给这位教授的体会增加一条:他还要在中美人士之间起到"桥梁"作用,不断转换不同文化的规则和办事方式,帮助"桥"两头的人相互适应,成功地进行跨越文化的交际。

2. 第二语言教学的主要目标是培养学生的跨文化交际能力

2.1 跨文化交际能力不同于交际能力,更不等同于语言能力

2.1.1 单纯培养学生的语言能力不是第二语言教学的目标

乔姆斯基(Noam Chomsky)提出的"语言能力(competence)"指的是人的语言语法的内化知识,是对语法知识的了解和对语法规则的遵从,与语言的实际运用(performance)不是一回事。人们早已认识到这种脱离实际社交能力的抽象语法能力不是外语教学的目标。

现在我国外语教学界和对外汉语教学界有一种看法,即语言能力指语音、词汇、语法等语言知识和听、说、读、写、译技能。外语教学的目的是培养学生的听、说、读、写、译的综合能力。如果教学脱离跨文化交际环境,局限于教学环境和教科书的范围,学生还是无法将这些语言能力变成实际交际能力的。

2.1.2 单纯培养学生的交际能力也不是第二语言教学的目标

针对乔姆斯基的"语言能力",海姆斯(Dell Hymes)1972年提出了"交

际能力（communicative competence）"的概念，认为交际能力包括乔姆斯基的语言能力、语言技能、语篇能力和社会文化能力四个方面。简言之，人的言语行为不仅要在语法上正确，还要在社会文化规则上得体。海姆斯注重在具体语境中的交际能力。交际语境是由多种因素构成的。海姆斯将语言环境归纳成一个首字母缩略语：SPEAKING。S代表setting and scene（背景和场合）；P代表participants（参加者）；E代表ends（目的及结果）；A代表act sequence（信息的形式和内容）；K代表key（传递信息的方式）；I代表instrumentalities（使用的语言、方言等）；N代表norms（各种情况下应遵守的规范）；G代表genre（体裁）。（胡文仲，1982）拉波夫（Labov）说："社会语言学的基本问题是由于有必要了解某人（1）为什么（2）说某种话（3）而提出的。"陈原将这三个变量细分为六个变量，即"什么人、在什么地方、什么时候、为什么、怎么说、说什么"。（陈原，1983）甘柏兹（John J. Gumperz）在分析了乔姆斯基的语言能力与海姆斯的交际能力后说："语言能力包含语言使用者生产出语法上正确的句子，而交际能力则涉及语言使用者从他已知的所有的语法上正确的表达法中选择出一些恰当的语言形式来。这些语言形式能得体地反映在具体的交际语境中指导人们交际行为的社会文化规则。"（张安德、杨元刚，2002：82）

海姆斯的理论突破了结构主义语言学的纯语言形式和结构知识的局限，将语言作为交际工具，既研究语言的符号层面，也研究语言的交际层面（内容和功能）。这无疑是一大进步。"交际能力"论已为人们公认，第二语言教学界多数人将其视为第二语言教学的目标。然而，"交际能力"论注重的是交际语境的不同，解决的还只是同一文化中不同语境的交际行为，并不能满足第二语言教学的需要，更不能满足跨文化交际环境的要求。

对第二语言教学必须提出更加明确的目标，让师生有一个明确无误的方向和指导思想。

2.2 第二语言教学的主要目标是培养学生的跨文化交际能力

2.2.1 什么是跨文化交际能力

跨文化交际能力指的是跨文化交际环境中的交际能力，即来自不同文化背景的人之间进行交际时，具有强烈的跨文化意识，善于识别文化差异和排除文化干扰并成功地进行交际的能力。它与同文化交际能力的根本区别在于，它解决的是跨文化语境（cross-cultural context）问题，是来自不同文化背景的人相互交际时对同一语境中交际行为和交际信号的文化差异的识别和对文化干扰的排除能力，解决的是同一语境中不同文化之间交际规则的碰撞和冲突。这里所说的"不同文化背景"，不仅指母语文化背景与目的语文化背景，还指与母语文化不同的多种文化背景。培养跨文化交际能力，就是不断增强跨文化意识，了解跨文化交际的特点与要求，掌握跨文化交际的规律和特点，学会交际规则转化的技能以及必需的外语，具备与多种外语文化的人进行交际的能力。

跨文化交际能力既不是乔姆斯基的语言能力，也不是海姆斯的交际能力，但包括了这两种能力。跨文化交际能力是在跨文化交际环境中由语言交际能力、非语言交际能力、语言规则和交际规则转化能力以及文化适应能力所组成的综合能力。

在跨文化交际中，第二语言学习者会发现，他们不仅外语交际能力受到了巨大的挑战，他们母语文化的交际规则和思维方式也常常行不通。他们的价值观念也常常受到误解或责难。所以，一般的语用能力（交际能力）是难以完成跨文化交际任务的。只有跨文化交际能力才是跨文化交际中必要的能力。

2.2.2 跨文化交际能力的组成成分

在界定跨文化交际能力的组成成分时，我们需要考虑到第二语言教学的要求与可操作性，并将可见的外在行为能力与内在的跨文化意识加以区分。跨文化交际能力是由语言交际能力、非语言交际能力、语言规则和交际规则的转化能力以及跨文化适应能力等四部分所组成的综合能力。

2.2.2.1 语言交际能力（Verbal Communicative Competence）

语言交际能力不仅指必需的语法知识，还包括对语言概念意义和文化内涵意义的了解与运用能力；不仅指语言的正确性，还指运用语言在具体语境中进行交际的得体性，即人们所熟知的对什么人、什么时候、在什么场合、说什么话、如何说以及为什么这样说等（即英语所说的"5Ws"）。单纯的语言知识和脱离具体交际语境的语言技能不是真正的语言交际能力。

语言交际能力是跨文化交际能力的核心和基础。不懂得外语，不注意语言

第二节 第二语言教学的主要目标是培养学生的跨文化交际能力

基本功,或语言交际能力很差,就失去了跨文化交际能力的基础和核心,就无法胜任跨文化交际工作。

2.2.2.2 非语言交际能力 (Nonverbal Communicative Competence)

将"交际能力"与"语言交际能力"等同起来似乎已成为人们的共识,但这一看法既不全面,也不符合交际实际,因为交际能力不只是语言交际能力,还包括非语言交际能力,忽视后一种能力的倾向必须予以纠正(毕继万,1993;1997)。在研究跨文化交际时,我们必须纠正忽视非语言交际的倾向。应当清楚地了解,一方面,非语言交际行为和手段是交际行为中不可缺少的组成部分,它不仅对语言交际行为起到良好的辅助和配合作用,在语言交际遇到障碍时还可对其起到代替、维持或挽救语言交际的作用。另一方面,在交际中,人们不能只注意语言行为的正确性、合理性和可接受性,而忽略了非语言交际行为和手段的文化差异及其影响,否则就会导致跨文化交际中误解和冲突频频发生,或者出现"外语呱呱叫,行为举止不对号"的怪形象。

非语言交际是语言交际以外的一切交际行为和方式,是一种不用言辞的交际。非语言交际包括体态语(如姿势、身势、身体各部分的动作、体触行为等)、副语言(如沉默、话轮转换、非语言声音等)、客体语(如皮肤颜色的修饰、体毛的清除、身体气味的掩饰、衣着和化妆、个人用品的交际作用、家具和车辆所传递的信息等)和环境语(如空间信息、对待拥挤的态度、身体距离、领地观念、空间与取向、座位安排、时间信息、建筑设计与室内装修、声音、灯光、颜色、标识与符号等都可传递信息)。

在跨文化交际中,需要改变只重视语言交际而忽视非语言交际的偏向。事实上,不得体的非语言交际行为和方式在我国对外交往中的消极影响早就应当引起相关人士的高度重视。例如:穿着不注意身份、场合和着装规则(例如,不该着装正式的时候却衣冠楚楚,该正式时却又过于随便);行为举止不雅(如姿势、音量、沉默、手势及其他言谈举止表现缺乏约束);不注意文化差异和国际交往礼节要求(如餐厅服务、餐桌上的礼节、授受礼品等)。对非语言交际行为与语言交际行为配合中的文化差异可能引起的文化误解更易为人们忽视。

2.2.2.3 语言规则和交际规则的转化能力 （Competence of Transformation of Two Rules）

（1）语言规则与交际规则

语言规则指的是语音、词汇、语法规则体系。而交际规则（communicative rules）则指的是指导人们相互交往的行为准则，萨莫瓦和波特（Samovar & Porter, 1997）将交际规则定义为"后天习得的行为方式，也称为组织人们之间相互交往的规则。"即指导一切交际行为，包括语言交际行为和非语言交际行为的准则。

在第二语言学习中，人们都知道需要学习第二语言的语言规则，需要学会母语与外语之间语言规则（特别是语法规则）的相互转化。对于交际规则和跨文化交际中还存在交际规则的文化差异问题，就不一定人人皆知了。交际规则指的是每种文化特有的风俗习惯、行为准则、礼仪规则、思维方式和价值观念对交际行为规范的原则。文化不同，交际规则各异。

（2）交际规则转化的必要性

在跨文化交际中，不仅需要学习交际对方的语言规则，还需要学习他们的交际规则，并且学习中外交际规则的转化。所以，在培养跨文化交际能力时，只学习语言规则的转化还不够，还要学习交际规则的转化，也就是说，培养跨文化交际能力需要学习两种规则的转化，要培养两种规则的转化能力，在国际交往中则要学会国际交往规则。

在跨文化交际中，外语发音不正确，用词不当，语法错误等问题都不难为外语国家的人所理解，因为他们知道你是"外国人"。如果外语正确却违反了外语国家的交际规则，就会触犯对方，造成交际对象的反感，甚至理性认识也难以抑制感情抵触。这就是海姆斯所说的"交际干扰（communicative interference）"：由于照搬母语文化的交际规则而造成的文化误解。沃尔夫森（Nessa Wolfson）说得好："母语国家的人在与外国人交谈时，对外国人的发音和语法错误往往采取宽容的态度；相反，对违反谈话准则的行为一般则认为是态度无礼。"（Wolfson，1990）所以，在跨文化交际中进行交际规则的适当转化是跨文化交际成功的保证。例如：翻译汉语询问型的问候语时就要考虑到，汉语询问型问候语体现的是中国人群体文化的特点，表达的不只是问候之意，还有相互关切

第二节　第二语言教学的主要目标是培养学生的跨文化交际能力

之情,遵循的是中国文化的交际规则。翻译成另一种语言时不可作语言的直译或照搬中国文化的交际规则,否则就会造成文化误解,甚至导致文化冲突。在中西方交往中,由于中国人或外国人将这类招呼语直译成英语而造成的文化误解屡见不鲜。英国学者海伦·奥特（Helen Oatey）认为,将汉语的"你干吗去呀?"直译成英语"Where are you going?"就会使英语国家的人产生误解,甚至还会造成文化冲突。她说（Oatey,1987:27）：

> 汉语中另一常用问候语是询问别人"Where are you going?"……在英语中,这一问题一般用于了解信息的要求,而询问别人的具体情况属于询问个人私事,只有上级当权者才有权力,或者只能在亲朋好友之间才能使用,用于其他场合就会让人难堪：不回答你的问题会不礼貌；如果含糊地给以回答又像是回避问题,也许他们根本就不愿意如实地回答你的问题。正因为如此,这种形式的问候语极易触犯西方人。他们会认为这是对他们隐私的侵犯。对中国文化不甚了解的来华外国人就常抱怨中国人爱问这类问题。有的人甚至抱怨说,他们住所的服务员都是间谍,因为他们总喜欢问："干吗去呀?"

案例 2. 如何翻译"下课了?"

甲乙两名教员在下课后相遇时,甲问："下课了?"如何将这句话译成英语,需要考虑三种不同语境：（1）如果这句话是甲在乙夹着书包刚从教室出来时对他说的,就应译成"(Have you) just finished your class?"（2）如果乙以前没有教过课,最近刚任教,则应译成"How's your class?"（3）如果甲乙相遇时,甲急忙向课堂走来,担心误了课,则又应译成"Has the bell gone?"或"Am I late for class?"（引自某翻译教材）

案例分析参考题

1. 确定这一问句含义的关键是什么?
2. 翻译这句话的依据何在?
3. 这一案例反映了什么问题?

在第二语言教学中，要克服偏重第二语言的语言规则的教学而忽视第二文化的交际规则的教学，以及偏重语言规则的转化而忽视交际规则的转化等不正常现象。这是我国第二语言教学中当前需要统一认识和认真解决的大问题。

2.2.2.4 跨文化适应能力（Competence of Cultural Adaptation/Adjustment）

跨文化适应能力，或称文化适应能力，指跨文化交际双方相互之间交际适应能力和对异文化环境的适应能力。具体地说，指的是，善于克服文化休克的障碍，正确了解和认识新文化或来自不同文化的交际对象，对自己固有的行为举止、交际规则、思维方式、思想感情等做出必要的调整，必要时，还要对自己的文化身份做出必要的改变，以便适应新文化的生活、学习、工作和人际交往环境，并为新的文化的人所接受。还要善于预见和处理跨文化交际过程中可能出现的文化差异的干扰，尽可能避免或顺利地排除文化冲突。

在跨文化交际中，人们常常抱怨交际对方难以理解或不好打交道，却不明白原因所在和解决方法，甚至有的人只好终止合作，一走了事。在外国生活、学习和工作的人常常抱怨所在文化环境难以适应，采取的应对方法不是躲避，就是直接冲突。这都是文化休克的表现。文化休克（culture shock）是一种普遍现象，不是某一种文化特有的问题，我们只能了解它、认识它，学会应对它。学会这种应对的方法就是学会文化适应（cultural adjustment / adaptation）能力。

培养文化适应能力要排除两大障碍：文化"冰山"的阻隔和文化优越感（ethnocentrism）、文化模式化（stereotypes）与文化偏见（prejudice）的干扰。

3. 第二语言教学中需要处理好三种关系

（1）课堂教学与课外交际之间的关系，包括课本语言教学与课外应用指导之间的关系。

（2）第二语言教学与第二文化教学之间的关系。不仅教授语言，还应有针对性地介绍所学语言国家的文化，更要注意文化对语言的影响和文化在语言中的体现。

（3）培养学生的语言交际能力和培养他们的跨文化交际能力之间的关系。

第二节　第二语言教学的主要目标是培养学生的跨文化交际能力

跨文化交际能力既然是与不同文化的人进行交际的能力,指的就不仅是与所学外语国家的人进行交际的能力,更主要的是学会与不同于母语文化的多种文化的人进行交际的基本能力,讲的是一种"基本功",而不是应对具体文化中具体情况和具体问题的具体技巧。我们可以说,这种"基本功"就是在强烈的跨文化意识指导下的跨文化交际能力。例如:如果我们具备强烈的跨文化意识,具有跨文化交际能力,遇到下面这一类句子时就可以知道应当如何正确理解和翻译了:

① 您喜欢我们的日程安排吗？How do you like our schedule?
(不是 Do you like our schedule? 避免了英语文化中强加于人的忌讳)

② 久仰先生大名。I've long heard of you. / I've looked forward to meeting you.
(避开照搬中国文化的"自谦尊人"的交际规则)

③ Last but not least. 最后。
(避开了英语文化中陈述看法时将最重要之点放在开始,最后往往意为最不重要这一思维方式对中国人可能造成的理解困难。)

④ "您找谁？"不是直译成"Whom do you want to see?"而是"Can I help you?"
(避免了语言的直译,采用同样语境中文化习惯或称"交际规则"的转换。)

结　语

1. 第二语言学习者的任务是准备将来充当跨文化交际的"桥梁",第二语言教师的工作就是架设跨文化交际的"桥梁"。

2. 充当跨文化交际"桥梁"的根本条件是具备跨文化交际能力。因此,第二语言教学的主要目标是培养学生的跨文化交际能力。

3. 跨文化交际能力不等同于语言能力,但包含语言交际能力,并以语言交际能力为主要内容和基础。

4. 跨文化交际能力也不是人们一般理解的在不同语境中人与人之间的交际能力(即什么人、在什么时候、什么地方、对什么人、说什么话、如何说和为什么这么说),而是指来自不同文化的人在某一语境中相互交往时"跨越文化"的交际能力，解决的不是同一文化中语境差异的要求，而是跨文化交际语境中对文化差异和文化冲突的恰当而又有效的应对能力，是跨文化交际环境中交际双方相互适应的能力和对异文化环境的适应能力。

5. 跨文化交际能力是由语言交际能力、非语言交际能力、语言规则与交际规则转化能力以及跨文化适应能力组成的综合能力。

6. 第二语言教学不能脱离文化教学和跨文化交际教学，需要处理好课堂教学与课外交际之间的关系、第二语言教学与第二文化教学之间的关系，培养学生在目的语文化中的交际能力以及与不同于母语文化的各种文化背景的人进行有效交际的基本能力。

> 思考题

1. 你认为第二语言教学的目标是什么？你希望学生第二语言达到什么水平？你认为应当怎样进行有效的教学？
2. 你是怎样认识第二语言教学与第二文化教学之间的关系的？
3. 你认为中外交际的最大障碍是什么？如何帮助学生认识和应对这些问题？

第三节　培养学生跨文化交际能力的关键是帮助他们不断增强跨文化意识

西方学者在谈到跨文化交际能力的组成部分时，将知识（knowledge）作为一项重要内容。对于什么是"知识"，其共识是知识包括信息（information）和理解（understanding）。其实，在此"understanding"准确的替代词应该是"cross-cultural awareness（跨文化意识）"，西方有的学者也称为"cultural awareness（文化意识）"。将 knowledge 简单地理解为对信息的了解是不全面的，

第三节 培养学生跨文化交际能力的关键是帮助他们不断增强跨文化意识

因为其关键含义是"understanding"。但是,人们又常常习惯于将 knowledge 只理解成"信息"。汉维(Robert G. Hanvey)就特别指出这一点(1979):

> 对世界情况的了解是一回事,要理解并且接受人类文化的差别则又是另一回事。然而,正是文化差异导致了人们认识和实践的差异。对于文化差异,人们不仅难以发现,还往往会受到文化偏见和旅游者心态的干扰。所以,深入理解他种文化常常是难上加难。

汉维在此提出了一个极为重要的观点:在跨文化交际中,只是了解文化差异是不行的,还必须理解和接受文化差异,而理解与接受文化差异将会遭遇重重障碍,唯一解决的办法就是获得跨文化意识。

谈到跨文化交际能力(包括跨文化人际交际能力和对异文化环境的适应能力)时,许多人以为只要大量接触外国人或长期居留异文化环境,就一定能具备跨文化交际能力,他们的理由是他们已经熟悉了这种交际或者所居住的新文化环境。这种看法不仅不合实际,也十分有害。因为他们忽略了跨文化交际和跨文化适应中一个起决定作用的因素:必需的"跨文化意识",具体地说,就是不仅要有必要的知识和经验,更要有跨文化理解能力和移情(empathy)能力,还必须通过"跨文化适应门槛(acculturation threshold)",即能够设身处地地理解交际对方或置身于异文化立场之上,接受其思维方式和行为方式,由"局外人(outsider)"变成"局内人(insider)"。

1. "跨文化意识"的界定

"跨文化意识"是西方学者汉维提出的理论(1979),指的是理解和承认文化差异的能力(the capacity of understanding and accepting cultural differences)。西方学者 Chen 和 Stacosta 对"跨文化意识"做了如下解释(Samovar et al, 2000 b:407):

> 跨文化意识是跨文化交际中认知方面的问题,指的是,对影响人们思维与行动的文化习惯的理解。跨文化意识要求人们认识到自己具有文化属性,也要基于同样的认识去探寻其他文化的突出特征。只有这样,他们才能在跨文化交际中

有效地理解他种文化人们的行为。由于每一种文化都有其独特的思维方式，不同文化之间的误解就往往会在跨文化交际中造成严重问题。

这一段话将跨文化意识定位于认知方面的问题，但指的不是一般的知识（对信息的了解），而是对影响人们思维和行为的文化习俗的理解（understanding）。跨文化意识要求人们不仅要理解自己是文化人，也要将他人看成文化人，并去认真探究彼此之间的文化差异，只有这样才能在跨文化交际中有效地理解交际对象的行为。但是，这种看法还缺乏"承认"和"接受"文化差异。在跨文化交际中，不仅要知彼知己，清楚认识文化差异，还要乐于接受和正确对待文化差异，这才是跨文化意识的主要内容，也才是进行有效的跨文化交际的前提条件。

具备跨文化意识的人会认识到，社会不同，人们的观念和行为也有差别，他们承认文化的多样性和世界的多元化，懂得世界上所有文化都是合理的和合乎人性的，相互之间既是不同的，又是平等的。所以，深入理解和真诚接受文化差异极为必要。而要做到这一点，就必须具备跨文化意识。

我们也可以用一种更加明白易懂的说法解释跨文化意识：跨文化意识是理解、接受和处理文化差异的能力。具体地说，要理解和接受这样一个事实：世界上不是只有一种文化，而是有多种多样的文化，或者说，世界上文化不是单一的，而是丰富多采的。所有文化都是合乎人性的，都是合理的。各种文化之间都是平等的。因此，理解和接受文化差异至关重要。充分理解文化差异的有效途径是具备跨文化意识。"跨文化意识"指的是，在跨文化交际中，对不同文化之间的差异和冲突具有感觉的敏锐性（善于发现矛盾和问题）、理解的科学性（理性的分析和科学的判断）、处理的自觉性（自觉排除"三大敌人"的干扰，有效和得体地解决问题）。

2. 跨文化意识的阻力

跨文化意识的阻力主要来自两个方面：一是对"文化"这座"冰山"认知的困难，这是客观因素；二是遭遇到"三大敌人"的心理对抗，这是主观因素。

第三节 培养学生跨文化交际能力的关键是帮助他们不断增强跨文化意识

2.1 "文化冰山"对认知造成的困难

文化就像一座"冰山",人们对于浮在"水面"上的语言、生活方式、行为举止和交际方式等表面现象比较容易发现和识别。但是,对隐藏在"水下"的交际规则、思维方式、交际动机与态度,以及价值观念却难以发现和识别。然而,正是这些"水下"因素决定着表现在外的语言、行为举止、生活方式和交际方式。不了解或者认不清隐藏在"水下"的那些因素,是难以认识和判别人们的交际行为的。

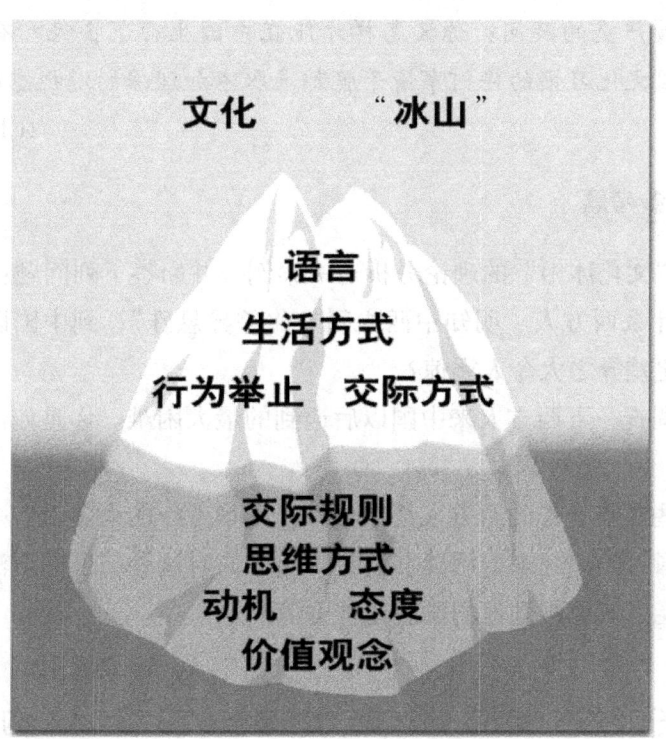

案例3. 理解中国文化

中西之间存在重大文化差异,对于这个问题无人不知,无人不晓。尽管如此,西方人一旦接触到中国文化,还是为二者之间差别之悬殊而感到大失所望或无比震惊。不过,在与中国人的交往中,随着对他们了解的增加,在中国生活和工作的外国人就会慢慢学会如何应对这些差异。

对于在华工作的西方人的忠告可以归结为一点，那就是千万别做任何事先推测和设想，哪怕是你认为是最起码的常识也不可认为一定会行之有效。有时候在你看来是再正常不过的事，中国人却认为奇特反常；有时候你以为你已经与中国人达成了谅解或协议，中国人却认为你们之间只在某一点上达成共识。常常遇到的情况是，你根据你自己文化的看法视为理所当然的事，中国人却从他们文化的角度有其不同的理解和解读。中西相互交往既然如此之难，你如何才能在中国工作下去，又如何应对这些困难呢？我们甚至还会产生一个最严重的疑问：你又怎样才能在中国生存下去呢？有的外国专家对于违背本国文化习惯的任何事情干脆都采取不加理睬的漠视态度。

（CIDA，1995：11）

> 案例分析参考题

请用"文化冰山"的理论分析这一案例，并回答下列问题：

1. 为什么西方人"明知中西之间文化差异悬殊"，到中国以后还是发现中西之间文化差异之大令人震惊？

2. 请调查一下西方人来中国以后遇到的最大困难。你是如何认识这一问题的？

3. 有些在华工作的西方人甚至告诫新来华工作的人多带些书，认为只能将自己与中国人隔离起来，用读书消磨时间。你对这种态度的看法是什么？你以为如何才能有效地帮助他们摆脱这种困境？

2.2 获取跨文化意识的根本阻力是来自"三大敌人"的严重心理干扰

在跨文化交际中，人们对其他文化的态度直接影响到其跨文化交际行为。由于难以摆脱母语文化的约束，文化态度中一个极为突出的问题是，人们深受母语文化观念的羁绊，在处理问题时习惯于自觉不自觉地从母语文化的角度去观察和对待其他文化，最突出的心理干扰因素是"文化中心论"，或称"文化优越感（ethnocentrism）"、"文化模式化（stereotypes，中国多数学者将其称为

第三节　培养学生跨文化交际能力的关键是帮助他们不断增强跨文化意识

'定型论')"和"文化偏见（prejudice）"。我们可以将其称为跨文化意识的"三大敌人"。但是，这三种错误态度不一定都是有意的，更准确地说，绝大多数人是下意识的。称其为"三大敌人"，是因为它们祸害无穷，而且也易被喜欢将文化差异政治化的人加以利用。所以，这"三大敌人"是跨文化意识的最根本的阻力。

2.2.1 文化优越感

文化优越感，或称文化中心论，是"三大敌人"中最主要的"敌人"，不仅毒害最大，也是其他两大"敌人"的根源。受文化优越感毒害的人会自觉不自觉地将母语文化的风俗习惯、交际规则、思维方式和价值观念作为唯一的标准，衡量和判断世界一切文化的行为，与之一致者才是正确的，其他则都是错误的和不好的，都必须加以反对。文化优越感患者处处以自己的文化为中心，认为自己文化的行为标准必须是所有文化的标准。其主要表现为：

（1）将本人、本种族、本民族或本群体置于宇宙的中心，并以此衡量其他所有文化；将本群体置于其他所有群体之上；将本阶层置于其他所有阶层之上。认为本群体、本国和母语文化最好，也最道德。这一观点导致的一种态度是"唯我独尊——与我一致者为对，与我相左者则错。"

（2）有的宗教团体也喜欢强调本宗教优越于其他宗教，甚至认为本宗教是唯一合法者。

（3）受文化中心论毒害的人习惯于对他种文化采取一种敌对态度。这种敌对态度必然会影响到他们对一切事物的看法，包括风俗习惯、衣着穿戴、饮食习惯、艺术欣赏、文化传统、种族特征，等等。

文化中心论造成的恶果必然是对其他文化和其他社会的严重偏见，无法客观地认识和对待与自己不同的文化。文化中心论会使人们失去获取跨文化意识的意愿与要求，一切以我为中心。持这种态度的人认为只有自己的国家、自己的城市、自己的州或省和自己的民族才最为道德，自己国家的政治体制是唯一合理的，其他人只能了解"我"、认同"我"和适应"我"。

一些政客更是喜欢将文化中心论政治化，甚至将其作为服务于政治的借口。这些人喜欢将自己的标准作为政治大棒谴责甚至威胁他国和其他文化群体。将自己的意志强加于他人是这些政客的突出特点。他们企图用母语文化的价值观改造整个世界，将文化优越感作为控制世界的工具。他们将"Do unto others as you would have them do unto you.（己之所欲，施之于人。）"的原义加以改造，作为对外扩张政策的理论依据。结果对世界造成了无穷的祸害。例如，20世纪末，西方在非洲强行推销"结构调整方案"，大力削减公共开支，减少政府的作用。结果使非洲国家能力变得更加脆弱，成为导致非洲经济和社会危机恶化、艾滋病严重失控的主因。美国在俄罗斯推销的"休克疗法"造成俄历史上出现了第三次"浩劫"（前两次是13世纪蒙古铁骑入侵和第二次世界大战中德国纳粹的入侵）。"华盛顿共识"要求发展中国家不顾客观条件地推行市场自由化，引来了亚洲经济危机和阿根廷金融危机，使不少国家经济倒退20年。至于当前超级大国对世界事务的肆意干涉甚至侵略他国、以超级大国为首的西方世界对中国千方百计的"围剿"，等等反常行径则更说明"文化中心论"政治化以后的虚伪性和危害性。（张维，2008）

2.2.2 文化模式化

受文化模式化毒害的人本着固有的成见和先入为主的态度，事先设计好一种模式，将其硬套在其他文化头上，采用过于简化（oversimplified）、过于概括（over-generalized），甚至加以夸大（exaggerated）的手法将其他文化进行硬性分类，将别的文化的一切现象都强行塞进自己设计的模式之中。文化模式化论者还将每种文化内的所有人都看成是毫无差别、用一个模子铸就的同一形象。例如：

（1）文化模式化论者相信所有爱尔兰人都性情暴躁，易于发怒；所有日本人都个子矮小、牙齿突出、性情狡诈；所有犹太人都思维敏捷、嗜财如命；所有黑人都既迷信又懒惰。

（2）文化模式化论者认为美国人都很富有、无拘无束、过于友善、讲究物质利益；意大利人感情丰富，情感外露；英国人保守、礼貌、勤奋而且爱喝茶；德国人固执、勤劳、循规蹈矩，而且爱喝啤酒；远东人则含蓄、机敏、狡猾，而且难以捉摸。（Brown, 1987：125）

（3）苏联流传过一个笑话：美国人走起路来好像足下土地都归他所有；英国人走路的架式好像是他根本不理会足下土地归谁所有。

2.2.3 文化偏见

文化偏见论者采取的是一种出于固有的成见所持的不公平的、带偏见的，

第三节　培养学生跨文化交际能力的关键是帮助他们不断增强跨文化意识

甚至是顽固不化的歧视态度对待与己不同的文化，喜欢专门搜集可以证实自己偏见的"证据"，对与之相矛盾的其他事物和现象则置若罔闻。其特点主要表现为：

（1）文化偏见论者所持的态度是对某一整个文化群体的看法，而不是针对某一个具体人。

（2）文化偏见是在文化模式化基础上形成的，文化偏见论者依据其过于简化、过于概括和夸大其辞的错误观念观察和看待某一文化群体。

（3）文化偏见论者态度固执而又缺乏理性，他们即使发现某一文化群体的形象与自己的想象不符，也会仍然顽固地拒绝改变自己的看法和态度。文化偏见者习惯于有选择地看待某一文化群体的具体行为特征，专门搜集可以证实自己看法的种种事例，却将与自己看法相矛盾的事件弃之不理。

案例 4. 大学游泳池中的有趣碰撞

一个星期天，我们大学游泳池十分拥挤，我游兴正酣，三个中国学生在横向比赛，他们兴高采烈，忘乎所以。其中一位与我撞了个满怀。他突然停了下来，向我挥了挥手，微微一笑，然后又继续游泳。我朝救生员看去，希望他会予以干涉，他却只是咧着嘴大笑。

游泳池中的愉快冲撞，让我很想了解中国人会怎样看待他们被迫与之竞争的人。以西方理论为基础的预测就很直截了当：感情和关系必须一致——合作关系必定友好，竞争关系则必然对立。然而，中国人对即将成为自己竞争对手的人的态度就友善多了，热情多了，和蔼多了，而且办法也多了。这完全和我少年时代生活的多伦多社会上流行的用推理方法所预测的情况相反。我们还会发现，在一种权力普遍不平等，法律无效的文化中，在一个人际关系网常常是人们唯一的防护墙的社会里，这种与西方相反的态度就完全合情合理了。

（Bond, 1994: Preface）

案例分析参考题

1. 游泳池中这一遭遇能说明中国文化特征和中西文化差异吗？为什么？

2. 您认为下述观点与"三大敌人"的干扰有关吗？请谈谈你的看法。

"在一种权力普遍不平等，法律无效的文化中，在一个人际关系网常常是人们唯一防护墙的社会里，这种与西方相反的态度就完全合情合理了。"

3. 这一案例与跨文化意识有何关系？

3. 获取跨文化意识的过程

从获取跨文化意识所遇到的困难和重重阻力，我们可以清楚地看到，要提高跨文化意识，需要不断排除重重困难和阻力，而且要认识到，获取跨文化意识要经历一个漫长而又艰苦的过程，需要一个层次一个层次地提升，一个台阶一个台阶地攀登，直至最终达到具备满意的跨文化交际能力和文化适应的水平。

3.1 跨文化意识的层次

第一层次：旅游者心态。其特点是从母语文化的角度观察其他文化，看到的往往是表面而又孤立的现象，而且易于将这些现象模式化，将个别事件看成是普遍现象，将表面现象看成是文化的本质。新来者还会受到"三大敌人"的严重干扰，具有强烈的文化偏见，但对新文化也有一种新奇感。

第二层次：文化休克。对新文化了解的缺乏和对新文化环境的不适应，导致文化误解和文化冲突频频发生，新来者受到文化休克的严重困扰，易于感情用事，对新文化和新环境容易产生对抗或逃避态度。无所适从、惶恐不安和抗拒心理是文化休克阶段的三大心理特点。

第三层次：理性分析和愿意适应。随着跨文化知识的增长、对新环境的熟悉和与新文化的人交往的增多，开始对所遇到的文化差异和文化冲突进行冷静的理性分析，开始产生主动了解和积极适应的愿望和要求。

第四层次：主动了解和自觉适应。通过对新文化环境和跨文化交际的熟悉和适应，开始透过"文化冰山"的水面阻隔，从只见到表面的和孤立的文化现象转向深入"观察"和了解隐藏在"水下"的新文化的特征，包括新的社会情况、人们的生活习惯、行为准则、交际规则、思维方式与价值观念，并且愿意甚至自觉地不断提高对这些文化特征的认识，慢慢达到承认和接受文化差异。至此，跨文化交际者开始将跨文化意识提高到一个新的层次：熟悉和理解新的

第三节 培养学生跨文化交际能力的关键是帮助他们不断增强跨文化意识

文化或新的交际对象，愿意做出一定程度的自我改变，以适应新的交际对象或新的文化环境。此时也就达到了初步文化适应的水平。

3.2 提高跨文化意识的步骤

我们可以借鉴西方的理论，结合我们自己的实际，将提高跨文化意识的步骤做以下图解和划分：

尊重新文化并乐于与新文化的人交往
（Respect and Willingness）

　　积极参与新文化和/或与新文化的人交往
　　（Communication and/or Participation）

　　　　理解新文化的现象与交际行为，并相信这些现象是合理的，是有其文化渊源的（Understanding and Believability）

　　　　　　愿意调整自己的认识与行为，开始理解并主动适应新的交际环境或文化环境（Plasticity and Empathy）

　　　　　　　　最终达到适应新文化的交际行为和新文化环境的水平（Adaptation）

我们可以用一个公式表示跨文化意识提高的必须步骤：

① {尊重（Respect） / 愿意（Willingness）} → ② {参与（Participation） / 交际（Communication）} → ③ {理解（Understanding） / 相信（Believability）} →

④ {灵活（Plasticity） / 移情（Empathy）} → ⑤ 适应（Adaptation）

结　语

1. 培养跨文化交际能力，关键在于不断增强跨文化意识。
2. 具备跨文化意识并非易事。在培养跨文化意识的过程中会遇到重重障碍。其中一大原因是认识文化这座"冰山"的全貌是很艰难的，而最根本的阻力来自"三大敌人"的心理干扰。跨文化意识的获取需要一个台阶一个台阶地上，一步一步地攀登，需要耐心和恒心。

3. 获取跨文化意识，不能只靠增加文化知识和积累跨文化经验，不能认为，只要大量接触外国人或者长期在外国文化中生活，就一定能获取跨文化意识。必须在不断增长文化知识、长期频繁的跨文化交往和跨文化生活与工作经验积累的过程中不断去理解本国文化和外国文化，不断比较两种文化或多种文化的差异所在，并发掘文化差异的根源。还要认识到，只有克服文化局限性的羁绊和偏见，才能客观地认识问题。要获取跨文化意识，只解决认识问题还远远不够，还必须解决感情与态度问题，排除"三大敌人"的阻挠，乐于改变自己的交际规则和思维方式，愿意调整自己的价值观念和文化身份。只有这样，才有可能获取跨文化意识。

> 思考题

1. 什么是跨文化意识？如何认识跨文化意识在跨文化交际和第二语言教学中的作用？

2. 请认真查阅有关民族优越感（ethnocentrism）、模式化（stereotypes）和偏见（prejudice）的论述，并研究它们对跨文化交际和第二语言教学的干扰作用。

第四节　跨文化交际学习和研究的根本方法

本节拟从三个方面讨论跨文化交际学的研究方法问题：国内常用的研究方法；对比分析方法是跨文化交际研究的根本方法；对比分析的原则与方法。

1. 国内常用的研究方法

科研方法中最流行的是"定量分析"和"定性分析"。国内外跨文化交际学者最为推崇的方法是"定量分析"。我国跨文化交际学领域几乎一致的看法是，定量分析是跨文化交际研究最重要的方法，认为当前最大问题就是采用这一方法的科学研究还为数不多，因而大大影响了跨文化交际学的发展。胡文仲及其他中国学者就反复强调定量研究的重要性，并一再呼吁加强这方面的研究。胡文仲认为，"从目前我国的研究来看，一般性的探讨较多，而基于大量数据的研究比较缺乏。前者相对说来比较容易，而后者就要花费许多时间、物力和财力。从其他国家的情况来看，要在跨文化交际研究方面做出成绩，必须在收集数据和实地调查方面做大量的工作。只有以数据为基础的研究做得扎实，理论探讨才会有真正的深度。"（胡文仲，1999）胡文仲提到的"收集数据和实地调查"是跨文化交际研究的极为重要的方法。

"定量分析（quantitative analysis）"，又称"量的研究"。"量的研究"是从特定假设出发，将社会现象数量化，计算出相关变量之间的关系，由此得出研究结果。"定性分析（qualitative analysis）"，又称"质的研究"。"质的研究"不是以数字形式显示的资料，而是利用定性资料进行研究，强调研究者深入到社会现象之中，通过亲身观察和体验，收集原始资料并进行科学分析。多数学者支持定量分析研究，但也不排斥定性研究。不过，定性分析与定量分析方法的支持者之间仍然存在争论与分歧，甚至形成对垒。有人认为，这两种研究方法之所以能够在社会科学界形成如此声势浩大的对垒，是因为它们被认为分别代表了两种十分不同的科学"范式"。它们在方法上的不同实质上反映了它们在本体论、认识论和方法论方面存在的分歧。（陈向明，2002：1）

2. 对比分析的方法是跨文化交际研究的根本方法

定量分析与定性分析是许多学科研究的重要方法，也应是跨文化交际研究的有效方法，这一点毋庸置疑，也是亟待加强的。然而，这种实证研究是多学科通用的方法，只能说也适用于跨文化交际研究，但不是反映跨文化交际特征和解决跨文化交际问题的根本方法。跨文化交际研究有其独特的方法，这就是语言与交际行为的文化特征对比分析研究。

在西方，对比分析（contrastive analysis，简称 CAs）的方法早在 20 世纪 40 年代至 60 年代就在第二语言习得领域中开始研究和使用，应用语言学家弗里斯（Fries）等就使用对比分析的方法系统地对比母语和目的语之间的同异点，认为通过对比分析，语言教学方法会更加有效。弗里斯说："教材要充分发挥效能，就应当对所学习的语言进行科学的描述，并与母语进行仔细的比较。"(Fries, 1945)

为什么说用对比分析的方法所编写的教材效果更好呢？弗里斯的学生、也是其后来在密西根大学的同事拉多（Lado）的解释受到西方学者的赞同。拉多曾指出外语学习者普遍存在的一个问题是：人们习惯于将母语和母语文化的形式、意思及其传递的信息照搬到外语和外国文化中去。这种照搬不仅表现在信息传递的言谈话语上，也体现在行为举止之中。然而，他们的意图却是要像外语国家的人一样地理解和精通外国语言和文化。(Larsen-Freeman and Long, 1991)学习外语的人都必须高度重视拉多指出的这一问题。因为，外语学习者都必须了解母语和母语文化对外语学习干扰及其所造成的负迁移行为。所以要排除母语和母语文化负迁移的干扰，就必须清楚了解语言差异和文化差异，防止语言和文化的照搬。对比分析就是解决这一问题的钥匙。

2.1 什么是对比分析方法

跨文化交际研究使用的对比分析方法是对不同文化之间的交际行为和决定这些交际行为的交际规则、思维方式与价值观念进行对比分析，从中揭示出文化的同异点，重点是文化差异及其造成的文化误解和文化冲突，并且追溯其文化根源，研究和提出排除文化差异干扰的有效方法，以促进交际双方的相互理解和彼此适应，保证跨文化交际在交际双方同建的共识基础上有效地进行。

2.2 为什么说对比分析是跨文化交际研究的根本方法

2.2.1 对比分析的研究方法的使用是由跨文化交际的"跨文化"性质决定的

2.2.1.1 "跨文化"性质决定了学习和研究跨文化交际学必须注重研究文化差异对跨文化交际的干扰

要清楚认识文化差异并排除其对跨文化交际的干扰，就必须采用对比分析的方法。有比较才有鉴别，只有通过对比分析，揭示文化差异的干扰所在并发掘出文化干扰的根源，才能进一步探究对文化差异造成的文化误解和文化冲突的有效解决方法，从而达到排除文化隔阂和文化障碍，实现有效的跨文化交际际的目的。了解文化差异和排除文化差异对跨文化交际的干扰，不是空洞的理论研究，而是要立足于解决跨文化交际中的实际问题。例如，认真细致地分析语言含义的文化误解、交际规则的文化冲突、思维方式与价值观念的文化差异对跨文化交际的具体干扰所在，以及这些差异或冲突的文化渊源并采取有效的排除方法。能否解决第二语言教学和跨文化交际的实际问题是研究方法成效的唯一检验标准。

2.2.1.2 "跨文化"的性质决定了观察问题的视角和研究问题的立足点

这一研究不是"我"要研究什么问题（选题必须具有理论意义和实用价值，但不一定是急需的），"我"依据什么理论，"我"采用什么人创造的什么方法进行研究，"我"在什么地方和什么人群中进行什么样的调查，"我"采用什么人创造的什么样的语料分析方法进行计算和分析，最后"我"又用什么人创造的什么标准检验其有效性……不是只要符合某人提出的理论要求和符合某人设计的检验标准，研究即告成功。跨文化交际的"跨文化"性质决定了必须从跨文化交际者的视角观察问题，将他们"遭遇"到的文化误解和文化冲突作为对比分析的主要内容，着眼于解决他们在跨文化交际中所遭遇到的文化冲突，检验的标准是跨文化交际者在跨文化交际实践中所取得的效果。这与研究者的主观命题和主观假设是完全不同的。例如，对于礼貌语言的文化差异的研究和看法，在我国跨文化交际研究中一直存在着争论。争论的重点是中西交际规则有无明显的文化特征差异。顾曰国（1992）和毕继万（1996）都认为礼貌存在着文化特征差异，并提出了自己的看法。毕继万还对西方的礼貌原则的通用性提出了质疑，认为不应该不加分析，不考虑国情和文化差异，简单地照搬其他文化的理论。但是，也有人过于注重运用西方格赖斯（Grice）的合作原则（CP）、利奇（Leech）的礼貌原则（PP）、布朗（Brown）和列文森（Levinson）的面子挽救论（Face-saving Theory 或 FTAs）等理论解释中国文化的礼貌语言与礼貌行为，却对中国文化特征的研究重视不足。有的学者认为，"现在时代变了，中国传统的'贬己尊人'与新时代的'尊人不贬己'同时存在，忽视任何一方都是简单化的表现"，认为更为科学的研究方法是"应该结合语境归纳出交际者何时何地对何人就何事'贬己尊人'或'尊人不贬己'"。（林大津等，2005：34）如何解决这种"公说公有理，婆说婆有理"的难题呢？关键就在于研究的目的和观察问题的角度：跨文化交际研究应当着眼于解决跨文化交际中所遇到的困难，通过调查研究，了解和分析交际者在跨文化交际中的困难和需求，并从中发掘出困难的症结所在和合理的解决办法。外国人对中国文化交际行为的误解才是需要注意和研究的内容，而且这方面的内容恰好反映了中外文化的差异和冲突。了解跨文化交际中存在和需要解决的问题，就不会发生主观猜测和质疑。例如，研究跨文化礼貌交际和外语教学中礼貌语言教学时，如果了解外国人在学习和运用汉语礼貌语言的困难所在，就不会怀疑研究礼貌语言文化差异的必要性。所以，礼貌语言研究和教学中，首先要了解外语学习者和外国跨文化交际人士理解和运用汉语礼貌语言的困难所在，原因是什么，如何才能解决这些困难，等等。这里需要阐明的一个误区是，用西方跨文化交际理论和研究方法解释自己用定量或定性分析调查的一种社会现象，或者用调查到的社会现象说明或证明西方某一理论的正确性，这种研究即使有理有据，它考虑的也并不是当前跨文化交际中实际需要解决的问题。要了解跨文化交际中文化差异和文化冲突，并研究如何排除文化差异对跨文化交际的干扰，最为有效的方法只能是对比分析。

　　社会上人们的交际行为各种各样，在改革开放和市场经济的今天，人们交际行为的不断变化和不同文化之间相互影响是不可避免的。不同文化之间不同程度的趋同也是必然的，然而这些趋同性的变化永远难以抹煞跨文化交际中的文化差异及其对跨文化交际的干扰。交际规则、思维方式、价值观念等方面的文化差异和文化冲突将是一个永恒的科研课题。事实上，在跨文化交际中，中外人士关注的正是文化误解和文化冲突对交际的干扰及其原因。指导人们交际行为的交际规则、思维方式和价值观念的文化差异才是中外礼貌交际中必须了解和研究的问题。社会现象繁杂无序，任何人都可在任何社会找到千万条事实证明自己的任何观点。然而，说明问题的真理只有一个。"公说公有理，婆说婆有理"的争论症结就在于人们不能摆脱繁杂社会现象的迷惑，脱离跨文化交际的"实验室"中的"实验"，真正走到跨文化交际者中去了解他们的需求。理论研究源于实际和服务于实际才是解决争论的关键所在。在跨文化交际中不断出现的各种困难和误解就是对争论的最好回答。

2.2.2 对比分析是可靠的研究方法

对比分析在国内外一直是争论不休的话题。有意思的是，无论在国内还是在国外，一直存在着两种相互矛盾的有趣现象：一方面人们在理论上争论不休，另一方面这一方法又长盛不衰，甚至反对者也常常避不开使用对比分析方法。要解开这一有趣现象之谜，不妨从两方面做一探究：

2.2.2.1 国外的争论

20世纪80年代以来，在西方学者中一直对对比分析和偏误分析（error analysis）存在着争论，但是这两个方法又一直为人们难以舍弃。在此只讨论对比分析问题。

国外有关对比分析的争论始于20世纪50年代，争论的焦点并不是对比分析方法本身，而是拉多的"对比分析假说"（the Contrastive Analysis Hypothesis，简称CAH, Larsen-Freeman & Long，1991）。拉多等人认为：在第二语言中，与母语类似的成分易于学习，不同的部分则难以掌握；第一语言与第二语言体系差别越大，学习的困难也就越大，母语的干扰也可能越大。所以，语言差别可以用以预测学习的困难。据此，拉多提出了CAH：在两种类似的语言之间会产生正迁移，在两种不同的语言之间则会产生负迁移或干扰。拉多的这一根据语言习得的行为主义观点所提出的假说遭到了乔姆斯基等学者的批评，并引起了长期争论。批评者（如Stockwell, Bowen和Martin）认为，许多事实证明，CAH理论缺乏事实的支持，许多对比分析并不是简单的相似则易和相异则难的事例的罗列，而是要复杂得多。这些学者经过调查发现，两种语言之间的最大差别表现为此无彼有（new）和此有彼无（absent），但这两类差别并不是第二语言习得的最大困难所在。相反，困难最大者倒是此大彼小（split）方面。（Larsen-Freeman & Long, 1991: 53~56）这一看法是有其道理的（详见第二章）。所以，问题不在于对比分析的方法是否正确，而在于如何正确的认识和使用这一方法。

2.2.2.2 国内的相关评论

国内有些学者对对比分析的担心和批评颇多。这些担心与批评主要为"五怕"：一怕强调文化差异就会忽视文化的共性；二怕绝对化，认为对比就要分类，而分类难免犯"定型化（stereotype，我们将其译为'模式化'）"的错误；

三怕对比差异会人为地扩大差异，甚至制造差异；四怕在第二语言教学中过分强调母语和母语文化的负迁移作用而忽略甚至无视其正迁移作用；五怕随意褒贬和妄加评论，认为对比就难以避免褒此贬彼或褒彼贬此。这些疑虑与担心的原因主要是对跨文化交际的"跨文化"性质与目的缺乏了解。对这些担心的回答正是对对比分析必要性的说明。要正确认识对比分析方法，需要澄清几个问题：

（1）强调文化差异不会否定文化共性

对比分析强调文化差异的对比，但是强调文化差异并不是否定文化的共性。相反，跨文化交际研究正是在承认人类文化共性的基础上研究文化差异，因为人类的文化共性是跨文化交际的基础。跨文化交际学者认为，人类文化相似之处是根本的和主要的，否则跨文化交际就无法进行。寻求与加固不同文化之间交际的共同基础又正是跨文化交际和跨文化交际研究的目的，这就是说，了解文化差异及其造成的文化误解和文化冲突对跨文化交际的干扰所在正是为了有效地排除文化差异对跨文化交际的干扰，也正是为了探索不同文化之间相互理解和彼此适应的途径，增强相互交际的共同基础（文化共性）。只有具备交际的共同基础才能保证跨文化交际的顺利进行。

一种文化的特点只有通过跟别的文化比较才能显现出来，不同文化之间的同异点也只能通过相互比较才会显现出来。我们对对比分析方法的重要性和运用必须有足够的认识。在这个问题上，吕叔湘先生已有比较全面而又系统的论述。（王菊泉，2001）

第一，对比分析的目的是认识事物的文化特点

吕叔湘曾说，一种事物的特点，要跟别的事物比较才显出来……语言也是这样。要认识汉语的特点，就要跟非汉语比较；要认识现代汉语的特点，就要跟古汉语比较；要认识普通话的特点，就要跟方言比较。无论语音、语汇、语法，都可以通过对比来研究。要明白一种语文的文法，只有应用比较的方法……只有比较才能看出各种语文表现法的共同之点和特殊之点。假如能时时应用这个比较方法，不看文法书也不妨；假如不应用比较的方法，看了文法书也徒然。跨文化交际是来自不同文化的人之间的交际。只有通过文化、语言和交际的对比，才能了解各种语言、文化和交际之间的相同点和相异点，才谈得

上跨文化意识的获取，才能进行跨文化交际。假如能用好对比方法，不引用大量理论也能充分说明问题；假如不用对比方法，引用再多权威理论也不一定具有说服力。

第二，对比分析强调的是文化差异，但并不否定文化共性

强调文化差异，是因为只有文化差异才会构成对跨文化交际的干扰。注意文化差异是因为只有有差异才会出问题。

(2) 分类对比与模式化没有必然的因果关系

对比分析必须分类，但分类要避免模式化。这里有两个问题必须澄清：

第一，科学研究难以摆脱归类分析

人们知道，许多研究都有事物分类的方法。世界上的事物浩如烟海，人们不可能一件件地去进行研究，只有通过归类才便于操作。对比分析更离不开分类分析。古迪孔斯特（2003）编著的 Cross-cultural and Intercultural Communication 就是一部典型的归类对比之作。

第二，归类对比与模式化不是一回事

文化模式化的显著特点是本着固有的文化成见和先入为主的态度，事先设计好一种模式，主观地将某种文化硬性塞进自己事先设计好的模式之中，以说明自己的主观看法的"正确性"；而分类对比则是以客观实际为依据，在充分调查研究的基础之上，总结客观的事实和矛盾，不掺杂主观意志地进行对比分析。文化模式化采用的是过于简化，过于概括，甚至夸张的手法，以自己的文化偏见代替客观事实；分类对比则着眼于揭示客观现象的文化特征，避免主观心理的干扰，注重实事求是，避免过于简化、过于概括、脱离交际实际地空泛议论，注意具体问题具体分析。当然，在分类对比时，一定要坚持科学态度，严防模式化的干扰。

(3) 强调差异与扩大差异、制造差异不存在必然联系

有人认为强调差异必然导致扩大差异和制造差异，这是一种"非黑即白"的绝对化的主观思维方法，也是对对比分析方法的误解：一是不了解本节2.2.1中讨论的"跨文化"性质对跨文化交际研究方法的要求；二是不了解跨文化交际和跨文化交际研究的目的是排除文化差异的干扰，加固跨文化交际的共同基础。因此，强调文化差异正是为了解决差异，而不是"扩大"差异，更

不是"制造"差异。

（4）强调母语和母语文化的负迁移不是否定正迁移

母语和母语文化的正迁移不少，不过那些地方不用特别注意，因为对跨文化交际不会构成问题。只有负迁移才会干扰或阻碍跨文化交际，因此也才是应当注意的地方。

（5）对比分析与褒贬评论不是等值词

跨文化交际研究的对比分析方法与文化褒贬评论毫无关系。原因也很简单：跨文化交际的对比分析只比异同不论褒贬，这是跨文化交际和跨文化交际学研究方法的原则（见下文）；文化褒贬论是跨文化交际和跨文化交际研究深恶痛绝的"三大敌人"造成的恶果，只会对跨文化交际起到阻碍和破坏的作用，因此是跨文化交际的"死敌"，不对之严加防范就难以进行成功的跨文化交际。

3. 对比分析的原则与方法

3.1 对比分析的原则

关于对比分析，吕叔湘先生从 20 世纪 40 年代至他逝世前有大量论述。（王菊泉，2001）他的下述观点可以全面概括对比分析的原则：

3.1.1 对比要紧密结合实际

对比要紧密结合实际。一要在学习外国理论和借鉴外国经验的同时结合本国实际，二要注重自己的调查研究，着眼于解决中外跨文化交际中的实际问题。要注意研究中外跨文化交际的异同。吕先生就曾告诫他的研究生，要处理好中和外的关系以及虚和实的关系，提醒他们在向西方学习的同时，一定不要忘了结合中国语言实际；在学习借鉴外国语言学理论的同时，一定要重视发掘，研究语言事实，切忌撷拾新奇，游谈无根。我国当前跨文化交际研究中值得注意的大问题就是如何处理学习外国理论、经验与结合本国实际、进行创造性的理论研究之间的关系。

3.1.2 对比分析的重点是语言和文化差异的各种表现，而且要认识到小异比大同重要得多

特别要注意那些貌合神离的社会现象和语言现象。这里有两点值得注意：

第四节　跨文化交际学习和研究的根本方法

第一，应当重在查异，释异，以揭示和对比差异为主

吕先生说，英语的语法跟汉语的语法比较，有很多地方不一样。当然，相同的地方也不少，不过那些地方不用特别注意，因为不会出问题，要注意的是不同的地方。在此，吕先生提出了两个极为重要的观点：一是不用特别注意相同的地方，要注意的是不同的地方；二是注意不同的地方的原因是只有有差异才会出问题。

第二，要注意对比双方的对应情况的差别，即对应的不同类型

吕先生说，拿一种语言跟另一种语言比较，就会发现三种情况：一种情况是彼此不同，第二种情况是此一彼多或者此多彼一，还有一种情况是此有彼无或此无彼有。为实用目的，应该是比较有事实，比较有选择的若干项。大概说来有三种情况：(1) 英语、汉语基本相同，可以不说或一笔带过。(2) 同中有异的，要比较。(3) 一方有一方没有的，看情况处理。人们有时习惯于用非此即彼和非同则异的方法进行事物比较。这不仅无助于认清问题，还会起到误解或误导作用。事物的对应情况是复杂的，必须仔细分析和慎重研究，防止绝对化。

对比分析中，要特别注意的是那些有同有异、大同小异、同中有异、貌合神离的语言现象和文化现象，最难但也最为重要的是这类对比。吕先生说：要特别注意的是表面上好像一样，而仔细检查还是有分别的。这种相同而又不完全相同的情况，最需注意。用客观的眼光来看，这些'大同'是比那些'小异'更重要，因为这几条恰是语句组织的大纲。可是从学习者的立场说，那些'小异'比这些'大同'重要得多；道理很明显，相同则无需特别学习，相异就不得不特别注意。

3.1.3 警惕用"比附"代替"对比"，即只见其同，不见其异

避免比附和善于比较，说起来容易，做起来常常很难，主要是人们缺乏跨文化意识，容易自觉不自觉地以自己的想法或母语文化代替他人的想法或他种文化，或者用他人的观点不加分析地解释自己的文化。这是第二语言学习和跨文化交际中极为有害的现象。吕先生说，(学习者明明知道英语不是汉语) 还是不知不觉地把英语当做和汉语差不多的东西看待，不知不觉地在那儿比附……比较是比较，比附是比附……比较要注意英语和汉语不同之处，让学习者在这

些地方特别小心，这是极应该的。而且，英语在咱们是外国语，汉语是咱们的本族语，要是我们不帮着学习者去比较，他自己（除非有特殊的学习环境）会无意之中在那儿比较，而且只见其同不见其异，那就是我们所说的比附了。

3.1.4 对比分析不仅要知其然，还要知其所以然

不仅要知其然，还要知其所以然，这是对比分析的一条重要原则。只知其然，不知其所以然，是无法正确认识事物的；只能说是什么却说不清为什么，是无法让人信服的。"公说公有理，婆说婆有理"和以社会现象代替文化本质等弊端的根源就在于说不清所以然，只提出了一种看法，却既拿不出有说服力的证据，又道不明来龙去脉和历史渊源。当然，真正要做到说理富有说服力，必须刻苦钻研，力戒人云亦云，草率从事。吕先生的下一段话值得我们铭记在心：指明事物的异同所在不难，追究它们何以有此异同就不那么容易了，而这恰恰是对比研究的最终目的。

3.1.5 对比分析的成效有赖于严谨的治学态度

对比分析能否具有成效，关键在于研究者是否具有严谨的治学态度。严谨的治学态度表现为：注重研究本国实际，不照搬外国理论；善于独立思考，不是人云亦云；善于观察问题、发现问题和科学地分析问题，不依赖"剪刀加浆糊"。吕先生就曾指出：在治学方面要特别强调两点：一是要学会独立思考，不要人云亦云；二是要善于观察语言现象，善于发现语言事实。要有"悟性、记性、眼明、手勤、心细"等治学方法。

3.2 对比分析的方法

3.2.1 只比异同，不论褒贬

对比的目的不是发掘不同文化的优劣表现，更不是评判不同文化之间孰高孰低，以一种文化之长对比另一文化之短则更不足取。对比的目的只是促进不同文化之间相互正确的了解和平等友好的交往。所以，对比成败的关键在于能否排除文化优越感、文化模式化和文化偏见的干扰。

3.2.2 对比的是每种语言民族的主导文化

主导文化指的是，在人们日常生活中起主导作用的那些文化因素，也是同一民族共同认可的标准语言（如汉语的普通话）和标准行为的文化特征，是当

前绝大多数人所遵循的、在对外交往场合适用的那些交际规则。

3.2.3 对比的是交际规则，而不是社会现象

文化特征和交际规则是通过社会现象体现出来的，但不是任何社会现象（有时可能是某一时期相当普遍的社会现象）都是该社会交际规则和文化特征的反映。所谓交际规则，指的是同一文化中人们的行为、举止和谈吐必须遵循的由该文化长期积淀而成的习俗和规则。违背了这些规则，行为就不得体。现在跨文化交际研究中最需要注意的问题之一是不能草率地用孤立的社会现象（有时甚至是某一特殊时期的普遍现象）代替交际规则，更不可用一种文化的交际规则去评判随手拈来的另一文化的某种社会现象。

3.2.4 对比必须是共时对比和公平对比

对比分析要着眼于解决现实生活与当前跨文化交际中的现实问题。一定要避免以一种文化的过去对比另一种文化的现在，更不可以一种文化的过去代替该文化的现在，也不可以一种文化之长对比另一种文化之短，或用一种文化的交际准则对比另一种文化的社会现象。社会现象繁杂多变，任何人都可以从同一社会中找到千万条事例证明自己与众不同的观点。然而，只有反映该文化特性的那些现象才是合适的事例。而要抓住这样的事例，就必须善于通过现象看本质，像弗里斯所说的那样（1945），一定要将个别孤立的事件与生活模式的本质区分开来，还必须清醒地认识到生活体验必须是全面的，一种现象是否反映该文化的特点，要看其是否与该文化的整体密不可分，代表一种文化特征的社会现象必须是可以从该文化背景中找到可靠依据的本质现象。

3.2.5 对比分析需要说明所以然

对交际行为追根溯源和进行交际价值的文化特征的考证都是至关重要的。

3.2.5.1 对比分析需要追根溯源

对比分析要有根有据才有说服力。追根溯源就是追溯历史渊源。请分析下面一个案例：

案例 5. "己所不欲，勿施于人"与"己之所欲，施之于人"

在汉英翻译中，有人将汉语的"己所不欲，勿施于人"与英语的"Do unto others as you would have them do unto you（己之所欲，施之于人）"视为对应

词。然而，这一看法在实际跨文化交际中并未得到人们的认可。北京某报纸于1998年3月登载了在华工作的一对美国夫妇的文章，评论北京大街上发生的一起不良事件：一辆面包车和一辆拉蜂窝煤的三轮车相撞，煤撒了一地。两位司机争吵不休，互不相让，围观者众多，却无一人上前解劝。刚巧路过的几位美国人（包括这对夫妇）帮助拾起了煤，解决了纠纷。这对美国夫妇事后写了一篇文章，利用这一事件对汉语的成语"己所不欲，勿施于人"与英语的"己之所欲，施之于人"进行了文化含义对比，并大加评论和发挥。他们认为，中国人对生人漠不关心，因为，"中国人受到了'己所不欲，勿施于人'的遗训的影响。美国人却以耶稣的金箴'己之所欲，施之于人'教育子女。所以，多数美国人见到别人有困难就乐于主动帮助。"有意思的是，这一看法在欧美人中颇有代表性。有的在华工作的西方人也撰文提出同样看法。一位西方"中国通"在其颇有影响的介绍中国的书中对"己所不欲，勿施于人"的含义大加评论："（在中国）指导对陌生人的唯一行为原则是孔子制定的'金科玉律'：'己所不欲，勿施于人'。但是，这一告诫是消极的：只是禁止害人行为，而不是提倡有助于人。从后果来看，'己之所欲，施之于人'就大不相同了：这句犹太与基督教的格言是世界通用的原则，是支持对陌生人积极提供帮助。从更为宽泛的政治层面来看，这句格言也在宪法中体现出来，即保障少数民族权益和社会福利制度。从人际关系上看，这句格言也鼓励和帮助弱者。然而，这一原则在中国社会的推行却大为逊色了。"（Bond, 1994：57）

案例分析参考题

1. 你同意上述观点吗？你是怎样理解这两句格言的？
2. 请认真查阅这两句格言的来源并做对比分析，提出自己的看法。
3. 通过这一案例，您怎样认识对比分析方法？认为应当怎样进行对比分析？

3.2.5.2 对比分析需要在认真调查研究的基础上对比分析交际价值

词句的文化含义常常在具体跨文化交际中才会显现出来，需要善于发现问题，进行深入调查研究，发掘其交际价值的文化特性。例如，西方人对中国文化中"友谊"的文化含义颇有微词,文化误解不少,要解决这一难题,就需要进行认真细致的调查研究,了解问题所在并进行细致分析。

在对外交往中,人们习惯于"朋友"与"友谊"不离口,这当然是正常的,但是,并不是人人都清楚不同文化的人对这两个词的含义的理解和想象会有所不同。翻开英汉和汉英双解词典或者英语与对外汉语教科书的双语词汇表,汉语的"朋友"与英语的"friend"当然是人们公认的对应词,同样,汉语的"友谊"与英语的"friendship"之间的意义对应关系也毋庸置疑。然而,学习者一旦离开外语教学环境,置身于跨文化交际环境之中,就会发现汉英这两对词在中西方两种文化的人们头脑中有时产生的是不同的心理图景,结果在中西方交往中往往会发生令人尴尬的误会。笔者曾在与一些来华工作的某英语国家人士的交谈中发现,他们普遍抱怨与中国人交友难。他们认为,中国人只对家庭成员和亲戚朋友感兴趣,与一般同事和相识者则来往很少,对生人甚至于漠不关心,感情冷漠,外国人与中国人交朋友简直就难上加难了。他们的"依据"是:第一,中国人际关系建立在家庭基础之上,人们对圈外的人毫无兴趣,对不相识者冷漠无情;第二,中国人把西方人看成是一种威胁,视其为精神污染的来源,中国政府也阻止中国人与外国人过于接近。通过进一步了解,我们还发现这一看法在研究中国的西方学者中也并不罕见。有人还认为,在中国,友谊=关系=走后门。一位很有影响的中国问题研究的西方学者竟然发表这样的评论:中国人"失去他人的心脑控制就会成为最为自私自利的人,就会为自己和周围的人带来一片混乱。""(朋友)这种关系网可以帮助人们应付那不可预知的世界。所以,中国人注重关系而不注重真理。"(Bond, 1994) 中国人在交际场合的口头禅"新朋友"与"老朋友"也被某些西方人传为笑谈。例如,有人说:"第一次到中国办理业务时,中国干部会说是将你作为'新朋友'表示欢迎,在你离开时他们就可能说以后你再来时地位就会提高。比如,在你即将离开某省或某市时,有身份的官员会对你说:'这次你是我们的新朋友,下次再来就成为老朋友了。'对于中国人来说,这一差别极为重要。新朋友是作为参观者欢迎的,而老朋友则是对中国有所了解的人了。作为'老朋友',就可以享受优惠的待遇了。"

有意思的是,中国人在与欧美人交往中也有强烈的"交友难"之感。与美国人交往的中国人中最为普遍的看法是，美国人是"人一走茶就凉"、"在美国交朋友就像狗熊掰棒子……掰一个丢一个"。据有人调查，留美中国留学生和访问学者在与美国人交往中也有不少烦恼和抱怨，如认为带有情感的友谊在美国根本不存在，美国人的共同特征是不太需要友情，中国人在那里没有真正的朋友。他们认为主要问题是，中国人不能给美国人什么利益，因为美国人交朋友就是互相交换利益，利益交换了，生意也就成交了。他们普遍感到中国人在美国难以进入美国人的圈子，永远是一个局外人。旅居美国的中国留学人员发现，在跨文化交友中，在"朋友"的定义、交友的必要条件、友谊的表现形式、友谊的衡量标准、友谊的心理距离以及友谊的交换观念和交换形式等问题上都存在着明显的文化差异，而这些差异常常导致文化隔阂甚至文化冲突。

跨文化交友所遇到的困扰的原因固然复杂，人为的政治干扰更值得警惕，但是，词语的文化含义的区别也不能忽视。汉语的"朋友"与英语的"friend"、汉语的"友谊"与英语的"friendship"从现代语言概念意义和社交场合使用时的一般意义来看，似乎不易发现多大差别。但是，在实际跨文化交际中，尽管人们都喜欢大谈"朋友"与"友谊"，来自不同文化的人们头脑中这两个词所勾画出的"画面"和产生的心理反应却并不完全相同。由于存在某种文化影像和文化心理的差异，人们习惯于按母语词语的文化含义和母语文化的价值观念去理解和评判其他语言对应词语的文化含义和价值观念，因而前文中的误解难以避免。

在"朋友"与"友谊"的问题上产生的文化误解和文化冲突主要源于汉语的"朋友"与英语的"friend"的文化含义的差异和两种文化交友原则的不同。透过交友原则的文化差异对比，我们可以更加清楚地了解这两个词语文化含义的差异，主要表现为：

（1）对"朋友"含义的理解和择友的标准不同

在中国历史上，人们认为，"同师曰朋，同志曰友"，"朋友"即"同师同志之人"，朋友之间应是"同德同心"的关系。在现代中国，朋友之间仍然注重志趣的相投和交情的深厚。交友的标准是人的品性、美德和成就。英语文化的"friend"则是具有共同喜好，愿意轻松自在地在一起活动的"伙伴"。择友的标准是外在的风度、社交的能力和创造轻松愉快的共欢气氛的本领。所以，中

第四节 跨文化交际学习和研究的根本方法

西方两种文化的人相互交往中常常会发生对"朋友"含义理解的矛盾。

（2）对人际关系的看法不同

"关系"在有人群的任何地方都存在，"友谊"就是一种人际关系。但是，中国文化是群体文化，友谊是一种相互信任和彼此关切的友好感情关系，好友之间无话不谈，无所隐瞒。英语文化是个体文化，友谊是不同独立自主的个体之间共同活动但互不干涉个人自由的伙伴关系，友谊关系不能侵犯个体独立，朋友之间个人隐私必须得到维护。友情关系的建立需要一个相互了解和感情培养的过程，而且感情关系的亲疏和友情历史的长短又决定着友谊关系的不同层次。所以，真正的友情一旦建立，就会持续长久。伙伴关系多数建立于不同的工作和活动的环境之中，相互之间没有严格的要求，也不必深入了解和严格选择，朋友范围可以相当广泛。这种关系可以随着活动的开始而始，随着活动的结束而终。这就是西方的"泛爱"在社交关系中的表现。所以，中西方两种文化的人相互交往时就会产生对友谊关系的认识和期待的分歧。

（3）交际方式的不同

友情关系重内在的相互信任和情感沟通，相互之间不在意共同参加活动的多寡，注重的是实际关心和帮助以及不受约束地来往和不分彼此地共处。伙伴关系重外在共同活动的兴趣和共享话题的交谈，看重的是共同参与的活动、广泛交谈的话题和随意融洽的相互称呼。两种文化的人相处中不仅会对交际方式互不适应，还会产生价值观念的文化冲突。

（4）朋友之间的要求不同

群体文化的朋友应当不分彼此，来往自由，相互帮助，彼此依靠，亲密朋友之间还根据需要相互承担一定的义务，甚至还会同富贵，共患难。个体文化的朋友之间互无所求，也互不承担义务，交往也必须相互约定。两种文化的人相互交往中就会产生相互关切与个人自主的冲突。

不同语言的词语之间文化含义的差异有许多反映在文化背景的差异上，只有了解了这些词语意义的背景来源才能准确理解其文化含义。但也有些词语的文化含义在实际跨文化交际中才能得以显露，离开跨文化交际语境则难以发现其文化特性和交际价值，甚至在信息传递过程中发生了编码与解码的文化冲突都难以觉察，我们讨论的"朋友"与"友谊"就属后一类型。外语学习者和对外交往人士对于后一类词语要善于通过实际跨文化交际环境，揭示这类词语的文化含义在其交际价值中的体现，及其文化差异可能导致的交际障碍和文化冲突。

词语的交际价值和文化背景意义不是割裂的。词语的文化含义与语言概念意义也不是分离的。透过对中西方文化交友习俗的对比可以更加清楚地了解汉语的"朋友"与英语的"friend"、汉语的"友谊"与英语的"friendship"的文化含义对应情况，也可深入了解汉英这两个词定义背后的深刻含义："朋友"意为"彼此有交情的人"，重在"交情"；而"friend"意为"具有共同感受、喜好和看法，愿意在一起的人，"重在共同的兴趣和在一起相处的愿望。通过对比，我们发现，"朋友"与"friend"之间既有相互喜爱和愿意在一起相处的共同之处，更有文化内涵多种差别的"貌合神离"的地方。

3.2.6 对比分析包括"明比"和"暗比"

对比分析不仅有直截了当的对比，即"明比"，还可以进行"暗比"，即以某一文化的语言规则和交际规则作为参照物，有针对性地解释或教授第二语言和第二文化及其交际规则。例如，向西方人讲解汉语询问型问候语的信息意义和文化特征。

结 语

1. 科研方法多种多样。当前最常用的方法是"量的研究"（定量分析）和"质的研究"（定性分析）。这两种方法都适用于跨文化交际研究。然而，跨文化交际研究的根本方法是语言与文化对比分析。这是由这一学科的"跨文化"性质和"跨文化"交际的目的所决定的。

2. 对比分析的重点是相异点以及由这些相异点所造成的文化误解和文化冲突，目的是排除文化差异对跨文化交际的干扰，促进跨文化交际双方的相互了解和彼此适应，同建跨文化交际的共同基础，保证跨文化交际的顺利进行。

3. 对对比分析方法必须具有正确的认识和采取正确的态度。

4. 对比分析必须遵循一定的原则并采取正确的方法。

5. 对比分析方法既是跨文化交际研究的根本方法，也是第二语言教学的重要方法，忽视母语与目的语的对比是难以学好第二语言的。

> 思考题

    1. 当前第二语言教学常用的科研方法是什么？请谈谈你的认识。

    2. 你认为第二语言教学领域最有效的科研和教学的方法是什么？理由何在？

    3. 什么是对比分析方法？如何使用好这一方法？

本章重点推荐参考文献

1. 毕继万，2005，第二语言教学的主要任务是培养学生的跨文化交际能力，《中国外语》，第1期。
2. 何自然，1997，《语用学与英语学习》，上海外语教育出版社。
3. 胡文仲，1999，《跨文化交际学概论》，外语教学与研究出版社。
4. 关世杰，1995，《跨文化交流学——提高涉外交流能力的学问》，北京大学出版社。
5. 贾玉新，1997，《跨文化交际学》，上海外语教育出版社。
6. 王菊泉，2001，吕叔湘先生对我国语言对比研究的贡献，《外语教学与研究》，第5期。
7. 邢福义，2000，《文化语言学（修订本）》，湖北教育出版社。
8. 许余龙，2002，《对比语言学》，上海外语教育出版社。
9. Gudykunst, William B., 2003, *Cross-cultural and Intercultural Communication*, Sage Publications.
10. Hanvey, Robert, G., 1979, *Cross-cultural Awareness*, in Toward Internationalism: Readings in Cross-cultural Communication (m), Elise C. Smith & Louise Fiber Luce (eds). Rowbury House Publications, Inc.

第二章　词语的文化含义与词语教学

从本章起，我们将用三章讨论语言、文化、跨文化交际三者之间关系的具体表现与教学问题，具体讨论跨文化交际研究在第二语言教学中的作用，解释语言中的各种文化概念、现象与教学方法，揭示由文化差异和文化冲突而引起的第二语言教学/习得中的各种困难，研究在第二语言教学中培养学生的跨文化交际能力的方法。讨论的问题包括词语的文化含义与词语的运用、礼貌语言的文化差异与礼貌语言的运用，以及思维方式的文化特征在语言理解、运用和教学中的体现。本章讨论汉语词语的文化含义与词语教学问题。

词语的含义包括语言概念意义（简称语言意义）和文化内含意义（简称文化含义）。语言意义主要指"指称意义"或"指示意义"(denotation or denotative meaning)。语言意义直接反映客观世界的客观意义，不以人的主观意志和感情为转移。文化含义是附加在语言意义之上的主观意义，表达的是人们对词语所指的人或事物所怀有的情感或所持的态度，有时称情感意义（affective meaning）、内（隐）含意义（connotative meaning）和感情意义（emotive meaning）。文化意义是一种联想意义（associative meaning），指的是实际交际中的交际价值，反映出的是交际者的文化心理、态度和感情色彩。跨文化交际和第二语言教学研究的重点是词语的文化含义，关注的是词语含义的文化特征和文化差异对跨文化交际和第二语言教学的影响。

进行跨文化交际只解决语言障碍（language barrier）是不行的，还必须克服文化心理差异所造成的隔阂。在词语学习中，不仅要了解词语的语言意义，还必须理解词语的文化含义及其在跨文化交际中的得体运用。关于词语的语言意义、文化含义和跨文化交际之间的关系，萨雷（Szalay）和费希尔（Fisher）的解释是有其道理的：交际基本上是一个心理过程，因此，光靠常用的词典查阅法是无法确切了解词语的有效意义的。例如，要做好交际中的翻译工作，只靠双语词典或词汇手册是不够的。心理意义是不易从词典中找到的。依据传统习惯和正规的使用规则而编成的词典释义是有限的。心理意义指的是由词语某种含义激发出的主观反应，即词语的主观联想意义。（Szalay & Fisher, 1979）

　　词语文化含义的研究，在中国外语教学界和对外汉语教学界已经取得了巨大的成绩，但从某种意义上讲，这一研究仍是有待进一步开发的领域，还需要拓展思路，扩大研究范围。尚待解决的问题是在语言研究中，需要继续突破偏重传统语法结构研究的约束，加强词义的研究；在词义研究中，需要突破词语语言意义的约束，加强文化含义的研究；在词语文化含义的研究中，需要突破国俗语义的约束，加强汉外语言含义的对比研究；在对比分析的研究中，需要突破隐喻义的局限，需要扩大词语的研究范围；使用对比分析的方法时，需要突破非此即彼和非同则异的绝对化思维方式的约束，加强对有同有异、大同小异、同中有异和貌合神离的词语研究；第二语言教学领域词语文化含义的对比研究中需要突破外语教学环境中意义的约束，加强词语的交际价值的研究。要实现这些要求，就要将词语含义的研究与跨文化交际应用结合起来，将第二语言教学与跨文化交际研究结合起来，其关键在于第二语言教师和跨文化交际者不断提高自身的跨文化意识，善于从第二语言教学和跨文化交际对象的方面发现问题，并注意从外语学习者和使用者的困难以及在跨文化交际实践中遇到的问题的角度进行词语的文化含义的对比分析研究。

　　进行词语文化含义的研究，必须遵从三个原则：第一，跨文化交际对象和第二语言教学对象在汉语词语的理解和运用中的困难和需求是研究的依据和出发点；第二，跨文化意识是进行词语文化含义研究的前提条件；第三，语言与文化对比是词语研究和词语教学的根本方法。

　　本章将从四个方面讨论词语文化含义的研究和汉语词语教学：词语文化含义研究的必要性、词语文化含义的研究方法、词语文化含义对比的类别和汉语词语的翻译与词汇教学。

第二章 词语的文化含义与词语教学

第一节 词语文化含义研究的必要性

第二语言教学的词汇教学中,教师容易只关注课本内容及课本词汇表中的释义,初级阶段更依赖词汇表中的翻译释义,学生到高年级才使用第二语言单语词典。这一做法无可厚非,但存在的问题也值得注意:第一,学生不是直接了解外语词义,而是通过母语翻译义的折射得到词语的信息,结果大大降低了对词义理解的准确性和词语的运用能力。第二,词语释义容易脱离跨文化交际语境,使教科书中词汇教学脱离了课外跨文化交际环境。双语词典的翻译法大大影响了学生对外语词义的准确理解。这是因为不同语言之间词义的等值词少之又少,文化含义因受文化差异的影响,在跨文化交际中所传递的交际信息难免受到文化误解,甚至文化冲突的干扰。跨文化交际中的词语语境意义远远超过词典义和教科书中词汇表的释义。所以第二语言教学中对词语的文化含义,尤其是跨文化语境中意义传递的研究和讲解是十分必要的。本节将从三个方面讨论对外汉语教学中讲解词语文化含义的必要性:第二语言教学的需要、跨文化交际的要求和跨文化交际研究的挑战。

1. 第二语言教学的需要

来华外国留学生在我国学习汉语的过程中,最初碰到的最大困难当然是语音、汉字和语法,但是通过了基础语音学习阶段后,他们强烈感到最突出的困难是,在中国生活和与中国人交往中,不仅所学到的词汇量严重不足,对已学到的词语文化含义的理解也有不少困难,在与中国人的交际中常常会出现意想不到的信息传递障碍,甚至还会发生文化冲突。如果我们的教学不能及时满足他们渴望解决这些困难的要求,就会大大挫伤他们学习汉语的积极性,也会延缓他们文化适应的过程。

根据笔者一名硕士研究生的调查,英语国家留学生在基本语法教学阶段以后,由于扩大词汇量的急切要求得不到及时满足而学习情绪下降,教师也感到教学困难加大。(吕玉兰,1998)笔者的另一名硕士研究生对具有中、高级汉语学习水平的以英语为母语的英、美、加、澳(缺新西兰)等国的 35 名留学生进行了问卷调查，了解他们学习和运用汉语文化词语的情况。她从 13 本初、中级对外汉语教材和汉语词库中选择了 10 个礼貌词语（贵姓、劳驾、过奖、客气、请教、关照、费心、打扰、不好意思、见外）、10 个汉英文化含义非等值词（赡养、谦虚、老乡、妥协、孝顺、冒险、主人翁、隐私、仗义、终身伴侣）和 10 个汉语国俗词语（小康、晚婚晚育、出身、精神文明、天伦之乐、统一分配、评薪、大龄青年、户口、离休）。她发现，在礼貌词语中，除了在教材中出现频率最高而且在日常交际中使用频率也最高的"甲级词汇"中的"贵姓"一词以外，学生在交际语境中仍然最喜欢使用汉英直译句，不大会使用或不愿使用地道的汉语礼貌词语；在非等值词语中，对"妥协"与"冒险"持肯定态度，对"赡养"、"谦虚"、"孝顺"则持否定态度，认为 privacy（隐私）是人的基本权利，"主人翁（master）"是坏人、偏见者、种族主义者、老板或奴役者。对 10 个国俗词语都不能完全理解，其中最难理解的是"小康"、"出身"和"统一分配"。(李黎峰，1999) 不难看出，英语国家来华留学生对汉语中上述具有文化含义的词语的理解、评价和运用的困难不仅源于他们对这些词语所体现的文化背景意义、价值观念和交际价值的理解障碍，也源于中西方两种文化之间交际规则、思维方式和价值观念的冲突所造成的文化心理和文化感情的障碍。

这 30 个词语中，10 个汉语礼貌词语反映出的就是中国文化的交际规则和交际价值；10 个国俗词语反映出的就是中国文化的背景意义；从 10 个汉英文化含义非等值词中，就可发现中西方价值观念的文化差异和中国文化特征，并可推断出中外交际中可能产生的文化误解，甚至文化冲突。学习汉语的外国人如果不理解这些词语的语言意义和文化意义，就无法理解中国文化的社会和历史背景、交际规则和价值观念的文化特征，也无法理解中国人的交际行为。反之，如果充分了解中国文化的社会和历史背景，交际规则与价值观念，就不难理解这些词语的含义了。然而，了解与认识是一回事，感情上能否接受又是另一回事。这是因为，对第二语言习俗的理解和跨文化交际还要克服心理和感情的文化障碍。例如，对于体现中国文化自谦尊人和相互关切的礼貌交际规则的 10 个礼貌词语的含义，西方人即使充分了解了含义，也仍难以接受和付诸实施，对体现中国文化价值观念的"赡养、谦虚、老乡、孝顺、主人翁、仗义、终身伴侣"等词语在了解了含义之后仍难以在感情上认同。他们在学习和理解这些词语时,就不得不克服文化心理的障碍和排除文化差异的干扰,严肃认真地在交际规则、思维方式,甚至价值观念和感情态度上做出必要的调整或转变。例如,"孝顺"是中国文化家庭关系中重要伦理道德要求,有的西方"中国通"却认为这是由于中国"社会的动荡不定、人情淡薄才会强调爱心不渝",是"资源在施惠者的责任感和受惠者的需求的基础上归大家共享",是一种"交换模式"(Bond,1994:56)。这是用西方的个人中心和一切都是利益交换的心理理解和解释中国文化的"孝道"。

在第二语言教学中,学生对双语词典的依赖的确是值得教师认真研究的大问题。调查中就发现,即使汉语水平已达到高级程度的外国留学生,也仍未完全摆脱通过汉外双语词典和教科书中词汇表的译文去理解汉语词义的情况,对母语的依赖仍然极大。根据上述调查,英语国家的留学生学习汉语词语的方式为:使用汉英双语词典者占40%;依据课本词汇表中的译文者占27.1%;按老师讲解去理解者占15.7%;使用汉语单语词典者只占8.6%;向中国朋友请教者占7.1%,通过其他途径占2.5%。这就是说,外国留学生对汉语词义在相当长时间内是通过翻译法去理解的,而不是在中国文化环境中直接获得的由汉语词语所提供的真实"影像"。他们在运用汉语词语表达思想时仍然摆脱不了母语文化交际规则、思维方式和价值观念的"指导"。这种"折射"的图景和"过滤"的信息往往会造成信息传递的错误,对跨文化交际造成严重的干扰。

在词汇教学中,需要注意:第一,尽早摆脱翻译释义法,让学生通过目的语释义去理解该语言词语的语言意义;第二,注重文化含义的解释,并将词语置于目的语文化环境和实际交际环境中帮助学生理解其文化含义和交际价值。第三,帮助学生排除母语语言和文化的干扰,包括文化心理的干扰,扫除理解和运用外语词语的文化心理障碍。

案例6. "老外"一词引起的跨文化风波

近年来,在我国大中城市流行的"老外"一词,现在已成为人们喜用的高频词,有的涉外部门对这一词语也不加回避。在电台、报刊、舞台上人们也公开地、甚至当面对外国人使用,《老外直言》曾一度成为有的报纸的固定栏目标题。据笔者调查，人们毫不在意地使用"老外"的"理由"是，这一词"带有诙谐、戏谑的意味，并无褒贬含义"。他们哪里知道，被称为"老外"的人的心理反应却大相径庭。笔者本人和笔者的中外学生曾做过多次调查，尚未发现一名"老外"真正从心里接受这一称谓，人们难以听到他们的"心里话"是因为许多在中国工作和学习的外国人的态度是"既在他国，只能不得已而受之。(This is their country. They can do what they want.)"在"老外"一词流行初期，选修笔者跨文化交际课的一名西方研究生做了大量调查研究：他从"新浪"、"雅虎"等网上找到了大约五万条包含"老外"关键词的网站、网址和个人网页，然后对39名讲英语的外国人和15名中国人进行了问卷调查。他本人已在中国生活学习了6年，并与中国姑娘结了婚。他也总结了6年来的亲身体会。他在学期作业中总结了自己的调查结果，全面阐述了自己的看法。他发现，97.4%的外国调查对象认为这一称谓"太随便"、"不尊重人"。这些外国人指出，使用这一词语时"必须考虑受话人的心理接受能力"，要考虑"外国人是否愿意接受这一称谓"，认为这一词"含有排外意味"，是与西方人称中国人为"Clink"、"Chinaman"一样的蔑称。"老外"的大量使用给人的感觉是"中国人把他们看做是一种供中国人欣赏的奇异动物"，"把他们看做外星人"；居住在中国的外国人把"老外"这一称谓视为他们仍然被排斥在中国社会之外的标志。他还自嘲地说："我第一次被中国人称为"半个老外"时（因为已是中国人的女婿）几乎陶醉了，觉得自己终于实现了逃避当"外人"的渴望，而且认为这是一种荣誉。可见当'半个成员'好不容易呀！"

这位学生最后提出了一个值得人们深思的看法："像'老外'一类中外跨文化交际中的词语涉及跨文化语言交际的准则，中国人在跨文化交际中使用时就应将其视为'跨国籍词'，应当受到国际交际准则的制约。"

人们以为，"老外"一词已普遍使用多年，现在外国人早已习惯了，已经不成问题了。遗憾的是，在华外国人对这一词仍然持反感态度。下面摘自美国《国际先驱论坛报》2007年11月9日登载的美国驻华记者霍华德·弗伦奇发自上海的一篇报道（摘自《参考消息》2007年11月12日《"老外"称呼让外国人不舒服》）：

过去4年，我在中国最现代的都市——上海生活，为了摄影，我流连在工人阶层生活的社区里，每次我都能听到人们叫我"老外"。

这是一个让外国人感觉不大舒服的词。它的字面意思是"年老的外国人"。这个词语通常伴随着嘲弄意味的、唱歌似的英语问候——"hello"。人们的语调没什么错误，但语气绝不友好。

事实上，如果"老外"的称呼仅限于工人阶层生活的社区，我根本不会说出自己观察到的这一现象。情况并非如此，在酒店和餐馆，在城市的中心街道上，在整个中国，我听到各阶层的中国人随意且大声地说出"老外"这个词。我在想，如果在国外，无论他们走到哪里都有人用手指着他们说"中国人"，他们会是怎样的感受。

案例分析参考题

1. 你对当前我国社会上流行的"老外"的说法如何看？理由何在？
2. 请在中外人士中做一社会调查，了解他们对这一案例的反映，并分析他们的文化心理。
3. 你认为应当如何处理词典和词汇表中的双语释义？

2. 跨文化交际的要求

在跨文化交际中所使用的词语，除了那些具有明显的文化背景特性的喻义词和成语典故以外，占绝大部分的普通词语的文化含义往往在具体语境中才得以充分显现。这就是前文中提及的词语文化含义的研究必须从外语教学环境扩展到实际跨文化交际环境的原因。第二语言学习者对外语词语含义的文化特性及其与母语对应词语含义的文化差异主要是通过在具体跨文化交际语境中词语的运用而发现的，也只有通过具体跨文化交际，第二语言学习者才会"遭遇"文化冲突并学会排除母语和母语文化负迁移的干扰，逐步认识、接受和学会使用目的语词语。这种从认识转化到接受和会用，是一个交际规则、思维方式和价值观念的调整与转化的痛苦而又缓慢的过程。

笔者的一名外国硕士研究生在撰写论文（马盖斯，1994）过程中对英语国家留学生学习汉语礼貌语言的情况做了比较广泛和深入的调查，发现了许多教师在课堂上难以发现甚至意想不到的问题。这些问题严重阻碍了这些留学生对汉语礼貌词语的理解、接受和运用。他的调查进一步证实了笔者的上述看法。以英语国家留学生对汉语感谢语的理解为例：

  一位澳大利亚学生认为"中国人感谢人时说的'给您添麻烦了'译成英语是'That has added a lot of trouble to you'，这是把自己的看法强加于人，是不礼貌的，因为我并没有认为或表示帮助你是个麻烦呀!"英语国家的留学生将"让您受累了"理解成"I have made you tired"，认为无法将"这一故意让人受累的说法理解为感谢语"。另一位澳大利亚学生甚至认为这是有意嘲笑人："你给我提了这么长时间的东西，现在很累了，你完蛋了，我就一点也不累。"汉语感谢语"对不起，浪费了你不少时间"直译成英语不仅让人费解，还会引起别人的反感。一位英国女学生对"你辛苦了"中的"辛苦"按《汉英词典》的译义理解为"hardship"，以为"辛苦"意为"长时间的痛苦"。她说："我一听到'你辛苦了'就感到'辛苦'用得一点也不恰当。英语的自然说法是'Thank you for your time.'"

  正因为存在上述问题，英语国家的留学生在汉语词句的使用中，往往尽力回避使用地道的汉语礼貌词语，而喜欢搬用母语文化的礼貌规则和方式，或者采用与母语文化冲突不大的"折中"词语。例如，与人第一次见面时，还是喜欢说"我的名字是……"或"我叫……，你呢?"，而不习惯使用"您贵姓?"，在感谢人时，还是喜欢用"谢谢你"或"谢谢你帮助我"，却尽力回避地道的汉语感谢语。

  这里的问题就不仅出在词语通过双语词典的直译上，还反映出对词语含义的交际价值的理解，反映出交际规则的严重文化冲突。要解决这一矛盾，就不仅要解决翻译法的词语释义问题，还要解决词语交际价值的理解和交际规则的转化才行。

  对词语交际价值的理解远比对词语语言意义的理解复杂，而交际规则的转化则更为复杂，更加困难。因为这一转化不仅涉及长期形成的母语文化风俗习惯的改变，更要求从文化心理和思想感情上做出必要的调整和改变。要做到文化适应和自我改变，需要经历一个艰难而又漫长的过程。如何帮助学习汉语的外国人尽量缩短这一过程并顺利通过这一过程，就是对外汉语教师面临的艰巨但又必须完成的任务。

3. 跨文化交际学研究的挑战

随着中外交往的发展，外国各方面人士已大大加强对汉语和中国文化的研究，其中包括出于各种目的、从各种不同角度对汉语词语文化含义的研究，中外市场上都有不少这类畅销书籍。这是一种可喜的现象，值得我国学者注意，也是对我国汉语词语文化含义研究的激励。但是，事实也提醒我们，要正确解释汉语词语的文化含义，需要中国学者发挥关键作用，外国人的许多误解也需要中国学者去澄清。根据笔者收集到的资料，西方英语国家的学者对汉语词语文化含义的研究至少可以分为三种类型：承认文化差异，注意调查研究和对比分析；忽视文化差异，喜做主观臆断和褒贬评判；无视文化差异，以政治偏见代替学术研究。

3.1 承认文化差异，注意调查研究和对比分析

许多学者的调查研究是客观的，态度是严肃的，工作是认真的。例如，美国学者哈策尔（Richard W. Hartzell）在做了大量的调查研究之后撰写了《冲突中求和谐》（*Harmony in Conflict*）一书。书中对英汉词语的感情意义采用萨雷和费希尔介绍的"联想组合分析法"（Associative Group Analysis，简称 AGA）和奥斯古德（Osgood）的语义区分法（Semantic Differential，简称 SD）进行了认真细致的对比分析（1994：393~408）：

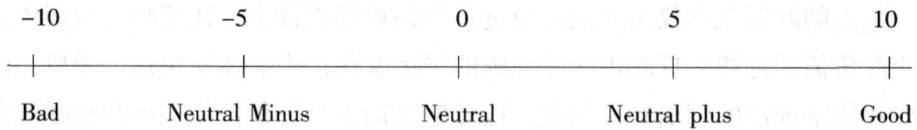

（1）英语含义为坏至中性偏坏的词语在汉语中对应词的感情意义有以下几种情况：

① 好。如：

"mother's boy" 与 "孝子"

"homesick, Homesickness" 与 "思乡，落叶归根"

"nepotism" 与 "家族观念"

"dragon" 与 "龙"

② 根据语境的不同含义可能为好也可能为坏。如：

"red envelope" 与 "红包"

"propaganda" 与 "宣传"

③ 含义为中性。如：

"fat" 与 "胖"

"old" 与 "老"

"idolatry" 与 "崇拜偶像"

"moonlighting" 与 "披星戴月"

④ 含义相似。如：

"pedantic" 与 "喜爱卖弄学问的人"

"barbarian" 与 "野蛮人"

"crazy" 与 "疯狂的，玩命的"

(2) 英语中中性词的汉语对应词的感情含义有以下几种情况：

① 中性偏好。如：

"not bad" 与 "不坏（不错）"

"standard" 与 "标准的"

② 坏至中性偏坏。如：

"change of tradition" 与 "改变传统，创新作风"

"forget your roots" 与 "忘本，数典忘祖"

③ 好或坏。如：

"privilege" 与 "特权"

"see (you) again" 与 "再见（在有的场合是咒骂语，如医院和葬礼仪式）"

④ 也为中性词。如：

"normal" 与 "正常"

"adaptable"与"可适应的"

"ordinary"与"平常"

(3) 英语词含义为中性偏好至好者，汉语对应词有：

① 感情意义相反，即贬义。如：

"pride"与"自我赞扬"

"break with tradition"与"打破传统"

② 根据语境不同感情意义或好或坏。如：

"popular"与"流行"

"practical, practically minded"与"现实，实际"

③ 中性词。如：

"try my best"与"尽力而为"

"good"与"好（如无具体所指，充其量也只是一个中性偏好的模糊词）"

④ 褒义词。如：

"provincialism"与"乡土主义，地域观念"

"departmentalism"与"本位主义，各自为政"

"tolerance, patience"与"容忍，耐心"

除此而外，作者认为还有许多在具体使用中值得推敲的词，即在某些语境中说英语的中国人所赋予的含义与英语国家的人的理解不同。

我们对这位作者对比的某些具体词语的看法不一定完全认同，但有一点是肯定的：这位学者的态度是严肃的，研究是客观的，方法是有效的，工作是细致的。其研究方法对我们的研究工作具有启迪意义。

3.2 忽视文化差异，喜做主观臆断和褒贬评判

这类学者中许多人都是"汉学家"和"中国通"，对中国的历史文化和现代社会与文化都做了长期深入的研究，对中国的历史、语言和文化大多相当熟悉。他们的研究和著作在中外都有很大的影响，他们也都是向西方介绍和宣传中国的积极分子。其中态度客观并为西方人了解中国做出贡献的大有人在。但是，他们当中也有不少人缺乏跨文化意识，始终未能跨越"文化适应门槛"，因而，总难摆脱文化优越感、文化模式化和文化偏见的羁绊，常常自觉或不自

第一节 词语文化含义研究的必要性

觉地用自己的母语文化的交际规则、思维方式和价值观念去衡量中国文化，喜作褒贬评论。结果，他们对汉语词语的语言概念意义和文化内涵意义总免不了曲解和滥用，甚至喜欢利用从书本中和社会上捡拾到的一些支离破碎的"例子"和现象加以引证。对汉语和中国文化自觉不自觉地进行了歪曲。彭迈克（Michael Bond）的畅销书《难以捉摸的中国人》（*Beyond the Chinese Face*, 1994）就是这样一本影响很大的代表作。

彭氏在书中喜欢引经据典，不断使用汉语的成语典故和俗语，从中国人的家庭教育、思维方式、社会行为、群体关系、心理病理分析直到现代化与传统文化之间的关系等多方面对中国人进行了"心理剖析"。但他对汉语词语含义的解释和评论却犯了不少错误。主要表现在三个方面：

第一，断章取义

例如："缘"指的是"缘分"，意为"机缘"。《现代汉语词典》的释义为"迷信的人认为人与人之间由命中注定的遇合机会；泛指人与人或人与事之间发生联系的可能性。"现在人们主要用后一含义，并且带有褒义。例如："咱俩又在一起了，真是有缘。"彭氏抓住前一释义并对此大做文章，说什么"由于'缘'是外在因素，它可以作为与他人消极交往时起到保护作用的'托词'，个人不为后果负责……中国人认为在生活中有许多不可预见、不可控制和命中注定的因素。"还说"由于近代中国的动荡和权势者的独断专行，乐天知命地屈从于不可捉摸的命运诚然是一种实用的反应。"（Bond, 1994: 61）

第二，曲解含义

例如：对"满招损，谦受益"，彭氏的解释和评论是："避免自我炫耀的谈话可使集体免于崩溃，也可避免使集体成为只为狭隘个人利益服务的工具。……由于中国社会中群体的重要性，《易经》中说的'满招损，谦受益'可谓明智的忠告。"（53）我们都知道，"满招损，谦受益"出自《尚书·大禹谟》："满招损，谦受益，此乃天道。"讲的是克骄防矜，即虚心使人进步，骄傲使人落后。这是中国人做人处事的传统美德，是自身修养和待人处事的道德要求，是从积极的角度阐述的中国人人皆知的真理。然而，彭氏将其变成了消极的"避免集体分崩离析"的态度和"避免集体成为只为狭隘个人利益服务的工具"。不难看出，这是对汉语的"谦虚"含义的曲解，也是这位学者对中国文化的偏

第二章 词语的文化含义与词语教学

见，并将西方个体文化的价值观念强加在集体文化之上。

第三，随意滥用

例如：彭氏在解释"血浓于水"一词时，居然生拉硬扯地做出这样的评论："'血浓于水'，在以居住相对稳定和没有政府提供社会福利为特征的社会中更是如此。在动荡不定、人情淡薄的社会里只有家庭才会爱心不渝。所以，人们一生中总是持续不断地强调和滋育这种关系。资源在施惠者的责任感和受惠者的需求的基础上归大家分享……一种尽孝道感和父母责任感促成了这种慷慨施予的交换模式。"(56)"血浓于水"有其英语对应说法："Blood is thicker than water."彭氏为什么对汉语这一词句乱加褒贬呢？恐怕除了文化偏见作怪以外还存在着这两个汉英对应的词句在现代社会中价值观念的文化差异问题。

如果认真阅读该书的"后记"并总结贯穿全书的"金线"(golden thread)和作者在全书中的评论与分析，我们就可以清楚地看到在彭氏笔下的中国是：中国人是虚伪不实、忍气吞声、缺乏独立人格的人，甚至为了和平与安定，"宁作平时狗，不为战时人"（65）；中国家庭是夫妻不平等，并且是躲避冷漠、残酷和专横的外界社会的避难所，所以在汉语中有"在家千日好，出外一时难"之说（6~7）；中国的单位是由家长式统治者控制的、由等级关系组成的集体，中国的社会是由"集权制"统治的"冷漠、严酷和专横"的社会，所以才有"在家靠父母，外出靠朋友"之说；中国人际关系是重人情、废真理的不正常的关系，中国人重视道德教育是因为道德可以控制人的头脑，防止社会动乱；中国人对外国人的态度是将西方经济成就和先进技术视为威胁，拒绝向西方学习。正是基于这样的偏见，该书作者才会将汉语中许多词语的含义加以曲解和滥用，甚至随意用以服务于他对中国社会和文化的曲解和贬责。正是由于他摆脱不了文化优越感、文化模式化和民族偏见的束缚，他才会用西方的绝对化思维方式去将孔子所说的"苟正其身，于从政乎何有？"释为"担任领导的条件是良好的品德，而不是技术和专业才能。"(74) 将老子讲的"善者不辩，辩者不善。(He who proves by argument is not good; the good man does not prove by argument.)"释为"好人不争辩，争辩者非好人。(A good man does not argue; he who argues is not a good man.)"(55) 也才会用西方的价值观去曲解和评论汉语的"夫唱妇随"(52)。也正是由于强烈的民族优越感和政治偏见，他才会将"中学为体,西学为用"与"反对精神污染"联系起来,一概斥为"反对西方"(51~52)。还是由于他抓住"三大敌人"不放,才会毫无顾忌地把"宁为平时狗,不为战时人"诬为中国人的"座右铭"(65)。

3.3 无视文化差异,以政治偏见代替学术研究

这类人一般是西方政客、记者、商人及其代理人。他们是以词义解释为名,向西方宣传他们对中国的偏见。其特点是自觉或不自觉地坚持和维护文化优越感和政治偏见,基本上或纯粹是出于政治和工作需要,以一种防范或对立的态度,根据他们所固有的对中国的偏见去理解和解释中国的一切情况和汉语词语的含义,并研究对付中国人的策略。但是,他们当中不少人又自命为或被吹捧为熟悉和研究中国的"汉学家",在西方社会中具有不可忽视的影响。博伊·拉菲特·德蒙特(Boye Lafayette De Mente)就是这样一位"学者"。他将其编写的《中国文化词语词典》(*NTC's Dictionary of China's Cultural Code Words*,1995)自誉为"中国人思维、交际和行为介绍大全"(封面副标题),称书中介绍的是"中国人人确信无疑而外国人难以理解的基本词语和应对方法","是与中国人打交道的个人、旅游者和企业家深入了解中国和有效地与中国人交往的极为有用的参考书"(封面介绍)。全书分10大类,介绍了300多个汉语词:职业道德与实践(37个);文化习俗(50个);伦理道德与教育(29个);理解与角色表演(25个);家庭与家庭事物(11个);外国成分、汉语、美学和创造(24个);接待与食宿(10个);男女与性别关系(14个);哲学信仰与身心健康(54个);政治、权力、钱财与法律(49个)。有两个词("中堂"和"中文")作者未归类,不知是遗漏还是感到不易归类。

这本书实际上是一本政治词典,与词语释义相去甚远。作者对文化差异的态度是消极的。他引用英国宣扬殖民政策和鼓吹种族主义思想的小说家吉卜林的话"东是东,西是西,泾渭分明,永不相会",说明东西方之间现在还是这样缺乏相互交往的基础,"因为相互之间文化差异太大了,太多了"。而且,"正如词语释义中所说,中国人总认为在任何交往关系中都必须按照他们的文化要求去做。"(前言)因此,他采取的态度是根据"自己的理解去解释汉语词义"。结果,从词义解释到中国文化的"介绍"都走了样,因为他都是根据自

己搜集到的"资料",通过自己的"消化"和加工而进行词义解释和评论的。例如:将"才智"释为"中国人是非不分的聪慧";将"就业"解释为"强制安排工作",并称"这一形式在中国法律和政治控制的制度中以及整个经济生产中发挥重大作用。"他还将中国机关和工厂的大院和门卫制说成是"比监狱好不了多少的对人们的控制办法";将"诚"释为"判断你的真诚",并借题发挥,说"现在,中国人,特别是政府官员,置西方人的看法和与之交往的公平性而不顾,总爱把对中国直接有利的态度才视为对他们的真诚。"

作者对汉语中一些日常交际用语也胡乱解释和乱加评论。例如:将赞扬应答语"不好"和"哪里,哪里"释为"回避社交义务";将"不在"释为"除了我们这些胆小鬼以外再没有别人了"……作者还大量列举中国社会一度存在的个别劣质服务现象证实他的解释,并向外国人推荐对付中国人的办法。例如:如果中国人对你说"不行",最有效的对付方法是把你的要求说成是生死攸关的大事,比如说"你突发心脏病,这时你就什么要求都会得到满足。"

德蒙特的《词典》中也不是毫无客观的解释。但是,整个词典体现出的是作者的错误态度、胡乱释义与评论。这一词典暴露出作者的主要问题是:第一,坚持政治偏见和文化优越感,将文化差异一概政治化和褒贬化,总喜欢用作者本人的政治观点和母语文化的交际规则、思维方式和价值观念去居高临下地评判中国文化的一切。第二,研究词语文化含义不是为了正确了解汉语言和中国文化,以排除跨文化交际中的文化干扰,而是从对立的角度"知己知彼",寻求对策,强化文化障碍和文化隔阂;第三,在方法上,不是深入了解文化本质和中国人所遵循的行为准则,而是专门搜寻自己需要的材料,以"引证"自己固有的偏见。所以,他在中国的所见所闻都是通过其有色眼镜加以过滤和其政治偏见加以折射后"变了形"的东西,也正因为如此,他才会将与中国人交往中遇到的一切困难和矛盾都归罪于中国人,将文化差异、文化休克和文化冲突一概作为对中国文化褒贬和谴责的依据。

对于这类著作和评论我们不能简单地不屑一顾或嗤之以鼻了事,而要冷静对待,认真研究,当前还应大力加强对这部分人的看法和评论的研究。其道理很简单:随着我国经济的发展和对外交往政策的推行,外国商人、企业家、记者和外交官越来越感到深入了解中国和学习汉语的重要性。但是,这些人的汉语学习和对中国文化的了解是为了工作的需要,也就是人们所说的"instrumental(工具性)"学习。中国的发展和强大也越来越遭到敌视中国的人千方百计地诋毁和攻击。2008年中国举办奥运会前后西方某些敌视中国的新闻媒体的充分表演足以警告全体中国人和海外华侨华人:要让西方人真正了解中国还是任重道远的。如何帮助西方人真正了解和正确认识中国,并尽量减少文化误解和文化冲突,是我国跨文化交际学者和对外汉语教师值得高度关注与亟待研究和解决的大问题,对外汉语教师还应当敏感地注意到学生成分的新变化,在教学中作出及时调整,帮助学习汉语的外国人正确认识汉语和中国文化,排除汉语学习和运用中的心理隔阂和文化障碍。

结 语

第二语言教师、翻译工作者和跨文化交际人士在词语的教学、翻译和使用中,需要认真处理三个问题:

1. 不能只关心词语的语言意义,还必须高度重视词语的文化含义;

2. 词语的教学与习得不能局限于课堂书本内容的操练,还必须重视词语的运用需求和交际价值的研究与讲解;

3. 要具备高度的跨文化意识,清楚了解外国人学习、理解和研究汉语词语中的困难与问题,并采取正确有效的应对方法。

思考题

请做一社会调查,了解第二语言学习者在学习、理解和使用第二语言词语中的困难与问题,并做一分析,提出你自己的见解。

第二节 词语文化含义的研究方法

对比分析的方法是词语文化含义研究的根本方法。如何运用对比分析方法进行词语文化含义的研究呢？国外流行和国内也比较认同的方法是"联想组合分析法（AGA）"和"语义区分法（SD）"。这两种都是对比分析的常用方法，但是，最可靠的方法是交际价值的对比分析并追溯文化根源。

1. "联想组合分析法"与"词义区分法"

1.1 萨雷和费希尔的"联想组合分析法"

萨雷和费希尔认为，词的意义在很大程度上由每人独特的"参照系统（frame of reference）"所决定。要准确了解一词的含义，就要捕捉到该词使用者所赋予的参照系统，即语言使用者赋予该词的主观意义。他们认为，在交际中，对词语应当了解的意义是其主观意义（subjective meaning），或称心理意义（psychological meaning），即人们根据自己的生活经验为词语含义所激发的主观心理反应。世界每一个国家的人都有其独特的兴趣、观念、态度和信仰，这就是组织和理解其生活经验的独特参照系统。他们还认为，交际基本上是一个心理过程，要清楚了解一词一语的含义，光靠查阅语言词典是不行的，因为词语的心理意义是无法从词典中查找到的。他们提出了"联想组合分析法"，对比分析不同文化背景的人对同一词语所赋予的文化含义。

联想组合分析法（Associative Group Analysis, 简称 AGA）是运用一种词语联想的技术（word-association technique）绘制出"语义图（semantograph）"，进行跨文化交际中词语含义的对比分析。具体方法是，先挑选相关的两种语言的被试组，让其对母语中某些词语自由联想，然后译成另一被试组的语言，最后对他们所赋予的主观意义成分进行对比，总结出主观意义的文化差异，运用语义图标明所选词语含义的重合与分离部分，以此显示出他们参照系统的差异。以英语"education"为例，选择同文化中教堂牧师和体育教练所赋予的主观意义进行对比，其结果如下图。

第二节　词语文化含义的研究方法

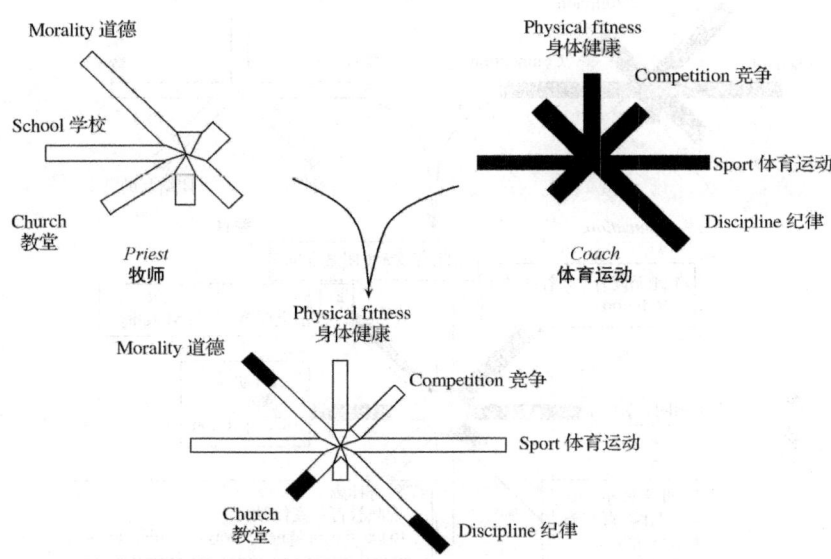

西方教堂牧师与体育教练对"education"含义的理解

　　根据联想组合分析法绘制出的语义图很能说明问题。"education"在英语中的语言概念意义是通过正规学校进行知识和心理教育与训练的过程。从图中可以看出，同一词语"education"对牧师和体育教练这两种不同的人来说，含义既有重合之处，又有完全不同之处，重合之处的程度也是不同。例如，教堂和运动都重视学校教育，这是重合之处。在教堂做礼拜是牧师的任务，却与体育教练无关；体能训练与竞技水平是体育教练的任务，牧师却不关心，这是不同之处。也有既有重合又有分离的方面，即此大彼小或此小彼大之处。例如，道德要求二者都有，但牧师对教徒的要求更高。反之，纪律要求二者也都有，但是体育教练对运动员的纪律要求远远超过牧师对宗教信徒的要求。所以，对比词语的文化含义时，不能简单地认为非同则异，也不能认为不是此有彼无就是此无彼有，还要注意到有同有异、大同小异、同中有异等各种不同程度的差异。

　　联想组合分析法在跨文化交际和第二语言教学中是进行词语文化含义对比分析研究的有效方法。这一方法否定了"非黑即白"的绝对化思维方法，要求实事求是地对比分析不同语言之间对应词语文化含义不同程度的差异。我们不妨运用语义图将英语的"education"与汉语的"教育"做一对比分析：

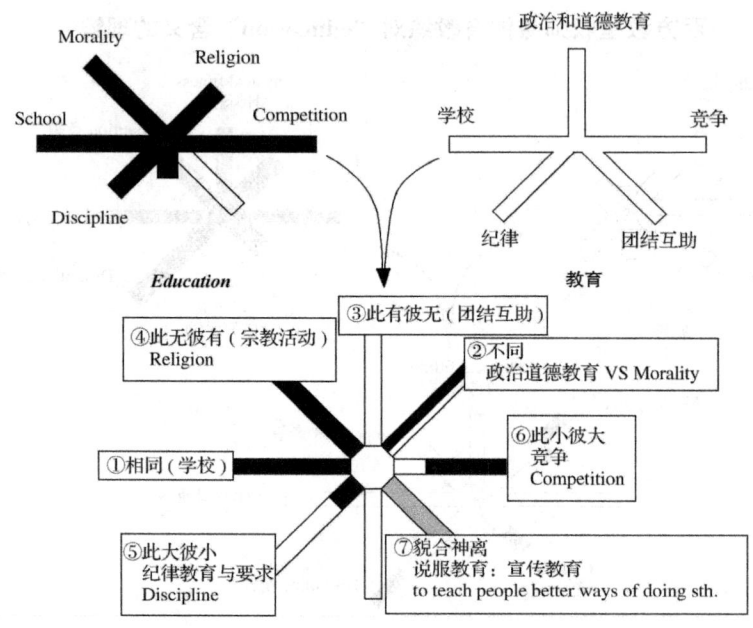

通过图示对比，我们发现汉语的"教育"与英语的"education"这两个语言意义的对应词，主要都是指学校对儿童、少年、青年进行培养的过程，其任务都是对学生进行人格和知识训练。《现代汉语词典》所给的定义是，培养新生一代准备从事社会生活的整个过程，主要是指学校对儿童、少年、青年进行培养的过程。education 在 *Longman Dictionary of English Language & Culture* 的定义是：the process by which a person's mind and character are developed through teaching, or through formal instruction at school or college.（education 是对人进行才智和品质教育的过程，是学校进行的正规教导的过程）。但是，二者之间的文化含义有不少差别。社会制度和价值观念的差异决定了中西方两种文化在教育的目的、方针、制度、任务、原则、方法，甚至组织形式、师生关系和管理制度等许多方面都有极大差异。用语义图的方法对比汉语的"教育"与英语的"education"的文化含义，我们就可以发现二者之间基本语言意义对应，文化含义却有复杂的差别：

① 二者完全对应。"学校"和"school"都是培养人才的地方。

② 二者完全不同。道德教育的内容，中国文化是爱国守法、明礼诚信、

团结友善、敬业奉献,以爱祖国、爱人民、爱劳动、爱科学、爱社会主义为公民道德建设的基本要求（见中共中央关于《公民道德建设实施纲要》,2001,10）而英语文化的 morality 包含的内容则是 faith（忠诚）、hope（希望）与 charity（慈善）。前者是从政治角度将道德回归于意识形态范畴,后者则是从宗教角度提出的行为标准（rightness or pureness of behavior, of an action, etc.）。

③ 此有彼无。团结互助是中国学校教育的重要内容,却不存在于英语文化的教育之中。

④ 此无彼有。宗教教育只存在于欧美许多学校之中,如学校有教堂,学生早上有宗教仪式（如英国的中学）。

⑤ 此大彼小。纪律教育与纪律要求在中西方文化中都存在,但是中国学校对学生的纪律教育与纪律要求远比英语文化高。

⑥ 此小彼大。竞争在英语文化学校十分强调,传统的中国文化中却不存在。现在我们的学校也鼓励竞争,但提倡的内容（争胜但不伤害他人,竞争不忘团结协作）和强调的程度也远远小于英语文化。

⑦ 貌合神离。英语中的 education 还有另外两个含义：to (try to) make known and accepted（试图倡导或宣扬）；to show somebody the bad result of doing something so that they will not do it again（劝诫,教训）:"Not enough is being done to educate smokers about the benefits of stopping the habit.（戒烟教育工作还不够得力。）"汉语中"教育"也有另一含义：用道理说服人使照着（规则、指示或要求等）做。(《现代汉语词典》) 二者之间似乎看不出有多大差别,但是中国的这种"教育"包含有党的思想教育和群众的自我教育（相互帮助、榜样示范）,在英语文化中这一点却不存在。这是政治观念和价值观念的文化差异。不了解这一差异,就无法理解中国人常说的一些话的含义。例如：

党的关怀教育使我走上了正确的道路。

在大家的教育下,我改正了错误。

他们的先进事迹深深地教育了我（使我深受教育）。

看了长征展览,我很受教育。

联想组合分析法给我们的启示是,在进行词语含义的对比时需要明确以下几点：一要认真了解词语在母语文化中的主观心理意义；二要认真了解该词语的外语对应词在外语文化中的含义；三要仔细对比研究两种语言的对应词之间主观心理意义的同异点，尤其是差异所在；四要在研究差异之处时还要细致区分差异的程度。

词语文化含义的差异实际上体现为程度不同的一个"连续体（continuum）"。连续体分为两极：一端相同，另一端相异。处于两极的词语不为多数，对比也比较简单。大量的、复杂的差异存在于两极之间的不同位置，即表现为不同程度的重叠与不重叠的差异，尤其是貌合神离的词语最为突出。

联想组合分析法不失为跨文化交际和第二语言教学研究的好方法，但是语料收集的主观性太强，研究的可靠性差。

1.2 奥斯古德的语义区分法

语义区分法（Semantic Differential，简称 SD），是美国伊力诺依大学心理学和交际学教授奥斯古德设计的。现在介绍到我国的奥氏语义区分法是奥斯古德与 Snci、Tannenhann 于 1957 年撰写的专著 *The Measurement of Meaning* 中介绍的方法。早在 1952 年以前，奥斯古德就在总结前人经验的基础上提出了这一方法（Osgood, C.E., *The Nature and Measurement of Meaning*）。1957 年，奥斯古德与另外两位学者合著的 *The Measurement of Meaning* 出版后，成为伊力诺依大学出版社的畅销书。该书全面细致地介绍了这一方法。然而，这一理论很快引起了学术界的争论。尽管如此，这一理论仍然得到了广泛的应用。为澄清一些人的误解，奥斯古德强调这一方法只用于检测内涵意义（connotative meaning），而不是指称意义（denotative meaning），是用主观判断和联想的方法检测词语的感情意义。

SD 方法是使用七段级（seven-point scales）的等级表（或称量表）的心理测试方法，记录谈话人或问卷被试对词义的主观判断和联想。具体操作方法是，把表示一种特征的正反两面的一对形容词（大部分为品质形容词）分别写在一个横轴的两端，两端之间分为 7 个刻段（scales），让被试对所给的词进行内涵意义不同程度的联想或判断，例如，在了解"father"这一词的内涵意义时，可以问被试："你觉得'父亲'怎样？他是'心情愉快的（happy）'，还是'忧郁的（sad）'？是'严厉的（severe）'，还是'宽容的（lenient）'？"等等。

让被试将自己的主观看法标在相应的刻段内。调查人员根据问卷计算出每人在量表（等级表）上所获总分及平均分，从平均值中检验每人的主观心理评价情况。如：

好(Good)						坏(Bad)
3	2	1	0	1	2	3
硬(Hard)						软(Soft)
3	2	1	0	1	2	3

奥斯古德还提出了测量这一方法有效性的六条标准：客观性（objectivity）、可靠性（reliability）、有效性（validity）、灵敏性（sensitivity）、可比性（comparability）和适用性（utility）。

后来，心理学家又设计出76个这样的等级表，而且人们还可以按需要另行设计其他等级表。(伍谦光，1988：29~30) 现在，这一方法已为心理学和社会语言学工作者广泛使用，也已成为研究词语文化含义的一种常用方法。祝畹瑾将其作为社会语言学研究的"实验法"，并作了具体运用方法的介绍。（祝畹瑾，1992：67~72）高一虹运用这一方法就"同志"与其英语对应词"comrade"、"个人主义"与其英语对应词"individualism"在中国学生和英语国家学生中进行了问卷调查。(高一虹，1993) 这一调查分为两次，两次调查的结果是：

第一次是对中国学生和英语国家师生进行比较调查，了解中英人士对这两个词所指概念的态度的区别。结果是，中国学生视"同志"为褒义词，视"个人主义"为贬义词；英语被试的评价则相反：视"同志"的英语对应词"comrade"为贬义词，视"个人主义"的英语对应词"individualism"为褒义词。

第二次是三年后，只在中国学生中进行调查，目的是了解中国学生对上述两词看法的变化。调查的结果是：三年后，中国学生对"同志"与"个人主义"的看法发生了明显变化，"同志"的褒义色彩减弱了，"个人主义"的贬义色彩也减弱了。

这两次调查都是用问卷方式，采用SD的7级量表要求进行的，问卷之后还对部分被试进行了访谈。第一次调查的结果是，汉语组将"同志"联想为

"平等"、"友爱"、"春天"，而英语组对"comrade"的联想则是"专制主义"、"面目狰狞的苏联间谍头目"等。三年后，中国学生对"同志"的联想仍包括三年前的一些看法，如"平等"、"互助"，但也认为有"老正经"、"拘谨"、"过分严肃"的味道。

高一虹的研究证明，SD 不仅可以用以测量对形容词文化含义的判断，还可以用以测量对名词文化含义的判断。

奥斯古德语义区分法有以下几个特点：

① SD 研究的是词的主观意义（subjective meaning）中的联想意义（associative meaning）；

② SD 使用的是量表法/等级法（scaling method），这一方法避免了对比分析的绝对化和片面性；

③ SD 使用的是形容词，主要是品质形容词，而且多为隐喻词；

④ 通过用 SD 方法对不同文化群体对同一词语主观联想意义的对比研究，可以发现交际规则、思维方式与价值观念的文化异同，尤其是感情意义的文化异同。

⑤ SD 既然是词的主观意义对比，其利弊并存。这一方法的问题在于对语义的主观判断和联想，因而主观性太强，准确性不足。

通过对以上两种通用研究方法的介绍，我们可以得到的最大启示是：对比分析不仅十分重要，而且有其科学性和合理性；AGA 和 SD 是对比分析的好方法，但是语料收集和文化涵义的主观联想和判断的研究方法有其不可忽视的缺陷。唯一有效的解决方法是尽力让事实说话。我的硕士研究生、杭州的大学教师李蕾的论文 *A Contrastive Analysis of the Connotations Between*"狗"*and*"Dog"（《"狗"与"dog"的含义对比分析》）就是基于这一认识在调查研究的基础上写成的。她的做法是，先用穷尽式的方法从汉英权威词典中收集语料，根据词典释义，参照 AGA 方法，对汉语的"狗"和英语的"dog"的褒贬含义分别进行归类分析，然后将二者进行对比，再参照 SD 方法设计问卷，向汉英被试进行调查，检验词典语料对比的可靠性。还用穷尽式的方法收集现有的相关研究著述，并且对其观点进行归类分析。她发现，现有著述中的普遍看法是："狗"在中国文化中是贬义词或以贬义为主的词，而"dog"在英语文化中是褒义词或以褒义为主的词，甚至一些知名学者也持类似看法。然而，她所收集的语料分析的结果推翻了长期以来人们的"共识"，发现"狗"和"dog"都以贬义为主，褒义和中性义为辅：褒义词中，英语的"dog"占语料的10.4%，汉语的"狗"占5.4%；中性词中，"dog"占18.9%，"狗"占4.5%；贬义词中，"dog"占70.7%，"狗"占90.1%。她也发现，两词的感情意义还是存在着差异的："狗"在中国文化中基本上是贬义词（90.1%），而在英语文化中则是以贬义为主（70.1%）；用于喻指人时，"dog"比"狗"不仅含义丰富得多，而且有褒有贬，还有戏谑色彩，贬义程度也常常不太重，汉语的"狗"贬义程度却极高，用于喻指人时需要格外慎重。

2. 研究方法要有可靠性、有效性和可操作性

所谓"可靠性"，指的是语料来源客观、真实、可信。理论依据要经得起考证。盲目借用他人理论、依赖主观联想和举例说明都难以做到客观、真实和可信。

所谓"有效性"，指的是理论论述能够达到说明问题的预期目的。论据不足，论证不确凿，都经不起质疑和否定，因而都不会具有说服力，甚至完全失去效能。

所谓"可操作性"，指的是研究成果可以行之有效地应用于跨文化交际研究和第二语言教学，能够按一定规则和一定程序进行成果和能力的检测。

在"三性"中，可靠性是基础和前提。缺乏可靠的语料和论证，其他"两性"就无从谈起。词语文化含义的研究如何才能做到具备可靠性、有效性和可操作性，仁者见仁，智者见智。下述三种方法也许可以达到目的：

2.1 语料收集用穷尽式代替举例式，理论观点有可靠资料支撑

学术文章借用他人观点为理论依据，然后举例加以说明，这是期刊中学术文章的通病。我的研究生、云南的大学教师何秀峰，在其硕士论文《"红"与"red"的褒贬义对比及探源》（2006）中综合分析了1994年1月至2005年11月期间各种期刊上发表的120篇有关颜色词汉英对比的文章。这些文章是她用穷尽式的方法从CNKI中文期刊全文数据库中收集到的。文中关于汉语"红"

与英语"red"对比的观点可分为 7 类：认为"红'是褒义，"red" 是贬义者 43 篇，占 35.8%；认为二词都是褒义者 35 篇，占 25%；认为"红"为褒义，"red"褒贬义都有者 35 篇，占 29.2%。以上三种观点共占 90%。其他观点还有：二词都有褒有贬；二词都是褒义，"red"只有用于与共产党有关的指称时才有贬义；认为"红"有褒有贬，而"red"只有贬义；认为"红"褒贬义都有，而"red"只有褒义。观点分歧的一个重要原因就是简单地引用他人观点，作为理论依据，然后再找几个例子做一说明。例如，在摘录的 120 篇文章中，46 篇所持的观点都有一种类似说法："无论在英语国家还是在中国，红色往往与庆祝活动或喜庆日子有关"或"无论在中国还是在英语国家，红色都象征喜庆、高兴和幸福"，而这 46 篇文章参考的都是邓炎昌和刘润清的《语言与文化》中的观点。然而，何秀峰调查的结果否定了这一看法。从调查数据分析可以看出：第一，"红"在中国文化中基本上是褒义词（72.4%），而其英语对应词"red"基本上是贬义词（72.4%）；第二，不能说"红"只是褒义词，而"red"只是贬义词，因为"红"也有贬义（5.7%）和中性义（15.5%），"red"也有褒义（11.8%）和中性义（14.5%）。还有一类特殊词。这类词是多义词，既可用做褒义，也可用做贬义，还可用做中性词。该类词在汉语语料中占 6.3%，在英语语料中占 1.3%。第三，通过具体隐喻义的对比，还可以发现，汉英词语文化含义存在着巨大的价值观念差异，否定了前文中提及的 46 篇文章中的看法：汉语的"红"可以与大量的词语搭配，表示吉祥、美好，"red"却没有对应含义；"红"可以与大量词语搭配表示喜庆、热烈，而由"red"形成的表示喜庆或热烈的词语却只有 red carpet, red-letter day, paint the town red 等个别词语，其中，paint the town red 还有"乱哄哄"，甚至有点"扰民"的意思；"红"可以与大量词语搭配表示兴旺、顺利、热闹、活力，与 red 搭配表示类似意思的词语屈指可数，如 red-blooded, red-hot；用"红"表示爱情和婚姻的词语就更多了，而在英语中则难以找到与"red"有关的这类词语，反之，英语用"red"贬指共产党和社会主义革命，反映了西方资本主义制度反共产主义和社会主义社会的政治立场。

2.2 从词语的文化背景探究其文化含义

对词语含义准确把握的最有效的方法是追根溯源，探究词语的来源与原始

第二节 词语文化含义的研究方法

意义，成语典故和隐喻含义尤其如此。学习外语的人易犯的一个大错误是望文生义，而且还会根据母语文化的心理甚至文化偏见，去理解和解释外语词义，或者用外国文化心理去评判母语文化词语的隐喻义。他们的共同错误是，不认真理解词语的含义，更忽视词语来源的探索。这类语言含义的误解所造成的文化误解，甚至文化冲突，在第二语言学习和跨文化交际中并不鲜见。

一位有名的"中国问题专家"对汉语的"善者不辩，辩者不善"做了这样的解读：

> 在注重关系而不注重"真理"的人际制度中，西方的直率谈话、公开争论、友好分歧和真诚反对等传统是无立足之地的，因为关系最讲等级差别，权力差异严重。毫无疑问，构成"真理"的正是这种等级观念，而不是由逻辑分析或科学探究所发现的纯真形式。《道德经》里是这样说的："好人不争辩，争辩者非好人。(A good man does not argue; he who argues is not a good man.)"这是天命，也是对凡间中国领袖人物的最佳指导。
>
> (Bond, 1994: 55)

该书作者将汉语成语"善者不辩，辩者不善"理解成"好人不争辩，争辩者非好人"，并以此"说明""中国社会的人际制度是只讲等级关系而不讲真理和直率的。"他的这一理论能否成立呢？汉语这句成语的含义是不是"好人不争辩，争辩者非好人"呢？采用追根溯源的办法查证这一句子的来源及其含义才是唯一验证的方法。

"善者不辩，辩者不善"出自《老子》八十一章："信言不美，美言不信。善者不辩，辩者不善。知者不博，博者不知。圣人不积，既以为人己愈有，既以为人己愈多。天之道，利而不害；人之道，为而不争。"译成白话文，这段话的意思是"真话不（一定）漂亮，漂亮的不（一定）是真话。好人不巧辩，巧辩的不是好人。(A good man does not prove by argument; and he who proves by argument is not good.) 真懂的不卖弄，卖弄的不（一定）是真懂。圣人没有什么保留，尽全力帮助人，他自己反（而）更充足，把一切给予人，他自己反（而）更丰富。……"（任继愈，1978：235）。所以，"善者不辩，辩者不善"的意思不是"好人不争辩，争辩者非好人"，而是"好人不巧辩，巧辩者不一定

77

是好人"。老子在此讲的是辩证法，提出真假、美丑、善恶等矛盾对立的社会现象，并指出某些事物的表面和实质的不一致。这位西方学者将这句话的意思曲解为"好人不争论，争论者非好人"，并根据西方文化的价值观念和他本人对中国文化的偏见，进一步加以发挥，将这一经过他本人曲解的汉语成语作为其文化偏见的引证，认为这一例句说明了中国人"不直率"，"不探究科学真理"，喜欢回避分歧和争论，他还顺着自己的主观思路，将这一看法拔高到认为中国文化是"以关系代替真理"。只有考证这一句子的来源和原始含义才能澄清词语含义的误解，消除文化偏见所造成的祸害。

案例 7. 中国形象标志可能不再是"龙"

2006年底，我国曾为"龙"的形象问题展开了一场热烈的讨论，起因是《新闻晨报》2007年12月4日的一篇报道："'龙'的英文'dragon'，在西方世界被认为是一种充满霸气和攻击性的庞然大物。'龙'的这一形象往往让对中国历史和文化了解甚少的外国人片面或武断地产生一些不符合实际的联想。因此，上海外国语大学党委书记吴友富正领衔重新建构国家形象品牌，中国形象标志可能不再是龙。"

这一消息在全国立即激起强烈反映和热烈讨论。支持者中，有人认为："将'龙'的形象作为新中国的国家形象确实并不恰当。特别是在民主共和的法治时代，对'龙'的形象更应该理性分析，抛弃中国人都是'龙的传人'这一说法，有利于促使国民进一步实事求是，解放思想，有利于促使国民更加自信自强，面向未来，有利于中华文明浴火重生。因此，当前最需要做的，是逐步淡化、转变人们将'龙'作为中国国家形象的约定俗成的观念，努力塑造一个新的民主、自由、文明、富强的新中国。"

（《北京青年报》，2006年12月5日）

反对者则是绝大多数。人们的说法多种多样，有的人情绪还很激烈。例如："中国龙没招惹谁"、"学者呼吁为中国龙正名"、"文化反省不是自虐"……连外国舆论也参与了讨论，而且多数人不理解中国某些人为什么要否定对"龙"的传统看法。根据《参考消息》记者于大波发自美国的报道，并"没有发现美国人把龙和中国联系起来时产生了，'不符合实际的联想'，也没有'误读、误解或别有用心的歪曲'。有的美国人说，'现在中国人太在乎西方人的看法，特别是美国人的看法。''既然多数西方人已经习惯用'dragon'一词来表达'中国龙'，那么有什么必要去通过改名来迎合一小撮别有用心的人呢？''中国之所以有人提出要弃龙，其实这是一种传统的崇洋媚外和恐外惧外的心理在作祟。'"

（《北京青年报》2006年12月14日）

案例分析参考题

1. 中国人为什么崇拜龙？龙的对应英语词 dragon 的文化含义是什么？这种翻译的原因何在？请分别考证汉英两词的历史渊源，并提出你自己的看法。

2. 你对这场争论的看法是什么？请分析持不同观点的人的文化心理。

3. 这一案例对词语文化含义的研究有何警示？

2.3 从词语的交际价值揭示其文化含义

有些词语的文化含义在具体交际语境中才得以显露，在跨文化交际中，同一语境中不同语言之间对应词语所传递的信息还会存在文化差异。看不到或者处理不好这类文化差异就会导致文化误解，甚至文化冲突。所以，我们常常会发现，双语词典中提供的译文含义与在实际跨文化交际语境中所传递的信息不尽一致，甚至差距极大。唯一解决的办法只能是，突破双语词典的约束，不能只依赖词典的释义，一方面要注意了解某词在母语文化中的交际价值，并探究其历史来源以加深对该词含义的理解和使用的准确把握；另一方面将其与对应的外语词的交际价值进行认真的对比，了解其意义对应情况。例如：汉语的"（家常）便饭"与英语的"potluck"的对比。

汉语中的"便饭"或"家常便饭"指的是"日常吃的饭食"，《汉英词典》译成英语是"everyday meal; ordinary meal; simple meal"也可译成"potluck"。例如："明晚请来舍下吃顿便饭。"按汉英词典释义，可以译成"Come to my home tomorrow evening and take potluck with us."从汉语词典的释义和汉英词典的翻译可以看出：汉语的"便饭"或"家常便饭"就是自己平常吃的饭食，译成英语，"可以"与"potluck"对应。

然而，英语中的"potluck"是什么意思呢？英语词典的释义有：(esp. of an unexpected guest) to have whatever meal has been prepared："Come home with us and have supper, if you don't mind taking potluck.（如果你不介意的话，和我们回家一起吃顿便饭吧。）"与汉语"便饭"唯一不同的是强调了"an unexpected guest（不速之客）"；或 the regular meal available to guest for whom no special preparations have been made; whatever food happens to be available for a meal, esp. when offered to a guest. 后两个释义也看不出与汉语的"便饭"有何不同。

有的英语词典，如 *Longman Dictionary of English Language & Culture* 认为，在美国 potluck 做名词时，意为"便饭"，做形容词时，则意为参加聚餐的人自带一份饭菜，供大家共享，如"a potluck supper"。

从英语词典释义也看不出汉语的"便饭"与英语的"potluck"是否有什么明显区别。只有非常细心的人才可能从"esp. of an unexpected guest"和"客人自带一份菜"等释义中猜测到 potluck 可能会有一点与"便饭"不同之处；该英文词做形容词用时也与名词会有差别。如果再注意到"potluck"的另一释义："to choose without enough information"（在情况了解不充分的情况下的选择）就会猜测到 potluck 可能另有含义。不过，许多人只将汉语的"便饭"与英语的"potluck"视为对应词而认为二者可以互译。然而，现在与一般的美国人接触中，尤其是在熟悉的同事、同学、朋友和邻居之间的交往中，人们一讲到"potluck"，大家就很清楚，主人是邀请客人各自带一份主食或菜来"聚餐"，主人只提供饮料和服务。尤其是主人用"potluck dinner/supper"代替"potluck"时就更加明确地说明所邀请享受的是每人各带一份菜的"聚餐"了。现在中国有的人将"potluck"译成"百乐餐"。如何清楚了解"potluck"的准确文化含义呢？我们就应认真做好调查工作，尤其是对喜欢用这一词的美国人进行认真的调查，了解他们对这一词的理解和使用。

笔者和笔者的学生向美国人做了些调查，美国人，尤其是美国青年人的看法是一致的。下面是一个比较有代表性的、比较全面的描述：

在美国，"potluck"这个词有几层意思。第一层意思与

第二节 词语文化含义的研究方法

饮食有关：邀请人到家"to take potluck"时，意思是说主人有什么客人就吃什么。一般是如果邀请客人当晚到家吃饭时，可以这样说，意思是我妻子今天没有时间特地为你准备饭菜，只能在饭桌边多加一把椅子了。

该词另外一个意思是用于社交团体用餐，也许是教堂聚会，也许是某个俱乐部的聚会，也许是多个家庭的某种聚餐。这种聚餐的形式是每人自带一份饭菜，大家共同享用。有时候可以明确规定每人各带什么饭菜，有时候称为"a potluck dinner"，让人们各自决定自带什么食品。例如："Will you bring a salad to the potluck lunch next Sunday?（下星期日中午的百乐餐你能带一份沙拉吗?）"

Potluck 的含义还可进一步扩大，指临时做出的决定。可以举一个例子，如果我们突然要去看电影，可以说："我不知道电影院现在放的是什么电影，but let's take potluck。"（"就碰碰运气吧"，意思是，"演什么就看什么吧"。）

这一段话列举了 potluck 的三个意思：第一，客人碰到什么就吃什么，不做特殊准备，这一点与"家常便饭"的意思相似；第二，邀请的客人或某种聚餐活动的参加者自带一份饭菜供大家一起享用；第三，potluck 的引申义是"碰运气"。

如果追溯 potluck 的来源，就完全可以理解这一词的几个含义了。在西方古时，人们都用大锅（pot）蒸煮菜肴。这种炖菜的内容并不固定，只能有什么就往锅里放什么。造访的客人也只好锅里有什么就吃什么了，所以，potluck 就是 pot（锅）+luck（运气），以后，这一词就既有"家常便饭"意，又有"碰运气"（碰到什么是什么）意。在美国，后来又发展到大家临时拼凑饭菜，一般事先谁也不知道都会有什么，只能是"碰到什么就吃什么"了。

汉语的"便饭"，又称"家常饭"、"家常便饭"或"家常茶饭"。指的是"家中寻常的饭食"，可引申喻指"寻常之事"（《辞源》）。《现代汉语词典》的释义也是"日常吃的饭食"，但增加了"吃便饭"："明晚请来舍下吃便饭。"请客人吃饭时的"便饭"，按照中国文化的礼俗，绝不会让客人碰到什么就吃什么，再来不及准备,也要临时做点好吃的或增加几个菜。所以,客人永远难以吃到主人家真正的"家常便饭"。

在中西方跨文化交际和第二语言教学中,我们应当认真考证和仔细对比汉语的"便饭"与英语的"potluck"的含义和交际价值,正确而又得体地解释、运用与翻译这两个词。具体来讲,应当注意三个问题:

第一,在英语国家,"便饭"就是家常便饭,饭菜比较简单,主客在一起享受的主要是平等的欢聚和友好的交谈。所以,在英语文化中宴请客人不重吃而重谈,一般饭菜不一定丰盛。中国文化中请客吃饭则一定要精心准备,尽力做到饭菜丰盛,让客人吃好喝好,真正意义上的"便饭"在待客中并不存在。所以,中国人请客时所说的"便饭"只是一种谦辞。在中西方之间跨文化交际中就难免产生文化误解,甚至文化冲突:中国人会认为英语国家的人过于吝啬,不够尊重客人;英语国家的人却会感到中国人请客吃饭过于讲究吃喝,而且讲话"不诚实",明明摆上的是一桌丰盛的酒席,却说是"家常便饭"。他们甚至还会产生反感,以为中国人讥笑他们缺乏判断力,看不出饭菜是丰盛的。

第二,"potluck"在美国已成为家庭宴请的一种常见形式。然而,这一做法到目前为止仍难以为大多数中国人所接受,因为它违背了中国人的传统好客习惯和待客礼俗,违背了中国文化中以食为礼的传统习惯。

第三,如果仔细推敲,"家常便饭"与"potluck"的基本含义并不完全相同,引申义则完全不同:汉语的"家常便饭"比喻经常发生和习以为常的事。例如:"他太忙了,加班熬夜是家常便饭。"英语的"potluck"却有"碰巧"、"机遇"的含义,而不是人为的安排。例如:

It was just potluck that I saw his name in the paper and contacted him.

我在报纸上碰巧看到了他的名字,所以就与他联系上了。

We had no idea which hotel would be best, so we just took potluck with the first one on the list.

我们不知道哪家旅馆最好,就只好从旅馆介绍中选第一家了(全靠运气了)。

结　语

1. 词语含义，尤其是词语的文化含义的对比分析是跨文化交际研究的根本方法，也是第二语言词语教学的重要方法。AGA 和 SD 都是对比分析的常用方法，但是这两种方法都是主观性太强，可靠性太差。

2. 对比分析要避免主观性和绝对化，必须具有可靠性、有效性和可操作性，关键是可靠性。要达到"三性"要求，下述三种方法也许能发挥较好作用：保证资料可靠、对比交际价值的文化特性和追索含义的来龙去脉。

3. 词语研究的最大障碍是跨文化意识的缺乏。对外语词语含义的理解和研究的大敌是"三大敌人"的心理干扰。只有不断排除文化干扰，努力提高跨文化意识，才能把握研究方向和保证研究质量。

思考题

1. 你是怎样评价本节讨论的研究方法的？你认为最有效的词语含义研究方法是什么？依据何在？

2. 调查一下我国第二语言教学界和跨文化交际学界通用的研究方法，并做出你自己的评论。

第三节　词语文化含义对比的类别

跨文化交际学讨论的词语文化含义指的是词语所传递的交际信息的文化特征。这类文化特征只能通过语言意义与文化意义对比才能清楚地显现出来。我们将通过汉英语言与文化对比揭示汉语词语的文化特征。具体讨论两个问题：词语的语言意义与跨文化交际价值和汉英词语含义对应的类别。

第二章　词语的文化含义与词语教学

1. 词语的语言意义与跨文化交际价值

1.1 词语的语言概念意义与文化内涵意义

在跨文化交际中，可将词语的意义分为两类：语言概念意义（简称语言意义）和文化内涵意义（简称文化含义）。语言意义指的是客观事物的一般属性或本质在人们头脑中的反映和概括，是词典义，是不受交际者主观意志和感情色彩左右的客观意义。文化含义是附加在语言意义之上的意义，表示的是在实际跨文化交际中的交际价值以及所传递信息的文化特征。词语的语言意义体现的是语言的特点，受语言规则的制约，表达出的是词语的基本意义，比较稳定，不会因人而异。例如，表示自然现象、科学技术、生活用品、交通工具等等客观物体与现象的词语就属这一类。文化含义却是超越语言意义的交际意义（communicative meaning）和心理意义（psychological meaning），反映出的是词语使用者的主观态度、感情色彩和意欲传递的信息。人们的主观态度和感情色彩受到母语文化的社会制度、文化传统、生活习俗、行为规范、交际规则、思维方式和价值观念的制约。所以，词语的文化含义最突出的表现是，文化不同，人们所赋予的文化背景意义、感情色彩和交际价值也不同，并且受到不同交际规则的制约。跨文化交际与第二语言教学关注的是词语文化含义的特征。

词语文化含义突出体现在比喻和成语典故之中，因为这些词义都有其文化渊源。例如："马后炮"源于象棋游戏，"事后诸葛亮"源于中国历史上著名人物诸葛亮的超人智慧。但是，大量的"大路词语"（普通词语）在不同语境中也会有不同的文化含义。

1.2 跨文化交际学重点研究的是词语交际价值的文化特征

关于词语的文化含义，中国大陆现有三门学科分别从不同的角度进行研究："国情语言学"（外语教学界）或"国俗语义学"（对外汉语教学界）主要研究词语的文化背景意义；"文化语言学"研究汉语言与中国文化之间的关系；"跨文化交际学"在词语含义的研究中，关注的是词语的文化含义及其交际价值的反映，或者说是词语在跨文化交际语境中所传递的交际信息。

来自不同文化的人相互交际时，此有彼无和此无彼有的词语所传递的信息容易失落。例如：汉语的"户籍"或"户口"是中国大陆地方行政机关以户为单位登记本地区居民的册子。转指作为本地居民的身份。(《现代汉语词典》)没有这一制度的国家的人就无法理解该词所传递的信息。又如，报纸上曾有人将英语的"social security card"译为"社会安全卡"，将"social security number"译成"社会安全号码"，犯了望文生义的错误。"social security"在英国指失业、年老和残疾者的社会救济金，在美国是老年人生活保障制度、失业救济和医疗保险制度。"social security card（社会保险证）"在日常生活中可以起到护照和身份证的作用。例如，到银行存取款，银行职员就会询问你的"security number（社会保险证号码）"。

语言含义对应，文化含义不同甚至相反的词语就容易造成信息的误解，甚至文化冲突。例如：汉语的"政治运动"译成英语"political campaign"，西方英语国家的人就会将中国大陆过去大搞阶级斗争的群众运动误解为西方政府官员的竞选活动。在中国文化中，"喜鹊"是给人带来喜讯或预报贵客来访的喜庆鸟，在英语文化中，喜鹊的对应名"magpie"却是一种吵吵嚷嚷的鸟，喻指叽叽喳喳的饶舌人。所以，在迎接来访的一位英语国家女士时如果说："这真是喜鹊叫，贵客到。"客人一定会大为反感的，因为她会以为主人说她是一个不受欢迎的"饶舌妇"！

跨文化交际者和第二语言教师注重的是研究词语含义的文化差异与文化冲突，以及词语含义的文化差异对跨文化交际的干扰，保证词语传递的信息的畅通。

2. 汉英词语文化含义对应的类别

2.1 国内外学者的分类法

关于不同语言之间词语文化含义对比的类别，国内外学者都有不少研究。值得注意的有以下几种分类法：

（1）吕叔湘于1977年论述不同语法对比研究时指出了三种对应情况：彼此不同、此一彼多或此多彼一、此有彼无或此无彼有。（吕叔湘，1977）

（2）许国璋也将对比的类别归纳为三种情况：本族文化环境中的内涵小于

外国文化环境中的内涵（A<B）；本族文化环境中的文化内涵大于外国文化环境中的内涵（A>B）；本族文化环境中的文化内涵有时大于有时小于外国文化环境中的内涵（A<>B）。（许国璋，1988）

（3）邓炎昌和刘润清将不同语言之间语词的语义差别分为四种情况：在一种语言里有些词在另一种语言里没有对应词；在两种语言里，某些词语表面上似乎指同一事物或概念，其实指的是两回事；某些事物或概念在一种语言里只有一两种表达方式，而在另一语言里则有多种表达方式，即在另一种语言里，这种事物或概念有更加细致的区别；某些词的基本意义大致相同，但派生意义的区别可能很大。（邓炎昌、刘润清，1989：163）

（4）在国外，Stockwell, Bowen 和 Martin 将英语和西班牙语对比，分析第二语言习得过程中在词语学习方面遇到的问题，归纳为以下五种类型：

(a) Split （此大彼小） $x\begin{cases}x\\y\end{cases}$

(b) New （此无彼有） $\phi\text{-}x$

(c) Absent （此有彼无） $x\text{-}\phi$

(d) Coalesced （此小彼大） $\begin{rcases}x\\y\end{rcases}x$

(e) Correspondence （完全对应） $x\text{-}x$

他们认为，第二语言学习者最容易掌握的是第二语言与第一语言在结构、功能或语义上对应的那些词语；此小彼大者则较难一些；此有彼无者要更难一些；难度更大一些的是此无彼有者；最难的类型则是此大彼小者了。

上述几种分类法中划分的汉英或英西对应情况的分类不尽一致，说法也不完全相同，但是看法基本一致，分类也大同小异。说明这种分类法是有其道理的，值得我们参考和借鉴。最值得关注的是，这几种分类法都说明了一个事实：不同语言之间词语含义的差异表现为一个连续体（continuum），含义完全对应和完全不对应的词语固然存在，处于二者之间的对应与分离程度各不相同的词语的数量更大，也更为繁杂。这就是说，两种语言之间词语含义的对应情况不是简单的非此即彼和非同则异，大量的和最需注意的是处于相同与相异两极之间的同异程度不同的那些词语。外语学习中最困难的部分也不一定是此无彼有或彼此不同的那些词语，而是要认真做一些切实研究才能下结论。

2.2 汉英词语含义对应情况的分类

我们从"词语文化含义的研究方法"一节中对比汉语的"教育"与英语的"education"的文化含义时发现了七种对应情况：完全对应、完全不对应、此有彼无、此大彼小、此小彼大、此无彼有和貌合神离。为了更加细致地了解汉英两种语言词语的语言意义和文化含义的对应情况，方便第二语言教学，可以细分为10类进行讨论。

2.2.1 语言意义对应，文化含义也对应

这类词语在指称自然现象和科学技术术语方面最为突出。例如："太阳、月亮、星球、空气"与"sun, moon, star, air"；"计算机、电视机、科学"与"computer, television, science"。不过，此处的"对应"还是主要指语言意义的对应，在一定的语境中，其文化联想义和感情义也会有复杂的差别。这些词语在一定语境中用于隐喻义时就不能说不同文化之间也一定会完全或基本对应了。例如："月亮"在中国文化中有许多喻义。中国人喜欢赏月，以月为题作诗作画和抒发感情；以"月饼"象征团圆；用"月宫"表示月亮里的"宫殿"；用"月里嫦娥"喻指"美丽女子"；用"月老"或"月下老人"表示"媒人"。这些喻义在英语文化中是不存在的。欧美人士不像中国人那样喜欢赏月，对月亮也没有那么多浪漫联想。英语里说 a man in the moon 并不是说月亮里有个男人，而是指架空的人物。

2.2.2 语言意义与文化含义皆不对应

这类词语在中国文化语言学和国俗语义学中称为"国俗词语"或"文化词语"，也就是反映某种文化独有特点的词语。如汉语的"华表"、"太极拳"、"气"、"脱贫"、"下放"、"和谐社会"；英语的"streak（裸跑）"、"hippie（嬉皮士）"、"punk"。

2.2.3 语言意义不对应，文化含义对应

在两种语言之间，有时对同一事物或现象有不同的表达方法。例如，"三伏天"对应于"dog days"，都指一年中最热的日子。中国文化中的"三伏天"是根据中国文化农历的季节变化确定的，一般指7月下旬至8月上旬。头伏和末伏都为10天，中伏为10天或20天。英语文化的"dog days"指"dog star"

升起的时间。西方自古以来，认为这段时间是一年中最热也最有害于身体健康的时间，连狗都会热得发疯的。这两个说法充分反映了英语文化的不同和民族风俗习惯的差异。如果不了解这一差异，在跨文化交际中，中国人对英语国家的人大谈"三伏天"或英语国家的人对中国人大讲"dog days"，相互是无法沟通信息的。

2.2.4 语言意义对应，文化含义此小彼大

这类词语指的是，英语词语含义大于汉语词语的含义，即 $\left.\begin{array}{l}x\\y\end{array}\right\} x$。例如：

$$\left.\begin{array}{l}\text{野心}\\\text{雄心}\end{array}\right\} \text{ambition}$$

$$\left.\begin{array}{l}\text{儿子}\\\text{孩子}\end{array}\right\} \text{Son}$$

如果一位老年人问一位不相识的小伙子"What's your name, son?"译成"儿子，你叫什么名字？"中国文化的年轻人一定会生气的，因为他会以为这位老人想占他的便宜。其实，在这里，"son"并不是"儿子"，而是"孩子"，是英语文化中，年长者对非血缘关系的青年男子和男孩子的非正式称呼。

2.2.5 语言意义对应，文化含义不同

例如，"成家"与"to start a family"。汉语的"成家"指结婚："她哥哥成家了。"英语的"to start a family"却是指生第一个孩子（begin to have children）："When do you hope to start a family?（你希望什么时候要孩子？）"

2.2.6 语言意义对应，文化含义此有彼无

许多词语在双语词典中都可找到语言意义对应的释义，但是词典义对应的词语所反映出的文化形象或文化概念不一定也对应，有时甚至差异极大，甚至将一种语言的说法译成另一语言的对应词时，对译入语国家的人提供不了任何信息或者提供错误的信息。例如："单位"与"unit"。中国大陆的人常用"工作单位"或简称"单位"表示自己或别人的工作机关、团体或部门，汉英词典将"单位"译成"unit"。在跨文化交际中，西方人却难以理解其含义。一位中国人曾经问一位在华工作的西方专家："What's your unit?"这位专家反问道：

"What is 'unit'?"有的西方人认为,"中国的'单位'是控制人的组织",说什么"有的年轻人为了摆脱'单位'的控制就拒绝单位分配的房子"。有人甚至认为,中国人自我介绍和介绍他人时习惯于重在介绍单位也"表明单位对人的控制"。所以,这些人称中国的"单位"为"Big Brother"(专制组织)。事实上,"单位"或"工作单位"在中国大陆,不仅指人们工作的部门,1949年以后相当长时期内还是人们工作、学习和生活的小社会。有些大"单位"内不仅有工作机构,还有医院、商店、中小学校和幼儿园。"单位"不仅关心每个人的工作,还关心他们的生活、家庭与子女教育。所以,"单位"既是本部门每个人工作、学习和生活的处所,也是各方面需求的依靠。例如,可以享受廉价住房、医疗保险。生老病死可以得到"单位"的必要帮助。改革开放以后,"单位"的作用在不断缩小,人们的流动越来越大。然而,"单位"的许多功能仍然存在。在可见的相当长的一段时间内,"单位"在中国大陆人们心中的重要作用仍然难以彻底消除。至于自我介绍和相互介绍中人们习惯于突出"单位"则是中国文化突出集体的思维方式使然。

2.2.7 语言意义对应,文化含义此无彼有

对于外语中词语的语言意义,会外语的中国人一看就懂,或者通过查阅词典一般就可以了解。然而,对于外语词语的文化含义和交际价值,如果不了解外语文化,就难以了解了。例如,英语的"tea break"和"coffee break"的字面意义很清楚,但是不了解英语文化的中国人无法理解英语词典对这两个词的释义的含义(a short pause from work in the middle of the morning or afternoon for a drink, a rest, something light to eat, etc.)何在。汉英双语词典将其译为"茶饮"、"工间小憩"。不了解英语文化的人还是不明所以:什么是"茶饮"?休息就是休息,为什么非要用喝茶或咖啡作为休息的借口呢?因为上班时候也可以喝茶或咖啡呀!至于"afternoon tea"、"high tea"、"5 o'clock tea"等说法,不熟悉英语文化的人即使看了英汉词典的译义(黄昏茶点、正式茶点)也会是一头雾水的,绝对想不到这种"喝茶"方式的丰富的文化含义:一是时间在午餐和晚餐之间;二是内容不仅有茶(红茶),还会有咖啡和点心;三是这种"饮茶"是家庭主妇社交的常用方式。所以,要了解这类词语的文化含义,不了解这些词语的文化背景和语言使用者的文化习俗是不行的。如果不了解美

国文化的礼仪习俗与交际规则，听到美国人说："Oh, I like your watch"，可能还以为人家想要你的表呢！其实，这是一句赞扬语，而不是要求语。

2.2.8 语言意义对应，感情意义有别

这类词语表现为汉英语言意义对应的词语所表达的感情色彩和褒贬意义有时大不相同，甚至完全相反。以褒贬义为例，有以下几种情况：

(1) 此褒彼贬或此贬彼褒

例如，"集体主义"与"collectivism"，"个人主义"与"individualism"。

有人认为 individualism 的意思是"个人独立自主"，其实在英语文化中，该词最根本的含义还是"个人中心和个人利益至上"。中国文化视"个人主义"为自私自利、损人利己的不好思想，认为集体主义是"一切从集体出发，把集体利益放在个人利益之上的思想，是社会主义、共产主义的基本精神。"（《现代汉语词典》）；英语文化，尤其是美国文化，却极力推崇个人利益中心和个人利益至上，认为集体主义是否定个人自由和独立自主。彭迈克（Michael Bond, 1994）从西方文化的角度将集体主义和个人主义的褒贬含义对比如下：

集体主义	个人主义
由他人决定自己的意识，缺乏自由、民主和人权	个人充分自由
不平等、极权主义、专制统治、逆来顺受的代名词	人人平等
受人际关系网络的控制，强调外在因素决定个人行动	个人独立自主
只关心家人和亲近者，对外人尤其是生人漠不关心	泛爱，广交朋友

(2) 此中彼褒或贬

例如，"竞争"在汉语中的意思是"为了自己方面的利益而跟人争胜"（《现代汉语词典》）。在中国传统文化中是贬义，现在成了中性词。其英语对应词"competition"在西方却是备受推崇的褒义词。"宣传"在中国文化中也是中性词，既可以说"革命宣传"，也可以说"反革命宣传"，英语的对应词"propaganda"却是贬义词。

(3) 彼中此褒

例如，"血浓于水"在中国文化中是褒义词，其英语对应词"Blood is thicker than water"在英语文化的有些人心目中却感情意义不浓，甚至大有不屑之感。彭迈克甚至将"血浓于水"视为只存在于"人情淡薄的社会"之中：

(4) 此贬彼中

例如,"官僚主义"在汉语中是贬义词,其对应英语词"bureaucracy"在一般英语词典中也视为贬义词。然而,在英语文化的许多人心目中充其量也只能算中性词。例如,理查德·霍尔(Richard Hall)根据马克斯·韦伯(Max Weber)的分析,将这一词的含义归纳为以下几点,彭迈克将其视为"bureaucracy"的基本内容:

- 等级明确的权力机构;
- 职能专业化的劳动分工;
- 关于当政者的权利与义务的一套规定;
- 处理工作情况的一套程序;
- 对人际关系的处理不徇私情;
- 根据技术才能选择雇用和提升人员

彭氏认为"bureaucracy"变为贬义词,应归罪于"中国和其他某些国家":"许多人把'bureaucracy(官僚主义)'和'bureaucratic(官僚主义的、繁琐拖拉的)'这两个词的含义视为负面词是因为他们将这两个词和过多的行政命令、对陌生人漠不关心、过多的文书档案等弊端联系起来。大多数人都和中国及其他一些国家顽固的官僚主义者打过令人泄气的交道。"(Bond, 1994: 73)

2.2.9 语言意义对应,文化含义此大彼小

这类词语指的是,汉语中某些词语的含义比英语对应词语含义广,即

$$x \begin{cases} x \\ y \end{cases}$$

例如:爸爸和妈妈 $\begin{cases} \text{Male and female parent} \\ \text{Father and mother-in-law} \end{cases}$

姨 $\begin{cases} \text{母亲的姐妹 aunt} \\ \text{称呼跟母亲辈分相同、年纪差不多无亲属关系的妇女} \\ \text{对保育员或保姆的称呼} \end{cases}$

曾经有一个小品,内容是赴美留学并在美工作的儿子娶的美国媳妇来中国后,一见公公就热情地扑上去要拥抱他,并高喊"爸爸!"殊不知,在美国,

儿媳对公公和婆婆是不喊"爸爸、妈妈"的，而是或者叫"Mr./ Mrs. + 姓"，或者直接呼名。

2.2.10 语言意义貌合神离，文化含义差别悬殊

"貌合神离"的词语指的是，两种语言词语之间字面意义似乎对应而实际意义并不对应或不完全对应的那些词语，包括文字对应但语言意义不对应或不完全对应的词语，以及语言意义对应而文化含义不对应或不完全对应的词语。在词语含义的对比研究中，这两类词语不仅最为复杂，也是最易迷惑人的"假朋友（false friends）"。在第二语言学习和跨文化交际中，最容易让人"受骗上当"。

对"貌合神离"的词语的理解和翻译中的常见错误主要有：

（1）曲解文字对应但语言意义不对应的词语，犯了"望文生义"的错误

所谓"望文生义"，就是"不懂某一词句的正确意义，只从字面上去附会，做出错误的解释。"（《现代汉语词典》）望文生义的附会一般有以下几个特点：

第一，对词语的理解和翻译简单地从字面意义去附会

例如，许多英汉词典将英语的"motel"译成"汽车旅馆"。于是，一些人就将这一词语理解成用汽车做的旅馆。反之，有的人将休息室直译成"restroom"，有的中小学就曾将"教员休息室"译成"Teachers' Restroom"。参观的外国人想进去"方便"一下，却发现里边都是桌子和椅子，闹了一个大笑话，原来这些外国人以为里边是卫生间（"restroom"在美国是旅馆和餐馆里的洗手间）。

第二，对外语词语草率地从字面结构组合去猜测意义

例如，有的人将英语的"gas station"理解为"煤气站"，将"service station"理解为"服务站"，而不知道这两个英语词都是"加油站"。又如，有的学习汉语的西方人将"别客气"直译成"Don't be polite."让人想不通中国人为什么不让人讲礼貌。

案例8．"motel"是"汽车旅馆"吗

中国有了汽车旅馆

由中国外运云南中惠旅游公司推出的中国第一家汽车旅馆近日在昆明亮相，立即引起旅游市场的强烈反响。

据说，这家汽车旅馆设备先进，游客在那里可享受沐浴、烹饪、住宿和娱乐等一条龙服务。旅馆由一辆大巴构成，可载客8名，每天车价约1000元，人均仅130元，价格低廉。可夜泊于雪山、冰川、江河、湖泊、草甸及森林间，使游客融于大自然之中。

这一报道还附有一张图画：一辆汽车，驾驶室上面竖一个大牌子，上有一个英文大字："MOTEL"。

医院旁"汽车旅馆"开停陷"两难"

近日，记者发现，一种附生在大医院附近的"汽车旅馆"在南京挺有市场，这些小旅馆大都是无照经营。

记者在一家"汽车旅馆"看到，该旅馆原是一间厂房，被木板分隔为上下两层，每层也就2米来高、10平方米左右，挤满了上下铺，一张挨一张，一层楼竟有12张床。虽然这家旅馆的条件相当简陋，但目前已人满为患，上下层24个铺位全都住满。在采访中，好几名房客央求记者，千万不要给旅馆曝光，毕竟它们还是患者廉价便利的"驿站"。不过，这些小旅馆本该取缔，因为它们无照经营，不卫生的环境设施很容易交叉感染疾病。但反过来想一想，这些旅馆的存在，对于那些本来就难以负担高额医药费的病人来说，等于给他们开了一道方便之门。一旦简单取缔，如何安置这些缺钱就医、更舍不得花钱住宿的病人和前来陪护的病人家属？所以，在规范经营这些小旅馆的同时，本着以人为本的原则，从这些病人和家属的利益出发，有关部门是否应该考虑为他们提供必要的社会服务，敞开一条"绿色通道"。

（《北京青年报》2006年3月1日）

案例分析参考题

1. 案例中这两个"旅馆"是"motel"吗？请查阅英语词典并向英语国家的人做一调查。
2. 这种翻译的错误及其原因何在？如何才能避免？

第三，对母语词语简单地从字面附会

例如，认为汉语"哪里"的英语对应词只是"where"，结果闹出了人人皆知的笑话：将汉语赞扬语的应答语"哪里"也译成"where"。

第四，外来词回译中的张冠李戴

例如，现在中国大中城市普遍使用的"社区"译成英语为"community"。同时出现了大量与"社区"相结合的词组，如"社区服务"、"社区之家"。有的人就在汉译英时将"community"与其他部分的汉英对应词相结合组成新的英语词组。例如，"community service"，"community home"，而不知这两个英语词组另有含义。在某一大学，"社区服务中心"院门外就挂着"XX University Community Service Center"。笔者做了一些社会调查，先后让美、英、加国人士猜测这个"中心"院内是什么。他们都说，不是志愿者服务机构就是强制劳动所，反正是不要报酬的劳动或服务机构。笔者笑了，告诉他们："里面是各种修理店，工作人员是和我们一样的自由人，而且你要'享受'他们的服务必须付报酬。"原来，"community sevice"有两个含义："社区志愿服务"；对轻微犯罪者强制劳动的机构，即类似我国的"劳动教养所"。现在中国大陆的"社区服务"却是社区的便民商业机构。将"社区之家"译成"community home"也让西方参观者畏而却步，因为，中国大陆的"社区之家"是为社区居民开办的娱乐活动场所，而"community home"却是英国少年罪犯收容所或感化院。

第五，成语典故中的"拉郎配"

例如，有人将汉语的"自食其言"译成英语的"to eat one's words"。殊不知这两个成语的含义大相径庭："自食其言"指的是"不守信用，说了话不算数"(《现代汉语词典》)，而"to eat one's words"却指承认自己说错了话，并表示道歉。例如：

她食言了。（她说话不算数了。）

你可不要食言！（你说话可要算数。）

He told everyone he was absolutely certain that his article would be published by *the Times*, but when the letter of rejection came, he had to eat his own words.

（他逢人就说，他的文章肯定会在《泰晤士报》上发表，但收到不予发表的信函后，他只好收回自己的话了。）

Michael, I'm really embarrassed that I have to eat my own words. The money I expected to receive last week didn't arrive. But I'm sure it's in the mail so I can pay you back before Saturday.

（迈克尔，我真感到难为情，说的话无法兑现了。本来以为上周就可以收到汇款，但是钱还没有到。不过，我肯定钱已经汇出来了。星期一之前一定会还给你。）

(2) 受到语言意义对应但文化背景意义不同的词语的误导

例如，有些人将汉语的"怒发冲冠"与英语的"to make one's hair stand on end"视为等值对应词。其实，二者的含义差之千里。"怒发冲冠"形容愤怒至极，而"to make one's hair stand on end"却是恐惧至极，倒与"毛骨悚然"对应。原来汉英两词的来源不同。"怒发冲冠"出自《史记》中完璧归赵的典故，讲的是2000多年前中国战国时期的一个故事：赵国大臣蔺相如带着和氏璧去秦国，换取秦王承诺的15座城镇，但是遭到了秦王的拒绝。他大发雷霆，头发直竖，把帽子都顶起来了。然而，"to make one's hair stand on end"源于英国1825年的一个故事：一名盗马贼被判绞刑，在绞刑架下恐惧到毛发都竖立起来了。

(3) 受到语言意义对应而交际价值不对应词语的误导

有些词语在两种语言之间语言意义相互对应，感情意义却不同。这些词语在具体语境中使用时就会引起交际价值的文化误解。北京某大公园曾经挂一条横幅，汉语是"尊敬老人"，其英语译文是"The senile should be respected"。许多西方游客看后暗自发笑，窃窃私语。他们说："谁愿意受到这样的'尊敬'呀？"原来问题出在词语含义价值观念的文化差异和文化冲突上：在中国文化中，尊老爱幼是一种优良传统，年老体弱者受到尊敬和照顾是一种美德，也受到年老体弱者的欢迎。可是，在西方文化中，老年人忌讳别人把他们当成年老无用的人加以照顾。特别是"senile"不仅指年老，还有身心衰弱，特别是心态衰老之意。如果当面说某老人不仅年纪已老，心态更加衰老，就不仅不是表示尊敬，还大有侮辱人之意，必然会激起西方老人的反感了。这是不懂词语含义的文化差异，不知交际规则转化的"文化错误"所造成的后果。

思考题

请在双语词典中找一组汉外对应词语进行语言意义和文化含义对比分析，

研究二者之间语言意义和文化含义的对应情况,并提出你自己的看法。

第四节　汉语词语的翻译与教学

通过前三节内容的讨论,我们不难总结出词语文化含义的对比分析研究对词语翻译与第二语言教学的意义。本节我们重点讨论词语教学与翻译中需要注意的两个问题:词语含义的教学和翻译方法、汉语词语含义变化的谨慎处理。

1. 词语含义教学与翻译的方法

1.1 有针对性地进行词语文化背景意义教学

词语文化含义中文化背景意义占了很大比重。第二语言师生如果不了解这些词语的历史或社会背景,常常难以理解其含义。所谓"有针对性",就是本书第一章第四节中提到的"暗比"的方法,即针对所教授的学生的母语文化与第二文化之间的差异和冲突,有的放矢地讲解词语的文化含义,着眼于释疑和解惑。下面就是一个很好的例证:

前苏联一位翻译家在翻译中国当代著名小说《青春之歌》时闹了一个不小的笑话:佃户魏三伯对余永泽诉说自己一家三代人的悲惨遭遇时讲道:"……老伴儿饿死啦!您五福兄弟饿得跑去当兵啦!家里只剩下我跟狗儿娘、小狗儿……还有五福的妹子玉米……"中国读者看后很清楚这是一家三代人的组成情况:第一代是魏三伯本人和他的老伴儿;第二代是老汉的儿子五福、五福的妻子(即狗儿娘)和五福的妹子玉米(即老汉的女儿);第三代是小狗儿,即老汉的孙子。这位译者的译文却是:"老伴饿死了!五福饿得跑走当兵去啦!家里只剩下我跟那条母狗、几个狗仔……还有小孙女玉米……"这位译者因为没有掌握中国农村按辈分称呼习惯的超语言信息,竟然闹出"指人为狗"、"指女为孙"的笑话。

(蔡毅,翻译与民俗,《翻译通讯》1984年第7期)

解决这一困难的关键是,只有清楚了解中国家庭关系和农村按辈分称呼的习俗才能准确理解这一段话的意思。

1.2 喻义词和成语典故的翻译必要时要进行表达方法的转化

比喻和成语典故具有强烈的文化特点,直接译成第二语言时第二语言学习者一般难以理解。在第二语言教学和翻译中需要做好三项工作:第一,充分了解词语背后的故事,即词语的来源,只有这样才能准确把握词语的含义;第二,清楚了解学习者的母语或译入语的对应词及其含义;第三,掌握恰当的词语翻译方法。

例如 "to eat one's hat" 与 "我就不姓……"

一位股票商说:"One thing I don't know something about — playing the stock market. And I'll eat my hat if it doesn't go up another three hundred points by the end of the year. (有一样东西我还是懂得一点的,就是股票市场。要是到年底股票不再上升300点的话,我就不姓……)"

这两个短语都是保证说话算数的赌咒语,使用的都是母语文化中对个人人格至关重要的东西。中国文化的人极为重视自己的姓和名。"姓"在中国文化中重到等于人格,用"姓"赌咒和骂人是极重的:"大丈夫行不改姓,坐不改名。"对英语文化的人来说,姓和名主要起到区别个体的符号作用,远没有中国人看得那么重。然而,"hat/cap"在英国历史上却至关重要。英国历史上男女都习惯于戴帽子,而且帽子是地位和尊严的象征。直到现在,英国人还很在意帽子的地位象征。例如,老布什夫人的帽子就曾遭到英国媒体的非议,称其"帽檐儿宽了";俄罗斯前总统普京访英时,普京夫人本来为了入乡随俗,戴了一顶大圆帽,英国媒体却批评她的帽子比英国女王的帽子大得太多。所以,英国人常用脱帽表示对别人的尊敬和礼貌。过去,普通老百姓见到贵族要脱帽表示尊敬,还有"cap in hand"这一成语,表示不得不对人低三下四。因此例句中"to eat my hat"可以严重到"我就把头砍下"的地步,其严重性不亚于汉语的"我就改姓"。

解释和翻译这类成语的关键在于对母语文化和外语文化的历史和社会背景具有丰富的知识，熟悉成语的文化背景意义以及运用习惯，否则，就无法解释或翻译，或者翻译了也可能闹出牛头不对马嘴的笑话。通过成语典故的对比分析，我们也可以帮助学生学到必要的文化知识和交际规则转化的技能。当然，在文学翻译中如何处理这类词语就另当别论了。

1.3 慎重处理此有彼无的词句的教学与翻译

关于此有彼无词句的对比，我们在上一节已经进行过讨论。在具体教学与翻译中处理中国文化独有的说法需要慎之又慎，需要仔细研究，区别对待：对于约定俗成的、反映中国文化或中国当代文化特色的那些说法，一要做到意义和信息的准确传递，二要避免译文使译入语文化的人产生文化误解或导致文化冲突。对于那些当代社会上流行但只反映中国文化，尤其是当代中国文化特征的说法，翻译时要力避文化误解和文化冲突；对于那些中国社会流行但并不规范的说法，则要酌情处理，能不译成外语时就不必翻译，非译不可者则要加上背景说明和评论，以便排除文化误解；对于那些只针对中国人的标语、口号、公示和布告，则大可不必译成外语。

案例 9. 如何解释和翻译"顾客第一"

国内一些服务行业的口号和用语是否合适，似乎值得商榷。1."顾客第一"，英语是 Customers First。可是，顾客不会因为看到这样的口号就认可这家商店服务好。有一则英语说 A satisfied shopper is the best advertisement.（顾客满意是最好的广告。）西方商店里是绝对找不到"顾客第一"这样的口号的。2. We treat our customers as Gods and relatives. 显然是从中文"我们视客人为上帝，把客人当亲人"直译过来的。且不说供客人看的材料上印这样的口号有没有必要，其内容本身也值得商榷。"视客人为上帝"是一种比喻性说法，即一切为顾客着想。God 是基督教里的上帝（原文用复数是一个大错，多神教里可以有许多神，但 gods 不大写）。试问，营业员看到上帝该怎样服务？至于 treat our customers as relatives 更让人产生疑问，营业员和服务员看到自己亲戚来难道能走后门，或多给点东西。这是违反商业道德的。3. We offer face-to-face smiling service. 这大概是从中文"我们提供面对面的微笑服务"翻译过来的，不知道为什么要强调 face-to-face。难道有 behind-the-back service （背后的服务）吗？4. 有的饭店甚至张贴 No prostitution is allowed（不得卖淫嫖娼）一类的标语。这简直是对客人的侮辱。5. No Smoking in Bed. Please！提醒客人不要躺在床上吸烟是可以的，但是 No 加上动词-ing 形式是带有命令式的语气，后面再来个 please，很不合适。要么去掉 please 一词，要么客气点改成 Please don't smoke in bed!

（陈德彰，《环球时报》"双语加油站 说奥运"，2008年1月21日）

案例分析参考题

1. 作者指出了哪几个翻译错误？你同意他的看法吗？理由何在？
2. 请收集当前社会上的标语、口号和公示牌及其外语译文，并向译入语国家的人做一调查，了解他们的看法，并做出自己的评论。
3. 你认为第二语言教学和汉译外中应如何处理这类汉语标语、口号和公示牌？
4. 第二语言教学和汉外翻译工作从这一案例得到的启示是什么？

1.4 帮助学生通过文化语境识别词语的交际价值

1.4.1 善于辨别词典义与语境义

语境义（contextual meaning）包括两个含义：从狭义上看，指语言项目在上下文中的意义。例如，单词在句子中的意思、句子在段落和全文中的意思；从广义上看，指语言单位使用的社会场景，是情境意义。词典意义以指称意义（denotative meaning）为主，而语境意义则依据词语运用的上下文（context）或使用的情境（situation）而判定。有的人在翻译和词义解释中容易犯望文生义的错误，原因之一就在于只注意查找某词语在词典中的释义，却不知道要认真研究该词在具体语境中的含义。这是语言翻译和第二语言习得中必须克服的毛病。例如，如何理解和翻译英语词"philosophy"呢？陈德彰教授的分析是一个很好的例子：

Philosophy 不等于"哲学"

原文：I know the philosophy but in reality things do not always work that way.

原译：我知道哲学，可是实际上事情并非总是如此运行。

辨析：一见到 philosophy 不少人往往会不假思索地译为"哲学"。汉语中的"哲学"是个大词，总透着几分高深的色彩。按照《现代汉语词典》第 4 版的定义，"哲学"是"关于自然观的学说"，是"自然知识和社会知识的概括和总结"。该词典的第 5 版改为"关于世界观、价值观、方法论的学说"，是"在具体各门科学知识的基础上形成的，具有抽象性、反思性、普遍性的特点。"

可是在英语里，不但 philosophy 出现的频率要比汉语中的"哲学"高得多，而且词义范围也要宽得多。我们来看看 *The Concise Oxford Dictionary*（第 9 版）给该词的定义：

1. the use of reason and argument in seeking truth and knowledge of reality, esp. of the causes and nature of things and of the principles governing existence, the material universe, perception of physical phenomena, and human behavior. （说穿了，就是对世上万物刨根求源，是中文"哲学"的意思。）

2. (a) a particular system or set of beliefs reached by this. （这大概只能译做"〔某种〕哲学观"或"哲理"。）(b) a personal rule of life. （最多也就是"人生观"的意思。）

3. advanced learning in general. （意为"高深的学问"。我们都知道英语的博士学位称 doctor of philosophy，但大多数不是"哲学博士"。）

4. serenity; carlmness; conduct governed by a particular philosophy. （这里说的意思更具体，表示"安详"、"镇定"

或某种"行为准则",远没有中文"哲学"的意思那么"高深"。)

英语里有 the philosophy of economics、combustion philosophy,甚至 philosophy of cooking 等说法。这里的 philosophy 只表示"原理"的意思;the philosophy of an organization or institution 是"某组织的宗旨";而 my philosophy about this matter 只是"我对该事件的看法"而已。

所以从原文本身的上下文看,这里的 philosophy 也就是"道理"的意思。因此全句可以改译为:

道理我懂,可是现实中事情/情况并非总是如此的。

(陈德彰,翻译辨误,《环球时报》"双语加油站,"
2007年12月24日)

社会上类似"philosophy"一词翻译的错误并不鲜见。问题就出在译者"只见树木,不见森林",只看词语的词典单词释义,却忽略了词语的语境意义。这是语言翻译和第二语言教学中必须倍加注意的大问题。

1.4.2 语境意义也会有歧义

所谓"歧义"(ambiguity),指的是单词、片语或句子的两歧或多歧的意义,有两种或几种可能的解释。辨别一词一句的含义时,只讲指称义与语境义的区别是不够的。语境明确时,词句含义仍有歧义的现象也并不罕见,而且人们常常将这种歧义词句作为交际中的一种手段和策略。一些西方政客和他们的代言人就常常喜欢玩弄歧义词句的游戏。

对词句语境意义的识别,是翻译工作者和第二语言师生需要特别注意和认真研究的问题。将狭义的语境义置于广义的语境义之中才可以更加容易、更加准确地辨别其含义。

案例10. "sorry"和"regret"的妙用

在国际交往和国际斗争中,词语的巧妙运用是正常的和必要的。值得注意的是,社会上人们常常因不了解其中"奥秘"而误解或误译,媒体翻译就要更加警惕,否则会对社会起到误导作用,造成不良影响,甚至严重后果。

下面是国际斗争中的三封英文信。第二、三封信涉及的是一个问题，为了说清事件的来龙去脉，我们将介绍整个事件的经过。三封信都是英文原文，请读者自己译成汉语，重点研究三个英语词：sorry、regret 和 apologize 的含义和译法，并做出评论。

(信中"sorry"、"regret"和"apologize"由本书作者变成黑体字)

第一封信

2001年，美国飞机侵入中国专属经济区领空，撞毁我国巡逻机后迫降于中国并被我国扣留。美国政府多次要求释放其飞机和机组人员，皆遭我方拒绝。后来美方不得不给我国外交部长写了一封信，提出解决问题的方法。该信当时被我国一些媒体报道为"道歉信"。美方却对其国内人说，这封信根本不是道歉信，他们并未向中国道歉，"只是对中国飞行员失踪表示惋惜和同情"，"对这一事件表示遗憾"。奥妙之处就在于对"sorry"和"regret"二词的不同解释。该信的全文如下：

Dear Mr. Minister:

On behalf of the United States Government, I now outline steps to resolve this issue.

Both President Bush and Secretary of State Powell have expressed their sincere **regret** over your missing pilot and aircraft. Please convey to the Chinese people and to the family of pilot Wang Wei that we are very sorry for their loss.

Although the full picture of what transpired is still unclear, according to our information, our severely crippled aircraft made an emergency landing after following international emergency procedures. We are very **sorry** the entering of China's airspace and the landing did not have verbal clearance, but very pleased the crew landed safely.

We appreciate China's efforts to see to the well-being of our crew.

In view of the tragic incident and based on my discussions

with your representatives, we have agreed to the following actions:

Both sides agree to hold a meeting to discuss the incident. My government understands and expects that our crew will be permitted to depart China as soon as possible.

The meeting would be April 18, 2001.

The meeting agenda would include discussions of the causes of the incident, possible recommendations whereby such collisions could be avoided in the future, development of a plan for prompt return of the EP-3 aircraft, and other related issues. We acknowledge your government's intention to raise U.S. reconnaissance missions near China in the meeting.

Sincerely

Joseph W. Prueher

第二封信

2008年4月9日，CNN（美国有线电视新闻网）"情景室"节目报道旧金山北京奥运火炬传递时，该节目主持人卡弗蒂（Jack Cafferty）恶毒地攻击中国产品和中国人："中国产品是垃圾，……我认为他们（中国人）基本上还是和过去一样，一群暴徒和土匪。"他的这一反华行径立即引起全中国人民和海外华侨华人的极大愤慨和强烈抗议。

4月15日，中国外交部发言人表示"我们严正要求CNN和卡弗蒂本人收回其恶劣言论，向全体中国人民道歉。"然而，CNN不仅拒不认错，还将矛头转向中国政府，同日对中国政府发言人的回应竟称"卡弗蒂表达的是他对中国政府的看法，并非针对中国人民。"4月16日晚，中国外交部新闻司司长召见CNN驻京分社负责人，提出"我们再次严正要求CNN和卡弗蒂立即收回恶劣言论，向全体中国人民道歉。"法国巴黎、英国伦敦、曼彻斯特、德国柏林和美国洛杉矶等地，数万华人举行抗议游行，矛头直指CNN和卡弗蒂。

在始料不及的强大压力下，CNN不得不于2008年5月6日向代表纽约华人状告CNN的海明律师事务所做了"正式道歉"：

May 6, 2008

Dear Mr. Hai,

　　As you may know, Jack Cafferty recently gave an interview to Bill Press, a nationally syndicated political commendator in the United States. During that interview he was asked about his recent remarks that have been the subject of controversy in China and the United States. Mr. cafferty responded："And the one thing I **regret** was that some Chinese citizens in China and Chinese-Americans in this country felt like maybe I was insulting them. And that was never my intention. And I am **sorry** for that…"

　　I hope this clarifies matters for you.

　　Sincerely,

　　David C. Vigilante

　　Vice President-Legal

　　这封"百字道歉信"在网上引起一片质疑之声，认为"道歉信"只是一封"狡辩信"。结果理所当然地遭到了中国政府的拒绝。

第三封信

　　在万般无奈的情况下，CNN最后不得不放弃了惯用的"sorry"和"regret"这两个搪塞词语，终于使用了"apologize"，做了真正意义上的道歉。CNN总裁Jim Walton致函中国驻美大使，代表CNN写了一封正式道歉信，信中有这样一段话：

　　CNN has the highest repect for Chinese people around the world and we have no doubt that there was genuine offense felt by them over the Jack Cafferty commentatory.

　　On behalf of CNN I'd like to **apologize** to the Chinese people for that.

　　5月16日，新华社报道了外交部发言人的表态：希望CNN及卡弗蒂本人吸取教训，恪守新闻职业道德，避免再次发生类似事件。并认为，"鉴于沃尔顿的总裁身份以及道歉信中的英文单词'apologize'，这封信被视为 CNN 终于正式向中国人民道歉。"

> **案例分析参考题**

1. 请将上述三封信译成汉语，务必斟酌"regret"、"sorry"和"apologize"三词的含义和译法。
2. 我国外交部为什么见到"apologize"一词后才承认 CNN 是道歉了？从信中哪些其他遣词造句技巧中可以看出美方的道歉是否具有诚意？
3. 在翻译和教学中如何识别语境歧义词的真正含义？

2. 汉语词义的变化

第二语言教学中碰到的最大困难之一是教科书语言跟不上社会的发展，表现在词语方面是新词进入教科书缓慢，词语含义的演变在教科书中不能得到及时反映，加大了课堂词汇教学与课外跨文化交际需求的距离，难以满足第二语言学习者跨文化交际的需求，在外语国家学习外语的人则更加感到这一困难大大影响了他们与当地人之间的交际。所以，第二语言教师随时了解词语含义的变化，及时补充词汇教学的内容，就是一项十分艰巨的任务了。下面归纳列举汉语词语含义的几种变化特点和汉语词语教学与习得中应注意的几个问题。

2.1 准确了解和讲解词语的文化背景意义

例如：

2.1.1 小康

《现代汉语词典》的释义是：指可维持中等水平生活的家庭经济情况。汉英词典译文是：relatively comfortable life; well-to-do life。将"小康人家"译成"a well-off family"。"comfortable"的意思是"having enough money to be free of worry; not poor"，即不愁吃穿，倒有点接近"小康"的含义，但无法清楚反映中国大陆现在的"小康社会"的含义。"小康"的其他英语翻译"well-off"和"well-to-do"则是"rich"的意思。与"小康"难以对应。

何谓"小康"?"小康"一词在中国自古就有。《辞源》的解释为"经济宽裕,可以不愁温饱"。而且自古就有"小康之家"一说。《汉语大词典》的解释就更加细致具体了:"儒家理想中的所谓政教清明、人民富裕安乐的社会局面,指禹、汤、文、武、成王、周公之治。低于大同理想……后多指境内安宁,社会经济情况较好……"根据这一解释,"小康"就不仅指经济上人民富裕,还包括社会安定;不仅指某一历史时期的静态现象,还指人们理想社会——"大同世界"的最终实现过程中的一个历史阶段。

中国党和政府提出的"小康社会"也是指实现"理想社会"的历史进程中的一个历史阶段:现代化建设"三步走"(摆脱贫困、小康水平、实现经济现代化)中的第二步,并且具体制定了小康社会的标准。

在翻译"小康"一词时,就需要增加文化注释,在教学中就要进行文化背景(包括历史来源与现代文化含义)意义介绍。

2.1.2 干部

《现代汉语词典》的释义为:

(1) 国家机关、军队、人民团体中的工作人员(士兵、勤杂人员除外)。人们曾习惯将其译成英语的 cadre。

(2) 指担任一定的领导工作或管理工作的人员。人们习惯于将其译为英语的 leader。

然而,英语的"cadre"的含义却是"(a member of) a small group of trained people who form the basic unit of a military, political or business organization (*Cambridge International Dictionary of English*);(usu. pl) an inner group of highly trained and active people in a political party or military force (*Longman Dictionary*)",指的是:第一,一般是小的群体;第二,训练有素的骨干队伍。这一词在英语中属于非常用词,发音也不一致。所以,将中国文化的"干部"译成"cadre",英语文化的多数人并不理解。中国大陆还将"干部"作为一个社会阶层,在机关、学校将"干部"与"工人"分别评级和评薪,甚至女"干部"与女"工人"的退休年龄也不同。对中国现代社会了解不深的外国人是很难理解的。

2.1.3 户口、户籍

"户籍"也是外国人难以理解的词语。他们不了解这两个词语的意思。许多人不理解中国城市中为什么要有"户口"或"户籍"制度。他们从汉英词典中得到的意思是"census register; household register; registration of residents on a household basis by local civil administrative authorities; also the identity of residents in an area",即指地方民政机关以户为单位登记本地区内居民的册子,转指作为本地区居民的身份。这一解释回答了"户口"、"户籍"是什么。与中国人交往的外国人由于本国没有这一制度,就常常做出种种猜测。由于西方社会对中国固有的文化偏见和文化误解,西方许多人就怀疑这是中国政府对城市居民实行政治控制的制度。美国出版的一本词典就将"户口"、"户籍"解释为"Big Brother"(监视人的专制制度),甚至将其等同于"纳粹"和"法西斯"。(De Mente, 1995)

2.1.4 "离休"与"退休"的区别

对于年老退休,各国人都理解,至于"离休",如不加解释,外国人则难以了解其意为何。汉外翻译和第二语言教学中就不能不做一文化知识介绍,至少要讲清两点:一是"离休"指什么,要讲清这是指新中国成立前参加革命的干部离职休养,他们享受的待遇高于"退休"人员;二是说明中国大陆为什么要将"离休"与"退休"加以区别。第二点西方人不仅难以理解,感情上更难以认同,因为存在政治分歧和价值观念的冲突,我们只能做到尽量消除误解。

2.1.5 晚婚晚育

只靠词典释义难以让外国人理解。不仅要解释中国国情和这一政策的意义,还要有针对性地排除文化误解。

2.2 清楚了解词义的变化

语言意义的不断变化是正常的和不可避免的,但是给第二语言教师增加了不小负担。由于信息了解的时间差,人们难免不同程度地依赖书面材料中提供的过时信息去了解另一语言和另一文化,造成信息了解的"错位"。更加值得警惕的是,一些对中国文化和中国大陆当代文化缺乏了解却又自命为"中国通"的人习惯于用中国过去的资料解释现代中国的情况，甚至迷信自己的文化偏见，将语言现象政治化，自觉不自觉地对西方人学习汉语和了解中国文化进行了误导，干扰了外国人的汉语学习和与中国人的交际。所以，在对外交往和第二语言教学中就不能不高度注意对汉语词义变化的处理。

汉语词义的变化至少可以归纳为以下几点：

2.2.1 词义改变

汉语许多词的意义随着社会的发展，已经改变了传统意义而具有新的意义。例如，"强人"原指宋代乡兵的一种："无事散处田野，寇至追集。"后变成"强盗"，现指"强有力的人；坚强能干的人"，由中性词先变成贬义词，现又变成了褒义词。

2.2.2 词义转移

有些词语增加了新意。例如，"缘"，指缘分，机缘。原是佛教中用以指人与人之间有命中注定的遇合的机会，以后增加了一个新意：泛指人与人或人与事之间发生联系的可能性，而且现在只用新义，如"咱俩又在一起了，真是有缘。""烟酒跟我没有缘分。"然而，有的西方"中国通"在其介绍中国的书中却对"缘"做了如下释义和评论："由于'缘'是外在因素，它可以作为与他人消极交往时起到保护作用的'托词'，个人不为后果负责……中国人认为在生活中有许多不可预见、不可控制和命中注定的因素……由于近代中国的动荡和权势者的独断专行，乐天知命地屈从于不可捉摸的命运诚然是一种实用的反应。"（Bond，1994：61）这是采用断章取义的方法以过去的释义解释现代中国人使用的意思，并借题发挥，加以政治化，用政治偏见歪曲该词的现代意义。

"夫唱妇随"，亦称"夫倡妇随"，源于《关尹子·三级》，"夫者倡，妇者随。"原意为妻子必须服从丈夫，有男尊女卑之意。但是，"后常用以称夫妇和睦"（《辞海》）。《现代汉语词典》的释义干脆只用现义，"（比喻）夫妻互相配合，行动一致。也指夫妻和睦。"《汉英词典》的译文是："the husband sings and the wife follows — domestic harmony; conjugal felicity"。然而，有的"中国问题专家"解释说，"这一说法描绘的情况是，妇女婚后不再为娘家效力，其父母也就失去了这一笔财产。毫不奇怪，时至今日，人们仍然偏爱男性后代，使得

中国只生一个的计划生育有点在这一偏见的浅滩上搁浅了。"(Bond, 1994: 45)

"孝顺"也有两个意思：尽心奉养父母；顺从父母的意志。现在只体现第一个意思。

2.2.3 词义扩大

有些词语在社会发展过程中又在原义的基础上增加了新意。例如，"不好意思"，现在是中国青年人，尤其是大学生，最常用的道歉语。但是，这一词原来只表示心理感受，直到现在在词典和绝大多数语言教科书中仍是原义，而且仍然适用。《汉英双解现代汉语词典》的释义是：

(1) 害羞 shy; embarrassed; bashful; feel ill at ease

(2) 碍于情面而不便或不肯 find it inappropriate or embarrassing to do sth. due to one's feelings

"不好意思"这一当代青年的流行语有三个特点（根据我的学生郦帅的调查）：

第一，该词只用于轻微触犯的语境，触犯程度高时用"对不起"；

第二，女性使用频率高于男性；

第三，这一道歉语不仅用于对他人触犯之时，也可作为用道歉的方式表示要求和感谢的用语。

这是旧词增加新义的一个典型例证。

2.2.4 词义频变

汉语中有些词语的含义在中国历史上，随着社会的发展和人们观念的不断更新而频繁发生变化。对于这一类词语，学习汉语的外国人感到最难把握。以"小姐"一词为例，外国人就会遇到三大困难：一是对现在该词的交际价值和使用场合很难把握；二是对其含义的频繁变化不易跟踪，教科书的内容涉及不同历史时期，如果不清楚了解所指的历史时期的情况就难以准确了解其含义；三是"小姐"与外国学生母语的对应词，如英语的"miss"的现代含义不一定完全对应。

宋元（公元1000年左右）时期以前，"小姐"指社会地位低微的宫婢(palace maid)侍姬和姬妾（concubine）、艺人（artist）等，是贬义词。以后指有钱人家的女儿，如元朝王实甫《西厢记》中的"莺莺小姐"。直到1949年新中国成立以前都指有钱人家未出嫁的女儿，成了褒义词。1949年新中国成立，"小姐"一下子沦为贬义词，指"好逸恶劳，只会贪图安逸享受"的富家女儿。1978年改革开放以后，"小姐"又逐步"翻身"，首先变为对衣着入时的姑娘和年轻漂亮的女子的美称。由贬义词又变成了褒义词。改革开放后，"小姐"已成为对所有年轻女子的尊称，甚至包括已婚的年轻女性。近年来，"小姐"又有了新的贬义：在某些特殊场合，如夜总会、酒吧，"小姐"又可能指"三陪（陪唱、陪酒、陪舞）小姐"，甚至隐指妓女。这一词就又成了具体指称某些不正当职业女性的贬义词。

人们一般将汉语的"小姐"与英语的"miss"视为等值对应词，以为二者之间完全可以互译。事实上，它们既有对应之处，也有不对应之处。

相似点表现为："小姐"与"miss"都用以尊称相识和不相识的年轻女子，如"王小姐"、"Miss Smith"。对售货员、饭店女服务员可用"小姐"和"Miss"尊称。"小姐"与"miss"的起源也近似，最初都指社会地位低下的女子。如"小姐"源于宫婢、侍姬、姬妾，"miss"源于prostitute（妓女）和mistress（情妇、姘妇、非婚同居女子）。

不同点表现为："小姐"只用以尊称年轻女子，包括已婚年轻女子，而"miss"可用以尊称所有未婚女子，包括年老未婚女子。在中国大陆，用"小姐"称呼年长未婚女子却会激起对方的反感。在英语国家，中小学生可用"Miss"称呼未婚女教师，在汉语中，中小学生用"小姐"称呼未婚的年轻女教师则为大不敬。

2.2.5 新词的大量涌现

汉语不断涌现的新词语也是外国人学习和运用汉语词语的难点。随着中国经济的迅速发展和改革开放政策的大力推行，汉语新词语的快速增加让中国人都有些跟不上。每年三月，"两会"召开期间更是新词新语大量涌现之时。所以，外国人在学习汉语过程中，需要密切关注中国社会的快速发展对汉语言，特别是汉语词语的变化和发展的影响。例如：

（1）"城市化"是一个新词语，英语中有其对应词"urbanization"。二者之间语言意义对应，可是，如果不了解汉语这一新词的文化内涵，还是无法了解

第四节 汉语词语的翻译与教学

其意义。"城市化",又称"城镇化"、"都市化",指的是中国正在发生的生产和生活方式由农村型向城市型转化的历史过程。表现为,农村人口向城市人口转化以及城市不断发展和完善的过程。这一词具体包含四个含义:一是农业人口向非农业人口的转换;二是随着城市数量的增多和城市规模的扩大,农业用地向非农业用地转换;三是经济结构的转换,即生产要素,特别是劳动力和资本等从农业向非农业转换;四是生活方式的转换,即农村生活方式转变为城市生活方式,包括农村的现代化过程。

(2) "新社会阶层"是 2008 年全国人民代表大会提出的新名词。新的社会阶层人士主要由非公有制经济人士和自由择业的知识分子组成,包括民营科技企业的创业和从业人员、受聘于外资企业的管理技术人员、个体户、私营企业主、中介组织的从业人员和自由职业者等 6 方面的人员。

(3) "鸟巢一代"是 2008 年 8 月北京奥运会后出现的中外闻名的新名词,指的是 80 后、90 后的新生代。他们在奥运期间作为志愿者的出色表现改变了社会上过去对他们的看法:"靠吃肯德基麦当劳长大、喝可口可乐要加冰的被宠坏了的一代"。人们开始赞扬他们是有知识、懂外语、充满活力、富有热情、尊重规则、充满人文精神的新一代中国青年。

> 思考题

1. 可以举行一次课堂活动,讨论词语的语言意义与文化含义之间的关系以及在汉外翻译和第二语言教学中进行这一研究的重要性。

2. 请做一社会调查,与中外相关人士共同探讨第二语言教学和汉外翻译中如何正确理解和得体处理词语的文化含义与交际价值问题。

本章重点推荐参考文献

1. 邓炎昌、刘润清,1989,《语言与文化——英汉语言文化对比》,外语教学与研究出版社。

2. 王菊泉,2004,吕叔湘先生对我国语言对比研究的贡献,《外语教学与研究》,第 5 期。

3. 毕继万,2000,"貌合神离"的词语文化义对比研究,《外语与外语教学》,第 9 期。

4. 祝畹瑾，1992，《社会语言学概论》，湖南教育出版社。
5. 伍谦光，1988，《语义学导论》，湖南教育出版社。
6. 许国璋，1988，*Culturally Loaded Words and English Language Teaching*，胡文仲，《跨文化交际与英语学习》，上海译文出版社。
7. Szalay, Lorand B. and Fisher, Glen H., 1979, *Communication Overseas, Toward Internationalism: Readings in Cross-Cultural Communication,* ed. By Elise C. Smith and Louise Fiber Luce, Newbury House Publishers, Inc.
8. Hartzel, Richard W. *Language, Communication and Non-Communication, in Harmony in Conflict.*
9. Osgood, Charles E. and Tseng, Oliver C.S., *Language, Meaning and Culture—The Selected Papers of C.E.*
10. Osgood, 1990, *The Nature and Measurement of Meaning*, Library of Congress Cateloging-in-Publication Data.
11. Leech, Geoffrey, 1983, *Semantics*, Penguin Books Ltd. Harmondswoth, Middlesex, England.
12. Larsen-Freeman, Diane and Long, H. Michael, 1991, *An Introduction to Second Language Acquisition Research: 3 SLA: Types of data analysis*, Longman Group UK Limited.

第三章 礼貌的文化特征与汉语礼貌语言教学

在人际交往中，人们都遵循约定俗成的礼俗规范，注意调剂人际关系，这是世界文化的共性。但是，文化不同，礼俗规范也不尽相同。在跨文化交际中，人们通常遇到的问题是，对母语文化的风俗习惯和交际规则习焉不察，对别种文化中与自己不同的风俗习惯和交际规则却极为敏感，而且常常自觉或不自觉地以本文化的习俗和规则作为标准，去衡量或评判他种文化中不同于本文化的交际行为，得出褒此贬彼的结论。当然，也有人有意无意地以他种文化的行为规则作为标准衡量自己文化的行为，以人之长比己之短或以别人的交际规则对比自己文化中的消极现象，得出褒彼贬此的错误结论。其症结都在于人们不了解交际习俗和礼俗规范存在文化差异，习惯于以一种文化的行为为标准，衡量所有文化的行为表现，以一种文化的礼俗规范衡量所有文化的礼貌行为。在第二语言教学和汉外翻译中，初学外语者习惯于依赖双语词典或双语词汇表对礼貌语言进行词语对应翻译，甚至直译，却忽略了交际规则对礼貌词句运用的约束，不知不觉地犯了文化错误。

我们必须认识到，文化不同，礼俗规范和交际规则也会有所不同。在跨文化交际中，这种文化差异会导致文化误解和文化冲突。所以，研究礼貌语言，进行礼貌语言的教学和翻译，都需要深入了解礼貌语言的文化特征和交际规则的文化差异，在教学（学习）、翻译和对外交往中做好跨文化语境中交际规则的转换工作。

本章将讨论礼貌语言的文化特征及其与第二语言教学之间的关系，分四个问题讨论：礼貌语言文化特征研究的必要性；礼貌的文化共性与文化个性；中国文化礼貌的特征及其表达方式；汉语礼貌语言的教学与翻译。

第一节　礼貌语言文化特征研究的必要性

礼貌语言文化特征的研究至关重要，这是因为文化不同，人们的交际行为和礼俗规范也不尽相同。文化差异会导致文化误解，甚至文化冲突。在跨文化交际中，汉语礼貌语言就常常受到外国人，尤其是西方人的误解，甚至频频发生文化冲突。这些文化误解和文化冲突源于中外交际礼俗的差异。西方学者已将这些文化特征差异上升到理论诠释的高度，而且有了一套完整而又系统的理论。这些理论已成为西方学者评判礼貌的文化特征和解释所有文化礼貌行为的通用理论依据。许多人不加分析地运用这些理论解释中国文化的交际行为和指导原则，但对中国文化礼貌行为和礼俗规范的特征却缺乏深入的调查和研究。因此，要澄清对礼貌的文化特征的误解，要正确处理跨文化交际中礼貌语言和行为的文化误解和文化冲突，就不仅要清楚了解礼貌交际行为的文化差异和文化冲突的表现，更要深入研究支持这些文化误解和文化冲突的理论依据，正确认识汉西礼貌文化的差异。

西方指导礼貌交际的通用理论是格赖斯的"合作原则（the Cooperative Principle，简称 CP）"和"会话含义（Conversational Implicature）"，利奇的"礼貌原则（the Politeness Principle，简称 PP）"与"反语原则（the Irony Principle，简称 IP）"，以及布朗和列文森的"面子挽救论（the Face-Saving Theory）"或称"面子威胁论（Face-Threatening Acts，简称 FTAs）"。这些理论是语用学研究的重要内容，也是跨文化交际学的重要组成部分。当然，两个学科之间的理论认知、研究目的和研究方法不尽相同。以下从跨文化交际学的角度评介西方的这三大理论，并且讨论这三大理论与中国文化礼貌之间的关系，从中可以看出礼貌语言文化特征研究的必要性。

1. 中西方礼貌的文化冲突与格赖斯的合作原则

英国人梅雅量（Alan Maley）曾在题为 *The Sad Fate of Good Intentions*（《好心不得好报》）的一篇文章中指出，中国人在下列五种场合讲的英语常常让人产生文化误解：①初次见面（Initial Encounters）；②告别（Leave-takings）；③拒绝要求（Refusals）；④对信息要求的答复（Responses to Requests for Information）；⑤在类似会议那样较长时间的会见中信息的组织（The Structuring of Information in Longer Encounters, such as Meetings）。他认为，中国人在这些情况下说的英语都违背了格赖斯的合作原则中的四项准则（量的准则、质的准则、相关准则和清晰准则），让英语国家的人产生误解。他推测这些中国人的讲话可能都出于好意，结果却是好心不得好报，因为他们不了解在使用英语与西方人交谈时应该符合西方人的行为准则（behavioural norms），结果犯了社会语言行为失当的错误（inappropriate sociolinguistic behaviour）。可能出现的尴尬局面是，中国讲话人的良好愿望反而会引起英语文化听话人愤怒的反应或者感到不明其意。

例如，与来华工作的英国人初次见面时，中国主人的许多客套话虽然都合乎英语语法，但英语国家的人听后感到这些话都不切题，完全是一些未经思考的完成任务式的话。

梅雅量明确说明他的看法依据的是格赖斯的"合作原则"。所谓"合作原则"，指的是在人际交往中，交谈双方是相互合作的，要讲什么就讲什么，何时该讲什么就何时讲什么，该怎样讲就怎样讲。

合作原则（Grice, 1968）包含四项准则：

（1）量的准则（Maxim of Quantity）：所说的话信息量应当充足，下面包含两条次准则：

① 所说的话应当信息量充足；

② 所说的话信息量不应超出所需要的范围。

梅雅量认为他来中国工作时，第一次接待他的中国学校负责人说"You arrived here yesterday.（你是昨天到的吧？）"或"Did you arrive here yesterday?（你是昨天到的吗？）"这是违背了"量的准则"，即所问的问题不符合第一条次准则的要求,也就是信息量不够:我是昨天到的,你想要问与我现在工作有关的什么问题?

(2) 质的准则(Maxim of Quality):所说的话应当真实,下面包含两条次准则:

① 不要讲自己认为是虚假的话;

② 不要讲缺乏足够证据的话。

梅雅量认为自己刚到中国,中国学校负责人接待他时就说"Your Chinese is very good.(你的汉语讲得很好。)"违背了 CP 的质的准则,即讲话不真实:你知道我的汉语并不好。

(3) 相关准则(Maxim of Relation):所讲的内容应与话题相关,中国主人说"The weather in London is very foggy, I think.(伦敦的雾气很大吧?)",违背了相关准则,因为伦敦雾气与我来中国工作之间没有任何关系。

(4) 方式准则(Maxim of Manner):讲话要清楚明白。

前三条准则指的都是交谈内容,即该说什么。这一条则是指如何讲所要讲的内容。下面包含四条次准则:

① 避免晦涩(Avoid obsecurity of expression)

② 避免歧义(Avoid ambiguity)

③ 言语简练(避免啰嗦)(Be brief, avoid unnecessary prolixity)

④ 井井有条(orderly)

梅雅量称中国主人所说的"We have heard you are very capable and hardworking.(听说你能力很强,也很肯干。)"违背了 CP 的所有四项准则:信息量不足:你讲这句话想说明什么问题?讲话不真实:我刚来,你怎么知道我能力强,也很肯干?所讲的话与我来中国工作没有关系。这句话意思含糊不清,让人不知所云。

梅雅量的看法是,这类话给人以一种虚假的、令人厌烦的感觉,违背了英语国家的人见面时的习惯礼节,"初次见面时,英语国家主人问及的内容应当是来人的背景、工作经历、对新工作的打算,等等。而上面这些话基本上都是大实话,引不起话题,句句都像是向无声的水池中投进粒粒石子一样,激不起波澜与反响"。

合作原则的核心是质的准则，即讲话要真实。梅雅量认为中国人常常不讲真话，对人不真诚。他举的一个典型的例子是中国人的告别语：中国人接待来访客人和访问别人时习惯于将告别的理由推给别人，英语国家的人访问中国人时，中国主人常爱毫不客气地催促客人离开，如说"You must be very tired.（你一定很累了。）""*Tomorrow you will have to get up very early.*（明天你还要早起呢。）"中国人到英语国家的人家里做客要离去时也爱说类似他们的主人"一定很累了"、"第二天还要早起"之类的话。他说："在典型的西方语境中，客人一般会将告别的理由归于自己而不是接待的主人。在一般情况下，宴请的时间延续越长，大家越高兴。客人让主人催离或者主人被客人敷衍了事地应付都会导致误解。"他认为，用英语交谈时，应当遵循英语文化的交际准则。（Maley, 1988）

梅雅量的看法提出了两个值得研究的问题：

第一，文化不同，交际规则有异

用什么语言进行跨文化交际，就须遵从该语言所属文化的交际规则。梅氏的如下看法是完全正确的：中国人的错误在于用英语与英语国家的人交谈时却照搬中国文化的交际规则，将汉语直译成英语。讲的是英语，遵从的却是中国文化的交际规则。从梅雅量的评论中可以看出，对交际规则的文化差异的研究和恰当处理是跨文化交际中礼貌语言使用时必须注意的根本问题。

第二，如何清楚辨析交际规则和礼貌原则的文化差异并非易事

这里有两点值得注意：一，要防止片面性和绝对化。梅雅量用CP的原则衡量中国人的英语交际行为时忽略了即使是英国人也不可能像他要求的那样必须总是实话实说和公事公办。在英语文化中，工作交谈前的寒暄语（small talk）也并不总是一定要与所谈工作有关。英语文化的人在人际交往中也不可能完全遵循CP。正因为如此，格赖斯才又提出了"会话含义"理论，即在实际交际中，人们并不能总是实话实说。于是有时人们说话时，故意违反合作原则的某项准则，让听话人根据语境，透过表面含义推导出其隐含的真实意图。二，在收集他种文化交际行为的事例时必须注意所收集的事例的说服力。有说服力的例子必须真正反映该文化特征和具有明确的语境意义。例如，对梅雅量列举的中国人访问中的告别语就不能简单下结论，更不能一概而论。在中国文

化中，只有在下级因公拜访上级或学生拜访老师的情况下，在谈完正事后主人（上级或老师）才会说："你明天还要早起，我就不留你了。"在一般社交场合，尤其是礼貌邀请中，主人决不会轻易使用这样的词句。应邀做客和拜访他人，客人告别时可以说类似"你挺忙的/你明天还要早起，我就告辞了/不多打扰了。"这是出于中国文化的相互关切之情，与英语文化的尊重个人独立自主，不强加于人的文化特征不同，甚至存在文化冲突。但中国人用英语表达中国文化这种关切之情就犯了照搬中国文化交际规则的错误。

2. 中西方礼貌的文化冲突与利奇的礼貌原则

英国学者海伦·奥迪曾在中国教授英语，她通过五年调查研究，发现"中西之间的误解并非源于单纯的语法偏误或用词不当，还源于在具体语境中具体说法的习惯和得体性的文化差异。她写了一本题为 *The Customs and Language of Social Interaction in English*（《与英美人交往的习俗和语言》，1987）的书，从姓名（personal names）、问候（greetings）、交谈方式（starting and developing conversation）、交谈话题（conversation topics）、访问外国人（visiting a foreigner）、宴请（dinner invitation）、告别及其他（leave-taking and other points）等方面对比汉英礼貌语言的差异和总结中国人在交际中运用英语的文化错误，并对汉英礼貌语言的指导原则（general principle）的文化差异做了总结，指出这些差异主要表现在三个方面：隐私观念（sense of privacy）、婉言法（indirectness）和谦虚观念（concept of modesty）。例如：

(1) 关于隐私问题

哪些问题属于他人不可随便问及的个人情况，中西两种文化就不同。中国人喜欢询问他人的年龄、工资、所购物品的价格等。西方人对此却很反感。

(2) 关于直率问题

在批评人时，在受到邀请和馈赠时，在回答别人的要求时，西方人都直截了当。中国人却往往有意见不当面提，而要通过第三者转达，在受到邀请或馈赠时喜欢表示谢绝，拒绝别人的要求时不给予明确的答复；然而，在某些涉及他人个人的问题上又喜欢直率地做出评论，如当面讲某人发福了、某人的住房不如别人宽敞等。这两种态度都会引起西方人的反感。

(3) 关于谦虚问题

中国人喜作否定表态。例如，邀请客人吃饭时，主人爱说"只是一顿家常便饭"，"我不会做饭"；受到赞扬时习惯给予否定的回答，如有人说"听说你昨天在……做了一个报告"，回答则往往是"瞎说一通"。

奥迪认为，这些话都出于谦虚，却不诚实，在英语中是难以听到的。

奥迪提到的汉英礼貌指导原则的三大差异（隐私观念、婉转话语和谦虚态度）的确是汉英礼貌用语的三大区别，当然还应加上"面子"问题。这四大差异反映出的是汉语文化礼貌原则与英语文化的 CP、PP、FTAs 之间的差异和冲突。

奥迪指出的三大差别依据的理论是利奇的礼貌原则（PP）(Leech, 1983)。

PP 的定义是，在其他因素均等的情况下，尽量减少对受话人不利的说法，尽量多说对受话人有利的话。PP 包括六条准则，下属 12 条次准则：

(1) Tact Maxim 得体/策略准则：尽量减少表达有损他人利益的观点

①尽量少说让别人吃亏的话

②尽量多说让别人受益的话

(2) Generosity Maxim 慷慨准则：尽量减少表达利己的观点

①尽量少说有利于自己的话

②尽量多说让自己吃亏的话

(3) Approbation Maxim 赞扬准则：尽量少贬责他人

①尽量少贬责他人

②尽量多赞扬他人

(4) Modesty Maxim 谦虚准则：尽量减少对自己的赞扬

①尽量少赞扬自己

②尽量多贬低自己

(5) Agreement Maxim 一致准则：尽量少表达与别人意见分歧的观点

①尽量少说与他人意见分歧的话

②尽量多说双方一致的话

(6) Sympathy Maxim 同情准则：尽量减少表达与他人感情对立的看法

①尽量少说与他人对立的话

②尽量多说对他人同情的话

利奇对这六条准则及其下属的 12 条次准则并不是同等看待的。他认为：

六条准则中，得体准则最重要。得体准则也叫策略准则，讲的是礼貌的核心为利益均衡；谦虚准则最不重要，当它与其他任何准则发生冲突时，都必须服从其他准则，因为它会威胁到利益均衡。

每条准则中第一条次准则比第二条次准则重要，即尽量回避不和，而不是强调双方看法一致。

所以，利奇将礼貌分为"消极礼貌（Negative Politeness）"和"积极礼貌（Positive Politeness）"。前者指的是尽量减少不礼貌的行为和不礼貌的程度，避免关系的不和。后者指的是尽量增加礼貌的程度，尽量争取双方关系的一致。例如：

消极礼貌：If it would not trouble you too much, ... （如果不会给你增加太多麻烦的话，……）

积极礼貌：I'm delighted to inform you... （我很高兴地通知/告诉你，……）

PP 的核心是，礼貌是用以调整交际双方的利益失衡，即以尽量减少对他人利益的损害来维护双方利益的均衡。西方的所谓"平等互尊"，指的就是维持交际双方的利益均衡。利奇最形象的表达利益均衡的说法是将人际交往比做商贸关系和借贷关系。（见第三章第二节 2）

利奇的礼貌原则的主要特点是：

第一，礼貌是人际交往中采用双方利益均衡的策略达到既不损人也不伤己的目的的施为行为。所以，礼貌原则最为重要的准则是得体准则，即尽量少表达有损于人的看法，尽量避免强加于人的话语。最不重要的准则是谦虚准则，即不仅不能有损于己，还必须在谦虚准则与其他任何准则发生冲突时服从于其他准则。

第二，人际关系的协调主要依靠消极礼貌：以尽量不损害他人利益和尽量不伤害他人自尊心为主要原则，通过尽量减少表达让听话人利益受损的话语的策略达到避免不和的目的，而不是积极礼貌：以积极的态度求得双方关系的一致。

第三，人际关系的协调重于交际的实际内容，所以婉转的话语是礼貌的最重要策略。所谓婉转话语，就是讲话不强加于人，多给人以自主选择的余地。

第四，礼貌必须遵循求真的原则，即不论话语如何婉转，讲话人所要传递的交际信息必须清楚无误。但是，这种"真"不是讲话人的真实意图，而是外在的策略，甚至可以通过反语原则（IP）达到以礼貌的方式实现不礼貌意图的目的，即攻击了别人之后，既让听话人清楚获得讲话人的信息，又无法以牙还牙，进行反击。

3. 中西方礼貌的文化冲突与西方的"面子威胁论"

3.1 中外人士有关中国文化"面子"的评论

"面子（face）"在中国文化中的含义与作用，是中外人士津津乐道的话题。西方跨文化交际学者及一般人的看法也繁杂不一。西方人的看法主要有：

第一，认为中国文化是"面子文化（face culture）"或"耻感文化（shame culture）"，而西方文化则是"罪感文化（guilt culture）"，认为只有"中国人死爱面子"。我国不少学者和人士也认为"面子""为中国人所独有"，"就是中国人死爱面子"。

第二，认为中国文化只有群体的面子，没有个人的面子。德蒙特认为"美国人看重的是个人自尊心，但在中国文化中只有群体自尊心，而无个体自尊心。个体观念已经被忽视到荡然无存的地步。实际上，个人根本不能为自己做任何决策。中国文化的'面子'就是'社会信用（social credit）'，即只有通过庞大的个人关系网才能办事。整个社会，包括所有商业公司，依靠的仍然是以'社会信用'和'面子'为主要因素而建立起来的关系"。（De Mente, 1995:246）

第三，西方绝大多数学者，尤其是跨文化交际领域的学者却不将"面子"视为某一文化所独有的特征，而认为是各种文化都有的普遍现象，但许多人也认为中国人最重面子。这一看法也得到了中国学者的普遍认同。例如胡文仲和美国学者格罗夫（Cornelius Grove）就认为中美文化都有"面子"问题，但是存在差异：

> 中美对面子的看法差异只在于中国人对面子的社会意义看得更重：在美国，也存在面子问题，但多半是无意识的，而在人民共和国却是人人都无时无地不顾及面子，人们常常反复运用的一个说法是"人有脸，树有皮"。

（Hu Wenzhong & Grove, 1991: 115）

关于中国群体文化与西方个体文化之间"面子"的区别,哈策尔(1994)的观点在西方学者中具有一定的代表性:

> 我们西方有面子吗?有。但是,作为西方人,我们的确已经达到了不去理会别人看法的境地,包括同事、邻居、朋友、亲戚等人的看法。反之,许多中国人却一生一世都会陷入按照别人看法从事的境地之中。

哈策尔的观点有三:一是东西方文化都有"面子"问题;二是西方人不理会别人对自己的看法,而中国人却陷入按照他人看法从事的境地不能自拔;三是西方面子观念比中国面子观念境界高。上述评论向我们提出了四个问题:

第一,什么是"面子"?"面子"的表现何在?

第二,"面子"是文化共性还是某些文化的个性特征?

第三,中国文化中"面子"的文化特征是什么?

第四,跨文化交际中如何正确而又得体地处理"面子"问题上的文化差异和文化冲突?

要回答这些问题,需要认真研究西方关于"面子"的理论和中国文化中"面子"的含义,还要认真对比中西文化的共性和个性差异,并且实事求是地认识和处理面子的文化差异和文化冲突问题。

3.2 布朗和列文森的"面子挽救论"

关于"面子"的理论,西方学者已有很长的研究历史,将其形成全面系统理论的是布朗和列文森,他们提出了"面子挽救论"或称"面子威胁论"(FTAs)(Brown & Levinson,1987)。这一理论的主要内容有:

3.2.1 什么是"面子"

(1)"面子"的定义:"面子"是个人要求在公众面前树立的形象。

(2)"面子"有两种。"消极面子(Negative Face)",指个人行动自由不受他人的阻碍,个人意愿不受别人干涉;"积极面子(Positive Face)",指个人的愿望、行动和要求必须得到满足。

(3)面子的脆弱性。面子极易受到伤害(Face is vulnerable),面子可以丢失,也可以维护或增添。多数人在面子受到威胁时会维护它。所以,人们一般都特别注意维护交际双方的面子。

3.2.2 四种面子威胁行为

利奇认为有些行为本身就分礼貌与不礼貌两种，而布朗和列文森的看法则是，人类行为分为具有面子威胁和不具有面子威胁两种：威胁讲话人的面子或威胁听话人的面子，或者对双方都不存在面子威胁。布朗与列文森将面子威胁分成四种类型：

(1) 对听话人消极面子的威胁，例如：命令、忠告、威胁、警告；

(2) 对听话人积极面子的威胁，例如：抱怨、批评、不赞同、提出禁忌的话题；

(3) 对讲话人消极面子的威胁，例如：接受施惠、接受感谢、违心地给予承诺；

(4) 对讲话人积极面子的威胁，例如：道歉、接受赞扬、招认。

3.2.3 施行面子威胁的策略

布朗和列文森认为，在交际双方的面子都极易受到伤害的情况下，任何有理智的人都会设法避免面子威胁行为，即采取一定策略减少可能造成的威胁。具体来说，讲话人需要权衡三个需求：a. 传递面子威胁的内容；b. 要求的有效性或紧迫性；c. 对维护受话人面子的程度的考虑。除非 b 大于 c，即由于事情紧急或保证信息有效性准确无误，讲话人都要尽量减少对受话人的面子威胁。据此考虑，他们提出了下面进行面子威胁的策略（Brown & Levinson, 1987：68~69）：

Low Face Risk to the Participant　对受话人面子威胁小

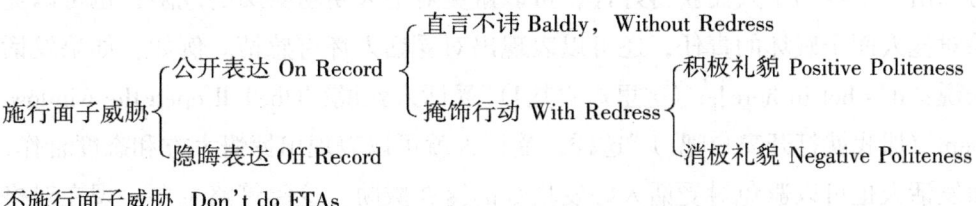

High Face Risk to the Participant　对受话人面子威胁大

公开表达指的是清楚传递讲话人要求的行为；隐晦表达指的是所表达的意

思含有歧义；直言不讳指的是直截了当，毫不隐晦，如直接命令；掩饰行为则是为了给受话人以面子，采用修饰和装扮词句的方法，尽量避免或降低对受话人的面子威胁的程度，表示讲话人清楚了解受话人的面子要求，没有对其进行面子威胁的意图。（Brown & Levinson, 1987：69）直言不讳只适用于面子威胁程度极小或事情的紧迫性大于一切之时，或者是发话人比受话人地位高出很多之时。掩饰策略则包含积极礼貌（表示与受话人看法一致）和消极礼貌（用以约束自己意图的表达）。而隐晦表达则是出于礼貌而避免采用含义清楚地强加于人的表达方法。例如：

直言不讳： Do ...! 做……去！
Give me a dime. 给我一角钱。
Help! 救命！

积极礼貌指的是在表达 FTAs 时采取补偿行动，对受话人的积极面子加以保护用以表达赞扬、亲近、赞同等。下分三大类共 15 条策略。消极礼貌指的是发话人表示理解和尊重听话人的消极面子，采用掩饰的方法，表示不干预受话人的行动自由和兴趣需求。消极礼貌的核心是回避或尽量降低对别人行动自由的干涉，其特点是采取态度谦和、彬彬有礼和自我约束的态度，以避免触犯受话人的自尊心。采取的表达方法常常是使用疑问句、过去时、缓冲语（hedges）、道歉语、感激语等。消极礼貌可分为四类共 10 条策略。隐晦表达的策略特点是使用隐晦的方式（有的人译为"非公开"）表达礼貌含义，常采用暗示、隐喻、反语等策略手段。这一方式是采用格赖斯的 CP 和"会话含义"来表达意图的。布朗和列文森认为，采用这类隐晦表达策略对发话人很有利：可以由于不强加于人而获得好评；可以避免对他人唠唠叨叨的危险；也可以免除对他人面子破坏的责任；还可以表现出对受话人怀有感情。例如，如果发话人说："It's hot in here! （这里边真热！）"受话人就说："Oh, I'll open the window then. （那我就打开窗户吧。）"这样，受话人就可以表现出慷慨大方和态度合作，而发话人也可以避免对受话人好发指令的潜在威胁。这类策略主要表现在对格赖斯的合作原则中不同准则的有意违背上，共有 15 条策略。

3.2.4 礼貌程度衡量的标准（Scales of Assessing the Degree of Politeness）

3.2.4.1 决定面子威胁严重程度的因素

（1）发话人与受话人之间的社会距离（D）：这里的社会距离实际上指的是二者之间熟悉的程度和观点一致的程度；

（2）发话人与受话人之间相对权势关系（P）：具体指讲话人强加于受话人意愿的程度；

（3）施加于人的行为等级（R）

布朗和列文森设计的计算公式是：$W_x = D(S.H) + P(H.S) + R_x$

W_x：对面子丢失的严重程度（即礼貌程度）的估计

X：礼貌交际的必要行为要求

D：发话人与受话人之间的社会距离

S：发话人

H：受话人

P：发话人与受话人之间权势关系

R_x：具体文化赋予交际行为的权力的程度

3.2.4.2 面子挽救操作的步骤

（1）只要讲话人没有毫无约束的面子威胁意图，他就要确定一种理性方法适度地满足受话人的愿望以取得其合作，确保面子得以维护，或者取得双方的合作。

（2）然后，讲话人就要认真考虑相关因素的需求，例如既要清楚表达所要传递的信息，又要不过分强调潜在的面子威胁，既要确定具体的面子威胁程度（the W_x），还要确定准备将面子丧失减少到何种程度。

（3）此后，讲话人就要依据（2）中的考虑，选择一种策略将面子挽救置于所需程度。

（4）最后，讲话人须选择一种满足这一策略需求的语言形式。既然每种策略都包括不同程度的礼貌含义，讲话人就须斟酌所用语言的具体形式和所用语言在交际中所造成的总体效果。

布朗与列文森的"面子挽救论"的主要特点是：

第一,"面子"实际上指的是个人自尊心。这一自尊心具体表现为,在他人和公众面前个人行动自由不受他人阻碍,个人的要求和愿望则必须得到充分满足。

第二,人际交往的过程就是面子威胁的过程,不是威胁讲话人的面子,就是威胁听话人的面子,不是威胁积极的面子,即不能满足个人愿望和要求,就是威胁消极的面子,即个人行动受到干扰和阻碍。人们的一切交往行为都是面子威胁的体现。

第三,应对面子威胁的行为要有相应的策略,即分别用积极礼貌或消极礼貌应对积极面子或消极面子所受到的威胁。

第四,对讲话人最有利的策略是隐晦表达,即采用有意违反格赖斯的CP中某一准则的方法,既达到批评人的目的,又让受批评者无法反击,也许还可得到对方的好评,甚至感激。

第五,面子挽救论是西方指导礼貌交际行为的最主要理论。这一理论既吸收了格赖斯的"合作原则"的理论,又与利奇的礼貌原则不谋而合。所以,"面子挽救论"是在吸收了西方各种有关礼貌的理论的基础上形成的最成熟和最系统的理论,其礼貌策略就多达40条,CP和PP与之相比显得大为逊色。

面子观念是跨文化交际理论的重要内容。古迪孔斯特总结的西方跨文化交际理论及其主编的 *Cross-Cultural And Intercultural Communication*(2003)一书中就有"face-negotiation theory"(面子协商论)。这一理论认为,交际冲突的过程就是面子威胁过程。所以,面子与身份、人际关系和感情等诸多方面密切相关。其实,早在1985年丁允珠(Stella Ting-Toomey)就在前人相关理论的基础上提出了"面子协商论",指出面子问题是一种交际行为,是保护自己和他人形象的行为。古迪孔斯特2005年主编的 *Theorizing About Intercultural Communication* 中更是用大量篇幅反复论述面子理论。所以,面子在西方不是没有,而是在处理人际关系和在人际交往中须臾不可离开的东西;研究跨文化交际理论时,不仅要研究中国文化的面子,更要研究西方的面子和西方跨文化交际理论。最为重要的是需要认真研究中西面子的文化差异和文化冲突。

案例 11. 怎样适应中国的交际习俗

在中国生活和工作的 9 年是我生命中最有价值的时光。在了解这个新国家的过程中，既有激动和兴奋，也有数不清的尴尬、误解和愚蠢的错误，但是，我也学到了许多有关中国习俗、文化和礼仪方面的知识。

就从基本的问候说起吧。握手这种西方礼节在中国也有，但要注意避免身体其他部位的接触。交换名片必须用双手，以示尊重。

对西方人来说，最需要领会的文化观念或许是"给面子"，这意味着尊重别人，也反映了中国文化对面子的看重，即使面子与事实明显不符也在所不顾。让人丢面子是不可原谅的。犯了这种错误你会后悔莫及。

中国人很少直截了当地拒绝别人，也很少给予直率的回答，哪怕答案是明白无误的否定。这种文化现象总会造成误解，令西方人不知所措。例如，你要跟某个公司主管见面，对方却回答说不大方便。这是中国人在委婉地告诉你，你提的要求完全没戏。

另一个必须了解的问题是，中国人看重等级和地位。每当你递过名片时，你会发现对方会对名片审视半天。那是在察看你的头衔和地位，以确定应当如何表达对你的尊重。在中国，你必须尊重地位比你高和年纪比你大的人。

另外，了解中国人对我们的看法或许也不无益处。道理很简单，他们认为美国人是善良的傻子，天真、粗鲁而又傲慢。他们觉得自己是生活在具有五千年历史的高度文明的社会的人。我们总是想什么就说什么，他们却爱把自己的想法深埋心中，谈吐谨慎。

吃饭是中国人生活最重要的组成部分，这是我在中国感受最深的一点。我一次邀请一个中国朋友吃午饭时，就犯过令人难堪的错误。我们美国人不在意饭食简单，中国人却不同。那天我邀那位朋友到住处附近一家简陋的饺子馆吃饭。我们一踏进饭馆的门，就发现我的朋友一脸窘迫。我没有请她去较贵的餐馆吃饭，令她丢脸。在中国，餐馆档次的高低，用餐花钱多少，都可传递清晰的信息，表明对客人尊重的程度。

最后，我要说说我自己的经验之谈。中国人有着强烈的民族自豪感，我们对政治话题需要谨慎对待。妇女着装应该庄重，不能太暴露。夫妻应避免在公共场合亲热，不能超出脸颊轻轻一吻的限度。要尊重别人，谦虚待人和讲求实效。中国文化博大精深，我们所了解到的东西还少之又少。

（克雷格·里德，《在中国做生意：什么可做什么不可做》，汪析译。原译文名为《中国文化让人不知所措》，《环球时报》，2006年11月17日。本书对原译文的文字做了一些变动，敬请原译者原谅。）

> 案例分析参考题

1. 文中谈到中美文化之间在礼俗规范方面有哪些文化差异与文化冲突？你认为哪些反映的是文化差异？哪些不是？

2. 你认为文中提出的哪些问题值得进行研究？请你带着这些问题研究本章后几节内容并提出你自己的见解。最好是在社会调查的基础上进行分析研究。

结　语

通过对西方有关"礼貌"的理论和西方人士对中国文化礼貌的评论的介绍，我们可以清楚地看出，对"礼貌"的含义和"礼貌"的文化特征需要认真研究，跨文化礼貌交往中的模糊认识需要得到澄清，跨文化交际的障碍需要在正确理论指导下给予排除。具体来说，需要研究和澄清的问题如下：

1. 什么是"礼貌"？"礼貌"有无文化共性与文化个性之别？

2. 西方的CP、PP和FTAs等三大理论是否是放之四海而皆准的通用指导原则？它们能否简单地用来分析和指导中国文化的礼貌行为？

3. 如何正确理解和认识西方对中国文化礼貌行为的评论？

4. 中国文化礼貌的特征是什么？

5. 在跨文化交际中如何正确得体地处理礼貌的文化差异和礼貌行为的文化冲突？

> 思考题

1. 你是如何理解合作原则（CP）、礼貌原则（PP）和面子威胁论（FTAs）等理论的？这些理论是否可以作为中国文化礼貌的指导原则？

2. 对于梅雅量和海伦·奥迪指出的中国人的"交际错误"和人们对中国人面子的看法,你的观点是什么?依据何在?

3. 你认为在改革开放的形势下有无必要研究礼貌交际行为的文化特征?理由何在?

第二节 礼貌的文化共性与文化个性

礼貌是人类共有的文明行为,是人际关系的调和剂,是维持交际者相互之间友好、合作与和谐关系的重要规范要求,这是各种文化之间所共有的。不能说一种文化礼貌,另一种文化不礼貌;也不能说一种文化比另一种文化更礼貌。我们只能说,由于不同文化群体相互之间的历史进程和生活环境不尽相同,礼貌的形式及其含义也会多种多样。这些不同反映出礼俗规范和深层价值观念的文化差异。上一节介绍的西方有关礼貌的几种理论对其他文化有一定的参考价值。但是,这些理论并不是放之四海而皆准的通用理论。我们在研究有关礼貌交往的理论时,需要认真研究西方有关的理论,也应当虚心地学习别人的长处,但是,在学习和借鉴他人对我有用的理论时,要着眼于实用性,看看能否解决中国文化的问题。这就需要充分了解外国理论与中国实际之间的同异点。只有这样才能摆脱学习他人的盲目性,才能创造适合中国国情的理论体系;也只有这样,才能正确而又有效地进行跨文化交际。既然第二语言教学的主要目标是培养学生的跨文化交际能力,礼貌的文化差异和文化冲突的研究与教学自然也是第二语言教学中研究的重要课题。

在跨文化交际中,由于文化差异所引起的文化误解甚至文化冲突并不鲜见,东西方的文化差异和文化误解就更加明显。上一节中涉及的中西方文化差异和文化误解就是例证。这些文化差异和文化误解是难以用前述西方理论做出充分解释的。所以,礼貌的文化差异和文化冲突是跨文化交际和第二语言教学中研究的重要课题。

强调礼貌的文化差异绝不是否定礼貌的文化共性，不同文化之间礼貌的基本作用和主要表达形式是相同或相似的。礼貌的文化共性主要表现为：

（1）礼貌是调剂人际关系的文明行为，礼貌又是体现相互尊重但又保持一定距离感的行为表现。注重交际者之间的关系不是中国文化的特产，而是各种文化共有的习俗。西方人也认为，调剂人际关系比传递清晰的信息更为重要。

（2）婉言法是礼貌语言的主要形式，其作用是将不太礼貌的语言通过婉转的方式变成对人彬彬有礼的语言。要对人礼貌，说话就不能总是直来直去，常常需要用婉转的方法表达真实的意图，这也是所有文化在人际交往中人们共有的交际习惯。

（3）"面子"就是自尊心，体现出的是交际者社会形象的维护与尊重，是交际者对相互之间关系的承认和协调。对人际关系的维护离不开对"面子"的尊重与协调。所以，"面子"也是各种文化在人际交往中都必须注意的共同问题，中国文化有"面子"，西方文化有"face"、"self-reopect"或"self-esteem"；中国人重面子，西方人也很重面子，只不过有关"面子"的说法、"面子"的含义与表现形式因文化而异罢了。

（4）谦虚在每种文化中都是体现尊重他人和避免矜夸的应有态度。例如，中国文化有"谦虚、谦逊"，英语文化有"modesty"。

（5）每种文化都有隐私观念（privacy），人际交往中尽量避免干涉他人的私事也是所有文化的共同要求。文化差异主要表现为隐私观念的内容和维护方式有别。认为一种文化有隐私观念，另一种文化不存在隐私权是违背事实的。

在跨文化交际和第二语言教学中应当认真研究礼貌的文化差异，注意礼貌的文化特征。应当紧密结合中国文化交际实际，创立中国文化的礼貌理论。出于跨文化交际和第二语言教学的要求，本节将通过汉英礼貌语言对比，重点讨论礼貌的文化差异和文化冲突问题。汉英礼貌语言的文化差异主要表现在以下几个方面：

1. 格赖斯"合作原则"的"求真"与中国文化礼貌的"求情"之别

格赖斯的 CP 的核心准则是质的准则，即真实的准则。所谓"真"，指的是符合事实，合乎逻辑。不符合事实的话都是违背 CP 的。在交际中，这种"真"

体现为,不论话语如何委婉,一定要让听者准确理解自己所要传递的真实信息。CP是西方礼貌理论的基础和礼貌行为必须遵循的根本原则。

中国文化中,人际交往时注重的是"情",是"真情",即对人热情关心和自谦尊人之情。中国人认为人与人之间的礼貌交往要遵循一定的行为模式(礼),表达对他人的情感,依赖情感的表达可以建立和谐的人际关系。中国文化的"情"指的是"人情",也就是一种"合乎礼貌,发而中节"的情感。中国文化礼貌重"情",不是否定"真",但不是西方文化的"真事",而是"真情"。(吴森,1978:42)所以,前文中梅雅量所列举的引起文化冲突的话语的症结就在于英语文化礼貌遵从的是CP,要求的是真事,而中国人考虑的却是对朋友和客人关心体贴之真情或欣赏与鼓励的友善态度。

了解了中西方礼貌语言之间这种区别以后,西方人对汉语礼貌语言的许多误解和猜测也就不难消除了。根据笔者的调查,汉语用道歉的方式表示感谢难以为西方人所理解,其主要原因就在于这种"求情"与"求真"的文化差别。如:中国人应邀做客有时说"给你添麻烦了";得到别人帮助之后会说"让你受累了"或"对不起,浪费了你不少时间"。西方人听到这类话难以理解其致谢之意。他们不明白这种以关切对方的态度表达谢意的方法有时比直接感谢显得更加情真意切。西方人还会对这类礼貌语言产生误解,这是因为他们要求的是尊重事实和尊重自主,考虑的是这些话提供的信息是否符合实际情况,是否对别人尊重和信任:你说我款待你是给我添麻烦,这是对我的真诚和热情的态度的否定;我主动高兴地帮你拿东西,你却说是你让我累着了,这是对我的乐于助人的主动态度的否定;我自愿地花时间帮你学习,你却说这段时间纯粹是毫无益处地浪费掉了,这不仅是对我的劳动的否定,而且是对我个人尊严的侮辱。格赖斯在解释合作原则和会话含义时就举了一个例子:

A: Beirut is in Peru, isn't it?
贝鲁特在秘鲁吧?

B: And Rome is in Romania, I suppose.
这么说,罗马就在罗马尼亚啦!

格赖斯认为,这是B利用违反CP质的准则的方法暗示A犯了荒唐的错误。话语婉转,却让A清楚了解了B的意思,即真实信息的传递准确无误:A

搞错了。然而，中国人会强烈地感到 B 的这种回答有失真诚待人的态度，是用讥讽的方法讥笑 A 无知，缺乏中国文化待人要感情真挚的道德要求。

2. 利奇"礼貌原则"的利益均衡与中国文化礼貌的"克己待人"之别

利奇的"礼貌原则"的特点是以利益均衡为标准和以回避不和为目的。这两个特点也无法套用到中国文化礼俗规范的头上。

2.1 利奇"礼貌原则"的重点

利奇 PP 的六条准则的主体是前四条：尽量减少表达有损于他人的观点，尽量少表达利己的观点，尽量少表达对他人的贬损，尽量少对自己赞扬。(Leech，1983：133)礼貌的着眼点主要是如何对待他人而不是如何对待自己，强调的是 PP 每条准则的第一项，即消极礼貌：注意的是尽量少伤害人，而不是尽量少让自己得益；尽量少说有损于他人的话，而不是尽量多说让人受益的话；尽量少说有利于自己的话，而不是尽量多说让自己吃亏的话；尽量少表达贬低别人的观点，而不是尽量多赞扬他人；尽量少赞扬自己，而不是尽量多贬低自己；尽量减少双方的分歧，而不是尽量扩大双方的一致；尽量减少与他人之间对立，而不是尽量多对他人同情。每条准则用的都是"尽量少或尽量多"，而不是"不要或要"。所以，PP 的作用就是谨慎地调节和平衡交际双方的利益。

2.2 PP 的利益均衡与中国文化的对人关切之别

利奇认为，礼貌行为根本上是不均衡的：对别人礼貌就是对自己不礼貌，反之亦然。礼貌原则的各项准则都是解释这种不均衡状态和应对的方法。(Leech，1983：107)利奇甚至将交际行为商业化了，借贷化了：利益均衡得到恢复或维持就达到了礼貌交往的理想要求。(Leech，1983：217~221)他还列出一个大表，几乎将日常交际中常见的施为行为都看成利益调节的表现。例如，对某人表示感谢就是承认受话人已向发话人提供了某种商品或服务，承认双方已出现了利益失衡的关系，现在通过表示感谢要求恢复平衡状态；道歉则表示发话人要求改变交谈双方之间已出现的失衡状态，如果道歉奏效，受话人原谅了他的失礼行为，失衡状态就得到了调整，至少缩小了二者之间的失衡程

第二节 礼貌的文化共性与文化个性

度；要求、告诫、恳求、请愿、祈求等也都要从利益均衡的角度去理解。所以，利益均衡就是利奇 PP 的根本标准。

虽然中国文化中也有"欠人情"和"还人情"之说，但是中国人并不把人际交往看成是简单的利益得失的均衡关系，而是从道德高度强调自我修养，崇尚克己待人，在人际交往中则体现为自谦尊人和对人关切。例如，主张滴水之恩当涌泉相报，受人救助要永世不忘，有负于人则羞愧难言，甚至感到无地自容。此外，还有"施惠不记心，受德莫忘恩"之说。这些都是用利益均衡的标准无法衡量的，因为它们体现的是对人情的珍惜和对道德的崇尚。西方人把中国人某些礼貌语言理解为不真诚的"过头话"，认为这些客套话"反而给人以无礼或虚伪的感觉"，就是因为他们感到中国文化没有遵从维护独立自主和利益均衡的原则，造成了利益得失的失衡。

案例 12. 我来给你提箱子吧

利奇举了一个例子，说明"礼貌的语用悖论"（Pragmatic Paradoxes of Politeness）。A 对 B 主动表示："Let me carry those cases for you."（我来给你提箱子吧。）并做了如下分析：

如果 A 和 B 都想遵循得体准则，都想对对方礼貌，就会出现下述互不相让的礼貌语用悖论情况：A 表示要帮 B 提箱子，让 B 受益；B 出于礼貌，表示拒绝，即不愿让 A 受损。然后就出现了相互推让的"拔河现象"：A 以为 B 不是真心拒绝，只是出于对 PP 的遵从而做出的礼貌表示。于是，为了礼貌，再次表示乐于提供帮助，B 出于对 PP 的遵从，又会礼貌地表示谢绝。这样来来往往、没完没了的相互客套行为一直延续到一方最终不得不屈从于更为礼貌的一方为止。既然按照常识，人们都认为 A 帮人提箱子对自己不利，所以有理由相信，A 的表示纯粹是出于礼貌，人们也不难进一步推测出对 A 的诚意或真实意图会产生怀疑：

第一，你怎么甘愿自己吃亏来主动帮助我？这是诚心诚意还是只是礼貌表示？

第二，你怎么可以不问我本人的能力是否胜任就贸然表示要帮助我？这是不是对我的能力有怀疑？

第三，你怎么不问我是否愿意接受你的帮助就肯定地表示要给予帮助？这岂不是强加于人的表现？！也许我虽有困难但并不愿意接受别人的帮助，因为接受了你的帮助就欠了你的账，就失去了自尊心，就失去了双方的利益均衡。

所以，在这种情况下，B 出于维护自己的尊严（面子）而不会轻易接受别人的帮助，A 也出于尊重对方的自尊心（面子）而不会不征求其意愿就主动提供帮助。

利奇认为，排除"礼貌的语用悖论"，做到真正"礼貌"的有效办法是用"Can I help you?"（我可以帮助你吗？）或 "Do you need any help?"（需要帮助吗？）代替 "Let me carry those cases for you."（我来帮你提箱子吧。）这样，既可以表示愿意助人的良好愿望，又不会强加于人，便于对方决定是否接受帮助，以免伤害其自尊心。如果见到别人的确很吃力，似乎需要他人帮助，也可以委婉地说："Let me help you with your cases. I'm going upstairs anyway."（我来帮你提箱子吧，反正我也要上楼。）这样既表示了愿意提供帮助，又使对方不会产生欠债之感和因求人帮助而失去自尊心。

类似的行为悖论在有的文化中已经约定俗成了。施人以惠时，对方必须经过无数次拒绝后才会接受，这样实际上谁也未做到真正礼貌。这是两个抱有互不相容的目的的人的冲突。形象地说，好像是两个人对面进出门，谁都想抢先，结果在门口冲突起来了！这样的悖论显然会导致直接冲突，且不说是肢体冲突，社交冲突的危险也在所难免了。

（Leech，1983：110~112，本书做了一些修改）

案例分析参考题

1. 在中国文化中，主动表示要帮助他人拿重东西是一种什么样的行为？受惠者的心理反应会是什么？原因何在？

2. 利奇的"礼貌语用悖论"反映出英语文化什么样的特征？请谈谈自己的看法。

3. 利奇用此例说明的"礼貌语用悖论"在跨文化交际中会犯什么错误？请以"我来给你提箱子吧"为例，运用对比分析的方法对比中西方礼貌的文化差异和文化冲突所在。

2.3 PP 的"modesty"与中国文化的"谦虚"之间维护自尊与自谦尊人之别

中国文化的"谦虚"是外国人和中国人议论的一个热门话题。对它该褒还是该贬？在人际交往中该扬还是该弃？澄清这一问题的关键在于对汉语的"谦虚"和英语的"modesty"的文化特性的认识。

中国文化的"谦虚"与 PP 的"modesty"语言概念意义是对应的，但二者的文化内涵义并不等值。其相似点是，都有谨慎估计自己的能力和价值、对人不可态度傲慢的含义，但二者之间的文化差异，甚至文化冲突绝对不可忽视。

2.3.1 PP 的"modesty"是强调自我约束，即尽量避免自吹自擂，但要掌握好分寸，更不可自贬，以免造成失真和双方利益失衡。如果没完没了地自贬，就只会给人以不真诚的感觉，让人听了生厌。老是自贬就是缺乏自尊和自信的表现。英语文化的人讲究的是要显示自己的才能和水平，中国文化的"谦虚"却是从修身和习礼的角度要求的虚己下人之情。中国文化推崇自谦尊人，甚至贬己尊人。要求做人要牢记"满招损，谦受益"、"虚心使人进步，骄傲使人落后"，待人要牢记"夫礼者，自卑而尊人"的古训。

2.3.2 PP 将"modesty"作为礼貌交往行为中的一种避免交际者之间冲突与不和的策略，可以不必表里一致，中国文化却把谦虚视为做人处事的道德要求，必须诚于中而形于外，做到"言为心声"。

2.3.3 "modesty"在 PP 中居于最低地位，在其与其他任何准则发生冲突时都必须予以让路。中国文化的"谦虚"却居礼貌原则的之首，是中国文化礼貌的核心和灵魂。英语文化礼貌原则中最强调的是策略准则（利益均衡与不强加于人）和反语原则（避免交际双方冲突的策略），而中国文化则首先要突出对人必须谦虚谨慎。

2.3.4 中国文化的"谦虚"和 PP 的"modesty"的差异实质是价值观念的文化差异。英语文化强调尊重个人独立自主和人际利益均衡，认为在人际交往中应当遵循"己之所欲，施之于人"的原则：要别人尊重自己就得自己先尊重别人，以尊重别人换取别人对自己的尊重。尊重别人时不能贬低自己。所以，礼貌的标准是利益均衡体现出的平等互尊。中国文化则认为，做人应当谦虚谨慎，以完美的道德要求自己。成绩再大，也离理想的要求距离还远，待人再好，也不能说已经充分表达了待人之情。

用一种文化的"谦虚（modesty）"概念衡量另一文化的礼貌行为就会因无视文化差异而产生文化误解，甚至文化冲突。利奇就因用英语文化的"modesty"衡量东方文化的"谦虚"而犯了文化错误：认为在"modesty"问题上东方文化（中国、日本）在"谦虚准则"与"赞扬准则"发生冲突时犯了"礼貌的语用悖论错误"。利奇认为，礼貌的语用悖论表现的形式之一是反复否认赞扬的真实性。下面是利奇举出的另一例，两位居住在西方的日本女士的对话：

  A：My, what a splendid garden you have here — the lawn is so nice and big. It's certainly wonderful, isn't it?
  （哎呀，你的花园真棒！草坪又大又好，真是太漂亮了！）
  B：Oh no, not at all. We don't take care of it at all any more, so it simply doesn't always look as nice as we would like it to.
  （哪里，哪里，一点儿也不好。我们现在根本没有好好照料，所以常常达不到理想的要求。）
  A：Oh no, I don't think so at all—but since it's such a big garden, of course, it must be quite a tremendous task to take care of it all by yourself; but even so, you certainly do manage to make it look nice all the time; it certainly is nice and pretty any time one sees it.
  （不，不，我还是觉得很好。当然，花园太大，完全由你自己照管活儿太多了。尽管如此，你还是总把它收拾得像模像样，什么时候都显得漂漂亮亮。）
  B：No. I'm afraid not, not at all...
  （哪儿的话，我看一点儿也不好。）

               （Leech, 1983: 136~137）

利奇认为，英语文化的人受到赞扬时一定会愉快地接受。日本人，尤其是日本女士，对 modesty maxim（谦虚准则）看得比英语文化的人重要得多。这一文化差异也适用于中英文化差异。中国人与日本人一样，以谦虚为礼貌的极为重要的原则，以自贬为对赞扬应答的得体方式。这一事例是谦虚问题上东西方文化差异的一种突出表现。在两个日本女士之间进行的这一对话完全符合日本的交际规则，决不可用英语文化的交际规则去评判，将其视为"礼貌的语用悖论"错误。

2.4 PP 的"indirectness"与中国文化的"婉言法"之间策略应对与道德要求之别

2.4.1 "婉言法"与"indirectness"的含义

汉语的"婉言法"与英语的"indirectness"是语言意义对应词，二者也都有其他不同的名称。如代替"婉言法"的有委婉语、间接表达、婉转表达法、委婉表达法等等。代替"indirectness"的说法有 indirect illocution 或 illocutionary act（言外行为）、indirect speech act（间接言语行为）等等。

2.4.1.1 什么是"indirectness"呢？

《柯林斯基础英语词典》（*Collins Cobuild Essential English Dictionary*）所给的定义是："Something that is indirect is not done or caused directly, but by means of sth. or sb. else.（间接言语行为不是直接了当的，而是以另一人或事实施的言语行为。）"塞尔（Searle）的定义是："cases in which one illocutionary act is performed indirectly by way of performing another.（通过另一言外行为间接实施的言外行为。）"（Leech，1983：38）布朗与列文森的看法是："indirectness 作为一种语言或非语言交际行为，传递的是超过或不同于字面意义的信息，但在具体语境中所传递的信息清晰，对字面意义和信息意义之间关系不容产生歧义。"所以，西方学者对 indirectness 的共同看法是：indirectness 指的是通过另一言语行为间接表达一种言语行为所要传递的信息，这种信息意义与字面意义似乎不同，但是这种表面不同不会模糊所要传达的信息意义，也就是说，其作用是用间接表达的方法表达信息发出者的真实意图。

2.4.1.2 什么是"婉言法"呢？

《现代汉语词典》将"婉言"释为"婉转的话"，而"婉转"的含义则是

"(说话)温和而曲折(但是不失本意)"。

"婉转"也称为"委婉"。据有人研究,在我国,对委婉语的理论研究只有几十年的历史。所给指称也不尽一致,有委婉、委曲、婉转、曲折、曲指、婉曲等多种说法。对委婉语的定义有:

陈望道:委婉即"说话时不直白本意,只用委曲含蓄的话来烘托暗示"。(1932)

王希杰:"不能或不愿直截了当地说,而闪烁其辞,拐弯抹角,迂回曲折,用与本意相关或相类的话来代替。"(1983:234)

张志公将委婉语纳入词汇学范围,并将其定名为"婉言",来与"直言"相对应。认为"婉言"指的是"有些事物,人们一般不愿意直接说明白,用一些相应的同义词语婉转曲折地表达出来"。(1982)

王纲则认为,被委婉语所替换的词语的特点是"令人不快,不好意思或对人不够尊敬的说法"。(张宇平等,1988:1~2)

陈松岑对"婉言法"的解释则更为具体,更为全面:"婉言法指的是采取某些特殊的语言表达方式来减少话语对听话人的刺激;或是委婉地指称某些事物,表达说话人对某人、某事的评价与态度;或是客气地向听话人提出某些要求。"(1989:71~72)

中国学者的说法虽然不尽一致,但都认为婉言法是对于那些不能直白本意的话,采用婉转曲折的方式表达出来的方法。

我们认为,在人际交往中,"indirectness"与"婉言法"的语言基本意义是对应的,都是出于交际礼貌的需要而采用的为表达某种言外之意的一种婉转或间接的言语行为,用以代替不便直接说出的话。其特点是话语婉转,但是在具体语境中所传递的信息是清楚无误的。婉言法是交际双方关系的调和剂。

2.4.2 关于婉言法文化特性的种种评论

关于婉言法的文化特性,中外绝大多数人士的共识是,中国人讲话喜欢兜圈子,甚至委婉不实,而西方人则言语直率,不喜欢拐弯抹角。

2.4.2.1 西方人的主要评论

(1)西方人说话直率而中国人喜欢兜圈子;

(2)西方人态度坦诚而中国人委婉不实;

(3) 中国人的婉言法是"礼貌的语用悖论",交谈双方都无法确定对方礼貌行为的含义,言语含义真假难辨;

(4) 婉转的问题反映了霍尔提出的"高语境文化(high-context cultures)"和"低语境文化(low-context cultures)"这两种不同类型的人类文化之别。(Hall,1977)在高语境文化中,信息的交流一般依赖于语境的暗示,而很少直接通过有声语言传递;在低语境文化中,信息的传递则主要依赖有声语言,语境的暗示作用甚微。所以,属于高语境文化的汉语等东方语言话语婉转而又模糊不清,而属于低语境文化的英语等西方语言则表意溢于言表,例如美国人就是这种溢于言表的人(verbal people)。所以,东方人在交际中,交际双方常常要相互猜测;西方人则话语意思明确,不善于采用非语言形式传递信息。(Samovar & Porter,1991:234)

(5) 有的专门研究中国问题的西方"专家"干脆不仅将婉言法看成为中国所独有,还"找"出了产生婉言法的中国"独特"的文化根源。他们认为婉转表达方式的"显著特点"就是汉语的一些说法:以问题代替陈述;使用"相当(fairly)"、"多少(somewhat)"和"颇为(rather)"等状语;用恭维代替批评;在提出自己的观点以前大量重复对方已陈述过的见解;更常见的做法是反复重复以前讨论的内容和当前的一些讨论。他们认为,婉转表达方式只存在于中国文化中。因为中国文化有其独特的根源:中国文化是权力和地位差别悬殊的文化,是注重关系而不看重真理的人际制度。在这种制度中,西方直率的谈话、公开的争论、友好的意见分歧以及真诚的反对等传统是没有位置的……(Bond,1994:53;55)

上述评论的共同点是:西方人坦诚直率,而委婉不实则为中国文化的特点。

英国学者海伦·奥迪的看法则是:在批评人时、在受到邀请和馈赠时、在回答别人的要求时,西方人都直截了当,中国人却往往有意见不当面提,而要通过第三者转达;中国人在受到邀请或馈赠时喜欢表示谢绝;拒绝别人的要求时不给予明确答复。然而,在某些涉及他人个人的问题上又喜欢直率地做出评论,如当面讲某人发胖了,某人的住房不如别人宽敞等。他认为这两种态度都会引起西方人的反感。奥迪评论的现象在中国文化中的确存在,她的评论提出的问题是,如何认识中国文化人际交往中这种"既直率又不直率"的矛盾现象？这就提出了一个值得研究的问题：如何认识汉语的委婉语。

2.4.2.2 中国学者的主要评论

中国学者的观点分歧极大，而且大有"公说公有理，婆说婆有理"之势。许多人同意西方人的看法，但也有不少学者持相反态度。例如：

连淑能认为，"与汉语相比，英语委婉语不仅数量多，使用频繁，而且涉及范围也相当广泛"。（2002：148）连淑能对汉英语言的差异的看法是，英语表达倾向于间接、婉约，汉语表达倾向于直接、明快。这一差异主要表现为英语比汉语更多地使用委婉、含蓄和迂回的陈述方式，而汉语则比较注重直言、简明、畅达。委婉、含蓄、迂回的陈述方式在汉语里远远不如英语流行。英语的"物称"（即非人称表达法）、"被动"、"静态"（喜欢用名词表达本属于动词或形容词所表达的概念）和"抽象"（大量使用抽象名词）的表达方法的使用都是英语间接表达的特点。连淑能用了大量汉英对比例句证实自己的观点。（连淑能，2002：147~171）

包惠南在评论"商务英语中的委婉表达法与翻译"时，指出委婉表达法在汉英语言中都有。但是表达方式不同，而且"与汉语相比，商务英语中的委婉表达法，形式更为多样，方法更为灵活"。（包惠南，2001：304~315）他认为，汉语的委婉表达法，主要采用词汇手段，如，用"您"、"贵"等尊称对方，用"请"表示请求或建议，用"是否"、"可否"、"能否"等弱化疑问语气。英语中的委婉表达方式除了采用委婉词语外，还大量使用时态、语态、语气和句型等语法变化形式。包惠南还从五个方面归类举例说明英语繁杂的委婉表达法：

（1）时态倒退法：在商务洽谈中，常用动词的一般过去时代替一般现在时，以使说话的语气更为客气，带有更多的商量口吻。例如，用"Could you...?"代替"Can you...?"，用"Would you...?"代替"Will you...?"，用"I wanted..."代替"I want..."，用"I wondered..."代替"I wonder..."，用"I was sure..."代替"I'm sure..."。语气就显得婉转、客气、温和、得体，更易于为对方所接受。

（2）语态被动法：在商务函电中，常采用被动语态句，以使行文语体得当，语气和缓。强调的是履行合同、协议所承诺或规定的义务和职责，将动作的执行者弱化到"忽略不提"的地位。

(3) 语气虚拟法：在日常交际中，人们常用动词的虚拟语气陈述自己的观点，提出请求、建议或劝告，使语气委婉，语意含蓄。在商贸洽谈或函电中，商务人员用虚拟语气的动词形式，客气、委婉、温和地表达自己的观点、请求或建议，这样更有利于在平等友好的气氛中达到各自的目的，也有利于建立长期稳定的业务关系。

(4) 词句否定法：汉语中常有用词句否定法来对事物的性质、状况，或人的行为、性格、品貌等进行委婉的赞扬或批评。如"生意不错"、"为人不坏"、"来之不易"、"性情不佳"等，比"生意很好"、"为人厚道"、"来得艰难"、"心情郁闷"等词语语气和缓，语意含蓄。在商务英语中，这种委婉表达方式更是大量使用，以使陈述的观点、提出的要求或建议，无论肯定或否定，同意或反对，赞扬还是批评，较少主观武断，更具商榷的余地。

(5) 语气弱化法：在商务洽谈或函电联系的过程中，对对方的观点、要求或建议，运用各种方法弱化语气，取代直接的否定词语，可以避免对方反感，创造平等协商的洽谈气氛。

(6) 变换句式法：在日常生活和商务活动中，常用疑问句的形式委婉地提出建议、请求、愿望或意向，可以使语气更为委婉客气，给对方以更多的考虑余地。

此外，人们都知道，英语中"it"做主语和被动语态的大量使用的一个重要目的就是使讲话语气婉转间接，避免强加于人。

我们对上述众多观点的看法是，第一，婉言法的使用是每种文化中礼貌的主要形式，将其看成某一文化的"特产"是不符合事实的。第二，对人们认识的分歧可以从三个方面看：一是用例举性方法虽然难以证实有关观点的准确性，但是可以说明婉转的表达法在西方文化中也大量存在；二是"公说公有理，婆说婆有理"的局面需要用科学的研究方法加以解决；三是人们的认知差异和跨文化交际中的障碍提醒跨文化交际学研究者和第二语言教师必须正视"婉言法"问题上的文化误解和文化冲突，并要进行认真细致的研究。可以肯定，婉言法既存在文化共性，也存在文化个性。尤其要注意婉言法的文化差异和文化冲突所在。对文化差异和文化冲突的表现及其文化根源的研究是当前人们需要认真对待的大课题。

2.4.3 婉言法的文化共性

从婉言法的含义可以看出，婉言法在所有语言和文化中都存在，因为这种方式是避免触犯他人和调剂人际关系的重要语言形式。婉言法在各种语言中都主要包括三种表达方法：婉转的词句（mitigation），委婉的话语（euphemism）和间接的表达（circumstantial voice）。

2.4.3.1 婉转的词句指的是遣词造句婉转，避免直白表达，以使语气缓和，不强加于人或不刺激别人。在汉英两种语言中，这一形式都是含义明确的约定俗成的形式，常见的方法有祈使句、疑问句、含义模糊的语气和口气缓和的词语等。例如：

（1）采用询问能力或可能性的方法提要求：

Can you shut the door?

你能不能把门关上（你能把门关上吗）？

（2）用直接表达愿望的方法提出要求：

I'd like you to shut the door.

我想请你把门关上。

（3）购物时使用一种习惯用语：

I need a comb.　　I'm looking for a comb.

我想要把梳子。　我想找把梳子。

（4）用试探性的方法提出要求：

You could $\begin{cases} \text{possibly} \\ \text{by any chance} \\ \text{suppose pass the salt}（, \text{could you}?）\\ \text{perhaps} \end{cases}$

你能顺便（顺手、顺路）把这封信帮我寄出去吗？

请你顺便帮我寄一封信，好吗？

2.4.3.2 委婉的话语在各种语言中都存在，是用以替代令人不快或尴尬话的悦耳和婉转的词语。委婉语分消极和积极的两种：消极委婉语（negative euphemism）亦称传统委婉语（traditional euphemism），是与禁忌语（taboo）密切相关的，即用典雅或美好的词语代替禁忌语；积极委婉语（positive euphemism），也称文体委婉语（stylistic euphemism），是一种恭维话，美化之词，与禁忌语无关。（刘纯豹，1993）例如：

"fall asleep"是"die"的消极委婉语，"安息"是"死"的消极委婉语。

"sanitation engineer（环卫工程师）"是"garbage collector（垃圾清除工）"的积极委婉语，"环卫工人"是"扫大街的"和"掏大粪的"的积极委婉语。

2.4.3.3 间接的表达的方式是一种运用他种说法或他种事物隐指所要表达的意见或事物的方法。喻指的真实信息依赖语境暗示（contextual cues）和相关提示（association clues）给以传递。这一方法在中英文化中也都采用。格赖斯的"会话含义"、利奇的反语原则和布朗与列文森的"非公开策略"都是英语文化中间接表达的策略。

2.4.4 婉言法的语言与文化差异

在跨文化交际中，人们对本文化的委婉说法往往习焉不察，但对其他语言的委婉语却既敏感又不适应。我们既要看到婉言法的文化共性，更要清醒了解文化差异和正确对待文化误解。汉英婉言法的文化差异就非常明显。这种差异并不是人们一般认为的西方人坦诚直率，而中国人婉转不实，而是，语言差异的表达方式各有特色，其文化差异则突出表现为，中国文化将婉言法视为道德要求，体现出自谦尊人与相互关切之情；英语文化则将婉言法视为策略手段，体现为尊重他人独立自主，避免强加于人，以维护利益均衡和避免不和。具体表现为：

2.4.4.1 在语言上重词语运用与重句子结构之别

汉语婉言重词语的运用，而英语不仅有词语的运用，更有复杂的句子结构变化。当然，不能认为汉语婉言法只通过词语运用，英语只有句子结构的变化。

用句子结构变化显示礼貌和礼貌的程度是英语的一大特点，其变化之多，婉转程度之高，是汉语望尘莫及的。例如，利奇和斯瓦特维克编著的《英语交际语法》（1983：246~247）中就介绍了用陈述句表达要求的方法显示英语如何利用句子结构的变化表示从最不客气到最客气的表达方式。

I wouldn't mind a drink, if you have one.
如果你有的话，我并不反对喝一杯（我就喝一点儿吧）。

Would you mind typing this letter?

请你把这封信打一打，你不会反对吧（好吗）?

I wonder if you'd mind giving me his address.

请你把他的地址告诉我，不知你是否介意。(你能不能把他的地址告诉我?)

Would you be {so kind as / kind enough} to switch the light on?

你能否出于关切之情把灯开开（你能把灯开开吗)?

I would be extremely grateful if you would write a reference for me.

如蒙你给我写一份推荐函，我将不胜感谢。

I wonder if you would kindly send us some information about your English courses?

不知可否请你（出于体贴之情）给我寄一些你们英语课程的资料?

其实还可将礼貌程度再提高一些。例如：

I wondered if you would...

（我过去曾经有一个想法,）不知您是否可以……?

I am wondering...

（我现在临时有一个念头,）不知您是否……?

I was wondering...

（我过去曾经闪过一个念头,）不知您是否……?

用时态的变化增强婉转的程度是英语礼貌表达的突出特点。下面是提要求的一种礼貌等级差异方式：

① I hope you can help me.

我希望你能帮助我。

② I hoped you could help me.

（我曾经有一个想法,）希望你会给我以帮助。

③ I am hoping that you can help me.

（我一时产生了一个念头,）希望你能帮助我。

④ I was wondering that you could help me.

（我过去曾闪过一个念头，）不知您是否可以帮我一下？

这四句都是提出请求，但讲话者尽量避免强加于人，让其有自由选择的余地。句子越婉转，给对方选择的余地越大，也就越有礼貌：一般现在时，口气肯定，似乎要听话人明确表态，由于语气婉转不够，礼貌程度较低；用一般过去时则可表示这是说话者过去的想法而并非现在的意思，因而给听话者留下可以拒绝的余地，用现在进行时表达愿望可表示暂时性、未完成性和不肯定性，因而含有不强求对方明确表态之意，显得更加礼貌；用过去进行时，则既表示是过去的想法，又表示是一时的念头。语气最不肯定，表示最不愿强加于人，因此最为礼貌。

汉语的对应说法可能是："（我）希望能得到你的赐教/指教。""我希望你能给我一些帮助。"或"请你帮我一下，好吗？""你能帮我一下吗？""能不能麻烦您帮一下忙？"即运用词语表达中国文化自谦尊人的特征。

2.4.4.2 文化上克己待人与自我中心之别

人们似乎感到不容置疑的是，西方人讲话坦诚直率，而中国人则委婉不实，对中西之间存在的相反状况了解或理解的人并不多。要知道中国文化的人讲话直截了当，而西方文化中话语婉转的情况不仅存在，而且并不少见。下面简单评介汉英之间这类差别的两种情况：

(1) 相互关切与尊重自主之别

汉语的日常问候语、寒暄语、告别语、嘱咐语、提醒语、劝告语、建议语，甚至诚恳的批评语中都不乏直截了当、热情洋溢的话语（举例见第三章第三节）。其文化原因是，中国文化人际交往中，视朋友如亲人，以热情关心为礼貌。上述情况下的直接言语行为体现出的都是对别人的体贴和关心。英语文化的人将中国文化这些直接言语行为视为给人下命令，表现高人一等和强加于人，就是因为在英语文化中人人都以自我为中心，个人自主与自由不容侵犯。PP和FTAs所体现的礼貌就是尊重个人独立自主，反对强加于人。

(2) 谦虚谨慎与突出自我之别

西方文化中，许多著述作者，尤其是政客、律师、官员等喜欢说话迂回曲折、转弯抹角、啰里啰唆甚至矫揉造作，以炫耀其学问深奥，具有高度文化修养，甚至用闪烁其辞的话语掩饰其真实思想或真实意图。中国文化的人一般讲

话比较直白简单,让听话人能明白其意。例如(连淑能,2002:166~169):

  I'm terribly sorry to interrupt you, but I wonder if you would be so kind as to lower your voice a little.

  (实在对不起,打扰您了。不知道您能否出于高度关切之情将声音放小一点。)

这句英语的平易说法是"Would you lower your voice a little?(请您讲话小声一点,好吗?)"

汉语中说:"对不起,您能不能小声一点?"这句汉语既清楚地传达了讲话人的信息,又很礼貌。中国人对第一句英语不仅感到啰唆难懂,也觉得过于婉转不实,甚至有些矫揉造作。

英语文化中许多人为了显示自己的文化修养,喜欢装腔作势,小题大作,故意玩弄文字,将简单的意思表达复杂化。例如:一句本来用"Look before you leap.(三思而后行。)"简单几个字就可说清的意思却用了长长一句"行话(jargon)":

  Careful consideration of relevant data is imperative before the procedure most conducive toward a realization of the desired outcome can be determined.

  (在能够确定最有利于实现理想的结果之前必须仔细斟酌相关的资料。)

又如:本来用简短的一句"A sustained coordinated effort will be needed.(这需要持久的协作。)"就可说明问题却也用了一句复杂正式的长句:"This will call for a sustained co-ordinated effort over a sustained period.(这将需要时间漫长的持续协作。)"

下面一段话则更显示出作者故作姿态,将一句简单的话加以复杂化。作者想说的话是"l am sorry we could not send you this information sooner, but we have found this a very difficult one.(很抱歉,我们无法将这一信息尽快通知你们,不过我们实在无法将时间提前。)"然而,作者却工于心计,用了一大段话并故意采用委婉、反语和迂回的表达方法:

>   In communicating these data to your organization after fullest consultation with all my colleagues also concerned, I would certainly be less than truthful if I were to say that this has occasioned the Ministry (and this Section in particular) no little difficulty but that the delay is nevertheless regretted.
>
>   （有关本资料发送给你单位事宜，经与有关同事充分协商后，我如果说时间的拖延不会给我部门，尤其是我科，造成任何困难，那就不太符合实情了。不过，我还是要为这一拖延表示歉意。）

中国文化表达这一意思的最礼貌的说法也莫过于类似这样的句子："因故不能按期发送资料，深表歉意。"突出的是自谦尊人的用语，而不是繁琐冗长的句子。

英语文化的人认为举止优雅和待人礼貌表现出的是自己文化素养高和有教养。但是，为了表现自己的文化素养和身份显贵，有些人又故作姿态，自我显示，表现与一般人不同。中国文化则常以敬谦辞表示自谦尊人，以此体现对人礼貌。例如：常用的词语有"贵姓、贵国、贵校、府上、令尊、尊夫人、大公子、大作、高见、惠顾、光临、拜访（读）、请教、久违、久仰"等敬辞，以及"鄙人、敝校（人、处）、小女、拙著、愚见、寒舍、过奖、承蒙、拜托、奉告、奉陪、敬请光临、欢迎赏光、望乞恕罪"等谦辞。

(3) 客观推测与主观臆断之别

英语文化习惯于运用转移否定（transferred negation）的方法表达语气的婉转，体现出的是主观臆断。如用否定主语中的"think, believe, suppose, consider, fancy, expect, imagine, reckon"等主观否定的方法。运用这种方法既可表示只是个人看法，不愿强加于人，更可强调讲话人的个人作用和判断能力。中国文化则采取否定客观情况的方法，表示自己所谈的看法是对客观情况的推测或是客观情况的反映。例如：

>   We don't believe that the Chinese is inferior to any other language in the world.
>
>   我们相信，汉语并不亚于世界其他任何语言。

I don't suppose you need to worry.
我看你不必担心。

I cannot consider the matter as in any way urgent.
我看此事根本不紧急。

I don't think their denying the charge will alter the facts.
我看他们对控告的否认改变不了事实。

3. 西方"面子威胁论"与中国文化"面子"之间维护自尊与相互关切之别

3.1 "面子"的文化共性与文化个性

我们已经比较详细和系统地介绍了布朗与列文森的"面子挽救"理论，目的是想说明四个问题：第一，"面子"只是表面名称或说法，其含义是个人社会形象的体现和自尊心的维护；第二，"面子"并非中国文化的"特产"，而是所有文化的共性；第三，文化不同，"面子"问题上的文化差异决不可忽视。正因为存在文化差异甚至文化冲突，才会出现本章开始时介绍的文化误解；第四，对于"面子"问题上的文化误解应当采取客观分析和实事求是的态度，通过对比分析加以澄清。

"面子"既有文化共性，也有文化个性。对此承认者不乏其人。然而，共性安在？个性又为何？则是仁者见仁，智者见智了。例如，布朗与列文森在谈到"face"的概念与类型（"积极面子"与"消极面子"）时说：

> 我们认为，对面子的基本认识在所有文化中都是一样的。不过，社会不同，其具体内容尚需做出具体文化诠释。一方面，面子的核心内容还有待不同文化加以细化——什么行为威胁面子，什么人具有保护面子的特权，什么样的个人风格（在此指礼貌和蔼，善于处理社交关系，等等）最受人赞赏。另一方面，有关面子的观念自然也与对人的社会角色的看法相关。例如：社交角色的特性、信誉与品德、羞耻之感与改恶从善之心等。可以说简直是一套宗教教义的完美要求。
>
> （Brown & Levinson, 1987:13）

第二节 礼貌的文化共性与文化个性

在此，布朗与列文森强调面子威胁的实质内容是各种文化共有的，但可能存在的文化差异表现在面子威胁的具体内容，面子威胁与个人特权、个人风格和社会角色之间的关系等方面，并没有真正说清"面子"的文化共性和文化个性所在。

如果认真做点文化对比研究，就不难发现，面子威胁与面子维护的文化共性是存在的。但是，什么是"面子"，如何认识和对待面子，则会因文化不同而互有差异。至于差异的内容与表现，就是人们需要认真研究的大课题了。对此，有些西方学者就做了比较客观的探索与分析。例如，丁允珠（1988）和 Kurogi（1998）（转引自 Gudykunst, William B. 2003：p22）就按个体文化与群体文化之别对面子的文化差异做了对比分析，认为"面子是对他人给自己的社会价值做出有利评价的要求"这一基本认识是各种文化所共有的。但是，世界上群体文化与个体文化之间对面子的看法又存在着明显的差异：

① 群体文化比个体文化的交际者更加注重挽救他人面子的策略和尊重他人积极面子的交际策略。反之，个体文化者更加注重使用挽救自己面子的策略和满足自己面子要求的交际策略。

② 群体文化者比个体文化者更加注重使用关系和交际过程中的冲突处理策略，反之，个体文化者比群体文化者更加注重采用解决实际问题和行之有效的处理冲突的策略。

③ 注重自己面子的文化面对冲突时本着控制或竞争的态度，采用实际解决冲突的方式，而注重他人面子的文化所采用的则是回避冲突或乐于助人的方法解决人际冲突关系。

(Gudykunst, 2003：22~23)

按照丁允珠的看法，群体文化与个体文化在面子问题上的文化差异主要表现为：

第一，注重尊重他人的面子与满足自己面子要求之别；

第二，注重交际者之间关系和交际过程的处理与注重交际的实际内容和效果之别；

第三，采取回避矛盾或有利于他人的方式处理交际双方的冲突关系与本着控制或竞争的态度解决冲突的态度之别。

这一分析和看法具有研究价值。

如何认识面子的文化差异呢？面子在各种文化中都存在，都是指对社会和他人所给予的承认和尊重的需求。但是，文化不同，"面子"也有不同的特征和不同的表现形式。以中国文化的"面子"和英语文化的"face"的对比为例，需要研究的有两个问题："面子"文化含义的异同和"面子"问题反映在交际行为上价值观念的文化差异。这里需要提醒的是本书在第一章有关对比的方法中的一个观点：对比的是各个文化所遵循的准则，即人们认为符合该文化要求的行为标准，而不是社会现象，更不是不良社会现象。在本书的所有对比中都不能忘记这一原则。

(1) 中国文化"面子"与英语文化的"face"含义的界定

① 中国文化的"面子"包括"体面"与"情面"

体面　表面的虚荣：爱面子；要面子

　　　你这话伤了他的面子。

　　　他并不认为干这些事就会有失体面。

情面　私人之间的情分（人与人之间相处的感情）：顾情面；留情面；不讲情面；打破情面

② 英语文化的"face"指的是个人自尊心

英语文化中虽然也用"face"，但是在多数情况下用的却是其他不同的词语：许多人将"face"视为 dignity, self-respect, self-esteem。哈策尔更认为"face"的含义对应于许多词语，例如：honor, conscience, dignity, status, conceit, pride, vanity, character, sense of personal worth, self-respect, self-esteem, prestige。这些说法尽管多种多样，但都指同一个含义：个人在他人面前和社会上的地位和尊严，或者说个人自尊心（self-respect; self-esteem）。

(2) 中国文化的"面子"与英语文化的"face"的区别

① 中国文化的"面子"比英语文化的"face"含义宽泛："体面"近似对应于"face"，"情面"却为中国文化所独有，也就是说，中国文化的"面子"多了人际关系中的情分或情义（亲属、朋友相互应有的感情）。

② 汉语中与英语的"face"语言意义部分对应的还有"脸"。"脸"与"面

子"虽然在许多情况下含义相同,但也有不同之处。"脸"更重伦理道德和人格要求。"丢脸"比"丢面子"严重得多。因自己或亲人做了违犯道德或法律的事而丧失了人们和社会的尊重,就可称为"丢脸",而"丢面子"则一般指社交场合和人际关系处理中违反了社交规范而让人笑话。作为道德要求的"脸"是西方文化中所没有的。即使"面子"与"face"在交际中的含义也并不完全对应,前者注重的是礼貌的道德要求,后者则常常是策略考虑。

(3) "面子威胁"行为体现出中西方文化的相互关切与维护自尊的原则之别

礼貌交往中,交际行为对个人自尊心(面子)的影响,中西方文化有同有异。

相同点:人人都有自尊心,都注重他人对自己的看法和评价。

不同点:西方人以自我为中心,个人利益和个人尊严神圣不可侵犯,在个人面子受到威胁时,必须千方百计地加以维护,在人际交往中力争处于控制地位;中国文化的人却认为自谦尊人和相互关切是人际交往中的指导原则,不仅重视自己的自尊心,还注意理解和照顾他人的自尊心,因此,在人际交往中重在相互关切,而不是个人自尊心的维护。在自己的面子与他人的面子发生冲突时,要本着责己严、责人宽的态度给予谦让,尽量照顾他人的面子。

布朗与列文森指出的"面子威胁行为"中有的为两种文化所共有,有的则不存在于中国文化之中。

① 中西方文化中都可视为"面子威胁"的行为

对听话人的面子威胁。包括命令、威胁、警告、否认、批评、蔑视、耻笑、抱怨、谴责、指控、侮辱、反驳、不同意、挑战。因为这些行为都有伤听话人的面子(自尊心)。

对发话人的面子威胁。包括托词、道歉、身体失控、出丑、推诿责任、表现懦弱、举止愚蠢、自相矛盾、认错、承认失职、感情失控。因为这些行为都有伤讲话人的面子(自尊心)。

② 在西方文化中视为"面子威胁"却不适用于中国文化的行为

建议、劝告、提醒。在西方文化中被视为对听话人的面子威胁,因为讲话人表示自己认为听话人应该做某事或可能会忘掉某事,似乎显示自己比别人强,因而会触犯听话人。中国人则将这些行为看成是对自己的关心,只会产生感激之情。

表示谢意。在西方文化中被视为讲话人承认欠情，因而有失自己的面子。中国人受人之惠后给予感谢，是表示对别人关切之情的承认，毫无有失面子的感觉，因为别人感到的是自己关切之情得到了良好的反应。

接受感谢或道歉。在西方文化中会感到自己被迫接受听话人的欠情表示，不得不贬低自己的功劳和听话人的欠账行为，因而认为有失自己的面子。中国人的文化心理不同：对别人的感谢，表示出对我所做的事用不着感谢，因为帮助你是应该的，人们之间就应当互相关心，互相帮助。对别人的道歉表现出的是以与人为善的宽容态度表明我并未计较。在这两种情况下都不存在丢面子的问题。

接受别人的施惠。在西方文化中人们认为是被迫接受债务，因而是对自己负面面子的侵犯。例如，两人正在购物，A突然发现自己的钱不够，B表示要借钱给他，A不想借，B却一再坚持，A感到只能被迫接受，丢了面子。中国文化的心理则不同：A可能不好意思给B添麻烦，但对B的助人为乐的精神，会从心里产生真诚感激之情。

不情愿的许诺和提供。西方人认为，被人强迫干自己不愿干的事，有失自己的消极面子。例如A出去购物，时间很紧，但B要A帮他买些东西，A说时间来不及，B却坚持要A帮忙，A只好应诺，伤害了自己的消极面子。中国文化中的A只会感到B不体谅自己的难处，但考虑到B的急需，就尽量克服困难，满足B的要求，也可能不愿伤害对方的面子，根本没有自己丢面子的感觉。

受到赞扬。西方人也认为是对自己的消极面子的威胁，因为自己不得不贬低所受到的赞扬或不得不反过来赞扬对方。中国人受到赞扬时只会感到高兴，受到恭维时会感到不舒服，但决无有失自尊心之感，用否定或贬低自己的方法回答也是出于自谦尊人的心理，表示不敢承担。反之中国人赞扬别人也是出于自谦尊人的心理，表示自己绝不比A强，也不会有失面子之感。

3.2 "关系"的文化共性与文化个性

"面子"和"关系"是西方人议论中国文化时的口头禅，有的人干脆将二者看成是中国文化中两个密不可分的突出特点。中国人看法也不一致。同意西方人的看法者不仅在广大民众中大有人在，在跨文化交际学领域及其相关学科中也不在少数。究竟如何正确认识中国文化的"面子"，在前面已做讨论。"关系"问题似乎更为复杂，如何在相关学者中形成共识更尚待时日。下面是在华的一个西方商业机构给其在华工作人员撰写的指导手册中的一段评论（CIDA, 1995）：

> "面子"与"关系"作为个人积累的资本和人与人之间的恩惠之情，是中国文化中相互关联的两个基本成分。正是这两个因素构成了人际关系体制的核心。面子和关系也往往是推动等级制度和官僚制度运作的关键。个人关系还可不断扩大为家庭关系、朋友关系、单位同事关系、协作关系、同学关系，直至偶然相识者或点头之交的关系。
>
> 关系和恩惠还可以长久延伸下去，既可为己所用，也可用以帮助别人发达。然而，要让关系发挥作用，不能没有面子。
>
> 加拿大人对"face"一词的运用要比中国人约束得多。我们关心的是个人形象要好。在加拿大，个人的事由个人负责。然而在中国，个人的面子要由集体给予，"面子"可以由人施予，也可被人剥夺。
>
> 在华加拿大人会发现，许多看起来无法办到的事，实际上完全可以做到，只要通过个人关系，或者同事、他们的中国同事或同事的朋友或合作者的关系就会达到目的。

这是迄今我们见到的一个比较全面的评论。所提出的观点有：

第一，"面子"和"关系"是中国文化处理人际关系的基本因素，而且二者之间相辅相成，密不可分；

第二，"面子"和"关系"是中国文化的特产，是推动中国官僚制度和等级制度运作的关键；

第三，在中国，办理一切事情都要靠关系，只要使用好关系，一切问题就迎刃而解；

第四，在中国，个人面子操纵在群体手中，自己没有掌控权利；

第五，在西方，每个人关注的是自己的形象，而不是"面子"，个人形象由个人自己负责。

这里提出需要研究和讨论的问题有：

第一，什么是"面子"？什么是"关系"？

第二，"面子"和"关系"是否是中国文化的特产？西方人有无"面子"和"关系"？

第三，中国文化"关系"的特征和作用何在？

第四，在中西跨文化交际中，如何正确而又得体地处理"关系"问题？

"面子"问题在前文已有讨论。要回答上述有关"关系"的问题，需要讨论以下几点："关系"的含义、"关系"的文化共性、"关系"的文化个性。

3.2.1 "关系"的含义

关系指的是人际关系，在此指血亲关系以外的工作关系与社会关系。

"关系"在《现代汉语词典》中的定义是"人和人或人和事物之间的某种性质的联系"。汉译英为 connections, relations, relationship。

"关系"的英语对应词有两个：

Relationship: a friendship or connection between people，指的是"友谊"关系；

Connections: sometimes derog., a social, professional, or business person with whom you have a working relationship，指的是社交、职业或工作关系，有时含有贬义。

西方人在谈论中国文化的关系时常用的词是"connections"，或者干脆用汉语拼音"*guanxi*"。

"关系"在中西方文化中指的都是人际关系，包括工作关系和社交场合情谊关系。

3.2.2 "关系"的文化共性与文化个性

贾玉新先生参考黄光国先生的观点将人际关系分为三类，并对中美人际关系类型做了对比分析（贾玉新，1997：167~174）：

① 情感关系。这是在家庭成员、亲朋好友之间关系的基础上发展起来的相互依存，相互满足包括情感在内的需求关系。

② 工具型关系。这是人们在交往中为满足某种需求或达到某种目的的实用主义关系。一些学者认为这种关系只是为了达到某一目的的一种手段。

③ 混合型关系。这是一种情感性与工具性的混合关系。这类关系包括亲戚、邻居、交际双方共同认识者。这些人之间构成一张复杂的关系网。这种关系网的主要运作机制是"人情"和"面子"。

贾玉新先生认为中国的人际关系倾向于"情感"型和"混合型"关系，而西方偏向于"工具型"关系。

在对比"关系"的文化差异时，既然对比分析的是不同文化的实质和指导原则，也就是人们所遵循的行为准则，英语文化中称"norms"，而不是社会现象，就需要严防将中国文化中存在"关系学"的社会现象与中国文化的群体关系的特点混为一谈，也不可将文化的劣根性代替文化的本质。

"关系"与"面子"一样，既有文化共性，也有文化个性。不同文化之间不存在"关系"有无之别，只有同异之分，也就是说，"关系"既有文化共性，也有文化个性。

(1) "关系"的文化共性

凡是有人群的地方都存在人际"关系"。世界上的人都是社会人，任何一个人都不可能脱离他人和一定的人群而孤立存在。既然人不可能孤立存在，就必然避免不了人与人之间的"关系"。没有"关系"，人类就无法共存；没有"关系"，人与人之间的交际就无从谈起；没有"关系"，制约交际行为和人际关系的交际规则和礼貌原则也就失去了意义。注重交际者之间的关系不是中国文化的特产，而是各种文化共有的习俗。西方人也认为，调剂人际关系比传递清晰的信息更为重要，如拉科夫就认为"回避触犯要比表意清晰更为重要"，"思想交流就没有巩固相互关系那么重要"。西方学者都一致认为礼貌"就是为了减少交际者之间的摩擦与不和"。所以注重关系是各种文化共有的特点，是礼貌交际的必要所在。

"关系"只是一个中性词，但在每种文化中也都有贬义存在。中国文化中的"拉关系"、"搞关系"、"关系学"都是人们公认的贬义词；西方文化中也

存在人际间不良"关系"。例如:

He'll get the job—he has all the right connections.

他会得到那个工作的,因为他有各种管用的关系。

Connections in high places

上层关系

(2) "关系"的文化个性——中西方"关系"的文化差异

① "化合"关系与"混合"关系之别

作为群体文化的中国文化,如同一个网络,每个人都是该网络上一个点。每个点都有其固定位置及其与上下左右的有机联系(关系)。人人各就其位、各司其职、上下有序、左右有别。整个网络由无数个体组成,任何一个个体都离不开整体。人与人之间构成了整个群体中相互依存,彼此关联的密切关系。这种关系是一种个人融入群体、群体将个体融为一体、错落有致的"化合"关系。中国文化追求的"仁"讲的就是"仁者爱人"、个人融入集体的人际间的和合关系。

作为个体文化的西方文化是由许多独立个体形成的混合体,每个个体独立自主,各自以我为中心,而不是融入群体的一分子。其中美国文化最为突出。在美国文化中,"个人一般不会融入群体,人们都保持各自的自我观念。美国人不愿意将自己埋没在群体之中,也不愿意与群体融为一体。"(Samovar & Porter,1981:76)

② 个体服从群体与群体服从个体之别

中国文化的人际关系要求自谦尊人、相互关切,强调群体利益高于个体利益,个体利益服从群体利益。西方文化则是个体独立,群体服从个体,甚至个体位居群体之上。所谓"为了个体而牺牲'类'"、所谓"上帝帮助自立者"、所谓"即使是单独的一个灵魂,即使它(他?)没有一个亲邻,只要他自为地享受到上帝,那他就还是幸福的"(贾玉新,1997:160),强调的都是对个体作用的重视。这种突出个体的文化特征,在美国则发展到一切服从个体利益的程度。萨莫瓦(Larry A. Samovar)和波特(Richard E. Porter)对此做了淋漓尽致的描述:

在西方文化中,个人利益至高无上,个人主义是人生的最高价值。美国人从出生之日起，所受到的教育就是要竞争，要发奋超越别人。为了达到自己的目的，可以牺牲他人，甚至可以牺牲家庭和朋友的利益。美国人有权以牺牲社会利益为代价而大赚其钱。

(Samovar & Porter, 1981: 44)

萨莫瓦和波特还坦诚地道出了美国的个体文化与其他群体文化之间对待个体与群体之间关系的态度的实质区别："美国人常常以牺牲群体和别人为代价，极力追求个人的发展，而强调集体的文化的目标则是以牺牲自己而谋求集体利益。"（Samovar et al, 1981: 98~99）美国人将美国封为"山巅之城（city upon a hill）"，将美国人封为"上帝的选民"，则是将这种把个体置于群体之上的人际"关系"发展到了登峰造极的地步。对此，朱永涛先生做了生动的描述：

美国人有一种上帝使命感。这种使命感分为个人使命感和民族使命感。个人使命感就是新教的成功意识，相信自己是上帝的选民，成功是上帝的意志，追求成功是上帝赋予每个选民的使命。所谓民族使命感是美国人相信上帝站在美利坚合众国民族一边，上帝在保佑他们，使他们成为世界高山之巅的明灯。历史上，上帝命定他们控制整个西部，就是当今也仍有不少美国人相信上帝赐予他们成为领导世界的领袖。

(朱永涛，2002: 174)

美国人戴维斯（Linell Davis）也毫不隐晦地说：

（美国的"山巅之城"的形象）逐步形成了一种观念，认为美国是一个特殊国家，是其他国家仿效的榜样。美国政客一直用"山巅之城"作为美国的形象，说明美国地位特殊，是别国的榜样，美国需要坚持承担领导世界的道德理想（moral ideals）。毫无疑问，美国的这一形象给世代美国人以建设自己国家的信心，当然美国的经验也给全世界人民以鼓舞。然而，美国官方和民间试图劝说其他国家仿效美国榜样时，却激起了别国人民的愤怒。

(Davis, 2001: 10)

所以，个体文化不是没有"关系"，也不是不要"关系"，而是讲求的是个体独立于群体之外，个体凌驾于群体和他人之上的"关系"。"关系"存在于所有文化之中，但是，个体文化与群体文化之间存在着文化差异：一是个体中心与群体依存之别，二是相互竞争、争相控制与互相关切、和睦相处之别。

③ 调剂人际关系时的克己待人与利益均衡之别

这一点在对比中西方礼貌原则时已作讨论。

④ 重情与重利的关系之别

中国文化的"关系"建立在以家庭为核心的亲情关系基础之上，强调人际交往中要重情。所谓内在的仁体现为外在的礼，讲的就是要真诚待人，将心比心，设身处地，视朋友、同事如亲人。这种亲情关系的扩展就难以避免亲疏有别和内外有别的关系差异，西方人所说的"in-group relationship"指的就是这种亲情关系。但是，许多西方人曲解和夸大了中国文化的这种重情的关系，将其变成没有理性、没有原则和没有是非的"关系"，将其与社会上不良现象混为一谈，甚至将一特殊历史时期的某些暂时性问题看成是中国文化固有的本质特征。这就犯了本末倒置、以个别代替一般、以现象代替本质，甚至故意混淆视听的错误。

西方文化看重的却是一种利益交换和相互竞争的人际关系。西方文化提倡利益均衡和相互竞争，美国文化更是注重以利益和权力为中心的实用性。前面引用的萨莫瓦和波特的评论就足以说明问题。这种利益和竞争关系甚至在家庭和亲人之间也不例外。

4. 中西方价值观念上的道德追求与策略应对之别

CP、PP 和 FTAs 都将人际关系的处理视为策略的应对。格赖斯的"会话含义"讲的就是在交际中通过故意违反 CP 的某一准则而达到交际的目的，利奇和布朗与列文森更是公开论述为什么将礼貌视为一种策略，他们都认为礼貌交往可以言不由衷。礼貌行为的目的是避免不和，而且这种避免也只是避免表面的冲突，而不是内心的感受。

中国文化把礼貌一贯看成是道德修养问题而不是交际双方之间利害关系的调整。在处理人际关系时突出的是道德的约束，"习礼的目的便是培养道德人

第二节　礼貌的文化共性与文化个性

格"（吴森，1984：7~8），强调的是严于律己，宽厚待人。认为善于自我修养才能礼貌待人，做到自谦才能达到尊人，只有虚怀若谷才能宽宏大度。而这些都是道德修养问题。

利奇的礼貌原则和布朗与列文森的面子挽救论都将礼貌看成是与内心真实想法无关的策略。中国文化却认为礼貌是内在的仁的外在体现，必须诚于中而形于外，礼貌必须体现言为心声、待人真诚的道德要求。

利奇的反语原则（IP）对礼貌的策略性做了明确的解释："如果想触犯某人，起码不要公开和礼貌原则发生冲突，要让听话者通过会话含义间接地了解到触犯所在。"（Leech，1983：82）利奇的下一段话，对他的IP做了淋漓尽致的形象描绘：

> IP采用的是一种触犯他人的方法，似乎不合交际礼俗，但是，这一方法确有其积极作用，没有对人直接批评、侮辱、威胁等话语那么危险。对人侮辱会导致反击，从而造成冲突。然而，对反语就不那么容易以牙还牙了，因为反语将攻击的艺术与自卫的天真表现相结合。这样一来，对反语的作用可以试图做如下解释：如果PP策略失灵，那肯定对双方都不利。直接指责会造成反指责，直接威胁会导致反威胁，等等。然而，由于反语只是口头上遵守PP，受攻击者在回应攻击时就不太容易违背PP了。所以，IP的攻击可以最终摆脱冲突的危险。
>
> （Leech，1983：143~144）

布朗和列文森把减少面子威胁的"隐晦策略（off-record）"视为最为礼貌的策略（1987：71），认为这一策略对面子的威胁最为间接，发话人采用这一方法可以得到的好处是：于己，可以避免对受话人进行潜在的面子损害之嫌；于人，既可回避潜在的面子威胁之嫌，还可不露声色地给其表现关心的机会，从而可以检验受话人对自己的情感。例如，如果我说"这儿真热"，你可能说"啊，那我就把窗户打开吧"。这样一来，你可以得到慷慨和合作的赞誉，我也可以回避因乱下命令而威胁你的面子之嫌。（73）中国人虽然在类似的情况下也会说"这儿真热",其意图也可能是想打开窗户,但他对是否要开窗户还要考虑别人的需要,别人也应出于关心他人而乐于打开窗户。因此,中国人会认为上述那种策略是待人不真诚和对人不信任的表现。布朗与列文森还认为这一策略的好处是可以在受到质问时得以逃脱责任:

> 交际行为采用隐晦策略的作法是,让听话人得到的交际意图不会只有一个,也就是说,施为者提供数个防御性的解释以便给自己留有后路,不会被人抓住。所以,在讲话人既要进行面子威胁又要逃避责任时,就可以采用这种隐晦表达法,让听话人去自行决定如何理解其意。
>
> (Brown & Levinson,1987:211)

布朗与列文森认为隐晦表达法其实就是婉转地使用语言的方法:所讲的话要么空洞笼统,要么与其表达意图不同。无论是哪一种情况,采取的都无非是一种掩饰的方法。(211)

反语也是布朗与列文森的隐晦表达法中重要的一条。他们是这样将礼貌看成策略手段的:

Teacher: Where is Teheran?

老师:德黑兰在哪个国家?

Student: In Egypt.

学生:在埃及。

Teacher: London is in U.S.A.

老师:伦敦就在美国了。

他们认为,老师的话明显违反了质的准则,采用的是一种反语说法,但学生从中悟出了自己的错误。这样老师就做到了既逃避了批评学生的责任,又给学生留了面子。

中国文化基于"诚于中而形于外"和"外在的礼是内在的仁"所体现的道德要求,认为用反语方法违反了与人为善、诚心待人的道德要求,是用一种讽刺的方法对他人进行侮辱,违反了中国文化的道德要求,只会激起别人的反感。在上述两种情况下,中国教师考虑的是如何既能纠正学生的错误,又不会让学生难堪。教师对学生可用一些婉转的方法加以纠正。如类似"你可能记错了/搞混了", "其实……"的说法。在交际场合则更为慎重，听话人往往不加理会或者采用开玩笑式的打圆场的说法，如"你真会开玩笑……"。因为他们心中想的不是批评或纠正人时让人无法以牙还牙地反击，而是与人为善，不伤害对方的感情和自尊心。

5. 中西方礼貌目的上的寻求和谐与回避冲突之别

CP、PP、IP 和 FTAs 强调的都是消极礼貌，即礼貌的目的是回避不和与避免冲突。"会话含义"对策略应对的强调，PP 的得体准则、IP 和面子威胁论中的隐晦表达策略的确定都是为了突出回避不和与避免冲突的交际目的。

中国文化则强调积极礼貌。目的在于主动寻求和谐相处，主张"和为贵"。在利害关系上，中国文化主张少计得失，慷慨待人；在人际交往中，主张谦虚谨慎，自谦尊人；在对待他人的态度上，主张与人为善，和睦相处。

结　语

礼貌语言"主要是体现说话人对交谈双方社会关系的理解和态度"，礼貌词语的构成和结构"是各不同语言社群的长期历史传统的产物，密切地联系于该社群的其他文化因素"。（陈松岑，1989：5）礼貌语言是一种礼貌的交际行为。交际行为是受一定的交际规则指导和约束的。文化不同，语言不同，交际行为和礼貌语言也必然有别，指导言语交际行为的规则也会千差万别。对于这一点，西方学者也有不少论述。西方的"社交规约论"就认为每个社会都有自己的一套独特的社交规则，规定了一套在各种具体情况中的行为举止和思维方式准则。符合这一规则的行为就被认为是礼貌的，反之就被看成是失礼的。(Fraser, 1990) 又如，沃尔夫森在其题为《言语规则》(*Rules of Speaking*) 的文章中也清楚地指出，"社会语言学中有一条众所周知的公理，这就是不同语言之间的差别不仅表现为语音、句法和词汇本身的不同，更重要的是表现在语音、句法和词汇的运用上也存在差异。言语社群不同，交际模式往往差别极大"。沃尔夫森还说，"语言学习者要与目的语国家的人进行有效的交际，关键在于了解和熟悉其得体的言语行为。因此，交际能力不仅包括熟练掌握语法和词汇，还要熟悉其言语规则"，也就是"目的语的社会语言行为模式"。沃尔夫森认为，要排除"交际行为干扰，就必须注意交际规则的转化"。（Wolfson，1990）所以，企图以一种文化的交际行为的指导原则衡量所有文化和语言的交际行为是难以奏效的。

这一节讨论的内容可归纳为：

（1）礼貌语言是一种社交行为，交际行为是受一定的交际规则和礼俗规范制约的。

（2）文化不同，礼俗规范和交际规则也不同。不能用一种文化的交际理论和指导原则指导所有文化的交际行为，更不可以一种文化的交际规则取代所有文化的交际规则。本节通过对西方常用的 CP、PP 和 FTAs 等三种理论的评析和有关谦虚、面子、关系与婉言法的文化特性的中西方对比分析，阐述了礼貌和交际规则的文化异同。

（3）既然不同文化之间的交际规则既有相似之处，更有不同之处，学习第二语言的礼貌语言时，不能不注意了解和认真研究该文化的礼貌规则及其与本文化交际规则的异同，重点是差异所在。

（4）在第二语言学习和跨文化交际中要避免文化错误，要正确而又得体地处理交际规则的文化差异和文化冲突，就必须学会交际规则的得体转化。

> 思考题

1. 请做一调查研究，了解中外人士对中国礼貌文化的看法，并提出自己的见解和理论依据。

2. 请总结一下自己在第二语言学习或教学过程中的经验体会。对不同文化之间的礼貌行为做一对比分析，看看它们之间的同异点何在。

3. 请就跨文化交际中得体处理礼貌语言的文化差异和文化冲突问题做一理论阐述。

第三节　中国文化礼貌的特征与汉语礼貌语言运用的特点

在讨论中国文化礼貌特征之前，有必要重新强调以下几点：

(1) 必须正确认识和恰当处理礼貌的文化共性与文化个性之间的关系。对西方的理论需要认真研究，虚心吸取各种营养。然而，将西方理论视为所有文化的通用原则，或者以为只要对这些理论进行修改和"完善"，就可将其变成指导中国文化的理论，那就会忽视中国文化礼貌特性的研究，不利于排除文化差异对跨文化交际的干扰。

(2) 研究礼貌的文化个性时需要正确认识和恰当处理现代与历史之间的关系。研究一种文化的现代礼貌原则，必须追索其历史渊源，找到礼貌行为的文化根基，不能割断历史。然而，如果忽视历史的变化，不加分析地用传统文化准则解释现代礼貌行为，用历史代替现在，也会犯静止观察问题的错误。

(3) 术语引进和运用中需要防止盲目照搬，否则就会犯抹煞文化差异和歪曲中国文化礼貌特征的错误，对人起到误导作用。譬如，西方人说中西人际关系是等级差别与人人平等之别，有人就去寻找这一"差别"的"依据"；西方人说中国文化是"面子文化"，有人就照搬不误，还有人到处收集中国文化中"死爱面子"的表现，寻找面子由中国输出的时间，大找"就是中国人死爱面子"的"证据"。殊不知，盲从他人的说法是难以辨别礼貌的文化特征的，对科学研究只有百害而无一利。

关于中国文化礼貌的特征，我国相关研究还不多，已提出的一些看法也远未形成共识。顾曰国（1990）将中国文化礼貌语言的特征归纳为四点：

respectfulness（尊重），即自我尊重和赞赏对方；

modesty（谦虚），即贬己尊人的另一方式；

attitudinal warmth（态度热情），即关心、体贴、好客；

refinement（文雅），即举止、谈吐得体大方。

顾曰国还将中国文化的礼貌原则总结为五条：

(1) 贬己尊人准则：指称自己或与自己相关的事物时要"贬"，要"谦"；

指称听者或与听者有关联的事物时要"抬",要"尊"。

　　(2) 称呼准则:指人们出于礼貌,在相互称呼时仍按"上下、贵贱、长幼有别"的传统来体现人际交往关系。

　　(3) 文雅准则:出言高雅,文质彬彬。选用雅言,禁用秽语。多用委婉,少用直言。

　　(4) 求同准则:注意人的身份和社会地位保持相称,说话双方力求和谐一致。

　　(5) 德、言、行准则:即在行为动机上尽量减少让他人付出代价,尽量增大他人的益处;在言辞上尽量夸大别人给自己的好处,尽量少说自己付出的代价。(顾曰国,1992)

　　"文化特征"反映出的是文化特色,中国文化"礼貌"的特征应当是中国文化所独有的,具有中国文化根基的特点。毕继万通过语用调查研究,对汉英礼貌语言的特点进行了语言与文化对比分析,并用追根溯源的方法进行了分析验证,归纳总结出了中国文化礼貌的特征。(毕继万,1996) 还通过汉英对比的方法,用具体言语行为的文化特点说明中国文化礼貌特征的体现。(毕继万,《语文建设》1996~1997)

1. 中国文化礼貌的特征

　　从第三章第二节不难看出,中国文化与西方文化之间在"礼貌"问题上存在着重大的区别:中国文化不是把礼貌视为利益关系的公平调整,而是看成做人的道德要求,这种道德要求在礼貌上的表现是"仁者爱人",也就是在处理人际关系时重视伦理关系和人情的作用。所以,在中国文化中,不把礼貌简单地看成是处理人际关系的策略手段,而是将其提高到表达情感的言行准则和社会道德规范的高度。礼貌的标准不是个人权利的互不侵犯和彼此利益的合理调整,而是突出情感的交流和人情的体现。情感交流不是用量的均衡可以计算的,而是用克己待人和贬己尊人为衡量标准的。情感的交流强调的是感情的真诚,反对表里不一的态度。

　　关于"礼貌原则",人们可以从不同的角度加以界定。在此只从跨文化交际的角度讨论"礼貌"的文化特性,即只针对跨文化交际中的文化差异表现,

第三节　中国文化礼貌的特征及汉语礼貌语言运用的特点

讨论中国文化的礼貌特征。

1.1 自谦尊人

这一特征也可说成"互相尊敬，互相谦让"。这是中国文化礼貌的灵魂。它源于《礼记》中的"毋不敬"和"夫礼者，自卑而尊人"。"自谦"和"尊人"是不可分割的统一体：做人要谦虚谨慎；待人接物要互相尊敬，互相谦让；在人际交往中，说话、处事要注意自己在交际关系中的身份和地位，做到长幼有序，地位有别，亲疏不同。不了解这一特征，就无法理解中国人在称呼、介绍、问候、邀请、受礼、对待感谢和赞扬的应答以及繁杂的敬辞和谦辞在运用时的文化心理。

1.2 相互关切

中国文化在人际交往中，视朋友如亲人，以热情关心为礼貌。招呼语和寒暄语中询问他人情况，告别语中的嘱咐语，感谢语中的关心式，以及朋友和亲人之间大量的关心话，嘱咐语和提醒、劝告、建议，甚至诚恳的批评都属这一特征，体现的都是对别人的体贴和关心。

1.3 互相体谅

"互相体谅"也就是重视"移情"的作用，做到设身处地和宽厚待人。在人际交往中不计个人得失，多为他人着想；遇到矛盾和冲突时要设身处地，严于律己，宽厚待人，主动排除分歧，求同存异，从而达到互相谅解，和谐相处的目的。中国人表达不同意见时的模糊、含蓄的语言，在批评人时的婉转言辞、提要求时的委婉词语和对别人的要求一时无法满足时模棱两可的回答……都是为了尽量体谅别人的难处，避免伤害他人的感情（而不只是表面上的"面子"）或尽量不让他人失望。"说话是否合乎礼貌，核心是能不能尊重、体谅他人。"（陈松岑，1989：108）

1.4 以诚待人

"只有在思想感情上尊重、体谅他人，才会在言谈举止中合于礼貌。"（陈松岑，1989：108）所以，这一原则可以说是"表里一致"或"诚于中而形于外"。中国人认为外在的"礼"是内在的"仁"（爱人）的体现。如果内心缺乏对他人的敬重，对自己缺乏严格的要求，不能以诚待人，那是无法做到礼貌待人的。所以，中国人强调的"情"绝不是为了礼貌而宁可不真诚或把礼貌看得比诚实更为重要。

"自谦尊人"和"相互关切"是中国文化礼貌表现的主要特点。"互相体谅"和"以诚待人"是内在的感情，即爱人之情，所谓"外在的'礼'是内在的'仁'的体现"就具体表现为"自谦尊人"与"相互关切"是"互相体谅"与"以诚待人"的仁者爱人之情的体现。

案例13. 不再假谦虚

通观今日大众之心态，可以看到它们色彩斑斓，成分复杂，其中沉淀着历史和传统的因素，夹杂着旧体制的影响，也反映出改革和发展带来的变化。

在"大锅饭"的年代，人们已经习惯了"谦虚"的语言和姿态，即便颇有能力，也总把自己"还不足"、"水平有限"、"还需再努力"等词汇挂在嘴边。取得了成绩，也要归功于领导和大家。这"谦虚"就像是一层既能"防寒"又能"防暑"的保护膜。如此，即使能耐不大，也会被认定此公虚怀若谷，不骄不躁，难能可贵。

而现如今，人们可以毛遂自荐，去竞选厂长、经理，在择业求职、晋升等场合，我们看到更多的是自己标榜自己如何有学历、懂业务，能担大任……人们都在宣传自己、推销自己，一反中国人的常态。

有人惊呼："现在的人越来越不谦虚了，中华民族的传统美德都丢了。"有人则说："我们终于可以抛掉假谦虚的面具，坦坦荡荡地做人了。"

市场经济在发展，新旧观念在碰撞，当今社会究竟是多了些吹嘘张扬的"大侃"，还是人们在人格上更加追求自我完善？是对传统美德的反叛，还是一种进步？对此，有人困惑，有人哀叹，有人关注。

（《BTV夜话》，《北京广播电视报》"收视指南"1993年第26期）

案例分析参考题

1. 你认为这一《夜话》的基本观点是什么？你对最后一段中提出的两个问题如何回答？

第三节 中国文化礼貌的特征及汉语礼貌语言运用的特点

2. 请在认真研究的基础上探索"谦虚"在中国文化中的地位、作用及历史渊源，并提出你的评论意见。

3. 请参阅利奇的 PP 原则研究"谦虚"的文化差异。

2. 汉语礼貌语言运用的特点

中国文化礼貌的特征在汉语礼貌语言的各个方面都有充分体现，不了解中国文化礼貌的特征就无法理解汉语礼貌语言和中国文化的礼貌行为。下面通过汉英礼貌语言对比讨论中国文化礼貌特征的几个主要表现。

2.1 汉英社交称谓对比

谈话双方的身份决定了双方在社交场合的称呼，这是所有语言和文化的共有特征。但是，各种语言又都有自己特殊的称谓系统和使用规则，这是由不同文化特殊的个性所决定的。称谓词按使用范围可分为亲属称谓和社交称谓两类。汉语和英语这两类称谓词都有不少明显的区别。在跨文化交际中，汉英文化差异和文化冲突主要表现在社交称谓上。

2.1.1 中西方相互称呼的常见错误

2.1.1.1 中国人运用英语称呼人的常见困难和错误

（1）套用汉语的称谓习惯，滥用职务或职称。例如：

Teacher Smith （史密斯老师）　　　Engineer Wang （王工程师）

Master Li （李师傅）

（2）将尊称与名字相连。例如：

称呼某外国男士为 Mr. David 或大卫（名）先生

称某女士为 Miss Mary 或 玛丽（名）小姐

（3）单用姓或随便用名称呼人。例如，有些大学生只用姓称呼他们的外国教师；有些人以为所有外国人都很随便，可以随意只称其名。

（4）随便用"老"和亲属称谓称呼外国人。例如"老先生"、"奶奶"、"叔叔"、"阿姨"。

2.1.1.2 英语国家的人称呼中国人时的常见错误

（1）不清楚中国人姓名的顺序，常常误将中国人姓名最后一字当成姓。

（2）对已婚女子的姓常常发生误会，误以为她们的姓是其丈夫的姓。

（3）对中国同事和朋友不知如何称呼，许多人只好采用不中不西的"折中"办法：直呼全名或只呼姓。

（4）对中国人在学术讨论会上不分男女都称"先生"感到难以理解。中国人对德高望重的老先生的称呼更让西方人费解。例如，"吕老"、"吕叔老"、"叔湘老"。

2.1.2 汉英社交称谓差异

2.1.2.1 职务称谓的差异

中国人使用职务称谓称呼人的范围极广，种类繁杂，这给不熟悉中国文化的外国人带来极大的困难。西方文化的职务称呼却很有限，只适用于下列人员：高级政府官员，如总统、总理、部长，省（州）长、法官、参议员（美）等；宗教人士，如神父、主教、修女等；军队长官（但是称军衔而不是军职）。所以，绝大部分汉语职务称谓不能直译成英语。例如，"李书记"、"王经理"、"刘秘书"、"周团长"、"张政委"等，直译成英语就只会让西方人感到莫名其妙。

2.1.2.2 专业职称和职业称谓的差异

中国大陆专业职称和职业称谓也比英语国家复杂得多。英语专业职称和职业称谓词也极为有限，只适用于 professor（教授、美国大学教师）、doctor（博士、医生）、nurse（护士）、waiter（服务员）、porter（搬运工）等有限的一些专业和职业。所以，汉语中许多专业和职业称谓不能直译成英语。例如，"师傅"、"老师"、"工程师"、"同学"等直译成英语都是错误的。

2.1.2.3 通用尊称的差异

英语中通用尊称有 Mr.（先生）、Miss（小姐）、Mrs.（夫人、太太）等尊称加姓，不分职业和地位都可使用。还有 Sir（先生）、Madam（女士）、Miss（小姐）等单用称呼。中、小学生对教师可以称 Sir、Miss 或尊称加姓。汉语中现在"先生"和"小姐"也已成通用称呼，不过，并不完全与英语对应。例

第三节 中国文化礼貌的特征及汉语礼貌语言运用的特点

如，英语国家对不知婚否的任何年龄的女士都可称"Miss"，对体力和脑力男劳动者都可称"Mr...."；中国对三十岁以上的女士却不可贸然称"小姐"，对体力劳动者一般习惯于称"师傅"。至于"太太"一词的使用目前也仍须慎重，因为虽然某些新派人士喜欢这一尊称，但许多人仍不习惯。因为"太太"依附于"丈夫"，尊称时必须与夫姓连称，目前绝大多数有身份的和知识界女士是不喜欢这一有失自我独立性的称呼的。学校的学生则一律尊称教师为"老师"。"老师"、"师傅"和"同学"等实际上也是当前中国大陆社会一定范围内的通用尊称。

2.1.2.4 姓、名与尊称的连用

汉语可以将尊称与名连用。例如，"连生同志"、"凤兰小姐"，甚至还可将名与亲属称谓相连，称呼与自己毫无亲属关系的朋友或熟人。例如，"仲文兄"、"大山哥"等。这些称呼既尊重，又亲切。然而，在西方文化中，除对英国有爵位的人士以外，只能将尊称与姓连用。如要表示亲切，就只用名，甚至只用昵称称呼，而且只能用在关系较熟悉者之间或在被称者的主动要求下才可使用。

2.1.2.5 称谓泛化的差异

中国人习惯于将大量亲属称谓引入社交场合，甚至用于不相识者。例如"叔叔"、"阿姨"、"爷爷"、"奶奶"、"老大爷"、"老大娘"，还有"解放军叔叔"、"警察阿姨"等亲切称呼。在使用上述称呼时甚至还会谦逊地"从儿"称呼或"从孙"称呼，即故意抬高别人的辈分，降低自己的辈分，随其子女或孙辈称呼。将汉语这类称呼习惯照搬到英语文化中所产生的负效应是可以想象的。在接触西方家庭时，我们反而发现，他们常常将社交称谓引入家庭。例如，儿媳对其公婆和女婿对其岳父母很少随其配偶称呼，而是使用社交称谓。子女对父母的朋友呼 Mr./Mrs.+ 姓，直呼其名也属正常。至于同辈人之间则不分长幼和次第一律以名相称。在西方子女直呼其父母的名字也不足为奇。

2.1.2.6 汉英称呼与人际关系

西方人认为有些中国人不愿以名称呼他们，表明中国人不愿与外国人交朋友，也有的中国人认为外国人常常以名相称，说明他们关系亲密、人与人平等。这些看法并不完全符合实际。英语国家以名相称的情况相当普遍，表示态

度比较随便，但相互关系不一定就亲密或平等；中国许多人，特别是不少中年以上的中国人，不愿随便以名称呼外国人是出于礼貌，当然也会有不愿将关系搞得过于亲密的成分，这与中国人尊重外国人和友谊建立过程的文化特性有关。

中国人在交际场合极为注意用尊称称呼人，因此，以名称呼人受到严格的限制，一般只限于上对下、长对幼、师对生以及亲属和家庭成员之间（也要区分辈分和次第）、同学和好友之间。在社交场合不分对象称名道姓是失礼的，使用尊称也不一定表明关系不密切，如"老师"、"师傅"等。

汉英称谓与人际关系对比表

	陌生人	关系较远者	关系较近者	关系亲密者	最亲密者
英	Sir Madam （Ma'am） Miss	Dr. Prof. Mr. Mrs. Miss Ms. ｝+姓	名	昵称	昵称 Dear Darling Honey
汉	师傅 老师 大夫 同学 亲属称谓	姓 + ｛职务 职称 尊称	尊称 姓+尊称 老/小+姓+同志 名+同志 老/小+姓	尊称 名 姓+亲属称谓	昵称 名 亲属称谓

在此，有四个问题值得注意：

第一，对于陌生人，汉语完全可以使用上表中对陌生人的称谓，英语却往往没有一个明确的称呼。例如，问路时，只能说"Excuse me"。

第二，用"职务"称呼外国人一定要慎重，注意了解交际对象的文化习惯，不可不应交际对象主动要求或不经其允许而主动以名称呼人。

第三，英语国家商店男售货员和某些服务行业的一些男服务员有时用dear, darling 等最亲密称谓称呼女性顾客，中国女士对此必然会产生反感。

第四，绝对不可用亲属称谓称呼与自己毫无亲属关系的西方人，否则别人会以为你强加于人。用"老"或用抬高别人的辈分或次第的办法称呼西方人不仅不会给人以尊重的感觉，反而会招来极大的反感，因为他们以为你是认为他们太老了，西方女士对此则更为反感。

2.2 汉英介绍语对比

两位不相识者第一次见面时，需要自我介绍或由认识双方的第三者介绍。中国和英语国家在介绍语方面的基本特点相似，都分正式介绍和非正式介绍。正式介绍都用于正式场合或第一次见面的有身份者或尊贵者相识之时；非正式介绍则用于一般非正式场合或不相识的同事和同学之间。在正式介绍中，汉英用语都很正规和礼貌，句子也较长，对被介绍人的姓名、职务和身份都必须交代清楚，有时还要说明被介绍人与自己的关系；在非正式介绍中，汉英句子都较短，用词也都比较随便。然而，汉英介绍语和中西文化的介绍习俗之间的差异甚至冲突也不少。

2.2.1 自我介绍中的中西文化差异和文化冲突

2.2.1.1 主动询问别人还是主动介绍自己

中国人一般是在已知对方是谁而只需介绍自己时才主动自我介绍，常常发生在下级对上级或到其他单位办事之时。在一般社交场合与人第一次见面时，则习惯于询问对方的姓名。如对方不问自己，不一定主动告诉自己的姓名。在询问他人姓名时，为了表示礼貌，一般都要使用敬语，回答则要用谦辞。如，"您贵姓？""免贵姓张。""您怎么称呼？""不敢，不敢。我叫张大年。"有些人在对外交往中照搬这一礼俗，甚至将这种说法直译成英语。由于汉英词典中也可找到上述说法的直译句或近似句，有些人就以为照译成英语必然正确无误了。其实，作为词典，考虑的主要是汉外语言对应问题，对有些此有彼无和此无彼有的词语也不得不寻找一种译法，但词典释义与实际交际中的语用意义并不完全是一回事。某词或某句在实际交际中运用是否正确或得体要由具体交际语境决定，在跨文化交际中更要考虑到同一语境中不同文化交际规则的差异及其所可能引起的文化冲突。上述汉语句直译成英语就会引起两个问题：第一，主动询问他人的姓名不是英语国家的习惯，英语国家的人一般只在公事调查时才使用这类语句，在社交场合这类问语则会引起他人的反感。第二，上述汉语句译成英语后中国人的卑己尊人的礼貌难以为英语国家的人理解。英语国家的人在社交场合第一次见面时习惯于主动自我介绍而不贸然询问对方的姓

名。他们认为,如要了解别人的姓名,就应当主动自我介绍,让对方主动讲出自己的姓名。例如:

May I introduce myself? My name's...

(我自我介绍一下好吗?我叫……)

Hello. My name's...

(你好,我的名字是……)

汉英自我介绍礼俗的差别还表现在电话用语中。接电话时,中国人除涉外工作的单位和人员以外,习惯于询问对方是谁和有什么事。如,"喂,您哪里呀?"或"喂,您找谁呀?"至少也只说一声"喂",然后让打电话人说出要找谁。英语国家的人接电话时虽然也可能问"Who's calling, please?"(请问您是谁呀?)或"Who's this?"(谁呀?)但一般的习惯是自报家门,如"某某公司"或"某某人"。有事敲别人的门,听到室内人问"谁呀?"后,中国人如果是家人、同事或熟识者,则习惯于说"我",学生找老师或下级找上级时则反问道"王老师在家吗?"或"李厂长在吗?"英语国家的找人者则不论与主人熟悉与否,习惯于自报名字,如"这是某某"或"这是某某单位的某某人"。对于汉英自我介绍的文化差异,许多中国人不太了解,英语国家的人也感到很费解。英语国家的人认为,如果不主动介绍自己而去询问别人,别人会以为你太傲慢,难以交往;不主动自我介绍,别人会以为你可能是因为自己信心不足,连自己的名字和身份都不好意思说。中国文化的心理则不同。中国人习惯于由第三者出来介绍或只是询问别人,因为中国人认为,有兴趣了解别人表明对对方有好感,用尊敬的话语询问别人的姓名表示对对方的尊敬。然而,不管别人对自己是否有兴趣就贸然主动自我介绍,就显得不够谦虚谨慎。当然,现在在对外交往和商界活动中,人们也已习惯主动自我介绍。

2.2.1.2 重单位与重个人

对比中西方自我介绍习俗时,我们还会发现一个有趣的区别:中国人重视单位团体的作用,而英语国家的人则看重个人的身份。在社交场合,中国人介绍自己的身份时,往往只介绍自己的姓名(或者只是姓)和工作单位,对于自己的职业则不一定人人提及,至于职务和职称就很少有人主动自我介绍了。例如,"我叫王长春,是北京大学的教师"、"我姓李,是北京……厂的"、"我

第三节 中国文化礼貌的特征及汉语礼貌语言运用的特点

姓刘,在外资公司工作"。英语国家的人则不同。他们会主动清楚地介绍自己的姓名、职务或职称,但不一定说来自什么单位或什么样的工作部门。例如,"I am a professor (of phylosophy). (我是大学 [哲学] 教授。)""I am Dr. Smith from the United States. (我是史密斯博士,美国人。)"中国人不愿突出自己,更忌讳"显示"自己的地位;英语国家的人则愿意突出个人,认为在什么单位工作与个人的关系不大。

2.2.1.3 重自谦与重对等

现在,在交际场合交换名片在中外都很流行,而且都以双方对等交换为礼貌。如果接受别人的名片自己却未带名片或没有名片就要表示歉意并主动介绍自己。不过,交换名片的礼节形式在中西文化中有所不同。英语国家的人是用一只手递过名片并礼貌地自我介绍和问候对方;中国人却是双手恭敬地递过名片并且谦虚地说"请多指教",对方也用双手接过名片,并谦逊地说"不敢当",同时将自己的名片双手递过去,恭敬地说"随时领教"。中西交往中可能出现的误会是,英语国家的人认为中国人的话语和行为都显得过于自卑,甚至有点虚伪,一张小小的名片却用双手递接就是一例。中国人却会认为英语国家的人不太谦虚,缺乏礼貌。

2.2.2 介绍他人时的中西文化差异和文化冲突

2.2.2.1 介绍的顺序

尽管在中西文化中人们现在都越来越不讲究在介绍两个人相识时应当将谁介绍给谁,但是两种文化传统的介绍顺序还是有区别的,而且这些差别在现代还为一些注重礼节的人所遵循,因此在彬彬有礼的交际场合仍不可忽视。英语国家有些人认为,在介绍两人相识时,一般的规则是:将一方介绍给你更尊重的一方。也有人认为,如果甲方比乙方更为重要,就应先提甲方的名字。所以,一般的介绍顺序是:

将男子介绍给女子;

将同性年少者介绍给年长者;

将未婚女子介绍给已婚女子;

将同性次要人物介绍给更重要的人物;

将儿童介绍给成人;

如果说"Dr. Johnson, I'd like you to meet my good friend and colleague, Li Ming."（约翰逊博士，我想给你介绍一下我的朋友和同事李明。）或"Dr. Johnson, this is my good friend Lin Xiaomin. Mr. Lin, Dr. Johnson, Chairman of the Department."（约翰逊博士，这是我的好朋友林小民。林先生，这位是我们的系主任约翰逊博士。）那就表示约翰逊先生的地位较高。现在港台许多人也仿效这一顺序，在介绍男女相识时更为重视。他们认为将女士介绍给男士是对女士的不敬。在香港，曾有一位女主人在宴会上把一位小姐拉到一位男宾面前介绍说："Mr.张，我介绍一下。这位是黄老板的千金，这位是大方公司的小开，Mr. 张……"不料这位黄小姐杏眼一瞪，说："我管他什么'小开'不'小开'！"一时场面非常尴尬。这是因为，在香港社交场合，特别是正式场合，许多人认为应当将男子介绍给女子。

中国大陆传统介绍顺序与英语国家的传统顺序相反，不分男女，一般按下列顺序：

将年长者介绍给年轻者；

将长辈介绍给晚辈；

将职位高者介绍给职位低者。

例如：

A. 甲：我介绍一下。这位是白大夫，这位是泰国留学生……

　　乙：您好，白大夫。

　　丙：你好。

B. 甲：白老师，您认识他吗？

　　乙：不认识。你是……

　　甲：我介绍一下。这位是白老师。这是我的朋友，小王。

　　丙：白老师，您好。

　　乙：你好。

我们不难发现，上述汉语对话中都是先介绍长者，后介绍少者，但由少者先问候。英语问候语则无这一明显顺序区别。

如果将一对夫妇介绍给别人，英语国家习惯先介绍丈夫，后介绍其妻子；中国大陆则先介绍与在场人有关的一方，然后介绍其配偶。

第三节　中国文化礼貌的特征及汉语礼貌语言运用的特点

2.2.2.2　书面介绍重单位与重个人之别

如要将某人介绍给自己的朋友，中西方都可采用私人信函的方法。介绍函既可由被介绍者面交，也可邮寄。如果只是为了让被介绍者与对方相识，中国人可写一便函由被介绍者面交；英语国家的人则可在自己的名片上写一句介绍语。如"Introducing Mr. Wang Dawei to Mr. William Smith"（将王大卫先生介绍给威廉·史密斯先生。）但是，因公写介绍信，中国人以单位名义写给另一单位并需盖公章，只用单位负责人的个人名义写信一般不合要求。英语国家则是由有关单位负责人以个人名义写给另一单位的负责人个人，并以本人的签名为有效。如不知对方是谁，则用"To whom it may concern"（敬启者），信尾需写明本人的职务或身份及姓名。英语国家的信函不重视单位公章的作用，注重的是个人的责任；中国人则认为个人签字缺乏单位的保证作用。

2.2.3　第一次见面时的中西方礼节差异

2.2.3.1　问候语的不同

在英语国家，现在除在非常正式的场合（例如正式的外交场合）并对有身份的人以外，已经很少使用"How do you do ?"相互问候了。第一次见面时的常见问候语有：

问候	应答
A.（I'm）glad to know you, Mr. Smith.	Glad to meet you, too.
B.（I'm）very glad（pleased）to meet you.	Glad（Pleased）to meet you, too.
C.（It's）nice to meet you.	Nice to meet you.

告别时除"Good-bye"以外，常用的说法有：

A.（I'm）glad to have met you.

B.（It was）nice meeting（to have met）you.

这些用语的意思都是"见到你很高兴"，表达的都是愉快的相识之情，体现出的是一种对等的友好交往关系。

当今中国人第一次见面时的问候语一般比较简单，说一句"您好"就行，但是，中国人还常用别的客套语表达问候的意思。例如：

（1）双方都可说"幸会，幸会"，表示跟对方相会很荣幸。

175

(2) 文人学者之间喜欢用"久仰，久仰"，表示仰慕已久，回答为"不敢，不敢"，或"哪里，哪里"，表示不敢领受。

(3) 主人对来访的客人说"欢迎，欢迎"，表示的是很高兴地迎接，回答是"谢谢"或"对不起，打扰了"。

这些用语突出的都是对别人的尊敬和关切，体现出中国文化卑己尊人和相互关切的礼貌原则。

2.2.3.2 礼节动作的文化差异

(1) 起立

在中国文化中，介绍时，有关人士都要起立，女子也不例外，只有年纪特别大或因病不能站立者才可不站立起来，而且还要说明原因，请求原谅。在英语国家，男子必须站立起来，但年纪较大者对年轻的男子例外。然而，在女士中，只有女主人要站立起来，其他女士则应坐着不动，不过对男主人和年纪比自己大得多的男士例外。

(2) 握手

在室内握手时，中国的有关人士都必须起立。英语国家却除女主人以外，其他女士一般不起立。中国人握手时以身体前倾为礼，特别是对尊贵者和在彬彬有礼的场合更应如此，英语国家现在这一姿势不多。男士在户外与人握手时，英语国家的人以脱帽为礼，中国人则没有这一习惯。有的中国人为了表示热情，喜欢一边寒暄，一边抓住别人的手不放，甚至身体近于一臂之遥，或者用双手抓住别人的手紧紧摇动。英语国家的人不仅没有这样的动作，还会产生误会和反感：他们认为，体距过近会显得过于亲密，侵犯了别人的个人领地（近于一臂之遥）；长时间握住别人的手不放纯属政府领导人和政客们为了照相而故意摆出的姿态，同性人手拉手是同性恋的表现；双手相握是"政客式握手"，是一种过于亲密的虚伪动作。

不相识者第一次交往时，相互第一印象极为重要。第一次见面时的礼节给人的是愉快的感觉还是不愉快的触犯，在跨文化交际中关系就更大。所以，如何做好自我介绍和如何礼貌地介绍他人，是跨文化交际中一个重要环节。

2.3 汉英招呼语对比

招呼语是两人相识后或相识者见面时的问候语，是说话人肯定自己与被招呼者之间关系的一种标志,是每种礼貌语言的重要方面。相识者和熟人之间的招呼语一般有两种情况:每天或经常见面时的日常招呼语和久别重逢时的招呼语。在跨文化交际中招呼语的文化差异及其可能造成的文化冲突屡见不鲜,值得有关人士高度重视。

2.3.1 汉英招呼语的文化冲突

在中西方交往中,许多中国人不了解招呼语的文化差异及其可能造成的文化冲突,习惯于将汉语招呼语直译成英语或者直接搬用汉语招呼语,造成许多不必要的误解甚至严重的文化冲突。主要表现有如下五方面:

(1) 有些招呼语被理解成了解信息的问题

例如,对汉语的"吃了吗?"英语国家的人会理解成是要了解对方是否已经吃饭,因而往往被看成是请人吃饭或要求与对方共同进餐的发端语;在未婚青年男女之间使用则会被对方理解为幽会的要求语。

(2) 有些招呼语又会被人理解为对别人私事的无礼探听和粗暴干涉

例如,对"干吗去呀?"和"干吗去了?"英语国家的人都理解为探听别人私事的问句,有些人甚至怀疑中国人都是特务,住在中国旅馆的外国人常常"会遭到中国旅馆服务人员的类似讯问"。

(3) 也有些外国人抱怨中国人常常毫无意义地提出一些明知故问的问题

例如,见人买菜时问"买菜呀?",见人正朝电影厅走去时问"看电影去呀?"。一位新西兰女士听到这一问题后就极不高兴地嘟囔道:"多么愚蠢的问题呀!"

(4) 外国人还认为中国人爱说一些奇怪的"大实话"

例如,"吃饭去呀"、"擦车啦"、"您来啦"。

(5) 中国人以"叫人"的方式打招呼也会被英语国家的人理解成因事喊住对方,因此听到中国人叫他们时他们常常会停下等候你的"下文"

2.3.2 汉英招呼语的相似点

汉英招呼语的基本功能并无区别,都是表示"我见到你了,我没有不理你",都是愿意与对方交往的一种礼貌表示。两种语言的招呼语的相同点和相似点主要表现在以下几个方面:

（1）汉英招呼语都有问候型

例如，英语中有"Good morning"、"Good afternoon"、"Good evening"，澳大利亚人还习用"Good day"。现在还有"Hello"（可用于非常正式的场合以外的各种场合）和"Hi"（非正式问候语）。汉语中没有上述英语问候语的对应用语。新闻和娱乐界的人士现在也爱用"早上好"、"晚上好"问候观众和听众，但这些都是外语的直译，尚未为绝大多数普通人所接受。许多人说的"早"、"你（您）早"、"老师早"等可能是"你起/出来（来）得真早"等用语的简化。现在社会上通用的"你（您）好"则是舶来品。

（2）询问型招呼语在汉英语言中都存在

如汉语中有"干吗去呀（了）"、"'吃了吗'"等；英语中有"How are you?""How are you doing?""How are things（with you）?"等。

（3）评论型招呼语汉英都有

评论就是见景评论，即见人在干什么事时，就以所见事情为题，用一种赞扬或祝愿的说法打招呼。在这一类型中，汉英之间存在着不可忽视的文化差异：

① 中国人见景评论时既有赞扬语，也有大量的中性描述

例如，见人正在擦车，既可以说"真勤快，车子总是擦得干干净净"，也可以说"擦车啦！"英语国家的人对汉语中的中性评论难以理解，认为不加评论的招呼语是一种毫无意义的"大实话"。在这种情况下应当用类似下面的赞扬语："Hello. You're doing a good job!（喂，你干得真棒!）"

② 用祝愿语打招呼在汉语中还不多见，但在英语中用得很多

例如，见人去食堂吃饭时汉语可以说"吃饭去呀"，不能直译成英语，应改为"Hello. Have a nice dinner!（喂，祝你美餐一顿。）"以表达出良好的祝愿。

③ 英语招呼语的赞扬重在对人外表的欣赏，汉语却重在对内在品德或精神的钦佩

例如，英语国家的男子见到女士时常常以赞扬其貌美或化妆吸引人为礼貌的招呼语，中国人中除一些"新派"人士以外还不易接受这种赞扬，甚至还会感到有些不雅，中国异性之间忌讳涉及别人的外表。中国人在邻居和熟识的同事之间涉及的赞扬语一般是对别人工作态度和品德修养的奉承。例如，"你来

得真早。""这么晚才回来呀。""真勤快,屋子总是整理得干干净净的。"

2.3.3 汉英招呼语的主要文化差异

汉英招呼语最根本的区别在于,汉语招呼语重在关切和尊敬,而英语招呼语则重在问候。主要表现为:

2.3.3.1 英语没有称谓型招呼语,汉语称谓型招呼语的使用却极为频繁

英语中不用单纯的称呼语做问候语,中国人在家庭、邻居、同事、经常见面的相识者之间只用称呼语打招呼的方法的使用却极为频繁,而且注重尊称的使用。幼儿从学说话时起,大人就教他们见人就要"叫'叔叔/阿姨'……"。这类形式适用于不同的交际场合和不同对象,表达不同的感情色彩和语体色彩。如,称对方为"王科长"、"李经理"等,不仅含有尊敬和庄重的味道,也意味着关系比较疏远;只称"科长"、"经理"则显得比较亲切;如用"老王"、"小李",则表示既平等又亲切。血亲称谓则适用于血亲关系和邻里之间。西方人听到这类招呼语会以为说话人有事要找他,因而会等候"下文"。当然,英语喊人是用升调。

2.3.3.2 汉语招呼语意在关切,英语招呼语则重在问候

英语最常用的招呼语是问候语。例如,"Good morning"、"Good afternoon"、"Good evening"、"Hello"和"Hi"现在也成为问候型招呼语。问候语格式比较固定,通用性强,内容简单,不包含具体信息和感情色彩,因而重在对人礼貌而不是情感的表达。所以实用的对象和场合比较广泛。

汉语询问型招呼语使用频繁,这类问候语常由"信息问答"形式组成,而且大多涉及别人的起居寒暖,给人以亲切关心之感。表达关切之情是中国文化礼貌的最为突出的特点之一,因此,询问型招呼语内容极为丰富。主要有以下几种类型:

(1) 探询式发问

这是不了解对方去向时的发问。例如,"干吗去呀(了)?"

(2) 猜测式发问

这是见人正在干什么,却拿不准,於是揣测式地提出问题。例如,见某人背着书包走出宿舍时问"上课去呀?"对方可能是去上课,但可能是去图书馆或别的什么地方。提问只是依据一种揣测。

(3) 验证式发问

这是已看出别人在干什么，但需要验证自己的判断是否正确。例如，在吃饭时间见人朝饭厅方向走去时明知故问"吃饭去呀？"

汉语询问型招呼语在一定的情景下，例如，熟识者相见时双方有兴趣而且有时间交谈时，听话人可以将其视为交谈的发端语给以具体回答，也完全可以只将听到的问题视为纯问候语而不作具体回答。

其实，英语中也有大量的询问型招呼语，朋友和熟人在多日不见后重逢时这类招呼语用得最多。例如，"How are you?"、"How are you doing?"、"How are things?"等。甚至现在通用的"Hello"和"Hi"也是从问句演变过来的。但是，英语中这类招呼语也是问候多于关切。其一是其问句格式固定，其二是回答也高度格式化，都不涉及具体信息。

当然，随着社会的发展和跨文化交际的加强，问候语的简化和趋同将是一种不可逆转的趋势。因此，招呼语的文化差异是在变化的、发展的，不同文化之间招呼语的相同点和相似点在不断增加。但是，只要文化差异存在，招呼语的文化差异就永远不会完全消失。

汉英招呼语的差异和冲突是由中西两种文化的不同特性所决定的。西方文化以个体为中心，重视个人行动独立自主和个人领地神圣不可侵犯，问候成为英语问候语的主要特征也就理所当然了，因为问候型招呼语格式化强，信息量少，重形式，少情感，体现出的正是这种文化的要求。中国文化以群体依存为特征，注重相互关切和自谦尊人，强调感情的沟通和彼此的关切。称谓型和询问型的招呼语正反映出这一文化特点。了解了汉英招呼语的这一文化特性差异就不难理解汉英招呼语之间的文化差异和文化冲突了。了解了这一文化特性差异，人们在对外交往中就不会滥用招呼语或草率地将汉语招呼语直译成外语了。值得提醒的是，有些人为表示友好，在大街上见到一个外国人就莽撞地上前打招呼，引起不相识的外国人的反感，因为在英语国家生人之间一般是不习惯打招呼的。至于有的人不了解所学外语的真正文化含义，随便拿来滥用，那就更加危险了。例如，如果男士在大街上突然对一位素不相识的女士说"Hello. How are you?"对方可能以为该男士是一个喜欢勾搭女人的下流之辈。

第三节　中国文化礼貌的特征及汉语礼貌语言运用的特点

2.4 汉英寒暄语对比

两人第一次见面相互认识以后，朋友、同事、相识者相见并有一定的时间在一起时，不能相对无言，总要谈论一些无关紧要的事情，以表示热情礼貌。因事会晤或拜访人时，一般也要先寒暄几句再转入正题，以使气氛自然，易于引起正式话题。这是世界各种语言寒暄语的共同特点。寒暄的基本形式也往往大同小异。以汉英寒暄语为例，两种语言都有问候式、询问式、漫谈式（或称评论式）和回顾式。当然，汉语还有一种嘱咐（或称劝慰）式。但是，不同语言间寒暄语的出发点和内容也不尽相同。汉语的询问式和嘱咐式在对外交往中就常会引起西方人的误会甚至反感。有些初学外语和缺乏对外交往经验的人士由于不太了解寒暄语的文化差异，常常照搬汉语寒暄语或将汉语寒暄语盲目地直译成外语，引起许多尴尬的误会，甚至发生不愉快的文化冲突。汉英寒暄语的文化差异及其所反映出的文化冲突就十分明显。

2.4.1 从西方人的反映谈起

2.4.1.1 认为中国人喜欢探听和干涉别人的私事

西方人反映最为强烈的是中国人喜欢询问他们个人私事，如年龄、收入、所购物品的价格、婚姻和家庭、个人健康情况等。一位英国女教师第一次走进中国某大学课堂时首先这样自我介绍："我的名字叫……，是英国人，今年三十二岁，还没有结婚。但是，我可以告诉你们我父母和姐姐是怎么恋爱和结婚的……"

笔者正好听了这节课，课后问她为什么要一上课就主动讲述这些个人私事。她说："我知道中国人对别人个人情况很感兴趣，所以干脆自己先主动讲清楚，免得他们以后再没完没了地询问这类问题。"更有甚者，有的美国人认为，中国人爱问别人的私事是因为"所有这些情况在中国等级社会中关系到个人的地位，需要了解清楚以后才能恰当地处理与他们的关系"。

2.4.1.2 认为中国人爱问一些毫无意义的问题或讲一些毫无意义的大实话

例如，会见新来工作的外国人时喜欢问"你一定很累了吧？""您一路辛苦了。""你对这儿的生活还习惯吗？""你很会用筷子。"有的人说，这些话"都不切题，都是完成任务式的'大实话'，引不起交谈的话题，没有任何实际意义，只会使人感到厌烦。"

2.4.1.3 认为中国人爱给人下命令

不少在华工作和与中国人交往的西方人常常抱怨中国同事或朋友爱以父母教训未成年子女的口吻教训人。一位在华工作的英语国家教师说："冬天中国同事和朋友会着急地摸摸我的衣服说，'你穿得太少了，你休息吧。'他们还常常提醒我，'你对这儿人生地不熟，出去要注意安全。'"另一位在华工作过的英语国家教师说："中国人老担心我的身体健康。我只要有点咳嗽，或嗓子里有点什么东西，我的中国同事就都着急地问道，'你着凉了吗？'或'你哪儿不舒服？'甚至还要说，'到医院去看看吧。'"英语国家的人认为这些话不仅没有必要，还有点虚伪，也有损于别人的自尊心。有的人甚至忍不住地说："我不是小孩子，我知道怎样照顾自己！"

2.4.2 汉英寒暄语的文化差异

汉英寒暄语的差异实际上是汉英应酬语话题的文化差异。对于汉英寒暄语的差异，初学英语和初与英语国家交往的人大多不甚了了，不知道哪些题目该谈，哪些题目又应回避。即使看了相关介绍材料也感到难以把握。例如钱财问题。人们都说，对西方英语国家的人不可问及有关钱财的问题。如："你的工资多少？""你买这房子花了多少钱？""你这件衣服多少钱？"但是不少英美人士有时也讨论钱财问题。例如，有的美国男士喜欢谈论投资和股票一类事情；在寻找工作时，朋友之间也可以讨论不同工作的收入，以便进行比较和挑选。又如婚姻状况。许多人都知道不可随便问英语国家的人"你结婚了吗？"或"你为什么不要孩子？"但又可以问已婚夫妇"你们有孩子吗？"对已知有孩子的夫妇也可以问"你们有几个孩子？"再如年龄。人们经常听到的警告是"不能询问英语国家的人的年龄"，然而，我们也会听到英语国家的人自己之间询问小孩子的年龄，有些老年人也乐于谈论自己的年龄。还如健康状况。前文已经提及，对英语国家的人的身体健康不可显得过于关切。但是，英语国家的人见朋友和熟人身体不适时也可以表示关心，如可以说："你好像有点感冒。(You sound as though you've got a cold.)""你显得有些疲倦，没事儿吧？(You seem rather tired. Are you O.K.?)""你的脸色不大好，是不是有点不舒服？(You look a bit pale. Are you O.K.?)"对病人也可以说："望你早日康复。

第三节　中国文化礼貌的特征及汉语礼貌语言运用的特点

(I do hope you'll be feeling better soon)"或"多多保重。(Take good care of yourself.)"除非我们具有长期对外交往或在国外居住的经验，要很有把握地处理交谈话题难度极大，而且说英语的西方人不见得都是以英语为母语的人。即使是英语国家的人也会因国家、地区、职业、年龄，甚至个人性格特点不同而互有差异。所以，既要了解可交谈和不可交谈的具体话题，更要从文化特性的深层弄清楚汉英寒暄语文化差异所在，掌握其内在的规律。这些差异主要表现为：寒暄语的含义和目的不尽相同、对"privacy（隐私）"的理解有别、中西价值观念存在着文化差异，甚至文化冲突。

2.4.2.1　汉英寒暄语的含义和目的不尽相同

与汉语"寒暄语"相对应的英语是"small talk"。所谓"small talk"，英语词典的释义几乎大同小异，指的都是"就无关紧要的、非严肃的话题进行的非正式的、轻松的交谈"。这与汉语寒暄语似乎并无什么区别。然而，英语注重的是不涉及个人的话题，其目的是创造轻松自在的交谈气氛。公务会谈之前的寒暄语强调的是所涉及的内容为随后正式交谈话题的内容作铺垫。汉语"寒暄语"在《现代汉语词典》中的解释是"见面时谈天气冷暖之类的应酬话"，《辞海》和《辞源》的解释就更具体一些。《辞海》的解释是"问候起居寒暖的客套话"。《辞源》中指出，"'寒暄'的本意是'指冬季和夏季'；相见时互道天气冷暖，作为应酬之词。"所以，汉语寒暄语表达的是交谈双方相互对起居生活的关切，因而必然大量涉及个人问题。正式会晤之前的汉语寒暄语也不一定与随后的正式交谈存在必然的内容联系，而是注重感情的沟通，为正式交谈营造一种和谐友好或亲密无间的良好氛围，因此突出的是感情的铺垫。了解了汉英寒暄语的这一区别就不难解释前文中的文化误解的症结所在：大量涉及个人问题与避免触及个人问题的文化冲突。

2.4.2.2　英语"privacy"与汉语"隐私"的含义有别

英语的 privacy 在汉语中没有对应词。现在我国大陆许多人喜欢谈论"隐私权"。1993年李行健等先生也已将这一词语收入他们主编的《新词语词典（增订本）》，并给其定义为"指公民个人有保守自己私生活或私事秘密的权利。如：隐私权可以防止别有用心的恶意诽谤。"现在，"隐私"和"隐私权"已成为汉语新的规范词。汉语这一新词（更准确地说，是旧词赋予新义）实际上是

英语 "privacy" 的借用。然而，"privacy" 的含义并未被人们全面了解，汉语的"隐私"也并不与之完全对应。当前，汉英寒暄语之间的文化冲突的核心也正在于此。根据西方学者的研究（参见何道宽，1995），privacy 在各种文化中都存在，但一般分为个体的 privacy 和群体的 privacy 两种类型。privacy 的含义包括四种：第一，独处（solitude），即个人自由自在不受他人干扰；第二，隐匿（anonymity），即愿意隐匿于群体之中，不冒尖，不为人们所注意；第三，亲密（intimacy），即重视自己所处的群体的亲密团结的关系，但内外有别；第四，含蓄（reserve），即感情不外露，与他人之间筑起一堵无形的心理屏障，防止他人对自己的心理干扰。西方文化属个体文化，注重的是个人独处的自由不受他人干扰；中国文化属群体文化，看重群体的依存关系而不突出个体，上述含义的第二、三种特点都很突出，第四种含义中的感情不外露也是中国文化的特点，但着眼点并不在"防止他人对自己的心理干扰"。第一点也不是根本没有，问题只在于所含内容及其所占地位有所不同。汉语的"隐私"意为"不愿告人的或不愿公开的个人的事"《现代汉语词典》，总有点不好意思或自己不愿告人的个人隐秘的味道。它与英语的 privacy 的区别是明显的：第一，英语的 privacy 是维护个人自由自在的权利，保证其不受他人干扰，而汉语的"隐私" 却是个人隐秘不愿告诉他人。第二，西方人对其 privacy 的维护是要求干扰者退出被干扰者的个人领地范围或停止心理干扰，而中国人维护隐私的方法是维护者自己主动回避或对自己的事秘而不宣。正是上述文化差异决定了汉英寒暄语的话题存在着一系列差异。为了尊重别人的个人自由和自尊，西方人在相互寒暄时尽量避免涉及个人问题，有关年龄、财产、家庭和健康状况的内容都是个人的私事，禁忌自然很多，不可轻易涉及。但是对不属他人私事或无损于别人自尊心的问题，或者别人乐于讨论的内容则可以涉及，但一般不可过深或过细。掌握了这一原则，也就容易理解为什么西方人寒暄语的最佳话题是气候和休闲活动等问题了，因为这些话题既不涉及个人私事，又让交谈双方有充分的自由决定继续或中止交谈。视朋友如亲人的中国文化的寒暄语以问寒问暖为主要话题，表达的是相互关切之情，目的是建立亲切和谐的关系和友好交往的气氛，或为严肃的公务交往做好感情铺垫。显然，中国文化的这一相互关切态度与西方文化的个体独立、自由的要求直接相悖，因而也就无疑会给人

第三节　中国文化礼貌的特征及汉语礼貌语言运用的特点

以干涉他人私事或发号施令之嫌了。

2.4.2.3 中西价值观念的不同会在相互寒暄中引起文化冲突

文化不同，褒贬与忌讳的差异也会在礼貌寒暄之中引起文化误解甚至文化冲突。我们不少人在对外交往中，由于不了解价值观念的文化差异，往往会遇到好心不得好报的尴尬局面。尊老爱幼是中国文化的优良传统，"生姜还是老的辣"也是中国人公认的道理。人们也常用"老黄牛"和"老骥伏枥，志在千里"赞扬老年人。询问老年人年龄的目的也常常是为了随之而来的恭维，如"您可不显老，还是那么精神"。坐车给老年人让座，旅行时主动帮年长者拿东西，等等，这些都是受人称道的中国文化尊重老人的好风尚。但是将这一套直接用来对待英语国家的人就会因被误认为嫌人年老无用而招致反感。某大学专家楼的一位服务员待人礼貌，服务热情。一次，她在打扫房间时与住在那里的美国女教师闲谈起来。她问这个美国人的岁数，客人虽不高兴，但出于礼貌，就含糊地说她已六十多了。这位服务员恭维地说："您可不显老。"随后，女教师想帮服务员擦窗台，这位服务员赶忙说："您岁数大了，让我来吧。"此时，这位美国人实在忍受不了，就气愤地问道："你是不是认为我真的年老无用了?!"这位服务员却一脸茫然地看着她，不知发生了什么事，一时不知说什么好。英语国家的人对年龄的敏感是许多中国人所不注意的。例如，一次一个中国人问他的美国朋友——一对夫妇说："你们还有这么小的孩子呀?"弄得对方非常不高兴，以为该中国人将他们夫妇看成很老，双方都感到很尴尬。

中国人过去喜欢用"您可有点发福了"表示恭维。现在人们怕发胖，许多人不喜欢这种恭维话。但是，如果有人说"你最近可瘦多了"，交谈双方都会认为此话的含义是听话人身体有点不好或工作过于劳累，因此伴随而来的往往是讲话人的关切或慰问。然而，英语国家的交谈双方都会认为这是一种赞扬语，得到的回答当然就是感谢了。

中国朋友或熟人久别重逢之时会说"你还是老样子，一点也没变。"喜欢变化但又怕衰老的英语国家的人对此话也会极为敏感，以为讲话人认为他缺乏变化或者本应显得老一些。

中国人对体弱或有病的人习惯于表示关切，不是询问具体病情就是关切地嘱咐和劝告，让人感到关心和温暖。然而，英语国家的人对这种关心不仅不会有感谢之情，还会由于自尊心受到伤害而极为反感。

对于绝大多数中国人来说，如果一位英语国家的女士大谈其前夫如何如何，中国人会感到很奇怪，认为这类事情是不应对人谈论的。对多数中国男青年来说，如果他的外国女朋友说"你是我的第十个男朋友"，中国男青年是会被吓跑的。如果中国姑娘听到某男士赞扬她很性感（sexy），许多人恐怕还是受不了的。因为中国人和英语国家的人对这类问题的看法和道德观念不同。

在许多情况下，语言的误解会引起文化的误解。一次，一个中国人见到一对美国母女，即对姑娘说："你妈妈真年轻，就像你姐姐一样。"不料，这位美国姑娘误把赞扬其母年轻误解为说她过老，当即非常不高兴地说："你是不是以为我已经老了？"

文化不同，寒暄语的话题有别，这是跨文化交际中值得严肃对待和认真研究的问题。然而，差异是相对的，交际情况也复杂多变，在同一文化中的人也不会都千篇一律和固定不变地遵循同一模式，在当前改革开放的大潮和广泛的中外经济和文化交往活动中，人在变，生活习惯在变，价值观念也在发展和变化。因此，对比是相对的，只能作为对外交往的参考。

2.5 汉英告别语对比

告别语是交际过程结束时道别的礼貌用语，包括在途中或公共场合相遇时寒暄后的告别语、访问辞别语、交谈结束语和电话结束语。告别语的格式一般比较固定，而且受到交际规则的严格约束。文化不同，交际规则各异，不同文化之间的告别语存在着差异甚至冲突就是理所当然的了。汉英之间的差异就非常明显。

2.5.1 汉英告别语的差异在跨文化交际中所引起的文化误解

在对外交往中经常听到的西方人对汉语告别语的误解如下：

2.5.1.1 认为中国人爱发表莫名其妙的声明

例如，客人向主人辞别时爱说"我走了"，在多人访问时要先行离开的客人喜欢说"我先走了。"有的人还将这两句话直译成英语："I'm leaving now."和"I'll go first."西方人感到莫名其妙，认为"我走了"只是一句声明，提供的只是一种信息，而且只可对其他客人讲，不能用以向主人告辞。对"我先走

第三节 中国文化礼貌的特征及汉语礼貌语言运用的特点

了",外国人也难以理解,因为按西方文化的礼俗,先行离开的客人只需向主人辞别,然后不声不响地离去,以免打扰别的客人,别的客人何时离去与己无关,所以也不存在"我先走了。"这一声明的必要。如果先行离开的人大声向在座的其他客人宣布"诸位先坐着,我不奉陪了!"西方客人则会因为受到惊扰而大为反感的。

2.5.1.2 认为中国人喜欢将离去的原因推给别人

例如,中国客人在告辞时会说"你挺忙的,我就不多打扰了。""你一定很累了,早点休息吧。我告辞了。"这些话给西方主人一种冤枉他人(主人并未流露出被打扰的感觉)和粗暴的离弃(不想久留)之感。又如,中国主人对因公来访的学生或下级说"你挺忙的,我们就不多留你啦。"这又给西方客人以无礼驱逐之感。

2.5.1.3 认为中国人爱以长者的口吻教训人

许多西方人认为中国文化的人爱以父母或保护人的口吻对待客人。例如,主人送别客人时常说"慢走"、"路上小心点",西方人听后很生气,心想:"我为什么要慢走?快走就不行吗?""我又不是不懂事的小孩子,还不知道怎样照顾自己?为什么要你指指点点?!"一个美国青年与其母亲到中国人家里做客。临行时,主人送出门外,不仅一再说"慢走",还几次对美国青年说:"帮你妈妈拿着大衣,路上搀着你妈一点。"美国母子非常反感。特别是美国母亲不高兴地说:"我还不太老,我能够自己照顾自己!"某校一中国学生与一英国学生是朋友,英国学生每次来访离去时,中国学生都用英语说"路上小心点,慢点骑(车)!"英国学生很不高兴。后来她实在憋不住了,就严肃地对中国学生说:"我们是好朋友,不是父母与子女之间的关系。我知道像长者一样对待别人是中国人的习惯,可是我不明白为什么?"

2.5.1.4 认为中国人结束谈话和访问过于匆忙

西方有的人认为,外语学习者结束交谈的典型表现是匆忙刹车,在中国这一现象尤为突出。

2.5.1.5 认为中国人打电话不会说"再见"

一位经常来华的美国教授说,他第一次给中国人打电话时,对方没有说"再见"就把电话挂上了,自己好像挨了一记耳光,心中非常生气。因为,按英语国家的习惯，电话结束时不说"再见"是极为失礼的。

2.5.2 汉英告别语的文化差异

汉英告别语的类别大同小异，都有一定格式化的交谈结束语、寒暄之后的道别语、拜访结束时的辞别语和送行语、电话结束语等，两种语言的告别语也都极为丰富。许多误会源于语言的隔阂，电话结束语就是一个明显的例证。除非在熟悉的朋友和亲人之间，中国人打电话是不会不说道别语的。问题在于，丰富多彩的汉语电话结束语难以为外国人理解。这是学习外语和与外国人交往的中国人特别需要注意的。在此，我们重点讨论中西文化差异在告别语中的表现。

2.5.2.1 对当前接触的评价

中国和西方人道别时都很注意对双方接触的评价。西方人习惯于表达愉快相会的心情。例如："再次见到你，真令人高兴。""谢谢你，今天下午过得很愉快。""能与你交谈，感到非常高兴。""我很喜欢与你交谈。"中国人注重的则是表达自谦尊人和相互关切之情。例如，因事求教于人之后或拜访受到热情的招待之后，客人会以感激的心情和卑己尊人的态度对当前的接触作出积极的评价。例如："今天的交谈很受教育，谢谢你的教诲。""您的指点很有启发，谢谢您的帮助。""你如此热情招待，真是过意不去。"

2.5.2.2 辞别语的自指与他指

西方人结束交谈或访问人辞别时所提出的理由总是自己因故而不得不告别，即使涉及别人也只是在确知别人很忙而不愿打乱他的日程安排上做文章。因为他们的文化心理是，愿意与某人相聚或交谈是表示对其有兴趣，是对他的尊重；终止交谈或访问不是出于本人的意愿，而是因有其他的安排不得已而为之，因此总要提出不得不离开的理由或借口，并表示歉意。人们为了找一个借口离去，常常不得不编造一个谎话，这就是西方人人皆知的"white lie"。中国人的文化心理则不同。中国人着眼的是对别人的关心。所以，途中与人相遇寒暄一阵之后，有时会说"你挺忙的，不耽误你了。"拜访人告别时会说"你还要早点休息，我就不多打扰了。""你挺忙的，我就告辞了。"……西方人对中国人这种交际礼俗误解的原因在于，他们用英语文化的交际规则作出评判：明明是你自己要终止谈话或离去，却把原因归于对方，这就既说了谎话，又把自己的意志强加于人，因而不仅违背了"合作原则"，还会给人以被粗暴地抛弃之感。

2.5.2.3 两种含义的道歉

汉英告别语中都有道歉的形式，但其方式和含义是极不相同的。正如前面所提及的文化心理差别，西方人在道别时常常表示为不得不告别而表歉意。除了习惯于用编造"善意的谎言"的办法制造告别的借口以外，道歉话是必不可少的，即使临时离开一下，也要说一句"Excuse me.（对不起。）"汉语道别语中的道歉语的含义则不同，表达的是为打扰了别人或占用了别人的时间而深表内疚。所以中国人常常说"对不起，打扰了"、"对不起，占用了您不少时间。"甚至还会说"对不起，浪费了您不少时间。"西方人对这些话会产生有趣的误会："我并未感到你打扰了我，也未表现出受到了干扰，你为什么要这样说呢？""我高高兴兴地帮助了你两个小时，你怎么说是毫无用处，只是浪费时间呢？这不是故意侮辱人吗？"他们不明白，中国人是出于对对方的关切，意思是，如果不是因为自己去找他，他完全可以安安心心地干自己的事，所花的时间完全可以用在自己的事情之上。在这里，中国文化中人的相互关切之情和西方文化的个人自尊与自主不受干扰的心理直接发生了冲突。所以，英语文化的人就难以理解应邀做客的中国人告别语中的道歉形式了。

2.5.2.4 关切与祝愿之别

中国文化的主人在客人离去时喜欢说"慢走"、"一路小心"、"您走好"等话，客人则不断对主人说"请留步"、"别送了"、"不必送了"，最后主人会说"那我就不远送了。"西方人对中国人的这类道别语评论极多，甚至将这些话直译成外语，当成一些"荒唐"用语而传为笑谈，认为这些话不仅莫名其妙，还给人以父母般地命令人的感觉。他们不了解汉语这类送行语是视朋友如亲人的一种"叮咛"，表达的是关切之情。即使"一路顺风"也主要是关切，意思是希望路上别出事。（胡明扬，1987）他们也不理解中国主人对客人要送出大门，甚至还会送了一程又一程，是出于关切之情，认为此举毫无必要。西方文化注重的却是祝愿，强调的是对别人个人自主的尊重。所以，英语告别语中祝愿语居多。最常用的告别语"Good-bye"的意思就是一种典型的祝愿语——"愿上帝与你同在。（God be with you.）"西方的主人也只是在住室门口向客人道别,客人如何返回以及路上如何照顾自己是他们的事,别人无权干涉。

2.5.2.5 表达再次相会的愿望的形式也存在差别

用表达再次相会的愿望的方式道别是许多国家的交际礼俗,中国人和西方人也都有这一习俗。但是文化不同,貌合神离的文化差异也不罕见,因此在跨文化交际中文化误解甚至文化冲突也时有发生,美国与西方有些国家的人际交往中有关的笑话也不少。有些美国学者就在他们的著作中提到,美国人常用表达再次相会的愿望的方式送别。提醒外国人不要对美国人所使用的这类道别语产生误会。美国人还编出笑话,介绍法国人对美国人用邀请方式告别的各种说法所引起的文化误解。他们说,美国人有的交谈结束语听起来像是邀请语,但并不都是要再次相会。例如,"我们什么时候再聚一聚。""我们找个时间一起吃饭吧。""再来呀,我们应当最近再在一起聊一聊。""有空给我打电话吧。"等等,表达的都是为相会而感到高兴的话,并不是真正的邀请。许多人还指出鉴别真假邀请的方法:只有说明邀请的具体时间才算是真正的邀请。

以表达再次相会的愿望的方式道别在汉语中也大量存在。如,"有空常来呀。""星期天没事儿就来我家吃饭。""什么时候到我家吃饺子吧。"这类话与上述英语道别语一样,由于没有明确地约定时间,一般人都明白只是一种客套而已。然而,在中西方交往中,中国文化的某些告别语也会被西方人理解成真诚的邀请。例如,"到我家(进屋)坐会儿吧。""时间不早了,就在我家吃饭吧。""到我家吃了饭再走。""我家今天吃饺子,就在这儿吃吧。""你星期天也没事,就来我家吃饺子吧。"等等。中国人都知道这类话只是一种客气的告别语,一般不是真正的邀请,而且遵照中国文化的对邀请以谢绝为礼貌的礼俗,听话人都是客气地表示谢绝,说一句类似"不了,以后再登门拜访。"的客套话。对方如果不是真正的邀请,也就不再说什么了,或者说"那就以后有空常来呀。"之类的话就可结束交谈。西方人却常常将这些告别语理解成真诚的邀请,因为他们认为,既然邀请的时间是明确的,当然应当接受,而且对于真诚的邀请,应以愉快地接受为礼貌,结果难免弄得主宾双方都很尴尬。

2.5.2.6 结束交谈的过程的差异

交谈的结束是一个缓慢而又复杂的过程,各种文化都不例外。美国有的学

第三节 中国文化礼貌的特征及汉语礼貌语言运用的特点

者在谈到美国人的困难时说:"美国人有时感到结束交谈很不容易,这可能是结束谈话的方式无法整齐划一。在有些文化中,人们有些具体的结束交谈的方法,如鞠躬或握手。鞠躬或握手完毕,谈话也就终止了。在美国,人们要花好几分钟说'再见'。在道别时,他们慢慢相互拉大距离,等到相互之间距离拉大到 15 或 20 英尺之远时,才最后说完'再见'"。(Levine et al, 1987: 134)

在跨文化交际中,由于文化差异的干扰,结束交谈的过程就显得更为复杂了。这当中既有语言障碍可能导致的误解,也有文化的差异所造成的冲突。各种文化访问结束的过程都可分为三个阶段:寻找合适的终止谈话的机会、由客人提出需要告辞、客人最后离去。但是,三个阶段表现的形式会因文化差异而有所不同。例如,西方人的前两阶段基本上停留在语言上;中国人在第二阶段即体现在行动上,说出需要告辞时即起身,握手,向门口退去或走去。西方人见客人已起身和握手,当然就感到告别匆忙发生了,因而也就不便挽留了。

2.5.2.7 汉语招呼式告别语的特殊含义

这是汉语特有的告别语。客人在要离去时向主人打一下招呼,说"我走了"或"走了",主人说"你走了?以后再来。"表示的是客人没有不辞而别,主人也没有对客人的离去不加理睬。这一形式的文化特点是表达中国文化的人相互尊敬和彼此关切之情,因为在打招呼时先以叫人为礼貌。例如:"王老师,我走了。""李叔叔,我走了。""诸位先坐着,我不奉陪了。"表示的都是尊敬;如果客人只说"走了"或"我走了",主人回答说"你走了?"或"好,那下次有空再来。"则表明主客双方之间的关系密切或彼此非常熟悉,因此这种方法一般用于熟悉的同事和亲朋好友之间,体现的是亲如一家之情。关系密切者之间结束交谈的招呼形式在电话用语中也很普遍,如:"没事儿吧?那挂了啊。""没别的事儿吧?那就这样儿了。""那好,就这样儿吧。"

告别语和结束交谈的过程在任何一种文化中都是复杂的而且也是在不断变化的,文化趋同的现象也不可无视。然而,不同文化之间的基本差异也不是轻易可以消除的,当前,在对外交往中的文化差异和文化冲突更不可忽视。汉英见面语(包括称呼、介绍、招呼、寒暄和道别)之间的基本差别就明显地表现为:汉语突出的是关切和敬重,英语强调的是欣赏和祝愿。在汉英见面语对比过程中,我们会清楚地发现汉英之间的差别是:中国人注重的是卑己尊人和相互关切，西方人强调的是独立自主和平等互尊。

2.6 汉英请客与授礼习俗对比

在对外交往中，请客与授礼是必不可少的礼节，也是各国通用的国际惯例。在跨文化交际中这一方面问题和误会也不少，既有文化差异的障碍，也有文化陋习和不正之风的干扰。本书重点讨论前一种情况。汉英两种文化之间的差异可具体分述如下：

2.6.1 相互关切与尊重自主

中国文化强调相互关切，西方文化则尊重个人自主。所以在访问安排和发出邀请方面，英语国家的人对中国人的很多说法和做法感到难以理解。

2.6.1.1 预约

中国朋友和同事之间送人远行或朋友远行归来之后的拜访、婚丧大事或探视病人、对远方来客到达后登门探望，等等，人们习惯于采用一种肯定句的通知方法告诉对方将要去看望他，有些人甚至不经约定就登门拜访。英语国家的人认为在一般交往中不事先约定就造次访问是不礼貌的，而只说自己要什么时候去看望某人似乎是暗示被访者不论是否有事都必须在家中等候，因而也显得极不尊重别人。所以，对事先未经约定的访问，主人可以拒绝接待或明显流露出不快。中国某大学老师到一西方留学生宿舍去探望时，该生毫不客气地说："对不起，老师，我现在很忙。"老师不得不尴尬地离去。中国人出于视朋友如亲人的关切之情，将上述拜访都看成是上门问候、慰问或关心。因此，主人根据不同的情况作出的反应可能有两种：一是愉快或感激地表示欢迎，二是表示感谢但不敢承当的心情。当然，在正式交往场合和对外交往中现在人们已经比较注意事先预约的礼节，在大城市的知识分子和"白领"人士之间拜访也早已有预约的礼节。

在英语国家，婚丧典礼是应邀才能参加的，其他情况下的拜访都以事先约定为礼貌，一般朋友和同事之间也不例外，而且这种预约都以征求对方意愿为礼貌。一般说法如：

I haven't seen you for a long time. I was wondering whether I could come round to see you sometime.（好长时间没见了，不知道可否什么时候去看看你。）

第三节　中国文化礼貌的特征及汉语礼貌语言运用的特点

Jane and I would like to come and visit you. Would it be convenient for us to come tomorrow evening?（我和简想去拜访你，明天晚上去对你方便吗?）

发出邀请和提出预约的时间，汉英也存在着差异。西方英语国家邀请和预约的时间较早，以便不打乱别人的时间安排并给以足够的反馈时间。中国人邀请的提出却常常晚得多。虽有多种客观因素，恐怕也源于中国人的文化心理：只考虑邀请的恳切，而不期望对方给予回绝。

2.6.1.2　谁邀请谁

在宴请等社交活动中，英语国家的人另一不解的问题是，中国公务社交活动不邀请客人的配偶，朋友间邀请却又会邀请全家（包括未成年子女）；中国客人参加公务社交活动也不习惯携带配偶；邀请别人到家里做客也只以与被邀请人有关的一方的名义发出邀请，被邀请人也不习惯携带配偶。在英语国家，邀请者和被邀请者一般都是夫妇双方，邀请别人到家里做客必须以夫妇双方的名义或以女主人的名义。如果丈夫邀请客人时妻子不在场，丈夫也要说明他的妻子和他要邀请某某客人。事后，妻子还要以直接表一下态为礼貌。

2.6.2　主人敬献与主客共欢

请客吃饭，在英语国家被看成是邀请朋友平等的欢聚与交谈，因此是主客双方都乐于举行的社交活动，但邀请者只能表达自己良好的愿望而决不强加于人，以便给人以接受或拒绝的充分自由。如主人说："I was wondering if you'd like to come to dinner at our place next Saturday evening?（我不知道你是否愿意下周六晚来我家吃饭?）"正式邀请也要遵循这一原则，例如正式邀请的固定格式有："Mr. and Mrs. Robert Brown request the pleasure of the company of Mr. and Mrs. David Cook at dinner...（罗波特·布朗先生和夫人要求戴维·库克先生暨夫人于……愉快地前来共进晚餐。）"对人和对己都用尊称，而且要求的是愉快的共享，对等的准则显而易见。不仅如此，最后还给对方以自由表态的机会："R.S.V.P"（请回答能否出席）。客人对主人的邀请以愉快的接受为礼貌，要表示尊重主人，愿意与之欢聚和共享，但有接受、拒绝或协商的自由。当然拒绝邀请要表示歉意并提出令人信服的理由，这就是西方人所说的"white lie（善意的谎言）"。例如：

Thank you, I'd like to very much. （谢谢你，我非常乐于前往。）

Thank you very much for your kind invitation, but I'm sorry I have a previous engagement. （谢谢你的盛情邀请，不过非常抱歉，我已经有了另一个约会。）

That would be nice, but I may have to work that evening. Could I let you know tomorrow? （那太好了，不过那天晚上我可能得工作。我明天回答你好吗？）

请客吃饭在中国却是自谦尊人的敬献，主人的邀请语气要恳切坚决，甚至还要"不达目的不止"。所以常说："明天晚上请您到家吃顿便饭，请一定赏光（请不要推辞）。"请朋友吃饭甚至还会说："你要不来就是看不起我。"即使正式邀请也只有谦恭恳切的邀请而没必要征求对方的意见，如正式请柬的固定格式为："谨定于……，敬请光临。"客人当然也是本着自谦尊人的态度表示不敢领受对方的盛情，因而以推辞为礼貌了。所以，中国人受到邀请时总要先客气地推辞一番，甚至有的还一再谢绝。如说："谢谢，别费事了。""你的情我领了，千万不要破费。""不敢当，不敢当。"

英语国家的人面对中国人的邀请感到有点强加于人，让人无选择余地，听到中国人谢绝邀请时也会信以为真，感到中国人不够朋友，只好无奈地作罢；或者以为中国人太虚伪，不说心里话。中国人面对英语国家的人的邀请，感到主人的态度不诚恳，不坚决；认为他们在受到邀请时又"太馋"，否则他们为什么那么痛快地接受，甚至在谢绝时还会说"I hope you'll invite me again sometime.（我希望你以后再邀请我。）"或"Can I take a rain check?（你以后再补请行吗？）"

2.6.3 以食为礼与以食为媒

英语国家人士在中国赴宴感到有三点不可思议：一是饭菜太丰盛，一顿饭下来肚子撑得不得了；二是中国主人在餐桌上只顾劝酒劝菜，交谈却不足；三是客人难过劝酒关。英语国家的人习惯于将饭菜看成是次要的，把请客看成是提供一次交谈的机会。所以，目睹中国人这种情况就会大为吃惊，感到中国餐桌上只是吃喝，交谈却很少。中国人自然也会心中纳闷，想不通英语国家的人

第三节　中国文化礼貌的特征及汉语礼貌语言运用的特点

既然请客的主要目的是为了交谈，为什么还要摆上饭菜呢？许多西方人对中国人的"劝食"习惯也很难理解。中国主人在整个用餐时间都一边给客人夹菜，一边说"来尝尝这个菜。""慢慢吃，多吃点。"他们认为这不表明主人好客，而是在强迫客人进食。更有甚者，宴席结束时主人还说"没吃好吧？""没什么好吃的。"给人以虚伪不实的感觉。

这里给我国对外交往人士提出了值得重视的问题：一是文化陋习需要抛弃，大吃大喝不足取；二是清楚了解文化差异，不可随意将国内交往礼节照搬到对外交往场合。我们必须了解在跨文化社交活动中，文化不同，对饮食的认识和态度也不会相同。

饮食是中华文化的根基，中华民族礼仪教化是从饮食开始的。中华民族重视社交活动中的宴请形式，认为"持家要俭，待客要丰"，以宴席的丰盛表示对客人的热情和敬重，并通过主人所敬献的美妙食品的色、香、味、形给客人以美的享受，让客人吃好喝好才心满意足。人们还以宴席的档次来体现主宾社会地位差异和主人对客人的敬重程度。

中国人认为，"饮食，所以合欢也"。大家欢欢喜喜围坐一席，杯鸣盘响，欢谈笑语，不是各人分食，而是同桌人共享一席，达到情感沟通。饮食是礼的重要形式，饮食文化中又处处体现出礼的要求，餐桌上的礼节就充分体现出中华民族尊让契敬的精神，劝食和谦让就是最常见的餐桌上的礼节。

英语国家的人也喜欢请客吃饭，求人办事、商议事情、朋友交谈等都喜欢采用共同进餐的形式进行。然而，进餐只是提供一种惬意的交谈环境，饮食一般比较简单，而且采用分食的形式，因此让食和劝食既无必要，也不符合个人独立自主的要求。在饭馆吃饭，都是各自点菜，个人独享，食物种类、多少，自己负责。所以，分食享用、自助餐宴、各自付账等就成为西方人社交场合的流行形式了。

在对外交往中，必要的宴请既可让外国客人领略博大精深的中华饮食文化，也有助于建立或促进友好关系，对于中华饮食习俗和礼节进行恰如其分的介绍和演示也有必要。但是，遵从国际礼节，了解和尊重文化差异，避免强加于人，这些都值得高度重视。废除陋习，勤俭节约，则应大力提倡。

2.6.4 自谦尊人与自我显示

在宴请活动中,中国人的大量敬谦辞也很难让英语国家的人理解和接受。例如,邀请客人时说"请你吃顿便饭。"在宴席桌上说"对不起,没什么好吃的,只准备了点粗茶淡饭,不成敬意。""没什么菜,请随便吃点吧。""菜做得不好,请多包涵。"这些话充分反映了中国人自谦尊人的礼仪传统,英语国家的人听后却不仅体会不出礼貌的含义,还会产生误解和反感:明明是一顿丰盛的宴席,为什么要说成"便饭"和"粗茶淡饭"呢?明明有一大桌子菜,为什么说"没什么菜"呢?是主人态度虚伪,还是有意贬低客人的鉴别力?既然菜不好,为什么还要请客呢?英语国家的人还认为,中国人过于吝啬,过于自卑。他们认为,中国人爱说的"请吃一点……"、"请尝尝……"、"没什么好吃的"等等就足以证明这一点。他们觉得英语国家的人就很"慷慨和自信",如喜欢夸大自己的努力和丰盛的饮食,爱说"我花了一整天时间准备这顿饭。""这是我的拿手菜。""尽管放开吃,厨房里有的是。"等。

上述误会实际上反映了中西文化之间自谦尊人和自我显示之别所引起的文化冲突。中国人本着自谦尊人的精神,认为尽管尽了最大的努力,还不足以表达自己对客人的敬意,但他目前还没有更好的办法,只能拿这种东西招待客人,不过这东西绝不是最好的,即绝不是理想中最好的。所以,中国人一点也不造作,而是"诚于中而形于外"。英语国家的人文化心理却不同。他们认为,要表现出对客人礼貌,就应充分表明自己如何重视客人的访问,让客人了解自己确实下了大力气,准备出了自己认为最好的东西招待客人,并希望客人能喜欢。

中西在宴请问题上的礼俗规范差异在主客告别语上也明显地表现出来。英语国家的客人在告辞时,要感谢主人提供了美味的饮食和愉快聚会的机会,主人则表示为客人对饮食的欣赏和与主人的欢聚而高兴。例如:

客人:Thank you for a pleasant evening.(谢谢你提供了一个欢聚的晚上。)

主人:Thank you for coming. I'm glad you've enjoyed yourself.(谢谢你来访。你玩得痛快我很高兴。)

客人:I very much enjoyed the meal. Thank you.(我很喜欢你的饭菜,谢谢。)

第三节　中国文化礼貌的特征及汉语礼貌语言运用的特点

　　主人：You're welcome. I'm glad you liked it.（别客气。你喜欢吃我很高兴。）

　　中国主客之间的客套话则不同。如：

　　客人：谢谢。让你破费了，真不好意思。

　　主人：哪儿的话。招待不周，简慢得很，请多包涵。

　　中西方文化之间自谦尊人与自我显示之别在接受礼品的礼俗规范方面也很明显。

　　英语国家的人赠送礼品时，总要表示所赠礼品很好或者是自己心爱之物。中国人送礼时却总喜欢谦虚地说"东西不好，拿不出手。""东西不好，表点心意吧。""没什么好东西送给你，实在不好意思。"等。对这些客套话，不了解中国文化礼俗的英语国家的人不仅会感到奇怪，还会很生气："既然东西不好，为什么还要送给我呢？这不是故意蔑视人吗？"其实，中国人这些客套话只不过是表示目前只能拿出这种东西送给你，但这东西决不是最理想的，还不足以表达自己的敬意或友情。

　　受礼时，汉英礼俗也很不相同。按英语国家的礼俗，受礼人一定要表示非常喜欢并愉快地接受。如："Is this really for me?（这真是给我的吗？）""It's exactly what I wanted.（这正是我想要的东西。）""You could not have chosen any thing more suitable.（再也找不出比这更合适的东西了。）"至少还要说："Oh, it's lovely. Thank you. I like it so much!（哎呀，真可爱，谢谢。我真是太喜欢了！）"中国人听到这类话，一定会认为英语国家的人太贪婪，太失体统，似乎从未见过什么好东西。相反，中国人受礼时总要推辞一番，表示不能接受或不敢领受。如说"谢谢你，你的心意我领了，但礼物不能接受。""谢谢你，何必破费呢?！"，甚至还会说"我家有的是，你自己留着用。"英语国家的人听到最后这句话不仅理解不了中国人不敢领受的谦虚之意，还会感到受到了极大的侮辱，认为受礼人觉得所赠礼物对他毫无用处，极端无礼地加以拒绝，让赠礼人下不了台。

　　受礼后对礼品的处理也会产生文化冲突。按英语国家的习惯，受礼后应当当场打开包装对礼品欣赏一番。如礼品是食品或饮料，还要分给在座的人共享，以表示喜爱之意。然而，遵从中国文化礼俗，当场打开礼物是表示受礼人由于过于贪婪而显得迫不急待或由于不信任送礼人而要查验礼品，认为当场使用所受礼物表明受礼人因自己无东西待客而只好使用客人所赠之物。中国人习惯于收下礼物后放在一边不动，待客人走后再打开。中国人的这种态度又可能会被英语国家的赠礼人所误解，以为受礼人不喜欢所赠礼品。

宴请客人和授受礼品在各种文化中都有一套烦琐的礼仪形式，而且不同文化之间差异极大，在跨文化交际中需要认真了解和慎重对待。

2.7 汉英称赞语对比

关于汉英称赞语对比，施家炜从外国留学生的汉语口语教材中用穷尽式的方法收集了 320 句语料，并做了认真的调查研究与对比分析。（施家炜，2000：《汉英文化称赞语对比分析》，根据本书的需要做了一些删改）

目前对称赞语的教学和研究多数集中在对称赞语的应答上。然而称赞语本身亦值得重视。汉英称赞语在语言形式上存在差异。梅恩斯（Joan Manes）和沃尔夫森（Wolfson, 1981）发现，美式英语中的称赞语是高度模式化的，可以将之视为"公式"。该研究搜集到的 320 个汉语例句也显示出汉语称赞语同样的趋向，不过，两种语言在称赞语语言公式上存在的差异不可忽视。

2.7.1 称赞的内容——语义公式

2.7.1.1 相同点

称赞的内容	英语文化	中国文化
仪态外表	+（Your hair looks nice.）	+〔尤其女性间〕（你的发式真好看。）
个性气质	+（You have a good sense of humor.）	+（你真有幽默感。）
个人能力	+（You teach very well.）	+（你教得真好。）
对方的所属物品	+（Your car is nice.）	+（你的车真棒！）
对方做的食物	+（I love this dish.）	+（这菜真好吃。）

注："+"表示该项是此文中的称赞内容，（）中为例句。

以上是中西方文化中共同的称赞内容，但两种文化仍有不同的表现：（1）称赞内容相同时，使用的句法形式并不一定相同，详见 2.7.2；（2）在相同的称赞范畴内，中国人的使用频率远远低于西方人。

2.7.1.2 相异点

（1）家庭成员的荣誉或升迁

我们常会听到美国妇女谈论其丈夫工作多努力，成绩多大，或谈及他取得的所有荣誉或升迁，她可能会同样夸奖自己的儿女；而中国人很少这样谈论自己亲属的荣誉或升迁，否则会被视为不谦虚。

（2）称赞异性的内容

在西方社交场合中，男子经常非正式地称赞一位妇女的相貌、服饰。而中国的情况大为不同，称赞女主人貌美的中国男性访客会有不道德之嫌。他可以称赞她的厨艺、善良、好客，也可以称赞她教育孩子的方式，但绝不能提及她外表吸引人之处，包括服饰。反过来，中国妇女常称赞男子的工作态度和能力，但很少称赞他的外貌，亲密的朋友也不例外。汉语中另一禁忌是男子之间称赞对方妻子的外貌。类似"你的妻子真漂亮/可爱"的话会被许多中国人，尤其是年长者视为无理。如下例：

  胡 四：我昨儿个在马路上又瞧见你的媳妇了。（低声对着他的耳朵）你的媳妇长得真不错。

  李石清：（一向与胡四这样惯了的，现在无法和他正颜厉色，尴尬地）岂有此理！岂有此理！

（曹禺《日出》）

（3）称赞语积极语义的词性构成

这里主要考察充当称赞语积极评价语义的词性构成差异。梅恩斯和沃尔夫森（1981）的研究表明，美式英语中的称赞语，96%的语料依赖于积极语义的形容词和动词，而且说话者趋向于仅从5个形容词（nice, good, beautiful, pretty, great）或两个动词（like, love）中择一来表达他们的积极评价。如："You did a good job." "I love your glasses."

而在我们的语料中，汉语表达称赞的积极语义词语主要是形容词、副词和动词。如：

  你汉语说得真地道啊！

你写的那篇文章特别能打动人。

约翰，你还真有两下子！

其中，80.3%的称赞语依赖于形容词，如："您的针灸止痛法太神奇了。" 12.2%利用动词或动词词组，如："你真有眼力。" 4.4%靠名词，如："嚯，你真是个行家啊！"还有2.8%以介词短语表达称赞，如："你这些花绣得简直像真的一样。"汉语称赞语中副词的使用是最广泛的，但这种广泛使用体现在绝大多数的积极语义形容词和动词都有副词作为他们的修饰限制成分。如："你说得真好。""你这几张照片照得很不错呢。"事实上，称赞语很少仅仅依赖于副词，语料中只有一个例句（"都叫你唾摸透了！"），占0.3%。也仅有极少数称赞语只依赖于形容词而完全没有副词的修饰限制，语料中只有6例，如"高"、"好酒"。由此我们推论：汉语称赞语绝大多数都含有副词。语料中共出现了302个副词，占94.4%。且中国人倾向于只从6个副词（真、很、多、极、太、非常）中择一表述自己的积极评价，这6个副词在语料中出现了254次，占全部副词出现次数的84%。同样，尽管积极语义的形容词范围很广，语料中共出现了79个不同的形容词，但称赞语中只有12个形容词最为常用，即"好、不错、漂亮、快、好看、高、美、聪明、流利、硬朗、好吃、干净"，尤其是其中的"好、不错、漂亮"，出现了121次，占形容词出现次数的47%。观察这些高频词语，不难发现它们的常用性源自简单短小的形式和模糊概括的语义。另外，还有一个有趣的现象值得指出，语料中有257例称赞语以形容词为表达称赞的积极词语，但我们却共收集到284个形容词。这表明形容词在汉语称赞语中同样是广泛使用的，一些称赞语甚至包含了不止一个形容词，如："你们家真干净、整齐，让人觉得很舒服。"而一些主要依赖于动词或名词的称赞语也同时运用了形容词，如："你可真是好样儿的。"

总之，副词和形容词在汉语称赞语中都是最为常用的，尽管它们的实际运用形式不同。由语料可见的汉语称赞语另一语言特征是70%的称赞语以代词为始，其中"你/你的"占75%，"这/这些"占19%，"我"占3%，"他/她"也占3%。中国人最倾向于以代词"你/你的"起首，而在美式英语的称赞语中，代词"I（我）"更为常用，如"I love/like it."

2.7.2 句法公式

在梅恩斯和沃尔夫森（1981）的语料中，美式英语称赞语84.6%使用了3种主要的句法形式，即：

(a) NP is/looks（really）ADJ（53.6%）

(b) I（realy）like/love NP（16.1%）

(c) PRO is(really)（a）ADJ NP（14.9%）

事实上，仅有9种句法形式是有规律可循的，而这些句式占了全部语料的95.3%。除了以上3种主要句法形式外，还有以下6种形式：

(d) You V（a）（really）ADJ NP（3.3%）

(e) You V（NP）（really）ADV（2.4%）

(f) You have（a）ADJ NP（2.4%）

(g) What（a）ADJ NP（1.6%）

(h) ADJ NP（1.6%）

(i) Isn't NP ADJ（1.0%）

在汉语称赞语中，我们同样发现了3种主要句法形式，占全部语料的87.19%，即：

(A) PRO（NP）（ADV）ADJ（40.31%）

如：你的发音很清楚。/你妈妈的手真巧。

(B) PRO（NP）V/is（ADV）ADJ（33.13%）

如：你的字写得真漂亮。/你钢琴弹得很好。

(C) PRO（NP）（ADV）V/is（ADJ）NP（13.75%）

如：你很有音乐天分。/你们真是今天的神女啊！

在我们的语料中，只有6种形式是有规律的，占全部语料的99.38%。其他3种句法形式是：

(D)（ADV）ADJ（5.31%）

如：好！/太美了！

(E) PRO（NP）Prep. Phrase（ADJ）（3.44%）

如：你汉语说得像中国人一样。/你可比以前漂亮多了。

（F）（ADV）（V/is）ADJ NP（3.44%）
如：好聪明的孩子！/简直是艺术作品！

除此以外，没有一种形式在语料中出现两次以上。

对汉英称赞语的句法形式作一对比分析，可发现多数是相似的，然而仍有一些值得注意的差异。句式（a）几乎与句式（A）完全相同。如：

Your blouse is beautiful.（a）　你的上衣很漂亮。（A）

尽管汉语并不像英语中的"is"一样说出"是"，但在这类句子中确实蕴涵了这一结构意义。由于句式（a）和（A）分别是汉英称赞语的主要句式，我们可以说相同处是主要的、显著的，因而我们可以互相交流。而且，句式（g）和（h）也几乎与句式（F）对等。如：

What a lovely baby!（g）　　多可爱的孩子！（F）
Nice game!（h）　　　　　　好球！（F）

同时，句式（d）和（f）也有些类似句式（C）。如：

You did a good job.（d）　　你真做了件大好事。（C）
You have a kind heart!（f）　你心肠真好！（C）

应该指出的是汉语句式（C）中通常有副词来修饰动词，否则这种句式就显得更像一个肯定评价，而不是一个称赞语，试比较"你真做了件大好事。"和"你做了件好事。"而英语句式（d）和（f）很少有这样的副词出现。这也许是对汉语称赞语中副词重要性的又一有力佐证。

在跨文化交际中，我们应将注意力更多地放在文化差异上，因为它们可能造成文化冲突。在汉语称赞语中，我们很少使用英语句式（b）、（c）、（e）和（i），而会将它们变为不同的句法形式，这在英汉对译时体现得尤为明显，直译往往会引起交际障碍。请看下面的例子：

I like your car.（b）　　　　　　That's a nice wall hanging.（c）
直译：我喜欢你的车。　　　　　　那是一幅漂亮的挂毯。
意译：你的车真棒！　　　　　　　（你）这幅挂毯真漂亮！
You handled that situation well.（e）　Isn't your ring beautiful!（i）
直译：你掌握形势掌握得不错。　　难道你的戒指不漂亮吗？
意译：你对形势掌握得真不错！　　你的戒指真漂亮！

我们发现，多数直译更像一种肯定评价，而句式"I（really）like/love NP"（我［真］喜欢/爱某物）只是表述说话者对某物的感觉或看法。

语义公式和句法公式上的语言差异和称赞语的应答方式一样，均是造成学英语的中国人对英语国家人表达称赞的方式可能产生误解的重要原因。

2.7.3 汉英称赞语的常见应答公式

对称赞语的应答因不同的场合、人物会有很大变异，然而美式英语和汉语中最常见的应答方式都趋于模式化，而这两种言语社团中的人们通常遵循各自有别的规约公式。

2.7.3.1 美式英语称赞语的常见应答公式

（1）多数情形下接受称赞

① 单纯表达谢意，如"thanks"。

② 表达对称赞的赞同。

值得一提的是尽管公式（1）是称赞语的常态应答方式，它通常用于客观事物，而不是个人能力方面，如外语能力。而且，单纯用thanks主要表达的是对赞扬人的善意表示感谢。

（2）并非简单地接受称赞。以下6种策略是常用到的，其中S代表说话者，A代表听话者。

① 转移称赞，作出一个既不直接接受又非拒绝的相关陈述，如：

S：That's a beautiful blouse you're wearing.

A：Well, I happened to see it when I went shopping yesterday.

② 回报称赞，如：

S：You look smart today.

A：Thanks. So are you.

③ 低调称赞同一所指（对象），如：

S：This is beautiful.

A：Not that nice.

④ 部分接受，部分拒绝称赞，如：

S：Your Chinese is good.

A：Well, my listening is good, but my writing is poor.

⑤ 诚实地与对方讨论称赞语所指，如：

S：Your haircut is nice.

A：Do you really think so? I am not sure whether it suits me or not.

⑥ 若称赞与事实不符，则如实拒绝，如：

S：Your Chinese is very good.

A：Actually I wish that were true.

从以上公式可见西方人主要遵循合作原则中质的准则和礼貌原则中的一致性准则，而对谦虚准则的遵循则有一定限度。通常情况下，当质的准则或一致性准则与谦虚准则发生冲突时，后者要让位于前者。

2.7.3.2 汉语称赞语的常见应答方式

中国的情形与西方大相径庭，中国人非常重视谦逊的原则，根据我们的语料，中国人通常遵循以下规约公式：

(1) 在极少数情形下接受称赞

① 单纯表达谢意的方式（如"谢谢"）在语料中没有出现，因而不是汉语称赞语的应答方式。

② 极少数特定情形完全接受称赞并与对方讨论。如：

S：你的生活真不错啊！

A：你算说对了，比以前好多了。打一实行联产承包责任制，我们农村的变化可大了。

③ 先表达谢意，再表示将来继续努力的决心。如：

S：你们考得不错呀。祝贺你们取得了好成绩！

A：谢谢老师的鼓励！我们还要再努力。

这种应答方式经常出现在教师或长辈称赞学生或晚辈的情形中。

(2) 常态应答方式是婉拒称赞

① 使用诸如"哪里、别这么说、过奖了、惭愧、不敢当"一类的词语，简单地婉拒称赞或不同意称赞所指，如：

S：约翰，你来中国还不到一年，汉语说得真地道，听你说话的语调像中国人似的。

A：哪里哪里，那可不敢当。

② 在婉拒称赞后运用其他策略表现谦虚

(a) 声明自己所做的还远远不够。如：

S：怪不得你像牛似的那么刻苦，那么勤快。

A：哪里哪里，还差得远呢！

(b) 声明自己不值得称赞。如：

S：王先生真是贵国有名的汉学专家了。

A：不敢当，不敢当。我只是在这方面做了些工作，谈不上专家。

(c) 回报称赞。如：

S：你的汉语水平提高得真快！

A：哪里哪里。你的汉语基础比我好，你连汉语广播都听得懂了，我还要好好向你学习呢。

(d) 将成绩归功于他人。如：

S：这孩子真争气，能考上北京大学，了不起！

A：看您说的，他自己有什么呀？这全靠老师的教育好。

(e) 将成绩归结于职责或道德。如：

S：大夫，多亏了您，我的病这么快就治好了。

A：您别这么说，尽快治好您的病，这是我的责任，也是我们的职业道德。

(f) 请对方提出意见或建议。这一应答方式常出现在处于服务与被服务关系的人们之间。如：

S：您的服务态度真不错！

A：哪里，请您多提宝贵意见。

(3) 即使接受称赞，也要谨慎地避免自满

① 转移称赞，作出一个相关的陈述。如：

S：您越来越硬朗了。

A：就靠天天锻炼了，我每天早上都打打太极拳、跑跑步什么的。

② 回报称赞。如：

S：你今天穿得真漂亮！

A：你的衣服更漂亮，在哪儿买的？

③ 低调称赞同一所指。如：

S：你可真有眼力，买的这件衣服又时髦又便宜。

A：是吗？我也觉得挺满意的。

④ 部分接受，部分拒绝称赞。如：

S：您身体真硬朗啊！

A：耳不聋，眼不花，就是手脚不太利索了，出门儿少不了给大家添麻烦。

由以上分析，如果笼统地说西方人倾向于高兴地接受称赞而中国人只是拒绝，显然太过简单。遗憾的是这种观点仍十分普遍。在跨文化交际过程中，我们应注重细微的文化差异并尽量避免文化冲突。

值得注意的是中国人不仅婉拒对自己的称赞，还会婉拒对他们亲人的称赞。如：

S：嗬，约翰，你真是个模范丈夫啊！

　　A的妻子：他呀……

A：哪里哪里，还差得远呢！

但事情并非如此绝对。我们还发现了一个有趣的例子：

S：这件衣服是我妈妈做的。

A：真的吗？你妈妈的手真巧！

S：是啊，我也觉得不错。

中国有尊老的传统，因而有时也会高兴地接受对他们长辈亲属，尤其是对敬爱的母亲的称赞，但中国人仍会婉拒对他们同辈或晚辈亲属的称赞。这里我们又一次看到了汉语称赞语应答方式的灵活性与多样性，而非仅有一种固定的模式——拒绝。

这一调查研究表明汉英称赞语的对应情况有如下特点：

(1) 英语句式 (a) 和汉语句式 A 分别是汉英称赞语的主要句式

(a) NP is/ looks（really）ADJ（53.6%）

(A) PRO（NP）(ADV) ADJ（40.31%）

从上述汉英对比的结果可以看出，汉英称赞语相似之处很多，中西方人对称赞语的应答也有其相似之处：尽量避免自我赞扬。如果认为西方人对赞扬都是高兴地接受和愉快地承认，而中国人对待赞扬都是完全拒绝和拒绝承认，那是不符合事实的。这一对比显示了人类礼貌的文化共性和跨文化交际的共同基础，说明了不同文化之间具有互相交流的基础。

(2) 汉英称赞语的差异反映了中西方文化礼俗规范和交际规则存在着不可忽视的差异

① 中国文化的"谦虚"与西方文化的"modesty"不同

中国文化以自贬为准则，故以婉拒称赞为常态应答方式；西方文化遵循"modesty"的准则，采用的是"understatement（低调反应）"，尽量避免自夸，但不能自贬，所以，采取实事求是的态度表态，而且要尊重他人的好意，一定要首先表示感谢。

② 中国文化的突出客观评述与西方文化的强调主观作用之别

英语句式（b）容易引起中国人的误解，（c）和（e）在中国人中使用较少就是最突出的表现。中国文化称赞语喜欢用代词"你/你的"起首，70%的称赞语以代词为始，其中"你/你的"占75%，"这/这些"也占19%。这一现象也是中国文化重客观的表现，而英语中代词"I"更为常用，反映了西方文化重主观作用的特点。西方文化重主观作用的最突出的表现莫过于"I like your..."句式了。曾经有一位加拿大朋友在访问一中国家庭时，在餐桌交谈中突然说："Hey, I like your watch!"中国主人在震惊之余，摘下手表递给他，说："送给你了。"加拿大朋友感到十分诧异。因为中国主人想："既然你喜欢，我就送给你了。"加拿大人的这句话却只是一句赞扬语而已，他当然感到莫名其妙了。

③ 中国文化的重"情"与西方文化的重"真"之别

汉英称赞语都习惯运用形容词和动词。但是，汉语文化称赞语绝大多数（94.4%）都含有副词，因为中国人喜欢用副词描绘感情，最常用的6个副词（真、很、多、极、太、非常）都是中国人表达感情最常用的副词，然而，这些副词在西方人听来常有言过其实，不符合西方文化"求真"的原则。

2.8 汉英感谢语对比

感谢语是对他人的帮助的承认，是促进人际关系的礼貌举动。受人之惠要表示感谢，这是各种语言和文化所共有的。随着我国对外开放政策的推行和中外交往的发展，外来感谢语对汉语的影响越来越明显。在小说、文章甚至电视和广播中，都会越来越多地见到这样的句子："谢谢你的咖啡"、"谢谢你们的掌声，谢谢你们的鲜花……"、"谢谢你来"、"谢谢各位的收听"。外来文化的影响和文化趋同的飞速发展会不会影响礼貌语言文化特性研究的必要性？回答应当是否定的。原因有三：其一，外来语的影响不可能完全取代本文化长期形成的交际习惯和文化特性；其二，目前，我国绝大多数人对外来语的接受程度有限，对外汉语教材中感谢语也基本上还是体现出汉语和中国文化的礼俗特点；其三，最为主要的原因是，学习汉语和与中国人交往的外国人仍然感到在理解和接受汉语感谢语方面存在不少困难。最有代表性的误解是认为中国人：(1) 不懂礼貌，该表示感谢的时候不用感谢语；(2) 虚伪不实，一旦感谢起来则没有约束和分寸，爱说过头话；(3) 在回答感谢语时，不是拒不接受，就是说成不得已而为之。如"这是应该的"、"这是我的职责（工作）"等。所以，礼貌语言的文化特性无法否定，感谢语的文化差异仍有必要进行认真研究，第二语言教学中仍然要认真处理汉语礼貌语言的文化差异和文化冲突问题。在此我们通过汉英感谢语的对比讨论感谢语的文化特征。

2.8.1 汉英感谢语和应答语的形式对比

汉英感谢语都有直接感谢式、赞扬式、无感谢标志式和物质报答式等。但是也有此有彼无和此无彼有的形式。与英语相比，汉语感谢形式更加多样，更加复杂。其中，道歉式和关心式充分体现了汉语礼貌语言的文化特性，与西方文化礼俗规范差异极大。对感谢语的应答，中国文化并不是一概否定或拒绝，西方文化也不是一概接受，二者之间都有接受感谢和否定感谢的形式，甚至都还有把功劳归于别人或客观有利条件的形式。不过，汉语应答形式比英语形式也复杂得多。其中最突出的特点是采取各种各样的否定形式来表示不敢接受。中外交往中引起文化误解和文化冲突的主要是同中有异和此有彼无的那些形式。

2.8.1.1 同中有异

（1）汉英感谢形式同中有异

① 直接感谢式

英语中有"thanks"、"thank you"，汉语中有"谢谢"、"多谢"、"谢谢你"等。英语中有"be thankful"、"be grateful"和"appreciate"，汉语中有"感谢"、"感激"等。说明感谢的原因时，英语中在"thank you"后面加上介词 for，汉语则用带感谢词的兼语句，例如，"Thank you for coming." "谢谢

第三节　中国文化礼貌的特征及汉语礼貌语言运用的特点

大家光临。"至于"谢谢你们的茶。""谢谢你的礼物。"等说法则是"谢谢你的款待。"与"Thank you for the gift."结合的"洋泾浜"语言。

汉英直接感谢式的差异主要表现为：

第一，英语"thank you"等不都用于受人之助之后，有时只是纯粹出于客气的套话。例如，购物行为结束时顾客与售货员互道谢谢；餐馆服务员与顾客在顾客用餐完离去时互道谢谢；餐桌上朋友或熟人传递一件东西之后或人们接到并非是对自己有助益的电话之后，甚至教师收学生的练习本都习惯说"Thank you."（Oatey，1987：110~111）这一习惯在中国大城市和对外交往人士中已经越来越广泛地被接受。但是，按中国人的传统和目前绝大多数人的习惯，如果纯属工作范围的任务的完成和职责的履行，主观上并不包含助人的情意，不使用道谢语也不算失礼。在中国文化中朋友和同事对自己做出轻而易举的帮助（如传递一件东西）后不表示"谢谢"也不足为怪。尽管类似情况在英语中有时也会出现，但比汉语罕见得多。汉语感谢语多用于确实受人之惠时。

第二，英语感谢语的使用注意分寸适度，表示的是对受人之助后恰如其分的承认。英语国家的人认为过头的感谢话只会让人感到难受，以为那只是一种不真诚的完成任务式的空话。例如，教师花了一些时间帮助学生后学生只需说"Thank you. I really appreciate your time.（谢谢你，感谢你花时间帮助我。）"如果说了很多感谢话，对方只会生厌，不再愿意帮助你了。中国人在受人之惠后，却要充分表达感激之情，遇有急难受人救助之后不仅要尽其所能充分表达感激之情，甚至还要感恩图报。西方文化中没有感恩戴德和感恩图报之说，因此两种文化的人相互交往中难免互不理解。

例1.　在美国，一儿童落水，被Philip和他的儿子Robbie救上岸。孩子的父亲也只是激动地表示感谢而已：

Father: How can I thank all of you?
　　　　（我该怎样感谢你们几位呢?）

Philip: Thank my son Robbie. He pulled him out of the water.
　　　　（感谢我的儿子罗比吧，是他把你孩子从水里拉上来的）。

Father: I'm very grateful, Robbie.
　　　　（罗比，太感谢你了。）

Robbie: Dad saved him, not me.
　　　（不是我，是我爸爸把他救活的。）
Father: I'm so thankful to all of you.
　　　（我对你们都太感谢了。）
Philip: So long.
　　　（再见。）

　　　　　　　　　　　　　　　　　（周奇勋，1993，《走遍美国》：89）

对于这种救助之举，中国人却会视为救命之恩，不仅要充分表达感恩之情，还会设法报答。

例2. 一位小贩将突犯急病的邻摊小贩送到医院救治，被救者之妻含着热泪，紧紧握着他的手说："多亏了你，我永远也忘不了你的好处。"表达的是大恩不忘之情。

第三，英语文化感谢语重事物，汉语感谢语却重人情，也可以说西方文化重客观结果，中国文化重主观人情。

例3. 英语说 "Thank you for the time（the tea, the dinner, the gift, the information...）"，汉语说"谢谢您的一片盛情（款待、关照、帮助……）"。"谢谢您的光临"、"谢谢您的推荐"等也是重在人的情意。对于太具体的事，则习惯于用兼语式，如"谢谢你告诉我这个好消息"。

② 赞美式

英语中用赞扬语表示感谢用得最多的词是 nice（好）和 kind（好意），而且高度公式化，客套形式多于实际含义。

例4. That was very kind of you.
　　　How nice of you to do that!
　　　It's very kind of you to come to meet us.

汉语赞扬语却从格式到词语的使用都比较自由，重在充分表达钦佩和知恩之情。

例5. 谢谢你们，你们真是文明书店啊！
　　　你们太好了，我忘不了你们的好处。
　　　见了你们这样的司机，我们觉得像见了亲人一样，心里热乎乎的。

第三节 中国文化礼貌的特征及汉语礼貌语言运用的特点

中西两种文化的人相互交往中容易产生的文化冲突是：西方人认为中国人说话太啰唆，感谢之词太过分，甚至让人感到不真诚。中国人则会认为西方人过于冷漠，甚至无视他人的恩德。

③ 无感谢标志式

这是一种字面上没有任何表达感谢之意的词语、通过深层的语意来传达真诚感激之情的形式。

例6.

英语中有：

I am so glad you found the bag and took the time and trouble to return it to me.

I am glad you have come.

I enjoyed every minute that I spent here.

Well, good-bye. I've enjoyed our conversation very much.

"glad"和"enjoy"表达的都是高兴或满足的感受，表示的是与对方愉快交往之情。

例7.

汉语中无感谢标志的句子就更多了：

（1）我的病能这么快治好，还多亏你的帮助呢。

（2）我一定努力工作，不辜负你的期望。

（2）A：安心养病吧，祝愿你早日恢复健康。
    B：这您就放心吧，很快我就上班去了。

（4）一切拜托您了。/这件事就拜托你了。

（5）让您惦记了。

区别在于：英语表达的是高兴或满足的感受，表示的是与对方愉快交往之情；汉语却突出助人者的帮助和关心的作用，并表达感恩或报答之情。

④ 物质报答式

用物质报答的方式表示感谢在中西文化中都存在，都有用请客的方式表示感谢的习俗。不过，中国文化中还可以以送礼的形式来表达。

例8.

在《走遍美国》中，理查德在外边照相后离去时把包忘在照相地了，被偶

211

然相遇的希腊女大学生亚力桑德拉发现并把包送到他家中。理查德之妻表示感谢后说："Well, maybe you'll come for lunch some Sunday, so we can really thank you for bringing Richard's bag back."（周奇勋，1993）

中西文化的差别在于：西方人注重的是通过请客吃饭表达对助人者的欣赏和兴趣，并愿与之交上朋友。中国文化强调的则是用物质形式报答助人之恩。

(2) 汉英应答形式的同中有异

① 接受感谢

例9.

I'm glad you like it.

Oh, my pleasure.

You're welcome.

Sure.

That's OK.

（a）海蒂：那就给你添了不少麻烦了。

张莉：这不算什么。中国有句古话说"助人为乐"嘛。

（b）甲：做这么多菜，多丰盛啊！

乙：中国古语说"持家要俭，待客要丰"。您随便点儿，别客气。

② 否定感谢

英汉应答语都有表示自己的功劳不值一提和尽量淡化他人对自己的恭维的说法。

例10.

Don't mention it.

It was nothing.

Not at all.

不谢。

不用谢。

别客气。

不客气。

没什么。

没事儿。

③ 汉英都有把功劳归于别人或客观有利条件的说法

英语：参见前文感谢语中例1。

汉语：

例11.

留学生：上次参加运动会，因为你帮助我买了合适的球鞋，所以我得了第一名，我应该好好谢谢您呢。

售货员：不能这么说，那是你自己努力的结果。

例12.

A：真叫您费心了。再一次对您表示感谢。

B：别感谢我，还是该感谢那位医术高明的中医大夫。

例13.

A：太麻烦你了，还让你跑了一趟。

B：这没什么，反正今天晚上没事。

汉英上述应答式之间的区别在于：表示接受时，英语着眼于个人的意愿，汉语强调的是道德的要求。表示否定时，英语意在接受对方的感谢，即表示"不得不降低感谢人的债务负担或冒犯的严重性"（Brown & Levinson, 1987: 67）；汉语却意在回绝，谦虚地表示不值一提，甚至认为理应如此，用不着感谢。我国某一电台在一则广播评论中曾举了这样一个例子，一位美国人说："一次我对售货员说'谢谢'，他说'不用谢'。我奇怪地问'你为什么说我不用谢谢你'，不料这位中国售货员瞪大了眼睛看着我，好像我是从别的星球上来的怪物。"如果了解了上述汉英应答语的文化差异，本例中的误会就不难解释了：中国售货员的"不值一谢"的谦虚回答，被美国人理解为"不应该感谢"，直接与西方的利益失衡的调节心理相悖。所以，汉语的否定应答与英语的否定应答含义并不完全对应。将功劳归于他人或客观条件时，英语注重的是实事求是，汉语则是出于谦虚，突出否定或贬低自己的作用。

2.8.1.2 此有彼无

（1）感谢形式此有彼无

① 道歉式

用道歉语表示感谢是汉语中一种重要方式。常用的道歉语有"让您破费了"、"麻烦你了"、"让你费心了"、"给你添麻烦了"、"(真)过意不去"、"(真)不好意思"、"叫(让)您受累了"、"打扰了",甚至还有"对不起,耽误(浪费)了您不少时间"之说。汉语中这类说法很难为西方英语国家的人所理解,在跨文化交际中误会频频发生。英语国家的人邀请中国客人到家里吃饭,如果客人说"给你添麻烦了",外国主人就会理解成他的邀请不是心甘情愿的善举,而是一种感到不快的麻烦事,客人应邀赴宴也不是出于意愿,而是不得已而为之;受人之助后说"真过意不去",似乎把帮助者乐于助人之举理解成违背心愿之举;"让您受累了"则更是否定别人乐于助人的善举,而把其说成受助者强加于人甚至故意让其受累的恶劣举动;别人花了不少时间高兴地帮你做了好事以后,你说"对不起,浪费了你不少时间"则更是有意否定别人的功绩,认为他所花的时间毫无效益,只不过是浪费而已。事实上,这种道歉式表达的是中国文化的彼此关切之情,是从移情的角度处理问题:受助者表示自己受到了关心或帮助,却给助人者造成了不便或麻烦,因此心中感到不安。在中国人看来,这种从对方立场考虑问题的态度比直接感谢有时显得更为亲切,更为真诚,真正体现了汉语感谢语的情真意切的文化特性。

② 关心式

中国文化这种感谢方式暗含着由于别人帮助自己而受了累,或者造成某种使受益者心中感到不安并对其表示关心的感情。这种感谢语没有固定格式,感谢者完全可以根据具体情况采用灵活多样的表达方式。

例 14.

(a) 李老师把留学生从机场接到学校后

　　学　生:李老师,您忙了半天了,挺累的,快坐下歇会儿吧。

　　李老师:不啦。我再到别的同学那儿去看看。

(b) 李老师请来访的学生吃饭,饭做好后

　　学　生:李老师,您辛苦了。

　　李老师:没什么,快坐吧。

对于汉语这样特有的感谢形式,西方人不仅感到难以理解,还会认为伤害了别人的自尊心。英语国家的留学生就认为"您忙了半天了,挺累的"是描写情况的陈述句,不仅与感谢无关,还有点主观武断和强加于人之嫌;"您辛苦

第三节　中国文化礼貌的特征及汉语礼貌语言运用的特点

了"中"辛苦"不仅含义让人费解,也体现不出感谢的含义;要别人"快坐下歇会儿"是一种命令句,不仅毫无感谢之意,还有指挥他人之嫌。

(2) 应答形式此有彼无

① 拒绝接受并表示歉意

不仅拒绝接受感谢,还说一些客套话,表示自己做得不够,希望受助者原谅或批评,甚至还会向受助者表示歉意。这一形式一般用于服务者对服务对象或主人对客人。

例 15.

(a) A:这些日子你帮了不少忙,太感谢了。
    B:哪里哪里。不周到的地方还请你多原谅。

(b) 顾客:好的。谢谢你。
    银行营业员:不谢。欢迎你们给我们的工作提出宝贵意见。

(c) 外国留学生:常来打扰你,很过意不去。
    中国学生:哪儿的话。因为忙,对你的照顾很不够。

英语国家的人不明白中国人为什么认为一起学习的中国学生有义务"照顾"外国同学,甚至还要道歉说"对你的照顾很不够",因为他们不是自己的父母。其原因是他们不理解中国学生视外国来华同学为客人,自己作为主人,应当关心照顾客人。英语国家的人更不明白中国服务者为什么说自己的服务"不周到",要请别人提意见。因为他们认为服务不好是不能容忍的事,如果你服务不周到,没有人会感谢的。对客人的感谢报以这类回答是对感谢者的鉴别力的否认,只会使其感觉受到了侮辱。这是因为他们不理解中国人的谦虚态度,不理解这些说法表示的是对别人的敬重。

② 表示自己的举动是道德义务或职责要求

例 16.

(a) 中国学生到医院探视住院的外国留学生
    留学生:你学习这么忙,还抽空来看我,我真过意不去。
    中国学生:这是应该的。

(b) 医生给病人治好了病以后
    病人:大夫,多亏了你的治疗,我的病这么快就治好了。

大夫：别这么说。尽快治好你的病，这是我的责任，也是我的职业道德。

英语国家的人认为帮助别人一定是出于自愿，而不是外界强加的。工作人员周到服务是应当的，也是自愿的。如把帮助人说成是"应该的"，把对顾客的热心服务说成是"责任"和"职业道德"的要求，都只会给人以不是心甘情愿的感觉，因而只会造成受话者的反感。他们不理解中国人视互相帮助和热心服务为道德要求，而且是心甘情愿地去遵循这一道德要求，认为违背道德要求是不对的。

2.8.2 汉英感谢语使用的场合和对象

关于汉英感谢语使用的场合和对象，需要讨论的有两个问题：英语使用感谢语的许多场合汉语却使用不含感谢含义的其他词句；在感谢语与人际关系方面汉英之间也存在着极大的文化差异。

2.8.2.1 感谢语使用的场合

（1）迎送客人

①主人对客人

英语：Thank you for coming.

汉语：欢迎再来（常来）。

例 17.

下面是英语国家主人欢送客人时主客之间典型的对话：

Host: Well, thank you for coming. It's been lovely to see you.

主人：嗯，谢谢你来。见到你真高兴。

Guest: Oh, thank you very much. I've really enjoyed myself.

客人：啊，非常感谢。我玩得很愉快。

Host: Well, that's good. I do hope you'll be able to come again soon.

主人：嗯，那很好。真诚希望不久以后再来。

Guest: Yes, thank you. That would be lovely.

客人：好，谢谢你。那太好了。

（Oatey，1987: 112）

这一对话直译成汉语不免有点洋腔洋调，因为在这种情况下中国人的主客的客套不同：

例18.

主人：招待不周，请多包涵。

客人：您太客气了。您这么破费真不好意思。

主人：哪里哪里。怠慢得很。欢迎以后再来。

客人：以后一定再登门拜访。

② 旅游接待者对客人

英语：Thank you for the visit.

汉语：欢迎光临。

③ 会议和宴会接待者对客人

英语：Thank you for your presence.

汉语：欢迎出席（光临）。

(2) 受人邀请或馈赠时

   英语：Thank you. I'd be glad to come.

   汉语：您太客气了，实在不好意思。

   英语：Thank you for the dinner（gift）.

   汉语：让您破费了，真不好意思。

(3) 受到赞扬时

   英语：A：That was a magnificent speech. I found it very interesting.

   　　　B：Thank you.

   汉语：甲：您的发言真精彩，我听了很受启发。

   　　　乙：哪里哪里，您过奖了。

(4) 受人求助时

   英语：A：Kindly give me your advice.

   　　　B：Thank you. I'll be glad to.

   汉语：甲：请您指教。

   　　　乙：不敢当。

(5) 受人帮助后

   英语：Thank you for your help（time, advice, etc.）.

   汉语：对不起，给您添麻烦了。/对不起，耽误（浪费）了您不少时间。

一位英语国家的留学生曾经抱怨说:"我常想我是不是在这里说'谢谢你'(Thank you) 说得太多了,甚至有时感到自己有点幼稚可笑。可是我这种习惯已经养成,总也控制不住。"其实,这是因为英语国家的人以为道谢就是直接说"谢谢"才算礼貌,不知道中国人表达方法的多样性和复杂性。更有意思的是,从上面例句中可以看出汉英文化礼貌的区别:在主人对客人的态度上,西方文化是为客人对自己的尊重而感谢,中国文化却出于热情好客而为客人的来访表示高兴地迎接;西方文化用感谢语调节利益的失衡,中国文化却强调自谦尊人的表态。

2.8.2.2 感谢语与人际关系

感谢语的使用涉及三种不同的人际关系:公务关系、亲密关系和社交关系。在西方文化中,感谢语的使用会因相互关系不同而不尽相同,但是不分对象,受人之助都必须说"Thank you"或"Thanks", 即使是微不足道之举也不例外,否则就不礼貌、对对方不敬。汉语感谢语的使用却因人际关系的差异而各不相同,关系越亲密客套越少。

(1) 公务关系

这一关系指公务往来和工作关系,包括售货员与顾客、服务人员与服务对象之间的关系。其特点是其言语和行为纯属他自己的工作、任务和职责范围,主观上并不包含助人的情意。在这种情况下,中国人可以不必使用道谢语。在服务者与服务对象之间,目前的习惯是,服务对象向服务者道谢,服务者则以"不谢"、"不必(用)谢"、"不客气"等词语做出反应。西方人不理解中国人这一习俗,尤其感到难以理解服务人员的态度。一位美国学生说:"这里除对外饭店与餐馆以外,银行、饭店和其他单位服务人员从不说'谢谢',对此我感到大为震惊。美国对服务人员的要求是要把向顾客道谢作为自己的职责。"这位美国学生不了解中国的服务人员对顾客说"不谢"或"不用谢"也是礼貌的。中国文化中,顾客与售货员/服务员之间的礼貌说法是新中国成立以后出现的适应新的社会制度的一种人际关系:服务人员为社会服务,服务对象感谢他们的服务,他们则认为这种服务是应当的。这种礼俗已经约定俗成,成了社会公认的服务者与服务对象之间一种特殊礼貌语言形式。

第三节　中国文化礼貌的特征及汉语礼貌语言运用的特点

（2）亲密关系

这一类关系包括夫妻、恋人、家庭成员和亲朋好友之间的关系。按照中国文化关系越密切客套越少的习俗，在这一类人际关系之间感谢语极少使用，用了反而显得关系疏远和感情冷漠。下面是体现文化差异和文化冲突的两个有趣的对话。

例 18.

一位澳大利亚男留学生与他的女友——一位中国女生在一起做饭。

① 澳大利亚男生做饭，中国女生帮忙。

澳：能不能把盐递给我？

中：给。

澳：谢谢。还要一点佐料。

中：好吧，给，拿好。

澳：没问题。谢谢。天哪！火太大了，请快拿一点热水。

中：行，就在这儿，小心烫着。

澳：不会的，谢谢。

② 中国女学生做中国菜，澳大利亚男生帮忙。

中：把盐递给我。

澳：请拿好。

中：没问题，唉哟！这火太大了，还要点开水。

澳：这儿有。小心啊，我帮你倒吧。

中：没问题，我自己来。这菜做好了，快点拿盘子来。

澳：你要哪个？这个就可以吧？我来帮你拿。

中：怎么样，这个味道？今天让你好好享受享受中国菜。

笔者在香港曾听到一位与中国女士结婚的美国先生抱怨他的妻子对他"不尊重"，具体表现是，无论他为妻子做什么事，妻子从不说一声道谢话。一次，他实在感到难以忍受，对其妻大嚷道："我不是桌子，也不是椅子，你为什么把我为你所做的一切都视为理所当然的事?!"不料，其妻的回答更使他怒不可遏："这没必要嘛。"这位先生以为其妻的回答是认为不值一谢，因此感到受到了更大的伤害。殊不知其妻遵循的是中国文化的习惯，认为夫妻之间亲如一人，用不着道谢，否则只会疏远相互之间的亲密关系。

(3) 社交关系

这一关系指同事、熟人和社交活动中的人际关系。这种关系最为复杂，而且常常处于变化之中。道谢语的使用要因人而异，涉及关系亲疏、等级差异、行为性质和关系/感情的变化。关系越亲密，客套也越少。

2.8.3 汉英感谢语价值观念的文化差异

汉英感谢语之别是由汉英两种文化之间价值观念的差别所决定的。西方许多学者和对华交往人士对中国文化中的礼貌语言行为常常产生误解，这正是因为他们对决定礼貌行为的价值观念的文化差异缺乏了解。利奇将礼貌交际视为等价交换、用"礼貌的语用悖论"批评其他文化的礼貌行为、布朗和列文森的面子威胁论将世界文化分成"计较债务关系的文化（debt-sensitive cultures）"和"不计较债务关系的文化（non-debt-sensitive cultures）"，这些都包括对感谢语的解释和评论。布朗和列文森就认为，在英美，施人以惠不会造成太大的面子威胁，但是在日本，连献上一杯冰水这样一件微不足道的小事也会作为重大债务关系来处理，接受者对其所重视的程度不亚于西方社会中提供一份抵押单据（mortage）。在印度，人们见到西方人把一种施惠当成不必回报的小事接受下来感到震惊不已，觉得西方人之间友谊关系深奥莫测，见不到他们相互斤斤计较得失。布朗和列文森说，正是在这些文化中人们才会用下面这样的说法表示感谢："真不好意思，我欠你太多了。"（B&L，1987：247）这些奇特的评论暴露出他们不了解，或者忽视感谢语的文化差异。汉英感谢语所体现出的中西方价值观念就存在以下几种文化差异：

2.8.3.1 道德追求与利益计较

利奇认为感谢语的作用是利益失衡的调整。他说："（你）感谢某人，是因为你事先已认定受话人的财物已经转移给了发话人。"所以，利奇认为，道谢可以看成是承认发话人与受话人之间出现了利益失衡，从而意在寻求在某种程度上恢复二者之间的平衡。利奇提出的"利益得失等级标准（cost-benefit scale）"就是衡量利益得失均衡的标准。他认为感谢与道歉都是为了恢复平衡，至少是缩小发话人与受话人之间的失衡。（Leech，1983：124~125）布朗和列文森把道谢和接受感谢都看成是对发话人自己消极面子的侵犯，即"发话人接受一笔债务，贬损自己的面子"，而接受受话人的感谢则表明"发话人不得不

第三节 中国文化礼貌的特征及汉语礼貌语言运用的特点

降低受话人的债务负担和对人触犯的严重性。"（B&L，1987:67~68）

中国文化中并不把施人以惠和受人之惠后致谢视为利益得失的调整和债务关系的平衡，而是看成做人的道德要求。认为应当"大德不酬"、"施惠不记心，受德莫忘恩"，重在情意的交换。中国文化虽有"欠人情"与"还人情"之说，但这种说法指的是受恩不报于做人的情理不通。例如，"王先生解救了我们全家，然而大德不酬，我们除了把这救命之恩铭记在心以外，是没有办法去报答的"。这些都是用利益均衡的标准无法衡量的，因为它们体现的是对人情的珍惜和对道德的崇尚。因此中国文化的重道德追求与西方文化的重利益计较不可同日而语。

2.8.3.2 克己待人与得失均衡

这是衡量感谢语礼貌的标准问题。西方文化既然将道德行为商业化了、借贷化了，就认为利益均衡得到恢复或维持才达到了礼貌交往的理想要求。对某人表示感谢就是承认受话人已向发话人提供了某种商品或服务，承认双方已出现了利益失衡的关系。现在通过表示感谢要求恢复平衡状态，感谢奏效就达到了恢复平衡的要求。

中国文化注重的是克己待人，贬己尊人和对人关切体现的都是克己待人之情。"滴水之恩当以涌泉相报"和感谢语不计程度的约束都是克己待人的要求的体现，用利益得失均衡是无法解释中国文化克己待人之情的。西方人把中国文化的某些感谢语理解为不真诚的"过头话"，认为这些客套话反而给人以无礼或虚伪的感觉，就是因为他们感到中国文化的礼貌没有遵从他们的礼貌均衡的原则。

2.8.3.3 群体一致与个体中心

汉英价值观念差异的核心是群体一致与个体独立之别。西方人认为帮助他人纯属个人意愿，与道德要求无关；帮助他人时要注意避免以施人以惠的姿态出现，以免损伤受惠者的自尊心；受人之惠后要即时表示感谢，尽快调节利益的失衡；感谢又不能过头，否则会产生新的失衡。中国文化则不同。中国文化认为处理人际关系最重要的原则是贬己尊人和互相关切，强调的是设身处地的相互理解和诚心诚意的感情交换，要求达到的目的是建立与维护和谐协调的人际关系，考虑的不是个人尊严的维护，而是对他人感情的表达和与他人关系的和谐。

> **思考题**

1. 请用有关礼貌的文化特性的理论评论本节讨论的礼貌行为的文化差异,并提出自己对中国礼貌的看法。
2. 请做一社会调查,并研究礼貌的文化趋同与文化差异之间的关系。

第四节　汉语礼貌语言的教学与翻译

礼貌语言教学与翻译的关键是清楚认识和恰当处理礼貌语言的语言意义与交际价值之间的关系、交际价值的文化特征以及语言规则和交际规则的转化,避免对双语词典的依赖和望文生义的字面翻译。

礼貌语言的语言规则的转化主要是进行语法规则的转化,而交际规则的转化不仅包括礼貌词句文化含义的识别与对应词语的恰当选择,更需要进行礼貌规约的恰当转化。本节将列举在礼貌语言的翻译与教学中需要处理好的几个问题。

1. 注意语言规则和交际规则的转化

1.1 语言规则的转化

语言规则的转化当然主要指语法规则的转化,但除了语法规则的转化以外,还要注意不同语言之间礼貌表达方式的不同和翻译中的适当变化。例如,汉语礼貌的表达方法主要采用词汇手段。如用"您"、"贵"、"请教"、"尊姓大名"、"请"、"敬请"、"光临"等;表达请求与建议时,用"是否"、"可否"、"能否"等弱化疑问语气。英语礼貌的表达方法主要是大量使用句法结构的变化,例如时态、语态、语气和句型等语法变化形式。(包惠南,2001:305)

1.2 交际规则的转化

在跨文化交际中，使用什么语言，就必须遵从该语言所反映的文化的交际规则。由一种语言译成另一种语言时，必须进行交际规则的转化。例如，前文提到的汉语敬辞（贵、请教、尊姓大名、敬请、光临）反映出的是中国文化的"自谦尊人"的交际规则，译成英语时就不能照搬这一规则，而必须进行交际规则的转化，使其符合西方文化"利益均衡"的礼俗规范要求。又如，汉语询问型问候语体现的是中国文化相互关切之情，翻译成英语必须转化为尊重个人独立自主的英语习惯说法。只有这样，才会防止文化误解，避免文化冲突。

在第二语言教学中，要克服偏重第二语言的语言规则的教学而忽视第二文化的交际规则的教学，和偏重语言规则的转化而忽视交际规则的转化这一不正常现象。这是当前我国第二语言教学中需要统一认识和认真解决的大问题。例如，有些人常常将"干吗去呀？"这一汉语日常问候语直译成英语的"Where are you going?"西方许多人就将汉语这一问候语理解成信息问题，认为中国人喜欢打听别人的行动去向。英国的海伦·奥迪就做了如下评论：

> 汉语中另一常用问候语是询问别人"Where are you going?"……在英语中，这一问题一般用于了解信息的要求。询问别人的具体情况属于询问个人私事，只有上级当权者才有权力，或者只有在亲朋好友之间才能使用，用于其他场合就会让人难堪：不回答你的问题就会显得不礼貌；如果含糊地给以回答又像是回避问题。也许他们根本就不愿意如实回答你的问题。正因为如此，这种形式的问候语就极易触犯西方人。他们会认为这是对他们隐私的侵犯。对中国情况不甚了解的旅华外国人就常抱怨中国人爱问这类问题。有的人甚至不满地说，他们住所的服务员都是间谍，因为他们总喜欢问"Where are you going?"

(Oatey，1987)

在第二语言教学中，教师需要引导学生通过课堂讨论回答下述问题：第一，汉语的招呼语"干吗去呀"的含义是什么？使用的语境何在？

第二，不了解中国文化的西方人对这一问候语的误解和原因在什么地方？

第三，汉语这一日常招呼语体现了中国礼貌文化的什么特征？这一特征与西方礼貌的特征的文化冲突何在？

第四，在跨文化交际中应当如何认识和处理这类语言差异和文化冲突问题？

案例 14. 这句话我听不惯

有件事我不能不坦率地讲出来。在我来中国后不久，便与结交的第一个中国朋友断交了。为什么呢？因为，每次我给他打电话，他一拿起听筒就问"有什么事儿吗？"这句话让我大为泄气，我感到我像个不受欢迎的不速之客。他这句话的意思好像是有事就快说，简单一点！以后我就尽量少给他打电话。可是他每次接电话时都要问"有什么事儿吗？"最后，我认定他是对我不感兴趣，便终断了这一"友谊"。

后来我注意到，在公共汽车里、在大街上、在商场，只要中国人的手机一响，他们都会说这句话。渐渐我明白了，问这句话是中国人的习惯。不过我还是认为这句话粗俗无礼。你可能会说，现如今人们承受着沉重的时间压力，哪有工夫在电话上闲扯呢？接电话时问"有什么事儿吗？"是办事干脆利索的正常方式。事情也许是这样，但我想不会有人认为这句话有丝毫友好的味道。在贝宁，人们接到朋友的电话时，总要习惯地问一些诸如"How are you doing?"或"How's it going?"或者类似表示对对方感兴趣的简短句子。如果电话要找的人正忙脱不开身，他会说："Sorry, but I'm too busy to talk right now. I'll get right back to you as soon as I can.（对不起，我现在太忙，我尽快给你回电话吧。）"

当然，如果深更半夜接到不认识的人的电话，问"有什么事儿吗？"是完全可以理解的。这时的电话可能是有什么急事。平时接到亲戚、朋友、熟人的电话，我看就没有必要问这一问题，也许别人打电话只是想问候一下。

一天晚上，我们几个外国留学生，其中有一个加拿大学生和一个意大利学生，在校园里和中国同学闲聊。我们谈到"有什么事儿吗？"这句话给我们的感受时，一个中国同学想了想，插话道："对，你们说得对。我的女朋友一接

第四节 汉语礼貌语言的教学与翻译

到我的电话就问这个问题,真让人心烦。"听了他的话,我们都会心地笑了。

去年夏天,我给一个中国中学生当英语家教,随后我们慢慢交上了朋友。这个男孩子回到寄宿学校几周以后,我给他妈妈打电话,想问问他的学习情况,了解一下他对英语课的信心是否增强了。他妈妈听出了我的声音,还叫出我的名字,接着就问了这个要命的问题:"有什么事儿吗?"这一次我不吃惊了,我已经听惯了。我问她的孩子在学校的情况,她说她儿子的确有了很大进步。然而那天晚上,当初介绍我给这个学生做家教的女士给我打电话,问我找学生的父母有什么事,还说如果我不好意思直接对他妈说,她可以给我转达。这真让人惊诧不已!在中国,好像你给谁打电话就一定是有求于人!

请告诉我,如果你只是在需要帮助的时候才给人打电话,那人家还有什么理由把你当朋友呢?我认为,最好只有在确有理由需要问"有什么事儿吗?"时才可问这句话。我们贝宁人认为,这句话作为交谈的起始语,其寓意很清楚:"我不想与你保持友谊了。"或者说"别再给我打电话了。"我提醒中国朋友,接外国朋友的电话时用这句话要慎之又慎,这种说法是很容易破坏友谊的。

中国有一首歌我很喜欢,歌中唱道:"有事没事常来个电话,我只是想知道你在哪儿。"这句歌词表达了我在本文中想要说的一切,歌词中蕴含着友谊的真谛。

([贝宁] Maurice Countin,《北京青年报》"老外直言",2000年11月19日,本书作者对原译文文字稍有修改)

案例分析参考题

1. 中国人在什么语境中使用这一问句?这一问句反映出交际双方什么关系?

2. 外国人对这句问话产生误解的原因何在?

3. 如何通过这句话解释汉语礼貌语言的文化特征?

4. 在对外汉语教学中如何解除外国留学生的这类疑惑?在翻译中如何处理这类句子的汉外翻译?在对外交往中如何避免这类文化误解?

2. 认真研究和处理词典释义与词语交际价值之间的关系

对礼貌词语的理解与释义要正确处理语言意义与文化含义之间的关系。在跨文化交际中，词语的运用与翻译不能照搬双语词典的释义和翻译，而要依据跨文化交际语境的需求，取得交际双方的相互理解。这种相互理解与沟通依赖的是礼貌语言在运用与翻译中交际规则的得体转化。第二语言礼貌语教学需要教授交际规则的转化。以汉英之间交际的为例，两种文化之间交际规则的转化就至关重要。例如：

2.1 贵姓

《汉英词典》将"您贵姓？"译成"May I ask your name?"和"What's your name, please?"汉语的"贵姓"体现的是中国文化自谦尊人的规则，译成英语就变成了遵从西方文化的利益均衡和尊重个人独立自主的原则，改为询问对方是否允许问及他/她的姓名的说法。在西方的社交场合，第一次见面时还必须将中国文化的询问对方姓名的方式转化为只主动介绍自己，由对方决定是否告诉自己他/她的姓名。

至于汉语的"免贵姓王"、"您怎么称呼"、"不敢不敢，我叫……"等自谦尊人的说法，就更不能直译成英语了。唯一得体的译法只能是将其转化为同一语境下英语的习惯说法。

又如，中国人第一次见面时为了"套交情"，对以前似乎见过面的人说"我们好像在哪儿见过面，但一时想不起您的尊姓大名。"这一说法也不能直译成英语，否则就会触犯对方自尊心：你既然像是与我见过面，为什么记不住我的姓名？足见你并不在意我，而且这一表示似有故意侮辱人之嫌。

2.2 过奖

《汉英词典》译成 "overpraise; give undeserved compliment; flatter"。例如：

A：您的英语说得真好。　　You speak very good English.

B：您过奖了。　　Thank you. You flatter me.

然而，英语"flatter"的含义为"to praise someone too much or insincerely, especially in order to gain advantage"。给人以"奉承"、"谄媚"之嫌。也有批

评赞扬人缺乏鉴别力和故意恭维人之嫌。这样，中国文化的"谦逊"就成了西方文化的"礼貌的语用悖论"。在中西方跨文化交际中，就只能将赞扬应答语的中国文化规则转化成西方文化的交际规则，才不会造成文化误解和文化冲突。

2.3 客气

《汉英词典》将"客气"译成"polite"，这无疑是正确的。但是，"客气"在中国文化中是一个使用频率极高、语境意义极为复杂的礼貌词语。如果不区分语境，不考虑文化差异，将"客气"一概译成"polite"，在实际跨文化交际中是绝对行不通的。例如，如果将"别客气。"译成"Don't be polite."将"他客气了半天才收下礼物。"译成"It was only after he demurred for a long time that he finally accepted the present.", 西方人恐怕只会感到一头雾水，不理解他为什么要别人"不客气"和"先反对半天然后才接受礼物"。即使将后者译成"He accepted the gift after courteously declining it at first."不了解中国文化受礼习俗的西方人也会难以理解他为什么不愿意接受别人好意送给的礼物，而且一定会感到他太不懂礼貌了。

2.4 见外

《汉英词典》对"见外"解释为"当外人看待"，译成的英语为"regard somebody as an outsider"，将"你对我这样客气，倒有点儿见外了。"译成"The way you give me this kind of formality makes me think I'm an outsider." 而"outsider"意为"a person who is not accepted as a member of a particular social group"（不被某一社会群体接受的局外人）。中国文化是以家庭为核心的群体文化，重亲情是中国文化的一个特征，将朋友当亲人对待是亲切友好的表示。不了解中国文化这一特征的人是难以理解"见外"的感情意义的。事实上，不少西方人正是依据其对"outsider"文化含义的理解和固有的文化偏见，认为这一说法反映了中国文化"排外"的民族心理。

2.5 见笑

《汉英词典》对"见笑"的释义是"被人笑话"，英语译文是"laugh at me (or us)"，例如，将"我刚开始学，您可别见笑。"译为"Now don't laugh at me. I'm only a beginner." 这就将中国文化的谦辞"见笑"变成了英语的"嘲笑"或"讥笑"某人或对某人不屑一顾。不了解中国文化自谦尊人的文化特征的西方人，不仅对这一客套话莫名其妙，还会感到受了难以理解的冤屈。

对于这些具有强烈中国文化礼俗特征的词语，在对外交往中使用或翻译时只能将其转化成对方文化的对应礼貌说法才会排除交际价值的文化差异所引起的误解，达到成功交际的目的。

3. 引导学生严防礼貌语言的直译

初学外语和初做翻译的人易犯一字一句的语言直译错误，有些翻译教科书也未完全摆脱这一错误的影响。这不能不是第二语言教学和跨文化交际中值得注意的大问题。避免礼貌句子语言直译错误的唯一方法是避免洋泾浜语言，进行交际规则的恰当转化。在汉译外时，必须避免中文式外语，要将体现中国文化自谦尊人和相互关切的礼貌特征恰当地转化成外语文化的交际规则要求，否则就不仅会酿成尴尬的笑话，还会造成文化误解，甚至文化冲突。口译教材最需要遵循交际规则的转化和文化适应的要求，因为它传授的是实际跨文化交际中的口译技能。下面是摘自一本影响很大的口译教科书的几个句子：

(1) 对不起，我还没有请教您的尊姓大名呢。

　　Excuse me, I haven't had the honor of knowing you.

汉语这一礼貌句子的翻译必须注意两点：第一，必须将中国文化的自谦尊人转化成英语文化的平等互尊，严防抬高别人，贬低自己；第二，在社交场合，西方文化礼貌的作法是只介绍自己，让对方主动自我介绍，避免主动询问对方的名字。

(2) 谢谢您亲自专程赶来接待我。

　　Thank you very much for coming all the way to meet me in person.

汉语句子体现出的是中国文化自谦尊人和相互关切之情，"亲自"、"专程"和"赶来"都体现出这种感情。然而，自谦尊人和相互关切不是西方文化的特征，上述三词不能照译成英语。英语句中的"all the way"和"in person"不仅显得多余，还会给西方人以虚假不实之感。

同样的问题也存在于（3）~（5）句之中：

（3）将"感谢各位专程远道造访本公司。"译成"Thank you for coming all the way to our company.""all the way"既多余，也不恰当。

（4）将"我们十分感谢你们不辞辛苦远道来访我市。"译成"We appreciate very much that you have come to visit our city in spite of the long and tiring journey."中的"in spite of the long and tiring journey"，不仅显得多余，而且使用不妥。

（5）将"对于贵公司领导在我们逗留期间给予我们那种体贴入微的关照，千言万语也道不尽我们的感激之情。"译成"No words can fully express our gratitude to the leadership of this company for their great kindness and thoughtful consideration for us during our stay here."西方人会感到既啰唆，又不真诚。

在第二语言礼貌词语和礼貌句子的教学中，教师需要注意：第一，清楚讲解母语与外语礼貌语言所反映出的交际规则的文化差异；第二，帮助学生清楚认识和正确处理具体礼貌词语和礼貌句子的文化含义差异；第三，帮助学生清楚认识交际规则转化的必要性并学会交际规则转化的方法。

4. 注意礼貌词语文化含义的历史演变

和其他词语一样，每种语言的礼貌词语的文化含义都会随着历史的演变而不断发生变化。语言教科书的内容涉及历史长河中不同历史时期，教师需要高度重视帮助学生清楚了解同一词语在不同历史时期的文化含义及其演变的历史进程。下面列举汉语礼貌词语演变的几种常见类型：

4.1 词语含义的变化

随着中国社会的快速发展和改革开放形势的急剧变化，汉语词义的变化是与中国人交往和学习汉语的外国人经常遇到的大问题。（见第二章第四节）下面是汉语词义变化的几种常见类型：

4.1.1 含义扩大

例如，"不好意思"增加了直接道歉的含义，"先生"和"女士"扩大到适用于分别尊称一切男性和女性，"老师"有由对学校教师的尊称扩大到尊称一切知识、技能、艺术水平较高的人的趋势，例如对老演员、老新闻工作者、老技术人员、体育教练等都已开始使用这一尊称。

4.1.2 含义改变

如称呼语中，"小姐"含义频变。"太太"、"老板"、"老板娘"，在新中国成立后一段时期内曾一度由褒义（尊称）变成贬义，市场经济兴起后，又变成了对私营工商业主的尊称。"老总"的变化则更为明显：1949年以前是普通百姓对国民党军人的尊称；后来又成为对中国人民解放军的某些高级司令的尊称；改革开放后这一尊称进一步扩大到经济（如总经理）、科技（如总工程师、总设计师）等领域。

4.2 血亲称谓泛化

如"叔叔"、"阿姨"的社交称谓功能扩大："叔叔"已成为对不分比父母年龄长幼的父辈男性的尊称，取代了"伯父"、"伯伯"；"阿姨"已代替了"伯母"，变成了男女平等的尊称。

4.3 职务称谓的繁杂

对一切机构和组织的负责人，不分职位高低，一律冠以某种职务头衔加以尊称。例如：校长、院长、厂长、司长、局长、厅长、署长、所长、处长、科长、股长、组长、主席、主任、省长、市长、专员、县长、区长、乡长、村长；姓+局（局长）、姓+队（队长）、姓+导（导演、指导）、姓+检（检察院院长）、姓+秘书。

5. 礼貌词语教学应"因词而异"

在跨文化交际中应当避免强加于人，防止文化误解和文化冲突。需要慎用文化差异较大的礼貌词语，尽量避免强加于人和使用容易引起文化冲突的词语。注意教授符合国际礼节的语言。在第二语言礼貌语言教学中，学习的要求也要避免千篇一律，而应"因词而异"。我们可将汉语礼貌词语分成不同类型，区别教学要求。

5.1 既要求明白其理，又要求学会使用

对于第二文化中流行而又与学生母语文化基本对应或不会引起文化误解的

那些词句，应要求学生不仅要充分理解还要娴熟运用。例如"你好、再见、谢谢、对不起"等，以及句子结构中从大到小的思维方式。

5.2 必须明白其理，鼓励学会使用

对于具有文化差异但文化冲突不大的那些词句，则帮助学生充分理解其文化含义并鼓励其尽量学会使用。例如"请问、贵姓、不客气、不好意思"等等。

5.3 必须明白其理，但不必要求违心使用

对于具有明显文化特征和强烈文化冲突的那些礼貌词句，则只要求学生明白其理，但不必非要违心使用不可。例如，中国文化许多表达自谦尊人和互相关切之词句与西方文化的利益均衡和尊重个人独立自主的礼貌原则存在尖锐冲突，西方人难以接受，而且可以学到其他愿意接受的表达方法。对于这类礼貌词句，学习汉语和与中国人交往的西方人需要清楚了解其文化含义及其反映出的中国文化特征，以便排除文化误解，扫除与中国人交际的心理障碍。但是，只要能找到合适的替代词句或不使用这些词句不会影响与中国人的交际，就不必勉为其难，违心使用。如何选择这类词句，需要教师在充分调查研究的基础上进行精心设计，有针对性地教学。例如，汉语中询问个人行动去向的招呼语、表示关切的寒暄语和某些告别语、某些嘱咐语、某些敬谦辞以及其他充分表达中国文化重情感的热情洋溢之词，就要慎重处理，区别对待。

> 思考题

1. 请总结一下你自己在第二语言礼貌语言学习、教学或翻译中的经验教训，并运用所学过的理论做一分析，提出自己的理论见解。

2. 可以进行一次社会调查或科学研究，提出第二语言礼貌语言教学和习得的有效方法或礼貌语言翻译中应当注意的问题。

本章重点推荐参考文献

1. 毕继万，1996，"礼貌"的文化特性研究，《世界汉语教学》，第1期。

2. 顾曰国，1992，礼貌、语用与文化，《外语教学与研究》，第 4 期。
3. 何自然，1997，《语用学与英语学习》，上海外语教育出版社。
4. 贾玉新，1997，《跨文化交际学》，上海外语教育出版社。
5. Fraser, Bruce, 1990, *Perspectives on Politeness*, Journal of Pragmatics, 14（1990）219~236.
6. Brown, Penelope and Levinson, Stephen, 1987, *Politeness: Some universals in language usage*, Cambridge University Press.
7. Grice, H.P., 1975, *Logic and Conversation*, in Cole and Morgan, op. cit.
8. Leech, Geoffrey, 1983, *Principles of Pragmatics*, Longman Group Limited.
9. Maley, Alan, 1988, *The Sad Fate of Good Intentions*, in Hu Wenzhong, *Intercultural Communication—What It Means to Chinese Learners of English*, Shanghai Translation Publishing House.
10. Oatey, Helen, 1987, *The Customs and Language of Social Interaction in English*, Shanghai Foreign Language Education Press.
11. Wolfson, Nessa, 1981, *Compliments in Cross-cultural Perspective*（A）, TESOL Quarterly, Vol. 15 No.2.

第四章 思维方式的文化特征与第二语言教学

第二章中，我们从词语的语言意义与文化含义之间关系讨论了语言这一文化载体的作用，第三章讨论了语言交际与交际规则的文化特性之间的关系。本章再从思维方式的角度讨论语言信息与文化特征之间关系。这一关系体现在字词、句子结构、口语对话和篇章修辞等各个方面。

一、什么是思维方式

思维方式（Thinking Patterns or Patterns of Thought）不是个人的思想方法，也不是一个文化群体的某种具体思想方法，而是一个文化群体或民族在长期历史和文化积淀中形成的、为该群体或民族所共有的、比较稳定的思维方法、思维习惯和对客观事物的认知模式。思维方式的基本特征是一定的思想内容和一定的思维方法相统一的逻辑思维和感性体验的结合，反映的是特定文化领域的已知和未知事物，是利用过去的知识与经验认识当前事物的思维模式，是隐藏在"文化冰山"水面之下的对人类行为起支配作用的文化心理过程。

二、思维方式研究的重要性

跨文化交际与第二语言教学离不开思维方式的文化差异的研究。这是因为从宏观上看，思维方式可以解释文化现象的许多内在联系。所以有人认为，用民族思维方式的不同来说明民族文化的区别，用民族文化的区别来解释民族社会的差异，这将是一个富有广阔前景的研究方向。（张岱年、成中英，1991：前言）我们要研究人类的文化共性与文化个性，就必须研究思维方式的文化共性与文化个性。通过思维方式的文化共性与文化个性研究，可以更加清楚地认识人类的文化共性与文化个性，通过思维方式的文化对比研究可以更加清楚地认识人类文化的多样性与个性差异所在。

三、思维方式的文化特性对语言交际具有重大影响

"语言是以特定的民族形式来表达思想的交际工具。"（申小龙，1990：37）思维需要通过语言表达，语言表达与交际行为又受到思维方式的指导和约束。文化不同，思维方式也会多种多样，思维方式的文化差异必然反映在语言、语言交际和跨文化交际之中，难免产生对交际行为的干扰和阻碍。因此，跨文化交际研究的主要内容之一是思维方式的文化对比研究及思维方式的文化差异对跨文化交际的影响。第二语言教学也必须研究思维方式的文化特征在语言中的反映及其对语言的理解和运用的重大影响。

四、本章拟讨论的内容

关于思维方式的文化差异对跨文化交际和第二语言教学的影响需要讨论的问题繁杂，在此只从第二语言教学的角度重点讨论以下几个问题：

（1）思维方式的文化特征研究的必要性。
（2）思维方式与语言之间的关系。
（3）思维方式的文化特性。
（4）思维方式的文化对比与第二语言教学。

第一节　思维方式文化特征研究的必要性

1. 中西思维方式的巨大差别

一些西方人认为中国人思维方式"奇特"，让人生畏，许多人将其视为中西交际不可逾越的鸿沟，不少人甚至认为中西之间永远无法相互理解和相互沟通。

例1.
　　长期在中国经商的美国人Maoleod告诫西方人士：中国文化的思维方式和处事过程与我们根本不同，其差异之悬殊足以让人永远无法完全理解差异在何处。相互之间不仅对资料的看法不同，整理与分析资料的方法和过程也差之千里。尽管世人都有美妙的愿望，中西之间的态度还是如同人们常说的那样，还是以互不信任为好。在双方交往中，件件事都得不厌其烦地加以解释，无一能够例外。不仅如此，还要对每件事进行没完没了的协商和讨论，才能最终达到共识。然而，人们不可能设想件件事都要反复详加说明呀！

（Maoleod，1988：125~126）

例2.
　　不少与中国人交往或合作的西方人都总结出一条经验：与中国人打交道必须牢记三个字："patience, patience and patience"（耐心，耐心，再耐心）。有人甚至公开支持英国作家吉卜林（Kipling）的"名言"："East is east and West is west, and never the twain shall meet."（东是东，西是西，泾渭分明，永不相聚。）

这些评论提出了两个值得认真研究的问题：

第一，中西文化之间相互理解的困难及其原因何在？

第二，中西思维方式的文化差异究竟严重到何种地步？

2. 需要研究的理论

2.1 "线型思维"（Linear Thinking）与"螺旋型思维"（Circular Thinking）

卡普兰（Robert Kaplan）通过对来自不同文化的学生作文的分析，提出文化不同，篇章组织和发展模式也不同：英语是直线型；闪族（希伯莱、阿拉伯、犹太人）语篇章的发展呈平行型；东方语言（尤指汉、日）呈螺旋型；罗曼语（意、葡、罗、法、西）和俄语的篇章结构有些相似，都呈曲折型。有人将"直线型"称为"线型"思维,认为具有这种思维方式的文化是"讲话人沿着某一固定线路直截了当地表达信息,听话人也顺着这一思路去理解",因而直线思维文化的人讲话直截了当,如美国文化就是直线思维的文化。螺旋型思维却是转弯抹角,讲话不直率,如中国文化就是这种思维方式的代表。

那么什么是"线型思维"?其主要特点是什么?美国文化思维方式的特点又表现何在?什么是"螺旋型思维"?其主要特点又是什么?中国文化思维方式的特点又表现在什么地方?这些都是值得研究的问题。

2.2 "因果关联的逻辑思维"与"需求模式的填充思维"

美国商人 Maoleod 认为美中文化思维方式的差别是"因果逻辑式(cause-and-effect logic)"和"需求模式填充式(fill-in the pattern need)"之别。这一差别在商业交往中的表现是:

> 你问中国合作者某事的起因,得到的却是文不对题的模糊不清的回答。因为你想了解的是原因,他们想的却是既定模式。在谈判中你认为问题解决得不错,对方却会一点也不中意,因为这一解决方法不符合他们需求的模式。你在为所签署的意向书解决不了什么问题而迷惑不解时,中国主人却表示很满意。因为对你来说,这一意向书没有满足你的因果关系要求,但是它符合对方的模式需要。
>
> (Maoleod, 1988: 32~33)

Maoleod 告诫西方商人:

> 你应当牢记思维方式的这一差异:你是因果关联的实际问题解决者,要求的是尽快签订合同,使问题得以解决。他们的工作作风却有所不同,认为所要做的工作不只是签订一份合同。他们要求的是将合同纳入他们的政策、关系和意识形态的模式和网络,求得和谐的解决方法,探寻与你可能继续发展的更加广泛的关系。合同只不过是这一关系中的一个环节罢了。
>
> (Maoleod, 1988: 78)

这两段话给我们提出的需要研究的问题是：

第一，什么是"因果关联逻辑思维"？什么是"需求模式填充思维"？

第二，"因果关联逻辑思维"与"需求模式填充思维"是不是英汉文化的思维方式的基本差异？汉英思维方式的文化差别究竟在什么地方？

第三，Maoleod指出的汉英文化误解和文化冲突的症结何在？

3. 如何认识汉语言及其反映出的中国文化思维方式的特征

汉语是与拉丁语系的语言极不相同的一种语言。许多人对其感到深奥莫测。西方人将汉语视为世界上最难学的语言之一，对汉语言和汉文字的猜测和评论一直是汉语语系以外的人津津乐道的话题。其中有些看法和评论有必要加以研究和澄清。只有这样才能扫除外国人学习汉语的心理障碍。下面列举几例：

例1. 认为汉语是中外之间的一堵高不可测的大墙

> 汉语是一种独特的语言文字，要掌握其书写形式更需要大量的训练。对于许多外国人来说，由于汉语的声调特点，讲汉语的困难很大。这些特点使得语言成了中国人在政治讨论中保留中国人特色的一个关键因素。因为它十分有效地将中国人隐匿在莫测高深的无形大墙之后。
>
> (Bond, 1994: 110)

例2. 汉字的作用是帮助人注重记忆和做冗长的家庭作业

> 需要精通汉字，这能帮助你在学习中注重记忆、注意细节和做冗长的家庭作业。它也能提高一个人把事物看做一个整体的素质。此外，还能使你具有高度的空间智力。
>
> (Bond, 1993: 118)

例3. 汉语是"单调、枯燥、缺乏变化"的语言，反映出的是"一个保守民族对陈旧而又僵化的东西的推崇"

1940年出版的《新规范百科全书》（*New Standard Encyclopedia*）对汉语曾做出这样的评论：

> 汉语是单音节语和非屈折语。……作为如此缺乏变化的语言，是无法产生我们所寻求的有质量的文学创作的。高雅

性、多样性和想像之美一定都很缺乏。单调、枯燥的语言只能产生生硬僵化的文字，不可能具有创造性，只会对具体事情感兴趣。进而言之，作为一个保守的民族……他们推崇陈旧而又僵化的东西，憎恨革新。这一民族特性必然会在文字中反映出来。

(Brown, 1987: 127)

这一段话有两个值得注意的观点：

第一，汉语语言缺乏变化、单调、枯燥、文字生硬、僵化，即汉语言是落后的语言；

第二，汉民族是保守、落后的民族，只推崇陈旧而又僵化的东西，憎恨革新。

从该书初版的年代（1940年）看，这一评论似乎已是过时的观点，然而这一看法至今并未完全消除，直到现在还有人认为作为表意文字的汉字是落后的，拼音文字才是先进的、代表了发展方向。例一、二中彭氏的评论也是这一观点的隐晦表达。"长期以来，人们一直把西方表音文字视为世界文字发展的最高阶段，认为西方拼音文字是世界上最优秀的文字系统。而相比之下，中国的汉字则被认为是最'原始'、'落后'的文字，甚至有人把汉字看做是阻碍中国现代化的重要原因，要求彻底废除汉字。"（郑春苗，1994：219）

这些评论提出了两个需要回答的问题：第一，汉字是否落后于拼音文字？汉语是否是落后保守的语言？第二，汉语反映了中国文化什么样的思维方式特征？

4. 正确认识思维方式的文化异同

人类最初并不存在思维方式的差异，后来在漫长的历史长河中由于各种因素的影响，逐渐形成不同的文化特性，但人类思维的基本点是相同的。思维方式存在文化差异；思维方式的文化差别不能掩盖人类思维方式的基本共性；思维方式的文化差异会给第二语言教学和跨文化交际造成障碍和干扰，但不是不可跨越的文化鸿沟；要克服思维方式的文化障碍就需要对思维方式的文化异同有清楚的认识和正确的态度。

4.1 人类思维方式的基本相似点不可忽视

4.1.1 人类初期的思维方式是相似的

在古代，人类对自然所做的抽象和假设以及各民族的神话都很近似，他们都崇拜自然的多神教，中国、埃及、希腊概不例外。当人类由幻想的、神话式的思维方式转变为客观的、把自然作为一个实体来考察的自然科学式的思维方式时，中国和古希腊也极为相似。在对世界本原的推究上，古希腊有的学派认为"水"是世界的本质，中国的先哲们也提出了"金、木、水、火、土"是构成世界的基本物质。古希腊和中国的哲学发展进程也是遵循了同一规律的，这就是由最初对万物发生的本原、对宇宙形成的关注，再回到人类的现实生活中来。

4.1.2 全人类仍然具有相同的思维规律

人类的抽象思维都是逻辑思维，都是依照同样的逻辑规律进行的。例如，都要经过概念、判断和推理这一认识过程。所谓"思维没有民族性"之说恐怕就是从这一角度讲的。正是这种思维的文化共性和普遍性使得不同文化之间的交际得以进行。

4.2 人类思维方式的文化差异也不能忽视

思维方式存在文化差异，文化差异会对跨文化交际造成干扰，甚至还会引起严重的文化误解和文化冲突。前面提到的几个评论就存在着忽视或无视文化差异、文化误解和文化冲突的问题。来自不同文化群体的人相互打交道时，常常会发现"他们的想法和我们不同"。这是因为思维方式深深埋藏在我们的认知结构和价值观念之中，人们从未想到过会有人与我们思考问题的方式不同，也很难理解与自己不同的思维方式。然而，要进行有效的交际，就必须懂得思维方式是会不同的，也有必要去了解别人不同的思维方式。只有这样，才能进行有效的交际。要正确认识和对待自己的文化，要正确认识和对待别种文化，就必须认真研究和正确对待思维方式的文化差异，因为思维方式的文化差异会干扰跨文化交际的顺利进行。正确认识和有效克服思维方式的文化差异对跨文化交际和第二语言学习的干扰的难度极大。美国著名的人类学家霍尔说："体验其他群体的生活方式，在于了解和接受他们的心理活动方式。这并非易事，事实上极为困难。但是，这正是文化了解的实质所在。"（Hall，1977：24）在跨文化交际中，人们总以为别种文化的人与自己的想法应当一样，对与自己思维方式不同的文化就认为不可思议，甚至反感和责备。他们不了解，也没有想到要去了解，甚至还有人拒绝去了解与自己不同的其他文化的思维方式和文化心理。发生文化误解或文化冲突时，常常从其他文化方面寻找原因，甚至自觉不自觉地将罪责强加在他种文化身上。跨文化交际学者和第二语言师生需要善于客观地发现矛盾和冷静地分析问题所在，从中揭示出文化差异的表现，并做出富有成效的应对。

4.3 清楚了解思维方式文化差异形成的原因

清楚了解人类思维方式文化差异形成的历史原因有助于正确认识思维方式的文化差异和冷静应对所遇到的文化冲突。思维方式文化特征形成的原因有三：

4.3.1 历史发展轨迹不同

在人类的古典文明时期，不只古希腊文化与中国文化有共通之处，整个世界文明都是如此。例如，逻辑思维的概念、判断和推理的过程是人类所共有的，古代中国也不例外。中国春秋战国时期，庄子的相对论以及阴阳五行学说，从认识角度把客观世界、社会和人类自身联系起来加以考察，在这些不同事物之间建立了联系，充分地显示出某种认识论上的思辨特征。在百家争鸣的春秋战国时期，人们所采用的大都是辩证抽象的思维方式，有着自身的逻辑体系。春秋战国时期的人是好思而又善辩的。秦汉时期是中国思维方式的转变时期。董仲舒的"罢黜百家，独尊儒术"将人们的思维方式规范到一种固有的思维模式之中。儒家试图用道德情感去规范人的全部社会行为，宣称人与自然之间存在着一种"天人感应"。这是一种简单的直观性思维方式，对后代影响极大。16世纪的伽俐略、牛顿等努力建立起的西方近代科学，改变了人们过去的思维方式，把西方文明推向了一个全新的发展方向，中西思维方式之别就越来越大了。（诸葛蔚东，1987）

4.3.2 宗教信仰的差别

宗教信仰也会影响思维方式的形成。在西方，公元5世纪渗透到罗马世界中去的基督教大大影响了西方的文明结构。在上帝面前人人平等以及基督教通过与万物有灵论相对立，让人意识到自然与自我分离，促进了个人主义世界观的形成。人们感到精神与肉体分离，出现一个不断在背叛自我的非我感觉，产生孤独感和"原罪"意识。受宗教的影响，西方哲学形成了二元论，主张世有精神和物质两个独立本原的哲学学说。将神人分类，将精神（灵魂）与物质（形体）分离。这种哲学表现在思维方式上是主客体分离，将客体独立于主体之外。中国人却重视的是敬祖宗、敬天地，而不是某一宗教。敬神者也是多神，而不是西方的一神。这就影响到中国人以家庭和家族为核心的传统群体观念和相互依存的意识，而不是依靠什么神灵，反映了中国人习惯于从实际出发考虑问题。

4.3.3 生活环境各异

生活环境也是影响人们思维方式的一个极为重要的因素。历史学、人类学、经济学、社会学、地理学等的研究表明，操印欧语的人，或生活在山呼海啸、动荡不定、气候恶劣的海洋型环境之中，或无定地游牧迁徙在干燥广阔的草原之上，恶劣的环境迫使人独立自主地拼搏和冷静客观地去认识自然，征服自然，与生活环境相抗争。所以，人与自然处于对立地位。人与人之间也要通过竞争，甚至争斗达到强者胜、弱者败、适者生存，这导致了对个性、理性的强调和追求。这种文化心态给印欧语系人的思维方式带来了追求个性和理性的倾向。"牛仔（cowboy）"文化对美国文化的重大影响就是一例。文艺复兴、资本主义制度的形成与发展、商业文化的市场经济大大促进了自我中心和争斗扩张倾向的发展。这种文化心态也给印欧语带来了不同于其他语言的鲜明特色。生活在北温带广阔肥沃的东亚大陆上的中国人较少受到大自然的压力和威胁，长期的小农家庭生活和生产方式、对大自然的依靠和稳定的生活环境，使人们对大自然充满了感情和依赖，这就铸就了中国人的"天人合一"的朴素整体观。这种心态相对发展了直觉的、悟性的综合思维和辩证思维方式，注重从整体上、对立统一的关系中把握认知对象的实质。汉语尚意合、略于形式变化，以语序和虚词为主要语法手段等特色都是建立在这种文化心态之上的。

5. 清楚认识和正确处理思维方式文化特征的重要性

在中国改革开放的大潮中，大中城市中几乎每个地方、每个单位和每个人都离不开跨文化交际的环境。为了帮助在华工作、学习和生活的外国人熟悉、适应中国环境，便于与中国人交际，中国政府和一些单位许多过去只向中国人宣传的事情现在需要通报给在华的外国人，许多规章制度和法律条例也要求在华外国人了解和遵从，大量的社会公约和规定需要译成外语。这些都是完全必要的。然而，一种倾向往往掩盖着另一种倾向。现在社会上也刮起了一股汉译外的风气，不管有无外国人光顾，也不管是否与外国人有关系，都喜欢加上外文。招牌广告、商品说明、地名路名、衣服鞋帽等，什么东西都似乎加上外语的标签才算时髦，可是外语又不伦不类，中国人看不懂，外国人看了只会发笑。这是一种极不正常的心理。什么需要译成外语，什么不必译成外语，什么不应译成外语，需要翻译的东西又怎样正确而又得体地译成外语，等等，已成为全社会面临的大问题，也向第二语言师生和汉外翻译人士提出了严峻的挑战。事实证明，人们不仅要注意学习外语，还必须明确学习外语的目的，端正学习外语的态度，需要不断提高跨文化意识，认真了解中外风俗习惯、交际规则、思维方式和价值观念的文化差异与文化冲突，真正将外语作为一种跨文化交际的工具，发挥使用外语的积极效果，争取尽量减少和避免文化误解和文化冲突。

我们建议读者通过下面的案例分析，研究和分析翻译工作的严肃性和思维方式文化特征研究的极端重要性。

案例 15. 我们的标语口号给谁看

几年前，我在国内出差，与外国同事乘汽车去外地。在高速公路上，他指着公路桥上悬挂的一条横幅标语问我是什么意思，我把上面写着的"严格科学管理、创造一流服务"非常清晰地翻译给他听，但这位先生听后还是不明白，问："这是谁写的？"我答："高速公路的管理部门啊！"他好像更糊涂了："那这是给谁看的标语呢？"这回轮到我犯琢磨了，说真的，这类标语路上到处都是，就像"依法治路，保障畅通"、"创建平安大道"一样，我从来没有具体想过是给谁看的、针对哪些人的。从标语的内容来说，它不像是针对汽车司机或者乘客的，那么结论只有一个："这是给高速公路管理部门自己看的。"

听了我的解释，外国同事似乎明白了，没有再问什么。可是我自己反而有点糊涂了：高速公路管理部门自己的事情，内部实行严格的科学管理制度、

第一节 思维方式文化特征研究的必要性

争创一流服务就是了，为什么还要大张旗鼓地写出来给别人看呢？沿高速公路再走远一点，已经进入乡村了。路边有几条关于农村用电的标语，看得我似懂非懂，没敢给外宾翻译。首先映入眼帘的是"电是商品，先买后用"，像是电力部门对农民用户促销的宣传，也有点"你们不能白用"的意思。可紧接着就是"严格电价管理，增加电价透明度"，又似乎是政府管理部门对电力部门的督促，口气里不乏责备之意。第三条标语写的是："执行农村分类电价，拒绝随便加价"，又分明是消费者的呼声。这些标语到底是谁在写？又是写给谁看？一时还真有点搞不清楚呢！

不久前我在成都最繁华的商业街上看到了中英文双语的"文明旅游公约"，这个旅游公约共有8条，却使用了近20个硬邦邦的"不"字，比如"不摘折花木果实"、"不污损客房用品"、"不贪小便宜"、"不讲粗话"、"不在公共场所袒胸赤膊"、"不强行和外宾合影"等等。这样的文明公约全国各地都有，其实际效果很差，翻译给老外看就更是无的放矢了。从公约中"不强行和外宾合影"这句话看，很明显这个公约是国人的自律公约，并不针对外国旅游者。用精确的英语把这个公约翻译出来给外国人看，无异于提醒外国游客：这里一定是一个不大文明的地方，要不然怎么会有这么多的清规戒律呢？

从这些标语口号和公约中可以看出，一贯强调正面导向的中国其实是一个负面列表的社会，这也"不许"，那也"严禁"。然而，再多的"禁止"总难免挂一漏万。没有写"不许"的事情是否就是允许呢？记得北京某公共场所，暖气片旁边写着："严禁坐卧"，坐不得也卧不得，想得不可谓不周到。然而，有一个小伙子大大咧咧地蹲了上去。当工作人员前来制止的时候，小伙子胸有成竹地回答道："没说不许蹲啊！"况且，"不许"可能引起人们逆反和好奇的心理。再比如，北京地铁各站内随处可见的"严禁跳下站台"的告示，其本意大概是怕乘客不慎跌落下去发生触电事故，但是有关部门却出于本能和习惯，板起面孔凶神恶煞般地说"严禁跳下"。精神正常的乘客绝不会"跳下站台"的，而精神不正常者也不会在乎这条禁令。每当我看到这条禁令都会哑然失笑：是不是跳下去有什么好处？

当然，标语口号也不是完全没有作用。比如，我们在街头到处可以见到的提醒司机行人"遵守交通规则，注意交通安全"的标语，就非常有针对性和必要性。但是，如果标语的内容只涉及某个部门本身的工作，而且又是他们分内应该做的事，那么就不免让人觉得有点华而不实，只是为了造个声势，或应付上级检查，或哗众取宠而已。

我们也许不必要学20世纪60年代的法国青年，高喊"禁止禁止"的口号，对"严禁"和"不许"一概排斥，但是我们也应该思考一下如何在改革开放的大背景下弘扬现代文明。这次回国和朋友相聚，有人问我："你在国外二十多年，中国到底比世界先进水平相差多远？"中国的发展日新月异，单从基础设施的角度看，差别是越来越小了。但是，我认为一个重要差别就在于中国在很大程度上还是一个负面列表的社会，随处可见"禁止"、"不许"、"不准"。什么时候长长的负面列表单子只剩下一个"禁止吸烟"，大街上也不再需要那些不知道给谁看的标语口号，或许中国就真的与国际接上轨了。

（亚洲开发银行项目官员翟华，《环球时报》2008年3月11日）

案例分析参考题

1. 外国人和该文作者对遍布各地的标语口号的看法是什么？你的看法是什么？

2. 请在来华外国人和归国的中国人员中做一调查，了解他们对中国公共场合的标语口号的看法，并做一评论。

3. 作者认为中国与世界先进水平的差别和不接轨之处"就在于中国在很大程度上还是一个负面列表的社会"。你同意这一看法吗？你的看法是什么？

4. 你认为在教学和翻译中应当如何正确、得体地处理标语口号、公共标识和社会公约之类的语言解释和翻译问题？

思考题

1. 下面是北京某中外合住的居民大院内公共标识及其英语译文。请注意必要的语言错误纠正和文化差异的研究，重点是对思维方式与语言之间关系的研究。请向母语为英语的外国人士做一调查，并做汉英语言与文化对比分析，阐述自己对汉英语言和思维方式的差异的看法。除对每句的研究以外，也请将所

第一节 思维方式文化特征研究的必要性

有句子的汉语遣词造句的特点与正确的英语译文做整体对比，看看是否可以发现汉英思维方式的有趣差异。

(1) 随手关门

   Close the door after oneself

(2) 为了大家的安全　请您出入时随手关门

   In order to be safe, please close the door after oneself

(3) 雨雪天气　小心路滑

   Be Careful　Slippery Floor

(4) 关爱家园　珍惜绿色生命

   Care of Our Home　Care of Green Lives

(5) 因为您的关爱　才有我的美丽

   My prettiness comes from your protection

(6) 讲究卫生　爱护环境

   Care of Environment

(7) 亲近水景　注意安全

   Keep Away from Water

(8) 注意安全　小心台阶

   Mind Safety　Mind the Step

(9) 爱护花草　请勿践踏

   Keep off the Grass

(10) 小心路滑

   WET FLOOR

2. 下面几句也是这一居民大院的公共标识，但是没有英文翻译。请与英语国家人士共同探讨翻译方法，将其译成合适的英语，并阐明理由。

(1) 足下留情　回报的是绿茵

(2) 绿色是生命之源

(3) 青草对践踏者说：不

第二节　汉英语言观与思维方式的文化差异

外国人对汉语语言和文字理解困难的一个重要原因，是对汉语语言认识和对中国文化的思维方式理解的困难。本节将从四个方面讨论这一问题：汉字与中国文化的语言观、词句含义的误解与思维方式的文化冲突、语篇的误解与文化冲突、语言修辞的差异与思维方式的文化冲突。

1. 汉字与中国文化的语言观

1.1 世界上所有已知的上古文字都是会意文字

美国基督教堂曾散发一本书：《孔子未解开的谜》（李美基、鲍博瑞，1986）。该书"以圣经记述为背景，将古字以圣经的眼光分析"，解释"古希伯来圣经与中国汉字的联想"，试图将汉字纳入基督教义之中。该书详细分析了122个古代象形汉字"与上帝的密切关系"。作者将汉字与希伯来圣经进行了具体细致的对比，认为"圣经对天地起源的记载与中国汉字所包含的观念一致，说明古代中国人已经体认到他们与上帝的密切关系，只不过孔子未能解开其中的奥秘，许慎的解释不全面罢了"。

该书的两位作者认为，中国古代人所称的"帝"就是"上帝"，中国的文字原原本本地保留了上帝创造世界及人类的情况，表意文字的主题所表现的事实就是"第一对男女的受造"、"与上帝的最初关系"、"罪的起源"、"上帝的补救方式"等等。认为许慎时代是道家思想盛行的时代，当时"道家思想几乎完全取代了古代中国人对唯一的造物主——上帝的信仰"。因此，"《说文解字》虽然解释了文字的意义，却没有深入地探讨文字的本来意义；而本书则是探讨文字最原始的意义。"（128）例如，对"神"字，《说文解字》的解释是"天神引出万物者也，从示卯声"。该书认为："许慎认为神是宇宙万物的创造者，这一观点与本书的观点一致。"（129）"'神'的古字'神'，《说文》解释左边的部首'示'为'天垂象，见吉凶，从二，三垂日月星也。'（语译：'示'指天上的星象，观星象，可以看出吉祥或凶兆），本书亦认为'示'是用来代

第二节　汉英语言观与思维方式的文化差异

表整个'神'字。""《说文解字》对神字的右边部分并未详加分析，只将'神'解释为'天神引出万物者也。'但本书对'神'的解释为：上帝的双手造出第一个成年男人——亚当。本书注重分析文字所涵盖的本意，而《说文解字》则否。"(129) "许慎认为，'美'：'甘也，从羊大，羊在六畜主给膳。'即甘甜，引申为凡是好的事物皆谓之美。美字由羊、大组成；羊在六畜之中是最美善的。本书亦认为羊是动物之中最善的，因为它象征了上帝的独生子（羔羊），由于它的献祭，使我们在上帝的眼中是完'美'的。因此本书认为美字，指一只羊遮盖了尊贵的人亚当；当上帝看到罪人被羔羊遮盖后，他就像看到自己无罪的独生子一样。"(133) 作者在书的最后下结论说："换句话说，读者对于古代中国人在发明表意文字时是否有一套思想体系，想必已得到了答案。我们相信，古代的中国人对他们所处的世界及上帝与早期人类的亲密关系，一定有所体认。以致使四千年后的我们，得以藉着这些保存下来的文字，一窥人类早期的史实。这岂不是件很奇妙的事？"(134)

毋庸置疑，该书对汉字造字心理及历史渊源所做的评论纯粹是出于主观臆测，然而，这一猜测还是可以给人以启迪的：可以激发人们研究古代世界文字的兴趣，也可以激发人们研究会意文字起源的欲望。经过研究，我们会发现世界上古文字起源的共同性：都源于象形文字，拼音文字和会意文字之别则是由后来文字发展的历史轨迹不同所造成的。有关汉字的形成、汉字结构的特点及其文化特征的著述，现在在我国不难找到。有关汉字结构、含义与中国文化思维方式之间关系的著述虽然也不鲜见，却仍嫌不足。更重要的是，这方面的研究尚未引起跨文化交际学者和第二语言教师的足够重视，大有进一步提高认识和加强研究的必要。

世界上所有已知的古代文字都是从表意的图画文字演变而成的、以象形字为基础逐步发展起来的表意文字体系。周光庆将世界古文字的演进归纳为三种形式（邢福义，2000：155~156）：

一是象物方式。即对于指称对象是"物"的词，以其形体表现该实物的形体特征，体现词的意义内容。如古苏美尔文字中的"山"、"弓"、"矢"等字，古埃及文字中的"口"、"水"、"房"等字，古汉字中的"人"、"目"、"羊"等字。

二是象事方式。即对指称对象是"事"的词，都由独体字为字素组成复合形体，从字素意义间关联上和组合的形象上表现该词所指称的行为、运动或过程的方式、特征，从而体现词的意义内容，记录该词。如古苏美尔文字中的"生产"即从字素"鸟"和字素"卵"的意义关联上和组合的形象上表现生产这一行为的特征；古埃及文字中的"作战"即以字素"盾"、"矛"和"双手"的组合，表现作战这一行为的方式；古汉字中的"牧"即从字素"牛"和字素"攴"的意义关联组合形象上，表现放牧这一行为方式和特征。

三是象意方式。即指称对象是"意"（事物的性状特征、人类的情感意识等）的词。表意字主要是以独体字为字素组合成的复合体，即由两个或两个以上的意义相关联的字素组成的新词，这种组合运用想象、象征、比喻、示现和联想等各种方式，从字素的意义关联和组合形象上，表现事物的性状特征和人类的情感意识，从而体现词的意义内容，记录该词。如古苏美尔文字中的"凶恶"即以字素"目"和字素"犬"的意义关联和组合形象表现凶恶这一性状特征；古埃及文字中的"黑暗"即以字素"夜幕"和字素"星"的组合形象表现黑暗的特征；古汉字中的"媚"即以字素"女"和字素"眉"的组合形象表现娇媚这一性状特征；又如汉字中的"明"即运用想象，以"日"与"月"共照中天的组合形象来表现光明、明亮的特征。

了解了古代文字会意的共同特征，就不难理解上文引用的美国基督教徒从西方基督文化的角度猜测古汉字含义的原因了。世界文字经过几千年的历史变迁，大都改变成拼音文字，只有汉字的会意形象仍然保留至今，而且生命力越来越旺盛。

1.2 汉字不是落后文字

许多人认为，拼音文字先进，方块汉字落后，汉字的前途是拼音化。这一看法不仅在西方存在，也在中国近现代史上产生过深远的影响。在中国近现代史上，相当长一段时间内就有一些人开展过汉字拼音化运动。早在19世纪90年代就首次出现"切字音"运动。1892年，卢戆章第一个提出改革汉字，实行拼音化。他认为切字音是西方文化发达的原因之一，应当向他们学习，以拼音字帮助人们识字，普及识字教育。1919年前后，在"五四"时期反封建的

第二节 汉英语言观与思维方式的文化差异

浪潮中，一些人又进而主张以拼音文字代替汉字，鼓吹"汉字拉丁化"，要"走世界共同的拼音方向"。认为只能用拼音文字"补救"汉字，以求得向西方文化的认同。解放后，也有人曾一度希望汉字拼音化。中国政府于1958年制定了《汉语拼音方案》，决定采用拉丁字母，并用附加符号表示声调，作为帮助学习汉字和推广普通话的工具。从此，汉语拼音一直也只是起到汉语学习和推广普通话的辅助作用。计算机发明以后，有些人又担心方块汉字适应不了现代化信息传播的要求。结果，现代化的计算机也很好地解决了这一问题。一件件事实反复证明，汉字是落后文字的看法一次次都不攻自破了。历史的发展有力地证明了，汉字并不是落伍的文字，汉字具有强大的生命力。

1.3 汉字是世界上唯一长盛不衰的会意文字

古代从表意（句意）的图画文字发展成为表词（或词素）的意音文字的有两河流域苏美尔文字、古埃及文字和汉字。只有汉字未走向拼音化。申小龙（1990：86~94）和邢福义（1990：432~445）的看法是：

(1) 汉字缺乏形态变化，不像苏美尔语那样需要专门的音节符号来表示形态变化。汉语的词或语素绝大部分是单音节的，不像其他语言有大量多音节词适合用拼音方式表示。同音词多，也助长了形声字的发展。

(2) 中国人趋同思维倾向阻止了汉语表音要素的发展。在单音节语素占绝对优势的情况下，形成了一种系统的压力，在趋同的文化心态的作用下，人们觉得每一个字都有独立的意义，对外来词也喜欢进行意译或音义结合的翻译。

(3) 中华民族所处地域极广，方言繁多而且相互差别极大，相互之间从语音上沟通往往会遇到极大困难，用"超方言"和"超时代"的方块字互相沟通就使这一困难迎刃而解了。正是这一独特的文字形式维系了中华民族几千年汉语语言的传承。

(4) 汉字反映了中国文化的悠久传统，中国人崇尚传统的文化意识，不愿意改变汉字传统，不愿意用汉字拼音化中断这一悠久文化传统。

我们认为，汉字长盛不衰的决定因素是中国文化独特的历史特点、语言特点和思维特点。中国历史是世界上唯一从未中断的文明史。大一统传统的继承几千年来一直为中国人所推崇与维护。汉字一直是中华各族人民赖以相互沟通的必不可缺的工具。汉语是词根语，词根语有助于表意文字的形成。单词极易从句中分离出来,词在句中的语法关系不是由词的形态变化表示,而是依靠语序和虚词。这一语言特点又反映了中国人的思维方式的文化特性:重意合而不是形合、重综合的整体思维而不是单个成分的特点。

1.4 汉语文字传达意义不必经过语音的中介

信息的交流是否必须以语音为中介,这是汉西语言的一个重大差别。西方语言学家认为文字是语言符号的符号,或者说是信号,只记录口语,与思维没有直接的联系,声称"最先进的文字是作为全面记录口语语音的拼音文字。所以,拼音文字地位必然优越"。然而,汉语文字是一种与拼音文字不同的文字,其根本性质是一种视觉形式。认读拼音文字必须通过语音的识别才能了解意义,认读方块汉字却可直接用图像获得信息,而不必通过语音的中介,而且汉字的主要功能是供阅读的。方块汉字以形传意,其阅读速度比汉语拼音要快得多,有效地简化了阅读解码的过程。汉字形声配合的结构方式既保持了汉字的图像性,又使汉字能适应语言词汇的增长。正是这一独特的文字形式可以超方言、超时代地维系中华民族几千年言语异声的统一,将中国悠久文化传承下来。帕默尔指出:

> (汉字的)视觉符号直接表示概念,而不是通过口头的词再去表示概念。这就意味着书面语言是独立于口头语言的各种变化之外的。它意味着一个学生学了4000个左右的视觉符号(据说足够日常应用了)之后,4000年的文献就立刻展现在他面前了。对于他不存在学习中古汉语和上古汉语的负担,也没有学习古希腊文献的学生碰到的那种复杂的方言问题。……虽然中国的不同地方说着互相听不懂的方言,可是不管哪个省的人,只要是有文化的,都能马上看懂古代文字写的一个布告。但是,据说一个广州人要把它读出来,那声音对于一个说北京话的人根本不能传达任何意见。所以,汉字是中国通用的唯一交际工具。唯其如此,它是中国文化的脊梁。如果中国人屈从西方国家的再三要求,引进一种字母文字,充其量不过为小学生(和欧洲人)省出一两年学习

第二节　汉英语言观与思维方式的文化差异

时间。但是，为了这点微小的收获，中国人就会失掉他们对持续了四千年的丰富的文化典籍的继承权。

（帕默尔，《语言学概论》，转引自申小龙，1990：92）

对口头语言和书面语言之间关系的看法涉及语言态度的文化差异。中西方对待语言的态度存在着明显的文化差异：第一，对语言作用的看法不同。西方文化认为，传递概念与观念必须借助语言，鉴定思想的有效性也必须通过语言的分析；中国文化则认为，语言只是一种工具，而且只是显示影射世界的初步工具，是真实的间接代表。哲学思维不受语言的障碍，最后还必须超越语言甚至放弃语言。第二，字词结构对字义的作用不同。作为形象语言的汉语以字的形象决定字的意义，作为拼音文字的语言则以声音组合来决定字义。第三，传递信息的方式不同。形象语言的文字是一种视觉形式，通过图像对视觉神经的刺激传递交际信息，进行形象思维；声音语言的拼音文字则是记录语音的符号，不能形象化，必须形成抽象思维。第四，语音在文字传递信息中的作用不同。拼音语言的"文字是语言符号的符号"，文字传达意义必须以语音为中介；形象语言的文字的图像信号则不必经过语音的中介，而是通过视觉形式直接传递信息。作为形象语言的"汉字的主要功能是供阅读的。方块汉字以形传意，其阅读速度比汉语拼音要快得多。"（张岱年、成中英，1991；申小龙，1990）

西方不少学者不了解汉文字与拼音文字之间这种差别，甚至按西方语言的标准将汉语按方言的差别分成几种"语言"。例如，在美国的一次学术讨论会上，一位美国教授与留美的中国博士生共同提交一篇论义，将汉语的六大南方方言（吴语、闽语、粤语、湘语、赣语、客家话）看成不同的"语言"，并且大谈这几种"语言之间的差别"，其依据的理论就是拼音文字的理论，认为口头交际不通就不属同一语言。

1.5 西方文字发展的三个阶段不是汉字的发展规律

从象形文字到表意文字最终成为拼音文字，这是西方拼音文字发展的三个阶段。但是，这一发展规律并不是世界文字发展的普遍规律。这一规律就无法解释汉字的发展进程。汉语的会意文字与西方的拼音文字都源于象形文字，但是汉语并没有拼音化，也不会走拼音化的道路。因为汉文字与拼音文字发展的方向不同。正如瑞典汉学家高本汉所说:"中国不废除自己的特殊文字而采用我们的拼音文字,并非出于任何愚蠢或顽固的保守性。中国的文字和中国的语言情形非常适合,所以它是必不可少的。中国人抛弃汉字之日,就是他们放弃自己的文化基础之时。"(申小龙,1990:93)汉字还需要不断改革,但是汉字改革的方向不是拼音化。

文字是记载语言的,但用文字记载语言不是只有一种形式。索绪尔认为,"只有"两种文字的体系,表意体系和"表音"体系,前者以汉语为代表,后者以印欧语为代表。由从思想到文字的途径来看,这两者走的是不同的道路。拼音文字走的是一条间接的道路,从概念先到语音再到文字,因此语音是第一性的,文字是第二性的,在这种体系里,文字只能是"符号的符号";而汉字走的是另一条道路,以形写意,从概念直接到文字。在这种体系里,文字就是语言的符号,文字的研究就是语言学的研究。当然,作为文字,汉字不可能没有音,但至少从中国人的传统心理来说,比起形,音是第二位的。(潘文国,1997:156)

1.6 汉字是世界文字大家庭中的一员

何九盈认为,"20 世纪有三种世界眼光在看汉字,这就是:西方文明中心论者的世界眼光,东方文明中心论者的世界眼光,文明多极论者的世界眼光"。(何九盈,2000:27)何先生既反对西方文明中心论者的观点,也不同意东方文明中心论者的看法,赞同用"文明多极论者的世界眼光"看汉字,并提出了四条依据,证明"汉字只是世界文字大家庭中的一个成员":

(1)汉字既为中国人服务,也为外国人服务。但主要是为中国人服务,为汉字文化圈的人服务。它的国际地位是联合国认可了的,它在国际间的通用率将会逐步提高。

(2)汉字不可能成为世界第一,也不可能改为拼音文字。

(3)跟世界上任何一种文字一样,汉字也既有自己的优点,又有自己的缺点。汉字的优点很多,主要表现为和汉语建立了良好的搭配关系以及形体的表意性和艺术性等。但是难写难认的缺点是不可否认的。

(4)汉字仍然是中华各民族团结一致的共同基础,就是散落在世界各地的5500万华人对汉字仍然有深厚的感情,他们通过汉字温习对祖国的感情和牢

记自己的文化根。（26~27）

上述观点是有道理的，我们的看法是：

第一，汉字在世界上的作用和影响会越来越大，这不仅表现在何九盈第（1）、（4）条之中，还表现在随着中国经济的发展和中国在世界上地位的提高，世界上学习汉语的人会越来越多。汉字不仅是中华民族和全世界炎黄子孙团结的一个基础，也是外国人了解中国文化和汉语言的一个重要窗口。

第二，历史的教训和当今世界的政治和外交斗争的经验必须吸取，既不能自暴自弃，人云亦云地瞧不起自己，硬要搞什么"用拼音化代替汉字"，也不可用"中国中心论"抵制"欧洲中心论"和"美国中心论"，认为汉字是世界上最优秀的文字。汉字永远是世界文字中的一员，是一个地位越来越重要的成员，但决不会成为"统治"世界的文字。

第三，会意文字和拼音文字各有特点，都是各自历史发展的产物，而且都在各自的历史轨迹中继续发展，也都有各自的长处和短处，不可以甲之长比乙之短。跨文化交际的一条重要原则就是只比异同，不论褒贬。因为跨文化交际的目标是通过求同存异，平等交往达到有效的交际目的。

2. 词句含义的误解与思维方式的文化冲突

2.1 思维方式的文化误解会导致对语言词句含义的误解

西方人在理解汉语词句时所遇到的思维方式障碍主要表现在两方面：

2.1.1 用线型思维方式理解汉语词句的含义

所谓的"线型"思维，其主要特点并不是讲话直截了当，而是把各种问题化为只用一元一维直线思维予以处理的思维方式。又称"直线思维方式"。这一方式有两个特点：一是把多元问题变为一元问题，即突出解决其中一个问题，把其余问题撇开不管，或者把复杂问题归结为一个简单问题，然后予以处理；二是将问题的性质都看成是非此即彼，排除其他可能的认识和解决方法。也称为"排中律（law of excluded middle）"或"拒中律"、"不容间位律"，要求人们对任何事情都必须作出明确的"是"与"非"的判断，不允许有第三种思想。（田运，1996）因此，这种思维方式难以避免主观性、绝对化和片面性，

"black or white（非黑即白）"的思维，就是这一思维方式的突出特点。例如，西方有的"中国通"将"苟正其身矣，於从政乎何有"译成"Once a man has contrived to put himself aright, he will find no difficulty at all filling any governmental post.（为官者只要做到自身行为端正，履行任何职责都会毫无困难。）"并根据自己的理解和本文化的思维方式，对这句名言加以解释和评论：

> 在《论语》中，孔子曰，君子之合乎领导的条件是他的良好品德，而不是他的技术和专业才能。"苟正其身矣，於从政乎何有？"宽宏大度和知规识礼是主要美德。理想的领导人不应受规章制度的约束，也不应对他统治的人强加条条框框。有力的领导人是以个人榜样的力量和对形势的善于把握实行统治的。

（Bond，1994: 74）

"苟正其身矣，於从政乎何有"本来依据的是辩证思维方法：强调某一方面（苟正其身）的重要性并不等于"只有这一方面"而不顾其他。强调施政者重视自己的品德，只说明品德的重要性，而不可用直线思维的方式，否定对从政者其他方面的要求。

2.1.2 用主观性思维方式解释汉语词语的含义

"主观性思维（subjective thinking）"是使外部现实适应和服从自己头脑中的固有模式的思维习惯倾向。具有这种思维性质的人总是希望和要求外部现实服从自己头脑中的模式，不管这种模式是否真的能够反映眼前的外部现实。例如，有的西方"中国通"对"在家千日好，出外一时难"和"在家靠父母，出外靠朋友"这两句民间谚语，既不考察其使用的语境，更不探究其来源，只是根据自己的文化偏见和主观臆测，将这两句民间谚语的来源主观臆想为"中国孩子从小就被培养成视家庭为冷漠、残酷和专横的外界生活的避难所。所以，才会有'在家千日好，出外一时难'的感觉和'在家靠父母，出外靠朋友'的愿望。"（Bond，1994）他们不了解中国文化是以家庭为核心的群体文化，在这种文化中注重的是亲情关系，强调朋友相互关心和彼此照顾的作用。认为远离亲人，在举目无亲和人生地不熟的地方生活和办事，总不如在亲人身边和故乡环境中自由自在。

第二节 汉英语言观与思维方式的文化差异

又如，对于"宁为平时狗，不为战时人"这一中国民间具有特指含义的谚语，有的西方"中国通"不考证其语境意义和中国历史，仅凭西方主张竞争、偏好冲突和斗争的心理及其本人固有的文化偏见去妄加猜测和评论，做出如下推测：

> ……中国人对任何形式的攻击的基本态度可以浓缩在一句赤裸裸的警句里："宁为平时狗，不为战时人。(It is better to be a dog in times of peace than a man in times of war.)"由于争斗常常由争夺资源而引发，攻击就意味着所享特权和信用的崩溃。既然中国人是由等级制度确定人际关系，对资源的争夺常常是一场非胜即负的斗争，结果是以报复方式重建不容置疑的新的等级秩序。不足为怪，中国人的这种社会逻辑和他们所经历的历史使得他们像害怕瘟疫一样逃避公开的敌对行为，因为公开对抗是令人恐惧的幽灵——乱的预兆。
>
> (Bond, 1994: 65)

这种臆测和妄语可算是达到了登峰造极的地步。这位大名鼎鼎的"中国通"竟然不惜将一个具有几千年文明史的悠久文化贬责到无以复加的地步！中国历史上战乱不断，尤其是近百年来一直饱受外国侵略和内战之苦。普通老百姓深感战时人还不如平时狗一样难以生存下去。稍有中国历史常识的人都不难理解，这两句话表示的是对战争的憎恶和对战乱造成的猪狗不如的生活的抱怨，决不是愿意做卑躬屈膝、贪生怕死的"软骨头"。

用线型思维和主观思维是无法解释"苟正其身矣，於从政乎何有"、"在家千日好，出门一时难"和"在家靠父母，出外靠朋友"等汉语说法的。因为这些说法体现的是中国文化的辩证思维方式。不顾汉语语境意义，盲目乱加猜测只有百害而无一利。如果再掺杂文化偏见，那就祸害无穷了。在中国文化中，强调黑或白决不等于认为非黑即白或非白即黑；理解某一句话如果不立足于具体语境（具体时间、具体空间、具体条件、具体交际关系和交际目的）进行具体分析，甚至随意用另一种文化的某种思维方式去理解、去判别，就不仅会发生"误判"，还会犯严重的文化错误。

3. 语篇的误解与思维方式的文化冲突

3.1 口语对话中思维方式的文化冲突

口语交际中的文化误解和文化冲突的重要原因之一是思维方式的文化差异，要求语的文化差异和文化冲突就是一个突出例证。

要求语在中西文化之间的差异，既有礼貌规则的文化差异（见第三章中有关婉言法的讨论），也有思维方式的文化差异。在此，仅从思维方式的角度做一分析。要求语所体现的思维方式的中西文化差异主要体现为重客观需求与重主观意愿之别。具体表现在两方面：一是中国文化习惯于先摆理由，后提要求，即从客观需要到主观要求，而西方文化则往往是先提要求，后说明理由，即由主观要求到客观需要的说明；二是中国文化常常只摆理由，不明确提出要求，由听话人决定是否满足说话人的需求，而英语文化的人则习惯于只提要求，不谈理由，认为理由是个人私事，与对方无关。下面的案例是香港回归中国之前，一位香港警察（A）向英国上司（B）请假的一个对话。

案例 16. 要求语中的文化冲突

  A：Sir!
    长官！
  B：Yes, what is it?
    啊，有什么事吗？
  A：My mother is not very well, Sir.
    长官，我母亲不大舒服啊。
  B：So?
    那么，你要说什么呢？
  A：She has to go to hospital, Sir.
    她得去医院啦，长官。
  B：Well, get on with it. What do you want?
    啊，说下去，你要干什么？

A：On Thursday, Sir.

星期四就要去医院啦，长官！

B：Bloody hell, man. What do you want?

你这家伙真该死，你究竟要说什么？

A: Nothing, Sir.

没什么了，长官。

（许余龙，1992：303）

案例分析参考题

1. A 和 B 相互理解的困难何在？原因是什么？
2. 从这一案例可以看出汉英思维方式之间有什么差异？请在中西文化中分别做一调查，看看各自的反应和相互之间的文化冲突所在。
3. 在跨文化交际和口语翻译中应当如何处理这类文化冲突？

3.2 议论文中思维方式的文化冲突

汉英之间由客观到主观和由主观到客观的思维方式的文化冲突在议论文中也常有反映。

华裔美国学者杨威玲（Linda Wai Ling Young）通过对中国人的调查，发现中国人在说理时总是先摆材料，最后才提出结论性的看法。其原因是"如果一开头就拿出自己的意见就显得不谦虚，没有礼貌，对听众欠考虑，而且如果先讲了主要观点，后面的话别人也就不必再听。中国人的讲话方式是先给听众提供材料，让听众判断他讲的话是否有道理"。胡文仲认为："说理方法上的差异实际上表明了美国人和中国人不同的价值观念。美国人认为先把自己的观点鲜明地摆出来具有说服力，而中国人认为先与听众建立一种和谐的关系，把材料一点一点地讲出来，最后画龙点睛才具有说服力。中国人重视和谐的人际关系，不愿意与他人形成对抗。"（胡文仲，2002：120）

中国人说理时，习惯于先摆情况或原因，后说明观点。这是由客观到主观、由已知到未知的思维方式的体现，首先提出要求的客观依据，让人充分理解和客观判断自己观点的合理性；西方人则本着从主观到客观，从未知到已知的思维方式。先提出自己的看法，再摆理由说明自己的看法的合理性，突出的是自己的主观作用和个人意志，着眼于自己观点的说服力。有些学者说西方的思维方式是"因果相连的直线思维"，其实，西方思维方式常常是"由果到因的主观思维"。

4. 语言修辞差异与思维方式的文化冲突

4.1 修辞本质上是一种文化现象

修辞（rhetoric）在各种语言中都是通过词句的运用和各种不同的表达方式，使语言表达准确而有说服力。然而，"由于修辞本质上是一种文化现象，它不单纯是一种语辞的修饰技巧，而是语言运用中对文化和社会情境进行的一种调适，所以不同文化传统中的修辞之学闪烁着不同民族的思维智慧之光。古中国的修辞学和古希腊的修辞学就有着判然不同的文化精神。"（申小龙，2000：226）文化不同，思维方式和价值观念也不尽相同。在语篇组织和修辞艺术上的文化差异和文化冲突常常反映出思维方式的明显文化差异，甚至文化冲突。以汉英对比为例，中外学者对汉语修辞的评论就不少，例如美国学者卡普兰、中国学者关世杰、段连城（1995）、胡文仲与高一虹（1997）、林大津（2005）都从不同角度进行了评论。许多评论以英语修辞为参照，对汉语修辞做出各种褒贬评论。

4.2 如何认识汉英语言修辞的差别

胡文仲和高一虹将汉英语篇差别归纳为三个方面：直接与间接、"华"与"实"、"旁征博引"与"抄袭"。（胡文仲、高一虹，1997：109~118）这三个方面基本上概括了当前中外人士的普遍看法。如何认识这些差别呢？我们需要从思维方式的文化对比的角度做进一步的探讨。

4.2.1 "间接与直接之别"反映了重客观与重主观之别

"间接与直接之别"反映出的是由客观到主观与由主观到客观的思维方式之别。

第二节 汉英语言观与思维方式的文化差异

关于语篇组织，影响最大的评论是美国学者卡普兰（1987）对学生作文调查的结论：典型的英语文章行文方式是"直线型"，即每一段落以主题句开头，后接例证句，最后收尾；或先有例证句，最后结束于主题句。相比之下，母语是东方语言（包括汉语）的学生作文的典型方式是"螺旋型"，即不直接论证段落主题，而是"转弯抹角"地从各种外围角度间接论证主题，这种行文方法使母语是英语的读者深感困惑。卡普兰还用"作者责任型"和"读者责任型"来描述语篇方面的文化差异："作者责任型"（如英语）的文章假设读者对文章中的各个命题缺乏了解，因而行文中将各命题之间的关系交待得一清二楚；"读者责任型"（如日语）的文章则比较模糊，需要读者自己理清上下文之间的关系，靠语境判断各命题间的意义联系。汉语则处于由"读者责任型"向"作者责任型"的过渡阶段。卡普兰说："阅读古汉语，不禁为之愕然：作者几乎没有责任把自己的意见说明白。而当代汉语似乎正朝着作者责任型迅速发展。"

胡、高在讨论"直接与间接"的区别时指出了要求语中汉英思维方式之别："在请别人做事时，讲汉语的人往往先讲原因，后提要求，这是礼貌的表现。英语文化倾向于先讲事情本身，后解释原因，这也是有礼貌的表现，因为这样可以节省对方的时间，省却揣测的精力。讲汉语的人对英语先提要求的方法常感过于'唐突'；而在后者眼中，前者说话作文过于'兜圈子'"。（胡文仲、高一虹，1997：110~111）他们所举的中国学生写给美国学校索取申请材料的信很有代表性：

Dear Sir:

    First of all, let me introduce myself. My name is Li Weiqun, and I am now a fourth-year student at P University in the People's Republic of China. My present major is Chinese, but I'm interested in many subjects, especially economics.

    Although my English is not too good yet, I have read a lot about your University, in both English and Chinese. I know you are one of the top ten universities in the United States, and I believe you are also one of the best in the world. I have a very good friend who is studying in your school, his name is Wu Fang. We write very often, so I have learned a lot about your school. I know very well that the School of Business is the most well-known school of the university, and it sends well trained businessmen all over the world.

I have dreamed of being an international buasinessman for a long time, although my parents forced me to study Chinese because it was my strongest subject in high school. I have been reading books on economics and international business and listening to related courses ever since I entered college. I believe if I can have the opportunity to study in a business school that I have longed for, I will become a good businessman in the future.

As you probably know, China's economy has been developing fastly in recent years. It is a very good developing international market and it needs a lot of well-educated businessmen. My training in your business school will not only be good for my own future, but also for the modernization of China and its economic cooperation with other countries.

Therefore, I've decided to apply for the MBA program offered by your School of Business. I would be very grateful if you could kindly send me information on the program itself and on any available financial aid, as well as the application materials.

Wish you a merry Christmas and a very happy New Year!

Yours sincerely
Li Weiqun

这封信，按英语文化的习俗，是一封公事公办的函件，只为索取一份申请函。收信者是具体办事人员，对申请人的情况并不关心。因此，申请人的情况和申请理由的陈述纯属多余，只需十分简单的几句话即可：

第二节　汉英语言观与思维方式的文化差异

            Chinese Department
            P University
            Beijing, 10000
            PRC
            Jan. 14th, 1994

Dear Sir,

  I am interested in the MBA program of your university. I would be grateful if you could send the application form for the program to the address above.

  Best wishes.

            Sincerely yours
            Li Weiqun

  这封信虽然暴露出这位李姓同学对中美学校机构职能的差别缺乏了解，另一不可忽视的问题是他不了解中美思维方式的文化差异：依照中国文化的思维方式，提要求时一般是先说明理由再提出要求，而且要先动之以情，然后晓之以理。

  胡、高引述的卡普兰等西方学者的评论和中国学生索取申请材料的信函都说明中西方思维方式的一个重要差别：重客观要求与重主观意愿的区别。

  这一区别表现之一是，在学生作文和人们撰写文章时，西方人在多数情况下先点主题，表明自己的观点，将最重要的信息或所要表达的观点放在最前面，然后主次逐步降低，将已表达的观点逐步细化或陈述理由，将最次要的信息置于文章的最后。这一特点在新闻报导中尤为明显。所以，英语中才有"last but not least"之说，即"最后一点，但并不是最不重要的一点"。中国文化却习惯于将所要表达的主要观点放在最后，以结论式的方法说明由前面的叙述或介绍导致作者（或讲话人）观点的形成，或者说前面陈述的情况是作者（或讲话人）看法的依据。英语中"last but not least"译成汉语时如果直译成"最后，但并不是最不重要的"，中国人是难以理解的。所以，翻译时就需要做思维方式的文化转换，将此短语只译成"最后"。胡、高提到来华教英语的外籍教师认为中国学生写文章喜欢遵循：开篇说明—历史回顾—现状解释—道德鞭策模式。如果将这一模式换一个说法,就是有关主题的概述(想写什么,为什么写这件事,打算如何写)—回顾相关背景,说明或暗示撰写本题的原因或基础—现在情况的需求(需要进一步做的工作)—结论与点题。结论与点题正是作者所要说明的核心内容。这一模式充分反映了中国文化由客观到主观的思维方式。在中国大学中,英语国家教师常常抱怨中国学生不会写英语作文,中国学生却感到冤屈。其问题就出在思维方式的中西方文化冲突,只不过师生都因缺乏跨文化意识而不明所以罢了。

这一区别表现之二是,西方学者和华裔人士所称的"verbal(重言语)"与"situational(重情境)"之别。西方人对信息的了解完全依靠语言,而且重在口语,对人的信任程度的判断也只能靠其语言和行动,"My word is my bond.(我说的话算数/我说话是讲信用的。)"中国文化则不同,申小龙用"注重体验"和"注重知识"来概括中西古典修辞学传统的差异。他认为,抽象的逻辑分析和缜密的条理是西方古典修辞学理论体系的支柱,而与此注重知识性的传统相对照,中国古代学者更注重"情境通观","以饱含韵藉的艺术语言,让人神而明之,靠悟性理解理论。……中国古典修辞得到这种注重体验的特点,同中国语言艺术所追求的境界——'言有尽而意无穷'有深刻的联系。汉语语文实践从语句到修辞方略都依托于人的悟性,甚至灵性,所谓'字为人人所能识,为义则殊;字为人人所习用,安置顿异,此在读古文时会心而已。'(林纾《春觉斋论文》"(申小龙,1991:235~236,转引自胡、高,1997:110)"言有尽而意无穷"和"靠悟性理解理论"强调的就是引导读者去体验、去领悟作者的意图,体现出的是中国文化直观体悟的思维方式。中国文化中作者与读者的共同体验与西方学者所称的"读者责任感"是完全不同的。

这一区别表现之三是要求语的文化差异。这封信体现出的中国文化思维方式的特点是,为了"打动对方",要动之以情,晓之以理。首先不惜长篇大论,先自我介绍,再谈为什么要写此信,进而说明选择该校的原因,还加上学习目的说明、留学的意义,为后面的要求铺平道路,最后才涉及正题,提出要求。美国要求语的思维的方式却是,只看要求而不关心其理由,或者是先了解要求,后看理由。所以,按照美国文化的要求,只需一封少于30个词(字)(不包括称呼、祝愿和署名)的信,该同学却照搬中国文化的思维方式和习俗,用了多达 320 多个字。英文就不仅显得啰唆，还违背了西方文化提要求的原则，将中国文化要求的模式照搬到英语信函之中。当然，这里也反映了中国"学生语言"的风格——喜欢使用华丽的词藻和复杂的句子，将简单的内容复杂化。

4.2.2 "华与实之别"反映出的是求情与求真之别

西方人批评中国人写文章"华而不实"，认为西方人朴实无华，处处用事实说话。指出中国人"华而不实"的表现有三：一是堆砌形容词；二是喜欢使用习语；三是说理性文章语气强硬，富有战斗性。（胡、高，1997：113~117）其实，这三点也明显地反映出中西方思维方式与价值观念的文化差异和文化冲突。

4.2.2.1 "堆砌形容词"反映出中国文化重感情的抒发

胡、高用的例子是在大学入学推荐函（由学生自己起草）中，用一连串的形容词说明被推荐人的优秀品质。我们可以用他们引用的一封信作为案例，请读者做一分析，看看该信是否体现了这一特点。

案例 17. 出国留学推荐函

To whom it may concern,

At the request of Mr. Zhang S., I am writing on his behalf to support his application for admission and assistantship to your department.

As his supervisor for undergraduate studies, I have known Mr. Zhang for more than nine years. Each time I recall him, a vivid and myriad-minded image comes to my mind.

Firstly, Mr. Zhang is an active man with multifaceted individuality and specialities: fortitudinous toward his aims while flexible with his partners, imaginative in thinking while circumspect in reasoning, dashing and energetic on football field while masterly and careful in painting. Especially, he marked himself as a maverick during his undergraduate life, far from being a conformist to prevailing rules and views held by most of his fellow students, he insisted in reevaluating them. For example, since his main goal was to widen his horizon rather than concentrate his energy on prescriptive subjects, he showed a nonchalant attitude toward some required courses, accordingly the scores on his undergraduate record looks very uneven. Hence, I strongly suggest that with the background knowledge of his personality, you make some allowances in interpreting his undergraduate GPA.

Secondly, Mr. Zhang is capable of tackling practical problems. In physics experiments, he demonstrated his acumen and perspicuity. Praiseworthily, he often saved the experimental time considerably by harnessing deftly the parallel processing mechanism. On the other hand, knowing that many of the important laws of science were discovered during experiments designed to illuminate other phenomena, and the experimental results are the consequence of inevitable nature forces rather than of planning, he clearly belittled the act of modifying data and regarded it as unscientific, which is popular among a lot of students because it means less effort and better grade, so it was not surprising that I could always find some trenchant and penetrating, though sometimes laconic, remarks pertinent to his trial and error.

Thirdly, during the undergraduate period, Mr. Zhang did not seem mature enough to control perfectly the drift of his inspiration, and his different aspects sometimes did not work harmoniously. But soon after he returned to P University last fall, I was very pleased to find his great progress in both academic performance and character perfection without lessening his strength in individuality.

According to my experience, once he chose his academic field, his talent and perseverance would help him succeed. Now I have seen the momentum of his progress and wish him a splendid future.

Your favorite consideration would be highly appreciated.

Sincerely yours

胡文仲和高一虹两位教授对这封推荐函的评论是:"作者用了许多使用频率并不很高的GRE词汇以及复杂的长句,文体比较华丽。然而,母语是英语的人则会期待在类似的推荐信中看到一些有关被推荐人的具体情况,如果能举一两个例子,'让事实说话',则能达到更好的效果。"(1997:115)

案例分析参考题

1. 请将这封推荐函译成汉语,然后看看这封信的写法遵循的是中西方文化中哪一种文化的习惯？请比较汉英两种推荐函的区别。

2. 你对胡文仲和高一虹的评论的看法是什么？为什么这么看？

3. 汉英推荐函的差异反映了两种文化之间思维方式的什么差别？英文推荐函应当注意哪些问题？为什么？

4.2.2.2 "喜欢用习语"反映出的是中国文化的形象思维和辩证思维

这一特点表现为，中国人写文章喜欢使用成语典故。我们还是讨论胡、高所举的例子：

> 汉语中的成语，源远流长，其数量是成千上万。有的来自古语，古为今用；有的来自外语，外为中用。在长期运用之中，有的成语含义依然如故，有的变得与原义风马牛不相及，还有的则变得青出于蓝而胜于蓝。例如"前仆后继"经过推陈出新，变成"前赴后继"，比原义更上一层楼。许多成语通过千锤百炼，约定俗成，做到言简意赅，明白晓畅。理论文章运用成语，可以说得头头是道，振振有词，提纲挈领，顺理成章；文艺作品运用成语，可以说得绘影绘声，跃然纸上，如见其人，如闻其声。成语用之得当，是画龙点睛，恰到好处；用之不当是画蛇添足，滥竽充数。在许多文章中，成语连篇累牍，比比皆是，这种现象司空见惯，不足为奇。

（史式，1979，转引自胡、高，1997：115~116）

胡、高指出，"然而英语却珍视明了简洁，过多地使用习语或曰'陈词滥调'（cliché）被视为缺乏创造力的表现"。

上述引文有两个特点：第一，使用了许多成语典故；第二，更突出的特点是四字格短语的使用。需要研究的是，汉语为什么钟情于成语典故呢？要回答这一问题，就不能不研究中国文化具象思维的特点。成语首先发挥的作用就是"言简意赅，明白晓畅"，起到画龙点睛的作用。还有绘影绘声、跃然纸上和如见其人、如闻其声的直观形象作用。所以，汉语成语和四字格与英语的区别不在于是否明了简洁，而是中国文化的具象思维与西方文化的理性思维之别。

"具象思维"也可称为"形象思维"或"直观思维"。

汉语体现出的中国文化的具象思维可以从三个方面来看（参阅申小龙，2000；1990）：

（1）汉语的成语、典故、谚语、歇后语具有鲜明的民族传统特色和深厚的民族文化渊源，既形象简洁，又寓意无穷，还富有哲理。所以，人们习惯于模仿和借用。如"紧锣密鼓"、"煮鹤焚琴"、"举棋不定"、"胸有成竹"、"胶柱鼓瑟"、"痛下针砭"、"龙飞凤舞"、"精卫填海"、"天衣无缝"、"滥竽充数"、"揠苗助长"、"南柯一梦"、"守株待兔"、"塞翁失马"、"刻舟求剑"等等。这些成语典故不仅给人描绘了一幅幅生动画面，让人如闻其声、如临其境，让撰写者与阅读者似乎在一起共享美丽，还有其历史来源，可以让人从中了解不少美丽动人的故事和中国传统文化的特色。这些典故也融入了中华文化的人文哲理，展现了中国文化的伦理道德和人生哲学，充分体现了中国文化形（具）象思维的基本形式——意象思维。意象思维是由表象概括而成的理性形象，是事物的表象与主体对其深层之理解的辩证统一。意象以语词为其物质形式，语词既有抽象概括性，又有具体形象性。（田运，1996）这种从具体形象符号中把握抽象意义的思维活动，集中地表现在"书不尽言，言不尽意"和"得意在忘象，得象在忘言"之中。（张岱年、成中英，1991：25）"言有尽而意无穷"的汉语特点不仅可以形象生动地让人了解交际信息，还可以让人从中受到哲理的启迪和精神的享受。汉语文化喜欢大量运用成语，并不是"华而不实"，而是中国文化形象思维的充分体现，即由表象概括而形成的理性形象。

（2）汉语四字格成语的大量使用，既体现了汉语语言的特点，也反映了中国文化辩证思维的特征。这一特征与英语和西方文化的"直线思维"是不同的。

申小龙的观点是，汉语中四字格成语的大量使用，是因为这类成语由两个音步构成，适于表现中国文化一分为二的思维方式和汉语独特的"一分为二"的音乐性特征。"汉语的语素具有单音节性，音节结构不很复杂。为了避免语素同音，双音节词就占了很大优势，四字格又成了汉族人最喜欢使用的格式。再加上汉语的语素活动自由，易于组合，这就使汉语的句子组织有可能与语素活动同步，形式上的排偶句或排偶与散句互相交错、句读简短、整齐和谐、灵活多变、表现力强。"（申小龙，2000：52、58）例如：成语的声律常是平仄相对。如"风起云涌"(平仄平仄)、"聚精会神"(仄平仄平)、"标新立异"(平平仄仄)、"海阔天空"(仄仄平平)。英语等西方语言中多音词是普遍现象,而汉语中三音、五音、六音的多音调很少。究其原因是因为它们不符合一分为二的思维表达原则。中国文化的对应双方互相转化和亦此亦彼的辩证统一的思维方式也在汉语四字格成语和成语典故中体现出来。例如,"约而能张,幽而能明,弱而能强,柔而能刚","行柔而刚,因弱而强,转化推移"等汉语成语典故又派生出"反训"现象,即一个词由于词义的发展向着对立面转化而同时具有相反或相对的两种意义。例如,"沽名钓誉"的"沽"是"买"的意思,"待价而沽"的"沽"则是"卖"的意思。还有"尺有所短、寸有所长"的辩证逻辑。

对于中国文化中这种辩证思维的思想,西方文化的人就难以理解。西方文化遵循其"直线思维"的思维方式,习惯于一元一维的思维,把复杂的问题简单化,答案只能非此即彼,在所有可能的答案中只能选择其中一个而将其他因素予以排除。凡事只能按"非黑即白"进行判断,处理问题时必须明确"是"或"非",而且必须在"是"与"非"之间做出明确选择,不容许非此即彼之外的第三种思想存在。

(3) 对待习语的态度反映了中西文化之间具象思维与理性思维之别。中国文化的具象思维强调知识的积累与经典的仿效,西方文化则重视知识的重新创造和意义的重新界定。美国夏威夷大学哲学系成中英教授对这种区别的看法是:"不同于中国语言的积聚性,西方语言是意义的重新界定;不是用一种语言重复说明外在世界,而是不断发明新的名词以不断重新界定外在世界。这正是西方双性立义的理想。西方强调固定不变的指谓,每个意义必须加以固定而不能积聚,于是能够产生多元的理论系统、概念系统、理论架构。中国语言则不同,如'阴阳'观念,几乎可以指代说明一切。强调意义的积聚性,这正是中国语言的特征。西方强调刚性定位,固化指谓(rigid designation),根据固定规则以对外在事物进行重新界定、重新系统化。于是产生逻辑思维方式和科学思维方式。"(张岱年、成中英,1991:195~196)

4.2.2.3 "说理性文章语气强硬,富有战斗性"反映出的是中国文化的价值判断思维

胡、高引用了一学术文章中的一段话,并进行了评论(1997:116~117):

语言学的领先需要一个良好的学术生态环境。要提倡和支持不同流派的学术争鸣，自由发展，优胜劣汰，要反对企图用一种方式取代十种方法，用一种目的取代十种目的的权威意识；更反对用权术而非学术的手段来压倒对手，罢黜百家。权术，只是学术虚弱的一种病态。中国现代语言学讳言学派，然而学派是一种客观存在。学派林立，百舸争流，是学术健康发展的唯一道路。在这个意义上，任何大一统的学术规范和学术偶像都应打破。总之，没有真正的"费厄泼莱(fair play)"精神，就没有领先的语言学；没有一大批敢于反思，敢于挑战，敢于不断突破前人，也敢于不断突破自己的志士仁人，"语言学是一门领先科学"这一命题永远是一种嘲弄！

胡、高对这段文字的评论是："这段汉语文字读起来很不错，立场鲜明、铿锵有力。然而如果译成英文，则会显得空洞且情感成分过多。英语的学术文章中较少使用祈使句和惊叹号，也较少使用"we must"/"must be"（必须）、"we should not"/"should not be"（不应该）、"it is wrong to"（是错误的）、"should be combated"（应该反对/应该与……作斗争）等短语。这也许与讲英语的人忌讳将个人观点"强加于人"有关系。（117）

这里所谓的"语气强硬，富有战斗性"，指的是"情感成分过多"，给人以"强加于人"之感。其实，这种论述文的风格反映出的是不同西方文化逻辑推理思维的中国文化的价值判断思维。中国古典修辞关注的不是修辞的具体运作，而是修辞功能。首先是修辞的教化功能：将"修辞"看成是"修身"的一部分，"外则修理文教，内则立其诚实"。（申小龙，1991：第七章，转引自胡、高：117）中国文化传统思维的特点是把认知与情感融合在一起。知、情、意处在合一未分化的状态，将认知与情感体验结合起来。其中，情感因素起重要作用。这就使中国文化传统思维带有强烈的感情色彩。这里所谓情感，主要是从主体需要、态度和评价而言的。以儒家为代表的中国文化传统思维，一贯重视喜怒哀乐（有所谓"七情"）等情感需要，并由此产生好恶等情感态度，进而产生善恶、美丑等等评价。这些影响了思维的整个进程和方向，使之变成了主体意向性活动。这种基于情感需要而形成的意向性思维，所要解决的是价值选择问题而不是真假问题，是意义问题而不是事实问题。儒家不仅重视道德情感，还把恻隐、羞恶、辞让、是非等"四端"之情提升为思维的基本原则，同道德命令合而为一了。思维的主要进程，是如何使道德情感升华为道德理性，变成内在的本质存在，确立人的意义和价值，实现自我体验、自我直觉，这就是存在认知。一切对象思维都是从这一点出发的，使思维具有明确的方向，充满了热情和力量，但是由于它是从主体的价值需要出发的，因此表现为价值判断性思维而不是逻辑推理型思维。（张岱年、成中英，1991：29~30）上述观点阐述了中国文化的修辞要求：阐述的是做学问应遵循的"道德标准"，而不是西方文化理解的"强加于人"的说教；体现的是中国文化的"真情"，说的是"价值选择"的正误标准，而不是西方文化的"真事"，即事实的真假。所以，在中国文化中，这一段议论是正确的，因为它给人以道德观念的启发。但是，将其直译成英语就必然违背西方文化的思维方式要求和价值观念标准；反之，西方人如果用中国文化的标准理解这一段话就不会出问题。而如果用西方文化的标准去理解，将中国文化道德的宣扬理解成西方文化的居高临下的教训口吻，就必然会产生文化误解甚至文化冲突。

  4.2.3 "旁征博引"与"抄袭"体现出的是效法先贤的具象思维与个人创造的理性思维之别

  中国人写文章喜欢"旁证博引"、"引经据典"，而且传统习惯是引文不必非说明出处不可。西方文化则视不注明出处的引文为"抄袭"行为。这种"抄袭"行为还被视为违法。例如，林大津（1994，转引自胡、高 1997：117~118）文中引用了这样一段话：

> 人生之旅崎岖坎坷，要想摆脱尘世的烦扰，历来途径甚多：一是汉姆莱特说的"让死神来拘捕"，一是进寺庵修道院出家，一是醉生梦死，一是更加拼命地工作。还有没有更好的路呢？有的，那就是善于"偷闲"。白居易曾说"偷闲何处共寻春"；欧阳修也说"官事无了须偷暇"；苏东坡更说"相逢有味是偷闲"！
>
> ……

毫无疑问，"天行健，君子自强不息"（《周易·乾》），是中华民族最富有代表性的精神所在。

这一段话在中国人听来并无什么不妥。然而，按西方文化的要求，引文的第一段只有著作者的话而无其来源（包括书名、出版单位与出版时间），是一种"抄袭"或"剽窃"行为。在西方，即使不是引用已发表的文章，而只是涉及私人来往信件中的某一观点，也要在括号内标明"personal communication"，与他人就有关问题进行口头讨论，也要在发表文章时作注致谢。

中西文化的这一冲突体现出的是中国文化的具象思维与西方文化的理性思维之别的另一表现：中国文化重视传统继承与效法先贤，前人创造的精神财富（各种创造和著作）是全民族的共同遗产和财富。对某人著作引用得越多，说明该人的创作对民族文化贡献越大，影响越广泛，传承越久远，因而只会引以自豪，而不会产生对别人"侵占"自己成果的反感。西方文化的理性思维注重理性的不断创新，西方的个人为中心的文化又视个人创作为自己的私有财产，别人不得随意占用。引用他人创作成果就是要分享他人的个人财产和成果，必须给原作者记分（give credit to the original author），常常还要像购买商品一样"按价付款"。所以在西方，"剽窃行为（plagiarism）"是一个范围较广、贬义极强的概念，人们维护个人创作的意识很强。由于存在这一重大文化差异，中国人对著作权，需要一个认识转变的过程才能普遍接受，这一过程就是将中国传统文化的对古人遗产的共同继承与共同享用观念逐步转变为现已为世界公认的西方的个人创作成果神圣不可侵犯的观念，并符合市场经济的要求。

对于语言修辞中的思维方式文化差异，还是要只比异同，不论褒贬，否则，从中国文化的角度看西方文化的公文语体，也可以对英语修辞做出负面评断，提出与上述评论完全相反的看法：英语修辞是"华而不实"，而汉语修辞则是朴实无华。这一特点在公文语体上表现最为突出。根据胡曙中的研究（胡曙中，1994：465~480），对比汉英公文语体，会发现与前面汉英修辞对比相反的差异："现代英语公文语体有时有矫揉造作、啰唆累赘之嫌，主要是因为过分使用大词和叠床架屋式的从句结构所引起。"其官样文章表现为装腔作势和故弄玄虚：

（1）在句法结构方面，英文公文语体表现为句式笨重、凝滞和臃肿是其显著特点；现代（1949年以后）汉语公文语体的句法选择，却是倾向于明确和简要。

（2）在用词方面，英文公文语体有时除了用又长又艰涩的书卷词语外，还用虚张声势的"浮夸词语"和古旧的书卷气十足的拉丁语、希腊语和法语，以显示其"庄严性"。而现代汉语公文语体则除惯用文字词语和某些词组以外，尽量注意用浅显易懂、意义明确的词语。英文的公文语体是一种"官场文体（officialese）"，一种词语累赘、自高自大、晦涩难懂的语言。英语的命令、法令、指示、决定、决议、公告、通知、批示、报告、函件、外交文件、条约、协定、声明、新闻公报、贺电、备忘录、纪事、合同、总结、请柬……都有严格和复杂的格式及固定的冗长而又晦涩的用语。因为，法律、律令和规则具有至高无上的权力，是大众可望而不可即的圣意，法律文件则更是外行难以看懂的天书，而且含糊不清和模棱两可的词语让外行难以驾驭，而内行却可各自为自己的利益解读和运用。1949年以后，中国大陆的公文却着眼于大众化、通俗化，不单纯是政府机关与人民群众之间纯事务交往的工具，而且还是加强联系、沟通思想的重要渠道。因此，新的公文语体呈现出既有公文语体所需的庄重、严肃，又有为人们容易理解、接受的明畅、平易的庄易相谐的新格调。（宗延虎等，1983）所以，以词语简洁明了和文体通俗朴素为现代汉语公文语体的特征。

4.3 中西思维方式的文化差异在汉英修辞中的体现

根据对汉英修辞特点的分析和中西思维方式特征的对比研究，我们可以从汉英修辞的差异发现两种文化思维方式的明显差异。

4.3.1 修辞立其诚与修辞立其术之别

所谓"修辞（rhetoric）"，英语的定义按 *Collins Cobuild Essential English Dictionary*（《柯林斯精选英语词典》）的说法是：用动听的言辞说服和打动他人，常用于表达异议。《朗文当代英汉双解词典》将修辞定义为"讲话或著文的技巧，用以有效地说服他人；贬义词，动听的言辞或华丽的文章，听起来既优雅又重要，但实际上并不真诚，也毫无意义"。这两个定义刻画的英语修辞的特点是：用于使用漂亮的言辞说服他人，打动他人；常用于表达不同或反对的意见；是贬义，听起来言辞美丽而重要，实际上却是缺乏诚意和实际意义。汉语的定义（《现代汉语词典》）则是："修饰文字词句，运用各种表现方式，使语言表达得准确、鲜明而生动有力。"其特点是：多用于书面；不限于表达异议；不是贬义词，修辞不是虚伪不实，而是"修辞立其诚"。修辞现象涉及题旨情境、思想内容、语文形式与表达效果。还有"消极修辞"与"积极修辞"之别：消极修辞只在使人"理会"，以明白为其目标；积极修辞则是要使人"感受"，讲究有力和动人，体验生活的真理，不一定与事实有直接的关系。（喻云根，1994：177）

4.3.2 取象类比与逻辑论证之别

中国文化习惯于观物取象，用相应的具体形象进行类比。因此，行文中喜用比喻，甚至以喻代议，寓议于喻。中央电大教材《基础写作学》中介绍的议论文常见的五种技法中有两条就是类推和比喻的方法（关世杰，1995：135）：

> 其三是"古今中外法"，这是由古代"文论"中"援古证今法"发展而来。即从历史典故和历史事实中洞见现实，进行类推，从经验中引出规律。从李斯的名著《谏逐客书》到毛泽东的《论帝国主义和一切反动派都是纸老虎》都采用这种方法。这与中国有4000年文字可考的绵延不断的历史和中华民族是世界上最喜欢历史的民族有关。
>
> 其四是"互喻互用法"，即在议论文中的篇章构思上，常常用比喻。巧比妙喻是增强说理的"形象"色彩，使抽象道理化为具象感知的重要手段。从《邹忌讽齐王纳谏》到毛泽东的《愚公移山》都是如此。

西方文化遵循的是逻辑论证思维，习惯于逻辑论证，通过理性分析和论证阐明自己的观点。英美国家在教科书中教给学生议论文的技巧就说明了英美文化的逻辑思维特点。据美国语言学家理查德·科（Richard M. Coe）介绍，英文说服性文章有两种（关世杰，1995：136~137）：

> (1) 古典式章法
>
> 根据亚里士多德的理论，有三种方法对读者有说服力，使他们同意你的观点。伦理道德的吸引力（ethical appeal）：

第二节　汉英语言观与思维方式的文化差异

通过引言，首先让听众或读者对自己所要讲的内容抱有好感；感情的吸引力（emotional appeal）：通过记叙和说明，采用有针对性的说理和事实论证的方法发挥伦理道德吸引力和感情吸引力；逻辑上的吸引力（logical appeal）：通过主要观点的论述、事实的证明和对对立观点的批驳，采用说理、论证、辩护和驳斥等方法达到说理的目的。这一方法突出的是感情的吸引力和逻辑的说服力。

（2）罗杰斯式的章法

这种方法是美国心理学家罗杰斯（Carl Rogers）推崇的一种说服模式，特别适用于棘手、敏感的论题和对付怀有敌意的读者。文章段落结构为：

① 引言
② 对相反观点进行公正的陈述
③ 陈述相反观点合理性的可能情况
④ 对自己观点进行合情合理的陈述
⑤ 说明读者即使稍微倾向自己的观点也会有所收益

这一理论完全着眼于理论论战的能力。

4.3.3 榜样模仿与独立创新之别

中国人重视历史传统，尊重前人经验，认为"忘记历史就意味着背叛"。常以"前车之覆，后车之鉴"说明他人经验教训的示范作用。先哲的名言、经典的理论都是学习的榜样和说理的依据。所以，中国人讲话和写文章喜欢引经据典，习惯于用历史的经验和教训作为做人处事的标准和道德的借鉴，用先哲的理论做为现在行为的准绳。西方人则追求独立自主和变化创新，维护个人创造的独占权利，推崇个人的作用，认为过多地引用历史典故是重弹陈词滥调，用他人的说法代替自己所要阐述的意见是缺乏个人的独立性，而且他们将知识、著作和个人提供的信息视为个人的财产，不经本人允许不可翻译其著述，不注明出处不可乱用别人的话语，否则就是侵权行为。当然，随着商品经济的推行，我国已经改变了传统观念，注重个人知识产权的保护。现在社会上关于知识产权的问题原因复杂，也不能忽视这一历史传统遗留的文化观念问题。

4.3.4 认知和情感相结合与法理无情之别

中国文化思维的特点是把认知和情感结合在一起，将情感体验、道德评价和理性认识合为一体。这就使中国文化的思维具有强烈的感情色彩。所谓"合情合理"、"合乎情理"、"入情入理"、"不近情理"、"情理难容"，等等都体现了"情"与"理"的密切关系。西方文化的思维的特点是严格遵守逻辑原则进行理性分析，讲求真实性与合理性，只考虑合理，不考虑合情，与道德要求更不可混在一起。

中国文化的认知与情感相结合的思维的一个重要特点是思维过程中注重价值的判断和道德的宣扬。中国文化的思维是价值判断思维。中国古典修辞关注的，首先是修辞的教化功能：将"修辞"看成是"修身"的一部分。中国文化思维的认知与感情的结合要求解决价值选择问题。思维的主要进程，是如何使道德情感升华为道德理性，变成内在的本质存在，确立人的意义和价值。西方人的理性思维，所遵循的价值观念却是尊重个人的独立自主，反对他人的道德说教。

总之，汉英修辞的差异在于"修辞立其诚"与"修辞立其术"之别。中国文化的"修辞立其诚"将"修辞"视为"修身"，视为文艺创作中的一种道德要求。因此，要注重真情的表达和道德的宣传，也就是"外则修理文教，内则立其诚实"。体现出"言有物"、"言有宗"、"言善信"的"真情"。为了喻意深远，汉语修辞不是偏重技巧，而是宁愿尽可能淡化技巧，以达到"善言"的目的。西方文化的修辞遵循的是"修辞立其术"的原则，注重言词的技巧和说服力，关注的是说理的逻辑性和"真事"的有力例证，甚至唯技巧是求。说理的巧妙动人与事实的验证作用就成了西方修辞的重要功能了。这种修辞（rhetoric）是一种说服人的口笔头技巧（art），因此常常被人们怀疑为"言辞漂亮，说的话似乎很重要，其实却缺乏真诚或空洞无物"。

> 思考题

1. 下面是学习汉语的外国留学生的一些病句，请给以改正，并判断哪些可以从思维方式的角度更好地认识和改正错误

（1）我 9 月 10 日 1986 年开始学习汉语。

第二节 汉英语言观与思维方式的文化差异

(2) 去年的水果产量没有今年的水果产量那么多。

(3) 请你告诉巴里亚来我那儿。

(4) 昨天我看了一个我的朋友。

(5) 你说得不清楚,所以我不听懂。

2. 请将下面汉语对话译成外国留学生的母语,并做一对比,看看二者之间有无思维方式的文化差异

(1) A:你不来吗?

    B:不,我来。

        对,我不来。

(2) A:她在这儿工作一点也不愉快。

    B:不,她很愉快。

        对,她不愉快。

3. 请对比分析荀况的《劝学》和培根的《论求知》,研究汉英修辞中体现出的思维方式的文化差异

劝　学

君子曰:学不可以已。青,取之于蓝,而青于蓝;冰,水为之,而寒于水。木直中绳,輮以为轮,其曲中规。虽有槁暴,不复挺者,輮使之然也。故木受绳则直,金就砺则利,君子博学而日参省乎己,则知明而行无过矣。

吾尝终日而思矣,不知须臾之所学也;吾尝跂而望矣,不如登高之博见也。登高而招,臂非加长也,而见者远;顺风而呼,声非加疾也,而闻者彰。假舆马者,非利足也,而致千里;假舟楫者,非能水也,而绝江河。君子生非异也,善假于物也。

积土成山,风雨兴焉;积水成渊,蛟龙生焉;积善成德,而神明自得,圣心备焉。故不积跬步,无以至千里,不积小流,无以成江海。骐骥一跃,不能十步;驽马十驾,功在不舍。锲而舍之,朽木不折;锲而不舍,金石可镂。蚓无爪牙之利,筋骨之强,上食埃土,下饮黄泉,用心一也。蟹六跪而二螯,非蛇鳝之穴无可寄托者,用心躁也。

论求知 (OF STUDIES)

求知可作为消遣，可以作为装潢，也可以增长才干。

当你孤独寂寞时，阅读可以消遣。当你高谈阔论时，知识可以装潢。当你处世行事时，求知可以促成才干。有实际经验的人虽能办理个别性的事务，但若要纵观整体，运筹全局，却唯有掌握知识方能办到。

求知太慢会弛惰，为装潢求知是自欺欺人，完全照书本条条办事会变成偏执的书呆子。

求知可以改进人的天性，而实验又可以改进知识本身。人的天性犹如野生的花草，求知学习好比修剪移栽。实习尝试则可检验修正知识本身的真伪。

狡诈者轻鄙学问，愚鲁者羡慕学问，唯聪明者善于运用学问。知识本身并没有告诉人怎样运用它，运用的方法乃在书本之外。这是一门技艺，不经实验就不能学到。不可专为挑剔辩驳去读书，但也不可轻易相信书本。求知的目的不是为了吹嘘炫耀，而应该是为了寻找真理，启迪智慧。

有的知识只须浅尝，有的知识只要粗知。只有少数专门知识需要深入钻研，仔细揣摩。所以，有的书只要读其中一部分，有的书只须知其中梗概即可，而对少数好书，则要精读，细读，反复地读。

有的书可以请人代读，然后看他的笔记摘要就行了。但这只限于质量粗劣的书。否则一本好书将像已被蒸馏过的水，变得淡而无味了。

读书使人的头脑充实，讨论使人明辨是非，做笔记则能使人知识精确。

因此，如果一个人不愿做笔记，他的记忆力就必须强而可靠。如果一个人只愿孤独探索，他的头脑就必须格外锐利。如果有人不读书又想冒充博学多知，他就必定很狡黠，才能掩饰他的无知。

读史使人明智，读诗使人聪慧，演算使人精密，哲理使人深刻，伦理学使人有修养，逻辑修辞使人长于争辩。总之，"知识能塑造人的性格"。

不仅如此，精神上的各种缺陷，都可以通过求知来改善——正如身体上的缺陷，可以通过运动来改善一样。例如，打球有利于腰肾，射箭可扩胸利肺，散步则有助于消化，骑术使人反应敏捷，等等。同样，一个思维不集中的人，他可以研究数学，因为数学稍不仔细就会出错。缺乏分析判断力的人，他可以研习经院哲学，因为这门学问最讲究繁琐辨证。不善于推理的人，可以研习法律学，如此等等。这种种头脑上的缺陷，都可以通过求知来疗治。

第三节 中国文化思维方式的特征

关于思维方式的文化差异,中外学者都有不少研究,而且都对不同文化的特征进行了归纳总结和分类比较。人们习惯于将文化分类归纳为"西方"与"东方"之别。所谓"东方",英语词是"Orient"。"Orient"原指地中海的东边,现在人们常常用以指东亚地区,如中、日、韩、朝等国。所谓"西方"与英语词"Occident"相对应,原指欧洲和西半球,即直接受古希腊和罗马文明影响的地区,现用以指西欧、北欧、北美(美国与加拿大)和大洋洲(澳大利亚与新西兰)。这种分法有其科学性,因为西欧和北美诸国都受到古希腊文化的影响,东亚国家则属于儒家文化圈,受儒家文化影响,但这种分法显得过于笼统和粗略,因为上述"同类"国家之间文化差异仍然不小。

1. 中外学者对中西思维方式文化差异的看法

1.1 西方学者关于文化分类的理论

西方学者喜欢从各种不同的角度将人类文化分成不同类型,主要划分为东、西方两大类型。关于思维方式的文化分类,一个有代表性的看法是冈部朗一(Roichi Okabe)关于美日思维方式差异的分类:

(1) 美国的分析思维(analytical thinking)与日本的综合思维(synthetic thinking)之别

前者注重细部分析,强调部分,喜欢分类,追求绝对化的两分法;后者则注意掌握事物的本来面目和全体,不是注重分类而是将各个部分综合成统一整体。

(2) 美国人倾向绝对化(absolutism),而日本人则倾向相对性(relativism)

前者认为,不论地位高低,是非必须分明,后者则认为具体关系胜过通用原则,衡量事物的标准主要依赖情境化(situational),而不是绝对化(absolutic)。

(3) 美国人的现实主义(realism)与日本人的理想主义(idealism)的区别

前者重客观事实,看重客观性(objectivity)、具体性(specificity)和精确性（precision）；而后者则更强调主观看法（subjective ideas）而不是客观事实（objective facts），对事件的精确细节不感兴趣。在这种意义上，日本人则是主观主义思维和导向（subjective in thinking and orientation）。

(4) 美国人的"线型"思维与日本人的"点型"或"斑型"思维（"line" versus "point/dot/space"）之别

美国讲话人沿着某一固定线路直截了当地表达出信息，而听话人也顺着这一思路去理解；日语所体现的点型思维的方法是讲话人对其想法或观点的表达采用的是提供踏脚石的模式（in a stepping-stone mode），听话人应当去填充尚未表达的意思。所以，讲话人提供的信息留有多种理解的余地。

这一分类对比法是否合乎道理和合乎事实，我们姑且不论，至少有三点值得关注：一是这一分类是冷静的科学研究之后尽量客观的分类，因此具有科学讨论与研究的价值；二是这一观点中有其可取之处，我们应当对其进行认真研究、分析；三是这一理论中涉及的美日思维方式之别具有一定的代表性，在一定程度上反映了西方许多学者对东、西方思维方式之别的共识。

1.2 我国学者的理论

1.2.1 从哲学和文化的角度进行思维方式的对比

1.2.1.1 张岱年和成中英的对比分类

张岱年和成中英从传统哲学的角度将中西思维方式的区别分为三种（张岱年、成中英，1991：220~225）：

(1) "统一"和"对立"

中国哲学讲"阴阳一体"，虽不否认对立，但比较强调统一的方面；西方哲学讲"神凡两分"，虽不否认统一的方面，但比较重视对立。

(2) "整体"、"有机"和"具体"、"机械"

作为强调"和谐"的中国文化，其思维方式趋于寻求对立面的统一，长于综合而短于分析。寻求的是一种自然的和谐。天人合一，知行合一，情景合一是中国古代哲学的三大命题。欧洲哲学较多地强调对立面的冲突与斗争，它通常把"此岸世界"与"彼岸世界"、物质与精神、社会与自然、本质与现象、内容与形式、知与行、真与善等等对立起来。它把统一的世界区分为两个截然不同的世界：物质世界和精神世界。在统一的世界图景中，西方人注意发现内在的差别和对立，并对物质和精神两个领域分别作深入的探讨，充分展现了世界的多层次和矛盾性。这种"一切之两分"的切割式的认识方法，称之为"具体"和"机械"的思维方式。

(3) "曲线"和"直线"

寻求世界的对立，是西方哲学的重大课题；非此即彼的推理判断是西方思考问题的基本方法。由这一方法必然引发"线性推理"的观念。中国以"辩证统一"为主要运思途径。"亦此亦彼"因而成为中国古代思想家的思维习惯。中国以"辩证统一"为主的运思途径只能是螺旋式或波浪式的曲线。

1.2.1.2 郝侠君等从两个方面进行的对比（1990：750~754）

(1) 唯理、思辩与经验、直觉

西方是抽象思维，以经验为前提，以归纳为方法，以数理逻辑为工具，对科学知识的经验及其理论的逻辑结构进行分析。中国的传统思维方式则是直觉和经验的思维。不同于西方的外向思维和逻辑思维演绎，中国的传统思维方式是内向思维，将各种经验现象酝酿体会，豁然贯通。理解概念只能意会，难以言传，甚至可以仁者见仁，智者见智。

(2) 细节分析与整体综合

西方文化结构以细节分析居优，东方文化结构以整体综合见长。如姓名、时间、地址。

1.2.1.3 郑春苗从三个方面进行的对比（1994：223~224）

(1) 中国传统思维是以主客体统一的整体观为出发点的，它具有突出的具象性和体悟性。西方思维却是以主客体对立为出发点，认识外界不是直觉，而是逻辑分析，以截然两分的分类原则为其特征。

(2) 中国传统哲学思维习惯于从整体上把握形象，而且对对象的把握是通过对关系的把握来实现的，即从与对象相关的关系网中去认识对象，因而使对象呈现出很大的模糊性和多样性。西方传统哲学思维习惯从个体上把握对象，通过逻辑分析达到对事物的认识和了解。

(3) 中国传统思维的"诠释圆环（Hermeneutical circle）"原则与西方的线型思维之别。前者指意义由前后左右相互决定，由两种对立事物的矛盾运动推动事物的发展。西方哲学是机械的线型思维方式，完全凭借形式逻辑的推理而建造。

1.2.1.4 中西之间道德的、艺术的与科学的、法律的思维方式之别

旅美台湾学者吴森将中西（在此指美国）思维方式的差异分为艺术的、道德的与科学的、法律的区别。以科学为特性的西方思维方式的特征是求真求实、理性分析和法则约束。而以艺术为特性的中国思维方式的特征是求善求美、直觉体悟和道德追求。他在题为《从"心理距离说"谈到对中国文化的认识》的学术报告中认为："中国文化是艺术的和道德的，这和西方是科学的和法律的有很显然的不同。"他声明，在此所用的"艺术"的和"科学"的是广义而言，他用这两个词代表两种不同的思维和行动的方式，并列一表对比"科学性"与"艺术性"之别，说明"在中国传统文化里，艺术的成分是显性的，科学的成分是隐性的。中国传统的人文精神也就是艺术的精神"。（吴森，1978：27）

类　别	科学的 The Scientific	艺术的 The Artistic
目的	对事物作理智的了解，目的在寻求真理。	欣赏或创造，目的在于寻求美。
方法的特性	分析的，实证的。	直觉的，想象的。
运用符号的方式	直述式，往往运用抽象的概念。	象征性的，往往运用具体的意象。
表达方式遵从的原则	力求描写确实，概念明晰。	力求传神活现，画龙点睛。
基本学习方式	遵从定义、法则及程序。	摹拟典型作品或自然人物。
题材的性质	题材要合理化和契合事实，题材往往是事物的通性。	不必合理，也不必契合事实，题材往往是个别的特殊事物。
教育之效能	给人知识技能。	陶冶性情品格。
发展过程之特点	科学可以多人共同合作。在发展过程中，后浪推前浪，愈新愈好。（The more up-to-date the more acceptable）	艺术为个人之独特创造，发展形态不采取后浪推前浪方式。评定价值，不能以古今新旧作标准。

1.2.2 从文化语言学的角度进行对比

申小龙在《中国文化语言学》第二章用了大量篇幅，运用中西对比的方

法阐述了中国文化思维方式的特点及其在汉语中的表现（1990）：

(1) 整体思维

中国哲学思维特点是整体理念，是整体论，是以大观小的综合认识，是综合指导下的分析。中国文化的这一思维方式在析句、语法分析和修辞各方面都有明显表现。西方文化却是分析思维，习惯于从分析的角度观察现实，语言思维是二元分割。汉语的整体思维、综合知解的语法在西方人看来却是语法和修辞、语义、语用的结合。

(2) 辩证思维

中国文化认为，万物都是对立物的变幻，相互对立而又相互渗透，互存互补，相辅相成，循环不已。汉语的发展也正与这种辨证的哲学思维同步。西方的语言思维特征却是严密机械的二项式形式逻辑，强调非此即彼的排中律。

(3) 具象思维

汉语语言思维，是一种具象思维。它真实地体现了中国人思维的性格。西方则是一种抽象思维的性格。

1.2.3 从跨文化交际学的角度进行对比

1.2.3.1 关世杰在《跨文化交流学》（第五章）对中国人与英美人思维方式的差异列举了以下几个方面，并分析了差异的原因：

(1) 中国人偏好形象思维，英美人偏好抽象思维或逻辑思维。

(2) 中国人偏好综合思维，英美人偏好分析思维。

(3) 中国人注重"统一"，英美人注重"对立"。

1.2.3.2 贾玉新介绍了威特金（Herman A. witkin）（1962）和雅霍达（Marie Jahoda）（1982）关于思维活动对环境依靠的两种不同类型的观点，将人类文化分成"领域依附（field-dependence）"文化和"无领域依附（field-independence）"文化。该观点是："'无领域依附'文化的人们要比'领域依附'文化的人们具备更强的把某一组成部分从其整体中分离出来的能力；后者常常发现用分析的方法把组成部分从其整体中分离出来是十分困难的。"贾玉新认为，东方文化的思维方式较接近"领域依附型"，而西方文化的思维方式属于"无领域依附型。"他将东西方思维方式的差异归纳为两种：整体、直觉与分析、逻辑式思维之别；具象思维与抽象思维之别。（贾玉新，1997：96~102）

第四章 思维方式的文化特征与第二语言教学

上述学者来自不同学科领域，观察的角度不尽相同，归纳与表达方法各有特色。但是，他们的看法大体一致，反映出中国学者对思维方式文化特征的共识。这些看法有理有据，基本上反映出中国文化思维方式的特征及其与西方思维方式的主要区别，总结了我国各个相关学术领域的科研成果，为我们进一步研究提供了雄厚的基础。

1.2.4 中西学者对思维方式的文化差异的综合看法

在此介绍中国学者蒙培元和英国学者李约瑟等做的综合评述

1.2.4.1 蒙培元将中国传统思维方式的基本特征概括为经验综合型的主体意向性思维

就其基本模式及其方法而言，它是经验综合型的整体思维和辩证思维；就其基本程序和定势而言，则是意向性的直觉、意象思维和主体内向思维，二者结合起来，就是传统思维方式的基本特征。其他种种特点，都是在这一基本特征的基础上形成的。就经验综合性特征而言，它和西方的所谓理性分析思维是对立的，它倾向于对感性经验作抽象的整体把握，而不是对经验事实作具体的概念分析；它重视对感性经验的直接超越，却又同经验保持着直接联系，即缺乏必要的中间环节和中介；它主张在主客体统一中把握整体系统及其动态平衡，却忽视了主客体的对立以及概念系统的逻辑化和形式化，因而缺乏概念的确定性和明晰性。就意向性特征而言，它突出了思维的主体因素，而不是它的对象因素，但这种主体因素主要是指主体的意向活动及其价值判断，而不是认识主体对客观实体的定向把握，从这个意义上说，它确乎有点像西方的现象学，但它并没有现象学那样的意识"还原"和"悬搁"，它不仅承认对象客体和本质、本体是存在的，而且把自我和自然本体合而为一，构成了一个整体系统。我们说传统思维是意向性思维，只因为它从根本上说是价值论的或意义论的，而不是认知型的或实证论的。

（张岱年、成中英，1991：19~20）

1.2.4.2 申小龙介绍了李约瑟等西方学者对中西思维方式之别的看法

李约瑟认为,从欧洲思想史肇始之时起,欧洲人的世界观就不断地从一个极端走向另一个极端,从来没有能够综合起来。一方面,有上帝,以及天使、神鬼、造物主、生命原始等等超自然主义的观点,另一方面,则有原子和无限的宇宙空间。神学的唯心主义和机械的唯物主义两者之间进行着永恒的斗争,前一种思想毫无疑问来源于埃及和巴比伦的古代文明,而后一种思想则多半是大胆的希腊哲学思想的产物。普利高津在我国留美学生与访问学者欢庆国庆35周年的大会上也指出:"中国传统思维特点在实现现代化计划中具有一种优势。西方的科学家与艺术家习惯于从分析的角度来观察现实,中国的哲学则表现出一种整体观念。而当代演化发展的一个难题,恰恰是如何从整体的演化上来理解世界多样化的发展。"(申小龙,1990:38)

蒙培元和李约瑟等中外学者所做的综合分析指出了中西思维方式的文化特征以及二者之间的差异,对思维方式的文化特征研究是有助益的。中西思维方式文化差异有其历史根源。西方的唯心主义和机械二元思维源于埃及、巴比伦的古代文明与希腊古典哲学之间的"永恒"斗争,是神人两分的超自然主义与对原子与宇宙研究的机械唯物主义的混合。唯心主义与机械两分就自然成了西方思维的主要特点。中国文化的整体综合思维源于把宇宙作为一个有机的整体,没有超越人类的造物主或超自然的神灵的概念。经验体验与整体综合和价值判断为其思维特点。

2. 从中西思维方式对比看中国文化思维方式的特征

有比较才有鉴别。要了解中国文化的思维方式,必须与外国文化的思维方式进行对比。通过思维方式的对比,才能了解思维方式的文化差异及其对跨文化交际的干扰。我们可以通过中西思维方式的文化对比,了解中国文化思维方式的特征。

2.1 中国文化的整体思维与西方文化的个体思维之别

2.1.1 中国文化的整体综合思维与西方文化的二元分割思维之别

中西思维方式的根本区别是中国文化的群体之间和天人之间相互依存的整

体思维与西方文化的以自我为中心和天人分离的个体思维之别。正是这一根本区别决定了中西文化思维方式的不同特征与相互之间的差异。

中国文化的整体思维的理论基础是中国古代哲学的三个基本命题：天人合一、知行合一、情景合一。西方欧美文化的二元分割思维的理论基础是神人两分、主客两分。把物质与精神、社会与自然、本质与现象、内容与形式、知与行、真与善等对立起来，把统一的世界分成截然不同的物质世界与精神世界。（张岱年、成中英，1991：223）

"天人合一"是中国文化整体思维的根本特点。天人合一视天道与人道二者为一体，把人和自然界看做是一个互相对应的有机整体，而不是西方那样将大自然视为人类的对立面和征服的对象。中国文化将人类视为"既是自然界的产物，又是这一整体的具体体现。人和自然界不是处在主客体的对立中，而是处在完全统一的整体结构中，二者具有同构性，即可以互相转换，是一个双向调节的系统。它也不是西方那样的身心二元论，把精神和物质、灵魂与肉体看成两个实体，而是身心合一、形神合一的结构—功能系统，精神与物质、思维和存在是完全统一的。"（21）

"'知行合一'观将思想认识与生活行动打成一片，认为'广大高明不离乎日用'，'学'与'道'的目的均在于改善人的行为，'君子之学也以美其身'。这种将知与行合而为一的风格，与脱离现实、企图在此岸世界之外去别求究竟的印度哲学大相径庭，也与知行分离以求真爱智为宗旨的欧洲哲学迥然相异；'情景合一'则将创作者的主观意绪与描写客体融为一片，追求一种'主客一体'、'物我两忘的美学境界'"。（221）

天人合一、知行合一和情景合一的传统哲学思想使得中国人具备了朴素的整体观念，形成了追求综合统一的思维方式，注意从总体上看问题，从运动中看问题，从联系上看问题。

以家庭为中心的中国文化群体观念也决定了中国文化的群体文化特征。这一特征表现为相互依存、长幼有序和上下有别。在这一群体中个体只是一个角色，是群体网络上的一个点，个人利益离不开群体利益，二者之间是服从与被服从的关系，个人利益融于群体利益之中，个体与个体之间具有紧密的有机联系。人们所津津乐道的"关系"实际上就是整体内部各部分和各个体之间的联

第三节　中国文化思维方式的特征

系，是个体与其隶属的群体之间的联系。西方欧美文化却以个体为中心，个体利益高于群体利益，个体与群体之间是个体独立自主、个体与群体之间的混合关系。美国跨文化交际学家萨莫瓦、波特和简恩（Jain）对美国的个体文化和东方的群体文化之间的根本区别做了非常形象而又清晰的表述，公开宣称美国人个人利益至上，为了达到个人目的，可以不惜牺牲群体、他人、甚至家庭的利益：

> 在西方文化中，个人至上，个人主义的价值最为重要，这一价值在美国也许要占绝对主导地位。美国人从出生之日起，受到的教育就是要善于竞争，要努力超越他人。为了达到这一目标，可以不惜牺牲他人的利益，甚至牺牲家人和朋友也在所不惜。美国人有权用牺牲社会的方式赚取钱财……然而在非西方文化中，社会利益优先。
>
> （Samovar, Porter & Jain，1981: 44）
>
> 美国人习惯于以集体和他人利益换取自我发展，而注重群体的文化则往往牺牲个人利益而献身于群体。
>
> （98~99）
>
> 美国人认为自己只能在他人和群体之上，而不能融入他人和群体之中，个人与群体必须分离。
>
> 美国人认为每个人都有自己独立的身份，这一身份必须得到承认和强调。个人应被视为独立于他人和世界之外的突出个体。其结果必然是，美国的个人主义表现为个人不能融入集体，必须维护独立的自我意识。……美国人不愿意埋没在任何大的群体或集体之中，也不愿意与群体融为一体。
>
> （75~76）

这几段话淋漓尽致地描述了以个体为中心的美国文化和以群体利益为重的中国文化之间的根本区别。

所以，从思维方式角度看，整体综合就是突出整体，着眼于整体，个体利益服从整体利益，个体与整体密不可分；二元分割则是神人分割、个体与群体分离、注重个体，一切从个体利益出发，群体服从个体。中西之间突出群体与注重个体之别表现在思维方式上必然是注重整体综合与个体分析之别。

2.1.2 汉英整体思维与个体思维之别在语言中突出表现为重意合与重形合之别

关于汉语会意文字与英语拼音文字造词所反映出的思维方式之别，潘文国先生做了精彩的对比分析（潘文国，1997：370~371）：

……汉字的数量现在已发展到 6 万多，常用的也有好几千。要记住这么多字的形体和意义是有困难的，而汉字在长期的发展过程中形成了以形声字为主体、以部首来统率、所有的字以类相从的办法，成功地解决了这一问题。这是一个很聪明的办法，其背后就反映了汉族人善于整体思维的心理特点。如"木"旁，"凡木之属皆从木"；"水"旁，"凡水之属皆从水"。这就带来了不少方便。例如"松、柏、梅、枝、树、林……"一望而知与树木有关；"江、河、湖、海、洋、池、深、浅……"一望而知与水有关。这些偏旁就起了把字串连起来的作用，这是一种整体思维的结果，每一个字都不是孤立的存在，而是一个形类系统的一部分。

词汇发展了，从单音词发展到了双音词和多音词，但汉族人仍然沿用了造字的方法来构词。即先确定一个类属大名，然后加以个别区分。例如，先把木本植物通称为"树"，然后把各种不同的树分别叫做"松树、柏树、梅树、桃树、李树"等，把与"树"有关的各种事物，分别叫做"树干、树枝、树冠、树墩、树叶"等。"树"在这一系列词里起的作用就相当于原先字里面的偏旁，同样体现了一种从整体着眼来把握局部的思维方法。

英语与之相反，我们把英语造字构词的特点叫做"原子主义"。其表现是：①一个事物一个名称，没有从整体、从事物的联系来命名的习惯。例如刚才举的汉语中从"木"、从"水"的一些字，英语分别叫做 pine、plum、tree、wood、branch……和 river、lake、sea、ocean、pond、deep、shallow……从字形上根本看不出其间有什么联系。汉语中"树+※"

的双音词，英语中也用不同的词来表示，如 trunk（树干）、bark（树皮）、root（树根）、bough（树枝）、foliage（树叶）、stump（树墩）等。这就是重个体思维的结果。②汉语的构词法以复合法为主，组成的词族以类相观照，是一个开放的群；英语的构词法以加缀法为主，词族的组成以词干为中心，其作用就像是原子核，而各种前缀后缀就像是核外电子，每一组这样的词形成一个封闭的词族。在词汇上，最容易看出汉语重整体思维、英语重个体思维的特点。

2.2 中国文化的直观体悟与英语文化的逻辑分析之别

注重整体综合的中国文化着眼于对事物的整体把握，而不是个别细节分析。这种整体把握通过"观物取象"（取万物之象，加工成为象征意义的符号，来反映、认识客观事物的规律）、直观体验和感情经验进行，对整体的把握只能靠直觉顿悟。直觉思维的特点是整体性、直觉性、非逻辑特性、非时间性和自发性，它不是靠逻辑推理，也不是靠思维空间、时间的连续，而是思维中断时的突然领悟和全体把握。中国文化这种传统思维的特点不是以概念分析和判断推理为特点的逻辑思维，而是靠灵感，即直觉和顿悟把握事物本原的非逻辑思维。它不是自觉地或有意识地运用逻辑思维，而是把直觉作为认识本质、本体的主要方式。（张岱年、成中英，1991：24）中国文化的这种思维方式与西方英语国家的逻辑分析思维不同。这种不同具体表现为：是整体把握而不是个别分析；是直观体悟而不是理性分析。中国文化注重经验的总结和榜样的效仿，西方文化则着眼于理性分析和逻辑推理。中国文化的直观体悟的具象思维在语言中一个突出的表现是重意合而不重形合；西方文化的逻辑分析思维在语言中的一个突出表现则是重形合。

中国文化重了悟而不重形式论证的思维方式，认为事物的形式并不重要，只有成为这些事物的道理才是重要的，而道理则是无形的。所以，汉语"偏重心理，略于形式"，或者说重"神"而不重形。王力说："古人主张不以辞害意。西人的行文却是希望不给读者以辞害意的机会。"我国的古典美学也反对那种涂满空间的具象。譬如画竹，反对"节节而为之，叶叶而累之"，因为这里只有形而无神，而主张"胸有成竹"，经过主观的筛选，汰去繁枝冗节，"振笔直遂"，竹也就栩栩如生。启功曾举过一例：中国的古典绘画中常有画着一个茶壶和一个茶杯，画面上题写"陆羽高风"，如果画一个酒壶，一个酒杯，便可题"陶潜逸性"。这就像汉语的句子组织，没有人，人们却可以意会到施事语；没画茶壶或酒流入杯中的过程，人们却可以意会到动作语；杯中不画各色的茶和酒，人们却可以意会到宾语；壶口并不一定向着杯，甚至壶柄向着杯也不要紧，这又很像句子语序灵活，词语组合方便，只要语义上配搭，事理上明白，就可以粘连在一起。这种"意合法"在古汉语表达中尤甚。……正由于这种意合的灵活方便，使得从语言艺术的角度去考察汉语的运用有了更大的余地。（申小龙，1991：497）

汉英之间意合法与形合法之别表现在句子结构上为以"神"统"形"与以"形"役"意"之别。英语句子以动词为中心，主谓结构为主干搭起句子的固定框架。汉语句子却不以动词为中心，也不一定要以主谓结构为主干，而是以意义的完整为目的，完全可以用流动的词组或流水句的铺排表达意思。也就是以神统形，讲求的是意合，而不是形合。

关于汉英句法单位的衔接中汉英语言之间的意合与形合之别，王力先生做了全面生动的描述："专就简单的连系而论，中西语法是大致相似的。如果把相关的两件事情并成一句，中西语法就大不相同了。西洋语的结构好像连环，虽则环与环都联络起来，毕竟有联络的痕迹；中国语的结构好像无缝的天衣，只是一块一块的硬凑，凑起来还不让它有痕迹。西洋语法是硬的，没有弹性的；中国语法是软的，富于弹性的。唯其是硬的，所以西洋语法有许多呆板的要求。如每一个 clause（子句）里必须有一个主语；唯其是软的，所以中国语只以达意为主，如初系的目的语可以兼次系的主语，又如相关的两件事可以硬凑在一起，不用任何的 connective（连接词）。"（申小龙，1990：60）

汉语句子结构和词语组合不拘泥于语法规则和句法要求，不必讲求逻辑的合理性，只要达意就行。"因此汉语的表达往往言简意赅，辞约义丰。"正如高名凯先生所说："中国语是表象主义的，是原子主义的——'表象主义'就是中国人说话，是要整个的、具体的、把他所要描绘的事体'表象'出来。'原子主义'的意思，是把这许多事物，一件一件，单独地排列出来，不用抽象的观念，而用原子的安排，让人看出其中所生的关系。结果中国的语言，在表现具体的事物方面，是非常活泼的。而在抽象关系的说明方面，则没有西洋语言那样的精确。"例如温庭筠的名句："鸡声茅店月，人迹板桥霜。"十个字传达了六种具象："鸡声"、"茅店"、"月"、"人迹"、"板桥"、"霜"。未用一个动词，而早行旅人的动作自在其中；未用一字抒情，而孤独的心境溢于言表。因而发散出强烈的表现力和感染力。它引发了读者语感深层的表象活动。因为"鸡声"、"茅店"、"月"、"人迹"、"板桥"、"霜"等词语都同汉民族悠久的民族生活传统联系在一起。（申小龙，1990：250~251）对汉语这种只有名词排列的句子，西方英语国家的人是无法理解的。因为，在他们看来，离开了作为句子中心的谓语动词和句子的主谓结构这个基本句式构架，只将几个名词堆积在一起，难以说明任何问题。但是，汉语句中这种名词组合充分反映了中国文化的具象思维特征。根据申小龙的统计，在现代汉语句子的实际运用中，SVO（主动宾）型的句子只占9%，"主谓"句占句子总数的25%，无主句（不包括独词句）占句子总数的8.4%，而现代汉语动词句占26.2%，名词句占49.6%。（申小龙，1991：446、453；2000：77）所以，主谓结构和动词中心并不是汉语句子的特点，但一定是英语句子的基本特征，反映了汉语句重意合，英语句重形合的思维方式的文化差异。

汉语重意合而不讲究逻辑合理性的特点在现代日常口语中的表现随处可见。例如："好容易"="好不容易"，都意为"不容易"；"好热闹"="好不热闹"，意思都是"很热闹"。"打扫卫生"、"恢复疲劳"、"他的毛病一点儿（都、也）没改"等，都不能用逻辑思维去理解。

2.3 中国文化崇尚和谐统一的辩证思维与西方文化强调对立冲突的机械二分思维之别

崇尚整体综合的中国文化注重整体的和谐、主客体统一和辩证地观察问题，强调和谐的中国文化趋于寻求对立面的统一。认为"天地万物之理，无独必有对"。万物都是相互对立而又相辅相成、互相转化的。"约而能张，幽而能明，弱而能强，柔而能刚。""行柔而刚，用弱而强，转化推移。"这种辩证转化的思维也体现在汉语中。崇尚个体分析的西方文化则持机械两分的态度，认为天人分离、非此即彼、人与自然是征服与被征服的关系，主客体是对立两分的关系，任何事物非黑即白，是非分明，只能竞争或斗争，非胜即败，没有折中调和的余地，遵循的是机械两分的形式逻辑。所以，中国文化的辩证思维与西方文化的机械思维之别中一个突出的表现是，中国文化的亦此亦彼，彼此可以转化和对立统一的思想与西方文化的非此即彼、黑白必须分明的观点之别。这就是人们喜欢说的西方人的线型思维与中国人的环形（诠释）思维之别。

中国文化的亦此亦彼的思想在语言中的表现是大量的。例如："金无足赤，人无完人"，"水至清则无鱼，人至察则无徒"，"你中有我，我中有你"等名言讲的都是有关亦此亦彼、彼此转化的名言警句。汉语中各种语法范畴，包括词、词组、词类、句类，都没有一个非此即彼的僵硬界限，而往往随语言表达之势相互转化。实词与虚词就可以相互转化，例如："在"、"给"、"到"、"拿"、"把"。（申小龙，1990：44~45） 西方文化，尤其是美国文化，对事物的价值判断则相反，凡事都需按 black or white 判断。不是 good，就是 bad，不是 right，就是 wrong，不是 friend，就是 enemy，不存在中间价值。彭迈克所说的"Friendly if co-opreative, hostile if competitive."依据的就是这一思维方式。所以，对于上述汉语说法，不了解中国文化思维方式和价值观念的西方人是完全无法理解的。中国文化的辩证思维还认为矛盾是可以转化的，例如"化敌为友"、"乐极生悲"、"福兮祸所倚，祸兮福所依"、"塞翁失马，焉知祸福"。中国文化对立统一的思想在语言中的表现和运用也是随处可见的。例如，汉语中有大量的用对立的词素构成的词语：高低、大小、左右、内外、男女、上下、天地、阴阳、轻重、古今、中外、长短等等。

关于中国文化的亦此亦彼、对立双方互相转化的思维特征在汉语中的表现，申小龙认为还存在着一个有趣的"反训"现象，即一个词由于词义的发展向着对立面转化而同时具有相反或相对的两种意义。申认为，词的语法意义和语法结构常常要从上下文的意思中推导出来说明汉语语言思维的辩证精神与整体精神的一致性，这是"反训"得以成立的文化心理依据。（申小龙，1990：45）

2.4 中国文化的以大观小与西方文化的以小观大之别

注重整体和整体综合思维的中国文化习惯于以大观小，从大到小地观察事物。而注重个体和个体分析的英语文化则习惯以小观大，从小到大地观察问题。体现在语言中，汉语的特点是"既于大段中看篇法，又于大段中分小段看章法，又于章法中看句法，句法中看字法……"（申小龙，1990：39）所以，对汉语句子的理解必须密切联系语境，"我国古代的修辞观也是以大观小，从社会环境考察修辞问题，从辞章文体看修辞方式。……这种整体性的修辞观，不以单个文辞之巧拙为着眼点，而以与规定情境相协调为修辞的最高境界；不以文辞本身之绮丽多姿为终极目的，而注重说话人、听话人的'角色关系'及说话作文时的情境对文辞的调适，把修辞同一定的社会规范整体联系在一起。"（申小龙，1990：40）

中国文化以大观小的思维是因为认为小寄于大。"字之精神，寄于句。句之精神，寄于篇章。"（钱基博，见申小龙，1991：500）所以，汉语词和句的意义表达密切联系语境，个体密切联系整体。这就是洪堡所说的"在汉语里，上下文的意思是理解的基础"。词的语法意义"只有我们知道句子中一个或几个词的意思后才有可能了解"，"语法结构常常要从上下文的意思中推导出来"。（申小龙，1990：45）

2.5 中国文化认知与感情融合的思维与西方文化的认知受制于法的思维之别

蒙培元将中国文化认知与感情融合的思维方式称之为"以主体自身为对象的意向思维，着眼于自我反思"。（张岱年、成中英，1990：27）申小龙则称之为"人治精神"，即在思维方式上注重人际、伦理，以人比天，还原于心。在认识论上，注重直觉、内省。（申小龙，1990：58）中国文化将"天人合一"的整体思维与情感体验密切结合起来，其思维特点，"是把认知和情感融合在一起，知、情、意处在合一未分化的状态。其中，情感因素起重要作用，这就使传统思维带有强烈的情感色彩，使思维按照主观情感需要所决定的方向发展"。（张岱年、成中英，1991：29）这里所谓的"情感"，指的是对喜怒哀乐和好恶情感所做出的评价和好恶。这种评估是道德的评估，是情感的表露，是价值判断性思维。中国文化将情感体验、道德评价与理性认识合而为一了。所以，中国文化传统思维的特点是把认知和情感融合在一起，使中国文化传统思维带有强烈的情感色彩。所谓"合情合理"、"合乎情理"、"入情入理"、"不近情理"、"情理难容",等等,讲的都是"情"与"理"的密切关系。西方文化的思维方式虽然也常与价值观念结合在一起讨论。但是其主要特点是逻辑推理的理性思维:第一,思维必须严格遵照逻辑原则进行理性分析,讲求真实性与准确性,只考虑"合理",不考虑"合情",这与中国文化的"情感体验"和"合情合理"的"真情"不同;第二,西方文化的思维是外向的,是解决如何认知与分析客观事物与外部世界,考虑的不是自己与外界的结合,而是对其利用和征服;第三,西方文化不将思维方式看成与道德有关,而认为它是冷冰的僵硬方式。

  中国文化的情理结合的思维方式在汉语中的一个突出表现是汉语的词语往往附着浓郁的感情色彩。例如,"宏伟"、"坚强"、"热爱"、"珍视"、"慈祥"、"鼓励"、"培养"和"勾结"、"煽动"、"充斥"、"顽固"、"嘴脸"等词的感情色彩就显然不同。即使是一些十分普通的词,在实际运用中也会被赋予强烈的感情色彩。如鲁迅《一件小事》中的一段文字:"……而且他对于我渐渐地又几乎变成一种威压,甚而至于要榨出皮袍下面藏着的'小'来。"在这里一个"小"字毕现了作者对自私自利鄙视的感情。甚至最"冷漠无情"的数词在汉语中也具有感情色彩。比如用"百炼成钢"比喻历经考验,用"一言九鼎"比喻说话有份量,用"四四方方"形容端正可爱,用"朝三暮四"形容做事无恒心,用"垂涎三尺"形容贪婪的丑态,用"三心二意"形容犹豫不决或意志不坚定,用"一板一眼"形容言语行为有条理、合规矩、不马虎,用"一本正经"形容很规矩、很庄重。汉语句子在表示动作行为的词语之前,常有单纯表示施事人情绪的语气词语,用来表示惊诧、不满、委婉、强调、顿挫、辩驳、反诘等等复杂的情感。而在西方语言中很难找到同这些语气词语适当对应的词。甚至汉语的连词、介词乃至代词都有语气作用。实词和词组的铺排顺序也都内涵语气功能。(申小龙,1990:61)

案例18. 测字术

  测字是中国过去一种算命的方法。"测字"也叫"拆字",就是把一个汉字拆成几部分,然后加以解释,预测吉凶。
  传说清朝乾隆皇帝喜欢微服私访。一次,他在苏州看见有个算命先生给

第三节 中国文化思维方式的特征

人测字,他就让跟随的老太监去试一试。老太监看了看身上的帛衣。就写了个"帛"字,测字先生说:"'帛'字,上面是'白',下面是'巾','白巾'是办丧事用的。你家里恐怕有人要出事了。"正巧这位老太监的父亲最近得了重病,老太监一听,心里很不高兴,全身直冒冷汗。乾隆心想,这个算命先生还测得挺准,让我来考他一下。乾隆故意也写了一个"帛"字,让他去测。

测字先生把乾隆从头到脚打量了一番,连忙鞠躬行礼说:"先生大富大贵呀!"乾隆问他怎么知道,他指着"帛"字说:"'帛'字上头是个'白'字,皇帝的'皇'字上头也是个'白'字,下边是个'巾'字,皇帝的'帝'字下面也是'巾'字,所以'帛'字是'皇头帝脚',您有天子之命啊!"

乾隆一听,哈哈大笑,心里十分开心,就命随从赏了算命先生一锭银子。

算命先生拿到一锭大银,心花怒放,因为这比他平时几个月的收入还多。晚上,他高兴地讲给老婆听,老婆听了疑惑地问他:"为什么同一个字,你有两种说法呢?"他告诉老婆,"第一个人年纪大,面带愁容,我估计他家里多半有了丧事;第二个人年纪轻,却气度不凡;第一个人穿得讲究,却好像他的仆人,我想这个年轻人肯定来头不小。所以就拣好的说,让他高兴高兴,果然赏了我一锭大银。"(周健,1999:4~5)

案例分析参考题

1. 请从思维方式的角度分析这一案例中汉字结构所体现出的中国文化特征。
2. 这一案例对汉字研究和教学有什么启示?

思考题

下面是几个汉语句子及其英语译文,请对比汉英思维方式的文化差异在各句中的体现。还可以请非英语国家留学生将下面的汉语句子译成其母语,然后师生共同讨论如何从思维方式的文化对比角度更有效地学习和翻译汉语句子。

(a) 对您的友好邀请,请接受我们诚挚的谢意。
   Please accept our sincere thanks for your kind invitation.
(b) 对贵方的友好接待我谨对您表示衷心的感谢。
   I should like to express my heartfelt gratitude for your gracious reception

and hospitality.

(c) 能见到太平洋彼岸来的朋友，我非常激动。

I'm very excited to see our friends from the other side of the Pacific.

(d) 我为能在此为克拉克董事长主持晚宴深感愉快。

It is a great pleasure for me to preside at this dinner in honor of Chairman Clark.

(e) 把这件事告诉他是错误的。

It was a mistake to tell him.

(f) 人过得快活时，时光就过得很快。

Time goes by quickly when you're enjoying yourself.

（梅德明，2000，《高级口译教程》，上海外语教育出版社）

第四节 思维方式的文化对比与第二语言教学

从思维方式的文化对比角度进行第二语言教学涉及语言教学的各个方面。本节将从五个方面讨论这一问题：从思维方式文化对比的角度进行汉字教学、从思维方式文化对比的角度进行汉语词语结构教学、从思维方式文化对比的角度进行汉语量词教学、从思维方式文化对比的角度进行句子结构教学、从思维方式对比角度进行篇章翻译教学。

1. 从思维方式文化对比的角度进行汉字教学的必要性和可能性

1.1 认真处理学生学习汉字的困难

汉字对于学习汉语的外国人来说困难极大。这种困难会挫伤他们学习汉语的信心和积极性，甚至还可能让他们产生对汉字的反感和惧怕心理。然而，教师完全有义务，也有办法解除他们的心理障碍，激发他们的学习兴趣，帮助他们克服学习汉字的困难。最为有效的一个方法就是从思维方式的角度进行语言与文化对比分析。

1.2 激发学生学习汉字的兴趣

充分利用汉字结构会意的特点,讲汉字结构的故事和做字谜游戏都不失为有效的教学方法。

例1. 测字术

民间流传这样一个传说:明朝崇祯十七年,李自成攻打北京,明朝政权危在旦夕。有人向信奉天命的崇祯皇帝朱由俭推荐了一位据说是"破字极准"的测字先生。测字先生要皇上说个字出来,朱由俭随口说了个"友",测字先生说:"不好了,'反'出头了。"朱大惊失色,连忙说:"你弄错了,我说的是'有'字"。测字先生说:"更坏了,大明已去一半。"("有"字由"大、明"两字的一半合成)。朱由俭越发慌乱,分辨说:"不,不,是这个'酉'"。测字先生说:"哎呀!'酉'居'尊'字之中,上无头下无足,至尊者有生命之危了。"朱由俭听了,魂飞魄散,第二天便在景山上吊自杀了。原来,那位测字先生是李闯王的军师装扮的。这是把测字术用于攻心战的故事。

(周健,1999:5)

这当然是杜撰的一个故事,但很有趣,可以提高学生学习汉字的兴趣。既生动地教了"友、反、有、大、明、酉、尊"等字,又帮助学生了解了作为会意文字的汉字特征,教学效果肯定会不错的。

例2. 拆字游戏

① 说书——读(卖、言)
② 文章啰唆——够(多句、多余的句子)
③ 门庭若市——闹(门、市)
④ 一边雪白一边黄,一边柔软一边刚。
   一边保暖一边凉,合起可做好衣裳。

(锦。谜面分别喻指"帛"和"金"。)

⑤ 半边鳞甲半边角，半边腥气半边毛。
　半边无水难活命，半边落水命难逃。

（鲜。谜面分别喻指"鱼"和"羊"。）

（周健，1999：546~547）

拆字游戏是用生动活泼的游戏方法教授汉字的有效措施，可将枯燥难学的汉字在活泼有趣的愉快气氛中传授给学生，也会加深学生对汉字会意特点的认识。

1.3 提高学生对汉字的理性认识

教师可以通过介绍汉字的形成及其发展轨迹，帮助学生提高对汉字的理解和认识，还可通过对汉字的认识加深对中国文化和汉语言的了解。

1.4 帮助学生充分认识汉字在交际中举足轻重的作用

外国人学习汉语最大的困难之一是汉字及其声调，但是，汉字也可帮助外国人大大减少与中国人交际的困难。这主要表现为：中国面积大，民族多，人口众，各地方言和民族语言复杂，口头交际困难重重。然而，统一的汉字和汉语书面语却是"走遍天下都不怕"的可靠交际工具。

2. 从思维方式文化对比的角度进行汉语字词结构教学

字词结构反映了思维方式的文化特征。文化不同，思维方式有别，字词结构在不同语言之间都会有所不同。通过对作为会意文字的汉语与作为拼音文字的英语的字词结构的对比分析，我们会发现，汉英字词结构可以反映出中西方思维方式之间具象思维与逻辑思维之别、整体综合与个体分析之别、辩证统一与机械二分之别。

2.1 汉英造字心理反映了具象思维与逻辑思维之别

英语拼音文字按照理性思维组成形合文字，而中国人的具象思维方式在汉字构成上往往表现出极强的意合特点。例如："美、群、善、祥、养"等表示美好的字，在字形上都带有"羊"。这是中国先民的羊图腾崇拜在汉字中的遗存。"美"字在《说文解字》中释为："甘也，从羊、从大，羊在六畜中从主给膳也。"历史上人们最初产生美的概念是嘉味，这说明古人认识"美"是从内在的价值上去认识的。汉字中也有大量音义结合的字。宋代文学家王圣美用归纳法列举了"青"（含有"美好"之意）字与不同含义偏旁结合而成的字："晴：日之美者"，"清：水之美者"，"菁：草之美者"，"精：米之美者"，"倩：人之美者"，"请：言之美者"。（吴森，1978：39~40）这种形意结合的构词法在以声音为特征的英语拼音文字中是难以找到的。申小龙认为，汉语的造字心理注重图象性。传统的"六书"中，不论从"文"的含义和从"字"的形体构造本身来看，象形都是基础。"指事"是在象形的基础上加标记来指事的。"会意"是在原有象形的基础上逐步深化，通过形象的复合来提示人们的思维联想的。"形声"则是在象形符号的基础上增加声符来扩大文字再生产的。即使是音译外来词也为表音加上音符。如"目宿"加草字头成为"苜蓿"（一种重要的牧草和绿肥作物），"师子"加"犭"旁成为"狮子"，"颇离"加"王"旁成为"玻璃"等等。汉字显然是汉族人习惯以直觉形象的眼光看待一切的思维途径的对象化产物。（申小龙，2000：71）

2.2 汉英造词心理反映了中西方文化之间整体思维与个体思维之别

2.2.1 汉英词语构成的复合与派生之别

汉英词语构成中存在着复合与派生之别。这一区别反映了中西方思维方式的整体思维与个体思维之别，即注重整体、整体综合与个体中心、主从分明之别。汉英语构词方法都有复合法和派生法（加缀法），但是汉语词以复合法（compounding）为主，英语以派生法（derivation or affixation）为主。吕叔湘先生说："西方语言的构词以派生为主，……汉语构词以复合为主，……"（《汉语语法分析问题》）所谓"派生法"，是以一个生产词（语素）为词干，在它的前面或后面加上某些词缀而构成新词（派生词）的一种构词方法。这是包括英语在内的属拼音文字的印欧语言的最主要的构词方法。印欧语言重形式变化，具有丰富的前缀和后缀。例如：英语的 natural （自然的；不加做作的），加上表"不、未、非"的 un-前缀，变成 unnatural （不自然的；矫揉造作的）。词根 invent（发明）加上后缀-or（表示"者、物、器"）构成 inventor（发明者）。汉语构词应用最广的是词根复合法。所谓"词根复合法"，就是运用词根+词根的方法将两个有意义的语素组成一个新词。例如:"兄"和"弟"可以合成"兄弟",又可分解为"兄"和"弟";"甘"和"苦"可以合成为"甘苦",又可分解为"甘"和"苦";"鸡"和"蛋"组成"鸡蛋",又可分解为"鸡"和"蛋";"冰"和"鞋"可合成"冰鞋",又可分为"冰"和"鞋"。这种构词法灵活自如,依一定的句法关系就可构成新词。英语也有具有这一功能的词,但数量大大少于汉语。例如:schoolboy(学童)、blueprint(蓝图)、brainwashing(洗脑)、homemade(家制的)、duty-free(免税的)、air-conditioning(装有空调的)、window-shopping(逛商店)。

2.2.2 汉英缩略语结构的重意合与重形合之别

英语缩略词的构成方式有(方文惠 1991:103-104):

(1) 略去词的后半部,只留前半部。例如:

Monday—Mon; photograph—photo; address—ad.

(2) 略去词的前半部,只留后半部。例如:

Airplane—plane; telephone—phone; omnibus—bus.

(3) 保留短语中各主要词的开头字母。例如:

Branch office—B.O(分公司);

telegraphic transfer—T/T(电汇)

(4) 各取词的第一个字母拼凑成新词。例如:

Radar—radio detecting and ranging(雷达)

Laser—lightware amptification by stimulated emission of radiation(激光)

Aids—acquired immuse deficiency syndrome(艾滋病,原意为"后天免疫不全综合症")

所以,英语缩略词都主要是从语音上受原形的制约。

汉语缩略语语素之间结构与原结构相同。汉语由于重意合,缩略词语素之间的结构关系都受语法制约,一般与原形式结构方式相同。例如:

都是修饰关系。如"中国共产党——中共";

都是联合关系。如"工厂矿山——工矿";

都是主谓关系。如"文字改革——文改";

都是动宾关系。如"扫除文盲——扫盲"。

此外,还有用数字概括的方法。例如:

"广东、广西——两广";"湖北、湖南——两湖";

"百花齐放,百家争鸣——双百"。

2.3 造词重形象比喻与重本质特征之别

从汉语的造词心理习惯来看,汉语经常使用形象比喻,而不诉诸本质特征。如"矛盾"、"鸡眼"、"薪水"、"吹牛"、"吃醋"、"续弦"、"狐疑"、"龙眼"、"哽咽"。不仅有像,而且还有声,如"哽咽"就有哭泣时气息阻塞的声感。许多拟声词不仅诉诸听觉,还可表现事物的质感(如"丁零"——铃声或小的金属物体撞击的声音)、动感(如"扑通")、甚至兼有视觉感受(如"哇")。有的词还兼有听觉、质感、动感(如"丁零当啷"——形容金属、瓷器等连续撞击声)。汉语成语、典故、谚语、歇后语的形象不但具有鲜明的民族传统特色,如"紧锣密鼓"、"煮鹤焚琴"、"举棋不定"、"胸有成竹"、"胶柱鼓瑟"、"痛下针砭"、"龙飞凤舞"等,而且还有其文化的独特渊源,如"精卫填海"、"天衣无缝"、"滥竽充数"、"揠苗助长"、"南柯一梦"、"守株待兔"、"塞翁失马"、"刻舟求剑"等。最全面地体现具象思维的是汉语中大量带叠音后缀的形容词。这类词可以十分逼真地表现视觉、听觉、嗅觉、味觉、触觉。例如:"香喷喷"、"红通通"、"甜滋滋"、"胀鼓鼓"、"沉甸甸"、"绿油油"、"火辣辣"、"乐呵呵"、"泪汪汪"、"直勾勾"、"乱蓬蓬"、"笑眯眯"、"暖融融"、"干巴巴"、"湿漉漉"、"冷飕飕"等等。这些词活灵活现地体现了中国文化的具象思维特征,它们传达的是一个事物给予人的声貌、形貌上的感受,带有主观体验性。因而在形式上总是诉诸特定的声感,重言叠韵,余音绕梁,以期唤起读者和听者得到一种身临其境的直觉感受。(申小龙,2000:69;1990:48)

在英语中,这类词语远不如汉语多。因此,翻译时只能选用近义词来表达,或者采用释义的方法传达信息。例如:"乱蓬蓬的茅草"— a jumbled mass of reeds;"亮堂堂"— brightly lit;"绿油油的"— fresh green;"紧锣密鼓"— vehement beating of drums and gongs;"揠苗助长"— spoil things by excessive enthusiasm。

2.4 汉英字词结构中辩证统一思维与机械二分思维之别

在中国古代哲学文化中，万物都是对立共生、相互渗透、相互转化、相辅相成的。例如：汉语声律的形成就是以声和韵的矛盾运动为基调，造成和谐的美感。汉语单音词的孳生就利用双声迭韵的道理，而且这种孳生在意义上往往是向反面转化。音义都处于矛盾运动之中。例如：对"天"而言"地"，对"明"而言"盲"，对"腹"而言"背"，对"轻"而言"重"，对"生"而言"死"，对"钝"而言"锐"，对"始"而言"终"，对"顶"而言"底"，对"古"而言"今"，对"新"而言"陈"，对"寒"而言"暖"，等等。（申小龙，1990：43）

汉语中常用含义对立结合的词语表意。例如：用"大小"表示大小的程度或辈分高低；用"高低"表示"高低的程度"、"高下"、"深浅轻重"；用"上下"表示地位或辈分高低、好坏或优劣的程度或大致的数量；用"多少"表示数量的不定；用"甘苦"比喻美好的处境和艰苦的处境；用"贵贱"表示价钱的高低或地位的高低；用"长短"表示长度；用"褒贬"表示批评、指责。

汉语中还有大量的表示矛盾可以转化的词语。例如："乐极生悲"、"物极必反"、甚至还有"塞翁失马（焉知祸福）""福兮祸所依，祸兮福所倚"等。

中国文化辩证统一思维在亦此亦彼上表现也很常见。例如："地上"与"地下"都可指地面之上（"地下"又可指地层内部），英语则必须区分清楚"on the ground"或"underground"；英语的"come(来)"、"go（去）"和"return（回）"含义不能相互混淆。而汉语的"来"和"去"则可表示相同意思。如："来回"中的"来"，意为"去"，即"在一段距离之内去了再回来"。"贷款"既可意为"借入"，又可表示"借出"。英语则必须"borrowing or lending money"，不可混淆。"打败"既可表示战胜又可表示战败，英语则为"defeat or suffer a defeat"。

汉语中亦此亦彼的思维还进一步发展为"此就是彼"（此变成彼）。例如："恢复疲劳"就是消除疲劳；"养病"就是因患病而休养，目的是去掉病；"打扫卫生"就是清除掉不卫生的东西；"救火"就是扑灭火；"晒太阳"就是让太阳晒自己；"喝醉酒"就是喝酒喝醉了；"醒酒"就是由酒喝醉了而醒过来。

第四节 思维方式的文化对比与第二语言教学

中国文化的辩证思维所体现出的彼此一体、亦此亦彼和彼此相互转化的特点在汉语言中大量存在。张德鑫在其《中外语言文化漫议》(1996) 一书中以《谈汉语的"正反词"》一章的篇幅对汉语词语的这种现象做了详细而又全面的总结与分析。张德鑫认为，汉语的"正反词"指两种情况：一词本身兼有正反两义的单纯词及由两个意义对立的词素构成的双音词，前者主要出现在古汉语里，后者大量存在于现代汉语中。"正反词"正体现出中国文化辩证思维方式的对立共融一体的哲学思想。张德鑫将这类"正反词语"所反映出的语义和结构关系上的特点分为七大类：

(1) 包含双义

即构成一词的两个对立义的词素都起作用，从而含有正反双义。他认为这类词最多，并列举了 84 个词。如：爱憎、恩仇、善恶、忠奸、优劣、美丑、盛衰、兴亡、安危、生死、存亡、吉凶、功过、奖惩、赏罚、荣辱、成败、胜负、强弱、软硬、刚柔、肥瘦、高矮、攻守、有无、得失、取舍、增减、多寡、利弊、君臣等。

(2) 只表单义

即两个词素中只有一个起作用，另一个只作陪衬，这类词不太多。如：忘记（有忘无记）、睡觉（有睡无醒）、窗户（有窗无户）、国家（指国而言）、厚薄（指厚度不指"薄度"）。

(3) 兼有双义和单义

这类词也不多。如：兄弟（有时专指弟）、褒贬（①评论好坏；②批评缺点，指责，偏于"贬"义）、妻子（①妻和儿女；②指婚后的女方，妻）、甘苦（①借指美好和艰苦的处境；②在工作和经历中体会到的滋味，多指"苦"的一面）。

(4) 产生新义

即由原词素的正反两义结合而生的引申意义，多为比喻用法。例如：是非（喻口舌）、伸缩（喻灵活）、深浅（喻分寸）、快慢（喻速度）、黑白（喻是非善恶）、曲直（喻有理和无理）、手足（喻弟兄）、老小（喻家属）、骨肉（喻父母兄弟子女等亲人）、天地（喻人们的活动范围）、吞吐（喻大量的进和出；话语含混不清）、出入（喻不一致，不相符）、矛盾（喻言语行为自相抵触）、朝夕（喻极短的时间；天天；时时）、水土（泛指自然环境和气候）、买卖（泛指生意或商店）、冷暖（泛指人的生活起居）、方圆（指周围或周围的长度）、宽窄（指面积、范围大小的程度）、前后（指范围、方位，喻自始至始）、开关（指一种电器装置或设备）、动静（指打听或侦察到的情况）、鱼肉（喻用暴力欺凌）、死活（口语中表无论如何）、横竖（口语中表肯定）。

（5）一词多义

即包括原正反双义或其中之一的偏义，又引申出不止一个新义。这类词不算很多，但极为活跃。例如：

上下：①从上到下 ②表程度高低；好坏；优劣 ③表概数 ④职位、辈分不同之人；

左右：①左和右两方 ②支配；操纵 ③表概数 ④反正 ⑤身边跟随的人；

大小：①指大小程度 ②辈分高低 ③大人小孩儿；

高低：①高低的程度 ②喻水平等高下 ③喻说话做事深浅轻重 ④无论如何 ⑤终究；

长短：①长度 ②喻是非好坏 ③喻意外变故，多指生命危险 ④方言中表无论如何；

好歹：①好坏 ②喻生命危险 ③不管怎样 ④不问条件好坏将就地做某事；

早晚：①早晨和晚上 ②或早或晚 ③时候 ④方言中泛指将来某时；

反正：①情况虽不同而结果并无区别 ②表坚决肯定语气 。

（6）构词顺序

两个正反词素的排列，绝大多数为先正后反，只有少数是先反后正。例如：输赢、雌雄、损益、贫富、粗细、哭笑、迟早、远近、难易、嫁娶、敌友、忙闲、祸福、生熟、虚实、阴阳、死活、反正。这些词一般不能颠倒，有的可颠倒，但意义就发生了变化。如：

沉浮（喻盛衰消长） 浮沉（喻官职升降或随波逐流跟世俗走）

军民（军队和百姓） 民军（由百姓组成的非正规军）

儿女（儿子和女儿、子女；男女） 女儿（父母所生的女性孩子）

（7）四字格正反词

指由四字组成的成语或惯用语，它们在形式上相当于一个扩大了的双音节

"正反词",其结构大致可分为:
① AB·CD 式:古今中外　男女老幼　抑扬顿挫　轻重缓急
② AC·BD 式:朝秦暮楚　舍近求远　厚此薄彼　顾此失彼　阳奉阴违
　　　　　　口是心非　贪生怕死　损公肥私　损人利己　好逸恶劳
　　　　　　拈轻怕重　避重就轻　色厉内荏　外强中干　人仰马翻
　　　　　　凶多吉少

这类词对比鲜明,揭示矛盾,造意深远,概括性强。

3. 从思维方式的文化对比角度进行汉语量词教学

3.1 量词是汉语言的一大特点

谈到汉语量词,人们的共识是:汉语量词数量大,使用频率高;汉语量词形象地反映了中国文化的直观(具象)思维的特征。如与英语做一对比,这两个特点更加突出。从以下四个方面可以看出来:

(1) 汉语量词数量大,常用量词大约不少于 500 个,使用普遍。(熊文华,1997:199)

(2) 汉语量词的使用随着所限定的词的形象而变,有严格的规则要求,这一点,英语难以比拟。

(3) 英语中没有独立的量词。英语语法书中不专论"量词(measure word)",而是用"数量词(quantifier)"将数词与量词结合在一起。有的语法书甚至干脆将"quantifier"译成"量词",并将数词与量词合二为一。(张道真,2002:388~393)有的著作虽然将汉英量词做了全面具体的对比,但认为"英语没有量词",对比的只是"汉语量词与英语特殊量词",其依据是英语"数词可直接置于名词之前表示数量"。(陈定安,1991:94~95)只在一定的条件下,由于意义上的要求,英语中的可数名词也可与特殊表示数量的概念名词连用。这种特殊量词,通常是借用了普通名词,具有独立词汇意义。不过,在量词与名词之间要有一个介词"of"。而汉语中量词是用以表示事物单位的词,位于数词与名词之间。陈定安称之为"特殊量词"的英语词语对应于汉语的"借用量词",即兼做量词用的那些名词和动词。如借用名量词:碗、口、杯、头、桌、车、发、挑；借用动量词：脚、眼、刀。（钱乃荣，1995：138）英语中以"名词+of+名词"结构形成的"特殊量词"可以起到汉语量词表意的一些作用。例如：

① 以事物特征、状态来衡量的"量词"。如 a packet of cigarettes （一包香烟）、a bar of chocolate （一块巧克力）、a blast of wind （一阵风）、a coat of paint （一层油漆）、a drop of water （一滴水）、a sheet of skin （一张皮）。

② 用以表示抽象名词数量单位的"量词"。如：a piece of advice （一个忠告）、an item of news （一则消息）、a period of time （一段时间）、a wisp of smoke （一缕轻烟）、a gleam of hope （一线希望）。

③ 用以表示群体或集合概念的"量词"。如：a troop of children （一队儿童）、an army of workers （一大队工人）、a circle of friends （一群朋友）、a bouquet of flowers （一束花）、a bunch of grapes （一串葡萄）。

（陈定安，1991：96~97）

(4) 汉语量词形象地反映了中国文化具象思维的特点。汉语量词一般都反映出具体事物的形象和类属，用错了量词就会给人以物体类属甚至形象定位错误的感觉。例如：如果将"一张纸"说成"一个纸"，别人会不明其意；如果将"那位先生"说成"那匹先生"，别人就会以为你在有意侮辱人，结果就难免发生冲突了。

3.2 量词是外国人学习汉语的一大难点

从学习汉语的英语国家留学生的常见错误就可看出汉语量词是西方人学习汉语的一大难关。例如：

① 那张词典是我的。（正：那本词典是我的。）

② 我喝了两个杯牛奶，他喝了一个瓶牛奶。（正：我喝了两杯牛奶，他喝了一瓶牛奶。）

③ 我认识那位人。（正：我认识那位老师。/我认识那个人。）

例①②违反了汉语量词表达形态的规则；例③则违反了中国文化的价值原则：用"位"是表敬重。又如："一伙歹徒"、"一帮流氓"、"一小撮坏蛋"中的"伙"、"帮"和"小撮"都是表示"群"的意思，但都含有贬义的感情色彩。

④ 刚才下了一次雨，凉快点儿了。（正：刚才下了一阵雨，凉快点儿了。）

⑤ 这个故事比较难，我听了八九次才听懂。（正：这个故事比较难，我听了八九遍才听懂。）

⑥ 我以前来过一遍上海。（正：我以前来过一趟上海。）

"一阵"形象地描写了短时间或突然下的雨；"一遍"是"读"和"听"的次数的形象描绘；"一趟"则表示"走"或"行"的次数。所以，汉语中必须用不同的量词描写不同的行为，不能滥用。

3.3 汉语量词反映了中国文化具象思维的特点

量词的大量使用是汉语言一大特点，充分反映了中国文化的具象思维的文化特征。与之相比，英语中没有独立的量词，因为具象思维不是西方文化的特点。

汉语的量词含义明确，分工细致，种类繁杂，使用规则严格。

汉语中的量词是表示计算单位的词，分为名量词和动量词两类。名量词同名词配合，是表示人或事物数量的单位；动量词同动词配合，是表示动作的次数单位。

3.3.1 名量词又可以分若干类，每种都有其特殊量词

(1) 个体量词

个、只、条、件、块、根、张、本、间、棵等。这类用于个体事物计量的量词必须与相应的名词有形象和意义联系。例如：一个人、一只鸡、一条街、一根棍子、一件衣服、一块豆腐、一张纸、一本书、一间屋子、一棵树。"条"和"根"表示细长的状态；"块"用于块状或某些片状的东西；"张"用于扁平展开的薄物；"间"表示一定的空间，如"一间屋子"；"棵"用于植物，如"一棵树"；"本"用于装订成册的书籍簿册。

(2) 集合量词

双、副、套、批、帮、群、种。"双"用于成对的东西，如"一双鞋"，而"副"与"套"都用于成组的事物，但二者又不一定能通用。例如："一副手套"不能说成"一套手套"，"一副象棋"不能说成"一套象棋"。反之，"一套

制度"不能说成"一副制度","一套课本"不能说成"一副课本"。其中细微之别在于"套"有"互相衔接或重叠"和"事物配合成整体"的意思。不过"一副笑脸"也不能说成"一套笑脸"却无法用上述区别解释,这就有赖于在具体语境中的"体悟"了。

（3）度量词

米、公斤、公里、亩、立方等。这些都是明确而又具体的度量衡单位,不存在文化特性问题,只有度量名称的某些差别。如"尺"、"斤"是汉语的度量单位,英语中没有。

（4）不定量词

点儿、些。这些也不是一种语言所独有的,例如英语中就有对应词。

（5）自主量词

亦称准量词：年、星期、元、卷、章。这些也不是某一种语言所独有的。

（6）复合量词

架次、人次、千米小时、秒立方。这些也是各种语言和文化所共有的。

3.3.2 动量词

下、次、场、遍、顿、回、阵、番。这类量词有极强的中国文化特征。如：

下 （表示）用于动作的次数,用在动词后面含有动作完成或结果的意思,表示时间较短。如："钟打了三下"、"摇了几下旗"、"我去一下"。

次 用于反复出现或可能反复出现的事情。如："试验了十八次才成功"、"我是初次来北京"。

场 用于事情的经过；完整地进行一次。如："一场雨"、"一场大战"。

遍 一个动作从开始到结束的整个过程为一遍。如："问了三遍"、"从头到尾看了一遍"。

顿 表示动作的次数,一般用于吃饭、斥责、打骂等动作。如："骂了他一顿"。

回 指事物、动作的次数。如："来了一回"、"那是另一回事"。

陈 表示事情或动作经过的段落。如："几阵雨"、"一阵剧痛"、"一阵热烈的掌声"。

番　表示较费时费力的行为次数。如："思考一番"、"几番周折"、"三番五次"。

3.3.3 借用量词

有些名词、动词可以兼做量词用，称为借用量词。如借用名量词：碗、口、杯、头、桌、车、发、挑；借用动量词：脚、眼、刀。例如："一碗水"、"一发子弹"、"踢了两脚"、"砍了一刀"、"看了一眼"。这类词在英语中大量存在，陈定安称为"特殊量词"。通常通过借用普通名词，与介词"of"相结合组成。

英语文化中大量使用的是借用量词，所以，体现中国文化特征的量词主要是名量词中的个体量词和集合量词，动量词也远比英语复杂。汉语的这些量词突出了外形的直观感觉，充分体现了中国文化的直观思维方式。

3.4 量词中思维方式文化特征的体现是相对的

谈到量词反映出中国文化的直观思维特色时，不能忽视英语中借用量词的使用。按照陈定安先生的统计，英语中的"名词+of+名词"结构的"量词"就似乎也有非常明显的直观形象的特征。（陈定安，1991：98~99）例如，汉语的量词"群"用于成群的人或东西，译成英语，却常常需要根据不同的人和物使用不同的借用量词。例如：

(a) 一群人　　　　　　a crowd of people
　　一群观众　　　　　a crowd of spcctators
(b) 一群女学生　　　　a group of girl students
　　一群足球队队员　　a group of football players
(c) 一群才子　　　　　a galaxy of talents
　　一群美女　　　　　a galaxy of beauties
(d) 一群欢迎者　　　　a troop of welcomers
　　一群示威者　　　　a troop of demonstrators
(e) 一群影迷　　　　　a throng of film fans
　　一群人　　　　　　a throng of people
(f) 一群匪徒　　　　　a band of gansters

	一群魔鬼	a gang of devils
(g)	一群羊	a flock of sheep
	一群鸭	a flock of ducks
(h)	一群牛	a herd of cattle
	一群马	a herd of horses
(i)	一群豺狼（猎犬）	a pack of wolves（hounds）
(j)	一群建筑物	a clump of buildings

为什么汉语的量词"群"译成英语要用如此繁杂有别的英语词表示呢？陈定安认为：

> 因为"群"字在汉语中是没有修辞色彩的，而在英语中，"群"这个概念却是具有修辞色彩的。如："crowd"通常指"无组织无秩序的人群"；"group"通常指"有一定组织的"；"galaxy"常用于比喻"出色或著名的人物群"；"troop"常指"正在行进中的群"；"throng"却指"为数众多的挤在一处或向前涌去的群"；"band"有明显的轻蔑色彩，通常指强盗、匪徒的群（帮、伙）；"flock"通常指飞鸟家禽、牲畜的群，尤指羊群；"herd"通常指大动物的群；"pack"主要指野兽、猎犬等的群；"clump"用来计算某些物体的群。类似的还有 cluster 等。

（陈定安，1991：99）

汉语"借用量词"与英语"特殊量词"的表意有其对应或相似之处，如陈定安归纳的上述三种类型：以事物特征或状态来衡量的量词、用以表示抽象名词数量单位的"量词"和用以表示群或集合概念的"量词"。汉英这类量词表达的都是对事物的直观形象。但是，汉语量词以其具象思维为突出特点，英语量词（借用量词）却有明显的逻辑思维特征，即价值评判与逻辑分类。当然，这一类量词在汉语言中也不是没有。例如：

帮　用于人群，常含贬义。如："一帮强盗"。但也有中性词"群"的意思，如："一帮小朋友"。

伙　用于人群，中性或贬义。如："一伙人"、"一伙歹徒"。

第四节 思维方式的文化对比与第二语言教学

窝 只能用于一胎所生的或一次孵出的动物（猪、狗、鸡等），用于人则含有明显的贬义。

案例19．"恢复疲劳"的说法对吗

汉语中有一些奇特的词语，让留学生感到难以理解。他们常向汉语老师提出这样的问题："老师，我听见有人说'咱们休息休息，恢复疲劳'，这样说对吗？不是应该说'消除疲劳'吗？为什么还要'恢复'呢？"还有的学生问："我们常说'吃饭'、'吃面包'，可为什么人们又说'吃食堂'、'吃父母'、'吃大碗'、'吃小灶'呢？"

的确，汉语的动宾式合成词中有一些似乎是不合逻辑的，我们称之为"矛盾语词"或"超常组合"。例如以下几类例子：

1. 养病、偷懒、偷嘴（吃）、救火、抢险、恢复疲劳、赔罪、赔不是、拜年。
2. 谢幕、报幕、叫门、等门、吃食堂、冲锋。
3. 吃父母、吃大碗、吃柜台、靠山吃山、跳伞、烤火、抽烟斗、吵嘴、生炉子、打针、盖被。
4. 闹贼、闹灾、看医生、来客人、怕人、喜人、惊人、晒太阳。
5. 坐出租、打"的"、抽中华、喝龙井、闯红灯。
6. 打扫卫生、考研究生、挖井、救活。
7. 打游击、存活期、吃小灶。
8. 开文明车、吃拳头、喝醉酒、醒酒。

以上这些动宾式词语的组合形式早已约定俗成，并为人们普遍使用，对于中国人来说已经习惯成自然了。但如果按字面推敲、理解，又觉得它们不合逻辑。这几类词语如果从语法结构和语义功能的角度去分析，可以看出它们之间的区别：

1. 原因宾语类。如"养病"是因病而休养；"偷懒"是因懒而偷着休息；"赔罪"是因得罪于人而向人赔礼道歉；"恢复疲劳"是因疲劳而恢复体力；"抢险"是因有了险情而去抢救，等等。

2. 处所宾语类。如"谢幕"是演员向观众致谢于幕前；"叫门"是在大门外叫主人开门；"吃食堂"是在食堂吃饭，等等。

3. 工具宾语类。如"吃父母"是用父母的收入吃饭或生活;"跳伞"是指人从飞机或高空向下降落时,凭借降落伞使自己安全落地;"打针"是利用针头把注射液打入体内,等等。

4. 施事宾语类。如"看医生"实际是医生看病人,为病人诊断;"来客人"是客人来;"晒太阳"是让太阳晒自己;"吃嘴"是嘴吃;"怕人"是让人怕,等等。

5. 借代宾语类。如"坐出租"、"抽中华"、"喝龙井"、"开丰田"中的宾语分别代表"出租汽车"、"中华牌香烟"、"龙井茶"和"丰田牌汽车";"闯红灯"的"红灯"指代红灯所标示禁行的路口。

6. 目的宾语类。如"打扫卫生"、"考研究生"、"挖井"中的宾语分别是"打扫、考、挖"的目的。

7. 方式宾语类。如"打游击"是用"游击"的方式打敌人;"存活期"是用"活期"的方式存款。

8. 其他类。除上述几类外,还有一些不便于归类、更复杂的组合形式。如"开文明车"是说"文明开车",把状语"文明"移到"车"前成了定语了;"喝醉酒"是说喝酒喝醉了,"醉"原本是补语,也移到定语的位置上了。

此外,有些词语如"救火",在古汉语中完全是一个正常的词,因为"救"本身就有"止"的意思,"救火"正是"止火"。但按照现代汉语,"救"的意思是"援助使脱离灾难或危险",就成了"矛盾词语"。

汉语中之所以有这些"矛盾词语",是与汉语"重语义轻形态"的特点分不开的。吕叔湘先生指出:"尤其在表示动作和事物的关系上,几乎全赖'意会'不靠'言传'。"由于汉语具有这种重意念的思维表达特点,人们在言语交际时,总是喜欢抓住话语中比较关键的词语而省略较次要的部分,这种思维跳跃并不影响交际,人们可以凭借彼此的经验共识或语境去意会、去补足。而追求简约,正是汉语的表达习惯。

(周健,1999:221~223)

案例分析参考题

1. 你同意作者称之为"矛盾词语"或"超长组合"的分析吗?理由何在?

2. 如果从思维方式的文化特征角度分析这类词语，应当怎样认识这些词语所反映出的中国文化思维特点？

3. 如何有效地向外国人教授和解释这类词语？

4. 从思维方式的文化对比角度进行句型教学

西方人的思维习惯是个体分析，从小到大，突出主观作用和以主体为中心；中国人的思维习惯则是整体把握，从大到小，从实际出发和注重主客体融合。英汉两种语言句子结构的差异的集中表现是形合与意合之别，英中文化思维方式的核心区别则是英语文化的自我中心（ego-centrism）和中国文化的群体观念（group-oriented）。以自我为中心的西方文化强调个体的独立和主体的作用，观察问题和处理问题时就必然是以主体为中心，从小到大，由近及远，进行个体分析，强调个体，突出个体，整体只是个体的不稳定的合成体，主客观往往是一种分离和斗争的关系。而以群体观念为特征的中国文化将整体置于个体之上，个体只是整体网络中一个环节或一个分子，整个整体是稳固的融合关系，观察和处理问题时，就自然是从大到小，整体综合，强调整体，突出整体，从大处入手，各部分协调对称，上下层次分明，先后顺序清楚，主客观之间是一种相互适应与和谐统一的关系。

4.1 汉英句子结构重意合与重形合之别

汉英句子的基本结构都是主语+谓语+宾语。但是，两种语言的句子结构形式的差异却很明显。这种差异最基本的表现为汉语句子重意合，英语句子重形合。汉语句法关系主要靠词序和语义关系表达，并不追求形式上的完整，只求达意而已；英语语法成分却有其独立作用，比较注重句子结构形式的完整和逻辑的合理。

4.1.1 英语句注重形式联系，汉语句只要达意就行

英语句中连词的使用就比汉语多得多。例如：

Let's go home, as it is late.

已经晚了，我们回去吧。

汉语中常常出现一些自动与他动不分的句子，中国人从不会发生误会。把

这些句子直译成英语是不可思议的。例如：

一个房间三个人——三个人一个房间。

八个人一桌——一桌八个人。

太阳晒着花了——花晒着太阳了。

中国人完全是从意思的成立与否去理解这些句子的：只能人住房间而不可能房间住人；只能是人用桌子而不可能相反；只能是太阳晒花而不可能花晒太阳。

4.1.2 英语靠词形变化组句，汉语则凭词序看词在句中作用及句子的意思。 例如：

He jumped up and hastened to the mirror in the bathroom, taking away the towel to examine the cut upon his cheek.

他跳起来，连忙跑到卫生间的镜子前，拿掉毛巾，仔细察看脸上的伤口。

英语句除留一个主动词（或两个并列动词）外，其他动词都分别变成分词和不定式；汉语则用多个动词按时间先后顺序将一个一个动作介绍清楚。

汉语常常利用词序大做文章，学习汉语的英语国家的人对这种"无视语法约束"的行为却感到难以理解。例如：

月亮故乡好　故乡好月亮

月好亮故乡　故乡月好亮

汉语之所以可以这样变换词序排列，就是因为汉语可以不靠语法制约，而可用语义和词序总体把握，在语义成立的条件下可用变换词序的方法改变句子的意思。英语强调的是语法规则的制约而不是语义的整体结合，英语国家的人对汉语这种变化当然难以理解了。笔者曾在报上看到这样一个例子，可以更有意思地说明汉语这一特点。从前有一个势利眼的饭馆堂倌儿，看见一个阔佬进来，就满面堆笑地迎上前去。阔佬问："有什么可吃的？"堂倌儿点头哈腰地说："您老，吃什么有什么。"一会儿进来一个穷酸客，也问堂倌儿："有什么可吃的？"堂倌儿冷冷地说："有什么吃什么！"同样的六个字，其中两个字的位置不同，意思就完全相反了。

4.1.3 英语倒装句多，汉语一般不存在倒装句

英语倒装句大部分用以表示强调，有两种基本形式：将助动词置于主语之前；没有助动词时，在主语之前加 do、does 或 did。汉语表示强调时除有时可将宾语提前以外，一般词序不变，只增加某些词而已。例如：

Never <u>did</u> I see him so angry.

我<u>从来</u>没见到过他这么生气。

Little <u>does</u> he know how much suffering he has caused.

他<u>就</u>不大知道他给别人造成了多大的痛苦。

Hardly <u>had</u> I left before the trouble started.

我<u>刚</u>一离开，麻烦就来了。

Under no circumstances <u>must</u> the door left unlocked.

在任何情况下<u>都</u>不应该不锁门。

4.1.4 英语句突出空间搭架形式，汉语句则是按时间先后顺序编排

英语句形合的突出特点是空间搭架形式，即以主谓结构为主干，以谓语动词为中心，通过大量反映形式关系的动词不定式、分词、介词、连词、关系代词、关系副词等把句子其他各个成分层层搭架，呈现出由中心向外扩展的空间图式；汉语句意合特点的突出表现则是时间的先后顺序，即通过多个动词的连用或流水句形式，按时间先后顺序和事理推移的方法，一件一件事交代清楚，一层一层铺开，呈现的是一个时间顺序的流水形图式。所以，复合句是英语的特色，连动句、流水句是汉语的特点。例如：

Each of the broadcasting companies is linked to approximately 200 affiliated stations to <u>which</u> it provides major entertainment programs <u>which</u> they could not produce if they were obliged to depend on local resources.

每个广播公司下面都联系有大约200个附属广播站，由公司向这些广播站提供主要文艺节目，这些节目要靠各站就地取材是难以编排出来的。

汉语句注重的是动作的先后顺序和因果的前后关系；英语句则为了空间搭

架而可以打破先后顺序或对词序采取灵活的态度。又如,英语句"After I had my dinner, I went for a walk."与"I went for a walk after I had my dinner."意思相同,用汉语却只能说"我吃过晚饭后去散了散步。"而不能说"我出去散了散步吃过晚饭。"

汉语句意合与英语句形合之别反映了中国文化的整体综合与西方文化的细节分析的思维方式之别。这一区别表现为中国人认识和处理事物时习惯于概括综合,整体把握,不强求形式分析和逻辑推理;西方人则注重个体成分的独立作用及相互之间关系,强调形式分析和规则的制约。

4.2 从大到小的整体思维与从小到大的个体思维之别

英语叙述和说明事物时,习惯于从小到大,从特殊到一般,从个体到整体;汉语的顺序则是从大到小,从一般到特殊,从整体到个体。这一差异在汉英句子的词序中有大量的反映。例如,时间、地点、姓名、称谓、组织系统、位置表达、人物介绍等排列顺序中,汉语都是从大到小,英语则都是从小到大。这一特点在汉英句子结构中也有明显的反映,突出表现在多项定语和多项状语的位置顺序上。

4.2.1 多项定语的位置顺序

有两个以上的定语逐个修饰时,英语句的基本词序是由近及远,从小范围到大范围,由次要意义到重要意义,由程度弱者到程度强者;汉语则正相反。例如:

Shanghai is <u>one of the biggest cities</u> <u>in the world</u>.
　　　　　　　　　①　　　　　　　　　②

上海是<u>世界上</u><u>最大的城市之一</u>。
　　　　②　　　　①

Many scientists hold that man's social practice alone is <u>the criterion of the truth</u> <u>of his knowledge</u> <u>of the external world</u>.
　　　　　　　　　　①　　　　　　　②　　　　　　　　　③

许多科学家认为,只有社会实践才是人们对<u>外界</u> <u>认识</u>的 <u>真理性</u>的标准。
　　　　　　　　　　　　　　　　　　　③　　　②　　　　　①

第四节 思维方式的文化对比与第二语言教学

英语国家来华留学生在学习汉语时,在多项定语的位置的顺序方面经常犯错误,其原因与不了解汉英之间这一思维方式的差异不无关系。例如,他们常常有类似这样的病句:

我们游览了<u>三个</u> <u>中国的</u>美丽城市。
　　　　　①　　②

正确的顺序应当是"我们游览了<u>中国的</u> <u>三个</u>美丽城市。"
　　　　　　　　　　　　　　②　　　①

昨天我去看了<u>一个</u> <u>我的</u>朋友。
　　　　　　①　　②

这句话自然是从"Yesterday I went to see a friend of mine."直译过来的。正确的顺序应当是"昨天我去看了<u>我的</u> <u>一个</u>朋友。"
　　　　　　　　　　　　　　　②　　①

4.2.2 多项状语的位置顺序

英语中如果有多项状语,一般是方式状语在地点状语之前,地点状语又在时间状语之前;汉语则是时间状语在地点状语之前,方式状语在最后。例如:

She reads <u>aloud</u> <u>in the open</u> <u>in the morning every day</u>.
　　　　　①　　　②　　　　　③

她<u>每天早晨</u> <u>在室外</u> <u>高声</u>朗读。
　③　　　②　　①

We study Chinese <u>hard</u> <u>in the classroom</u> <u>every day</u>.
　　　　　　　　①　　　②　　　　　③

我们<u>每天</u> <u>在教室里</u> <u>认真</u>学习汉语。
　③　　②　　①

汉英句子结构中这种差异正是中西方思维方式差异的另一表现,即观察和处理事物时,中国人习惯于从整体入手,从大到小,从一般到特殊;西方人却习惯于从个体入手,从小到大,从具体到一般。

315

4.3 从已知到未知与从未知到已知之别

在一个句子中如果存在已知与未知两部分,汉语的顺序一般是从已知到未知,英语句则常常是从未知到已知;汉语往往强调已知,英语常常突出未知。

4.3.1 在一般句子中,主语代表已知部分,谓语是对主语的说明或描述,是未知部分。汉语句主语部分可以比较长,英语句主语部分却要求尽量短。例如:

<u>Our main task</u> is to develop the students' ability to carry on independent work.

<u>培养学生的独立工作能力</u>是我们的任务。

汉英之间一个典型差别恐怕要算人物介绍了。例如,周恩来逝世后中共中央的讣告是这样写的:

中国共产党中央委员会委员、中国共产党中央委员会政治局委员、中国共产党中央政治局常务委员会委员、中华人民共和国国务院总理周恩来同志于1976年1月8日×时×分不幸逝世。

在这一句汉语里,先将大量已知信息放在主语部分加以介绍,使得主语部分很长,谓语部分却很短,而且介绍已知信息时,还遵从大到小的思维过程,逐级列出周恩来的职务。英语却要先提出需要说明的问题,即先用简短的主语加谓语报道周恩来逝世的消息,然后再列出他生前的职务,并遵循从小到大的顺序。

4.3.2 在特殊疑问句中,英语先提出询问未知信息的疑问词,然后再列出已知信息部分,汉语却先提出表示已知信息的主语,然后再提出疑问(做主语的"谁"除外)。例如:

<u>What</u> did you say?　　　　　你说<u>什么</u>?
<u>Where</u> are you going?　　　 你去<u>哪儿</u>?
<u>When</u> can you come?　　　　你<u>什么时候</u>能来?
<u>Why</u> did you go there?　　　 你<u>为什么</u>去那儿?
<u>Whom</u> did you see?　　　　　你看见<u>谁</u>了?

<u>Whose</u> house is that?　　　　　那是<u>谁</u>的房子？
<u>How</u> does he do it?　　　　　他是<u>怎样</u>做的？

4.3.3 汉语句从已知到未知与英语句从未知到已知的差异的一个极为突出的表现恐怕要算部分强调句了，其强调方式在汉英中都是将强调的部分表语化。英语的基本方法是用分裂句（cleft sentence）和假分裂句（pseudo-cleft sentence）。前者的形式为"It is/was...that..."，因此也称 it 型分裂句，后者的形式为"What...is/was..."，所以也称 wh 型分裂句。汉语的基本方法是用"是"。汉英句子形式的基本区别是，汉语先提出前提条件（已知部分）而后提出强调的对象。其公式是："前提+是+强调的对象"；英语 It 型分裂句则是将强调的对象提到前提条件之前，其公式是"It is/was+强调的对象+that+前提"。例如：

My mother threw an egg at the Minister of Education yesterday.

我母亲昨天向教育大臣扔了一只臭鸡蛋。

对这一句话不同部分的强调方法英汉分别为：

It was <u>my mother</u> that threw an egg at the Minister of Education.

昨天向教育大臣扔臭鸡蛋的是我母亲。（当然也可以说：我母亲昨天向教育大臣扔了一只臭鸡蛋。）

（强调主语）

It was <u>an egg</u> that my mother threw at the Minister of Education.

我母亲昨天向教育大臣扔的是<u>一只臭鸡蛋</u>。

（强调宾语）

It was <u>yesterday</u> that my mother threw an egg at the Minister of Education.

我母亲是在<u>昨天</u>向教育大臣扔了一只臭鸡蛋。

（强调状语）

It was the Minister of Education that my mother threw an egg at yesterday.

我母亲昨天是向<u>教育大臣</u>扔了一只臭鸡蛋。

（强调介词宾语）

英语的 wh 型分裂句用来强调主语和宾语。例如：

I need a dictionary.

我需要一本词典。

这句话可以分别变成下面两种强调句：

(a)　<u>A dictionary</u> is what I need.

　　我需要的是<u>词典</u>。

(b) What I need is a dictionary.
我所需要的是词典。

从上述例子可以看出，英语 wh 型分裂句的顺序有时类似汉语的部分强调句，如（b），即先摆出已知条件而后提出新的信息。但是，英语的 wh 型分裂句形式有两个值得注意的情况：

（1）突出了主从句之别，wh 型只能做从句。夸克说，这种分裂句是以 wh 型名词性关系分句为主语或补语的 SVC 型。它与 It 型分裂句的区别在于它可以清楚地显示主从句之别，而 wh 型分句用做主语的情况比较多。（Quirk et al 1985：14；21）所以，在这类句子中，已知信息虽然可能在句首，如（b），却只在从句之中，全句重点仍是新的信息。

（2）Wh 型分裂句的使用是有限的，常常不如 it 分裂句灵活。一般用 what 句子较多，who、where 和 when 使用量则有限，而 whose、why 和 how 就很难用于这种句子了。（Quirk，1985：14；22）

在这两种情况中，如果第一种情况还有与汉语相似之处的话，第二种情况则足以显示其与汉语部分强调句的区别了。

汉英句子中突出已知信息与突出未知信息之别实际上反映出中西两种文化对待主客体间关系的认识之别，即中国人习惯于从客观实际出发，根据客观情况得出主观结论；西方人却突出主观见解，强调主观对客观的判断和态度。

4.4 主客体融合与主体中心之别

英语句强调的是主体中心，汉语句体现的是主客体融合。

4.4.1 英语句在一般情况下必须有主语，汉语句无主语却是正常的

王力先生说："西洋的语法通则是需求每一个句子有一个主语的。没有主语就是例外，是省略。中国的语法通则是，凡主语显然可知时，以不用为常，故没有主语却是常例，是隐去，不是省略。"（王力，1985：52~53）例如，毛泽东的《十六字令三首》中第一首汉语是"山！快马加鞭未下鞍。惊回首，离天三尺三。"英语译文却是："Mountains! I whiped my swift horse, glued to my saddle. I turned my head startled. The sky is three foot three above me!" 英语中主语必须明确，汉语句中主语却常常可以省略。又如：

The birthday cake is very important. It can be simple and

small, or it can be large and highly decorated. But it must always be brought into the room with lighted candles on it.

生日蛋糕很重要，可以小一点，粗制一点，也可以很大，很精致。但总要在室内准备一份，在上面点上蜡烛。

即使在说明自然现象、时间、季节、天气、距离等情况时的无主句中，英语也必须用无人称代词"it"做主语，汉语却可以不用主语。例如：

It is raining.　　　　　　下雨了。
It is two o'clock.　　　　两点了。
It's so hot!　　　　　　　真热！

4.4.2 英语句的谓语一般不能没有动词，汉语句则不仅仅是动词可以做谓语

吕叔湘和朱德熙先生说："汉语句子的谓语不一定要有一个动词，这是和西欧语言不同的。谓语的主要成分可能是一个动词，也可能是一个名词或是一个形容词。"（吕叔湘、朱德熙，1979：13）例如：

It is Sunday today.　　　　今天星期天。（名）
It is pretty cold today.　　今天比较冷。（形）

4.4.3 英语极为强调所有格人称代词的使用，汉语物主代词使用的频率却低得多

例如：

He picked up his hat and left the room.
他拿起帽子就走出屋去了。
Don't put your hands in your pockets.
别把手放在口袋里。

如果上述汉语句也都用上物主代词，那就不仅是冗余的，还会在中国人中引起有趣的误解：(a)"他拿起他的帽子走出屋去了。"给人的印象好像是他没有拿别人的帽子；(b)"别把你的手放在你的口袋里。"似乎是要他把手放在别人口袋里，或者要他让别人把手放在他的口袋里。

4.4.4 英语即使在事物本体上有时也要强调主客体之别，这在汉语中是不可思议的

例如：

He was wounded in the leg.   他的腿受了伤。
I had a cold in the head.   我的头受了风。
He took me by the arm.   他拉住我的胳膊。
You will be cured of your disease.   你的病会治好的。

4.4.5 补语的大量使用是汉语一大特点

英语国家的学生对汉语补语很难理解和掌握，他们在汉语补语的学习和运用中病句是大量的。例如：

他不问清楚。

（正：他没问清楚。结果补语）

这种点心不做得好吃。

（正：这种点心做得不好吃。程度补语）

对不起，我不能说上来。

（正：对不起，我说不上来。可能补语）

来中国以前，我没听懂中文。

（正：来中国以前，我听不懂中文。可能补语）

(佟慧君，1986：207)

从语言本身看，因为英语没有补语，将英语句直译成汉语，就成了类似上述的病句。但是，这当中似乎也有思维方式的干扰问题，即西方人注重的是主观能力的说明，而中国人在这种情况下着眼的是客观效果。又如，将"我打不了这封信。"说成是"我不会打这封信。"是从"I can't type this letter."直译过来的，将"我打字打得不快。"说成是"我不会打快。"是从"I can't type quickly."直译过来的。

4.4.6 初学英语的中国人对英语某些特殊否定句会感到难以理解，在运用时很容易犯错误

他们认为，英语中有时该否定的地方没有否定，不该否定的地方却又否定了；明明是意义上的部分否定，却有时用一般否定句，给人以全部否定的感觉。常见的这类句子有：

（1）形式上是全部否定，实际上否定的是主语。这主要表现为"all...not..."格式。例如：

All of them are not prepared.

(2) 形式上是全部否定，实际上否定的是宾语部分，这主要表现为"…not…all"格式。如：

He doesn't like both.

(3) 形式上是全部否定，实际上否定的却只是状语。例如：

He doesn't speak English correctly.

初学英语的中国人有上述困难并不奇怪，按照叶斯柏森（Otto Jespersen）的看法，英语总的趋势是：只要可能（即只要不致引起意义上的重大出入），就把本应用特殊否定句的地方改用谓语否定而不顾逻辑上是否合理。当然，英语也在变化，现在人们往往习惯于用"not all"代替"all"做否定句的主语。例如：

Not all of them are prepared.

汉语否定句则是该否定哪一部分，就将哪一部分置于否定范围之内，因而不会造成歧义或误解。例如，上述三句英语的汉译应该是：

(1) 他们并不是都有准备。

(2) 他并不是两个都（全）喜欢。

(3) 他说英语说得不对。

上述对比表明，英语强调的是谓语动词的中心作用，目的是突出施动者的动作和行为的陈述，而汉语则是从客观实际出发，不必总把陈述主语的谓语动词置于中心位置。不少中国人常常将"Both children are not clever."误解为"两个孩子都不聪明。"将"什么都不好。"误解为"Everything is not good."其原因就是以为西方文化的思维方式与中国人的思维方式一样，误以为该否定哪一部分就将哪一部分置于否定范围之内。

4.4.7 英语否定词的移位对于初学英语的中国人也是一大难点

否定词的移位又称转移否定（transferred negation）。英语中 believe、think、suppose、expect、imagine 等少数几个表示主观见解或感觉的动词用在否定的复合句中时一般都要将语义上否定从句的否定词移入主句，不移位就不合习惯，因为只有这样才能突出主观见解和态度。汉语在表达主观看法的否定句中却习惯于将否定词置于从句中否定成分之前，强调的是对客观情况的推测或看法。

321

例如：

  I <u>don't</u> suppose I'll trouble you again.
  我想我<u>不会</u>再来麻烦你了。
  I <u>don't</u> think you need to worry.
  我看你<u>不用</u>担心。

中国人常见的英语错误是在该否定主句时却否定了从句："I think you are not right.（我看你不对。）"英语国家留学生则往往有这样的汉语病句："我不想能考好。（我想我考不好。）"

4.4.8 汉英否定的话语命题格式的差异给中西方学习者都带来了极大困难

这种格式似乎将初学英语的中国人和初学汉语的英语国家的人都带进了迷宫，他们都感到难以判断"是与非"，甚至还可能"是非颠倒"。这是因为他们不清楚，英语是用否定表示确认，用肯定表示否认；汉语则是用肯定表示确认，用否定去否定命题。

例如：

（1）对否定问句的回答
  A: Won't you come?   你不来（去）吗？
  B: <u>Yes</u>, I will.   <u>不</u>，我来（去）。
   <u>No</u>, I won't.   <u>对</u>，我不来（去）。

（2）对否定陈述句的反应
  A: She is not at all happy working here.
   她在这儿工作一点儿也不愉快。
  B: <u>Yes</u>, she is.   <u>不</u>，她很愉快。
   <u>No</u>, she isn't.   <u>对</u>，她不愉快。

在言语行为和非言语行为相结合的对话中，也会出现类似的非言语行为的文化差异：

  Mama pursed her lips. "We do not," she reminded us gently, "want to have to go to the bank." We all <u>shook our heads</u>.
  妈妈努了努嘴，柔和地提醒我们说："咱们不想动用银行的存款吧。"我们都<u>点了点头</u>。

(3) 对反意问句的回答

A: She has not gone to town, has she?

她没进城吧？

B: Yes, she has. 　　　　不，她进城了。

No, she hasn't. 　　　对，她没进城。

存在着这种"是非颠倒"的文化差异的根本原因是，西方人着眼于自己对客观情况的主观看法或态度，中国人则着眼于对交谈对方所发出的信息或表明的态度所做出的反应，即"承认（或不承认）那否定的意思"（王力，〔二〕，1985：239），强调的是交际双方的呼应和配合。

4.4.9 对于外语学习者来说，汉英长句的结构和语法关系最难理解

在翻译中，汉语式的英语句子和英语式的汉语句子往往就出现在这类句子之中。英语长句主要是复合句，初学英语的中国人常常被各子句之间的复杂关系弄得迷迷糊糊，对句子的词序也常常不能处理好。汉语长句主要是联动句和流水句。英语国家的人对多个动词的连用或一连串小句的松散结构会感到莫名其妙，不知如何用正确的英语表达出来。

4.4.9.1 英文句呈现的是空间搭架形式

这一形式突出以谓语动词为中心，以主谓结构为主干，控制句内各成分之间的关系，其他动词只能采用非限定形式，以表示其与谓语动词的区别。汉语常用流水句形式，不是突出说明以主语的谓语动词为中心，而是按照时间先后顺序呈现客观事理的推移。陈定安（1991，6~7）举的例子可以生动地说明这一区别：

> The isolation of the rural world because of distance and the lack of transport facilities are compounded by the paucity of information media.

这句话中只有一个主语和一个谓语动词，其他都用名词和介词的形式将全句连成一体。汉语的译文则为：

> 因为距离遥远，交通工具缺乏，农村与外界隔绝。这种隔绝又由于通信工具的不足而变得更加严重。

汉语句是采用数个动词，按照事理推移的顺序，一件件事情交代清楚。如

果让初学英语的中国人将这一汉语译文反译成英文，反译的译文就可更加清楚地显露出中国人思维方式的特点了：

> Because there is a great distance and there are not enough transport facilities, the rural world is isolated. This isolation has become more serious because there are not enough information media.

4.4.9.2 英语复合句中数个从句逐个修饰时，其顺序是由近及远，由里向外散射式地逐层扩展；汉语则是按先后顺序，依靠语义彼此相连，由远而近地递进式展开。

例如：

<u>He had flown in just the day before from Georgia</u>
　　　　　　　　　　①

<u>where he had spent his vacation basking in the Cauasian sun</u>
　　　　　　　　　　　　②

<u>after the completion of the construction job he had engaged in</u>
　　　　　　　　　　　③

<u>the south.</u>

<u>他原来在南方参加一项建筑工程</u>，<u>任务完成之后去格鲁</u>
　　　　　　③　　　　　　　　　　　　②

<u>吉亚度假，享受高加索的阳光</u>，<u>头一天才坐飞机回来</u>。
　　　　　　　　　　　　　　　　　　①

英语句的①②③变成了汉语句的③②①。

4.4.9.3 在表示因果关系时，英语句的词序常常是由果到因，汉语则是一般从因至果地顺序推移。例如：

<u>There was little hope of continuing my inquiries</u>
　　　①　　　　　　　　　　②

<u>after dark to any useful purpose</u> <u>in a neighbourhood</u>
　　　　　　　　　　　　　　　　　　　③

<u>that was strange to me.</u>

（陈定安，1991：198）

<u>这一带我不熟悉</u>，<u>天黑以后继续进行调查</u>，<u>取得结果</u>
　　　③　　　　　　　　　②
<u>的希望不大</u>。
　①

英语句的①②③也变成了汉语句的③②①。

4.4.9.4 一句话包括叙事和表态两部分时，英语先表态，后叙事；汉语则是先交代事情，后表态。

例如：

<u>It is not polite</u> <u>to smoke at the table during a meal in the West</u>.
　　①　　　　　　　　　　　②

<u>在西方用餐时抽烟</u> <u>是不礼貌的</u>。
　　②　　　　　　　①

外语教学界一个共同的认识是，翻译长句时，应该打破原句结构，按译入语的造句规律重新组合安排。这是十分科学的方法，因为这正是着眼于思维方式的转化过程，即将按译出语思维方式组织的句子转化为用译入语思维方式组成的句子。具体到汉英翻译中：英译汉时，一般是把原句的空间搭架结构转化为汉语的时间顺序编排结构；汉译英时，打破汉语联动句和小句组合的时间顺序编排，按英语的空间搭架形式重新组合成英语复合句。只有经过这样的转化，译文的句子才合乎译入语的习惯。

英语句强调主体的作用清楚地反映出西方人强调主观作用，以主体为中心的思维方式；汉语句体现的主客体融合也正好反映出中国人不突出主体，注重的是主客体一致的融合关系。

5. 从思维方式的文化对比角度进行篇章翻译教学

翻译中需要解决对"信"的认识与处理的问题。一谈到翻译，人们都知道"信达雅"的传统标准，而且都同意以信为本。所谓"信"，就是"忠实于原文"，何谓"忠实于原文"？人们的理解就不一定一致了。在有的人看来，要"忠实原文"，要准确传达原文作者的意思，就要一字一句照译。虽然从理论上同意这一看法的人不一定很多，实际翻译中一字一句的翻译并不罕见，这种现象在初做翻译的人中还是一个大问题。除了外语水平以外，恐怕还有对"信"的认识问题。"信"在翻译中包括以下三个含义：第一，翻译是一种跨文化交际行为，翻译的过程就是跨文化交际过程。跨文化交际的特点就是信息编码与解码分别在两种不同的文化之中进行，信息的传递与接收之间的文化差异就成为翻译中必须解决的根本问题。所以，翻译中的"信"就不仅表现为准确传递交际者的意图和信息，还包括如何才能使信息接收者准确理解和感受信息发出者的交际意图。第二，跨文化意识是译者必须具备的前提条件。译者不仅要清楚了解某词、某句或某文在本文化中的含义和所要传递的信息，还要清楚了解译入语文化的人对译文所传递信息的含义在理解和接收中可能产生的误解和矛盾，并且知道如何有效排除文化差异的障碍，保证译入语文化的人准确理解原文作者的含义和所要传达的信息，并且确实感受到原文作者的意图和感情。第三，译者要做到准确而又得体地通过跨文化交际渠道传递信息，唯一有效的方法是进行交际规则或思维方式的得体转化，使译文适应译入语文化的交际习俗或思维方式要求。

关于中西方的文化心理、交际规则和思维方式的文化差异以及在跨文化交际中的应对方法，我们已在本书前面做过具体讨论。关于汉英篇章修辞的文化差异也在本章中做了对比讨论。在此，我们将讨论汉英篇章翻译和教学中如何处理篇章修辞的文化差异问题，在这方面，汉英应用文的文化差异最为典型。

应用文翻译需要解决的关键问题是跨文化交际信息传递的有效性和恰当性。交际信息渠道的畅通无阻、所要传递的信息的可理解性和可接受性是译者需要考虑的根本问题。下面借用浙江的大学教师江碧玉 2008 年硕士论文 *Translation of Scenic Spots Signs: A Function-based Text Analysis*（《景点标牌翻译的功能文本分析》）中对《西湖介绍》的英译文的修改建议进行汉英应用文的对比分析讨论。旅游景点介绍的翻译不仅要十分注意译入语信息传递的有效性和可接受性，还要起到广告的吸引作用。原文中一切不利于排除文化差异的内容都应加以剔除或调整。

西湖介绍

杭州西湖风景名胜区是将秀丽清雅的湖光山色，璀璨丰蕴的文化古迹和文化艺术融为一体的国家级风景名胜区。她以秀美的西湖为中心,三面环山,中涵碧水,面积约 60 平方公里,其中湖面 6.5 平方公里。环湖四周,绿茵环抱,山色葱茏,画桥烟柳,云树笼纱。逶迤群山之间,林泉秀美,溪涧幽深。100 多处各具特色的公园景点中,有三秋桂子、六桥烟柳、九里云松、十里荷花,更有著名的"西湖十景"和"西湖新十景",以及近年来相继建成开放的多处景点。西湖春夏秋冬各有景致,晴雨风雪别有情韵。

西湖不仅独揽山水秀丽之美,林壑幽深之胜,更有丰富的文物古迹、优美动人的神话传说。西湖四周,古迹遍布,文物荟萃。拥有国家级重点文物保护单位 16 处、省级 22 处、市级 24 处,有众多文物保护点和各类博物馆、纪念馆点缀其中,为之增色,是我国著名的历史文化游览胜地。

新世纪初,杭州市委、市政府实施了西湖综合保护工程,西湖环湖南线景区、杨公堤景区、湖滨新景区、梅家坞茶文化村、北山街历史文化街区、龙井茶文化景区、灵隐景区、吴山景区等相继整治修复开放,一幅"一湖二塔三岛三堤"的西湖全景世纪公园已舒展卷轴,"东热、南旺、西幽、北雅、中靓"的西湖新面貌展现于世人面前。

原译文

The West Lake National Park in Hangzhou is a harmonious blend of the natural beauty in the elegant and graceful lake and hills, profound and splendid cultural relics and historic sites, and brilliant culture and arts. As the centerpiece of the national park, the West Lake is cradled by hills in three directions. Covering an area of about 60 km^2 inclusive of 6.5 km^2 of waters, the national park boasts over 100 tourist attractions featured with such beautiful sceneries as Sweet-scented Osmanthus in Autumn. Six Bridges in Misty Willows, Pine Trees Extending Nine Li in Clouds, and Ten Li of Blooming Lotus Flowers, as well as the famous "Top Ten Scenes of the West Lake", "New Top Ten

Scenes" and numerous new scenic attractions completed and open to the public in recent years. The West Lake reveals varied charming sceneries in the four seasons at dawn or dusk, in sunny or rainy days.

The West Lake is endowed with elegant hills and waters as well as dense woods with deep valleys. Besides, it is not only abundant in cultural relics and historical monuments but also in touching fairy tales and legends. Around the West Lake, there are 16 key national monuments, 22 provincial monuments, 24 municipal monuments, as well as numerous heritage sites under preservation, museums and memorial halls of various types, which add to its brilliance. The national park is one of the well-known domestic tourist resorts with historic and cultural significance.

At the beginning of the new century, the Municipal Party Committee and the Municipal Government of Hangzhou implemented the Unified Preservation Project of the West Lake. Through rehabilitation and restoration, the Southern Itinerary Scenic Area, the Yang Gong Causeway Scenic Area, the newly-renovated Lakeside Scenic Area, and the Wu Hill Scenic Area have been open to the public successively. Thus, a centennial panoramic scroll of the West Lake National Park with "One Lake, Two Pagodas, Three islands, Three Causeways" has been unfolded. The West Lake is taking on a new look with "Lively East, Popular South, Serene West, Refined North and Beautiful Inside".

江碧玉认为，此译文形容词使用过多。她提出了翻译原则和译文修改建议：

(1) 增词（Adding）

将《西湖介绍》译为 *Profile of the West Lake National Park*。

(2) 减词（Omitting）

不译原文中的"国家级、省级、市级重点文物保护单位"和"新世纪初，杭州市委、市政府实施了西湖综合保护工程"等说法。因为这些说法对西方英语国家的人毫无意义。

（3）适应（Adapting）

如类似"九里云松"、"十里荷花"中的"里"难以给西方旅游者清晰的概念，需要改变表达方式，提供他们熟悉的文化知识。

（4）意译（Paraphrasing）

如汉语中习用的四字成语，英语文化的人既难以理解，又不易接受，需要通过意译的方法准确传递交际信息。

（5）重写（Rewriting）

旅游介绍不同于文学创作的风格，需要突出吸引游客的景点宣传介绍作用。所以，不能将原文直译成英语，而要在修辞和结构上进行调整，以适应英语文化的公园介绍文的要求。

下面是江的译文：

PROFILE OF THE WEST LAKE NATIONAL PARK

The West Lake National Park consists of one lake, two pagodas, three islands and three causeways. Covering an area of 60 km^2, the park is a combination of natural beauty, cultural relics and historic sites.

As the centerpiece of the park, the West Lake is cradled by hills in three directions. On the south hill stands the famous Leifeng Pagoda who keeps looking at Baochu Pagoda standing on the north hill. From the pagodas you may bird view the three islands spotting in the lake and the three causeways crossing the lake. With beautiful sceneries as Sweet-scented Osmanthus in Autumn, Six Bridges in Misty Willows, Nine Miles of Misty Pines, and Lotus Blooming for Miles, the West Lake reveals varied charming sceneries in the four seasons at dawn or dusk, in sunny or rainy days. Around the West Lake, there are monuments as well as numerous heritage sites under preservation, museums and memorial halls of various types, which add to its brilliance. The national park is one of the well-known domestic tourist resorts with historic and cultural significance.

Near the park you may find visiting the newly-renovated

lakeside scenic areas fantastic as well, such as the Southern Itinerary Scenic Area, the Yang Gong Causeway Scenic Area and the Wu Hill Scenic Area.

The West Lake is taking on a new look with "Lively East, Popular South, Serene West, Refined North and Beautiful Inside".

江文不一定做到了真正规范和完全正确,但不失为值得参考的范例。我们不妨将两种译文做一对比分析,开展讨论,提出对翻译和教学的看法。

《西湖介绍》的汉译英需要认真处理好三个问题:

第一,对于具有中国特色,外国人却难以理解或外国旅游者并不关心的内容应当果断删除。例如:"新世纪初,杭州市委、市政府实施了西湖综合保护工程……等相继整治修复开放"、"拥有国家级重点文物保护单位16处、省级22处、市级24处"等。

第二,反映汉语修辞特点和中国文化审美心理的成语典故和古诗古词的应用,尤其是四字格成语的应用,熟悉中国文化的游客十分欣赏。然而,一般西方人难以理解,甚至还可能产生误解,译成英语时就应改变表达方法,让他们一看就懂。例如:"绿茵环抱"、"山色葱茂"、"画桥烟柳"、"云树笼纱"、"逶迤群山之间"、"林泉秀美"、"溪涧幽深"等。

第三,文章结构需做变动,必要时还要进行改写,以适应译入语文化思维方式的要求。

> 思考题

1. 字谜游戏

(1) 思想不集中

(2) 火车站内人行道

(3) 植树

(4) 同心干

(5) 千里相逢

(6) 三级材

(7) 米饭未蒸熟

(8) 许仙借伞

(9) 去掉左边是树，去掉右边是树。
去掉中间是树，只留中间还是树。

(10) 有个古怪简化字，左右中间都是字；
随便拿掉哪一个，单独来认还是字。

(邢福义，《文化语言学(修订本)》，542~543；545；547)

谜底：

(1) 忩（分心）；(2) 胎（月台）；(3) 亲（立木）；(4) 开（干干）；(5) 重（千里）；(6) 柄（丙木）；(7) 炊（欠火）；(8) 露（路雨）；(9) 彬；(10) 树。

2. 请在外国留学生或中国外语专业学生中做一调查，收集第二语言学习中的病句或翻译中的错误，也可做点社会调查，收集汉外翻译中的错误和病句，然后进行语言和文化对比分析，提出自己对教学和翻译的设想或建议。

本章重点推荐参考文献

1. 毕继万，1994，汉英句子结构与思维方式初探，胡文仲主编，《文化与交际》，外语教学与研究出版社。
2. 胡文仲、高一虹，1997，《外语教学与文化》，湖南教育出版社。
3. 胡曙中，1994，《汉英修辞比较研究》，上海外语教育出版社。
4. 申小龙，2000，《语言与文化的现代思考》，河南人民出版社。
5. 邢福义，2000，《文化语言学（修订本）》，湖北教育出版社。
6. 张岱年、成中英，1991，《中国思维偏向》，中国社会科学院出版社。
7. 张德鑫，1996，《中外语言文化漫议》，华语教育出版社。
8. Ishii, Satoshi, 1985, *Thought Patterns as Modes of Rhetoric: the United States and Japan*, in *Intercultural Communication: A Reader*, ed. By Larry A. Samovar and Richard E. Porter, Wadsworth Publishing Company.
9. Norton, Robert F., *A Comparison of Thinking and Writing Patterns in Korea and the United States*, in 胡文仲，《跨文化交际学选读》，湖南教育出版社，1990。
10. Samovar & Porter, eds., 1997, *Intercultural Communication A Reader*, Wadsworth Publishing Co.

第五章　跨文化非语言交际与第二语言教学

关于非语言交际的研究早已引起跨文化交际学界、外语教学界及对外汉语教学界的关注。不少学者做了有益的研究并取得了可喜的成果，出版了一些相关著作。早在 20 世纪 80 年代末和 90 年代初，北京语言学院（现北京语言大学）出版社就连续出版了四部著作：耿二岭著的《体态语概说》(1988)、法斯特著、孟小平译的《体态与交际》(1988，原书名为 J. Fast 的 *Body Language*，现在在我国已有数种译文版本)、布罗斯纳安 (Leger Brosnaban) 著、毕继万译的《中国和英语国家非语言交际对比》(1991，原书为 L. Brosnahan 的手稿 *Chinese and English Gestures: Contrastive Nonverbal Communication*，因故一直未能出版) 和马兰德罗等著、孟小平等译的《非语言交流》(1992，译自 Malandro et al, *Nonverbal Communication*)。这几本书的出版在国内产生了很大影响，人们开始了解并注意研究跨文化非语言交际。以后不断有关于非语言交际研究的文章发表。20 世纪末，又出版了毕继万著的《跨文化非语言交际》一书 (1999)。近年来由港台引进的"肢体语言" (body language) 一词更成了几乎人人皆知的时髦名词了。然而，我们也不能不承认，我国非语言交际研究还处于萌芽状态，与国外差距还很大，与我国经济的蓬勃发展、改革开放的需求和对外交往迅速发展的形势还很不相称。不少人还不知道"跨文化交际"和"非语言交际"所指何物。在对外交往中，文化错误，甚至尴尬的"洋相"也不鲜见。人们大谈"肢体语言"，对体态语和其他非语言交际行为与交际方式的表现及其文化差异的了解却远不尽人意。所以，在对外交往中，许多人只注意语言交际，以为语言是信息交流的唯一途径，对非语言交际的作用却重视不足。更多的人不了解或不甚了解非语言交际也存在文化差异和文化冲突。有些研究者介绍外国非语言交际行为多，对中外文化差异和这些差异可能产生的文化冲突及其对交际的干扰却研究不足。还有个别人盲目模仿"洋人"的仪态举止，犯了"邯郸学步"的错误，甚至造成外国人对中国文化的误解。

非语言交际在跨文化交际中的作用及其在第二语言教学中的地位更是一直处在被忽略不顾的地位。这是极不正常的。非语言交际应当成为第二语言教学的一个有机组成部分。缺少非语言交际的交际不是全面的跨文化交际；只谈体态语，忽略了非语言交际行为和手段的其他方面，也是片面的；没有跨文化非语言交际教学的第二语言教学是不完整的语言教学；非语言交际也具有强烈的文化特性，忽视非语言交际行为的文化差异和文化冲突也会给跨文化交际造成严重的后果。

本章将讨论四个问题：跨文化语言交际与跨文化非语言交际、非语言交际行为和手段的文化特征、非语言交际礼俗规范的文化差异、非语言交际研究与第二语言教学。

第一节　非语言交际与跨文化非语言交际

本节将讨论四个问题：什么是"非语言交际"、非语言交际的特点、跨文化语言交际与跨文化非语言交际、跨文化非语言交际的种类。

1. 什么是非语言交际

1.1 非语言交际的定义

关于非语言交际，西方学者提出的定义不尽一致。有的定义很简单，如"非语言交际是不用言词的交际"。（Malandro et al，1989：5）有的定义则比较具体，如"非语言交际是不用言词表达的、为社会所公认的人的属性或行动，这些属性和行动由信息发出者有目的地发出或被看成是有目的地发出，由信息接收者有意识地接收并有可能进行反馈"。（Burgoon & Saine，1978，见 Malandro，1989：7）又如"非语言交际指的是在一定交际环境中语言因素以外的，对输出者或接收者含有信息价值的那些因素。这些因素既可人为地生成，也可由环境造就"。（Samovar et al，1981：156）人类交际有两种渠道：语言的和非语言的。我们不妨将非语言交际简单地定义为：非语言交际指的是语言行为以外的所有交际行为和交际方式。

1.2 非语言交际研究的发展过程

对非语言交际的科学研究主要始于第二次世界大战之后。不过，早在20世纪以前，影响已经很大的达尔文的名著《人类和动物感情的表达》（Darwin, *The Expression of the Emotion in Man and Animals*，1872）对现代非语言交际研究的影响和意义也不可忽视。在20世纪上半叶，这一领域的研究还未成系统，只停留在声音、外表、衣着和面部表情等个别方面。这一阶段最有影响的是研究体态语的三部著作：克里奇马尔的《体格与个性》（Kretschmer, *Physique and Character*，1925）和《人的体格的变化》（*The Variation of Human Physique*，1940）、埃弗龙的《身势和环境》（Efron, *Gesture and Environment*，1941）。20世纪50年代，非语言交际研究有了突破性的发展。伯德惠斯特尔的《体语学导论》（Birdwhistell, *Introduction to Kinesics*，1952）和霍尔的《无声的语言》（*Hall, The Silent Language*，1959）都是奠基之作。第一部以非语言交际为名的书是鲁希和基斯的名著《非语言交际：对人际关系的直观感觉笔记》（*Ruesch and Kees, Nonverbal Communication: Notes and Viaual Perception of Human Relations*，1956）。60年代是非语言交际研究的大发展年代，研究工作深入到对人体各部分姿态动作的研究。这一时期的经典之作要算埃克曼（Ekman）和弗里森（Friesen）关于非语言行为的成因、使用和编码的文章。文章提出了有名的非语言行为的功能：象征性动作、说明性动作、情绪表露性动作、调节性动作和适应性动作。70年代是大量著作出版和研究成果的总结、综合时期。这一时期不可忽视的名著当然是法斯特的《体态语》。80年代以来是非语言交际研究进一步大发展的时期。美国伊利诺伊州大学莱克·布罗斯纳安教授著的

《中国和英语国家非语言交际对比》第一次直接将中国与英语国家的非语言交际进行了比较全面系统的对比，并且认为聚拢型（togetherness）与离散型（apartness）之别是中西非语言交际行为差异的核心所在。这是中国人从对比分析中具体了解英语国家非语言交际行为和汉英非语言交际行为差异的第一部著作。

1.3 非语言交际信号的特点

（1）形式的复杂性

非语言交际信息既有先天的，也有后天的；既有自觉的，也有不自觉的；既有词义性的，也有类推性的；既有具有确切含义的，也有示意模糊的；既有各种文化共有的，也有不同文化所特有的；既有表达自我感情的，也有人际交流的；既可表达诚意，也可表示饥讽；既有不足信的，也有可信赖的。

（2）对语境的依赖性

非语言信号具有极强的语境敏感性，就像词语一样，在特定语境中表意明确。但是，在孤立列出时就像词典中词条一样，只能表示极为笼统的意义了。语境不同，信号的意义可能极不相同，甚至还可能在某些语境中毫无意义。

（3）对语言交际信号的调节性

非语言交际信号可以对语言交际信号起到补充、挽救、确认、加强、代替、重复甚至否定的作用；它可以打断谈话，控制发言机会的分配，表露感情、态度或情绪；可以表达愿望或意见；表明动作发出者与接收者之间的社会关系。

（4）对文化差异的敏感性

后天习得的非语言行为是由文化塑造而成的，文化不同，非语言交际行为的形式和含义也会不同。由于不同文化之间的行为表现或动作会有不同，或者不同文化之间相同的行为或动作含义不同，文化误解，甚至文化冲突会时有发生。一种文化中高雅的举止在另一种文化中可能被认为极为粗俗；在一种文化中的善意表示在另一种文化中可能变成了友善不足甚至存心不良。

（5）含义的不确定性

一个动作的含义可能会随着语境的不同而变化，极易产生信息含义的模糊性，或者说不确定性。非语言信息与语言信息相反时，非语言信号的含义有时还会产生歧义。

(6) 非语言交际信号喻义的模糊性

非语言交际往往是喻义的，采用甲乙两物的比喻往往增加了含义的模糊性和理解的不确定性。

(7) 对非语言交际信号的可信度把握的复杂性

非语言交际行为有的易于控制，因而可信度也就较低；有些则不易控制，可信度就比较高。例如：姿势和动作就要比心跳和呼吸速度、体温高低、瞳孔大小和身体战栗更易控制。所以，不易控制的表现成为机械和人工测谎的依据。

(8) 非语言交际信号可以调节交谈中发言人的更换

沉默一般表示变换发言人，但是举手、触碰手肘，或者发出"啊"、"嗯"之声也可暗示讲话只是暂时停顿，还不让别人发言，眼睛和手的各种动作都可暗示讲话正在怎样进行、何时结束、要不要别人作出答复等。别的身势动作也可起到交流感情和加强注意力的作用、表达讲话人的态度、看法和反应，并密切注意交谈对象的动向。所选身势动作可以表明交谈双方之间的关系。

1.4 非语言交际的作用及其与语言交际的关系

1.4.1 非语言交际与语言交际的关系

非语言交际在交际中的作用是不可忽视的。伯德惠斯特尔曾对同一文化的人在对话中语言行为和非语言行为做了一个量的估计，认为语言交际最多只占整个交际行为的30%左右。萨莫瓦和波特则发现："绝大多数研究专家认为，在面对面交际中，信息的社交内容只有35%左右是语言行为，其他都是通过非语言行为传递的。"（Samovar et al，1981：155）美国有的研究还表明，在表达感情和态度时，语言只占交际行为的7%，而声调和面部表情所传递的信息却多达93%。（Levine et al，1982：43）对于西方学者所做的这些调查和统计数字，我们的信任程度有多大并不重要，但有一点是确信无疑的：人类交际是语言交际和非语言交际的结合，或者说，非语言交际是整个交际中不可缺少的组成部分。中国文化中常讲的"仪态、举止、谈吐"中前二者都属于非语言范畴。在交际中，一个人的仪态和举止所提供的信息量往往大大超过其谈吐所提供的信息量。何况，在谈吐中也还会含有大量的属于非语言行为的副语言信号，例如非语义声音、停顿、沉默、笑声和交谈中的话轮转换等。陈原先生说得好："人类进行交际活动最重要的交际工具当然是语言，但是交际工具决不只是语言，例如还依靠许多非语言的符号。……实际上，社会交际常常混合了语言与非语言这两种工具。"（陈原，1983：177）当然，对非语言交际行为在交际中的作用及其与语言行为之间的关系应该有一个全面正确的认识。一方面要看到，在交际中，脱离非语言的配合的孤立的语言行为往往难以达到有效的交际目的；另一方面也要认识到，非语言行为只能在一定的语境中才能表达明确的含义，而且一种非语言行为只有与语言行为或其他非语言行为配合，才能提供明确的信息。因此，脱离语言行为或其他非语言行为，孤立地理解或研究某一非语言行为的含义常常是难以奏效的。伯德惠斯特尔说："通过我自己的研究，我再也不愿意把语言体系或非语言体系视为孤立的交际体系了。越来越多的资料都证明了这一论点的正确性：语言体系和非语言体系都不能单独构成交际体系，只有二者相结合并与其他感官渠道的相应系统相配合，才能形成完整的交际体系。"（Knapp，1978：20）

如果进一步将交际分成书面、口头和身势三部分，我们不难发现书面语最有时间润色，因而可信程度也就最低。所以书面语是最易控制和掩饰真情的一种方式。口语斟酌和修改的时间较少，有意识控制的机会也相对少一些，可靠性也就大一些，但仍有时间自我掩饰和控制。非语言行为除经过特殊训练的人以外，一般最不容易有意识控制，有的非语言行为甚至完全处于无意识之中。如害羞时满脸通红，害怕时脸色苍白、手脚发抖。特别是心跳、呼吸、体温、瞳孔大小和身体战栗等都比其他动作更难以控制。所以，非语言行为相对来说就要比语言行为真实，在有声语言和无声语言发生矛盾时，一般无声语言更为可信。因此，在研究人类交际时，决不可忽视非语言交际这一重要方面。

1.4.2 非语言交际对语言交际的辅助作用

非语言交际行为在一般情况下对语言交际行为起到的是强调和补充作用。具体地说，非语言交际行为可以从六个方面发挥其辅助作用：

（1）重复（Repeating）

例如，你告诉某人，办公楼在教学楼的西面，同时用手指向西方给以重复。

(2) 否定（Contradicting）

非语言行为所表达的意思可以完全与语言行为相反。例如，甲对乙说："你干得真不错。"同时却向丙使眼色表示不满。

(3) 代替（Substituting）

有时不用讲话，只用非语言行为就可以传递信息。例如，父亲批评儿子时，儿子一句话也不说，却满脸不服气，还用眼不时斜瞟父亲，父亲也就知道儿子的态度了。

(4) 补充（Complementing）

非语言行为可以对语言行为起到修饰和描述的作用。例如，一个人犯了错误以后，一面检讨，一面以沉痛或后悔的表情表明自己的心情和态度。

(5) 强调（Accenting）

头和手的动作常常可以对所讲的话起强调的作用。例如，讲话人说："我们一定要扫除不正之风！"同时，他头向前倾，伸出手掌或拳头用力向下压去，以表示态度的坚决。

(6) 调节（Regulating）

交谈时，人们常常以手势、眼神、头部动作或停顿暗示自己要讲话、已讲完，或不让人打断。

我们可以设想一下，如果没有非语言交际行为的配合、补充、强调、调节，甚至代替，我们的交际将是什么样子。

2. 非语言交际的种类

关于非语言交际的涵盖范围，分类方法很多。

最早的分类是鲁希（Ruesch）和基斯（Kees）指出的、根据非语言交际的基本成分进行的分类法。（Ruesch and Kees，1956，参见 Knapp，1978：12~20）

(1) 手势语言（Sign Language）

包括表示词义、数字和标点符号的手势，从单个手势到完整的哑语体系都包括在内。

(2) 动作语言（Action Language）

包括不单纯表示某种信号的各种动作。例如，行走和吃喝的动作就有两种功能，一种是满足自身的需要，另一种则是向别人传达某种信息。

(3) 客体语言 (Object Language)

包括各种有意和无意设置的物件，如工具、机器、艺术品、建筑结构和人体服饰等。

另一种分类法是纳普 (Knapp) 通过对有关研究和著作的分析提出的，共分七大类：身势动作和体语行为 (body motion and kinesic behavior)、身体特征 (physical characteristics)、体触行为 (touching behavior)、副语言 (paralanguage)、近体距离 (proxemics)、化妆用品 (artifacts) 和环境因素 (environmental factors)。

之后，詹森 (Jensen) 又在总结有关学者对"无声语言"的研究成果的基础上归纳出另一种分类法：身体动作和姿势 (body motion and gestures)、对时间的态度 (attitudes toward time)、对空间的态度 (attitudes toward space) 和一般交际习惯 (general habits in communication)。

康登 (Canden) 则认为，非语言交际是一门跨学科学术研究，涵盖范围极广。非语言交际首先就是非主题的领域，它没有包括进去的内容往往比已列入的还要清楚得多，而且不收进的项目也不全是看法一致的内容。他将跨文化交际中已经引起人们注意的非语言交际内容归纳为 24 种：手势、面部表情、姿势、服装和发式、行走姿势、体距、体触、目光交流、建筑及室内设计、装饰用品（如胸针、手杖、珠宝首饰）、标示图、艺术和修饰形式（包括婚礼舞会和政治游行）、体型、气味、副语言、颜色象征、言语与动作的配合、口味嗜好、气温适应、化妆用品（如香粉、口红、纹身）、各种信号（如鼓声、烟雾、工厂汽笛、警用报警器）、时间观念、语言行为中的时间调节、停顿与沉默。康登的看法是，鉴于非语言交际的研究涉及的范围广，研究工作进展快，著作量迅速增加，我们没有必要去探索非语言交际的整个领域。(Condon, 1975: 123~125)

我们从跨文化交际和第二语言教学出发，借鉴西方学者比较统一的认识，将非语言交际粗略地分成四大类进行中外对比研究：

(1) 体态语 (Body Language)

包括基本姿势（姿势和身势）、基本礼节动作（如握手、接吻和拥抱、微笑、体触、女士优先的礼节动作等）以及人体各部分动作（如头部动作、面部动作、目光交流、臂部动作、手部动作、腿部动作等）所提供的交际信息。

（2）副语言（Paralanguage）

也称类语言和伴随语言。包括沉默、话轮转接（turn-taking）和各种非语言声音。

（3）客体语（Object Language）

包括皮肤的修饰、身体气味的掩饰、衣着和化妆、个人用品的交际作用、家具和车辆所提供的交际信息。

（4）环境语（Environmental Language）

包括空间信息（如拥挤、近体距离、领地观念、空间取向、座位安排等）、时间信息、建筑设计与室内装修、声音、灯光、颜色、标识等等。

前两类属"非语言行为"，后两类则是"非语言手段"。

3. 什么是跨文化非语言交际

3.1 文化与非语言交际之间的关系

大多数非语言交际行为都是后天习得和代代相传的，都是长期历史和文化积淀而成的某一社会的共同习惯。文化与非语言交际密不可分；许多非语言行为和非语言手段都是文化习得的结果；人们的非语言行为的形成和效果都由一定的文化环境所决定。通过了解某一文化的非语言表现的基本模式，我们可以清楚认识人们的举止态度，通过非语言行为模式可以了解一种文化的行为准则、思维方式和价值观念。

跨文化非语言交际研究的不是天生的本能行为，也不是专业人员的特殊非语言信号，而是后天习得的某一文化群体通用交际信号；跨文化非语言交际研究的不是同一文化中的非语言交际行为和非语言交际方式，而是不同文化之间非语言交际行为和方式的同异点，重点是文化差异所在。

3.2 非语言交际中的文化差异和文化冲突

在跨文化交际中，研究非语言交际与文化之间的关系最为现实的意义是排除跨文化非语言交际中的文化误解和文化冲突。人们对本文化的非语言行为和手段往往习焉不察，对别种文化的非语言行为和手段却极为敏感，而且容易发生理解偏差，甚至文化冲突。值得注意的是，语言越流利，发出的错误或不得体的非语言信息所引起的文化冲突就越严重。因为非语言行为一般是情感或情绪的自然表露，有的是下意识的或不可控制的情感或情绪的显露，因此可信度比语言行为高。

3.3 非语言交际在跨文化交际中的作用

许多人认为，在跨文化交际中，要掌握的交际工具只是外语，他们十分注意语言交际行为的正确性、合适性和可接受性，却易忽略非语言交际行为和手段的文化差异及其影响。结果，在跨文化交际中文化误解和文化冲突频频发生。其实，在跨文化交际中，非语言交际行为和手段所起的作用决不可忽视。因为它们在语言交际发生障碍或者需要强调时可以起到代替、维持、强调，甚至挽救交际的作用。非语言交际不仅贯穿于整个交际过程之中，而且最能反映一个人的真实态度、心理活动和价值观念。

3.4 跨文化非语言交际研究的重点是文化差异

进行跨文化非语言交际的研究和教学的目的是帮助跨文化交际者和第二语言学习者在跨文化交际和外语学习中排除非语言交际行为的文化差异的干扰，其重点是对比分析跨文化非语言交际中的文化差异和文化冲突。以中西方非语言交际对比为例，概括起来可分为以下几个方面：

3.4.1 含义相同，行为有别

例如：表达"不知道、为难、不赞成或无可奈何"等含义时，中国人的习惯是摇头或摆手，英语国家和许多西方人则习惯于耸肩。

3.4.2 行为相同，含义有别

这是非语言交际行为中的"假朋友"，即"貌合神离"的行为，在理解和仿效中最易出问题。例如：英语国家的"OK"手势已为中国人所熟悉。许多人动不动就说"OK"或做一"OK"手势，有人甚至以为"OK"就是"很好"的意思，还曾做商品广告之用。但并不知其准确含义，更不了解在不同文化中，OK的含义也复杂多样。

OK（O-Kay）起源于两种说法：一说来自美国第八任总统马丁·范布伦（Martin Van Buren）的拥护者组织的 O.K （=Old Kinderhook）Club。Kinderhook 是范布伦的出生地。这些拥护者高喊 O.K.表示一切顺利。另一说是来自"all correct"两个英文字的头一个音。不管来源的可靠性如何，其英语含义是清楚的。"OK"是"O-Key"的缩写，是一非正式用词。其含义主要有三：（a）顺利，行，可以；（b）还算满意，但决不是很好；（c）询问是否同意或允许。所以，"OK"的意思是还可以，但决不是最好的；是准予，而不是赞赏。

文化不同，OK 手势含义可能有别。例如，英语国家的人表示"还可以"、"行"；中国人习惯表示的是"零"；法国人表示的是"零"或"无"；日本人表示的是"钱"；某些地中海国家表示的是"孔"或"洞"；在巴西和希腊等国，OK 手势则是一种令人厌恶的污秽动作。

3.4.3 此一彼多或此多彼一

有些动作在中国文化中一般只表示一种含义，在其他文化中则可能表示多种不同的含义。例如，中国人说话或做报告时常会有一下意识的动作：两手相钳，两个拇指互相撮动。做这一动作的人并不表示任何含义，最多只是一种悠闲自得的表现而已。然而，在英语国家的人看来，这一动作却含有"洋洋自得"、"闲极无聊"、"紧张不安"、"极其无趣"或"烦燥不安"等多种含义。

反之，勾肩搭背、挽着胳膊在中国人中视不同关系，含义各不相同：男女之间表示恋人或夫妻；同性之间表示亲密友好；子女对父母或年少者对年长者挎着胳膊表示的是长少之间亲密之情或子女对父母或少者对长者的关心、帮助或尊敬。在英语国家，这一动作则一般只存在于夫妻、恋人或青年异性朋友之间，都与性或恋情有关。所以这一动作在中国文化中的含义要宽泛得多。

3.4.4 此有彼无或此无彼有

有许多姿势、动作只存在于某一种或某些文化之中，在其他文化中却不存在。例如，英语国家的人有不断转动手上戒指的动作，表现出的是情绪紧张或不安。许多港台人现在也有这一习惯。中国人如果做这一动作，别人可能以为他在"显富"。

反过来，中国人过去对姿势的要求是"行如风、立如松、坐如钟、卧如弓",现在要求"坐有坐相,站有站相",也就是,坐姿要端正,站姿要正直,走姿要轻松和庄重。晚辈在长辈面前、下级在上级面前的姿势也有要求。西方英语国家对姿势就没有这样严格的要求。

中国人的"抱拳"与"拱手",欧美文化中没有,欧美人也不易准确理解其含义。例如:

拱手　两手在胸前相抱。表示①恭敬(如抱歉);②引申义:白白送给(如将企业利益拱手相送;将家产拱手让出)。

抱拳　一只手握拳,另一只手抱着拳头,放在胸前,是中国古代男子见面与分别时的一种礼节,与握手含义相似。

作揖　两手伸出,掌心并在一起,上下摇动。表示见面礼节、恭顺请求、赔礼道歉。

耸肩动作在英语国家中表示不知道、没办法、没希望、不理解、让步等多种含义。在俄语国家中也可表示惊奇、困惑不解、鄙视或厌恶、不理解、否定、让步、不愿意参与争论、拒绝接触、不愿解释、束手无策等多种含义。在中国文化中没有这一身势动作,因此中国人很难准确理解这一动作的真正含义,盲目仿效就容易闹笑话。

耸肩动作有其习惯的标准要求(尽管是无意识的)。这一动作表现为:①皱动前额,②抬肩耸眉,③双肘弯曲,④双掌向上摊开,⑤甚至还微曲双腿。不了解这一动作的要领和习惯程序的中国人就会闹出不中不西,不土不洋的邯郸学步的笑话。

案例20. 女士优先

"女士优先"的礼节,原则要求男性在任何情况下都要体现出尊重女性、照顾女性和保护女士。例如,走路与进出门时,让女性先行;下楼时男士要走在前面,上楼时则要走在后面,以便随时准备保护女士;在街上行走时,男士要走在靠马路的一侧,以确保女士不受车辆的伤害;进出门、上下汽车和电梯时,男士要主动为女士开门,给予照顾或让其先行;进出门时,男士要主动帮助女士脱下或穿上外衣;进餐时,男士主动站到女士背后,为其推拉椅子,帮她们坐好;在会场和公共车辆上,男士主动给女士让座;照相时让女士坐（站）在前排正中央；男女同乘电梯时，男士必须脱帽；参加社交活动或家庭宴会时，男宾要先向女主人问好；女宾到达时，先到的男宾应起立迎接。反之，先到的女宾对后到的男宾不必起立致礼；男女见面是否要握手，要女士采取主动；外出用餐，先由女士点菜，饭馆服务员也先给女客人上菜；男女一起外出活动，男士主动帮助女士提拿行李；介绍他人时，一般应先将男士介绍给女士（在英国只有王子例外，介绍时要将女士向他引见）；致词时，应按照"女士们、先生门"的顺序称呼听众，等等。违背这些规矩，不仅是失礼行为，也是缺乏修养的表现。所以，男女交往中，女士的优越地位可谓非同一般。

然而，考察一下"女士优先（lady first）"的含义来源，女士的"优越"地位就要大打折扣了。从女士优先的历史来源和礼节形式可以看出这一礼节的真正含义是保护弱者。所以，人们把女士称为"weak creatures（脆弱的宝贝）"，认为女士优先的礼节是尊重"weaker sex（弱小的性别）"。例如，关于男女同行时照顾女士的礼节的传统解释是：从前，人们习惯于将垃圾从楼上窗户扔出来。这时男子就有义务承受倾倒下来的垃圾，保护女子不受其害。所以男女同行时，男子要走在靠房子一边。为什么在车行道边行走时，男子却要走在靠马路一边呢？因为，这时男子又有责任保护同行女子不受过往车辆和马匹的伤害。人们甚至将这一礼节视为"respecting ploy（尊重花招）"。有人认为这一礼节其实是为了博得女子的好感，实际上体现出的是对女性的歧视。其暗含的意图是：对女性只能一直给予特殊的照顾，女士也只能享受优越的地位，而不能与男子一样工作或劳动。甚至有人还认为，她们既然处处需要别人照顾，不能与男子一样劳动，就不应享受与男士同样的报酬。"既然弱小的女人（little woman）自己连门都开不了，理所当然地付给的工资不能超过男子工资的60%"。因此，实际上人们视妇女地位低于男子。难怪，今天称呼妓女的"working girl"曾一度用以称呼职业妇女，也难怪在"妇女解放运动（Women's Liberation Movement）"和"女权运动"中女权主义者（feminism）拒绝接受女士优先的"优待"，她们要争取男女的真正平等。在英国和其他一些西方国家，对女性的礼节现在也大不如前了。人们甚至认为，既然妇女已在选举、就业和接受高等教育等方面获得了与男子几乎平等的权利，她们就不应得到过多的特殊照顾。因为对女士的礼貌完全是出于对女士需要保护的需求。

（毕继万，2003：388）

> 案例分析参考题

1. 请向中西人士做一调查，了解他们对"女士优先"礼节的看法，并提出你的见解。
2. 请查阅"lady first"的来源和历史发展过程，分析这一礼节的真正含义。
3. 请对比分析西方的"女士优先"与中国文化传统礼节的文化差异，说明你自己对于当今中国人在对内和对外人际交往中应当遵循的礼貌原则的看法。

> 思考题

请在中外人士中做一认真调查研究，了解他们对"OK"手势的看法和用法，并且提出自己的分析和看法。

第二节　非语言交际行为和手段的文化特征

第二语言专业的师生和跨文化交际者关注的不是人类共有的本能动作，而是那些具有词义性和可以传递交际信息的非语言交际信号。这类非语言交际行为和交际方式与有声语言的使用一样，在国家之间、地区之间、种族之间、群体之间、行业之间、乃至人与人之间都会有所不同。第二语言专业师生和跨文化交际者关注的是国家之间、语言群体之间的文化差异，研究的是那些容易引起文化误解，甚至文化冲突的非语言交际行为和非语言交际方式。在此，我们从非语言交际所涵盖的四个方面（体态语、副语言、客体语和环境语）进行中西文化特征对比分析。

1. 体态语的文化特征

体态语（body language）也可叫"身势语"，还有人叫"身体语言"。现在中国大陆上许多人借用港台说法，叫"肢体语言"。"肢体语言"是否有失文雅且不评论，但这一名称有失科学性和准确性："肢体"指的是人体四肢，充其量也只能再包括躯干。然而，人体的头部动作和面部表情最为丰富，提供的交际信息也最为复杂。无视这一部分或将其置于无足轻重的地位，不仅有失偏颇，更不利于跨文化交际与第二语言教学研究。因此，在学术研究中这一"时髦"术语缺乏严谨的科学性。

体态语指的是用以同外界交流信息和感情的全身或部分身体的动作，英语中有 body language、body movments、gesture、body behavior、kinesics 等说法。汉语中的不同说法有体态语、身体语言、态势语、手势语、体语、语体学、身势学、身动学等。也有人干脆用 nonverbal communication（非语言交际）或 paralanguage（副语言）、kinesics（身势学）代替体态语，在讨论具体内容时也有人不加区分。严格地说，上述术语分归两种类型：一种是体态语（body language），英语中的 gesture、body movements、body behavior 和汉语中的身体语言、手势语、态势语和体语都属这一类；另一种是身势学或体语学（kinesics）。

据估计，人体可以做出多达 27 万种姿势和动作，比人体所能发出的声音还要多。这么多姿势和动作，所表达的含义自然极为复杂。有的含义明确具体，有的却笼统模糊；有的用于交际，有的则只是自我表达；有的表达的是情感信息，有的则反映出个性特点或态度。

体态语含义的分类极为复杂。埃克曼和弗里森的体态语分类法在非语言交际学界影响较大。他们把人的身体和脸部的连续动作按照各种行为的起因、用法和代码情况分为五大类（Knapp，1978：13~18）：①象征性动作(Emblems)，②说明性动作（Illustrators），③情感表露动作（Affect Display），④调节性动作（Regulators）和⑤适应性动作（Adaptors）。

在跨文化交际中最常见的是根据人体各部位动作进行体态语分类。主要分为两类：姿势和身势。

1.1 姿势

姿势指的是身体呈现的样子，包括立、坐、卧、蹲、跪等。概括起来分为三类：立姿、屈姿和卧姿。

姿势可以反映出一个人的身体素质、思维敏捷性、兴奋程度、职业特点、社会地位和社交态度。姿势是可以控制的。在跨文化交际中，姿势的特点和传递的信息会因文化不同而互有差异。关于姿势的文化差异与文化误解，布罗斯纳安举了一个有趣的例子：

> 中国农民认为欧洲人一定是没有膝盖，说他们两腿总是绷得直直的。茅盾也在《子夜》一书中将一位青年女子描绘成"像欧洲人一样走路"。甚至其他欧洲国家的人也对英语国家的人走路姿势大加评论。前苏联就流传着一个笑话，说美国人走路时的架势就像脚下土地都归他们所有；英国人走路的样子就像是不屑于理睬谁是他脚下土地的主人。中国人也普遍感到英语国家的人走路时"傲气十足"。一位学生被问到他对英语国家的行为举止最反感的是什么时，他感情冲动地说道，他最为气愤的是英语国家的人走路时腹胸高挺，大摇大摆，"好像整个世界都归他所有一样"。

（毕继万译，1991：81）

布罗斯纳安认为，中国人和西方人走路姿势的根本区别在于，英语国家标准姿势是运动员和军人姿势（或军人武士式）；中国人的标准姿势是学者和平民姿势（或文人雅士式）。英语国家的人走路时感觉身体周围范围宽阔，因此行走时就应大摇大摆，不受约束；中国人走路的样子是由于空间狭小，行走时应控制自己的活动范围。所以，在中国人看来，英语国家的人自由自在地行走时，神气活现，贪得无厌，垄断独霸，专横跋扈，盛气凌人。英语国家的人对中国人的走路姿势一般来说反应并不那么强烈。其原因很简单，因为中国人讲究谦虚、谨慎。遵照反应规律，他们可能将此看成是畏畏缩缩、羞羞答答，或者怕出风头。

关于走路姿势的文化差异，上述看法是否有其道理或依据，仁者见仁，智者见智。但有一点是可以肯定的，姿势是存在文化差异的，而且这些差异会造成文化误解，甚至文化冲突，从而导致跨文化交际的挫折，甚至失败。例如，美国人认为，把拇指插在皮带或牛仔裤兜里表示性侵犯或性挑逗。这在美国西部影片中最为常见；西部枪手用这一姿势（大拇指插进皮带，其他手指指向阴部）展示他们的男子气概；手臂是准备姿势，正好形成指示，强调生殖部位。用这种姿势可以显示无所畏惧或向女性侵犯的态度。穿裤子的女性也会使用这一姿势。她们穿裙子时，是用拇指插在裙带或裙子的兜里。

西方人，尤其是美国人坐姿过于随便，中国人也会不习惯，甚至不喜欢。例如，美国教师讲课时可以坐在讲台上（甚至女教师也盘腿坐在讲台上），经理或老板在自己的办公室里可以将双脚放在桌子上。中国学生拜访教师、年青教师与年长教师谈话时，常常自始至终一直直挺挺地坐在椅子边上。英语国家的人在类似情况下往往规矩地坐一会儿以后，或至少在最后就靠坐起来了。美国学生听课时可以将双腿放在另一椅子上或者随便背靠椅背坐在椅子上。中国人对上述美国人的姿势都不适应，认为都是缺乏礼貌的表现。但是，以为美国人不分场合，不分对象，总是坐姿随便，而中国人的坐姿总是规规矩矩，那也不符合事实。例如，英语国家下级在董事长面前或者在正式场合坐姿都有讲究。英语国家的人认为中国人的许多姿势不雅，甚至有些粗俗。用餐时，中国人可以将双臂放在餐桌上，西方人视此姿势为不雅；中国有些女士与男士坐在一起时，在有的场合某些下意识的姿势和动作也会给西方人造成尴尬的误会，怀疑她们在给男性以性挑逗的暗示。譬如，美国多数男性认为女性盘腿而坐是最具挑逗性的姿势；将一只小腿压在另一大腿之下，用膝盖指向一男性，既可能是一种无意识的放松姿势，也可能是一种性挑逗动作；中国女士有时下意识地撩裙子也会给坐在一起的男性造成性挑逗的误会；在男性面前慢慢交叠又打开双腿以及用手抚摸大腿（膝盖），有时也会被看成是性挑逗动作；玩弄鞋子一般是一种放松姿势，但翘起腿，脚后跟一进一出地玩弄鞋子，就会给人以性交动作的暗示。所以，中国女性在社交场合和与西方男士单独在一起时应当避免上述动作，在对外交往场合更需注意行为举止的规范和礼节要求。

1.2 身势

姿势涉及全身，身势只限于身体不同部位；姿势是较长时间静态表现，而身势则是短暂的动作。身势与姿势一样，尽管不同文化之间动作区别不少，但

第二节 非语言交际行为和手段的文化特征

真正区别主要并不在于动作本身,而在于何种动作在何种情况下才算得体。

身势动作的文化差异和不得体的表现会导致文化误解,甚至文化冲突。例如:

在报告会上,讲话人的身势在中西文化之间的区别就非常明显。中国演讲者习惯于在讲台上稳立或稳坐不动,沉着庄严,一本正经。英语国家的人认为这是呆板不活。英语国家的演讲人大多在听众面前不停地来回走动,甚至还会走到听众的身边,以此加强感染力,有时干脆坐在讲台上,演讲者动作频繁,如身体前伏后仰,脚跟踮起,有时为了求得某种效果还会背向听众。在中国人看来,这些动作有点有失体统,至少有点过于活跃了。英语国家的演说家学会了一整套富于感染力的身势、声音和眼睛动作;中国人却认为在这样的场合最应对自己的仪态举止有所约束。

在剧场观看表演,中西方差异也极大。观看节目表演观众感到困乏时,中国观众会窃窃私语,有的出出进进,买吃买喝。英语国家的人却在剧场注意约束自己,在感到枯燥乏味时还要姿势端正,目不斜视,一声不响地坐在那里。英语国家的人进入剧场如同进入教堂,在课堂却又放松随便。中国人在课堂上要求则相当严格,坐姿不可过于随便,不能迟到早退,不能交头接耳,不能打瞌睡。

1.2.1 头部动作(Head Gesture)

(1)跟相识者打招呼时,英语国家的人常常扬一下头,他们也用点头表示相互认识,但认为扬头更为友善,更为随和,更为平等。英国男子对熟人打招呼,有时也只是微微扬一下头或抬一抬眉。

(2)留披肩发的青年女子由于头发常常散披到盖住脸,就往往有一习惯动作:向后一扬头,将头发甩到脑后,并用手拂一下。在一般情况下,这一下意识的举动并无什么含义。但是,在英语国家中,在一定场合也可能是一种自鸣得意或调情求爱的表现。英语国家男子表达这一意思的方法是伸伸脖子,晃晃脑袋。为了进行掩饰,常常整整领带、衣领或摸摸脖子。

(3)在英语国家中,将头左右摇摆,表示也许、犹豫不决、差不多、马马虎虎、不大清楚,甚至还表示同性恋或阴阳人。

(4)英语国家指示方向或叫某人过来的一个常见动作是,头猛地向所指方向摆动，或下巴指向所指方向。在中国人看来，这一动作似乎是蔑视他人的傲慢表现。

1.2.2 面部动作（Face Gesture）

（1）用手遮住嘴，英语文化好像是想防止谎话从嘴里出来。中国一些人在对人讲话时，为了防止唾沫外溅或口臭味袭人，爱用手捂住嘴，英语国家的人就误以为他们在说谎话。

（2）英语国家的人对别人讲的话感到怀疑时，常见的动作有：

①抓耳朵

含义是非礼勿听。其他的形式还有摩擦耳背，用手指掏耳朵、拉耳垂，或用整个耳背盖住耳孔表示已经听够了。

②搔脖子

用手搔耳部下方或脖子一侧，每次约搔五下，表示怀疑或不肯定。当听到与事实不符的话时，这一动作最为常见。

1.2.3 眼部动作（Eye Movement）

（1）交谈中目光交流

英语国家的人比中国人目光交流的时间长而且更为频繁。他们认为缺乏目光交流就是缺乏诚意、为人不诚实或者逃避推托，也可能表示羞怯。中国人却为了表示礼貌、尊敬或服从而避免长时间直视对方，常常眼睛朝下看。在中外交往中，英语国家的人会为中国人回看时间过短而反感，认为他们看不起自己，或者认为中国人表情羞羞答答，目光躲躲闪闪；中国人却感到英语国家的人在交谈过程中总爱死盯着人，中国青年女子对于英语国家的男子这种盯视有时就极为反感。

（2）中英终止回顾目光的方式也大不相同

英语国家的人，特别是女子，与人交谈时习惯于眼睛旁顾，给中国人的感觉似乎是态度冷漠，漠不关心或心中不满。中国未成年子女对父母的批评不服时就是头偏向一边，目光旁顾。中国人，特别是女子，都习惯于目光下垂。其他人在长者或上级面前也有这种表现。这是一种谦逊、尊从或恭敬的态度。英语国家的人感到难以理解。英语国家的男子认为中国女子目光下垂是中国大男子主义文化的间接凭证。

(3) 围观会使英语国家的人反感

中国不少地方存在着围观和看热闹的现象。这种不礼貌的行为常常使英语国家的人极为反感甚至产生误解。他们认为围观外国人是把外国人当成动物一样观赏的无礼表现。不少在中国生活过的西方人对这种现象不断做出种种猜测和推断。认为对中国人来说，人或物皆可端详、凝视，将不认识的人当成舞台上的演员一样，听任人们凝视和围观。美国教授布罗斯纳安的看法就很有代表性：

> 中英绝大多数人都爱轻易地将中国人凝视他人的表现看成是个与文化层次有关的问题，认为中国有文化的人对外国人不会围观凝视。这是对的，但是可能也有其他因素在起作用。我们不妨冒昧地揣测一下。中国人是否将整个世界看成是一个大舞台，在这个大舞台上，不认识的人就像公开演出的演员一样，可以听任人们的凝视、围观，……中国的高墙、屏风、房屋与车辆的窗帘、底层住房的千奇百怪的百叶窗、恋人在公园遮羞的洋伞、面纱以及扇子等等，都帮助人们得出这样的推测：人或物皆可端详、凝视，限制它的责任不在凝视者，而在被凝视者身上。
>
> （毕继万译，1991：158）

1.2.4 臂部动作（Arm Gesture）

中国人在向欢迎群众表示感谢时，往往双臂高举，两手在头上方相握向群众前后摇动。在英语国家，这一动作是优胜者高兴的表示，来源于拳击比赛中裁判握住优胜者的手高高举起的动作，现已成为运动员取得冠军称号后向观众表示的习惯手势。据说，赫鲁晓夫访美时，在飞机舷梯上向前来欢迎的美国人曾做这一动作，结果激怒了美国人，以为赫鲁晓夫是有意向美国人示威。

1.2.5 手部动作（Hand Gesture）

手部动作是身势语的核心。身势中手部动作最多，也最细腻生动，运用起来更自如，对外交往中，手部动作最需注意避免文化误解和文化冲突。例如：

(1) 在西方，手心朝上表示真诚或顺从；手心向下表示压制。中国人讲话喜用双手掌向下或单手掌向下上下摇动，让听众安静或坐下。在对外交往场合这一动作就要慎用。

(2) 叫人过来的动作也会引起文化误解，甚至文化冲突。叫人过来时，英语国家有两个常用动作：一是食指朝上向里勾动。在中国，这一动作似乎给人以不大正派之感。二是用手掌向上或向左朝自己方向招动的方式招呼成年人过来，对幼儿和动物则手掌朝不向自己方面招动。中国人正好相反，即手心向下招呼成年人，手心向上是招呼幼儿和动物。

(3) 英语国家的人用手摸木器或敲击木器表示求神保佑或驱除厄运，一般是敲敲桌子或椅子。在无桌椅可敲时，他们还会以头代木。这是西方古代宗教习俗的残存。中国人用手敲桌子则是示意提醒。

(4) 以手势指示时，英语国家的人极为讲究掌心的朝向。他们认为，手掌朝上是一种顺从的、无威胁性的姿势；手掌向下是权威的支配性手势。手掌指示或命令的姿势有三：手掌向上；手掌向下；手心向下、握拳、伸出食指。手心向上时，态度礼貌、诚恳；手心向下时则会激起对方的反感；手握拳并伸出食指，则像伸出棒子一样，大有迫使对方服从之势，因此最易激怒人。中国人用手掌向下的手势和用食指指指点点（似乎在谴责人）很易引起西方人的误解和反感。

报纸上曾经登过一张照片和一篇报道：在中国一大城市，一美国男子在公共场合打了人后，无视周围群众的谴责，趾高气扬，一脸傲气，甚至还向在场中国群众举起中指。这一动作是一种侮辱性动作，也表示"我是好汉，你们敢把我怎么样?!"不了解这一手部动作的中国人是很难理解这一手势的含义和做出恰当反应的。

(5) 计数的方法中英也不同。

① 表示 1–10 的手势

所示数字	中国（手心向内）	英语国家（手心向外）
1	伸食指，屈其余四指	举食指，屈其余四指
2	伸食指和中指，屈其余三指	举食指和中指，屈其余三指
3	伸中指、无名指和小指，拇指按食指；伸食指、中指和无名指，拇指按小指	举食指、中指和无名指，拇指按住小指
4	屈拇指，伸其余四指	屈拇指，举其余四指
5	五指伸开	五指伸开
6	举拇指和小指，屈其余四指	一手五指伸开，加另一手食指
7	拇指、食指和中指捏在一起，屈其余两指	一手五指伸开，加另一手食指和中指
8	伸拇指和食指，构成"八"字，屈其余三指	一手五指伸开，加另一手食指、中指和无名指
9	勾起食指，屈其余四指，形成"9"字	一手五指伸开，加另一手四指（拇指除外）
10	中指扣在食指上别在一起，屈其余三指；两手食指交叉成"十"字；一手握拳	十指伸开

② 数数的手势

英语国家的人数数的方法与中国人不同：数数时，手心向外。数 1 时，伸出右手食指，数 2 时再伸中指，再伸无名指表示 3，加上小指表 4，最后伸开拇指表示 5。在数 6 至 10 时，用左手再按右手数数方法一个个数字加上去，即左手也像右手一样，首先从食指开始，最后伸开拇指。这样用两手数出 6 至 10。如果只用一只手，则用同一只手的拇指碰碰小指第一关节表示 6，以后从无名指至中指、食指，按顺序碰碰每个手指第一关节，数出 7 至 9 各数，最后伸开拇指表示 10。

中国人数数的方法是：右手先握拳，手心向内。数 1 时，伸出小指，数 2 时再伸无名指，数 3 时加上中指，数 4 时伸出除拇指以外的四指，伸出五指表示 5，伸出拇指和小指表示 6，捏住拇指、食指和中指表示 7，伸拇指和食指表示 8，弯曲食指表示 9，交叉两手食指表示 10。中国人数数的另一方法是：右手五指伸直，数 1 至 5 时是从拇指开始弯曲，按顺序加上一个个弯曲的手指。

中国人还有用左手食指掰动右手指数数的方法，即先伸掌，再从拇指开始一个个手指弯下。英语国家的人是先握拳，再从拇指开始一个个手指掰开。

1.2.6 体触行为（Touching Behavior）

体触是借身体之间的接触来传达和交流信息的交际行为，有些人称之为"触觉交际"或"触觉沟通"。非语言交际研究领域甚至还有专门研究体触行为的学科，叫"体触学（haptics）"。在交际中，最常见的体触行为当然是握手、拥抱和接吻。除此而外，还有其他许多体触行为。在有的文化中体触频繁，有的体触较少。西方学者根据这一差别，分成体触文化（touching culture）和非体触文化（nontouching culture）。不少美国学者将英美文化列入非体触文化。对于中西方文化之间的差异，布罗斯纳安认为："人们倾向性的看法是，中国人的特点是体触频繁，而英语国家的人的体触则比较少见。"他的依据是："两种人初临对方环境时所遇到的强烈文化休克证实了这种看法，中国人感到孤独和隔离，而英语文化的人感觉摩肩接踵、拥挤不堪。"（毕继万译，1991：20~21）这种看法在西方学者中有一定的代表性，但认识并不全面，中英两种文化的人初临对方环境时所产生的上述感觉的原因也不在于此。在跨文化交际中，人们应当注意的倒是体触的方式以及体触行为与人际关系的文化差异。例如，在社交场合，文化不同，体触行为就有许多区别：在德国，男女与人见面时都喜欢握手；在美国，女士很少握手，男女见面时，男子常吻女子的面颊；在前苏联，男士见面时常爱拥抱和亲吻；在伊斯兰国家，同性之间习惯拥抱和吻面颊，异性之间却严格禁止体触，连握手都视为禁忌；在泰国，人们都在公开场合避免体触，触碰别人的头则会犯下大错。中西方两种文化在体触方面的文化差异主要表现在体触的规则不同。例如：

（1）同性之间，尤其是同性青年之间的体触行为在西方文化中视为禁忌，认为是同性恋行为，在异性之间却是容许的。在中国文化中则相反：同性之间体触是允许的，异性之间却是忌讳的。

（2）通过拥挤的人群时，英语国家的人避免躯体与躯体接触，爱用双手触碰别人的身、手、肘或肩部，分开一条路。他们认为中国人不用手分路，而用躯体挤过人群是不礼貌的。反之，中国人对英语国家这种体触行为极为反感，认为用手分路不仅不礼貌，还是对别人身体的触犯。

(3) 在英语国家中，不能触摸别人的小孩子，尤其是切忌男子触碰女童，否则就会有猥亵儿童之嫌。中国人对别人的儿童喜欢摸摸头、手或身体其他部分，表示喜爱，英语国家的父母对此却极为反感。中国年长的女教师见外国留学生穿着单薄时喜欢关切地摸摸衣服，告诫学生要多穿一点，以免感冒。西方留学生对此却大为不满。笔者在美国曾遇到一件有趣但尴尬的事：一位旅美的中国理工科男性访问学者突然找我帮他解决一个困难，称他的美国邻居要到法院告他。原来他用手搂抱了一下该邻居约十岁的女孩，邻居认为那是猥亵少女的犯罪行为。他大感委屈，他说他很想念远在家乡的女儿，见到这个与自己女儿年龄相仿的美国女孩，本能地想到了自己的女儿，就情不自禁地做出了这一体触动作。我向他介绍了美国文化中成年男子接触女童的禁忌，然后替他向美国邻居解释了中国的风俗习惯及他此举的动机，最终得到了美国人的谅解。

(4) 在英语国家中，在拥挤的车辆中、饭馆及其他公共场合，人们避免挤坐在一起，即使一家人到饭馆吃饭时，如果座位不够，宁可轮流用餐也不挤坐在一起。长途旅行时，如座位不够，宁可有人站着或轮流就座，也不愿挤坐在一起。中国人却不同，家人、朋友、同事、熟人甚至相识者，为了情谊和热闹，在饭馆可以将桌子拼起来或加座，以便能够坐在一起。在车上和公共场合也可两人座位坐三个人或大家挤坐在一起。常听到的一种说法是"来，挤一下"。

(5) 在中国公共场合常见的一种现象是，关系密切的同性青年男女常常体触频繁，女性相互挎着胳膊或搂着腰，男性相互搂着肩膀。英语国家的人见此情景会目瞪口呆，以为这是在光天化日之下公然发生的"同性恋"行为，有人甚至想入非非，以为中国大概是"同性恋的天堂。"

2. 副语言的文化特征

2.1 副语言的界定

副语言（paralanguage）又可称为"类语言"或"伴随语言"，一般指的是伴随话语而发出的无固定语义的声音（包括沉默）。副语言不是言词所提供的实际信息，而是这一信息的表达方式。或者说，副语言指的是言词信息表达的方式，而不是言语表达的内容。副语言的范围有狭义和广义之分。狭义的副语言只包括伴随言语的某些声音现象，广义的副语言则除言语的声音现象以外，还将体态动作、面部表情、甚至某些书写符号及言语交际情境都包括在内。不过，多数学者把副语言只限制在无语义声音范围之内。我们支持从狭义角度界定副语言的观点，认为副语言是伴随、打断或临时代替言语的有声行为。它通过音调、音量、语速、音质、清晰度和语调起到言语的伴随作用。特拉格认为副语言包括两部分（Knapp，1978：18~19）：

（1）音质（Voice Qualities）

包括音幅、声调控制、韵律控制、音速、发音控制、共鸣、声门控制、声唇控制。

（2）发音（Vocalizations）

①声音特点（Vocal Characteristics）的体现

声音包括笑声、哭声、叹息声、呵欠声、吞咽声、粗重的吸气声或呼气声、咳嗽声、清嗓子声、打嗝声、呻吟声、哼哼声、啜泣声、嚎叫声、低语声、喷嚏声、呼噜声等。

②声音的修饰（Vocal Qualifiers）

包括声强（从过强到过弱）、声高（从过高到过低）和声音的长度（从过于拉长腔到过于短促）。

③声音分隔（Vocal Segregates）

例如：uh-huh、um、uh、ah 等。

此外，沉默停顿、插话声音、话语失误等都可包括在内。

在中西方交际中，需要倍加注意的是对待沉默的态度、话轮的转接和非语言声音（重点是音量）方面的文化差异。

2.2 副语言复杂难学

2.2.1 副语言本身没有明确的信息意义

副语言是操某种语言的文化群体长期约定俗成的习惯表达方式，而且很少进入一般的外语教科书（只有在对话和文学中才会遇到）。外语学习者，甚至外语不是母语的外语教师也很难把握，因为他们缺乏长期的生活和语言体验。

2.2.2 信息含义复杂，对语境依赖性强

同一个声音既可表示同意，也可表示不同意；既可表示肯定，又可表示否定；既可表示赞许，也可表示拒绝。在跨文化交际中，需要熟悉交际对方的文化特征，对具体交际语境中所获得的信息进行精确的识别和准确的判断。

2.2.3 无意识性强，难以模仿和有意把握

例如，笑声、哭声、叹息声、呵欠声、吞咽声、粗重的呼气声、清嗓子声、打嗝声、呻吟声、哼哼声、啜泣声、嚎叫声、低语声、喷嚏声、讲话声音高低等。文化不同，特点和表意也不尽相同，在交际场合控制的要求和方法也不尽相同。其他文化的人学习和模仿副语言的难度远远超过语言学习。

2.3 跨文化交际中应当注意的问题

2.3.1 不可盲目模仿

如现在中国一些人喜欢盲目模仿外语和方言声音，却不明其意，易犯邯郸学步的错误，甚至还可能闹出尴尬的笑话。

2.3.2 注意研究副语言声音所体现出的文化特征

例如，汉语中"啐了一口"和"吐唾沫"，表示讨厌、恶心。这是中国民间一种落后的表意方式。"哈哈大笑"，表示十分高兴或对某人的言行的肯定，但也可能是否定。例如，"还没等他把话说完，人们就哈哈大笑了，显然不同意他的做法。"

外国人对"哈哈大笑"可表否定的意思难以理解。例如，一次一位美国留学生对她的老师诉说她在大街上的不愉快遭遇，老师却一直面带微笑地听着。这位留学生很不高兴地喊了起来："我在对你说一件不好的事，你怎么还要笑？！"不料老师听后，反而大笑起来，说："你误会了，我是在和蔼友善地倾听你的诉说，也是表示这件事没有什么不好理解和不好解决的，安慰你用不着烦恼。"

2.3.3 注意中国文化特有的非语言交际行为传递的信息

中国文化中有些东方文化独特的非语言交际行为，西方人极难理解其传递的信息，沉默和微笑就是突出的两例。在此，我们可以分析一下中国文化的沉默。

案例21. 中国文化的沉默

中国文化的沉默常见的表现是：报告人对听众的问题不是有问必答（对某些问题，不予回答，也不说明理由）；听报告的人只是静听，不爱提问；交谈中听话人不以明确的声音做出反应；在餐桌上主人只劝吃喝，交谈却不足。美国教授布罗斯纳安的评论是：

中国人喜欢保持沉默，也常常以沉默对待你，拒绝回答你的问题。他们这样做的意思只是礼貌地不表明态度。但是，英语国家的人就感到受到了极大的侮辱。中国人要牢记在心的是，在英语国家的人当中沉默是宝贵的，但它是对儿童在成人面前的态度而言的。在成人之间，无论如何文不对题，只要听清了问题就必须做出回答，因为听到提问后保持沉默，显然是对对方的蔑视。宁可说一句"我不想告诉你"也比沉默不语强。另一方面，英语国家的人不能忘记，中国人不明确表态的沉默或不回答问题往往被看成是礼貌地自我约束的表现，并不是蔑视他人。

中国餐桌上虽然很少沉默寡言，但饭菜上来以后交谈很少。英语国家人的习惯是吃喝并不重要，认为请客吃饭只是提供一个社交谈话的机会，因此当他们看到中国人不爱言谈时，感到有点疑惑不解。中国人无疑也会心中纳闷：如果英语国家的人请客主要是为了谈话，那为什么还要准备酒菜呢？英语国家的人不要感到在中国餐桌上由于有了酒菜使得谈话逊色；中国人要努力记住的是，英语国家的人至少在表面上要把交谈看得比吃喝重要。

最后，可能由于生活总是喧闹不止，中国人好像要比英语国家的人更为珍惜沉默和安静，也不像英语国家的人那样动不动就怀疑沉默有什么不对。也许是因为中国人生活在比较统一的社会之中，相互之间无需解释就自会明白。英语国家的人，生活在极为杂乱不一的社会之中，相互之间常要不断作出解释才能避免误解。因此，就形成了爱解释的习惯。这样一来，他们就变得极为健谈。中国人却往往理智地保持沉默。

（毕继万译，1991：182~183）

第二节　非语言交际行为和手段的文化特征

> **案例分析参考题**

1. 你同意作者的看法吗？原因何在？
2. 请对中外人士就中国人"沉默"问题分别做一调查，并提出你自己的分析意见：
① 在"沉默"问题上中西方文化差异和文化冲突何在？
② 如何从中国文化特征的角度正确认识中国人的"沉默"？
③ 在对外交往中，尤其是与西方人交往中，中国人应注意什么问题？

2.3.4 在跨文化交际中要注意克服不良习惯

在中国文化中，有些传统习惯和新的风气难以适应现代文明的要求，在跨文化交际中则更属禁忌之列，必须引起高度重视和严加防范。例如：

（1）谈话音量过高

中国人在日常讲话时音量过高，已是世界上闻名的了，也不断遭到人们的非议。下边是美国教授布罗斯纳安的一段评论：

> 从近距离交谈到相距较远的演讲，中国人的音高、音量都会远远超过英语国家的人。所以，英语国家的人和中国人在一起交谈时，英语国家的人往往不禁问道："我们干吗大喊大叫呢？"更典型的是打电话时的差别，因为中国的公用电话往往设置在嘈杂的公共场所，所以中国人通话时，常常用手捂住一只耳朵，对着话筒大喊大叫。这样逐渐养成了习惯，在无需大声喊叫时仍然习惯不改。在看电视时，按英语国家标准，放映声音简直要把人震死了，可中国人还是神态悠然自得。中国的火车上、轮船上、飞机上、酒吧里、饭馆里，甚至私人住房内，音乐声响都极大，交谈简直无法进行。在中国剧场和音乐厅演出过程中，观众的嘈杂声并不比英语国家剧场（当然不是摇滚音乐会）幕间休息时的闹声低多少。

（毕继万译，1991：167）

(2) 对体内发出的各种声音的控制

西方人对体内发出的各种声音都极为忌讳，特别是咳嗽、喷嚏、抽鼻子、清嗓子、吐痰、打嗝、放屁、肚子咕噜咕噜响等。他们要求对体内发出的所有声音都必须严加抑制，如果实在控制不住，则应表示歉意。与中国人接触比较多的西方人认为中国人对这些声音的控制不大在意，他们说中国人认为这些都是无法控制的自然现象，道歉反而会弄巧成拙。

(3) 在饭馆建议共同饮酒时用酒杯大声敲击桌子

这是近年来北京等地人们的一种习惯，用响亮的敲击声表示欢聚畅饮、互相干杯。西方人很不习惯，许多中国人也不习惯。应当说这是一种不能上大雅之堂的行为，不值得提倡。

3. 客体语的文化特征

客体语（Object Language）一般指人工用品（artifacts），包括化妆品、修饰物、服装、衣饰、家具及其他耐用物品。这些物品可以具备双重功能：实用性和交际性。从交际角度看，这些物品都可传递非语言信息，都可展示使用者的文化特征和个人特性。因此，个人用品也是非语言交际的一种重要媒介。

3.1 皮肤颜色的修饰

在西方，白色皮肤并不是女人美丽的一个标准，人们喜用日光晒黑的皮肤表示健康美。中国年轻女性却以皮肤白嫩为美，因此害怕太阳暴晒，外出常常使用遮阳伞，还用大量名贵化妆品让自己的皮肤白净。

3.2 胡子与长发的交际功能

现代男青年留长发和蓄胡子兴起于西方嬉皮士（Hippies），女青年的披肩发也是西方20世纪70年代的"妇女解放运动"中兴起的性解放思潮的产物。女性将头发散开在一定情景下具有宽衣解带的含义。因此，在许多职业和正式社交场合还是有所约束的。作为教师更需谨慎对待。

3.3 身体气味的掩饰

人体气味（body odor）在交际中也起着重要作用，有的西方学者干脆用

"嗅觉信息（olfactory messages）"表示这一含义。

在跨文化交际中需要注意以下几点：

（1）正确对待来自不同文化背景的人的身体气味，即身体气味的文化差异。人体气味与人的食性有极大关系。有人发现爱斯基摩人的气味源于食鱼的习性，地中海地区的人有大蒜和洋葱味，北欧人和欧美人有一种奶酪和黄油味，非洲人和阿拉伯的某些国家的人有一种羊肉的膻味，中国人在外国人闻起来可能有一股大米蔬菜味。正确地对待与本文化不同的身体气味是能否正确和平等对待不同文化的人的大问题。

（2）养成良好的卫生习惯并认真抑制因某种原因而产生的自己特有的不良气味。例如，口臭、葱、蒜、韭菜味等。

（3）自觉抑制体内发出的气味与响声。例如，打喷嚏、打嗝、放屁、肚子响等。

（4）与人交谈时不要面对面站得过近，避免口臭味与唾沫星袭人。

（5）芬香化妆品的使用要适合身份和职业要求。

3.4 衣着和化妆

服装有三大功能：蔽体、御寒（舒适）和展示。在跨文化交际中，需要注意的是第三种功能：文化展示。衣着和化妆可以反映一个人的性别、年龄、民族、社会经济地位、团体、职业、个性、爱好、价值观念等。衣着打扮可以起到美化自己、表现自己内心世界和达到某种特定交际目的的作用，可以体现人们对自己的社会角色和周围世界的不同态度。衣着要适合职业要求，做到典雅庄重。

国际上公认的着衣原则是TPO原则：T（time）指时间，即衣着要顺应时代和季节的要求，不能不顾及社会规范而过分强调个性或追求新奇；P（place）指地点，即衣着要适应交际场合的要求或习惯，不分地点和场合乱穿衣就会违反社会规范。在对外交往中，要适应国际礼仪要求，遵从正式（formal）、非正式（informal）和随意（casual）的着装场合分别。O（object）指对象和目的，即着装应有利于达到目的，获取良好的印象。正式交际场合、课堂上、郊游、接待客人或拜访别人等等，不同场合衣着都应有所区别。

在家里接待客人时，男女主人要注意自己的穿着。美国有的服装设计师说："衣服决定一个人是走向卧室还是走向董事会议室。"在国外，一些严肃的职业妇女和正规交际场合中的妇女都很注意穿戴庄重得体，并适合自己的身份和年龄，透明罩衫和超短裙都不恰当。男女主人穿着睡衣，或女性穿着类似睡衣的宽松的连衣裙、男士穿着背心裤衩都不适合接待客人。

4. 环境语的文化特征

环境语（Environmental Language）也是非语言交际的一种重要形式，也可以说是一种客体语言。不过，与人工用品相比，其不同点是它与个人结合往往不那么紧密，不易移动，更具持久性。从非语言交际角度看，环境指的是文化本身所造成的生理和心理环境，而不是人们居住的地理环境，因此我们所要关注的是人们为自己所创造的环境对跨文化交际的影响，而不是自然环境的作用。

环境语包括时间、空间、颜色、声音、信号和建筑等。这些环境因素都可提供交际信息，所以环境语也可展示文化特性。

4.1 空间信息（Message of Space）

4.1.1 对待拥挤的态度（Attitudes towards Crowding）

文化不同，对人与人发生碰撞的态度不同。中国人对在人群拥挤时的相互碰撞采取容忍，甚至无视的态度，认为在所难免；英语国家的人则极为反感，认为触犯了个人领地，触犯者应当道歉。

4.1.2 近体距离（Proxemics）

交谈时，中国人比西方英语国家的人距离近。所以，中国人与英语国家的人交谈时，英语国家的人常常感到中国人站得过近，甚至可以闻到嘴里的气味，不时还会受到唾沫的"攻击"。有的中国人为了防止这一现象，不是拉大体距，而是用手捂住嘴。这一举动反而会使英语国家的人产生误解和反感。

同性中国人同行时，常常会相互靠得极近，而且常常磕肩碰肘，英语国家的人则视此为受到了推挤或冲撞。

4.1.3 领地观念（Territoriality）

西方英语国家的人在公共场合十分注意自己的临时领地不受侵犯，认为领地侵犯可以表现为眼睛（观看他人吃喝或工作、围观）、声音（公共场合大声说话、室外工地声音和他人的音乐噪声等）或身体（在公共场合占座位）。中国的群体文化对个人临时领地的要求与维护，就远不如西方英语国家的人强烈。

办公室内也要维护个人领地范围。中国办公室内可以两张办公桌相对，西方人很难理解和适应。在西方文化中，不经主人允许，同办公室的人随便翻动他人办公桌上的东西也是严重的领地侵犯行为。中国的同办公室同事之间却没有这么严格的限制。

在通过两人正在交谈的地方时，英语国家的人也注意尊重他们的临时领地，尽量从其中一人的身后通过，如果非经二人中间通过不可，则要表示歉意，取得别人的谅解。中国人对此要求就没有那么严格。

英语国家的人极为重视对个人物品所有权的维护，他们视衣着为他人无权触碰的个人私物，不准别人轻易触摸。中国同事、同学和朋友之间见别人穿一件新衣服，就爱摸一摸，甚至还会询问购自何处、价钱是多少等。这在英语国家却是禁忌。

4.1.4 空间与取向（Space and Orientation）

取向是对人、社会和世界所采取的态度，涉及地位高低和次序先后问题。取向也存在文化差异。布罗斯纳安就将中西方文化取向的差异视为"聚拢性"与"离散性"之别。

对取向的研究既可从个体入手，也可将个体放在与他人的关系中去进行。在这方面中西方区别极大。中国人比较注重将自己看成集体的一部分，英语国家的人突出的则是脱离集体的个人。例如，英语国家的人有一个典型的说法："I come from a small town.（我来自一个小镇。）" "I come from a large family.（我来自一个大家庭。）"强调的是离散性。中国人一般的说法却是"我的家乡地方很小。"或者说"我是小地方的人。" "我的家庭很大。"甚至常常说"我们中国人……"。很难想象英语国家的人也会说"We English"（我们英国人)、"We Americans"（我们美国人）。布罗斯纳安认为,"英语国家的人总要切断与故乡的联系,表明'不能再返归故里';中国人却被鼓励去'保持联系',认为'必须重归故里'"。（毕继万译,1991：54）中国人喜欢谈论自己和别人是什么地方的人、"老乡"等。对此,西方人感到不可思议。如果问一美国人"Where is your hometown?（你的家乡在哪里?）"他会感到很困惑,不知如何回答才好,因为他们没有中国人那种乡土观念。汉英词典和现代汉语双解词典将"乡土观念"译成"provincialism",殊不知这一英语词一般是贬义词,意思是"土里土气、狭隘守旧、乡土偏见"。例如,"provincialism of dress and manner（衣着和举止土里土气）"。至于中国人乐于谈论的"乡里乡亲"、"老乡见老乡,两眼泪汪汪",英语国家的人就更无法理解了。

中国人与西方英语国家的人在照相时的差异也反映了两种文化的不同。布罗斯纳安也注意到这一差异,并做了有趣的评论:"……中国人单独照相时常爱爬到什么物体上或者抱住什么,抓住什么,将手放在什人东西上。一头石狮子、一块石头、一簇鲜花、一棵树都是很好的倚托对象,他们也总爱面对照相机摆弄一番。英语国家的人单独照相时一般站着,有时也坐着,往往也要找一个好的背景,不过并不依靠什么。如果有人要求给英语国家的人单独照相,他们会随即欣然同意的。中国人却很自然地要再找一个人或一件什么景物与其共享镜头之福。这再一次表现了中国人的聚拢特性和英语国家的人的离散特性之别。这种集体取向与个人取向之别,再度反映出中国人更为谦虚。"（毕继万译,1991：56）笔者就曾碰到一次有趣但又让人尴尬的文化误解：两位中国年轻女士依靠一辆漂亮的小汽车照相,却不料遭到了车的主人、一位西方人士的批评："这是我的汽车,你们怎么可以不经允许就靠着它照相!"足见中西方文化中领地观念差别之大!

通过狭窄的通道,英语国家的男子是面向女子,在中国文化中这却是非礼的不雅表现。中国男子一般是背朝女子通过,避免双方的脸和身体前部贴近。

小用具的取向也会有不同。例如,中国的电灯开关向下是开,向上是关；英语国家的开关正好相反。家用电扇的按键也正相反,英语国家的三速比一速快,而中国人习惯于将一速看成比三速快。

4.2 时间信息 (Message of Time)

霍尔极为重视时间在交际中的作用，曾在多部著作中加以论述，在《无声的语言》中竟以两章的篇幅论述时间的交际作用。霍尔认为时间不但会说话，而且比有声语言更为直截了当。所传达的信息也更为响亮和清晰，因为它既不像口头语言那样受到意识的控制，也不会像口头语言那样容易为人所曲解，它还能揭穿人们的谎言。（Hall，1973）心理学家波亚托斯（Poyatos）也认为人们的时间观念能传达信息，并把这种手段称为时间语或时间学（chronemics）。波亚托斯还把人们对待时间的行为分为三类（Poyatos，1983，参见桂诗春，1988：147）：

4.2.1 观念性 (conceptual time)

指人们对待时间的各种基本观念，如什么是快，什么是慢，什么是守时，什么是不守时，这些观念往往与文化相连。

4.2.2 社会性 (social time)

指的是在一种文化中，社会上不同的人对时间有着不同的理解，如时间单位的长短、对遵守时间的不同态度。

4.2.3 相互作用性 (interactive time)

指的是各种非言语手段与时间的相互关系和作用。

时间学后来成为一种研究人们对时间的理解、建构、反应和解释的学科。

霍尔还发现，时间和空间是相互作用的。(Hall，1977) 例如，如果你经常受干扰，又怎么能干好一件事呢？受干扰的多寡取决于你接受来访者的情况，而接待来访者的情况又要看你回避他人的程度。又如，医生如果得不到单独与病人谈话的机会，自然无法深入仔细地倾听病人对病情的介绍。所以，要做好一项工作需要一定的时间保证。

文化不同，对时间的期求和处理的规则也不同。根据霍尔的理论，与文化有关的时间可分为三类：技术时间（technical time）、正式时间（formal time）和非正式时间（informal time）。

技术时间指的是使用科学方法，精确地测量出时、分、秒等。技术时间是

"无感情"的、"遵守逻辑"的，因此与人际交往和文化交流过程关系不大。

正式时间是非科学的，是由历史积淀而成的，因此它直接影响着人们对跨文化交际中的时间的感知能力。具体地说，正式时间是某一文化的人对待时间的习惯。人们一般把时间分为世纪、年代、年、季、月、周、日、时、分和秒。正式年历上每年365天，每周7天，每天24小时。但是，有的农业社会的文化则把时间与月亮的圆缺和庄稼的生长季节等自然事件相联。正式时间的运用还会反映人们宗教观和哲学观的不同。霍尔还指出，正式时间有七个特点：有序性（ordering）、周期性（cyclicity）、价值性（valuation）、实在性（tangibility）、综合性（synthesisity）、持续性（duration）和深度（depth）。(Hall，1977)

有序性是霍尔提出的首要特点，指的是事件发生的顺序是固定不变的。"一星期之所以是一星期，并不是因为一星期有七天，而且还表示七天顺序是固定的。"人们认为，西方国家一般以星期日为一周的第一天，中国人一般的习惯却是将星期日看成一周的最后一天。然而，具体情况比较复杂。例如，在英语国家中，英国将Sunday看成是一周的最后一天；在美国却看成是一周的第一天。在星期三说"上星期一"和"下星期六"时，也需要特别注意：这里的"上"（前）和"下"（后）不一定与英语的"last"和"next"对应；汉语"上星期"指的是上星期的"星期一"，英语却可能指的是本周刚过去的"星期一"；汉语"下星期六"指的是下一个星期的"星期六"，英语则可能指即将到来的本周"星期六"。这一区别既源于语言差异，也有文化差异：英语的"last"的意思是"on the occasion nearest in the past"，即"刚刚过去的"。所以，星期一说"last Monday"指的是"上周星期一"，但在周二至周六（日）说的"last Monday"却是"本周星期一"（刚刚过去的星期一）了。同理，"next"的意思是"immediately following in time"。如"next Thursday"指今天以后最近的星期四。如果今天是Monday，则指本星期四，如果今天是Saturday，则指的是下星期四。

周期性指时间由天组成星期，再组成月，然后到年、世纪，一天又一天，一周又一周，一年又一年，一世纪又一世纪。时间就是这些单位的循环。

价值性是说时间是宝贵的，不能白白浪费。

第二节　非语言交际行为和手段的文化特征

实在性的意思是时间如同金钱和货物，可以买卖、节省、花费、浪费、丧失、创造和丈量。

综合性指时间是一点点积累的，较大的时间单位是由较小的时间单位综合而成的。

深度指的是过去是现代依据的基础，但不是像有的文化那样将历史作为现代行为的基础。

非正式时间最为复杂，在跨文化交际中也最难理解和学习，不同文化之间差异也主要表现在这一类时间之中。非正式时间用语常常是模糊不清的。某人说"得要一会儿"，你只有对他十分熟悉并了解这句话的语境才可能产生一个时间概念。霍尔说，非正式时间中用词并不复杂，美国人讲话中只用八九个区分法，就像用橡皮尺子丈量东西一样，伸缩性很大。最短的时间可以称为"即刻发生的事件（instantaneous event）"，最长的时间为"永远（forever）"，在两极之间可以为"极为短暂（very short duration）"、"短暂（short duration）"、"中长时间（neutral duration）"、"长时间（long duration）"、"很长时间（very long duration）"、"超长时间（impossibly long duration）"。区分上述时段的方法有四种：紧迫性（urgency），即紧迫程度；能动性（activity），即是否很繁忙或积极去干；多样性（variety），即工作和生活是否富于变化，是否善于求新；单一性（monochronism），即一次是否只干一件事。（Hall，1977）这些因素构成不同文化的时间模式："时间单一性（monochronic-time 简称 M-time）"和"时间多样性（polychronic-time，简称 P-time）"。(Hall，1977）单一性时间要求做任何事情都要严格遵守日程安排，该干什么的时候就干什么，安排的时间结束，不论完成与否必须停止，不能影响下一项安排或让下一个人等候。持多样性时间观念的人却没有安排日程的习惯，也不注意遵守时间，该干什么事的时候可能没有按时去干，该结束的时候可能又不结束，不允许时间限制、防碍事情的完成。例如，会议到时不开，会开始以后又迟迟不散会。单一性时间的人一次只干一件事，持多样性时间观念的人却常常同时与几个人谈话或同时办几件事。前者注意严格遵守约会时间，不能失约；后者不重视预约，要找人可以唐突而进；约定了时间以后，来访者可能到时不来，接待者也可能到时不在。霍尔认为，多样性时间的缺陷是一切取决于头头的所作所为，要办好一件事就往往要通过一定的关系才行；单一性时间的缺陷是只关心时间表而不重视实际问题解决的情况以及与之打交道的人的需要。两种时间模式的人在相互交往中会因上述差异而发生文化冲突。霍尔认为单一性时间是欧美等西方国家的时间模式，多样性时间是亚非拉地区国家的时间模式。

> **思考题**
>
> 1. 什么是非语言交际？非语言交际包括哪些内容？请做一具体说明。
> 2. 请做一社会调查，运用调查结果对书中理论做出评论。
> 3. 请用调查的事实阐述跨文化非语言交际在对外交往中的作用。

第三节　非语言交际礼俗规范的文化特征

交际行为由语言行为和非语言行为两部分组成，交际礼俗包括这两种行为的交际规范。文化不同，交际行为互有差异，社会交往也各有不同的交际规范。中西方礼俗规范的不同，不仅表现在语言交际上，也大量存在于非语言交际行为之中。举手投足之间往往就反映出不同的文化特性，这种特性的差异常常会引起文化误解和交际障碍。中西方非语言行为的交际规范差异主要表现在三个方面：仪容举止、基本礼节形式和交际功能的礼俗规范。在礼俗规范问题上需要清楚认识的是，行为举止不仅是对人礼貌的问题，也是自己的文化素质和个人修养的展示问题，在跨文化交际中既要排除文化差异的冲突，也要克服不良作风与习惯。

1. 仪容举止

仪容举止包括服饰和举止。中西方有教养的人都很重视仪容举止，认为这既是个人修养的体现，也是尊重他人的礼貌行为，在社交场合更是如此。

1.1 服饰

在社交场合，服饰要符合礼仪的常规和本人的身份。随着现代化经济的发展和跨文化交际的加强，外来服饰文化对我国影响越来越大，不同文化间趋同的现象愈来愈明显。然而，有着几千年文明历史的中国人的服饰文化与西方服饰文化间的差别仍很明显。主要区别有四：

1.1.1 服饰体现的含义不同

中西方男士服装的基本含义似乎差别不大，一是都表示威严、庄重，二是样式比较稳定。20世纪50年代至80年代，中国男子主要礼服曾是呢料中山服，现在则以西服为正规礼服，式样一直稳定少变。英语国家的男子服饰也一直处于比较静止的状态，其传统看法是："一个有见识的人总是小心地避免在服饰上标新立异。"（侯俊等译，1986：390）这主要指的是男士礼服总是西装，而且颜色一直保守，即一般为深蓝色或黑色。中山服和西服都要求全身笔挺，上衣有高高的垫肩，下身裤线笔直，还要配上光亮的皮鞋。

女士服装在中西方文化中都无固定要求，以合乎身份、美观大方为原则。但是，西方女性服装更注意突出体型的魅力和对异性的吸引力，因此时兴紧身衣裙和低胸礼服，以袒胸、露背、光腿为美，但是在政界、商界、科技和教育界，女士着装仍以庄重为得体。中国女性服装虽然变化迅速，所受外来影响极大，但是，在正规场合和礼仪中仍以美观大方、文雅庄重为原则，突出体型美的旗袍也避免以性感吸引人。

1.1.2 着装规则不同

男士西服着装规则比中山装着装要求繁琐得多，严格得多。中山服只要求整洁笔挺，扣子扣全，衬衣下摆放在外裤里，衬衣袖领干净、足蹬皮鞋即可。西服着装要求却很复杂。单排扣与双排扣西服扣子扣法不同。单排扣西服扣法有一套规矩："扣上扣是正规，不扣是潇洒。两个都扣是土气，如果扣下边那个，不扣上边那个，就有点流气。"衬衣、领带（或领结）还要与西服配合适当，衬衣长袖的长短也有要求。穿上毛衣或背心后领带只能放在毛衣或背心里边，西服背心最末一扣不扣。西服外口袋不能放东西，胸部口袋放入按要求折叠整齐的手绢为最正式。女士礼服手套也有严格的规则和要求。

西方的男士西服和女士连衣裙虽然已进入中国正式交际场合，但因历史较短，许多人对其繁琐规则不明所以，因此，在对外交往场合常常因不合有关规则要求而闹出不少笑话。例如，男士穿礼服时，有的人衬衣领扣不扣；领带结不推到领扣上边，而是松垮垮地吊在胸前；领带下端三角不是在皮带处，不是过长就是过短；穿着毛衣或背心时，将领带放在毛衣或背心外边；长袖衬衣袖口不扣，衬衣下摆露在裤子外边；甚至衬衣领袖已脏还不换；身穿西服却穿着布鞋或运动鞋，甚至"空前绝后"的凉鞋；不穿西服上衣时，打着领带，却卷起衬衣袖子，好像要跟人打架一样。有的女士在对外交往场合外衣穿得很漂亮，却将背心或衬裙露在外衣或外裙外边；穿裙子时，既不穿袜裤，又不是光着腿，而是穿着短袜；穿袜子时，喜欢将袜口露在裤、裙之外；有人穿薄料裙子时，里边衬裙不当或颜色不配，或者裙子"透明度"过强。当然，也有人不懂得正规对外交际场合旗袍的穿着规矩，旗袍过紧、过短，下衩开得像演员旗袍一样高。

1.1.3 服饰与场合

场合不同，装束打扮也不同，这是各种文化共有的特点。例如，正式交际场合、课堂或工作岗位、运动场、家中等场合不同，装束打扮都有所区别。然而，对比中西方文化，我们就会发现，英语国家的人对场合的讲究远远超过中国人。中国人在日常生活中衣着比较随便，只要整洁就行，在家中穿着则更为随便，男子夏天穿上背心、短裤（非内裤），女士穿着类似睡衣的宽松式连衣裙，主人拖着拖鞋都可以接待一般的来访客人；在一般交际场合，穿得好一些，整洁一些就可以，没有明确的衣着要求；正式对外交往场合中，男士只要穿上笔挺的中山服或西服即可，女士则以美观大方为原则，不拘形式。英语国家的人则不同，在家中、郊游时、上班时、交际场合衣着打扮各有不同。因此，郊游时男子西装革履，女士穿着讲究就很不得体。在交际场合衣着还有正式（formal）、非正式（informal）和随意式（casual）之分。应邀赴宴或参加某种交谊活动时常常提出着装的要求。有的餐馆还要求用餐客人着装正式。对于这种要求，不了解西方文化的中国人会感到迷惑不解，甚至还会产生误会或反感。笔者于1990年曾应邀在法国豪华游船"海上明珠号（The Ocean Pearl）"上讲过几天"中国文化习俗"课，该船绝大多数游客是美国人，管理人员也是美国人。每天晚餐（正式餐）衣服都有或正式或非正式或随意式的明确要求，谁也不能违背。西方有的活动还要求男士穿晚礼服，即穿黑色西服，戴黑领带或黑领结，女士要盛装打扮。美国 IBM 职员在工作岗位上的着装要求就举世闻名：男士一律身着保守的深蓝色西服，雪白的衬衫和黑色的皮鞋。中国女子在正式交际场合主要注意穿着美观大方，也可稍加化妆，而且年轻女子化妆重一些，老年妇女往往不化妆，或淡淡化妆。英语国家的文化则不同，女子除衣着外，脸部化妆和美观的耳饰是必需的，而且规矩是年轻人淡一些，年纪大的人浓一些，白天淡一些，晚上浓一些。至于在正式宴席上女子穿上袒胸露背的低胸礼服则与庄重的中国礼仪规范相冲突。例如，中国女子旗袍开衩以到膝盖上面1~2寸为宜。在港、台，人们也很讲究交际场合的衣着打扮。例如，参加正式交际活动时，包括婚姻嫁娶和祝寿活动，男士都要穿上颜色深一些的西服、白色的衬衣，戴上漂亮的领带或领结，还要配上擦得亮晶晶的黑皮鞋。女子除衣服漂亮外，还应加条披肩，按要求戴上礼服手套（长袖礼服配短手套，短袖衣服配长手套）。

1.1.4 服饰与职业或身份

服饰符合自己的身份才算得体，这是所有文化共同的准则。例如，军队、警察、许多专业公职人员和服务行业人员都有其标志明显的统一制服；教师、政府公职人员衣着都比较严肃大方，不胡乱追求时尚；演员和其他艺术工作者则注重衣着的时髦和化妆的吸引力；商人和政府官员衣着比较讲究；体力劳动者（主要是男子）衣着比较朴素随便；学生衣着不拘礼仪格式等。不过，对比中西方两种文化，我们会发现，英语国家的人和中国某些职业人士注重通过服饰显示自己的地位（权利地位或经济地位）和身份，男性衣服的质量和女性的服装和首饰都可以体现出这一区别。英语国家的女子在男子面前总离不开性感的形象要求，但是，严肃的政府女官员（包括国际组织女工作人员和官员）衣着比较正规保守，化妆比较庄重，女教师也极力避免以突出的衣着和化妆去分散学生听课的注意力和干扰师生之间严肃的关系。据说，英国前首相撒切尔夫人就很注意她的地位与女性服饰间的关系。她的服饰一直保持柔和的颜色，一般用深色面料，样式大方而优美，珍珠项链下系一个松软的蝴蝶结，以强调女性的魅力。发式是微曲后梳的"达拉斯发型"，这种发式与服装一起衬托出

"铁女人"雍容而不过度华贵，庄重而不显老相的绰约风韵。

在国际性交往场合，服饰更应注意。例如，在有外国人的场合，有的男士仍在室内戴着帽子；在对外交往场合男士不修边幅，不注意头发、胡子、指甲、鼻毛的修整；衬衣领袖很脏；口臭味大，特别是吃过葱、蒜、韭菜等怪味菜后不注意除去口中怪味；不论场合，穿着过于随便。西方女士左手无名指上戴上一枚戒指（特别是钻石戒指）通常表示已经订婚或已经结婚。正因为有这一含义，有的独身女子也戴一枚戒指，故意造成已经订婚或已经结婚的印象，躲开异性的纠缠。如果男青年不了解这些习俗，仍要和她们"交朋友"就会引起对方反感。

男青年留长发、蓄胡子、穿奇装异服、吸毒，是美国20世纪60年代的颓废青年表达对社会不满的方式，他们被称为嬉皮士。现在在西方有时仍称留长发或穿奇装异服的年轻人为嬉皮。西方青年女性的披肩发也是20世纪70年代妇女解放运动中兴起的性解放思潮的产物。女性将头发散开具有宽衣解带的含义。因此，西方在许多职业和正式交际场合男性长发和女性披肩发者并不多见。几年前意大利外交部长的米凯莱斯留着到耳根的长发就曾遭到非议，引起过一场风波。因此去参加正式外事活动，就应注意这些方面，否则就会有伤大雅。

1.2 举止

举止包括姿态和风度。一个人的行为举止体现出他的个人修养和教育程度，也体现出一个民族的文化水平和社会风尚。在国际交往中，中国人要求做到举止稳重，彬彬有礼，风度翩翩。我们在对外交往中，行为举止要注意两个方面：发扬民族优良传统，注意个人修养；了解中外文化差异，避免行为举止的文化冲突。

1.2.1 注意个人修养

中国一向以"礼仪之邦"著称于世，人们从小受到的教育就有"站有站相"、"坐有坐相"、"吃有吃相"、"举止文雅"、"彬彬有礼"等至理名言。西方人也很注意行为要有教养，举止要文雅，否则就会为人所看不起。但是，在对外交往中，我们有的人只看到一些外国留学生和不拘礼仪的某些旅游者身上的某些表现，错误地以为外国人举止都很随便，甚至盲目效仿，结果犯了既不了解别人又忘了自己行为规范的大错。有人站立时全身不能站直，甚至随便靠在别人办公室的门上或办公桌边，给西方人一种故意侵犯他人领地和藐视他人地位的感觉；有的在外国人面前双臂胸前交叉，甚至双脚交叉地站着，摆出西方人表示封闭的姿态，别人以为你不同意他的看法，拒绝他的观点。有的中国男子坐着喜欢悠闲自得地抖动膝盖或脚，给西方人一种烦躁不安的感觉。有人讲话时下意识地十个手指相钳，不断晃动拇指，也会给西方人一种有受压制或受挫折的情绪的感觉。有人走路脚步很重，遇到急事时还在楼道里奔跑；两人以上一起走路时，有的人抱肩搭背，相互拍拍打打，或者横排并进；有的人谈话声音很高，旁若无人；有人听报告时交头接耳，随便讲话；有人在公共场所掏耳朵、抠鼻子、修指甲甚至串脚趾，打喷嚏或咳嗽时也不遮不掩，等等，所有这些既不符合中国人的文明要求，在西方人看来也缺乏教养。

1.2.2 避免行为举止的文化冲突

对于多数人来说，在跨文化交际中需要了解的是相同动作或行为的不同文化含义，特别是容易引起误解或冲突的那些姿势动作的含义。例如，中国人在室外无地方坐着的时候，一般如果不是站着就是蹲着（工人和农民较多，知识分子较少），以坐或跪在地上为不洁和不雅。英语国家的人却很少蹲着，常常是坐在地上或跪在地上。他们认为，蹲着既困难也不雅观。中国人在给人指方向时，习惯于用食指指点，在英语国家中，这是既不雅观，又不尊重别人的手势。以手下意识地摸一下鼻子，在中国人中既无什么含义，也无伤大雅（常摸则不妥），美国人却将这一动作视为隐匿不好的想法或谎言的手势，或者表示不同意或拒绝对方的看法。英语国家夫妻和恋人在分别和别后重逢之时、在遇到高兴或伤心事时，习惯于在大庭广众之中或家人面前亲吻或拥抱，有时还互相搂着腰与其他家庭成员交谈。在中国人中，这些举动则是不雅，甚至粗俗之举。英语国家情人节时，非恋人或非夫妻关系的青年男女在大庭广众之中可以相互热烈拥抱或亲吻，这些行为在一般中国人看来简直就是伦理大乱了。反之，中国中老年妻子在公开场合与远行的丈夫道别和迎接远行归来的丈夫时，既无拥抱、亲吻，又无其他公开表露亲密感情之举，在英语国家的人看来，也是令人震惊的"冷漠之情"了，如果在英语国家夫妇之间也这样表现，那将不可思议，至少也表示恋人或夫妻关系的终结或即将破裂。不过，中国年轻人现在也在发生变化。

2. 基本礼节形式

现代国际上通用的基本礼节形式当然要首推握手了，但也有其他不少形式。中国人除握手礼以外，还可见到传统的抱拳、拱手、鞠躬、作揖等形式，英语国家及其他西方国家还流行拥抱和接吻等形式。这些形式都有其深远的历史背景，是在不同文化环境中形成的高度规范化的礼节形式。文化含义的不同必然会在跨文化交往中引起误解或冲突。因此，了解不同形式的文化含义，正确得体地运用这些形式就是十分必要的了。鉴于微笑和女士优先也是跨文化交往中常见礼节，不妨也列入基本礼节形式中加以讨论。

2.1 握手（Handshake）

握手是在交际场合表示友好的一种礼节。对中国人来说，这一礼节是历史并不久远的"舶来品"。

在西方，握手礼的原义是，伸出持武器的右手表示没有敌意。最早，人们见面时挥动双手表示没有暗藏武器，后来演变成将一只手放在胸前的问候动作，即文明的罗马式致敬方式。在罗马帝国时代，男子之间不是抓住对方的手，而是抓住前臂。现代握手形式以手掌相扣，表示坦诚相见。握手本是男性礼节，现已基本上变成了成人的礼节。在英语国家，握手一般只用于第一次相识或久别重逢之时。人们对待握手的态度一般是极为谨慎的，例如由谁主动握手、手该伸多远、主动性应掌握到何种程度等都是很讲究的。恰当的握手动作一般都伴随着微笑、礼貌的身体姿势、合适的体距和相互对视的动作。

握手的主要形式一般分为以下几类：

（1）沉着有力的握手（the firm handshake）。两名男子相遇时，欣然张开手掌伸出去，握住对方的手，像握网球拍一样，垂直摇动一至三次，然后立刻松开。

（2）折筋断骨式的握手（the bone-crusher）。这是一种用力过猛的握手。

（3）微伸手指的握手（the finger shake）。不愿满手张开伸出去握住对方的手，对方只能握住自己的手指。女子在与男子握手时往往会出现这一情况。

（4）死鱼式握手（the dead fish）。一方伸出软弱迟钝的手，有气无力地让

第三节　非语言交际礼俗规范的文化特征

对方去握，给人一种很不情愿的感觉。

(5) 政客式握手（the politician's handshake）。这是一种过于亲密、过于真诚的双手相握的动作。这种握手包括两种形式：一是"手套式握手"，即用两只手紧紧握住对方的一只手并上下用力摇动；另一形式是右手抓住别人的右手不放，左手同时做出各种"亲密动作"，例如抓住别人的手腕、手臂、肩头，甚至还搂着别人的脖子。左手触及别人身体的位置越高，态度就似乎越热情、越亲切。

在正规的彬彬有礼的交际场合，中西方都以沉着有力的握手为文雅礼貌，都以折筋断骨式和死鱼式握手为不雅和失礼。英语国家的人视折筋断骨式的握手为态度敌视、飞扬跋扈、以强凌弱的侮辱性动作。微伸手指的握手除非出于女性的羞怯，否则会给人一种不尊重对方的印象。不过，英语国家不少女子认为不满把满握倒显得更为礼貌。当然思想高度解放的女子一般也握手，甚至还学男子的样子握手。但是，男子与女子握手时，应当注意力量要小，不可满握，握手时间也要短，一般握一下即可。死鱼式的握手流露出的是一种极不乐意和不愿回敬的不友好情绪。西方文化的政客式握手，是多用于政客之间和外交场合的礼仪形式，常常是一种礼仪多于真诚的表现。在中国文化中，这种握手形式常常体现出真诚的热情友好态度。虽然中西方都有上述五种握手形式，然而两种文化之间却存在几种容易引起误解的重大差别：

(1) 中国人之间交往时没有女性优先的礼俗。两人相见时是否要握手，一般由上级或长者决定。在室内握手时，女士也必须起立。西方国家的人相见时握手与否一般要由女士采取主动（除非男士地位极高或年龄极大），在室内握手时，除女主人以外，其他女士一般不起立。两种文化的人相遇，如互不了解对方的礼俗，就难免互相埋怨对方失礼了。

(2) 中国人握手时以身体微微前倾为礼，特别是与上级或贵宾握手时，要恭敬地微欠上身表示尊敬。西方国家现在很少有这一动作，认为这一动作显得过于谦卑。

(3) 男士在户外与人握手时如果头戴帽子，中国人没有想过要脱帽，西方英语国家的男士则以脱帽握手为礼貌。

(4) 英语国家礼节性的握手时，两人以手相握，然后马上松开，两人之间

375

的距离也随即拉开。中国人的礼节动作有时则是：两人先握住手，然后相互靠近，两人的手仍不松开，或者干脆变成相互抓住对方不放了。对此，英语国家的人感到窘迫不堪。他们认为，体距过近会显得过于亲密，抓住别人的手不放与握手毫不相干，因此一般视为禁忌。所以每当遇到这种情况时，他们就只好步步后退，反复握个不止，耐心等待对方松开。在英语国家，双方长时间握住手不放纯属政府领导人和政客们为了照相而摆出的礼仪姿势，同性人手拉手是同性恋的表现。英语国家的人认为，抓住对方的手不放，显得亲近过度，甚至还有点猥亵之嫌；体距近于一臂之遥也是侵犯个人领地或过于亲密的行为。

(5) 中国人为了表示态度热情和尊敬对方，往往喜欢用双手相握，或右手紧握，左手抓住或拍打对方的肩或背，好朋友久别重逢之时就常有这类动作，甚至还会搂着别人的脖子。与长者或贵宾相遇，对方伸出手时，也以快步趋前，用双手握住他们的手为礼貌。中国国家领导人接见久别重逢的老朋友和友好国家的领导人时也常有这一热情友好的礼节。然而，英语国家的人往往将这种形式的握手斥为虚伪的"政客式握手"，对之简直是深恶痛绝，认为这是一种"过于亲密"、"过于真诚"的握手动作。"这一动作显然超乎寻常，因而也就明显地表现为虚伪不真。……左手触及别人身体的位置越高，其态度也就表现为不是溜须拍马，就是盛气凌人。这是政客、粗鄙的商人和大亨们诡诈的握手手法。这种放肆和虚伪的态度把握手这一礼节竟然糟蹋到了凌辱他人的地步！"（毕继万译，1991：23~24)

中西方握手礼节形式的差异反映出两种文化的"握手"的价值观念不同。自古以来，中国人在吸收外来文化时，一向都不是盲目引进，而是适应自己文化的要求，对其加以改造后再行吸收。吸收握手礼节也不例外。在英语国家的人看来，握手"表示的既不是爱也不是恨，而是有点小心谨慎，双方保持一臂之距，所表达的意思是愿意消除敌对情绪，并希望能作出进一步努力促进相互亲近而不是彼此仇恨"。（毕继万译，1991：22）所以，"如果关系变得亲热起来，告别时则一般不握手，因为握手倒显得双方关系仍停留在一臂之距状态。如果相互关系仍然疏远不密，仍然拘泥于形式，见面和分手时都握手则是不可少的"。（毕继万译，1991：26）中国人虽然在亲人和常见的密友之间也不习惯握手，但是，握手的应用范围广泛得多，既可用于正式或拘谨的交际场合，也可用以表示热情友好的态度。好友告别远去和久别重逢之时热情地双手相握，甚至握手与拥抱相结合，都是表达分别时难舍难分或相见时兴奋激动的心情的常见形式。同性好友长时间拉住手不放更是关系亲密和感情激动或依恋的明显表现。久别的熟人重逢或在异地他乡不期而遇时还会一边长时间握住手不放，一边回顾过去相处的美好情景。

2.2 身势（Body gesture）

尽管不同文化间身势动作区别不小，但真正的区别主要还不在于具体动作本身，而在于何种动作在何种情况下较为得体。

2.2.1 起立

在起立礼节上，英语国家遵照女士优先的规矩。女子在被介绍给他人时，除非对方地位极高，或自己是接待客人的女主人，一般是坐着不动。用餐时，英语国家的人都坐着不动，只是相互用一只手传递盘碟，各人也只给自己夹菜，或拿着盘子让坐在两边的人夹菜。英语国家的人认为接递一张名片、一杯茶或一件小礼物，不必起立或用双手。

2.2.2 演讲人的礼节

中国演讲人在听众鼓掌时也一起鼓掌，英语国家的人就很不理解，以为演讲人也与听众一起欢迎或"赞扬自己"。其实在中国文化中演讲人的鼓掌是对听众的一种答谢礼节，当然也可能是与听众共同赞扬或欢迎某事或某人，但绝不是表示自己应当受到欢迎或赞扬，中国人在给外国人讲课或讲话时最好不要使用这一礼节形式，以免造成文化误解。

2.2.3 降低身体高度的礼节

在人前降低自己的身体高度，本来是表示敬服和屈从的身势动作，但也广泛用于交际礼节之中。行礼者愈觉自己低下，态度愈谦恭，身体高度也就降得愈低。跪拜是最谦卑的礼节，其他礼节都是由跪拜礼节演变而来的不同形式。相比之下，英语国家的人降低身体高度的礼节动作要比中国人少得多。

（1）跪拜

现在，中西方都只有宗教仪式上行跪拜礼。英国人在接受爵位时才单腿下跪。在交际场合，这一礼节都已绝迹。

(2) 屈膝礼

屈膝礼是英语国家的女子礼节,现在只限于女童谒见上司和向来访的知名人士献花时才采用。成年女子只在向皇家贵族和教堂高级神职人员致意时才行屈膝礼。中国女子过去有类似的道万福礼节,但现在已见不到了。

(3) 鞠躬

深鞠躬的动作在现代中西方交际场合都已罕见。不过中国人在许多礼仪场合仍采用这一礼节,英语国家却用得很少。在中国,鞠躬礼常用于四种场合(郝铭鉴等,1991:286):

① 演员谢幕

有的演员每唱完一支歌或演奏完一首曲,常以鞠躬礼表示感谢观众的鼓励。在同样情况下,英语国家的演员却往往只在听观众热烈鼓掌时高举双臂,并连声说:"谢谢。"

② 演讲和领奖

有的报告人在讲演开始前和结束后,都要以深深的鞠躬来表示对听众的谢意,英语国家报告人没有这一动作。中国得奖人在上台领取奖状、奖品或奖旗时,也总要向授奖人和全体与会者鞠躬,以表示感谢上级领导的关心和爱护,感谢出席发奖会的人对他的支持和鼓励。在同样的场合,英语国家领奖人也只是用握手礼表示感谢发奖人,向观众高举奖品或做一飞吻动作以表示高兴和感激之情。

③ 举行婚礼

目前,在中国城乡,一般都时兴"新郎新娘三鞠躬"的礼仪,以代替过去传统的"交拜礼"。新郎和新娘还要向尊长、亲友和来宾行诚挚的鞠躬礼。英语国家新郎新娘在仪式上却是接吻,并向上帝祈祷和行跪拜礼。

④ 悼念活动

在亲朋好友和同事去世之后,中国人往往会为其举行种种悼念活动,如在灵堂吊丧、举哀哭灵,或参加追悼大会、向遗体告别、赠送花圈、祭奠死者等,都要向遗体、遗像和骨灰盒行鞠躬礼。英语国家的人却只是默哀和低头祈祷。

(4) 欠身(弯腰)

欠身或者弯腰,也是向别人表示自谦的礼貌举止,表示致敬之意。这一动

第三节 非语言交际礼俗规范的文化特征

作是鞠躬的简化,二者之间的差别只是程度不同而已。即鞠躬要低头,而欠身仅是身体稍向前倾,但不一定低头,两眼也仍可直视对方。中国人在交际场合欠身动作用得很多,因为中国人以自谦尊人为礼貌。例如,打招呼时常欠身;握手时一般要欠一下身;告别时要欠身;女子与人见面时往往不主动握手,而是双臂下垂,双手放在腹下向人欠一下身,以示礼貌;礼貌地交接东西时也往往欠一下身等等。英语国家的人欠身动作在现代要比中国人少得多,在上述情况下,往往以点头形式为多。因此,英语国家的人在与中、日等远东地区的人打交道时,感到后者总爱点头哈腰,态度过于卑躬,而中国人会感到英语国家的人有些傲气。

(5) 拱手（握拳）

拱手是两手在胸前相抱表示恭敬的动作,但比鞠躬礼要随便一些。英语国家没有这一礼节动作,这是由中国古时文人在见面和告辞时互作长揖的礼仪动作演变而来的,是身份相仿的男子之间相互致敬意的礼貌行为。由于简便易行,在中国现代社会交际场合仍不少见。朋友之间见面和道别时都可以用,其他常见的使用场合有:

① 团拜

逢年过节,机关团体成员聚在一起互相祝贺。举行团拜时,就常以拱手为礼。例如,春节期间,领导向群众集体拜年时,一边说"新年好"或"恭贺新禧",一边拱手作揖。举行团拜活动时,也可面向全体与会者呈环视状拱手作揖,向大家表示节日祝贺。

② 开会

有些厂长、经理,在供销会、产品鉴定会或订货会上,为了求得兄弟单位的支持、协作单位的帮助和上级部门的关心,也常一边向大家拱手致敬,一边说:"请大家多多关照!"

③ 过节

新春佳节时,邻居、朋友、同事或亲戚之间,大家互致节日的祝贺,口称"恭喜发财"、"万事如意"时,也都可以拱手向对方表示祝愿和敬意。

④ 祝贺

例如,向寿星祝寿、向同学祝贺考上大学、向同事祝贺获得科研成就、向邻居祝贺乔迁新居等等，习惯上一般也可以拱手为礼。在面向多人或会议听众时，中国人还可将抱拳的双手高举过头前后摇动。双臂高举过头的抱拳动作近似英语国家的表示欢乐、胜利或警告的动作（抱拳方式不同）。

(6) 作揖

作揖的动作是两手抱拳高拱，身子略弯，向人敬礼。作揖在现代中国一般交际场合也很少使用，一般用于拜寿或求饶之时。英语国家没有这一动作。

(7) 合十（即两手合拢置于胸前）

合十是兼含敬意和谢意两重意义的礼貌行为。最初仅通行于佛门弟子之间，以后逐渐流传到俗家人之中。因为这种礼貌举止很文雅，所以不少中国人也乐于使用，不过，高度比胸前要高，也不必低头弯腰。这种动作常见于向欢迎或祝贺的人群表示答谢之时。英语国家没有这一动作。

(8) 点头

点头，在中西方文化中都存在，一般用于与别人打招呼之时。每日相见的朋友、同事和熟人见面时常用此动作打招呼，分开时也可用此动作道别。在迎送场合，如果迎送者众多，点头和招手形式一样，是向许多人同时致意的最简便易行的礼貌行为。

(9) 脱帽

在英语国家，举帽、脱帽和触帽等动作是男子向女子表敬意、打招呼和送别的动作。男子在室外相遇握手时也必须摘下帽子。表示敬意的简化脱帽动作及强调和延长的动作有：一手触一下帽或举一下帽；一手握帽，置于身体一侧；双手握帽放在胸前；右手持帽贴在胸口等。后面这些动作所表示的态度更为谦恭。手持帽子盖在胸口是向旗帜和死者致意的动作。中国人只有在行鞠躬礼和表示敬意（如向肖像致意、向死者道别时）才必须行脱帽礼。英语国家上述其他脱帽习俗在中国很少见。

(10) 吻手礼

这是西方通行的对尊贵妇女的礼节，中国没有这一礼节。做法是，女子将手伸向对方，手掌朝下，男子低头垂腰握住她的手指轻轻吻一下。1957年4月，伏罗希诺夫作为苏联国家元首访华。伏与中国送行的领导人道别时，来到宋庆龄面前，先是微微一鞠躬，然后轻轻举起宋庆龄的右手，象征性地抬到嘴边。在场记者拍下了这一镜头。贵宾刚走,宋庆龄的秘书对记者说:"宋先生考虑吻手礼在我国老百姓还不习惯,各位记者可否手下留情,照片不要登报,消息也不必提到。"(耿二岭,1988:46~47)

采用降低身体高度和地位的方法也往往用以作为表示道歉和承认错误的姿态。英语国家的做法是腿腰弯曲,把身子放低,摊开双掌,用自责的表情和声音向对方道歉或承认错误。例如,当顾客发现货物有瑕疵而生气地要求退货时,老板和售货员就常用这一姿势表示道歉。西方汽车司机违反交通规则被警察拦住时一般都有一套对付警察的有效方法:首先立刻下车(走出自己的地盘),走到警察的车(警察的地盘)旁,目的是让警察不必离开他的地盘;然后,把身子弯低,显示自己比警察卑微;接下来说自己多笨,多粗心,以贬低自己,抬高对方,同时感谢他指正错误,并对他说每天都碰到这么多傻事一定很烦等等;最后,手掌摊开,用颤抖的声音请他不要罚款。这样,司机就可能会得到警察的原谅。

2.3 亲吻与拥抱(Kissing and hugging)

亲吻和拥抱是西方的常见礼节,原具有强烈的"性"的含义,是表示关系极其亲密的动作。接吻,作为一种礼节和风俗,有一种说法是起源于古罗马。罗马帝国的战士长期征战在外,对留在家中的女子严加约束,包括禁止饮酒。据说,士兵回家第一件事就是凑到妻子嘴边闻一闻,检查她是否喝了酒。这个动作长期沿袭下来,便演变成今日夫妇见面和分别的形式——接吻。其他关系之间的亲吻和拥抱须遵从严格的规约:一般只适用于问候和道别之时,其方式和要求也视性别和亲疏关系而异。在生人或一面之交的异性之间、在男性之间不能拥抱或亲吻;关系亲密(但不是夫妻或恋人关系)的男女之间可以拥抱,可以亲亲对方面颊,甚至还可以迅速地轻轻接一下吻,但要谨慎地避免下半身接触;家庭成员之间拥抱和亲吻则更亲密一些,但紧紧搂抱和超越匆匆一吻的动作却只限于父母与子女、夫妇或恋人之间。父子之间也只在远行道别或久别重逢时才匆匆地吻一下。在一般情况下,则只限于握握手或以一臂或两臂搂抱一下肩部或腰部。在某人悲伤或心烦意乱时,家人、朋友或同事可以拥抱他(她)以表示安慰。亲吻的部位也因关系不同而有严格的区别:长辈吻晚辈面颊，崇拜者吻贵妇人的手，亲戚吻前额，朋友在嘴上轻轻一吻，只有夫妻或恋人之间才完全嘴对嘴亲吻。（Malandro et al，1989：218）

英语国家还有一种"飞吻"动作，其方法是吻一吻自己的一只手或双手手指，然后作出抛向对方的姿势。这是向距离自己较远的人做出的感情表达或礼节性动作，常常用于问候、道别或演员向观众表示道谢之时。

2.4 微笑（Smile）

笑是人类共有的本性，对人笑脸相迎总是受人欢迎的。但是在交际中，笑的含义多种多样，文化不同，在交际中笑的含义也常常不尽相同。在跨文化交际中由笑引起的误会频频发生，西方跨文化交际界学者列举了不少引起这类误会的例子。例如，美国人发现日本人在表示歉意、感到尴尬或受到打扰时往往是微微一笑。在日本工作的美国管理人员见到这种笑脸时感到很不舒服。有一位经理实在受不了，竟谴责日本人这种表情，不准他们在讨论重大问题时这样发笑。

案例 22. 中国人的微笑

与中国人交往的英语国家的人常常对中国人的面部表情和微笑感到不可思议，有人甚至将中国人的微笑称为"inscrutable smile（不可捉摸的微笑）"。他们认为：第一，中国人的笑往往与场合不符。例如，在中国学习的一位美国留学生从城里回校后，很不高兴地向中国老师诉说她在城里的不愉快遭遇，老师一直微笑听着，看不出感情的共鸣。学生很不高兴，禁不住问道："你为什么发笑？这不是什么可笑的事情！"老师听后反而哈哈大笑起来："哈哈，你误会了……"美国学生无法理解中国老师这种表情是和蔼倾听的态度和亲切安慰的表示。因为在美国，老师会用明显的感情共鸣的表情做出反应。第二，英语国家的人认为中国人感情过于含蓄，喜怒哀乐常常不形于色，即使家庭遭遇了不幸也要对客人笑脸相迎。他们认为，英语国家的人遇到不幸时是不会故意掩盖内心痛苦的。英语国家的人，特别是美国人，面部表情比较丰富，手势动作也多，而且讲究面部表情与交谈对象的感情呼应，以及与自己谈话内容的配合。

第三节 非语言交际礼俗规范的文化特征

中国人的微笑的确具有含义丰富的神奇作用。"微微一笑可以表示领受对方的好意，可以表示赞赏，表示不同意，表示不屑一说，表示听不清对方说了一些什么，就好像未曾听到过一样。"（陈建民，1987：175）微微一笑还可表示回避及其他多种不便或不愿明确表态的含义。

其实，在实际交往中，西方英语国家的人也极为重视面部表情的人为控制和调节。埃克曼、弗里森和埃尔斯沃思（Ellsworth）提出，在大多数社交场合，人们可以采取四种基本技巧控制面部表情：强化感受情绪、弱化感受情绪、中和感受情绪、掩饰感受情绪。法斯特将微笑看成是在交际中向外界展示的假面具（mask），而且认为面部表情和动作表示自己的真情实感只能是一种反常的行为。他对微笑这一假面具做了淋漓尽致、惟妙惟肖的描述（Fast, 1970，见孟小平中译本，1988：80~81）：

日复一日，我们都在用微笑掩盖自己的本性，小心谨慎，唯恐一不小心就会把内心世界通过体态语暴露出来。我们不住地微笑，因为微笑不仅是表示幽默或满足，也表示歉意、防卫，甚至是一种托词。在一家拥挤的餐馆里，我坐在你身边，那淡淡一笑是说：我不想侵犯你，可这是唯一的空位。在满当当的电梯里，我踩了你的脚，便微微一笑，意思是说：我不是有意冒犯，请你务必原谅。公共汽车一个急刹车，我撞在一个人身上，便微微笑一下，意思是说：我不是故意伤害你，对不起。就这样，我们用微笑和人打了一天交道，尽管事实上这种微笑可能掩盖着气愤和烦恼。在工作时，我们对顾客微笑，对自己的上司微笑，对雇员微笑。平时，对自己的子女微笑，对邻居微笑，对自己的丈夫或妻子以及亲戚们微笑。我们的微笑很少有真情实意，不过是一副假面具而已。

案例分析参考题

1. 你对本案例中的观点有何评论？依据何在？
2. 请在中外人士中做一社会调查，了解中西方文化在微笑问题上的文化差异和文化冲突所在，并提出你自己的看法。
3. 查阅中国文学名著或汉语教材，收集和分析中国文化微笑的特点及其文化含义。

4. 你认为在中外交往中，应如何处理中国文化的微笑？

3. 非语言交际功能的礼俗规范

关于语言交际行为的礼俗规范的讨论，已经开始引起人们的注意。然而，对于非语言交际行为的礼俗规范的文化差异人们似乎却仍很陌生。但是，在跨文化交际中非语言行为交际功能的文化差异也是不可忽略的。在此，以中国和英语国家的非语言交际行为的礼俗规范为例，从几个方面做一例举性对比，包括：介绍、招呼、告别、访问、授礼、感谢、赞扬、道歉、演说、交谈、要求与批评。

3.1 介绍

关于自我介绍和介绍他人的汉英礼貌语言差异，我们已在第三章有所讨论，在此只补充一点：名片交换的中西方礼俗差异。

在交际场合，第一次相识时，中西方现在都习惯于交换名片。交换名片时，英语国家的人用一只手接递，并问候一句或说一句表示高兴相见的话；中国人如果要表示礼貌，则用双手递给对方名片，并欠身说道"请多指教"，对方也欠身用双手接过名片，同时说"不敢当"或"随时领教"。随后，立刻用双手将自己的名片递过去。英语国家的人对中国文化这种礼节身势很不理解，有人甚至疑惑地问道："接递这么轻轻的一片小纸片为什么还要用双手？"他们不了解一只手接递任何东西在中国文化中都违背自谦尊人的准则，因而是不礼貌的，在社交场合必须避免。

3.2 招呼

每日相见的同事、同学、朋友、熟人和邻居见面时都要打一下招呼，表示"我见到你了"、"我没有不理你"，这是各种文化之间共有的。招呼方式都有语言形式、非语言形式和语言形式与非语言形式相结合等三种。非语言招呼形式在中西方之间共同的最简单的形式有点头、微笑、招手等。两种文化打招呼的动作的常见差异有：

(1) 打招呼的手势。中国人常是举起右臂,手掌向着对方摆动几下或举一下即可,这一动作的含义有时很难与告别义区分。英语国家表示"你好"的手势是手掌向外举起向下招动。他们的动作在中国人看来似乎有点像开玩笑的滑稽动作,中国人表示"你好"的手势又常被英语国家的人误为"再见"义。

(2) 头部动作。中国人常用的方式是向对方微笑地点点头或点点头并同时扬扬手。英语国家也有这一动作。但是,英国男子有时抬抬眉,同时扬一下头,澳大利亚人则是挤一下眼睛。在中国人看来,他们似乎是在滑稽地做一个鬼脸。

(3) 英语国家男子在路上与熟人相见或向女子表示敬意时,常要脱帽,现简化成举一下帽或以手触一下帽。如果握手,则仍以脱帽为礼貌。这是中世纪剑客遗留下的礼节。中国人则没有这一礼节动作。

(4) 英语国家的异性或女性熟悉朋友久别重逢时会拥抱或亲吻面颊;中国同性好友久别重逢之时会热烈握手或拥抱,但是异性之间最多只能握手,绝不可拥抱或亲吻。

(5) 谁先打招呼。中国教师常常抱怨英语国家留学生,尤其是英国留学生,在室外见到老师常常昂首而过,视若无人。有的英国留学生却说:"没有什么事却非要打招呼,岂不是神经病!"英国留学生这一看法在英语国家并不一定有广泛的代表性,澳大利亚人就认为见人打招呼是一种礼貌表现。但是,谁先打招呼,在中西方之间往往存在差异。中国文化要求,少与长、下级与上级、学生与老师之间,应由前者主动打招呼,以示尊敬。英语国家文化却常常相反,即由上级、长者、老师采取主动,反之则易失礼,因为上级、老师等可能正在思索问题,不喜欢别人打扰。

3.3 告别

每天见面的朋友和熟人道别时点一下头,招一下手,这是中西方之间共同的,朋友比较长时间分离或送别客人时握一下手,这也是中西方一般通用的礼节。但是,中西方告别礼节也有不少差异。

(1) 中国男子道别时仍常用打躬和拱手(抱拳或合十)等动作,特别是向多数人道别时这一动作最为常见,英语国家的人相应的动作往往是举起一只手向别人招动。朋友、亲戚告别时,英语国家的人则常常是相互拥抱或亲吻。

(2) 中国人送人远行时,一般是目送远行者远去,并不断摆动一臂或双臂,英语国家的人也有这一礼节,但有时也用飞吻的办法。目送客人远去不是英语国家的风俗。

(3) 中国人欢送客人时讲究"远送"。一般都要送至门外,对尊贵的客人和远行的亲人还会送出门外很远,甚至送了一程又一程。因此,中国人的告别语中有"请留步"、"别送了"、"不远送了"、"恕不远送"等礼貌语。英语国家的人却一般送至门口即止,因此,英语中没有上述类似的道别语,英语国家的人对中国人上述道别语也感到很费解。

(4) 多人同时访问一个家庭,一人先行离开时,英语国家的客人一般是偷偷向主人表示歉意并道别,最多向周围的人作一告别手势或握一下手。中国人则除向主人辞行外,还要向在场所有人拱手甚至一一握手道别。其他人也往往起身道别,先离者这时还要用双臂作向下按动手势,请其他人坐着别动,还要说"诸位继续聊着,我不奉陪了。"或"我先走了。"英语国家的人没有这一道别的习惯,对中国人的上述道别方式也感到难以理解,认为你的离去与其他客人无关,更不应该打扰其他客人。

3.4 访问

3.4.1 发出邀请或预约的时间

英语国家预约和发出邀请的时间一般比较早,如邀请人吃饭或参加联欢活动,至少要提前一周通知对方,中国人邀请和预约往往比较晚,英语国家的人会因此感到因无法改变已定活动日程而不得不谢绝,甚至还会产生邀请人对自己不够尊重之感。中国人的日程安排没有那么严格,甚至还有一种担心过早定下时间不保险的心理。英语国家答复邀请也比较早,中国则比较晚。

3.4.2 抵离时间

应邀到别人家里进餐,英语国家客人以准时或晚到几分钟为礼貌(但不得超过15分钟),提前到达则不仅失礼,也会给女主人以措手不及之感。中国人则以准时或提前几分钟到达为礼貌。参加家庭主办的联欢活动时,西方客人晚到半个小时也不算失礼,中国因无此活动传统,对时间要求也不大明确。上述差异的原因是：中国人出于为他人着想的考虑，认为让主人等着有点失礼，英语国家的人则要强调个人不受约束。"……在限制不那么严格的时候，英语国家的人喜欢晚到一会儿，也许主要是显示自己不愿受人约束。一般社交生活中，人们认为都是自觉自愿参加的，因此英语国家的人往往都要迟到一会儿。"（毕继万译，1991：206）不过，一般的原因是，在西方，要给女主人以充足的准备（如梳洗化妆）时间，在中国，人们喜欢吃热菜热饭，客人迟到会给主人增加很多麻烦。客人告辞时间，中国人比英语国家的人一般也要早得多，除亲朋好友外，饭后坐一会儿就走是适宜的，待到深更半夜则有点失礼。英语国家的客人在饭后再坐 1~2 小时是正常的，过早离开会有失礼之嫌。

如何恰当地结束谈话并礼貌地向主人告辞，这也是中西方文化差异和文化冲突的一方面。英美学者认为，中国等东方国家的人，与人交谈时常给人以匆忙刹车、突然离去（abrupt leave-taking）的感觉。曾在华工作的英国教师海伦·奥迪评论说：外语学习者总爱匆忙结束交谈，在中国这一现象最为突出。中国人访问外国人时，常常突然说他们要告辞了，不一会儿人就不见了，主人感到大为吃惊。有的英语国家的人在《中国日报》撰文，反映与中国人打电话时，也常常发现中国人匆忙挂上了电话，不知发生了什么事。美国学者迪娜·拉文（Deena R. Levine）、吉姆·巴克斯特（Jim Baxter）和派珀·麦克纳尔蒂（Piper Mcnulty）在其名为《文化的困惑》（The Culture Puzzle）一书中也有类似看法，并做了这样的分析："有时，美国人不知如何结束谈话，这可能是因为没有一定的结束谈话的方式。有些文化就有其明确具体的谈话方式，例如鞠躬或握手，鞠一下躬或握一握手后谈话就告结束。在美国，人们有时用上好几分钟道别，一边说'再见'一边往后退去，直到相互离开 15 或 20 呎远时，才算是最后一声'再见'。"（Levine et al, 1987:134）其实中国人在熟识的朋友和同事之间拜访时，结束谈话和告辞的过程也往往是"颇费时间"的。但是，在彬彬有礼的场合，与长者、上司和贵宾交谈时却以态度谨慎和言辞节制为礼貌。在与外国人交往中，有人可能有外语语言表达能力的限制，但主要原因恐怕还是中西方告别的过程不同。

3.4.3 主人帮客人脱穿外衣

客人抵达后，英语国家的主人主动帮客人脱挂外衣，（客人离去时帮其穿上外衣），对女客人更是如此，中国主人则仅是主动接过客人脱下的外衣挂起（对老、幼则可能帮其脱下外衣），男主人主动帮女客人脱（穿）外衣不仅不是礼貌，还会给人以有失检点的感觉。

3.4.4 忌讳

英语国家忌讳"13"这个数字，如果13号又是星期五，则更不喜欢举行或参加社交活动。中国人没有这一忌讳，但是在与英语国家的人交往时，就不能不注意避开这个数目了。例如，宴会上不排13号，13号在星期五时不请人吃饭。

3.4.5 以食为礼与以食为媒

英语国家请客是用餐桌提供交谈的场合，饭菜一般比较简单，请多人吃饭时还可以主动让客人自带一份拿手饭菜让大家共享（potluck）。因为请客的目的是为了朋友欢聚，原则是重谈不重吃。中国人则是以食为礼，本着传统的"持家要俭，待客要丰"的原则准备丰盛的酒菜，不会让客人自带饭菜，除非熟悉的朋友，客人自带饭菜只会引起主人的猜疑或反感，怀疑客人认为自己无东西可招待。中国主人让客人吃好吃饱是请客的主要目的。

3.4.6 分食与共享

英语国家的饮食习惯是每人一份，在饭馆请客也是主客各点自己的饭菜。邀人到饭馆吃饭常常是各付各的账。这种分食法是西方个人独享主义在饮食文化中的典型反映，中国人却是一种共享方式。中国人习惯"饮食所以合欢也"。大家共享一席，情感交流，敦睦感情。对中国人的共享方式，王力先生就曾做了形象的描绘："譬如新上来的一汤，主人喜欢用公用的调羹去把里面的东西先搅一搅匀；新上来一盘菜，主人喜欢用公用的筷子去拌一拌。"（王力，1986）在家中请客是这样，在饭馆用餐也是大家同享桌上所有的菜。请人在饭馆吃饭当然由请客人付账，朋友相约一起去饭馆吃饭，也常是大家争着付账。当然，现在中国城市青年中也已流行"AA制"。

3.4.7 宴请形式

国际上宴请形式很多，有宴会、招待会、茶会、工作餐等。宴会又分国宴、正式宴会和便宴。招待会又分冷餐会和酒会。正式宴会坐下来进餐，有招待员上菜。冷餐会、招待会，则是由各人自己取菜。茶会一般是在上午 10 点钟或下午 4 点钟举行。工作餐是在吃饭的时候，一边吃饭，一边谈工作。我国在对外正式交往中也遵循上述国际惯例。中西方宴请形式的差异主要是民间往来中的家宴形式。英语国家家宴常见形式有家庭正餐、鸡尾酒会、便参会（potluck）、野餐会。中国人请客一般仍是正规的家庭便宴会和在饭馆请客。

3.4.8 餐桌上的礼节

（1）英语国家要求正式就餐前坐着的时候两只手不能放在桌子上，胳膊肘也不可架在桌子上，只能自然垂在身体两侧或放在膝盖上，中国人也以这种姿势为礼貌，但是，进餐时，英语国家也以肘不放在桌上为礼貌，中国却没有如此严格的要求。

（2）英语国家主人敬菜敬饭时，客人道声谢谢即可，如果主人递过盘子，也只需用一只手接过，拨点菜后可以传给邻座的人或放回原处。中国客人却要站立起来，或作一站立姿势，主人给客人夹菜时，客人用双手拿着盘碗去接或做双手接受状。中国人认为单手接递东西不礼貌，英语国家的人却认为用双手既无必要，与礼貌也毫无关系。

（3）英语国家及其他西方国家吃饭时都要用餐巾。餐巾一般铺在大腿上，以免弄脏衣服，还可以用来擦嘴擦手。中国人在家用餐没有用餐巾的习俗，但是餐馆备有餐纸或餐巾。

（4）西方国家就餐（包括中餐）的顺序是先喝汤后吃饭，中国人却一般习惯于先喝酒吃饭，后喝汤。

（5）西方国家的人吃大块肉菜和水果时习惯于先用刀切成小块，然后再用叉子送入嘴里，认为咬着吃不得体，中国人却一般习惯于咬着吃。

（6）西方国家的人吃带骨头的肉时习惯于用手，中国大多数人没有这一习惯。

（7）西方国家用餐时以食就口，既不拿起盘碟，也不低头至盘碟吃东西，而是用叉、勺将食品送进嘴里，喝汤也是不以嘴就碗而是用勺送进嘴里。汤菜太热不可用嘴吹。中国人吃饭则往往相反：拿起饭碗送到嘴边吃饭，拿起汤碗，后凑近汤碗用勺喝汤。汤菜太热时也可以用嘴吹一吹。英语国家的人会认为这种吃相失礼；中国人见英语国家的人不拿起饭碗，用筷子一点点地夹饭送进嘴里，也会以为他们是因为不爱吃而应付一下。

(8) 西方人在宴席上没有边喝酒边吸烟的习惯，一般也视在餐桌上吸烟为失礼，如果餐桌上有女士则更不礼貌。中国人在宴席上边喝边抽则是普遍现象。不过，随着公共场合对吸烟的限制，这一习惯也已逐步改变。

(9) 西方在宴席上，主人不劝食，客人随女主人动作。中国人却以劝酒劝菜为礼貌。中国传统对劝菜这一礼节极为重视，认为此礼体现了人们尊让契敬的精神。王力先生就曾说过："圣人致礼作乐，关于吃这一层总算是想得尽善尽美了。然而咱们的先哲犹嫌未足，以为食而不让则近于禽兽，提倡食中有让，……于是劝菜这件事也就成为《仪礼·乡饮酒礼》中的一个重要项目了。"（王力，1986）

(10) 西方人饭后没有剔牙的习惯，因此餐桌上见不到牙签。中国人则喜欢用牙签剔牙，饭馆和宴席桌上也备有牙签。但是，要求剔牙时以餐巾或手捂住嘴，不为人所见，否则也是失礼的。

(11) 中餐与西餐餐具及其摆设方法很不相同，餐具使用方法也很不一样，上菜顺序与习惯也同样有别，各有其严格的规矩。因此，只有双方清楚了解，正确遵循，才不会失礼或闹笑话。

(12) 客人来访时，英语国家及其他西方国家的主人一般询问客人是否想喝点什么，客人也老实地回答是否想喝和想喝什么。客人如果谢绝，主人也不在勉强。中国人则视此为"问客杀鸡"。中国主人是主动献茶，不仅如此，主人见客人杯空还要不断加茶，直到客人杯子不空时为止。英语国家的人对于中国人这种待客方法很不习惯，他们以喝完为礼貌，面对主人不断加茶，往往不知所措。某大学有位留学生到中国教师家做客时就因一连喝了十大杯茶而不断跑洗手间，显得十分狼狈。对于中西这一礼俗差异，陈原做了极为生动的心理差异描绘："东方人给客人慢慢地斟了一杯好茶，西方人一饮而尽，西方人习惯不能让杯子里的东西留着，留着就是不好吃，或你不想吃，其实就是对主人的不满。当西方人饮完，杯子空了，东方人立即又一次给他倒满了茶，因为东方习惯不能让客人的杯子空着，客杯空了就表示主人看不起客人，至少没有款待好客人，然后这位西方人一看杯子满了，立即又一次一饮而尽，因为他的习惯只有饮空了杯子才算对得起主人的款待。等他一饮光，东方主人又给他斟满，因为主人认为空了杯子就慢待了客人；西方客人又一次饮光，借以表示他领主人的盛情。空了，斟满；满了，喝光；空了，斟满；满了，喝光，如是循环不已。这就叫做东西方习惯不同所引起的一种有趣的交际现象。"（陈原，1983：39~40）

3.5 授礼

3.5.1 何时送礼

中国人比英语国家的人更喜欢送礼。英语国家的人一般只在圣诞节、生日、结婚、纪念日等时候送礼，应邀赴宴和拜访亲友可以带礼物，也可以不带。中国人在逢年过节时常常送礼，喜庆祝贺（青年人结婚、老年人生日、婴儿诞生）时要送礼，应邀赴宴和远地亲友访问也要带礼品。中国人的礼物一般偏重实用价值。英语国家等偏重礼物的纪念意义。

3.5.2 送什么礼物

（1）婴儿降生礼物

婴儿出生后，英语国家只有父母、教父以及家庭亲近成员（如祖父母、外祖父母）给孩子送礼，其他人不必送礼，这种礼物是孩子经过洗礼命名后送的命名礼物。选择命名礼物的指导原则是考虑到将来而不是考虑目前。可以送钱、古玩（银器、瓷器、玻璃器皿、地图、印刷品、书籍、好酒等）。对女孩子可以送珠宝饰物。中国人由亲戚和父母的好朋友赠送礼物，原则却是着眼于现在，一般送些婴儿衣服、饰物或食品。

（2）新婚礼物

中西方对新婚夫妇赠礼现在都一般着眼于实用性，送一些日常生活必需品或衣着服饰。英语国家现在一个流行习俗是，新郎和新娘事先选择好一个商店，拟定出所需物品的单子（主要包括瓷器、玻璃器皿、银器和衣服布料），存放在该商店里。亲属、好友和接受新婚请柬的人可按照新娘的指点，从单子上选择愿购礼物。礼物通常由该商店发送，并附上一张卡片，写上"衷心祝贺"或"热诚并衷心地祝福你们幸福"之类的话。也有人将礼物自带到新婚夫妇的新居。收到礼物后，新郎要将礼物仔细编列成表，并在婚礼前尽快发出感谢信。有的还要把礼物陈列起来。中国亲朋、好友、同事、邻居都可能送礼。现在也有不少人事先了解新婚夫妇的实际需要，购好礼物后，用红纸或彩纸包好，或用红带或彩带装饰好，并写上"新婚幸福"或"白头偕老"之类祝福语。礼品也会在婚礼时陈列出来。不过受礼人开列所需物品清单的做法在中国当前仍会给人以讨要礼品的错觉。

(3) 生日礼物

英语国家的人比中国人更重视生日庆祝，特别是17岁的生日倍受重视，因为这是到达成人年龄之前的最后一个生日，其他生日也都有庆祝活动。生日蛋糕和晚会是必不可少的。每逢生日，家庭成员和朋友都要送生日卡 (birthday card) 和/或礼物。中国人最重视的生日是婴儿周岁庆祝和老年人逢五逢十的寿庆，其他的生日则比较随便，最多全家人吃一顿象征长寿的面条，共享一块生日蛋糕，也不存在送礼的问题。不过现在青年人朋友之间也开始送生日卡，买生日蛋糕，同学或朋友在一起欢庆一番。婴儿周岁时，亲朋好友喜欢送一些婴儿适用的衣物。老人生日时，晚辈送蛋糕、老人爱吃的东西或衣服、用具，还可以送寿桃或老寿星像，祝福其健康长寿。"寿星"即"老人星"，旧时以此象征长寿，并塑造为神（《辞海》）；"寿桃"一般用面粉制成，也有用鲜桃的。神话中，西王母做寿，设蟠桃会招待群仙，所以一般习俗用桃来做庆寿的物品（《现代汉语词典》）。西方国家将桃子与长寿联系不起来。中国人遵循敬重老人的传统，可用老寿星代表长寿的老人。西方人害怕老，认为衰老象征无用，所以给西方老人送寿星，只会激起受礼人的反感，以为送礼人咒骂他/她已衰老无用。

(4) 其他场合送礼

英语国家及其他多数西方国家在多数场合最喜欢送的礼物是花，而且是鲜花。男子向女子求爱时送花，探视病人和向人表示慰问时送花，祝贺、致敬、欢迎、欢送时送花，电唁时也向死者献花。而且送什么花也很讲究，错乱不得，否则将招致不良甚至完全相反的后果。送花在中国通用于对外交往场合，此外对已逝世多年的伟人、名人，在其逝世纪念日可以向其遗像和陵墓敬献花束、花篮。在其他场合送礼，则着眼于实用。例如，探视病人时，根据对象的病况、性别、年龄和爱好送去水果、点心或其他营养品、消遣品；欢送亲朋好友远行时送点有纪念意义或适用的东西；欢迎远道归来的亲朋好友不用送礼物，却可拜访或宴请；吊唁时送花圈等。但是，送花的形式在我国年轻人中现在也已时兴起来，而且近年来大有形成社会风气之势。

3.6 感谢

向人表示感谢时，中西方相同或类似的动作有点头、右手举至发际做敬礼状、握手等。中西方之间也有不少差别。例如：

(1) 中国人有时用拱手方法表示感谢，英语国家无此动作；

(2) 中国人为了表达热烈感谢之情，主动用双手去握住对方的手，并点头躬腰，英语国家也无此动作；

(3) 在比较庄重的场合，中国人常以鞠躬表示谢意，鞠躬的"深度"与致谢程度有关，英语国家也无此动作；

(4) 英语国家的人有时用亲吻和热烈拥抱表示感谢，中国人却没有这一动作。

3.7 赞扬

中国人赞扬人时最常用的手势是挑起大拇指，英语国家最常用手势则是 OK 手势。英语国家挑起大拇指一般也有"好"的意思，甚至还可双挑大拇指表示赞赏。但是，拇指向上的动作在英语国家含义比较复杂，还可表示勇敢、祝愿、鼓励、自负、高人一头等含义，有时也用于表示淫猥之意。

受到赞扬时，英语国家的人高兴地报以微笑，接受赞扬并说"谢谢"。中国人却表现出不好意思和受之有愧之感，并予以推辞。

3.8 道歉

道歉在中西方文化之间的共同特征是用降低身体高度的方式表示，面部也都显出惭愧自责的表情。不过，英语国家的人一般是身体放低，手掌摊开（双臂下垂，小臂向对方平伸，手掌向上摊开）。低弯身体表示自己比对方低下，手掌摊开表示没有威胁性。中国人道歉的身势主要有：

(1) 如果是礼节性的道歉，可以点点头、欠欠身、抬抬手，英语国家与此类似。

(2) 男子常低头并抬手到耳际，有时还要竖向挥动几下，对老朋友，则常举过头顶。抬手是举手礼的衍化。

(3) 向师长道歉、陪不是，要郑重地低头、欠身，甚至鞠躬。

3.9 演说

（1）中国演讲人在报告开始前和结束后，在听众鼓掌时也以鼓掌方式表示感谢听众的欢迎，英语国家演讲人没有这一动作。中国报告人还可能向听众鞠一躬，英语国家也没有这一动作。英语国家的人只是招招手或点点头，或双臂高举过头，向听众表示谢意。

（2）英语国家演讲人遵循突出自我的价值观，要表现出自己对所讲题目有资格讲授，并且会让听众有所收益，中国演讲人却认为这是自我吹嘘、态度傲慢的表现。中国人习惯于谦虚地声明自己的演讲可能满足不了听众的要求，要为占用听众时间而表示歉意。

（3）演讲人通过目光扫视不断了解讲话的效果，这是中西方文化共有的特点。英语国家听众一般以目相迎，表示自己一直全神贯注地听讲，演讲结束后还要不断提问题，表示对报告很感兴趣。在小型报告会和座谈会上，英语国家听众还会打断讲话人的讲话，提出问题。中国听讲人往往避开与演讲人目光相遇，听完报告后也不愿多提问题，以避免造成与报告人看法有分歧或出难题的感觉，听报告过程中也不喜欢打断讲话去提问，以为那样是失礼。

（4）英语国家讲话人喜欢来回走动，尽力表现活跃和随便，中国演讲人却注意庄重和规矩。

（5）英语国家听众不论对报告感兴趣与否，甚少交头接耳，因为他们认为这是一种不尊重演讲人的失礼行为；中国听众却无此严格的习惯，甚至坐在主席台上的人也不以交头接耳为失礼。

3.10 交谈

（1）坐姿规矩

在彬彬有礼的正式交谈场合，中西方都很注意坐姿端正，态度礼貌，但是平时交谈中，英语国家的人，特别是美国人，坐姿比较随便。例如，背靠在椅子上或跷起二郎腿等。中国人与上司或长者交谈时要正襟危坐，或欠身坐在椅子边，女子则更注意坐姿的谦恭与端庄。在平辈同事和朋友之间交谈时，现在中国人姿势比较随便，跷起二郎腿、抖动小腿、膝盖或脚也无所谓。

（2）交谈体距

交谈时体距的文化差异与冲突是一个很值得研究的问题。西方英语国家基本遵循美国人类学家爱德华·霍尔创造的近体学（proxemics）理论。我国对近体学还没有认真进行研究。郝铭鉴和孙为主编的《中国应用礼仪大全》将社交场合交谈分为公众区、交流区和亲密区三个空间范围。在公众区谈话往往是一个人同时与几个人谈话，由于谈话对象不固定也不明确，距离难以确定，参与者对距离远近也不大计较。在交流区交谈是两人对话形式，谈话对象可能是顶头上司，可能是贵客，也可能是谈判对手，而且内容有一定主题，一般以保持一两个人的距离为宜。在亲密区谈话一般是两名亲密者之间交谈，谈话形式随便，内容往往是"不足为外人道"的"悄悄话"，两人可以面对面，可以肩并肩，也可以"交头接耳"。（郝铭鉴等，1991：18~19）英语国家的人反映中国人交谈体距过近，甚至连口中气味都能闻到，有时还会把唾沫溅到别人脸上。为了避免这一问题，有的人就用手捂住嘴，结果给人造成更为不良的印象。其实，中国人同性间交谈体距较近，异性交谈体距较远。中西方交往中，中国女性常常感到英语国家男子与异性交谈时体距过近。

（3）交谈音量

在英语国家，交谈时，美国人的声音往往比英国人高得多，但是，英语国家的人普遍感到中国人谈话声音过高，给人以旁若无人的侮辱之感。这一问题在电话交谈中同样存在。

（4）交谈中的面部表情

交谈中，英语国家的人，特别是美国人，面部表情变化比较丰富，手势动作也多，中国人却认为表情含蓄和动作稳重为文雅有礼。西方人讲究面部表情与交谈对象的感情呼应和与自己谈话内容的配合，中国人则注意神态自然，面带笑容，语气亲切，表情诚挚专一。

（5）目光交流

交谈过程中目光交流的中英常见差别是，英语国家的人比中国人目光交流时间长而且更为频繁。

（6）交谈中的反馈与转接

跨文化交际中如何正确理解对方，相互得当配合，是个很复杂的问题，很值得深入调查研究。这里仅例举三种常见差异和冲突：

① 反馈声音的误解

蒂娜·拉文等在其《文化的迷惑》（Deena Levine et al，1987:60）一书中谈了一个很有趣的例子：日本人在与人交谈时，常用"mm mm"的声音表示在注意听对方讲话。可是，美国人听到这个声音得到的含义是："好啦，好啦，我明白了，快说吧！"无独有偶，美国俄亥俄州立大学留学生处的管理教师著文说：中国学生一边听着，一边点头说"嗯，嗯"，他们以为中国学生同意他们的看法，后来才发现并未解决问题。因为，美国人是一定要明确表态的。中国学生发出的"嗯，嗯"之声其实只是表示在认真地听，并未表示自己的看法，这是出于礼貌而不表异议。

② 交谈中的反应

中国人在礼貌地听别人谈话时还常常只是默默地听着，英语国家的人感到得不到反应，以为听者或者是未好好听，或者是厌倦或生气了，所以常常很不高兴地一再重复。英语国家的人则很注意不断作出有声反应。例如，美国人常用这些说法反馈："Oh, Sure", "Yeah...", "Well...", "Uh huh", "Uhm hmm...", "Uh...", "Oh, I see", "Hmm", "All right", "Okay", "I understand", "I don't understand", 等等。（D. Levine et al, 1987：59）美国人听人谈话时，还爱不断打断别人的话，不断提出各种问题。中国人却把打断别人谈话看成是极不礼貌的行为，认为问题过多是一种不谦逊和爱挑剔的不良表现。

③ 交谈的态度

美国人讲起话来，常常滔滔不绝，别人插不上嘴，中国人在这种情况下感到他们态度傲慢，本着谦逊有礼的态度，自己就只好更加沉默不语了。反之，美国人见中国人只是默默地听着，为了不冷场（礼貌寒暄时）或为进一步说清自己的看法，又更加没完没了地谈起来，甚至还会造成一种恶性循环。

3.11 要求、批评

英语国家的人提出要求和回答某人的要求，都是面对面进行，不希望别人介入。中国人如要提出一个没有把握的要求，有时喜欢通过熟悉或了解双方的第三者从中斡旋。如果拒绝某人要求，也愿意通过第三者去转告。批评某人或对某人有意见，有人也喜欢通过第三者去进行。英语国家的人对这种做法很反感。认为两人之间的事让第三者介入是一种对个人私事的侵犯；对人有要求却不当面提是自己缺乏信心和对对方不信任；拒绝别人的要求或批评某人时通过第三者也是出于上述心态，因此不仅不礼貌，还是对别人的侮辱。对于这种作法如何分析和认识还需要认真讨论,但是有几点是可以肯定的:第一,这种现象在中国人交往中并不少见。第二,这一作法有其深刻的文化心理作用,这就是照顾别人和自己的面子,害怕搞僵关系,因此,充分运用中国群体文化的相互关心的特点,找一名双方熟悉或信得过的人从中起作用,使问题得到妥善解决。以个人为中心和严格维持个人独立自尊的英语国家的人与这种做法当然格格不入。第三,对于这种现象恐怕不能像对待随地吐痰等文化劣根性那样简单认识和处理。

> 思考题

1. 请在中外人士中做一调查,了解中外交往中非语言交际行为的文化误解和文化冲突表现并做出自己的评论。

2. 请通过调查,研究一下中国非语言交际礼貌行为的变化和在跨文化交际中的新矛盾和新问题。

第四节 跨文化非语言交际与第二语言教学

第二语言教学的主要目标是培养学生的跨文化交际能力。这一能力不仅是语言交际能力,还包括非语言交际能力(此外还有语言规则与交际规则的转化能力以及跨文化适应能力)。而且一般是语言交际能力和非语言交际能力的结合。因此,第二语言教学不仅要教授语言,还应进行非语言交际教学。否则,这种教学还只是不完全的第二语言教学,学生学到的也只能是不完全的交际能力。在我国对外交往中出现的两种倾向就值得第二语言教师注意:一是外语呱呱叫,表情和动作不对号;二是盲目模仿外国人的非语言交际行为和手段,犯了邯郸学步的错误。

第二语言教学中的跨文化非语言交际教学包括五个方面:跨文化非语言交际教学需要达到的目标;跨文化非语言交际教学的内容;跨文化非语

际教学的方法；跨文化非语言交际的研究以及校园跨文化非语言交际规则与师生关系。

1. 跨文化非语言交际教学的目标

我们在进行第二语言教学时，希望学生注意模仿母语国家的人的外语，在语言正确的基础上越流利越好，越自然越好，母语的影响越少越好。对非语言交际的要求则不同：第一，主要要求学生全面准确理解所学外语文化的非语言交际行为和手段所传递的信息。第二，避免自己的非语言交际行为和手段对第二语言文化的人的触犯和可能产生的文化误解，甚至文化冲突。不必要、也不应该和不可能要求学生的行为举止"洋化"。第三，第二语言教师最要关注的是语言交际中非语言交际行为与手段的配合和补充作用的文化误解。第四，了解和熟悉来自不同文化的学生课堂内外非语言交际行为的文化差异。

2. 跨文化非语言交际教学的内容

2.1 将跨文化非语言交际教学纳入语言教学的课堂

第二语言教师应将跨文化非语言交际教学视为语言教学的有机组成部分，一要介绍和讲解第二文化的非语言交际行为与手段的表现、含义、功能及其与学生母语文化非语言交际行为和手段的差异和冲突，帮助学生学会正确、得体地处理文化差异和文化冲突的方法；二要注意语言教学内容中涉及的语言交际和非语言交际之间的关系及非语言交际的作用，帮助学生学会语言交际行为与非语言交际行为的正确而又得体的配合。

例如，西方人的耸肩动作表现为皱动前额，抬眉耸肩，双肘弯曲，双掌向上摊开，甚至还微曲双腿，表示的含义是不知道、没办法、没希望、不理解、让步等。在俄语国家文化中耸肩也表示惊奇、困惑不解、鄙视或厌恶、不理解、否定、让步、不愿意参与争论、拒绝接触、不愿解释、束手无策等多种含义。(刘光准等，1999) 在中国文化中没有这一身势动作，因此中国人很难准确理解这一动作的真正含义，盲目模仿就容易闹笑话。不是动作四不像，就是表意模糊不清，甚至还会给人以误导。例如，有的人讲话时老是耸肩抬臂，让人感到不仅莫名其妙,还有些滑稽可笑。

又如打勾与打叉的含义。填写表格和选票时,中国文化以打勾或画圈表示赞同或肯定,打叉则表示否定或不同意。英语国家的人则相反,打叉表示肯定或赞同。

2.2 介绍与讲解非语言交际行为在语言中的体现

以体态语为例。

2.2.1 体态的描摹

描摹指的是用语言文字表现人体各部位的形象和动作。中国文化是一种具象思维或直观思维的文化,注意用具体形象,如身体的姿势和动作的描摹喻指某种意义。

体态描摹的方法主要可分为两种:

(1) 直接描摹

即直接用对身体的部位、状态或活动的描述方式喻指某一含义。例如,昂首阔步、俯首帖耳、红头胀脸、哭丧着脸、拉长脸、额上冒汗、额上冒青筋、愁眉不展、横眉冷对、愁眉苦脸、瞠目结舌、挤眼、眼珠一转、浑身哆嗦、嗤之以鼻、吹胡子瞪眼、泣不成声、捧腹大笑、手舞足蹈。

(2) 间接描摹

即不是直接用身体动作或状态喻指某一含义,而是借"体"发挥,引申出抽象的含义。例如,心宽体胖、摇头摆尾、贼眉鼠眼、闭目塞听、洗耳恭听、手忙脚乱、袖手旁观、首屈一指、勒紧腰带、戳脊梁骨、拉后腿、抱粗腿、打屁股。

2.2.2 体态语义的引申

体态语义的引申是由体态语产生的新义。体态语义引申不同于体态的间接描摹,即不再用体态的形象表示抽象意义,而是在产生出最初的体态语意义之后,"接受词义发展规律的支配,按照本民族的文化传统和心理习惯产生出的新的意义"。(古敬恒,2000:9)体态语的词义引申可以分为:

(1) 根据人体器官部位的不同,引申出相关事物

例如,耳是人的听觉器官,处在头部的边缘部分,由此引申出"附丽于物

体两旁便于提举之物"的含义，如"有雉登鼎耳雊"。雊，鸟鸣叫。又引申出"状似耳朵之物"，如木耳、银耳、虎耳草等。

（2）根据人体器官作用的不同，引申表示相应的动作行为

例如，手具有"执持"的作用，由此引申出"执持"的含义，又引申出"徒手搏击"；"题"指额，引申指"题目"，又引申指"书写、签署"。

（3）根据人体器官性质的不同，引申或比喻相关的事物或概念

例如，"首"本指人头。人头是人体最高的部位，又是人出生时首先面世的部分，因而引申出"首先"、"首创"、"首倡"、"首义"等。"心"指人的心脏，古人以为心是主管思维的器官，具有思维的作用，由此产生出"思想、意念、情感的总称"的含义。如"心灵"指内心、精神、思想等。"心路"，指机智、计谋。"心胸"指志气、抱负。"心窍"指认识和思维的能力，古人认为心脏有窍，能远思。不过，"眉头一皱，计上心来""一心不能二用"，指的都是脑的功能。"手足"意指兄弟，如"情同手足"；"骨肉"指父母、兄弟、子女等亲人，如"骨肉团聚"；"心腹"指亲信的人，又指深藏在内心不轻易告诉人的，如"心腹事"。"眉目"指（文章）纲要、条理。"口舌"指因说话引起的误会或纠纷，如"口舌是非"。（古敬恒，2000：9~12）

耿二岭在其《体态语概况》一书中就体态的描摹提出三种方法，其中第三种为"借物描摹"，即"借助其他事物的姿态特点来描写人的某些体态表现"。实际上归纳总结的是体态语义的引申。所举的37例也很能说明体态语义引申的特点，例表中的"转义"可以看成是"引申义"。

序号	词语	字面义	转义（引申义）
1	顾	转过头看	注意；照管
2	俯	头低下	旧时公文书信中用来称对方的动作
3	仰	脸向上	敬慕；依靠
4	进	向前移动脚步	收入；呈上
5	退	向后移动脚步	退还；把已定的事撤消
6	举	用手往上托；往上伸	推选；提出
7	挥	用手挥舞	散出

续表

序号	词语	字面义	转义（引申义）
8	坐	把臀部放在椅子、凳子或其他物体上，支持身体重量	枪炮由于反作用而向后移动；定罪
9	托	用手掌向上承受物体的重量	陪衬
10	拖	拉着物体使擦着地面或另一物体的表面移动	拖延
11	指	手指头对着；向着	指导；仰仗
12	回头	把头转向后方	悔悟；改邪归正
13	回首	把头转向后方	回顾；回忆
14	翻身	躺着转动身体	从受压迫的情况下解放出来
15	折腰	弯腰行礼；拜揖	屈身事人；倾倒；崇敬
16	走着瞧	一边走路一边看	暂时不与对方论高低，到最后再看胜负
17	高姿态	在高处做的姿态	对人宽恕，原谅，表现出高风格
18	小动作	幅度不大的姿态动作	为个人的某种狭隘目的，在人背后作的不正当的活动
19	靠边站	靠到旁边站立	被撤职或不被重用
20	露一手（露两手）	显露出一只手	显示某种本事给人看
21	捏鼻子	用拇指和别的手指夹鼻子	不得不勉强做某事
22	卡脖子（掐脖子）	用双手紧紧掐住别人的脖子	抓住要害，对对方进行刁难
23	牵鼻子	拉着别人的鼻子	对人控制
24	缩脖子	脖子伸开了又收回去	在任务面前向后退缩
25	拭目以待	擦亮眼睛等待着	期望殷切或等待预言的实现
26	刮目相看	擦亮眼睛去看	别人已有进步，不能再用老眼光来看待
27	信手拈来	随手用指头捏取东西过来	写文章时词汇或材料丰富，不用思考

续表

序号	词语	字面义	转义（引申义）
28	投袂而起	甩动衣袖，站立起来	决心奋发
29	眉目不清	看不清眉毛和眼睛	事情的条理不清楚
30	步调一致	行走时脚步的大小快慢一致	做事情行动一致
31	拂袖而去	把袖子一甩就走了	很生气地走了
32	促膝谈心	（古人席地而坐，或坐在床上，）两人对坐时，膝盖靠近	亲热地靠近坐着谈心里话
33	高抬贵手	把尊贵的手抬得高高的	对人宽容、原谅或饶恕
34	翻来复去	来回翻动身体	一次又一次
35	跳摇摆舞	跳一种身体向左向右方向来回摆动的舞蹈	立场不稳
36	戳脊梁骨 (指脊梁骨)	用手指触碰，指划别人脊柱	在某人身后议论、指责或谩骂那个人
37	抓手脖子 (抓手腕子) (擎手腕子)	握住别人的手腕子	当场抓住罪证

2.2.3 由体态语义引申出的成语典故

成语是人们长期以来习用的、简洁的、精辟的定型词组或短句。汉语的成语大多由四个字组成，一般都有出处。有些成语从字面上不难理解。有些成语必须知道来源或典故才能懂得意思。而典故则是出自古书中的故事或词句。与人全身各部位及其动作有关的汉语成语浩瀚多彩。对这类词语的含义的理解往往是第二语言学习者的难点之一。其"难处"在于对成语典故的寓意与来源不甚了了。如果讲清来源和故事，第二语言学习者就不仅可以清楚了解其含义，还会从中学到不少文化和历史知识，学习者肯定会兴致勃勃地去学习，印象也会十分深刻。例如：

(1) 结发夫妻

元（原）配夫妻，即第一次结婚的夫妻，或初成年的夫妻。古代女子满

15岁,把头发束起来,插上簪,也叫"及笄",是成人的标志。女子许嫁时,用五彩丝绳(称为"缨")把头发束起来,成婚的当夕由新郎亲手解下,称为"结发"。如杜甫《新婚别》诗:"结发为君妻,席不暖君床。"到了唐宋时代,新婚夫妇在饮交杯酒之前各剪下一绺头发,绾在一起表示同心,这称为"合髻"。

(2) "丫头"与"丫鬟"

旧时称女孩子为"丫头"。"鬟"本指环形发髻。女孩子头梳发髻,像树丫形,称"丫鬟",又可指婢女。刘禹锡《寄赠小樊诗》:"花面丫头十三四,春来绰约向人时。"

(3) 巾帼不让须眉

女子不让男子。"须眉"指男子。古时以为男子之美在须眉,故以须眉称男子。"巾帼"是以妇女戴的头巾代指妇女。"裙钗"也是妇女,即用裙子和金钗指代妇女。

(4) 东施效颦

比喻胡乱模仿,效果很坏。西施是春秋时越王勾践献给吴王夫差的美女。后来人们一直把西施当做美女的代称,也叫西子。美女西施病了,皱着眉,按着心口。同村的丑女看见了,觉得姿态很美,也学她的样子,却丑得可怕。后来人们把这个丑女称做东施。这个典故又被文学家转换成"丑女效颦"、"学捧心"等。西施因病而捧心皱眉,却显得别有一番风韵,于是又出现了"宜颦宜笑"等词语称誉姿质佳美,笑颦(皱眉)皆好;以"西施颦眉"、"西子颦"、"苎萝颦"(西施曾住苎萝山)、"捧心颦"等词语形容别具风姿,或写女子病困愁苦的姿态。(古敬恒,2000:110;《现代汉语词典》)

(5) 上下其手

指玩弄手法,串通作弊,语出《左传·襄公二十六年》。春秋时期,楚国和郑国交战,楚国的大将穿封戌活捉了郑国的将领皇颉,可是楚国的王子围硬说是他俘虏了皇颉,两人争执不下,就请伯州犁评理。伯州犁有意偏袒王子围,就说:"这事要问俘虏自己。"于是把皇颉带来,伯州犁向上高举一只手示意说:"这位是王子围,国君宠爱的兄弟。"然后向下指着穿封戌说:"这位是外地的小官。到底是谁把你捉住的?"皇颉明白了他们的意图,就顺着说:

"我遇到了王子围，抵挡不住，就败了。"今天类似的词语还有"玩弄手法"、"耍手腕"、"使手段"等。（古敬恒，2000：218）

(6) 染指

《左传·寅公四年》记载：楚国有人向郑灵公进献了肥美的甲鱼，郑灵公非常高兴，立即让厨师杀了放进鼎里煮。这时，大夫子公用食指指着鼎，悄悄地对另一位大夫子家说："以前我只要食指这样抖动，一定能尝到特别的美味。"甲鱼煮好后，郑灵公召集各位大夫，请大家尝尝鲜味。可是，唯独不让想尝异味的子公尝。子公很气愤，也不顾君臣礼节，快步走近鼎旁，用食指蘸了一点甲鱼汤尝了尝，接着头也不回地走了。人们把这种行为称为"染指"，常用来比喻沾取了不应得的利益。（古敬恒，2000：227~228）

(7) 抱佛脚

据张世南《游宦记闻》，古时一个被判了死刑的犯人弄断枷锁，逃出了死牢。县官派出了许多公差追捕。罪犯窜逃到今云南省境内，公差紧追不舍。罪犯自知难以逃脱，就一头撞进一座古庙里，抱住一尊大佛的脚，跪下哭泣，不断磕头表示悔过。公差看到这个情景，认为罪犯虔诚信佛，并有悔改之心，于是就赦免了他的罪。这就叫"平时不烧香，急时抱佛脚"，进一步简化成"抱佛脚"。（古敬恒，2000：240~241）

(8) 赤绳系足

据说月下老人有一根赤绳，如果把它系在男女双方的脚上，虽是仇敌或相距遥远也会结为婚姻。这个典故出于唐李复言《续幽怪录·定婚店》。说韦固年轻未婚，一日遇到一老人对月看书。韦问他，老人说这是仙界的书。韦问他主管什么，他说："我主管天下的婚姻。"于是从口袋里掏出一根赤绳，说："用这绳子系在男女的脚上，即使是仇敌或相距遥远也必然成为夫妇。"后来人们就用"月下老人"、"月下老"、"月老"指主管婚姻的神，也作为媒人的代称。用"赤绳系足"、"赤绳系定"、"赤绳"、"红线"等指姻缘。（古敬恒，2000：243~244）

2.3 体态语与语言交际的结合

在第二语言教学中，教师要帮助学生正确理解在语言行为与非语言行为相

第四节 跨文化非语言交际与第二语言教学

结合的话语结构中的非语言行为的含义和文化特点。文化不同，配合的方式可能相反。

例如，在俄语中有这样一个例子：娜塔莎正和一位老太太聊天。站在远处的科利亚先生向她使了一个眼色，然后用右手食指在太阳穴旁旋转了几下，于是，娜塔莎马上向老太太告别，迅速离开了。（刘光准、黄苏华，1999）这段话中，"食指在太阳穴处旋转了几下"是什么意思？娜塔莎为什么见到这一动作后就离开了？不理解其文化含义的中国人是无法理解的。因为文化不同，身势动作的含义不尽相同。对于上述这一动作，中国人可能理解为"你要动动脑子"，英语国家的人可能理解为"她简直是疯了"或"她太古怪了"。可是在前苏联的含义是"她神经不正常"。只有了解了这一含义，娜塔莎见到科利亚的暗示就离开了的原因才会为中国人所理解。

又如"点头"与"摇头"的文化含义差异。

英语中有这样一个例子：一位贫苦的妈妈带着几个孩子艰难度日。他们在银行存了一点救命钱。现在遇到了极大的困难，妈妈还是不敢去取。下边是她与孩子们商量这件事的对话：

  Mama pursed her lips. "We do not," she reminded us gently, "have to go to the bank." We all shook our heads.

  妈妈努了努嘴，温和地提醒我们说："咱们最好别动银行的存款。"我们都点了点头。

在否定的话语命题格式中，英语国家着眼于事实，习惯于用否定的身势动作表示确认，用肯定的动作表示否认。然而，中国人注重的是对交谈对象的态度的认同。所以，用点头表示支持母亲的看法；如果摇头，则表示不同意了。

类似的事例还有：

  我赶忙向男乘客做了解释，又用纸条写了一句话，举到（站在车门口的）女乘客的眼前："对不起！他要下车，他问了您几声，您没听见吧？"女乘客点了点头，把道让开了。

英文译文则应为：

  Excuse me, but this gentleman wants to get off. He's asked you several times, but you didn't seem to hear him, did you？"

She shook her head and made the way for him.
类似的例子在否定问句中表现最为典型（见第四章）。

3. 跨文化非语言交际教学的方法

非语言交际教学在我国还是一个新课题，需要在提高认识的基础上进行相当长时间的探索。下面几点也许不失为一些有用的方法：

（1）将课文中涉及的非语言行为和手段列入生词、注释、例句和练习之中；

（2）充分利用电教手段（如电影、电视、录像）帮助学生在学习外语的同时也注意观察目的语文化的非语言交际行为和手段；

（3）在教授两种语言规则的转化过程中也注意讲解非语言交际规则的转化；

（4）组织专题讲座，专门进行中外非语言交际对比教育；

（5）引导学生有意识地从课外收集非语言交际的"语料"，进行对比分析讨论；

（6）有条件的学校可以开设非语言交际课程，系统地进行非语言交际教育；

（7）将非语言交际教学列入第二语言教学的范围的关键在于不断提高第二语言教师的跨文化意识。他们需要熟悉所教学生母语文化的非语言行为的表现与交际规则，认真研究第二语言国家的非语言交际行为特点和规则，并善于对比学生母语文化与第二文化之间非语言交际行为和手段的文化差异，教育学生学会排除非语言交际行为中的文化差异干扰的方法。

4. 跨文化非语言交际的研究方法

4.1 准确了解和把握跨文化非语言交际行为和方式

跨文化非语言交际行为和方式不可人云亦云，必须经过自己认真的调查研究，尽力做到准确的了解和把握。其中最要注意的有三点：

（1）严防轻率地模仿和盲目地搬用电影、电视和社会上的非语言交际行为和非语言交际方式。

（2）严防不分中外地追求"时尚"的轻率行为。

（3）谨慎对待非语言交际行为和手段的时代性和地区性。例如，作家姚雪垠在评论根据他的长篇小说《李自成》改编的电视连续剧《李信与红娘子》

时,指出该剧有"很多细节不符合历史制度、习惯。譬如……红娘子玩狮子、唱大戏,而且围观的农民竟然鼓掌喝彩,这很荒谬。在明末是没有鼓掌这一礼仪的"。(耿二岭,1988:56)

4.2 认真开展跨文化非语言交际研究

提高教师跨文化非语言交际教学的质量的有效方法是开展跨文化非语言交际研究,然而跨文化非语言交际研究工作复杂,而且需要大量的人力和物力。我们目前需要探索适合我国现在国情的有效方法。例如:

(1) 西方主要采用录像分析方法,但成本太高。我们可以选用分析电影和电视剧的方法,但要进行规范性和可靠性考察;

(2) 选用一些语言规范的经典文学作品进行分析研究,但要注意作品的时代背景和非语言交际行为的变化;

(3) 有条件的学校可以在中外人士中进行跨文化非语言交际行为和手段的文化差异和文化冲突调查研究;

(4) 在进行第二语言教学和跨文化交际研究时全面研究语言交际与非语言交际之间关系及其文化特征;

(5) 探索其他行之有效的方法,有条件的学校和单位可以从国外购买一些相关的影视教学资料。

5. 校园跨文化非语言交际规则的文化差异与师生关系

所谓校园非语言交际规则,主要指教师的仪态举止、课堂上的非语言交际行为、课外师生之间非语言交际关系等方面所遵循的规则。简言之,校园跨文化非语言交际主要研究的是第二语言师生之间的关系。第二语言教师需要清楚了解第二语言文化的非语言交际规则,清楚了解教学对象母语文化的非语言交际规则,还要清楚认识二者之间的文化差异和文化冲突,既做到严格要求自己,避免文化冲突,又能有目的地向教学对象介绍第二文化的非语言交际行为习惯和规则,帮助他们学会全面的跨文化交际能力。解决好教师自身的问题是基础和关键。

关于校园非语言交际,西方学者研究的重点是师生之间的关系,主要是教师的非语言交际行为的重大影响。库珀认为，在学校环境中，非语言交际可以从许多方面配合语言交际起到特殊的辅助作用（Cooper，1988：58~60），包括：

（1）行为表现（Self-presentation）

例如，教师笔直地站在学生前面，以一种指令性的口气讲话；学生点头、记笔记、全神贯注地听讲。

（2）规章制度的识别和要求（Identification of rules and expectations）

教师宣布规章制度的方法当然主要是语言，但在执行规章制度时教师常常采用非语言形式。例如，用眼神或手势制止违反纪律的行为，目光交流、座位安排、身体取向和面部表情也都是常用的方式。

（3）回应与强调（Feedback and reinforcement）

例如，教师的微笑、点头或拍拍学生的肩膀等都可表示表扬；反之，皱眉、疑惑的眼神，或者摇头则表示"你做得不对头"。教师还可以用微笑、皱眉、眼神、体触等方式表示对学生表现的评价。

（4）态度与感情（Liking and affect）

教师的非语言行为可以传递对学生表示喜爱的信号，也可表现出教师对所授课程、学校规定和具体教学的态度。

（5）对学生对话的引导和规范（Regulation of conversational flow）

例如，教师可以用非语言信号指定某某学生发言、何时发言、每人发言的次数、每次发言的时间长短等。

（6）课堂控制（Classroom control）

例如，教师可以用非语言交际行为与手段对学生的良好行为给以鼓励和倡导，对其不良行为加以约束。为了鼓励学生积极参加课堂活动，教师可以让学生围坐成半圆形，教师也可以从讲台后挪至学生圈内或者向学生提问后停留片刻，以利于学生回答问题或参与讨论。

库珀还将课堂非语言交际分成如下几种类型（Cooper，1988：60~83）：

（1）近距离（Proxemics）

包括个人领地和人际体距。在多数情况下师生间体距应比学生之间大一些。所以，教师站在学生身边看学生做作业或考试被视为对学生个人领地的侵犯，因而必然引起西方学生的反感。

(2) 空间布置（Spatial arrangements）

也就是教室环境的布置。这也涉及领地的尊重问题，涉及的交际因素包括谁对谁讲话、何时讲话、在何处讲话、讲多长时间和讲什么等。座位安排也是一个重要方面。

(3) 环境因素（Environmental factors）

教室内的张贴、亮度、温度、墙壁的颜色等都会对学生产生影响。例如，暖色（黄色和粉色）最适合幼年学生，而冷色（蓝色或蓝绿色）适合年龄较大的学生。

(4) 时间的安排（Chronemics）

包括不同课程时间的安排、教师提问时给学生思考时间的掌握、不同科目时间的分配、教师花在不同学生身上的时间，等等。

(5) 教师的装束打扮（Physical attractiveness and artifacts）

教师的着装也会影响课堂效果与师生关系。

(6) 体态语（Kinesics）

艾克曼和弗里森所划分的五种类型（见本章第二节）都会在课堂教学中起到传递信息的作用。课堂上体态语频繁和表现活跃的教师教学效果一般比较好。

(7) 体触（Touch）

对成年学生，教师不宜发生体触行为，不过有时教师可以拍拍同性学生的肩或背以示鼓励或称赞。

(8) 副语言（Paralanguage）

师生的副语言行为都可以反映一个人的个性特征。例如，学生最不喜欢听声音平淡和单调的教师讲课。

上述理论中所提到的看法在各种文化中都是值得注意的重要问题，我们需要研究的是在这些方面的文化差异。下面从文化差异的角度讨论三个问题：教师的仪态举止、课堂上的非语言交际行为和课外师生的非语言交际。

5.1 教师的仪态举止

仪态也称仪表，指人的外表，包括衣着和化妆、举止和姿态等。

5.1.1 衣着与化妆

衣着和化妆要适合本人的身份、个人特点和所在场合，这是各种文化共有的特点。教师是教育青少年一代的人，在这方面要求更加严格。注意自己的职业身份和仪态举止是各国教师都要遵循的原则。场合不同，每个人的衣着打扮也不同。教师在学校，特别是在课堂上要求更加严格。这也是各种文化所共同的。

英国埃希尔·唐纳德（E. Donald）在谈到衣着要求时说："一位严肃认真地投身于商务活动的妇女就不能穿露胸、透明的罩衫、超短裙、开衩的裙子，或佩戴撞击有声的珠宝饰物。有些办公室还阻止女子穿长裤。"（侯俊等译，1986：306）库珀在《教师的言语交际行为》一书中讲了一个很有说服力的故事。美国一位中学八年级的学生说："我们班曾经有一位女英语教师。她的仪表使我们完全无法学习下去。她长相标致、体态轻盈，还爱穿着紧身衣裙。我们从学年一开始就陶醉于她那迷人的外表而难以学习进去。整整一年中，教室里总是乱糟糟的。我们班成了吵吵闹闹、纪律涣散的乱班，这位教师毫无办法驾驭课堂。现在回忆起来，我认为这位教师的学识水平并不低，当时我们对这一点是怎么看的现在却记不清了。然而，有一点我是忘不了的，那就是，她的仪表举止使我们怎么也摆脱不了她的诱惑力。"（Cooper，1988：70）

在我国，"教师是人类灵魂的工程师，承担着教书育人，为人师表的职责。一位教师的音容笑貌、举手投足、衣着发式无形中都可能成为学生学习的楷模。"（郝铭鉴等，1991：157）对教师仪表的基本要求是具有职业美，即衣着、发式都要整洁和大方。整洁就是整齐和清洁，衣服要庄重、妥帖、干净、衣扣整齐，给人以清新、高雅之感。大方，就是在服饰、发式方面不要过分追求新潮和华美。一般说来，教师的服装式样宜庄重、明快和自然。女教师衣服色彩不宜太鲜艳、太刺眼，而应以素雅、含蓄、文中带花为好。因为，女教师如果经常打扮得花枝招展、浓妆艳抹，就会分散学生的注意力，并有可能成为一部分学生议论的话题，影响教学的效果和教师自己的威信。

中国和英语国家教师之间在衣着问题上有时也会出现文化误解甚至文化错误。有的人不了解文化差异，常常忽视文化差异，甚至凭想象去理解或模仿他种文化的行为。例如，中国人在非正式场合和非对外交往场合单穿衬衣时有时不将衬衣放入裤内，有时还会将衬衣长袖卷起来。中国人对此视为正常，英语国家的人却认为不合要求。反之，英语国家女教师穿着拖鞋（slippers）或木屐（clogs）可以走进课堂甚至正式交往场合，中国多数人认为不雅（不过这种现象在当前中国青年女教师中也开始时兴）；而中国人在家中穿着拖鞋非正式地接待客人在英语国家的人看来也是不礼貌的。这些都属于文化误解。中国有的年轻女教师穿着过于鲜艳或身着紧身连衣裙、超短裙走进课堂，以为这符合时代潮流或国际习惯；有的英语国家教师衣裤不洁地走进中国学生课堂，以为在中国可以不必讲究，这又都属于"文化错误"。

5.1.2 举止和姿态

举止和姿态也可以说是风度。教师应该有一个好的风度。风度是指一个人的精神气质、举止、行为以及姿态等方面的外在表现。中国教师的举止姿态总的要求是稳重端庄和落落大方。在公共场合还应十分注意自己的谈吐和举止，特别要避免社会上一些不良行为的影响。如随地吐痰、乱扔果皮纸屑等。待人接物要庄重而温和，举止态度要谦恭而自信。英语国家对教师外表的要求在注意教师职业的稳重文雅的同时，也重视外表对学生的吸引力。

5.2 课堂上师生的非语言交际

课堂上的非语言交际在学生学习中的作用往往比正规教学本身的作用还大。许多研究表明，教师需要学会运用非语言交际行为去提高课堂教学的质量。库珀说："非语言交际对教师至关重要。教师的非语言行为关系到学生对学校的态度。研究表明，教师如果学会了如何在课堂上更有效地运用非语言交际，师生之间的关系就会得到改善。不仅如此，学生的认知能力和学习效率也会提高。"（Cooper，1988：57）课堂上的非语言交际包括教室环境与桌椅排列、教师的非语言交际行为和学生的非语言交际行为。

5.2.1 教室的环境与桌椅排列

中国和英语国家的人都认为，教室应当宽敞、明亮，桌椅要整齐舒适，温度要适中。但是，从颜色看，中国学校与英语国家有所不同。中国学校不分年级高低和学生年龄大小，都以白墙为最好，认为这样可以增强教室的亮度。

课堂座位安排体现出师生之间的关系和地位上的差异。高高的讲台显示了教师的地位，当然也有方便教学的因素。英语国家学校课堂桌椅排列的常见形式有三种：传统式（the traditional arrangement）、马蹄式（the horseshoe arrangement）和模块式（the modular arrangement）。(Cooper，1988：62~64)

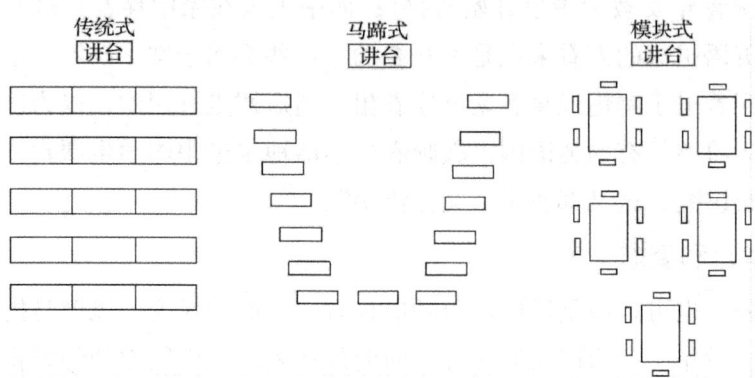

根据调查，上必修课时，学生喜欢传统式排列方法，听选修课时则比较喜欢马蹄式和模块式。传统式有利于师生之间的交流，教师可以控制整个课堂，但学生之间不易交谈；马蹄式有助于学生之间进行交谈；模块式有利于学生进行讨论。上述形式的选择有赖于多种因素——教学内容、教学方法、教师希望学生参与的程度等等。英语国家的师生感到中国学校课桌排列（同英语国家传统式）过于单调、死板。

5.2.2 教师的非语言交际行为与课堂教学

从某种意义上说，课堂上非语言交际在学生中的作用，比正规教学本身作用还大。教师的非语言交际行为可以分为两类：调动学生积极性的非语言行为和抑制学生积极性的非语言行为。西方许多研究表明，教师需要学会运用非语言交际行为和手段去提高课堂交际的质量。库珀说："必须记住，每一信息都包含内容和关系两个方面。……姿势、面部表情、体触行为等等，都会对信息内容产生影响。除此而外，传递交际关系的信息主要是通过非语言形式。所以，学生会通过对教师的非语言交际行为的分析去辨明教师对师生关系的看法。"（Cooper，1988：57）

中国教师视课堂为严肃正规的学习场合，教师很注意自己的言谈举止，学生保持对教师的尊敬态度。英语国家的教师极为注重课堂气氛的活跃，不大计较师生的言谈举止。教师可以坐在讲台上，可以随便来回走动，可以夸张式地做出各种表演，甚至还可以弹手指，把脚放在椅子上。学生说出一些不得体的话，但只要能起到活跃课堂气氛的作用，教师也不去计较。例如，某英语国家的教师给一个中国学生班上课。该班气氛比较沉闷，特别是有一名中国学生总不喜欢说话，教师想尽办法也无济于事。一次上课，有中国一位校方负责人和该外教国内来的一位教师听课。这位教师又想办法启发这名学生说话。最后这名学生突然说"I hate you.(我讨厌你。)"弄得全班哄堂大笑。听课的中国老师大吃一惊，课后马上批评这名学生太不尊敬老师，并责令他向外国老师道歉。不料，两位外国老师不同意。他们为这名学生终于说了话并且活跃了课堂气氛而感到非常高兴。此例不一定有代表性，但可以说明问题：英语国家的人认为中国教师在课堂上过于严肃，中国课堂不太活跃；中国教师却感到英语国家的教师过于随便，课堂纪律太松散。

中国学校要求教师上课不仅不能迟到，还必须提前做好进入教室的准备或者提前几分钟进入课堂；英语国家的教师没有这一要求，上课迟到不属反常。美国大学教师迟到15~20分钟都是可以的。

中国教师不分年龄大小，在学生面前总要体现出教师的身份。因此，讲课时总带有谆谆教诲的口吻和亲切关心的腔调。教师对学生表扬与批评、告诫与要求都是正常的。英语国家的学生对此不仅不习惯，还会产生反感，认为自己被教师当成了"不懂事的小孩子"，总要由教师像父母一样告诉他们应当如何学习和如何生活，使他们的自尊心受到了挫伤。有的学生就非常生气地说："我又不是不懂事的小孩子，老师也不是我的爸爸妈妈，为什么老要由他们告诉我应该怎么样，不应当怎么样，怎么样做就好，怎么样做不好?!"

中国教师在课堂做练习或考试时，习惯于在教室里走来走去，并不时停下来站在某名学生旁边看看他回答问题的情况。对此，英语国家的学生感到十分反感，认为老师不信任他们，一直对他们进行监督。库珀说："身势动作行为可以反映出（教师）对学生的信任程度。例如，监考时，你是在教室里转来转去，到处看学生是怎么答题的，还是坐在一张桌子后边干自己的事，只是不时抬起头看一看？"(Cooper，1988：75)

中国年长的女教师在天凉时如果见某学生穿着单薄，似乎有点感冒，就深情地表现出母亲般的关心，摸摸学生的衣服，并告诉他应多穿一点。对此，英语国家的学生也很反感，认为老师不仅侵犯了自己的领地，还把自己当成不会照顾自己的不懂事的小孩子。反之，英语国家的教师拍学生肩膀表示鼓励或安慰的动作令中国人也不太习惯。

5.2.3 学生的非语言交际行为与课堂教学

中国和英语国家的学校对学生的课堂纪律和礼貌都有要求，但二者之间存在不少差别。

在英语国家学校，教师进课堂时不要求学生起立向老师致意，只要求他们目视教师，表示已做好了上课的准备。在中国，过去要求学生一律起立向老师致敬。现在，这一礼节一般只在中小学继续实行，在大学也以坐姿端正、目视教师、静等上课为礼貌。在英语国家学校课堂上，学生坐姿比较随便，大学生甚至还可将双脚放在前面的椅子上；在中国大学中这一姿势却是既不尊敬老师又无视课堂纪律的不良行为。

在中国学校，学生如果上课迟到，传统的要求是在门外喊"报告"，经教师允许后方可入内。不过这一要求现在只适用于中小学，大学生一般只是一声不响地走进教室。在英语国家学校，迟到学生只以静静地走进教室为礼貌。如因急事不得不早退，中国大学对学生的要求是，课前先向老师请假，离开课堂时可向教师无声地示意一下后再静静地离开。西方英语国家的学生没有这样的习惯。他们既不事先请假，退出课堂时也不向老师打招呼，事后也不必向老师解释。在这些国家的大学还规定，对于迟到的教师必须等候15~20分钟以后方可离开，有的学校还要求对地位高的教师等候更长一些时间。

课后提问时，中国学生常常数人围在老师身边，英语国家的人认为这是对于先于自己提问的人的干扰，因此是无礼的。他们的习惯是按顺序排队，一人提问时其他人不得旁听。关于课后学生问问题，英语国家有的师生也不习惯、不理解，中国学生有疑问为什么不在课上提，而要留到课后去占用教师的休息时间。

5.3 课外师生的非语言交际

在英语国家，学生要进教师的办公室，习惯于先敲门，经允许后方可进入；如教师正在打电话或与人谈话，则要在门外等候；如教师正在开会则不进入；教师在上述情况下也不会让学生入内。中国学校的要求与此相似。但是，在我国接收外国留学生的学校则经常见到一种反常现象：留学生到教师办公室找老师时，往往不管教师是在与人谈话还是正在开会，都旁若无人地"长驱直入"，给中国人以极不懂礼貌的感觉。这种"反常"现象的出现有以下三个原因：第一，中国大学生现在不少人比较随便，给外国人以在中国可以不必讲规矩的感觉；第二，中国教师将外国学生不仅看成是学生，还把他们视为客人。不论自己正在干什么或正与谁谈话，只要留学生来，就立刻停下其他事情而转向接待他们，给他们以不分时间和场合都可以找老师的错觉；第三，西方学生认为中国是"时间多样性"的文化，任何时候都可找老师。

英语国家的学生课后在校园或校外遇见老师时，往往昂首而过，不予理睬，中国教师对此抱怨颇多，认为他们不太懂礼貌。因为在这种情况下，中国学生是一定要恭敬地向老师打招呼的。应该说，不懂礼貌的情况是存在的，但其心理原因也值得调查研究。澳大利亚人一般认为不主动对人打招呼的人是不值得交往的；美国学生一般比较随便；有的英国学生却认为："没有什么事，却非要打招呼不可，岂不是神经病？"所以，这当中的确存在文化差异问题。中国文化还要求，学生与老师之间，应由前者主动打招呼，以示尊敬。英语文化的人当中却有人认为，应由老师采取主动，反之倒易失礼，因为老师可能一边走路一边在思考问题，不愿他人打扰。

在英语国家，不经主动邀请，学生是不能登门拜访老师的，有事可在学校教师办公室谈。在中国，许多学校教师的住所，特别是校园内教师的住所向外国留学生开放，而且只要登门拜访，一定会受到主人热情的接待。这是中国人热情好客的好风俗，受到了来华外国留学生的热烈欢迎。

中国教师还曾经有一种到宿舍探望学生的习惯，特别是在新生到校、老生离校和学生生病之时，老师出于关心或礼节，常常要去宿舍探望学生。在英语国家，教师是不会去学生宿舍的，学生一般也不欢迎教师去。所以，中国教师的善意探望并不受英语国家学生的欢迎。他们认为这是对他们个人生活的干扰，有的学生还以为老师是借故检查监督他们的学习。

在英语国家，"女士优先"也适用于大学师生之间，除非某教师地位极高或年龄太大。英国某大学一位男教师带领全班学生参观一所中学时，座位不够，男教师就和男学生站着，将椅子让给女学生，女学生也不谦让。在中国，一定是先让老师坐下，女学生也可以站着。在师生集体合影时，中英差异也很明显。对此，布罗斯纳安有一个很有意思的对比："英语国家的人除军人以外，一般要遵循女士优先的规矩，让女士坐在前排，男子站在她们身后。如果还有官员的话，官员则站在两头，而且一般站在后排；中国人排列位置就像英语国家的军人排列一样，最重要的人物或当权人士位于前排居中位置。"（毕继万译，1991：65）

案例23. 中国人的乡土观念与同胞之情

在谈到个人对较大群体的取向时，不可忽略的一点是英语国家的人没有中国人所理解的类似"同胞"或"华侨"等概念。当然，这种理解不是从政治上考虑其国籍问题。英美国家的人对其他讲英语的人可能有一种操同一语言者之感，却不会将这种感情拔高到"同胞"、"英（美）侨"的高度，即不会将加拿大人、澳大利亚人或南非人都看成自己的"同胞"或"英（美）侨民"。"自我中心论"是中国人对英语国家的人最常见的评价之一；中国人的"宗派思想"的种种表现是英语国家的人常常津津乐道之处。

（毕继万译，1991：54~55）

案例分析参考题

1. 应当怎样认识中国文化的乡土观念与同胞之情？
2. 西方人对中国文化重故乡和同胞之情，不理解的原因何在？
3. 请在中西人士中做一调查研究，了解中西文化在这一问题上的差异所在，并提出跨文化交际中正确得体的处理方法。

思考题

1. 你认为跨文化非语言交际教学在第二语言教学中是否必要？理由何在？
2. 你在第二语言教学和学习中是否遇到过非语言交际的困难和文化冲突？你当时是怎么处理的？现在如何看待？

3. 在第二语言教学和跨文化交际中应当如何处理跨文化非语言交际的作用及其与跨文化语言交际之间的关系?

本章重点推荐参考文献

1. 毕继万译,1991,《中国和英语国家非语言交际对比》,译自 Leger Brosnahan 的手稿:*Chinese and English Gestures: Contrastive Nonverbal Communication*,北京语言大学出版社。
2. 毕继万,1999,《跨文化非语言交际》,外语教学与研究出版社。
3. 耿二岭,1988,《体态语概说》,北京语言大学出版社。
4. 孟小平译,1988,《体态与交际》,北京语言大学出版社。
5. 古敬恒,2000,《人体词与人的秘密》,团结出版社。
6. Cooper, Pamela J., 1988, *Speech Communication for the Classroom Teacher*, 3rd ed. Gorsuch Scarishbrick Publishers.
7. Hall, E.T., 1977, *The Silent Language*, Anchor Books.
8. Levine, D.& Adelman, M., 1982, *Beyond Language*, Prentice Hall.

第六章　跨文化适应与第二语言教学

　　跨文化适应包括文化休克和文化适应。文化休克和文化适应对于许多人来说还是陌生的，至于文化适应与第二语言教学之间的关系，似乎研究的人更少。然而，第二语言教学，特别是像对外汉语教学这样在目的语国家进行的第二语言教学，离不开对文化休克与文化适应问题的处理。

　　关于文化休克与文化适应的研究在我国大陆始于20世纪80年代。(毕继万，1985) 当时只是针对来华外国留学生和来华外语教师对中国大陆的文化休克和文化适应而言，并未引起人们的注意。直到现在，这一课题似乎仍然尚未进入相关人士的视野，这不能不说是跨文化交际研究的一大遗憾。随着来华学习和工作的外国人和出国留学、工作的中国人数目的急剧增加，文化休克和文化适应越来越成为我国相关人士与与中国交往的外国人士面临的大问题，急需进行科学研究并提出有效的解决方法。国内新情况和国外新理论对相关人士进一步提出了新的挑战。我们不能不急起直追，相关人员不能不义不容辞地承担起责任。

　　文化休克与跨文化适应不仅与第二语言教学密切相关，还应成为第二语言教学的一个有机组成部分。本章正是基于这一认识讨论这一重大课题。具体分为四个方面：文化休克，文化适应，国际大都市居民对多元文化环境的适应，跨文化适应与第二语言教学。

第一节 文化休克

"文化休克"一词译自英语的"culture shock"。在国外和我国的港澳台地区已是家喻户晓的常用词。1985年，笔者在第一届国际汉语教学讨论会上发表的题为《中国文化介绍在对外汉语教学中的作用》的文章中引入了文化休克与文化适应问题，并使用了"文化休克"这一译法。后来，又曾一度改用"文化冲击"，也有人译为"文化震荡"，甚至"文化诧异"。不过，"文化休克"已为跨文化交际学研究领域和第二语言教学领域所接受。这种共识是有道理的：这一"病状"颇似人的生理病态——休克，既有突发性，又有持续性，大有"病来如山倒，病去如抽丝"的特色。而且，这一心理症状往往也伴有严重的生理反应。

本节将讨论五个问题：文化休克的含义、文化休克的主要表现、文化休克的根源、文化休克的普遍性与特殊性，以及对待文化休克的态度——西方关于文化休克的新理论。

1. 文化休克的含义

1.1 "文化休克"术语的诞生

"culture shock"这一术语是由人类学家奥伯格（Oberg）于1955年（另一说为1960年）提出的，用以描绘在巴西参加一个卫生保健项目的美国人文化适应的问题。他把"culture shock"看成是"人们突然身处异文化环境中所患的一种职业病，起因是人们突然身处另一文化之中时，失去了所有熟悉的交际符号/信号和形式，引起一种惶恐不安的感觉"。奥伯格认为，culture shock 是一种有其独特征兆和医治方法的病态反应。此后这一种术语成为身居异国他乡的人常用的晦涩难懂的基本术语。现在人们普遍用其描述初居异文化之中的人们在文化适应过程中所产生的心理反应。描述这一现象的其他词语还有"homesickness（思乡）"、"adjustment difficulties（适应困难）"、"uprooting（背井离乡）"等。然而，绝大部分文化培训者出于历史传统习惯和为了引起人们注意的心态，仍然喜欢使用"culture shock"。（Weaver，1986）

1.2 狭义的"文化休克"与广义的"文化休克"

"culture shock"在西方有广义与狭义之分。

从广义上看,"culture shock"几乎可以成为"文化冲突"的同义词,指身居异文化环境中的人与居住国家人们之间的各种文化冲突。例如,西方一出版公司就以"Culture Shock"为名出版了一套系列丛书,已出版多达20余册。曾经来华访问达80余次的新西兰记者辛克莱尔(Kevin Sinclair)在其撰写的《文化休克!(中国分册)》(*Culture Shock! China*,1990)中就分12章介绍了西方人眼中的中国历史、现状、地理、景色,甚至人们的生活习惯和交际习俗。作者采用的是描述中西文化冲突的方法,向西方介绍他所认为的这一"奇特人群"的"怪异"文化。

这里的culture shock的含义是文化冲突。人们一般从狭义上去理解和解释这一术语:指的是初居异国他乡的人,由于脱离了自己土生土长的母语文化,突然置身于完全陌生的文化环境中所产生的心理困境和生存困难。

1.3 文化休克的定义

布朗说:"文化休克指的是一种心理现象,表现为从轻微的气恼到深度的惶恐和心理危机。"(Brown,1987:131)埃文和阿德尔曼(Adelman)认为:"文化休克一说有助于解释困惑不解和不知所措的感觉。"(Levine & Adelman,1982:195)这些定义都将文化休克看成是文化适应的一大障碍,看成是严重的"文化心理病"。其原因很简单:初处陌生的异文化环境中的人由于失去了熟悉的文化环境和行为准则,就难免产生一种病态心理——不知所措、惶恐不安和对新文化的抵触甚至反感心理。这一观点将文化休克视为一种纯粹的消极因素,只将其看成是文化适应的障碍。笔者的文章(1985)也是基于这种理论并在总结了来华外国留学生的文化适应情况的基础上撰写的。

我们可以将"文化休克"定义为:"文化休克"指的是初处异文化环境中的人,对陌生环境产生的一种不知所措和惶恐不安的心情,并由此产生的抗拒新文化和留恋旧文化的病态心理反应。语言不通和交际困难更加加剧了这一心理病态,甚至还会导致生理病态的出现。

2. 文化休克的主要表现

文化休克的主要表现是不知所措和惶恐不安。前者导致后者的产生，这两种心理又难免引起文化抗拒心理。所以，也可以说这三者都是文化休克的典型表现。

2.1 不知所措

这是初居异国他乡的人首先产生的普遍心理，新来者发现住房、购物、交通等基本生活都遇到了困难。感到对周围的人和物都是一片茫然，行动失去了方向和准绳。由于语言不通，人地生疏，感到一切都无所适从。与人交际中，常常发现自己以为是对的事情原来却是错误的；对人采取的友好举动却被人视为不友好的表现；严肃认真的话语可能被当成玩笑，或者一句善意的玩笑话可能被当地人误解为恶意伤人的语言。新来者不知道如何与人交谈，如何礼貌接触，如何待客、做客，如何购物，甚至连问候和寒暄都难以把握。好像一切熟悉的行为准则和交际礼节都已行不通，长期养成的一切行为举止习惯似乎都失去了效能，自己完全被隔离于当地社会和人群之外。饮食起居、学习、工作和交往都处于茫然不知所措的状态。

2.2 惶惑不安

这是由不知所措和身心不适应所导致的心理不安、失望和恐惧之感，是一种由于对新文化惧怕和反感而产生的失望和厌烦心理，表现出心情压抑，性情孤僻，将新环境看成一无是处，认为周围的人对自己都不友善。自己的遭遇和"不幸"似乎也被人忽视。好像失去了所有人的关心和同情，深深感到孤独无援，就像鱼儿离开了水一样难以支撑下去。对此，西方不少学者作了精彩的描绘。布朗说："文化休克反映在第二语言学习者情绪上的变化为感到疏远、气恼、敌视、犹豫不决、情绪沮丧、心情沉闷、悲伤孤独、思乡，甚至浑身不适。处于文化休克状态的人对新的环境采取的是反感的态度。时而怨恨别人对他不理解，时而又充满了自我伤感。"（Brown，1987：131）

2.3 抗拒心理

抗拒心理指的是在遭遇文化休克危机时采取的一种无意识的自我保护心理

与行动,而且抗拒心理往往难以自控。这一心理也受文化优越感左右。抗拒心理的第一种表现是,认为与本文化不同的一切人和物都是不好的,将文化差异视为对自己安全和生存的威胁,一概采取厌恶和拒绝的态度,将文化适应中的困难都看成是新文化的问题,对新的文化采取格格不入的态度;第二种表现是千方百计地将自己与新文化环境隔离开来,竭力寻求母语文化的支持和庇护;第三种表现是精神紧张,敏感多疑,甚至还会出现严重病态反应,个别人还可能采取过激行动。下面是美国某大学1999年在北京语言大学的四个月短期学习班的学生的体会:

> 自从我遭受文化休克的煎熬之后,我就一直竭力营造一种类似我国国内的环境:我吃的是麦当劳、肯德基和其他标准的美国饭馆饮食。我遇到的苦难越来越大。……此外,我还回避学习汉语,把大部分时间花在英语课上。
>
> 我一有机会就和本国人待在一起,以此减少自己的痛苦,想方设法和本国同学待在一起,只讲英语,用这样的方法消除痛苦。另外一个自我防护的方法是饮酒。最近以来我一直沉浸于借酒消愁的梦魇之中。近几周来我大饮燕京啤酒、青岛啤酒和烈性酒。人们也许会说这样饮酒是出于自我防卫,因为饮酒的目的是为了逃避中国文化。可是,我喝的是中国啤酒,中国啤酒就是中国文化的一部分。我不是与文化休克相斗争和积极去吸收新文化,而是只要需要,就沉溺于美国饮食、美国环境和美国朋友群体之中。

3. 文化休克的根源

韦弗(Weaver,1986)将产生文化休克的根源归纳为三个方面:

3.1 失去了熟悉的行为习性 (the loss of familiar cues)

这类习性包括行为或社交习惯和熟悉的物质环境。在母语文化中多年养成的生活习惯和学会的行为准则都已不发挥作用,生活起居和人际交往都感到茫然不知所措,是非好坏难辨。

3.2 人际交往失灵（the breakdown of interpersonal communication）

由于人们的语言交际行为和非语言交际行为都具有极强的文化特性，初居新文化之中的人会发现自己的行为举止不知如何把握，信息的传递和反馈经常堵塞或失败，造成极大的心理挫折和惶恐，使得新来者将自己隔离于当地文化之外。

3.3 文化身份危机（an identity crisis）

这是融行为表现、心理分析和认知论为一体的解释。新居一种文化的人要适应新的文化环境，就面临着文化身份的改变问题，即必须改变早已养成的母语文化的个性特征，包括行为方式、语言习惯、交际规则、思维方式等方面，以便适应新的文化环境。所以，通过文化休克阶段就像虾退壳一样，也有"鱼儿离开了水"一样的痛苦。

4. 文化休克的普遍性与特殊性

4.1 文化休克的普遍性

文化休克的普遍性首先表现为文化休克的共同性，即文化休克是初居第二文化的人所遇到的普遍问题。布朗认为"文化休克是在第二文化中学习第二语言的人所遇到的普遍问题"。（Brown，1987：131）这一观点无疑是正确的。初居他乡异国的人都难以摆脱文化休克的困扰，任何文化都不例外，任何个人都难以逃避。因此，文化休克的普遍性还表现为不可避免性。不同之处只是文化休克感的程度因人而异：这种感觉可以小到几乎毫无察觉，大到似乎难以生存。其原因多种多样：年龄、性别、文化水平、生活环境、个性特点、个人经历、外语能力、对新文化了解的程度……都会成为差异的原因，第一、二文化之间的差异大小也会起重要作用。对待文化休克的态度也会因人而异。

其实，中国人在西方所遇到的文化休克遭遇也不少。数年前，笔者在美国就亲眼见到一位赴美访问学者因摆脱不了严重的文化休克的折磨而弄得身心极度虚弱。这位大学教师离开美国回国时那种可怜的样子真叫人心疼。德国《不来梅日报》在1995年刊登的一篇中国人的文章中谈到留德的中国学生情况时，也具体描绘了不少人的文化休克状况，该文说：

> 对于中国留学生而言，真正融入德国社会并非易事，文化差异是重要障碍。在欧洲，社会生活强烈地受到宗教的影响，它使中国人极难适应。中国式的思维和观念也常常妨碍留学生对身边世界的洞悉。……中国留学生时时感受到"生存危机"……作为来自第三世界的留学生，他们难以认同德国是自己的家园。……

香港《东方快报》在1996年报导中国艺术家在巴黎的情况时也对许多人的文化休克遭遇做了生动的描绘：

> 然而，到了欧洲之后，他们发现缺乏文化和精神支持，突然来到资本主义世界，他们感到迷茫和害怕。
>
> 在这样的文化冲击下，他们失去了自信和艺术灵感。初步领略巴黎的人文景致和自由宽松气氛，他们有一种新鲜感。但随后，他们中的许多人开始沮丧和消沉，产生莫名其妙的失落感。
>
> 思乡情结，对异国文化的不适应、经济上的压力以及语言障碍，对已经在海外经受许多困难的中国艺术家无疑又是雪上加霜。
>
> 许多人醒悟了，猛烈地抨击他们所处的新环境。他们孤立无援，悲愤满腔，对该干些什么不知所措。

4.2 文化休克的特殊性

文化休克的特殊性表现为个体差异和社会差异。前者指的是不同的个体遭受的文化休克的打击程度和文化休克的表现多种多样；后者则指第一文化与第二文化之间的社会距离，也就是两种文化之间差异的大小。第一文化与第二文化之间，距离越大，文化休克往往越严重，差异甚微的文化之间文化休克反应可能表现轻微，甚至难以觉察。

西方绝大多数人认为，亚洲文化与西方文化差异最为显著，因为二者之间从身体外表、宗教信仰、哲学观点、社会态度、语言传统，直至对自己和宇宙的看法等方面都有极其悬殊的差异。难怪在跨文化交际中，人们谈论最多的是东西方文化差异和文化冲突，与东方人打交道的许多英美商人、学者及其他人士经常列出他们在亚洲国家生活与工作期间行为举止中的"可为与不可为。（Do's and Don'ts.）"

西方人与中国大陆人交往中的文化差异和文化冲突更为突出，两种文化的人身居对方文化之中所遭遇到文化休克的伤害也最大。这是因为除了东西方悬殊的文化差异以外还存在着社会制度的不同，许多西方人还出于多种原因，习惯于将这种差异和冲突政治化，大大加深了双方之间的误解和隔阂。某英语国家在华工作的许多人认为，在中国工作的西方人只能听天由命，他们甚至认为中国人不喜欢生人，不愿与外国人交朋友，并怀疑这是中国政府因担心人们受到精神污染而下达的指令。所以，这些在华居留者告诫西方新来者，在中国只能将自己与中国人隔离开来，多带一些书以便打发"难熬的日子"。由于教育制度、社会环境、生活环境的不同，来华学习的外国留学生对我国大学的教材内容、教育方法、规章制度、生活环境、师生关系和人际交往习俗等诸多方面都存在不同程度的不适应感，给外国留学生教学和管理工作带来不少困难，使得文化差异所造成的文化冲突和文化休克成为外国留学生工作中一个应当重点解决的大问题。

案例24. 西方人对东方文化的适应困难最大

（一）对中国永远难以理解

了解中国永远是相当困难的。一开始遇到的语言隔阂就足以让绝大多数外国人不寒而栗。问题还不仅在此，更为重大的差别还反映在其他许多方面，例如，观点看法、处事方式、职业道德、饮食习惯、招待客人、衣着穿戴、休息方法等等，甚至连见面打招呼这样简单易行的小事，中国人都与世界上许多国家的人大相径庭。（Sinclair，1990：9）

（二）美国人在日本遭遇到严重文化休克

初到日本，在城市里见到的东西与美国没有什么不同。那里也有出租车，旅馆里也有冷热自来水，也有剧场、霓虹灯，甚至也有装有电梯的高楼大厦，还有些人能讲英语。然而，美国人很快就会发现，在熟悉的表面景象下存在着巨大的差异。你说"是"时日本人却根本不理解为"是";你微笑时人们有时并不觉得你在表示高兴;美国人表示愿意提供帮助时却遭到了拒绝;美国人表示友好时对方却毫无反应。美国人要由日本人告诉他们什么事该做,什么事不该做,什么事应当如何做。美国人在日本待的时间越长,越感到这一新国家显得神秘难辨。(Hall, 1959:59)

> 案例分析参考题

1. 请运用"文化休克"的理论,分析案例(一)中所反映出的文化心态。
2. 请运用案例(二)讨论文化休克的特性。
3. 请提出自己对这两个案例的分析意见和向来华外国人解释的方法。

5. 对待文化休克的态度——西方的新理论

5.1 新理论的产生

20世纪70年代以后,不少西方学者发现上述关于文化休克的理论只是从消极的角度观察问题,不利于文化适应的顺利实现。从1975年起,不少学者通过一系列研究,发现研究移民和短期旅居者的文化适应有两种方法:将跨文化交际作为难题解决的方法和将跨文化交际看成学习和进步过程的方法。金(Kim)和鲁宾(Rubin)将"文化休克"既不视为积极因素,也不看成是消极因素,而是将其看成跨文化转变过程中的不可分割的有机部分,是将其看成文化身份转变的过程,即通过跨文化交际经验的积累而自然产生的中性化现象。

尽管金等学者否认积极态度和消极态度之分,她和其他学者提出的"学习和/或进步的途径"及别的学者(如Gudykunst, 2003; Kim, 2005)的相关理论都是在承认文化休克是一个"难题、困难"的基础上提出要以积极的态度去对待,将"不可避免的""坏事"变成"好事",将文化休克看成是文化适应过程中不可或缺的学习经验,是跨文化意识增强过程中一个有机部分。目的是让人们不是逃避困难而是以积极面对的态度去学习文化适应,将文化休克当成是文化适应过程中必要的心理体验和经验积累中不可或缺的组成部分。

西方学者注意到了几个重要问题,一是移民和短期旅居者希望在异文化中

第一节 文化休克

实现的目标;二是文化休克在文化适应过程中具有两面性;三是对待文化休克的心理困难不能采取绝对化的态度,更不可用消极的方法处理。这是符合以发展的眼光看问题和一分为二的思想方法的。

移民和短期旅居者来到一个陌生的文化环境的目的是要适应新环境,能够在新环境中生活、学习或工作。这是文化适应的动力和决定因素。从这一角度看,面临的文化休克困难实际上是跨文化适应的要求与母语文化对抗的冲突,即以保持母语文化的风俗习惯来维护原来文化身份的心理与希望改变原有的风俗习惯以适应新环境要求之间的冲突。这一冲突实际上就是新文化的推力与旧文化的拉力之间的矛盾和冲突。绝大多数人的选择会是放弃和改变不适应新文化的原有习惯,接受新文化的要求。随着对新文化适应和与旧文化脱离的进程的发展,外来者就在不断进行内在的心理转化。最先发生变化的是外在的行为,然后深入到基本价值观念的深刻变化。新文化环境的压力迫使新来者去学习新文化,不断改变自己,以便适应新文化环境的要求,也就是"不破不立"。所以,身处文化休克处境时,外来者就必须、至少必须暂时改变一些固有的交际模式,这样才能达到预期的交际目的。换言之,身处新文化环境之中,需要搁置或改变一些旧的文化方式,适应新文化的一些方式。但是,在跨文化交际中,这些需要一般都会受到可察觉的和不可察觉的阻力。这些阻力会加剧文化休克的压力。如果既要固守旧的文化方式,又想避免文化休克的压力,那就简直是只想得其利而不想有所害的幻想了。

我们既要看到文化休克造成的痛苦、挫折和惶恐的一面,也要看到其对学习、进步和创造性的促进作用。所以,暂时的文化脱节可以看成是对于应对新的生活环境的意识的增强。

对事物认识的一个重要方法是一分为二的辩证方法。文化休克给文化适应造成困难和障碍,但也不是"一无是处"。前文已经提到,文化休克虽然会给跨文化适应造成困难,但它是在文化适应过程中学习和积累跨文化适应经验的不可缺少的重要环节。即文化休克可以看成是深入的学习经历,这一经历会增进自我意识和个人成长,这一经历是一段自我理解和自我改变的有益经验。

克服文化休克的障碍和实现文化适应的关键是不断提高跨文化意识。文化休克可以看成是通过学习和体验新文化将跨文化意识由低水平提高到高水平的有益阶段。

对于文化休克的两个主要表现（无所适从和惶恐不安）也必须采取一分为二的态度，而不可全盘否定。古迪孔斯特说得好：

> 外来者为了适应居住国文化，并不想完全消除惶恐不安与不知所措的感受。如果不知所措和惶恐不安的感受过于严重，就无法有效地与居住国的人进行有效的交际；如果迷茫之感过强，就无法准确理解当地人的交际信息，或者无法准确预测当地人的行为表现；如果惶恐心情过重，就只能按本文化的习惯机械地与人交际和理解当地人的行为。同样的道理，如果惶恐心情过重，就会简单从事，只能猜测当地人的行为含义；如果茫然心理不足，就会过于自信，以为已经理解当地人的行为，而不考虑自己的推测是否准确。如果惶恐心理不足，就会失去与居留国人员交际的动力。
>
> 外来者如果惶恐心态过重，就应当注意掌控这种心理，做到有效的交际并适应新文化。要掌控好惶恐心理，就要小心从事。例如，寻求新途径、关心新信息、了解观察的新角度。一旦掌控了惶恐心理，就会对当地人的行为做出准确的预测和解释。如果听之任之，就会用本文化的观念去推测和理解当地人的行为。反之，如果精心从事，就会对新信息持开放态度，就会获得新的观念，如居住国的人的观察角度。这样一来，外来者就可准确预测新情况和新问题。

(Gudykunst，2003：182)

5.2 新理论的特点

西方学者关于文化休克的新理论有如下特点：

(1) 承认文化休克给文化适应造成的困难，但不再将其视为静态的、消极的文化适应障碍，而是以积极的态度面对，将其置于动态的文化适应过程之中，看成是无法躲避但又是培养文化适应能力过程中积累文化适应经验和学习新文化的有益步骤。

第一节 文化休克

阿德勒（Adler）对文化休克的界定就充分说明了这一点：

> 我们将文化休克看成是深入学习的经验，认为文化休克可以提高自我意识和促进自身进步。文化休克不只是需要通过文化适应医治的疾病，也是积累跨文化学习经验需要处理的核心所在。这一经验是自我理解和转变不可或缺的。

人们只有在离开了熟悉的环境之后才会对以前视为当然和习焉不察的文化习性和观念有新的认识和新的理解，只有在离开了熟悉的母语文化之后才会发现自己对与己不同的新文化多么缺乏了解和认识。来到一个新文化环境以后，人们不得不搁置甚至摆脱原有文化身份的羁绊，转而学习新文化，培养文化适应能力，转变文化身份，以适应新文化环境的要求。这一认识和态度一改被动应对文化休克的态度，主动积极地学习和适应新文化。对初居一种新文化的人来说，文化休克不再是痛苦的经历，而是提高跨文化意识，进行文化身份转变的基础。

（2）以积极的态度认识和应对文化休克，并不是否认文化休克给文化适应造成的困难，而是仍然认为克服文化休克和实现文化适应不是一帆风顺，而是荆棘载途、崎岖不平的漫长过程。

（3）要克服文化休克造成的困难，学会文化适应，就必须不断增强跨文化意识，培养适应新文化环境交际的能力（host communication competence）。

（4）研究方法应当是从重在文化休克的克服转至注重摆脱旧文化的束缚，学习与适应新文化，其核心部分是不断增强跨文化意识，努力培养跨文化交际能力和转变文化身份。

> **思考题**

1. 什么是"文化休克"？
2. 关于"文化休克"的新旧理论区别何在？
3. 请在来华外国人员或海外归国人员中做一社会调查，了解他们文化休克的经历和体会，并做理论分析。

第二节　跨文化适应

本节讨论三个问题：跨文化适应的含义与种类、跨文化适应的过程以及短期文化适应与长期文化适应。

1. 跨文化适应的含义与种类

1.1 跨文化适应的含义

"跨文化适应"是英语"cross-cultural adaptation"的汉译，一般将其称为"文化适应"（cultural adaptation 或 cultural adjustment）。何谓"跨文化适应"？金的定义是：跨文化适应是"一种综合现象，指的是初居一种生疏的社会文化环境中的人，努力在自己与新文化环境之间建立起并维持一种相对稳定的（stable）、互动的（reciprocal）和有功效的（functional）关系"。这一定义的核心是，适应的目的是达到个人心理对外在新环境的全面适应。金等人认为，适应实际上是一个交际过程，其中包括含义比较狭窄的一些常用术语。例如，assimilation（融入/同化），指的是接受居住国主流文化成分，融入到新文化之中；acculturation（文化适应），一般指只吸收新文化的某些成分而不是全部内容；coping and adjustment（应对和适应），常常指对跨文化挑战的心理应对；integration（结合），指的是参与到居住国社会之中。（Gudykunst, 2005：380）阿克顿（Acton）和费利克斯（Felix）则将文化适应定义为"逐步适应目的语文化但不必抛弃母语文化的身份"。（Valdes, 1986：20）布朗则认为，文化适应（acculturation）是"对一新文化适应的过程。要实现文化适应，不仅需要进行交际行为的调整，还需要重新调整思维和感情的导向"（a reorientation of thinking and feeling）。（Valdes, 1986：33）我们可以将"跨文化适应"定义为：跨文化适应是一个对新文化环境适应的过程，指的是初居一个新文化环境的人，不断克服文化休克的负面影响，从交际行为、生活习惯到思维方式与价值观念做出相应的调整或改变，最终达到适应新的文化环境和学会在新文化环境中进行有效交际的能力。

1.2 跨文化适应的种类

跨文化适应可以分为几类：

1.2.1 短期旅居者的文化适应

指因学习或工作而暂时旅居另一文化的人对新文化环境的适应。他们的居留时间短到数月，长则几年。从文化休克到文化适应的过渡一般体现在第一、二年。

1.2.2 长期文化适应

指长期侨居异国和移民国外者的文化适应。克拉克（Clarke）称这种文化适应过程中的文化休克为"意识冲突（clash of consciousness）"，认为这是第二次文化休克"浪潮（second wave）"。这种文化休克表现为永久移民（permanent immigrant）在新文化环境中基本克服了短期文化适应过程中文化休克的阻碍，已经基本安定下来。在语言、生活、工作和交际等方面都已无大的困难，但是他们仍然难以融入当地居民群体和文化。他们对当地语言的深层内涵和风格仍不得要领，对人们的生活方式和"幽默"感仍难以认同，甚至感到自己已成为既不被新文化接受又不为母语文化所认同的边缘人物（marginal person）。许多人身居一种新文化数十年，甚至一辈子，却仍然摆脱不了这种没有文化归属的困境。笔者在美国就曾听到已从台湾到美国侨居四十多年，并已成为美国公民的几位教授的诉说。他们说，自己总难以摆脱游离于不同文化之间的"marginal person"的痛苦："美国人把我们看成中国人，中国人又把我们当美国人；大陆人认为我们是台湾人，台湾人又将我们视为大陆人。我们自己都不知道我们是什么人！实际上我们已成为谁也不要的人！"第二代移民能否完全摆脱"边缘人物"的地位也很难说。笔者在英国某大学中文学院见到一位华裔女士，她是我的学生，汉语很好，普通话也很标准，却不能教汉语。我问她"为什么"，她痛苦地指着自己的脸说："您没看见我是黄皮肤吗?!"在欧美的中国移民要变成人们所说的"banana person（香蕉人，即皮肤是黄色的，内心却已变成白人了）"恐怕也非易事。所以，移民要实现长期文化适应，只有跨越了长期文化适应的门槛，实现了文化身份的完全改变，才能基本达到目的。

案例25. 华人在美国长期适应的困难

洛杉矶《国际日报》1998年7月8日登载的题为"华人应否到美国来发展"的文章描述了移居美国的华人长期文化适应过程中所遭遇的文化休克之苦。文章列举了在美国居留的三大难题：语言障碍、签证和永久居留难、谋生困难。作者认为"华人在美最大的困扰是无法进入美国社会之主流，如住在白人区，一生孤立无援，白人甚少与华人交友和建立关系。永远是孤立的，即便会英文也难建立密切关系……好多白人因文化习惯、思想、风俗不同，故对华人敬而远之，即便加入同样的俱乐部，亦难与之结交，始终对华人抱着悠悠行路的心情，无所谓、不器重，为白人对亚裔人一贯的态度。因此，华人在美国社会上永远是被隔离的，唯一因应之道，乃是建立自己的社会团体，合作无间，患难相扶持。""纵令学了十年八年英语，（与白人）亦难谈话投机，风情殊弃，文化有别。他们所喜欢的足球、棒球、高尔夫球，我们一窍不通；谈起电影明星、歌星，常觉莫名其妙，如再谈笑话更听不懂。所以和白人结成莫逆根本不可能；在外国永远是与社会人群脱离。除非有某种因缘，要和海外华人结交似有同样困难，如本身无经济条件或社会地位平庸，别想交到朋友。人情纸薄，到处皆然，绝少想到在海外应互助团结，共渡时艰。"

（雍卫民，《参考消息》，1998年7月22日）

案例分析参考题

1. 美国华人移民遭遇到的最大困难是什么？原因何在？
2. 这一案例说明长期文化适应必须应对的关键问题是什么？如何解决这一问题？
3. 请用这一案例阐述自己对文化休克和文化适应的看法。

1.2.3 在本文化大环境之中对异文化小环境的适应

这类适应主要指中国人在中国国内对外企、合资企业和在华外国机构中工作环境和人事环境的适应。

1.2.4 对本国一些特殊的多元文化环境的适应

如北京普通市民对国际大都市多元文化环境的适应。

1.2.5 重归文化适应

这是一个尚未引起国人注意却已越来越突出的问题，即留学或侨居他国数年甚至多年后回归祖国的人，在相当长一段时间内感到自己与祖国文化产生了距离感，对国内生活、工作和人际交往难以适应，"看不惯"的人和物甚多，有的人甚至只好再次移居国外，再也不愿回来。其实，这正是"重归文化休克"的典型反应。

重归文化适应（the Re-entry Adjustment Process）在西方一些国家早已引起人们的注意并已有不少研究。研究者认为旅居他国一段时间再回归祖国的人也会产生文化休克，也需要经过类似旅居他国初期的文化适应过程才能"回归"自己的文化。不过，这一过程相对来说要短得多，也容易得多。

2. 文化适应的过程

文化适应需要通过一个艰难的克服文化休克，在语言、生活、交际和思维等方面的习惯逐步由本文化转向目的文化的过程，文化适应过程也是价值观念和文化身份调整或改变的过程。文化适应的成果大小、时间的快慢，不仅取决于两种文化之间差异的大小，更重要的是本人的态度和适应能力。

文化适应过程是分阶段的。西方学者从不同的角度进行研究已有许多很有价值的论述，有的将这一过程分为三个阶段，有的分为四个阶段，也有人分为五个阶段。划分阶段的依据和角度也不尽相同。下面介绍莱文与阿德尔曼的五段论：

莱文和阿德尔曼（Levine & Adelman, 1982：198）从文化的角度以一年左右侨居期为例，将文化适应过程分为五个阶段，并用"W"加以图示。

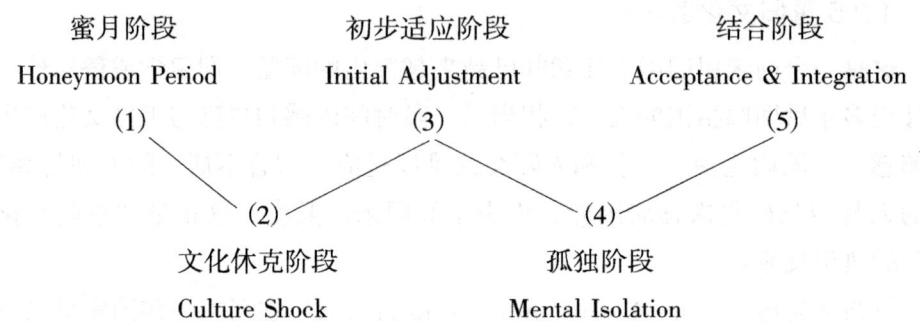

每个阶段都有其典型的表现：

（1）蜜月阶段

刚到一种新的文化环境，许多人对一切新的东西都感到新奇，情绪兴奋，他们为能来到这一新文化而感到兴奋不已。

（2）文化休克

有人感到一下子为许多问题所困扰：住房、交通、购物、语言等都遇到了问题。特别是语言困难造成了严重的心理危机。

（3）初步适应阶段

日常生活困难基本克服。语言虽还不流利，但尚能使用第二语言表达基本意见和感觉。

（4）孤独阶段

已离开家乡故土良久，开始感到孤独无助。感到自己还不能像使用母语一样自如地运用第二语言，进而开始慢慢感到心情沮丧，失去信心。有些人总难跳出这一阶段。

（5）结合阶段

工作、生活和学习都已走上正轨，对新文化的生活、习惯、风俗、饮食和人们的文化特征已经适应或接受，与朋友和同事之间相处也比较自然，语言也已习惯。

莱文和阿德尔曼还用一"W"图形形象地描绘了重归适应过程：

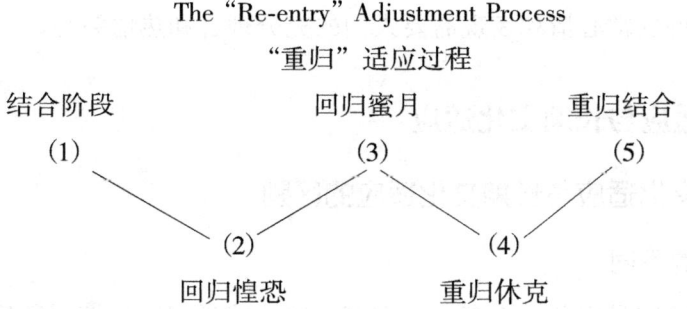

（1）结合阶段（Acceptance and Integration）
已经适应新的文化。

（2）回归惶惑（Return Anxiety）
即将离开已经长期旅居的文化时感到心里惶惑，为即将失去已交上的朋友而感到痛苦，不少人感到自己在国外期间已发生了巨大变化，现在要回国心中感到惶恐不安。

这两个阶段是返回祖国之前的心情。

（3）回归蜜月（Return Honeymoon）
刚一回到长期阔别的祖国感到兴奋不已。亲友的欢迎，旧情重叙都令人神往。

（4）重归休克（Re-entry Shock）
亲朋好友可能对自己的国外经历难以理解和认同，发现祖国和故乡发生了意料不到的变化，自己颇有"落后于时代"之感。

（5）重归结合（Re-integration）
与家庭和亲友重新熟悉，感到重又融入故国社会。许多人达到这一阶段时认识到自己祖国和曾经旅居的国家都各有长处和短处，对自己在两种文化中的经历已经产生了心理平衡感觉。

祖国的人对待归国学生和亲友同事应正确认识，热情关心和积极帮助，要理解他们刚回归时的不适应困难，给以热情的关心和耐心的帮助，还要虚心地学习和真诚地合作，以达到帮助他们迅速渡过重归适应期，心情愉快地为祖国效力。归国人士和祖国亲友、同事都需要认识到，回归适应与旅居适应一样需要经历一个过渡、失落和改变的过程。人们对重归文化休克和文化适应最易缺乏思想准备，重归故土者极易产生茫然不知所措的心情和惶恐不安的感觉。所以，归国人员的反常心情和表现需要人们的充分理解和热情关心。

3. 短期文化适应与长期文化适应

3.1 短期文化适应与长期文化适应的区别

3.1.1 目的不同

短期文化适应是因公、因事（如到国外工作或学习）短期居留异国他乡期间的文化适应，也包括在本国对外国企业文化的适应。目的是保证其在异文化环境中任务的顺利完成。这种文化适应就是人们所说的"工具性（instrumental）"的文化适应。

长期文化适应是一种对永久居留环境的适应，主要指移民的文化适应，其目的是要融入居住国文化，成为该文化的一员。

3.1.2 达到的标准不同

短期文化适应是对暂居异国期间文化休克的克服，也包括在本国文化大环境中对外国机构和与外国人交往的异文化环境的适应。解决的是工作或学习常规的建立，熟悉和适应新的人际交往关系，保证正常的生活、工作或学习能够顺利进行，使既定任务得以完成。短期文化适应不必达到文化认同，更不要求文化身份的改变，只求相互理解、友好合作、和谐共处。短期文化适应需要跨越的"文化适应门槛"是克服文化休克，进入初步文化适应阶段。

金为文化适应提出了"适应新文化环境中交际的能力"的理论。所谓"适应新文化环境交际的能力（host communicative competence）"，指的是移民和旅居者在居住国文化环境中的有效而又得体的解码和编码能力，是一种接受和适应居住国文化交际规则的能力。具备了这种能力，才可以理解居住国人们处事的方式，才可以理解和学会在新文化环境中所必须的思维、感受和行为方式。这一能力包含三个要素：认知能力（cognitive competence），即熟悉新的文化并学会其语言和必要的信息加工能力。感情能力（affective competence），即能够主动自觉地应对工作、学习和生活中的各种挑战，能够参与社会生活，体

第二节 跨文化适应

会居住国人们的感情，并且愿意做出必要的自我改变，以适应新文化环境的要求。行为能力（operational/behavioral competence），即能够有效而又得体地进行语言交际和非语言交际，以满足工作、学习和生活的需求。（Gudykunst, 2005：385）

长期文化适应解决的是永久居留所必须的文化身份的适应和改变，其"文化适应门槛"是文化身份在由母语文化转至移民国文化过程中的界限，是顺利渡过"过渡文化人格"的动态过程，即由母语文化向居住国文化身份转变的过程。

长期文化适应需要经过三个阶段：克服文化休克，达到初步文化适应，即短期文化适应的要求；逐步摆脱母语文化的羁绊，获得过渡文化人格；实现文化身份的彻底转变，完全融入移民文化。获取过渡文化人格是进入长期文化适应的关键期。

在此，有必要评析金的"跨文化人格"和"第三文化"理论，排除认识的误导，以把握文化适应的正确方向。

何谓"跨文化人格"？金等西方学者都将"跨文化人格（intercultural person）"视为超越文化群体约束的"人类共有的性格（the universal aspect of human nature）"，其主要特征是"个人主义（individualism）"和"全球化（universalization）"。金认为，通过跨文化交际和文化适应过程，人们逐步淡化文化属性和模糊文化界限，最终达到完全摆脱任何文化属性的约束，成为不归属任何文化群体，不具备任何文化属性的个体。

何谓"第三文化"？金等西方学者在提出"跨文化人格"的同时也提出了"第三文化"（the third culture）的理论。对于什么是"第三文化"，西方学者的看法不尽一致。金等人将"第三文化"视为在母语文化和移居国文化性格结合的基础上形成的"超越任何文化约束"和"高于任何文化"的"个人主义文化"。并将其视为最终目标和最高理想——摆脱了任何文化约束的自由自在的个人主义者。她所用的一个案例十分形象地说明了她的观点——一位曾在日本和美国都居住过的日本人 Muneo Yoshkawa 对自己成为"跨文化人格"经验的总结：

> 我现在既可从客观角度也可从主观角度观察日美双方文

第六章　跨文化适应与第二语言教学

化了。我可以没有明显冲突感地在两种文化之间自由来往了。两种文化在我身上的汇合如同数字加法 1+1 等于 3 或略大于 3。超出两种文化的多余部分没有文化属性，而是一种超越具体文化约束的独特个性。也许是因为我已经有了新的特性或新的自我意识。这一新属性源于对价值观念相关性的了解，也源于人类共性一面的存在。我现在的确并不在意别人是把我看成是日本人还是美国人了。我就是我了。我感到自己比过去任何时候都自由自在了。这种自在感不仅表现在认知方面（包括认识和思维等），也表现在感情方面（如感情、态度等），还反映在行动领域之中。

金认为这一案例反映出的是"第三文化"的特点，即超越了任何具体文化的约束而回归到人类共同的本性。

金引用本涅特（Milton Bennett）的例子说明她对"第三文化"和"跨文化人格"的看法。她将获取跨文化人格的过程比做爬山的过程：等到爬山者到达山顶时才发现，上山之路千万条，每条路都有自己独特的景色，但是条条道路都通向山巅。跨文化人格形成的过程如同爬山一样，人们在这一过程中会发现他们自己的文化只是更大、更广阔、内涵更加丰富的整体的一部分。这一认识会促使人们具备更大的移情能力，积极去分享他人的世界观。金和本涅特用这一例试图说明的是，人类文化各不相同，但最终都会殊途同归，走向同一目标——"第三文化"和"跨文化人格"，即由各种文化结合而成的、不再具有任何文化特性的"大同文化"和"世界人"。

我们需要正确认识金等西方学者有关"第三文化"和"跨文化人格"的理论，因为这一认识涉及如何认识第二语言教学/学习的目标和文化适应的目标问题。具体需要回答的问题有三：第一，有没有超越任何文化约束的"第三文化"和"跨文化人格"？第二，西方学者有关"第三文化"和"跨文化人格"的实质何在？第三，第二语言教学/学习和文化适应的目标是不是培养具有"第三文化"特征的"跨文化人格"？

我们不能盲目照搬金有关"跨文化人格"和"第三文化"的理论。这一理论的主要问题有五个方面：

（1）将移民文化适应的文化身份转变过程中的"文化适应门槛"误认为是长期文化适应的最终目标。移民经过一段文化适应过程，通过对新文化的熟悉、体验和适应，"似乎"已经习惯了游离于母语文化与移居国文化之间的处境，也"似乎"可以自由自在地与两种文化的人交往，而且没有明显的母语文化的约束感。然而，这并不是长期文化适应的最终目标，因为这种人也不是不受任何文化约束的"自由自在"的"超文化人"。这种游离于两种文化之间的状态正是"边缘人物"的典型表现：一方面，他可以自由应对两种文化；但另一方面，他已成为"空中浮萍"，失去了文化归属感，不为任何文化所认同。这种被排除在母语文化和新文化之外的漂浮感是无法与人们想象中的"超文化人"同日而语的。这种人面临的只有两个抉择：要么继续向前，努力争取文化身份的完全改变，进入新文化。要么放弃新文化环境，返回到母语文化中。

（2）金的错误之一是企图摆脱人们的文化属性，追求凭空设想的、超越具体文化的"大同"世界（universalization）。金将"跨文化人格"定义为"超越任何文化群体的个人性格"。错误之二是忽略了破与立之间的关系，简单地用数学加法计算文化身份的改变，认为新的文化身份"是由各种文化人格相结合而形成的人类共性"（Kim，1988），其核心是没有任何文化差异的"世界人"。金认为，文化适应的最终成果是摆脱"文化狭隘主义"而走向"人类共性"。（Gudykunst，2005）金等人声称，通过文化适应进入"第三文化"的目标是摆脱文化属性，成为"世界人"，获取"超文化人格"。这种"超文化人格"不受任何文化约束，没有任何文化特征，是全人类化的更高一层的结合体。（Kim，2001：197）

金为了塑造超文化的"世界人"，还借用佛教、道教理论和阴阳学说，将"世界人"描写为"毫无差异、超脱世俗、人与人之间没有矛盾和冲突的理想世界中的人"。（Kim，2001：196~197）这样，金就不仅将其"世界人"变成乌托邦梦想中的人，还进一步将其变成脱离凡间世俗的"人"了。这种"理想人"的形象，在金看来就是前面案例中的日裔美国人。

金等人抹煞文化差异的原因是他们不重视"Everyone is culture bound.（无人不受文化约束。）"随着社会的发展和跨文化交际的发展，文化趋同现象是会越来越多，但这种趋同在相当长的历史时期内绝对无法消除文化差异。金等人期盼的"世界人"不仅现在没有，到全世界实现共产主义之前也永远不会存在。

（3）金的"跨文化人格"实际上是个人主义的人格（individualism），是我行我素，不受任何人、任何文化约束的人格。这正是以个人为中心的文化的特性，并没有超脱某些文化的约束。

（4）金等人的"第三文化论"在当前世界宗教冲突、民族纷争和控制与反控制的复杂世界斗争中只会对人们起到误导作用，成为超级大国和侵略者制造欺压和控制世界其他国家的借口。下面就是警示这一危险的极好例证：

> 本涅特（2001）认为，"大同文化（universal culture）"将是各种文化之间信息交流发展的结果。并明确指出，廿余年来，世界各国之间的频繁交往稳步发展。当今，尽管由于地理和文化（语言）障碍而存在地区隔阂，全世界以北美和西欧为中心形成了一个单一的综合国际网络。这一全球化的一个可能结果是将全世界各种文化统一和汇合为一个全球文化。各文化在这种统一和汇合中所占的地位，将由其对信息传播所做的贡献大小来决定。换言之，全球文化将是以世界信息传播系统的中心国家为核心而形成。当今世界文化的中心就是美国和西欧。
>
> (Gudykunst, 2003: 268)

这种观点给人们的警示是，首先，由于历史的原因和经济发展的差距，目前世界大众媒体的确仍由北美和西欧控制，而且美欧舆论宣传占据绝对优势，这是世界局势中一段时期内由历史形成的不正常现象和极不合理的局面。然而，这种状况随着历史的发展也必将改变，试图用欧美文化和价值观改变整个世界和统治世界也的确是当今西方某些国家大加宣传并竭力推行的战略，但是这一企图永远不可能实现。其次，从目前世界形势看，盲目大讲"全球化"或"世界化（universalization）"只会将人们误导入服从和接受美欧价值观和以一种文化代替世界所有文化的危险。因此，如何定义和看待世界化是跨文化交际领域学者值得认真研究的大课题。上述理论都未摆脱以个人主义为中心的文化特性的羁绊和欧美文化中心论的心理。这些理论也正好证明了文化属性的超脱和纯客观主义的欺骗性和不现实性。

(5) 在长期文化适应过程中出现的是文化过渡期间内的"过渡人格"而不是超文化的"跨文化人格"。"intercultural personhood"中的"intercultural"的释义不应为"超越具体文化",而是由一种文化向另一文化转化的过渡阶段;intercultural personhood 不是"跨越文化的人格",更不是"超越任何文化的人格",而是文化身份转变过程中出现的"过渡文化人格",这种人格是由一种文化向另一文化逐步过渡的过程中的动态人格。其特点是在充满文化矛盾和文化冲突的整个过程中母语文化成分不断在减少,目的文化成分不断在增多,最终达到完全脱离母语文化,获取移居国文化的身份,直至融入到移居国文化之中。"文化过渡人格"或"过渡文化人格"的主要特点为:

① 过渡文化人格是逐步淡化母语文化特征而向新文化接近但尚未形成新文化人格的动态人格,身处由母语文化向新文化行进的途中。这一"行进"过程中移民的文化人格是母语文化人格和新文化人格的混合,是母语文化人格逐渐消退和新文化人格逐步增强的过程。这一人格的突出表现是,主观意愿是工作/学习和人际交往中尽量适应新文化的要求,但实际上是两种文化习俗和规则的结合:在家中和来自母语文化的人群之中仍然基本保留着母语文化生活方式和交际方式;行为表现越来越接近新文化的特点,而思维方式和价值观念等深层文化特点却仍然难以摆脱母语文化的约束。

② 具有过渡文化人格的人是处于两种文化之间的"边缘人物"。他们既与两种文化的人都有关系,又被排斥在两种文化之外,进入不了任何文化的核心。他们在人际交往中具有双重作用:从积极方面可以起到沟通两种文化的桥梁作用;从消极方面则处于没有着落、没有支撑的漂浮不定的地位。

③ 这一动态人格是不稳定的。如果坚持前进,态度积极,就可以逐步接近新文化并最终达到文化身份的完全改变,融入新文化;如果态度消极,甚至知难而退,则可能逐步远离新文化,退回母语文化。所以,文化过渡期是文化身份改变的关键期。

④ 文化人格转变的"文化适应门槛"是价值观念的转变,表现为文化身份的抉择,即由"入乡随俗"转变为思其所思和行其所行。

3.2 短期文化适应与长期文化适应的关系

短期文化适应是长期文化适应的基础，也可以说短期文化适应是长期文化适应必经的起始阶段。没有短期文化适应，长期文化适应就无从谈起。但实现了短期文化适应，也只是长期文化适应的"万里长征迈出的第一步"。下面一个案例可以说明二者之间的关系。

案例 26. 了解中国如同剥洋葱

中国就像一头洋葱，从外到里一层层剥开进行观察，似乎看不出什么区别。然而，如果仔细透过层层外皮深入葱心，就会发现微妙的差异。

绝大多数人只观察两三层就算了事。他们见到的只是辽阔的大地、熟悉的电视形象、竹林和稻田、热闹的城市与蜿蜒于山脊之上的万里长城。对隐蔽深处的形象却难以把握。

与中国人随意接触并不困难。如果你能试图说点简单的汉语，他们就会对你的勤奋和能力大加赞赏。但是，等你经过几年学习，汉语水平有了较大提高以后，他们对你的语言能力的赞扬就有点谨慎了，官员和知识分子的表现尤为突出。是不是洋鬼子对中国的核心情况和中国人的想法过于注意了？早时对结结巴巴的汉语的赞扬热情现在却消失了。外国人对汉语的掌握和用汉语就政治与哲学问题谈吐自如的能力引起了他们的担忧，激发了他们的畏惧和怀疑。许多有这一经历的外国人都反映，原以为他们的汉语能力越强，与中国人的关系会越加密切，可是实际情况却是与中国人交友越来越难。在这个国家，千百年来一直具有强烈的民族优越感和仇外情绪，其人民与外国人交友往往意味着遭受迫害（persecution）、受到惩罚（prosecution）或者危及性命（execution）。

中国人对外来者可以表示欢迎，但永远不会信任。你在中国越感到轻松自如和充满信心，中国人就会越加怀疑你存心不良，他们把你对中国社会的深入看成是如同蛀虫钻入苹果心。许多在中国虚度年华的人士都有这种说法。

了解中国的复杂性不会影响只在中国学习或工作数年的短期旅居者。然而，对于致力于了解和研究中国及其发展的人来说却是令人关切的大事了。

(Sinclair, 1990)

案例分析参考题

1. 辛克莱尔对中国的基本看法是什么？问题的症结何在？
2. 作者的评论中涉及中国文化的礼貌和交友问题，你认为其文化误解在何处？应当怎样认识和回答这位记者的看法？
3. 如何运用此案例如何说明文化适应中可能出现的问题？如何运用此案例说明短期文化适应与长期文化适应之间的关系？
4. 请将此案例与案例25相对照，讨论文化休克与文化适应的普遍性以及长期文化适应需要解决的问题。

思考题

1. 请认真研究一下西方学者有关文化适应的理论并提出你自己的见解。
2. 请进行一次社会调查，研究来华外国人、我国出国人员短期与长期文化适应或我国在外企或外国驻华机构中工作的人员的文化适应情况。

第三节 从电影《刮痧》看移民文化适应问题

改革开放以后，中国侨居国外的人越来越多，这些移民和侨居者在国外都有不同的发展，也为侨居国和自己的祖国做出越来越大的贡献。然而，他们在侨居地生活、学习或工作中也经常出现不少问题，有的问题还很严重。如何正确认识和妥善解决这些问题，我国政府已给予了足够的重视，但相关学术研究还相对滞后，人们的认识还有待提高，跨文化意识急需加强。其中关键是移民如何清楚认识和正确对待文化休克和文化适应，特别是价值观念与思维方式的适应，也就是"文化身份"的适应。

电影《刮痧》讲述的是移居美国的一对中国年轻夫妇所遭遇到的严重的中美文化冲突的故事。故事发生在美国密西西比河畔密苏里州的圣路易斯市，电影主人公许大同旅居美国八年并加入了美国国籍，成为事业有成的电脑游戏设计师，其太太简宁是房地产商，夫妻两人与五岁的儿子丹尼斯一起过着幸福的生活。以后许大同又将孤身一人的父亲许祥毅从北京接到美国共享天伦之乐。许大同在年度颁奖大会上因获得最佳设计奖而感到幸福和自豪。他激动而又骄傲地在大会上向全体美国人高声说："我爱美国，我的'美国梦'终于实现了！"然而，天有不测风云。有一天，他的儿子只与爷爷在家时，肚子疼而且发烧，爷爷因不懂英文无法给他服药，就采用了中国传统的刮痧疗法给他治疗。翌日，丹尼斯由于掉下床，磕破了头被送医院急诊，医生在为丹尼斯做全身检查时发现他背上刮痧留下的痕记，断定他在家受到了"虐待"。于是，许大同夫妇被禁止接近儿子，儿童福利局更认定许大同有暴力倾向，准备以法律手段剥夺其对儿子的监护权。法庭上无人了解刮痧这一中医疗法，也无人理会许大同的解释，原告律师还污蔑许大同设计的《西游记》动画片中的"孙悟空是暴力实行者，中国文化崇尚暴力"。愤怒的许大同因不容污蔑自己的文化而失去理智，又被指控其举动正是严重暴力倾向的"证明"。尔后，接连不断的灾难噩梦般地降临到这一家头上。许大同官司缠身，而且有家不能归，许父也痛苦地离开了美国。原来幸福美满的家庭转眼间变得支离破碎。值得庆幸的是，在许大同善良的美国老板的帮助下，"文化误会"最终消除，一家三口终于在圣诞之夜得以重新团聚。该电影导演郑小龙的妻子王小平侨居美国，他们夫妇创作这一剧本并非杜撰，而是基于真实的故事。一次，他们在美国报纸上看到一则消息，讲的是一对华裔夫妻的遭遇：丈夫在给孩子洗澡的时候，孩子在澡盆里摔伤了。美国医生认定为其父"故意虐待孩子"，引发儿童福利局介入，从此，这一对夫妇莫名其妙地陷入了持续四年之久的官司。这对夫妇正好是郑、王夫妻的朋友。郑、王夫妻收集了这一案例的相关资料，认为其中有中美文化差异问题。他们以此案例为基础，创作了剧本《刮痧》。他们希望"以一对中国移民夫妇在美国生活的遭遇，展现中美文化差异所造成的冲突以及为之付出的沉重代价，表达人们企盼东西方文化及人类的相互沟通、理解与融合的愿望。"其目的是"表现文化的沟通与交流"。（郑辰根，《〈刮痧〉走向人类的家园》，《影视纵横》，2001年）

从跨文化适应的角度看，这是反映移民长期文化适应过程中遇到的文化休克问题,遭遇到的是长期文化适应过程中跨越"文化适应门槛"的困难。我们可以从三个方面对电影《刮痧》所反映出的文化休克表现做一分析。

1. 电影《刮痧》反映出的是家庭关系中价值观念的文化冲突

《刮痧》反映出的中美文化冲突是中国家庭亲情关系的自然联结与美国家庭契约关系的法律保障之间的冲突。这是价值观念的文化冲突。该电影反映出的中国移民与美国主流文化一系列尖锐冲突都揭示出移民文化适应的核心障碍是价值观念的文化冲突。表现为影片中的冲突都是中西文化之间情与法的冲突、道德要求与法律约束之间的冲突、以及法律观念的文化冲突:

1.1 中国父亲将五岁幼子一个人留在家中,是出于不得不离家到警察局去救父而做出的亲情取舍,即使出了问题,外人也只会同情与帮助,而不会责备父母。因为"外人"知道父母当然是疼爱子女的。然而这种作法却违背了无情的美国法律——在任何情况下将年仅五岁的孩子独自留在家中都要受到法律的制裁,没有任何理由可以得到赦免。

1.2 中国父亲在自己孩子与别人的孩子打架时只对自己的孩子进行管教,当着别人的面打自己的孩子表示的是严于教子和尊重他人。父对子的严加管教既合理(正是爱的理性体现)又合法(父教子天经地义,打自己儿子一巴掌并不违法)。2006年8月22日在提请全国人大常委会一审的《中华人民共和国未成年保护法》(修订草案)中有"禁止对未成年人实施家庭暴力"的规定。全国人大内务司法委员会工青妇室主任于建伟在解释这条法律时说:"家庭暴力有特定概念,不是说有时候生气了,打孩子一巴掌就是家庭暴力。而是指严重的、经常性的、对孩子造成了伤害等严重后果的行为。"(《北京青年报》2006年8月23日)中国人的共识是"父母疼爱子女,天经地义",只要不是虐待就不算违法,政府部门对家庭纠纷采取的是极为慎重的态度,中国民间说的"清官难断家务事"就是这一文化特征的一个反映。

1.3 祖父为孙子刮痧,父亲却出来承担"罪责",在中国文化中是子女出于孝顺之情,甘愿替父受过。中国人对此举是理解和赞扬,而不会指责。这是因为,首先中国人知道祖父为孙子刮痧不是想伤害他,而是出于爱护和关心。其次，在外国人面前，再大委屈也要由儿子替父承担，而不能让刚来异国他乡的父亲去承受。当然，在这一问题上，对情与法的关系把握必须有度，子女包庇父母的违法行为则是对法律的违犯，亲人犯法时遵循的原则是"大义灭亲"。

1.4 祖父痛苦地离美回国时，儿子见到他对孙子依依不舍的悲痛心情，不惜"违背"美国法律，将儿子"偷出来"向祖父告别，中国人对此举的表示只会是同情和感情的共鸣，认为美国将亲子隔离是错误的，不认为许大同的"违法"有什么不对。而"无情"的美国法律又视其为中国人难以理解的"父亲劫持儿子"的违法行为，不惜动用大批警力"追捕"。这是中美之间情与法的文化冲突的又一例证。

1.5 许大同在圣诞之夜，不畏"违反法律"和生命危险偷偷地爬楼回家与家人团聚。这在美国又是明知故犯的严重"罪行"。中国人看到后却不仅不会有这一感觉，反而抱着同情心情加以对待。这就不仅是中美之间情与法的冲突，更重要的是中国人并不认同许大同此种为孩子而冒险的行为违犯了法律，而是认为其行为情有可原。

1.6 在传统中医疗法问题上的文化冲突，是在价值观念问题上对中国移民和美国主人文化态度最严重的考验。

（1）居住国的人应如何正确认识本文化中所没有的东西和自己不了解的新移民的文化？是采取"大熔炉（melting pot）"的态度强行贯彻"同化（assimilation）"政策，还是容忍多种文化并存，采取理解与容忍的态度允许多元文化（pluralism）存在，并承认各种文化一律平等？美国人过去一直将美国看成是"melting pot"和全世界"山巅之城（the city upon a hill）"。尽管现在越来越多的美国民众主张用"mosaic（混合文化）"取代"melting pot"，许多美国人却仍然丢不掉传统观念。有的人，尤其是美国政客，为了自身政治利益，反而将这一传统观念进一步发展、扩大到登峰造极的地步，用以指导与他国和他种文化之间的关系，如强行推销自己的价值观，以"世界领导者"和"统治者"自居。对他们来说，自己没有的往往被看成是不合理的，就加以拒绝，不知道的就是不存在的，就不予承认。

（2）移民要正确认识与对待居住国文化。对于母语文化中司空见惯又理所当然、而在居住国文化中遭到误解和文化冲突的事，移民的正确态度和做法应当是什么？这是一个极其复杂而又难以处理的问题。也是本书讨论的重点。

2. 电影《刮痧》反映出的是移民文化休克和文化适应问题

上述两个问题是跨文化适应中"主客"双方需要正确认识和妥善处理的大问题，而要解决这两个问题，就必须有效而又恰当地处理文化休克与文化适应问题。

2.1 电影反映出的根本问题是旅美中国移民的文化休克

谈到"文化休克"，人们熟悉的现象是初处陌生文化环境中所表现出的不知所措、惶恐不安以及随之产生的抗拒心理。(毕继万，1987) 应当说，这只是文化适应初期所遭遇到的问题，只要解决生存适应就可以达到文化适应目的，一般只需要一两年时间就可实现。然而，移民文化适应需要解决的根本问题是价值观念和文化身份的文化适应。西方学者公认的"文化身份的转变（transformation of cultural identity）"实质上指的就是价值观念的转变。这种深层文化心理的转变最难做到，甚至最难以察觉。新的文化环境可以强迫外来者服从新的工作、学习和交际要求与规则，却难以迫使他们做到理解和接受新文化的价值观念，更难以强迫他们改变文化身份。人们为了在新环境中生存、工作或学习，对语言和行为方式（包括学习、工作和部分生活方式）是愿意改变的，也可以比较迅速地改变。但是，价值观念和文化身份的改变需要"脱胎换骨"，也就是需要抛弃出生以来一直视为天经地义的人生信念、道德习惯和做人准则，而不得不去接受与自己母语文化差异悬殊甚至严重冲突的"新标准"和"新原则"。许大同在美国社会已经生活了八年，他可以克服生活和职业上的困难（以街头卖画为生）而成为事业有成的动画设计师，从生活无着到"生活幸福"和"家庭美满"。他们夫妇间还有意只用英语交谈，只教儿子说英语和帮他学习美国生活方式（如不用筷子而用刀叉吃饭）。因为他们幻想，不仅自己而且孩子也将能顺利地成为地道的"美国人"。许大同在授奖大会上自鸣得意地为自己已经变成了"美国人"而欣喜骄傲。遗憾的是，他并不明白他只了解生活和工作环境的适应，却从未预料到随后的灾难，也未认识到他在美

第六章 跨文化适应与第二语言教学

国只是经历了短期文化适应的生存考验。他做梦也想不到，在美八年后他却面临着一个更为艰难的选择：是接受还是拒绝美国的价值观念？是甘心融入到美国的文化"大熔炉"中去还是坚守母语文化身份？其实，这种抉择是文化适应过程中最为残酷的考验。这一考验通过了，他才能在长期文化适应过程中迈出跨越"文化适应门槛"的关键一步，实现文化身份的转变：从中国人变成美国人。否则就会半途而废，无法适应美国文化。但是他们不懂得、也从未想到价值观念的转变和文化身份的改变的决定性作用，他们的悲剧就在于他们不懂得"有得必有失"或"不破不立（No construction without destruction）"的道理，在价值观念和文化身份适应的考验面前终于彻底失败了。在这一点认识上，金的另一观点无疑是正确的：

> 文化适应过程并不是简单的新旧文化相加的过程，在学习新文化过程中，必须伴随着对旧文化某些东西的舍弃。有破才有立，要获得新的东西就必须失去一些旧的东西。同样，要具备新的文化人格就不能不抛弃旧的文化人格。在相当长的一段时间内，获取新文化的行为是与从搁置到而后失去一些旧习惯共存的。随着文化适应和文化舍弃的互动作用的延续，新来者就要经历一个心理转化过程——从表面的行为举止的变化深入到基本价值观念的彻底改变。
>
> （Kim, 1988：382）

金在此不是否定前面的观点。金前后看法反映的共同认识是：第一，将"过渡文化人格"错认为是文化身份转变的终极目标；第二，将文化身份转变的漫长过程中的暂时出现的两种文化特点混合于一身的"边缘性格和地位（marginal person）"误以为是脱离了任何文化约束的"超文化人格"；第三，追求的是没有文化约束的"个人主义"人格。

2.2 电影结局是电影主人公许大同长期文化适应的失败

电影《刮痧》编导的主导思想和结局得到了中国社会的认同和赞赏：一是钟爱母体文化和家园情感，二是企盼东西方文化及全人类相互沟通、理解与融合的愿望。电影结尾体现这两点的表现为：许大同经过千难万险终于"回

第三节 从电影《刮痧》看移民文化适应问题

家"了,星光灿烂的夜空深处回响起了南斯拉夫的炮火声和美军侦察机的轰鸣声,许大同夫妇在教儿子丹尼斯学习"China 中国、Peking 北京、the Great Wall 长城、长江、黄河……",同时回响的还有世界其他国家和地区的语言。这是电影编导精心策划的结尾点题之笔。但从移民文化适应角度看,编导却失去了方向。许大同一家人的团聚和中美人士之间在刮痧问题上的误解消除后,表现出的重归于好的喜剧结局只能解决一时一事的矛盾冲突,却并未指出许大同一家今后的方向,只是就事论事地解决了一时的具体问题,却并未说明许大同等中国移民今后在美国如何才能生活下去。所以,从文化适应角度看,这一结局只能算是失败,至少是尚未成功。因为,许大同一家还面临着艰难的选择:是"回家"(回国)还是继续在美国生活下去?如果继续在美国生活下去,出路又在何方?对这两个问题,编导并未做出回答。

在文化适应过程中,许大同只能算是一个失败者,这种失败表现为他由一个极端走向另一个极端,却始终未找到正确的文化适应的方向和道路。他刚到美国,碰到的是生存困难,克服了生存困难后,一帆风顺的发展使他以为自己已经实现了"美国梦",即已成为融入美国文化的"美国人"。遇到突如其来的挫折和打击后,就又茫然不知所措,甚至想到美国文化无法容纳自己,还是回归中华文化为好,八年的辛苦和成就似乎就要毁于一旦,从已经成为"美国人"的"美梦"中一下子坠落到可怕的"走投无路"的深渊。这种由一个极端走向另一个极端的"文化重症"的根源就是对文化休克毫不了解,严重缺乏跨文化意识。因而也就谈不上文化适应的自觉性了。

3. 许大同面临的是文化身份的危机和抉择

许大同不可能停留在电影的结局上,他今后的出路只有在两条道路中做一抉择:回归故里或继续留在美国。前一条道路既不是许大同乐意选择的,也是难以实现的。因为这一选择表明他移居美国的理想的破灭,经过在外拼搏八年之后再回归故里也只会落得"功亏一篑"。当然,随着国内改革开放的深入发展和大批出国留学生归国创业,许大同也可以以美籍华人身份成为"海归派"的一员。如果他选择继续留在美国,就需要他重新站立起来,勇敢面对文化休克和文化冲突的挑战。一无反顾地走完长期文化适应进程。要达到这一目的,许大同就需要解决以下几个问题：

3.1 清醒认识长期文化适应过程中文化休克与文化适应的特点

许大同必须以积极和自觉的态度去理解和处理文化休克带来的困难。他要认识到，侨居异文化环境，尤其是"坠入"与母语文化差异极大的异文化环境中的人难以避免文化休克的长期考验和漫长文化适应过程的煎熬。许大同旅美文化适应的失败，就是因为他对文化休克和文化适应缺乏必要的认识，不懂得具备跨文化意识的必要性，只注意生活和工作环境的适应，只满足于具备生存能力。因此赴美前对移民文化休克毫无思想准备，到美后生活和工作的顺利进展又让他产生错觉，以为自己已经自然而然地变成了"美国人"。这种毫无困难准备的人一遇到挫折就极易被"晴天霹雳"所击倒，进而难以自控地由一个极端走向另一个极端：由心满意足转向迷茫失望，进而认为只能后退，只有回归母语文化才是出路。如果他稍有跨文化意识，就会自觉地不断增强跨文化意识，认识到必须从知识层面、感情层面和行为层面等方面去自觉提高与居留国家的人的交际能力，就不难认识到自己所遇到的困难是文化休克的表现，是长期文化适应过程中难以避免的困难却又是必不可少的文化学习的机会，进而就会明白一个道理："在一种文化中视为理所当然的事在另一文化中，或对来自另一文化的人来说，可能就是难以处理的大问题，人们对本文化日常生活习惯从不问为什么，但是，对外来者来说，却可能是陌生的甚至难以应对的危机。"（Kim, 2001:50）例如，电影中中国人认为祖父和父母对下一代的关心和爱护天经地义、毋庸置疑，在美国，却要靠法律来监督和保护。许大同夫妇由于对美国文化缺乏了解，对文化休克和文化适应缺乏认识，一旦遇到文化冲突就感到难以理解和不知所措。他们没有认识到文化适应过程不会一帆风顺，而是一个克服重重困难和不断增强跨文化意识的动态过程。这一过程既不平坦，也非笔直，这是变化不定、曲折起伏、坎坷不平、障碍重重的艰难而又漫长的困难进程。

3.2 决心跨越长期文化适应的"文化适应门槛"，达到适应新文化价值观念的水平

许大同遭遇到的是长期文化适应过程中的核心困难——价值观念的文化冲

突，涉及长期"文化适应门槛（acculturation threshold）"的跨越，即由"局外人（outsider）"转化成"局内人（insider）"，或者说他们遭遇的是"文化身份的危机（cultural identity crisis）"。长期文化适应"门槛"是文化身份转变过程中的关卡。这一关卡最难通过，却是长期文化适应的关键。只有实现了文化身份的转变，他这个外国移民才能真正进入美国文化，变成"局内人"。我们也可以说，许大同在获得了生存、工作环境与行为方式的"表面适应（superficial adaptation）"之后已经进入深层文化适应的考验阶段，即文化心理的冲突与调整阶段。这一阶段的心理特点是，既想保持原有文化习惯和文化身份不变，又想与新的文化环境和睦相处，甚至能够融入新文化环境。这种严重心理冲突的实质是移民文化适应的需求与母语文化对抗文化适应的本能之间的冲突，是积极要求适应与拒绝适应的两种心理之间的冲突。许大同由于自己暂时的文化身份的"断裂（personality disintegration）"，既认为自己已是美国人，却又竭力维护中华文化，结果跌落到了文化冲突的深渊。

3.3 坚决做出文化身份适应或转变的抉择

如果许大同已经决定继续留居美国文化环境，他就要正确认识和恰当处理西方学者提出的跨文化转变和跨文化身份问题。我们的观点是：第一，文化身份必须转变，价值观念必须适应。第二，文化身份变化的目标和价值观念适应的要求以及实现的方法，需要认真研究与慎重处理。

3.3.1 文化身份的转变和价值观念的文化适应

所谓"文化身份"，指的是人们自孩童时代就开始形成的所属文化群体的特性，包括世界观、信仰、价值观、思维方式、行为举止和交际准则。许大同的中华文化身份就与美国人的文化身份大不相同。电影《刮痧》中的文化冲突正是由文化身份的碰撞所致。许大同对美国文化不适应正是他的中华身份对美国文化环境的不适应。许大同要想适应美国文化和成为美国公民，就必须对固有的中华文化身份做出必要的改变，以求得为美国文化所接受。

3.3.2 文化身份转变的目标与途径

完全改变成美国文化身份对于第一代移民来说，根本不可能，以金等西方学者提出的"individualization（个人主义化）"和"universalization（世界化）"

为目标既不合理也不现实。中国旅美新移民既理想又现实的目标是获得能够适应中美两种文化并在中美文化之间起到调节作用（mediation）的"过渡文化人格"。

具有调节者（mediator）文化特征的人熟悉两种文化，能够适应两种文化，还具备调节两种文化之间的矛盾和能够沟通两种文化之间的理解与交流的能力。他既了解两种文化之间的相似点，又清楚二者之间的差异和冲突。既不完全抛弃母语文化的传统习惯与文化特质，又能充分理解和适应居住国文化环境的要求；既热爱母语文化，又欣赏新文化和接受新文化，这种认识与态度也适合于价值观念的适应。新移民难以完全改变或丢弃母语文化的价值观念和完全接受与欣赏新文化的价值观念，但是，他们可以，也应当尽量理解和乐于适应新文化的价值要求，愿意放弃母语文化价值观念的对抗。如果采取旁观者、局外人的态度，用母语文化的价值观念和思维方式去认识与对待居住国文化，就会像西方的某些"中国通（China hands）"一样，不仅无法适应居住国文化，连正确认识和对待新文化都难以做到。前面讨论到的"边缘人（marginal person）"是中国人在外国的第一代，甚至第二代移民难以摆脱的适应水平。"边缘人"是游离在母语文化与所在文化之间，失去了文化归属感，还不能与所在文化的人平等相处的"外来人"。这种"边缘人物"虽然有其处境困难的一面，但是也可以充分扩大和发扬积极面，尽量缩小消极面，积极改善自己的文化地位，加速自己对新文化的适应。因此，文化身份的"改变"不是金等主张的变成不受任何文化约束的"个人主义者"或"宇宙人"，而是既不完全改变母语文化个性又能适应居住国文化环境，并能够为居住国文化的人所接纳的"外来人"。从这个意义上讲，这种改变准确的含义应是"文化身份的适应（adaptation of cultural identity）"，而不是文化身份的完全改变。完全融入居住国文化（assimilation）不仅第一代移民难以实现，第二代移民也不见得完全能够做到。成为"香蕉人（banana person）"恐怕就更是若干代以后的事了。

要想达到文化身份和文化价值适应的目标，必须方向明确、态度坚定并遵循文化适应过程的动态变化规律，排除各种艰难险阻，一步一个脚印地去实现文化适应的目标。

所谓"方向明确"，指的是必须明确要完全适应居住国文化，就需要逐步

第三节 从电影《刮痧》看移民文化适应问题

"进入"该社会文化环境，积极参与新文化，努力争取最终成为居住国文化中的一员。短期目标则是由"外来者"通过"文化适应门槛"的跨越而转变成居住国文化的"参与者"，成为两种文化的调节者。

所谓态度坚定，指的是在明确目标的指引下，将文化休克看成是深刻了解所在国文化、不断提高跨文化意识、逐步实现文化适应的学习机会。采取的是积极而又坚定的态度，将克服文化休克的过程当成学习和培养文化适应能力的过程。

所谓遵循文化适应的规律，指的是要清醒认识文化适应过程中需要一个一个台阶地上，要一关一关地通过，中途不能停滞不前，更不可倒退。这一适应过程如同逆水行舟，不进则退。阿德勒（1975）总结的文化身份转变的五个阶段也许值得研究与参考：①新奇而又傲视的初步阶段；②迷惑、疏远和失望的文化断裂阶段；③进退两难的文化重新结合阶段；④不断加强理解和逐步提高适应能力的自觉阶段；⑤欣赏文化差异，注意提高跨文化意识，创造适应新文化的要求的行为模式阶段。按照这一文化适应过程的规律，许大同虽然已经在美居住八年，却仍停留在第三阶段，也就是面临的是长期文化适应门槛的阻隔：价值观念的文化抉择和文化身份定位的紧要关头。其表现为是坚决维护母语文化价值观念在美国的合法存在，还是"When in Rome as Romans do."适应或承认美国文化的价值观念？是坚持中国人的文化身份不变，还是做出身份的必要调整，以适应美国文化的要求？许大同在电影结尾的选择还未摆脱心理对抗的态度，面临着倒退到回归母语文化的危险。许大同如果仍然希望在美国文化中生活下去并成为美国公民，他就应该毅然改变"回家"的愿望和对母语文化价值观念的"坚决捍卫"，坚定不移地走完在美文化适应之路，争取通过第四阶段（自觉提高跨文化意识和文化适应能力）进入理想的第五阶段（以积极态度对待文化差异，自觉地调整自己的行为方式），以一种全新的、适应居住国文化要求的态度处理文化冲突和与美国人之间的关系。

我们不同意金等西方学者将"跨文化身份"看成是超脱任何具体文化的"世界人"的观点，但认为金和威廉（William）的下述观点是有道理的：

> 跨文化人格的形成源于广泛的跨文化交际和适应性的转变，对文化差异采取一种积极（或接受）的态度，对别种文

化的人的经验从感情上和行为上持一种行为开放的态度，并且具备参与他人生活的能力。具有高度跨文化水平的人即使不了解他人的文化习俗，也会从感情到行为灵活地去适应所处环境，创造性地应对或避免由于文化转换不当而可能导致的文化冲突。

（Kim & William, 1988:314）

  这一段话中称转化是适应性的转变（adaptive transformation）；主张以肯定和接受的态度对待文化差异，以一种开放的态度对待别人的经验并具备参与能力；认为在文化适应过程中应当保持一种灵活的适应态度并善于掌控或避免可能引起文化冲突的不当行为。这些看法不仅合情合理，而且在文化适应过程中至关重要。

  简言之，我们主张的不是文化转变（cultural transformation），而是文化适应（cultural adaptation），不是将文化身份转变成个人主义者（individualization）或者世界人，而是文化身份的适应（adaptation of cultural identity）；不是完全改变价值观念的文化特性（complete change of cultural values）而是价值观念的文化理解与文化适应。所以适应的目标不是西方人理解的跨文化人格（intercultural identity）而是多元文化人格（multicultural personhood）。边缘人（marginal persons）是在相当长时间内（至少一至两代人）难以逃避的现实地位。最理想的移民不是个人主义者或宇宙人，而是跨文化的调解者（mediator），至少一、二代移民仍难以摆脱两种文化之间的游离地位（marginality）。

思考题

  1. 请仔细研究电影《刮痧》，看看可否用移民文化休克和文化适应的理论分析影片中的矛盾，并请提出你自己对移民文化适应的看法。

  2. 如有可能，可全面了解金有关文化适应和文化身份问题的论述，并且研究其不同说法相互的关系及其背后的真正的观点。也许这一研究对我们研究和引用他人理论的方法会有所启迪。

第四节　国际大都市公民的多元文化适应

跨文化交际和跨文化适应不只是涉外工作者和第二语言师生的事，也不只是与出国人员和在涉外部门工作的人员有关，在北京、上海、广州这样的国际大都市中，也是每个公民必须清楚了解和认真处理的大事。生活、学习和工作在北京这样的国际大都市中，人们身处世界上多国人员生活、学习和工作的多元文化环境之中，接触外国人，经常要与外国人打交道，有些外国人还住进了普通居民区甚至住宅楼，人们很难置身于对外交往的环境之外。奥运会在北京举办期间，人们更加感受到了自己所处的特殊环境和肩负的特殊职责。全民学外语和礼仪教育的广泛开展正是适应了这一环境和形势的要求。

群众学外语和文明礼貌教育的重要性毋庸置疑，但是，跨文化交际与跨文化适应教育则更不可忽视。大力提高全民文化素质和跨文化意识也是人们应当引起重视的大问题。

广大群众的跨文化交际和跨文化适应与第二语言教学有何关系呢？我们可以说，参与对广大群众的跨文化交际教育是第二语言教师义不容辞的责任。外语院校（包括对外汉语专业）的志愿者应将对群众的跨文化交际和跨文化适应教育作为自己工作的重要部分。本书的主要对象是第二语言师生和涉外工作者，但也面对与对外交往有关的广大群众。

普通公民对多元文化环境的适应需要关注的问题有六：国际大都市公民也面临着文化休克和文化适应问题，国际大都市公民要学习国际行为准则，国际大都市公民在涉外关系中需要熟悉和适应国际礼仪规则，国际大都市公民需要虚心向他人学习但绝不可东施效颦和邯郸学步，国际大都市公民需要冷静适应复杂多变的国际环境和理性迎接外来挑战，国际大都市公民需要不断增强并努力培养跨文化意识和跨文化交际能力。

本节涉及的问题繁杂，人们的看法也会不尽一致。对许多问题更可能是仁者见仁，智者见智。本节采取的方法因而也与本书其他章节不同：以提出问题和提供大量案例为主，试图建造一个平台供大家自由讨论。广大读者可以各抒己见，百家争鸣。我们相信，经过深入讨论和广泛交换看法，最终一定会得出比较一致的结论，并达到互相启发、相互促进、共同提高的目的。

1. 国际大都市公民面临的文化休克与多元文化适应

  生活在国际大都市的每个公民都存在文化休克与多元文化适应的问题，这一点并不难理解。以北京为例，整个城市有几万外国人在生活、学习和工作，全城到处是外国机构、外资企业和合资企业，许多学校、企业和单位都有外国人参与工作，每天都有成千上万的外国旅游者，每年都不知有多少各种来华访问团。北京的商店、大街、旅馆和一切交通工具上都有外国人的身影，外国人还深入到普通居民区和民宅，成为与中国人一起生活和朝夕相处的邻居。奥运会和数不尽的国际活动更是将几乎所有人都卷入跨文化乃至多元文化环境之中。如何适应这种跨文化环境和多元文化环境，就是无人能够逃避的大问题了。

  应当说，绝大部分人正在逐步适应这种多元文化环境，对与外国人共同生活、共同学习和工作也开始熟悉和习惯。然而，文化休克和跨文化适应仍然是人们面临的大问题。面对文化差异，许多人感到的是新奇，却不理解；遇到文化误解，许多人不知所措，无能为力；遭遇文化冲突，不少人不是盲目自责，就是错怪他人；在与外国人交往中，有的人过左，有的人过右，等等，这些都是文化休克的表现，都是跨文化适应过程中亟待解决的问题。所以，全民如何不断提高跨文化意识，清醒认识文化休克的障碍和学会跨文化适应就成了国际大都市面临的一大任务了。如何进行跨文化适应和跨文化交际教育，也自然成为政府部门、各单位领导和专业人员的重大责任了。

  这里还有一个同样重要却更易被人忽视的问题：在与外国人接触、相处和交际中，中国人不仅要学会自己自觉和正确对待文化休克和跨文化适应，还有义务帮助来华外国人正确认识中国和学会适应中国的文化。这一工作需要全民运用丰富多彩的对外宣传方式加以完成。

  国际大都市全民文化适应范围极广，既有精神文明水平对高速发展的经济建设要求的适应，也有公民对国际活动规则和国际礼仪准则的适应；既有对学习他人的态度和方法的适应，也有对复杂多变的国际形势和多种多样的国际挑战的适应；还要注意跨文化适应与不断增强跨文化意识和提高跨文化交际能力之间的关系，等等。

2. 精神文明建设对经济现代化的适应

改革开放以来，我国经济的高速发展不仅让全世界惊叹不已，也让国人始料未及。中国开始摆脱几千年的贫困，正大步迈向经济现代化，人民生活水平大幅提高，中国的国际地位日渐提升。这些都已举世瞩目。中国人与外国人生活在一起和工作在一起已不足为奇，中国人出国旅游和参加大型国际活动已不再是过去贫穷落后、孤陋寡闻的普通老百姓的奢望。然而，中国毕竟成长于落后的小农经济和长期对外封闭的贫困社会。悠久的中华文明传统也因各种历史原因而屡遭冲击。经济的突飞猛进迫切需要全体人民的文化素质和精神文明的同步发展。精神文明建设已成为全体公民迫在眉睫的艰巨任务。不尽人意的地方尚需全国人民共同努力改进。

2.1 国人文明行为仍有待大力改进

与经济建设相比，我国文明建设和公民文化素质教育起步较晚，发展速度也比较缓慢，人们的认识还有待大力提高，少数人甚至还不理解文明行为的重要意义和包含的内容。有些人甚至还不理解经济富裕和生活水平高并不表明自己文化素养和社会地位也高，个别人更不理解文化素养对自己的重要性，以为穿得好和吃住气派才是显示自己的身份和社会地位的标志，却不明白举止不雅和行为粗俗会贬低自己的身份和社会地位，会为人所瞧不起。

少数人在国外旅游过程中缺乏文明礼貌，让外人国看不起，也令国人汗颜，不能不引起高度注意。

案例27. 中国人莫当海外"丑陋的游客"

【新加坡《联合早报》9月8日报道】题：国家行动　整治"丑陋的中国旅人"

配合中国"大国"形象的确立和国家"软实力"建设，中国领导人最近指示，必须教育中国人怎样文明地出国旅游，塑造中国公民的"良好国际形象"。

中国领导层改造国民行为的决心和信心，尤其有关部门毫不害怕揭丑的气度，确叫外国人佩服和震惊。

何谓不文明的旅游行为？中央文明办公布了精细准则，列举本国民众旅游的七大"不文明行动"：不修边幅、不讲卫生、不懂礼貌、不守秩序、不遵法规、不爱护环境和公共设施、喧哗吵闹。

在各项"不文明行为"的条目下，中央文明办提出的细节更可能令中国人难堪，例如"赤裸上身招摇过市"、"酒足饭饱后剔牙的动作毫不掩饰"、"咬着牙签东张西望"、"不听导游讲解"、"不谦让老人妇女"、"在不打折的店很不礼貌地讨价还价"、"在机场办手续和安检时踩踏黄线"、"损坏文物"、"自驾游客把车乱靠碾压草坪"、"在餐厅喧哗把其他客人吓跑"等等。

有关中国旅客在国外表现不文明的报道，近年频频见诸报端。作为中国崛起的效应之一，中国旅客的钞票滋养了国外与境外的旅游景点和服务行业，中国民众的陋习也随之展示在外国人眼前。

在这一方面，临近大陆的旅游点首当其冲。去年香港迪斯尼乐园开幕时，大陆游客不讲卫生的行为一度引起香港媒体批评。近期两岸极力促成台湾开放、大陆观光客去台旅游，大批大陆游客"不文明"的旅游作风，据说也引起台湾方面的担心。

不过，在台湾的担忧成为事实前，大陆当局先采取行动教育大陆民众，不让民众到了对岸出丑。

据媒体报道，去年11月新华社《参考消息》中一篇《台湾人担心大陆游客不拘小节》的文章引起高层的重视，要求以旅游作为切入点培养公民的文明习惯。

从过去全力拼经济，到如今已有余力能关心民众的文明素质，而且关注到民众在外旅游的行为举止。在讨论公民旅游文明素质时，官方媒体明确将之与中国崛起与建设"软实力"挂钩；而中央部门能以摆事实的姿态，不加掩饰地自揭其短，正说明中国真的是非常自信了。

(《参考消息》，2006年9月9日)

案例分析参考题

1. 个人文明行为对自己和社会的重要性何在？你是怎样看待我国社会上当

前的一些不文明现象的？

2. 精神文明建设与经济建设之间的关系是什么？

3. 如何认识个人素养与个体自由之间的关系？

4. 个人文化素养对教师和跨文化交际者有何特殊的重要意义？请运用具体案例阐述你的观点。

2.2 文明行为建立在良好的道德基础之上，文明习惯有待长期逐步养成

悠久的中华文化，一向以文明道德和讲究礼仪著称于世。"文革"期间由于错误的政治运动的冲击，一度走了弯路。现在尚需时日恢复我国优良传统。改革开放大潮的迅猛冲击也需要时间让人们去辨别、选择、消化和自我定位。在这个过程中，我们一方面需要重新学习并坚持继承和发扬中华文化的优良传统，也有必要学习其他现代社会中一些良好的习惯和风气。必须清楚地了解，举止高雅和彬彬有礼才会受到他人的尊重，态度无礼和举止粗俗只会为人所鄙视。

案例28. 在美国排队

"学会排队"，这是一位在美国南加州大学进修的中国学者对记者说的话。当时听后不以为然。排队是人们生活中不可避免的一部分，只要出去办事就免不了排队，这十分正常。在中国时还曾听说"不怕排队，就怕不排队"，排个队还有什么要学的？但在美国时间长了，还真觉得"排队"这一课需要补一补。

"四不"原则

先说驾车，美国许多马路没有交警，没有红绿灯，只在路口处标有"STOP"（"停"）字样，开到此处必须先把车停下来，前后左右观看后，才能继续行驶。先到先行，不能抢行。这是人人自觉遵守的规矩。记者刚来时不知在"停车"标记前等候的规矩，一次看到前面没有车只顾径直行驶，没注意到旁边有一辆先到的车，结果差点相撞。

再说排队，美国人排队有约定俗成的"四不"原则：不贴身、不越线、不扎堆、不穿越。排队时要离前面的人至少半米的距离，贴身或太近了是无礼的行为；在有划线的地方不要越线，否则会有偷窥别人隐私的嫌疑；排队

时要一字形站开，不要扎堆，否则后来者不知该跟随前面的哪一位；别人排队时，其他人最好不要从队列之间穿越。

排队看似鸡毛蒜皮的小事，却折射出一个民族的整体素质。中国人很注重修身养性，排队应该属于其中的一部分。今天我们要建立和谐社会是由无数个细小的文明行为构筑的，其中就包括排队。但遗憾的是，我们不少同胞不屑排队，争先恐后，制造了一个不和谐的音符。在排队这点上，我们应该向美国人学习"四点"精神。

"四点"精神

首先是学习美国人的耐心。在美国机场，可以见到人们排着长龙耐心地等待安检，毫无怨言地"宽衣解带"，脱鞋掏兜，让安检人员搜身和经过X光透视，程序既耗时，又繁琐，但秩序井井有条，大家配合十分默契。在美国，还可以经常看到人们排队就餐。生意好的餐馆前，美国人会排队等待入座，他们或静静地看报，或低声聊天，慢慢地往前移动。当餐厅内出现空座时，没有人一拥而上，而是耐心地等待服务员来领座。

其次是学习美国人的平和。美国人能以平和的心态应对突然的变故。有一次记者排队等候乘机，突然广播说，因为目的地气候突变，航班要推迟数小时，等候已久的美国乘客很平静地散去，没有牢骚抱怨，更没有大吵大闹，就像什么事情也没有发生。

再次是学习美国人的执着。美国人排队不"投机取巧"。有一次在洛杉矶的环球影城，游客们排队等候进入"水世界"景点参观。当时正值中午，烈日炎炎。在靠近门口的地方有遮阳帆布，往后一点则暴露在烈日之下。但游客井然有序地排着一字形长队，后面的人没有因为被阳光暴晒而往前面挤。

最后学习美国人的认真。在美国人眼里，排队不能"偷工减料"。一次记者到超市采购了满满一手推车的货物，在排队付款时，看到后面一个美国人手中只拿着两件商品，于是对他说："你东西少，可以在我前面先付款。"他婉言谢绝道："你比我先到，再说我没有急事。"听其言，似乎排队是其必须完成的一项神圣使命，即便是别人礼让，也不能破例。

关键时刻

特别值得一提的是，在生死关头，美国人也没有放弃排队。在9·11恐怖

第四节 国际大都市公民的多元文化适应

袭击发生后,因在世贸大楼里的人面前只有一条生路,那就是从楼梯迅速逃离。他们每一个人心里都清楚,谁先一秒钟逃离,就多一分活下来的希望。但没有人为了逃生而争先恐后,而是按着顺序、排着队往下走,秩序井然。

试想,如果当时有人惊慌失措,抢道逃生,势必造成秩序混乱而把楼梯堵住,许多人不仅逃生无望,而且会被踩死,那么死亡的人恐怕就不止现在这个数。在生死关头美国人尚且能坚守排队的习惯,这表明美国人对排队达到了"忘我"的境界。这样看来,排队还是一个无伤大雅的"小节"吗?如果一个人在平时连排队都做不到,如何指望他在关键时刻讲规矩、守秩序呢?

行为文化

针对排队,记者询问过一些美国朋友,谁教会了他们如此守秩序?他们总会说,这还要教吗?的确,在美国排队不需经过专门教育,更不会靠行政手段强迫去实现。排队已成为人们的习惯,是良好的社会道德氛围使然。在这种道德氛围内,人们会自觉地规范自己的行为,久而久之,排队成为了一种行为文化。这种行为文化的结果就是:"循规蹈矩"者受到尊重,无礼粗俗者被人不齿。

在美国长期从事旅游业的美中经贸关系发展协会理事唐毅说,文明行为是长期养成的,很难设想一个在自己的国家经常"放荡不羁"的人来到国外后会彬彬有礼。习惯成自然,好的习惯必须要在平时养成,所以要根除"中国人不排队"的顽疾陋习必须要标本兼治。在教育中国游客在国外讲文明的同时,必须花大力气在国内创造一个文明的环境。

(于大波,《参考消息》,2006年11月23日)

案例分析参考题

1. 在美国那样一个以个人为中心的社会中,人们为什么还会那样自觉地遵守纪律?他们的排队习惯是如何形成的?
2. 可以做一社会调查,看看有多少人认识到"循规蹈矩者受到尊重,无礼粗俗者被人不齿",并分析原因所在。
3. 在中国,解决排队问题及其他不良行为的关键何在?

3. 国际大都市公民要熟悉与适应国际交际规则

3.1 出国人员要熟悉和遵从所在国风俗习惯

从深山老林刚到繁华大城市的老农一下难以适应眼花缭乱的城市交通，由农贸市场的小商贩变成现代化商业大楼的售货员一时难以适应繁琐"奇特"的规章制度的约束，从北方到南方或从南方到北方的人一时难以适应新的生活环境……这些现象都不足为怪。但是，山里老农要在大城市居留，就不能不了解和遵守城市交通规则；集市小商贩要成为大企业员工，就不能不学习和遵守其规章制度；北方人到南方或南方人到北方，如果要在新环境中生活和工作，就不能不熟悉和适应新的生活环境和风俗习惯，逐步做到入乡随俗。改革开放的现代中国公民要走出国门和走向世界，就必须了解和适应国际规则要求。否则，在跨文化交际中，就会发生文化误解，甚至文化冲突。出国访问者和旅游者必须遵从所在国家的习俗、法律和规则，否则，就无法适应新的环境，也难以为新环境的人所接受，会给旅游活动和旅居生活造成障碍和困难，还会造成与当地人之间相互误解和隔阂。

案例 29. 在国外行为举止不可违背当地习俗要求

美国东部一小镇。前些年，当地居民发现，每到傍晚总有一批东亚人模样的中年男子结伴而行，循着固定路线，围着特定民宅，周而复始环行，有人剔着牙，有人边走边做伸臂扩胸状，但均旁若无人地大声议论说笑，几圈之后消失无迹。

最初，几家居民只是好奇地从窗帘缝隙中望着这些东亚人，几天后他们的眼光从好奇转为警惕，继而转为恐慌，最后报告了警察局。后来，他们接到了警察局的调查结果：这批人是在附近一所大学进修英语的中国某省干部，围着民宅遛弯儿，只不过是晚饭后为消化胃中积食而进行的集体散步，并无恶意。

近些年来，不仅出国"公干"的中国人越来越多，自费旅游的中国人也渐成规模。这种饭后在异国他乡结伴展开的集剔牙、健身、消化积食、交换

第四节 国际大都市公民的多元文化适应

趣闻等多种功能为一身的"中国养生文化之旅",在中国人常去的国家已成为街头一景,"老外"对此也开始习以为常,上述报警之举已鲜有所闻。

有一次在巴黎卢浮宫,当游客屏气息声地观赏艺术作品时,忽然一句洪亮的中国话炸响:"蒙娜丽莎就在前面那个厅!快走啊!"紧接着,20多名中国人呼啸奔来。把这幅画围了个里三层外三层,别的游客根本甭想靠近,他们一边相互招呼着,一边轮流与"蒙娜丽莎"合影。由于"动静"太大,最终引致管理人员的干预。

("中国游客该怎么对待批评",摘自英国《金融时报》,《环球时报》,2006年11月21日)

案例分析参考题

1. 请在来华外国人和出过国的中国人中做一个调查,了解某些中国人在国外引起人们诧异和反感的言行举止及相关人士的看法。
2. 应当如何认识和处理这类行为?
3. 这一案例给我们的警示是什么?

3.2 在国内参加国际活动应遵从国际礼仪要求

在国内参加各种国际活动已经不再是少数涉外工作人员的"专利"了,广大群众都有大量机会参加各种外事活动。大到接待外宾和外国旅游者,小到参加中外联欢活动和观看外国文艺体育表演。在这些活动中,我们既要充分体现中华文化的博大精深和中国人民的道德风尚,又要熟悉和遵从国际规则与习惯,遵守国际礼仪要求,避免文化误解和文化冲突,保证涉外活动顺利进行。这里存在两个值得注意的问题:

一个问题是,参加各种外事活动时,一定要熟悉并严格遵守国际礼仪要求,还要熟悉和尊重来访团体所在国的风俗习惯,如对穆斯林国家的人要尊重他们的风俗习惯和考虑他们的礼仪要求。

另一个问题是,在有外国人参加,但中国人占绝大多数的活动中,需要严格遵守中国礼仪规范和充分体现中华文化的道德风尚,但是也需要注意主动向周围的外国人有针对性地介绍中华文化和风俗习惯,消除他们的疑虑,增进他们对中国的了解和认识。

案例 30. 鼓掌算不算失礼

小提琴"女神"穆特前不久在上海因听众不文明行为而罢演 3 分钟。11 日晚,被称为"德国最佳室内乐组合"的"12 把大提琴"在上海音乐厅举办"弓弦之舞"音乐会时,又遭遇部分观众迟到、鼓掌、叫好,甚至吹口哨的尴尬。中西文化的差异,淋漓尽致地折射于观众的"掌声"中。

没有"听"德的礼仪之丑

这些国际艺术家的演出或许是块试金石,可以试出一个城市观众的文明礼仪知识、文明素养。在经济建设有了成就的今天,在我们有越来越多的机会聆听来自世界各国的艺术家精彩的演出的同时,我们应该要有"听"德!因为,这种失礼和丢丑不只是丢你的脸,其实也是在丢每一位中国人的脸面。中国是有五千年文明的礼仪之邦,知礼行礼是咱们老祖宗的传统美德,千万别弄丢了!

穿西服,就别穿拖鞋

毕竟,音乐会是"阳春白雪",有别于"下里巴人"。到音乐厅去欣赏音乐会,除了要有一定的艺术修养外,你还要穿得正规些、懂得遵守演出现场的公共秩序和欣赏过程中恰如其分的互动表现,不然,你就是不懂装懂,让人看你的笑话。过于夸张的热情,就是一种不文明行为。不然,就像"穿着西服穿拖鞋",不伦不类。

没必要对"鼓掌"嗤之以鼻

鼓掌还是不鼓掌,其实大可不必那么较真。倘若国内的观众能适应外国的礼仪,按照"12 把大提琴"的特点,恰到好处地把握好鼓掌火候,那自然是最好不过。不过,中国观众大多不是外交官,也不是音乐家,能按照国外礼仪把握掌声的,毕竟是少数。在自己的国家里,一时不习惯西方礼仪,按传统方式鼓掌,恐怕也不是什么错。况且,人类的本性是相通的,外国的艺术家们一样能通过掌声来感受尊重或轻视。不然,为什么面对中国观众"无礼"的掌声,"12 把大提琴"被感动,要集体起立,向观众鞠躬致意?

"不知礼"的两面解读

一方面，迟到、大声喧哗、吹口哨，这在全世界各民族的文化中，都不是一种文明行为。但另一方面，有些所谓的规矩也有些无礼，因为它背离了文明的平等和对话精神。不能不说，个别外国演艺家、演出明星也缺乏"知他人之礼，敬他人之礼"的意识。理想的状态还是"各美其美，美人之美，美美与共"。作为中国人，我们首先"知中国之礼"，同时放眼世界，耐心对话，"知世界之礼"，尊重自己、尊重客人。而外国演艺人士也应多些对他国人民、对世界文化多样性的理解和尊重，动辄"罢演"也不甚恰当。

（《北京青年报》，2006年7月18日）

案例分析参考题

1. 参加外国人的演出会，中国观众应当遵循什么样的规则？
2. 文中提到的中国观众的表现哪些属于文化差异？
3. 中国观众应当如何认识和处理相关的文化差异？
4. 中国相关单位在接待来华外国文艺团体时需要在中外人士中分别做好哪些工作？如何正确而又得体地处理外国演员与中国观众之间的矛盾和冲突？

4. 虚心学习他人之长，但不可东施效颦，更不可邯郸学步

在对外交往中，我们应当虚心学习他人的长处，不断充实自己。国际交际准则已经约定俗成，我们也必须遵从。然而，学习他人时决不可盲目仿效，否则就会犯东施效颦的错误。看到自己的不足，积极向他人学习，这是应当的。如果将别人看成完美无缺，甚至将"皱着眉头和按着心口的痛苦样子"也视为美丽而加以模仿，那就成了东施效颦，不仅学不到他人的长处，自己反而变得更加难看了。

改革开放以后，为了使我国尽快走向现代化，积极引进先进技术，虚心学习他人经济建设经验是十分必要的。事实上，我国二三十年来正是这样做的，而且已经大见成效。但是，一种倾向往往会掩盖另一种倾向：心情过于急迫而饥不择食。在"大开眼界"之时难免有人会"邯郸学步"和"东施效颦"，出

现盲目崇拜的心态和表现。不加了解和分析地照搬他人的生活方式和交际行为，有时"搬来"的却可能是别人早已丢弃或厌恶的东西。自以为是在学习先进，结果却是在重复他人的过去缺陷或问题，甚至将别人的糟粕当成精华加以吹捧或仿效。这种"学习"恐怕比"邯郸学步"典故中没有学会别人的东西，连自己文化也丢掉的结局还惨。在涉外活动中，在国外旅游或生活中，在跨文化交际场合，都只会产生极为负面的后果。这一点不能不成为改革开放大潮中和对外交往的热潮中值得全民重视的大问题。我们需要积极地、虚心地和认真地学习他人一切对我有益的东西，但是我们也必须严格避免东施效颦，更不可邯郸学步，将自己变成"四不像"。

4.1 正确认识自己，全面认识别人

对比分析必须有正确的态度，需要采用正确的方法（参见第一章第四节）。每种文化都有自己的长处，也有自己的短处，只看到一面却忽视另一面，是不全面的。每种社会的情况都极为复杂，既有良好的社会风尚表现，也有违背社会风尚的不良现象存在；文化不同，道德风尚和行为标准也不尽相同，必须具体问题具体分析。我们需要虚心对待别的文化，但不可盲目自贬。每种文化都有自己的特点和面临的问题，不能说甲文化文明，乙文化不文明，或者说甲文化道德风尚好，乙文化道德风尚差，否则不仅不利于学习他人的长处和克服自己的不足，还会犯文化自卑感（与文化优越感相反）、文化模式化和文化偏见的错误，将跨文化交际和跨文化适应引向歧途。

案例 31. 讲文明不宜太自贬

中国人确实有一些不文明行为，除了随地吐痰等人们经常提到的之外，还有的不文明行为我们没有注意到。比如在公共交通工具上喝饮料，因为这样做非常有可能把饮料洒到其他乘客身上。从这个意义上讲，提升中国人文明的素质是十分必要的。然而，这一段时间媒体对出国游客的不文明行为的报道，笔者认为是存在一些问题的。

盲目对比西方有失公允

有些媒体事事处处都要拿西方人的做法和西方的情况来比对中国，似乎

外国人，至少是西方人或发达国家的人都很文明，笔者认为这种比较有失公允。

在衡量中国城市干净程度的时候，有一点是不能忽略的，这就是相对于国外很多城市或者旅游景点，国内城市的人口密度要大得多，这给管理添加了很大难度。让我们做一个较为客观的整体比较：上海与纽约。这两个城市是在各方面都比较相当的大都会，但上海明显比纽约要拥挤得多，可真正对上海和纽约都有所了解的人会告诉你：上海比纽约干净。更拥挤却更干净，这说明了什么？说明了从总体上看，上海人比纽约人更文明、更自律。

当然在某些方面，上海人也许没有纽约人做得好。比如，我们最常见的、也最为人们所诟病的随地吐痰，这确实是个极坏的陋习，需要改正。但如果你把这个陋习拿来与西方国家的人做对比，来说明外国人多么文明，中国人多么不文明，这其中也有不客观的地方：西方人随地吐痰的比较少，可随地吐口香糖的却一点也不比我们随地吐痰的少。随地吐口香糖是一个更糟糕的陋习，因为口香糖迹比痰迹更难清除。笔者曾去伦敦访问，在相当于黄浦江外滩的泰晤士河的黄金河段岸边，地上全都是口香糖脏脏的痕迹。据英国报纸说，伦敦市政当局为了清除这些口香糖，每年要花去数千万英镑。可见，每个国家都有自己的文明问题，究竟哪个国家、民族更文明、更自律，这是一个很难说清楚的问题。我们要告别陋习，只要针对自己的问题去解决就是了，用不着盲目对比西方，更用不着去抬高外国人贬低自己。

对于中文提示牌，国人不必太敏感

外国人是否就因为中国人的某些不文明行为而特别讨厌中国人呢？笔者认为这一点可能被一些中国媒体夸大了。说外国人对于中国游客特别讨厌，其重要根据之一就在于那些"简体中文警示牌"。比如，有人就指出东京街头到处都有用汉字写的不准随地小便的警示牌，这让很多中国人汗颜。其中的潜台词是，只有中国人才会做出这样不文明的举动。这里需要特别指出的是，有些警示牌虽然是用汉字写的，但却是地道的日语，比如日本就有"立入小便禁止"的提示，这恐怕不是特意写给中国人看的。

中国人多了，当然就要立中文警示牌，其中某些也许要针对中国人的特殊不当行为，这也没有什么奇怪，国人要以"有则改之，无则加勉"的心态去看，大可不必就此认为自己的同胞就是不文明的、招人厌恶的人。何况很多提示还是用其他很多种语言写成的,不单单是中文。到过国外的中国人看到的提示牌恐怕更多的是旨在服务中国人的。有很多景点还提供中文普通话服务。在笔者不久前去过的澳大利亚,旅游点的中文服务远好过法文、德文等欧洲主要文字的服务,这难道不是他们在表示非常欢迎中国人去吗?

外国城市并不讨厌中国游客

中国人确实有一些不文明的行为,或者说与城市生活不相适应的习惯需要改正。就像一个人刚刚从农村来到城市一样,适应城市生活是一个过程。农村生活因天地广阔,就是需要嗓门大,而城市生活需要一个人尽可能地收缩自己的影响空间,不要妨碍别人,大声说话就成了不文明的行为。与发达国家相比,中国仍旧处于一个经济相对不发达的阶段。就算有了钱,中国的城市化更是近几年才加速出现的进程,而行为规范的改变需要长得多的时间。

除了我们自身的毛病,还有一些外部原因我们也应该意识到。中国毕竟是刚刚才富起来了一点,那些"老钱"肯定还是有一点看不起你的,这个过程也会相当漫长。19世纪末美国就已经开始在经济实力上赶上欧洲,但欧洲人认为美国人没文化,是乡巴佬,这种看法延续了很久,直到今天还有残余。美国人也爱大声喧哗,这一点最为欧洲人所诟病。公正地评价,日本人应该算是在个人行为规范上最自律的人群了,但这一点被国际社会承认也还是近二十年的事。直至20世纪80年代,刚富起来的日本游人的那些并没妨碍他人的习惯,如爱照相、戴眼镜的人多,仍旧在欧美国家引来一片嘲笑声。

然而,实力说了算。欧洲"老钱"再瞧不起美国人和日本人,在美、日"新钱"的压倒性实力面前,不得不敞开欢迎的大门。近些年中国也是如此:不管你可以举出多少简体中文警示牌的例子,这些年外国城市对待中国人的主流态度绝不是讨厌,恰恰相反,是迎合,甚至是讨好中国人,对于这一点国人要有自信。

当然,中国人也绝不应该刚富了一点就盛气凌人,人家已经在迎合你了,你就要谦虚谨慎,多注意自己的举止。不要老毛病没改掉,又添了暴发户的新毛病。在文明行为方面没有最好,只有更好。我们在一些方面已经比人家做得要好,而在一些不足的方面将来也会做得更好。我们需要学习外国人讲文明的言行举止，但这不是说我们非要自贬，否则就不会比人家更讲文明。一个讲文明的人当然也是一个自信的人。

(王小东，《环球时报》，2006年11月7日)

案例分析参考题

1. 你对作者的观点如何看？原因何在？
2. 作者对如何进行中外对比提出了自己的看法，你是如何认识这一问题的？你认为在对比分析中应当注意哪些问题？

4.2 对外国人应当"平视"，不可仰视或俯视

我们在与外国人接触中，要热情友好，充分体现中华文化礼貌待人的优良传统。需要注意的问题是：第一，既不可将外国人当成高人一头的特殊人仰而视之，也不可处处看不惯，或者对有些地区或种族的外国人俯而视之，采取傲慢态度。第二，热情友好不等于姑息迁就，更不可将对外国人热情友好与对个别不良现象和违法行为进行合理和合法的斗争对立起来。下面的案例也许是一个警示。

案例32. 对老外，热情也要有分寸

从上小学起，老师就教导我们说"对待外宾要有礼貌"。这种谆谆教诲确实让来中国的外国人受到善待，也让中国人的形象得到了改善。如果接触过旅居中国的外国人，我们会发现，绝大多数人对中国人的热情赞不绝口。很多老外都表示"生活在中国非常安全而且舒服"。但在接触外宾的时候，我们往往会忽略一些问题，就是如果当有外国人伤害到我们时，我们应该如何捍卫自己的权利；如果有外国人违反了我们的法律法规，我们应该如何制止他们，甚至是将他们绳之以法。这样的情况时有发生，一些利益受到损害的中国受害者不愿意到公安机关报案。因为他们觉得外国人在中国犯罪，报了案也无济于事，外国人会得到特殊对待。然而实际情况并不是如此，因为根据法律规定，中国对于在境内犯罪的外国人具有属地管辖权。只有享有外交特

权和豁免权的外国人的刑事责任不适用于我国刑法，需要通过外交途径解决，其余在中国境内触犯法规的外国人，都要受到我国治安管理条例或刑法的制约，可按照一般治安、刑事案件处理。

法律虽然有明文规定，但中国一般公众认为外国人在中国违法犯罪不会受到惩罚。这种感觉反映了一个不怎么光彩，甚至可以说是可悲的现实：那就是我们几乎对于外国人在中国违法乱纪视而不见。这样的例子太多了。笔者就曾在公共汽车上看到，一个外国女士四仰八叉地躺在座椅上，从上车到下车都没有买票，售票员却根本不敢上去叫她买票。再比如，在那些所谓的语言"外教"中，有相当一部分是根本不具备任何教学能力的。我们中国人到了外国可并不是会说普通话就能去教中文的。在这个方面，我们是不是也应该"与国际接轨"呢？

我们的社会往往给予外国人特殊的优待，管理者、大众传媒乃至一部分公众对于他们也往往是仰视的，把他们当成比我们中国人更文明、更诚信、更优秀的人，给予他们特殊的尊敬。可以说我们一直都是把所有外国人都当做"三特"外国人的，即把他们当做特别优秀的人，给予特殊照顾，即使违法乱纪，也会给予特殊豁免。其实，这样的做法也未必就能促进中国与外国人民之间的友谊，相反会造成中国一般公众与外国人之间越来越多的矛盾和越来越深的隔阂。

对于外国人的"三特"做法缺乏与对国家利益的考量，反映的是一种最不明智的"奴性心态"。我们的管理者、大众传媒，乃至公众，都有必要调整以往对于外国人的态度和心态，认识到并不是所有的外国人都是"贵宾"，把仰视改为平视，并且在政策上体现出来。2008年奥运会召开在即，届时会有更多的外国人来到中国，千万不要把奥运会开成一个中国人自己歧视自己的大会，而要开成一个中国自强不息，与外国人平等友好地相处的大会。这不仅仅要依靠我们运动员的优秀成绩，更主要的还是要依靠我们把握好热情好客的分寸。

（王小东，《环球时报》，2006年12月5日）

第四节 国际大都市公民的多元文化适应

案例分析参考题

1. 你同意作者的"三特外国人"一说吗？
2. 中国人与外国人接触中存在的问题和需要注意的问题是什么？可否运用调查研究的事实做一说明？
3. 应当如何处理中外人士之间的关系？

4.3 邯郸学步只会导向歧途

人际关系的改善要做到"诚于中而形于外"，对人礼貌要注意"内在的仁体现为外在的礼"。无视事物的实质和内在的作用，只追求形式的新颖，只能起到哗众取宠的作用；不加分析研究，不注意文化差异，随便捡拾他种文化的新奇行为并加以推崇与模仿，充其量只能是"邯郸学步"，让自己尴尬，让他人耻笑。下面一个案例也许会引起人们的思考：

案例33."抱抱"能改变冷漠吗

最近一段时间，一种名为"抱抱团"的活动在上海、北京、南京、长沙等城市风靡一时，如果你走在这些城市的街头，也许会突然被人要求"抱抱"。这种行为引起了众多争议。争议的最大根源来源于其"前卫的"形式。据了解，"抱抱团"活动源于美国一种名叫"爱和分享"的运动，后经澳大利亚一青年发展成"给予陌生人拥抱"的活动，用来传递真情和温暖，拒绝冷漠与疏远。抱抱活动今年传到中国，也旨在改善社会的冷漠现状。

然而，每个国家都有自己的问候方式，日本人见面互相行鞠躬礼、泰国人行双手合十礼，欧美人互相拥抱，对于当前现代化进程下人际关系变冷淡的趋势，并没有标准去说，它们哪个更值得效仿，哪个更需要改变。

其实，问候的方式，是一个国家，一个民族的文化组成部分，无须去改变什么，而且一方水土养一方人，不同文化根植于不同的文化土壤，不是谁主观上想改变就能改变的。中国几千年的文化造就了人们特有的生活方式，人们含蓄、内敛，一般见面多用点头、微笑、握手来表达情感，拥抱只有在熟悉的亲人、朋友之间或者是特定的外交场合才会发生。因此，作为一种陌生成员间的行为方式,抱抱并不适合中国国情,尤其不适合陌生的异性之间,在闹市街头拥抱异性,可能八成被人误认为是精神有问题,或者有什么企图。

当然,并不能否认"抱抱团"希望改善社会成员之间的冷漠现状。不过,最近十多年来,很多中国人之间缺失必要的社会信任,常产生猜疑、防范之心,这些问题本身出于人们在市场转型中的诸多内心变化,单单靠形式上的"抱抱"无法改变内心问题。

因此,与其去努力改变人们表达感情的形式,还不如做好内功,消除人们冷漠的根源。为了拒绝冷漠,每个人都可以从自己做起,从身边做起,如果你是官员,请多为百姓做实事,少搞豆腐渣工程;如果你是医生,请不要以病人是否给红包来决定你的态度;如果你做企业、经商,请诚实守信,不坑蒙欺诈,不要出"苏丹红"红心鸭蛋;如果你温饱之余,有能力帮助他人,请你向失学儿童和贫困母亲伸出援手,这就够了。如果大家能做到这些,不拥抱,这个社会也会温暖。

在时下的中国,陌生人之间基本的问候都很难做到,忽然那么生硬地来一个"抱抱",看起来非常矫揉造作,不如从关爱陌生人做起,从一次点头、一次微笑,或者一个帮助开始。

(钟玉华,《环球时报》,2006年12月8日)

案例分析参考题

1. 你是怎么看这股"抱抱"风的?用"抱抱"形式能达到改善人际关系的目的吗?

2. 最近我国社会上有哪些热衷洋式行为的"风"?请分析一下这些风的心理原因,并做出评论。

4.4 现代化不是西化,开放不是走向洋化,更不是走向低俗化

4.4.1 现代化不是将中国西洋化

何谓"现代化"?何谓"西洋化"?这似乎是从20世纪初以来一直纠缠不清的问题。西方在经济和技术上领先我们,在实行现代化过程中要学习西方经

济建设的经验和先进技术，不仅正当，也是必须。然而，中国的现代化不能走西方的老路，这也是百年来历史证明的事实。不过每次对外开放时，总有些人千方百计去将自己洋化，并以此为荣。这是一种畸形心态。

案例34. 楼盘挂洋名，老外怎么看

如果你是一位购房者，在北京看一圈房子就好像周游世界。早上去"原乡美利坚"，中午去"澳洲康都"，下午去"北欧小镇"。如果明天还有兴致，那可以去"温莎大道"、"威尼斯花园"、"米兰阳光"……这股洋风所到之处不止北京，而是席卷了全国房地产界。"中国有让人着迷的独特文化和历史，为什么这么多楼盘都要起外国名字呢？"来自美国的埃文斯有点疑惑地问《环球时报》记者。

七成新房地产项目取了洋名

去年，曾有人根据一家房地产门户网站对北京近千个房地产项目的名称进行了统计。结果发现，有七成新房地产项目都取了洋名。这些名字主要分为四类：一种是以外国地名为主，这些地名基本上集中在欧洲、北美洲和澳大利亚。第二类是一些流行的外来词。如"BOBO自由"，套用的是"波波族"（波西米亚和小资产阶级的缩略）。还有"Mini格调"、"GOGO新世代"（go-go有"时尚现代"之意）、风景CLUB等。第三类是一些莫名其妙的外文词或缩写，如"HOA中心"，据称是Hotel Office和Automation的缩写。还有"BDA样本"、"ULO Park悠乐汇"等。这样的缩写足以让任何一个母语是英语的人也一头雾水。还有一种比较少见的全用外文的，如"A-Z Town"、"11 STATION"等。

一些新富阶层也把自己的私人项目以洋名相称。例如，某富商就在北京修建了一座"拉斐特城堡"。英国《每日电讯报》这么描写这座城堡："在北京北部满是灰尘的平原上，一个中国商人修建了法王路易十四时代风格的城堡。"它是巴黎附近的拉斐特城堡的完美复制品，城堡的主人后来觉得它虽然漂亮，但还是有点小，所以又在城堡两侧各加了一组建筑，模仿的是枫丹白露宫的风格，后院甚至仿造了罗马圣彼得广场的廊柱。

外国人都看不懂的外国名称

这些楼盘为什么要起洋名呢？据"风度柏林"社区的人介绍，小区之所以这么叫，一是因为采用了德国建筑风格，二是一个好听的名字可以把人吸引过来，可以很好地表现出企业文化。看来，"把人吸引过来"的确是开发商喜欢洋名的一个重要原因。不过，与"风度柏林"相比，另外一些洋名其实是老百姓非常陌生的。没关系，开发商可以向你讲述很多美妙而浪漫的故事。比如"蒙顿·卡雀"，相信大多数中国人都不知道这是什么意思。但该楼盘的推介手册上会告诉你：在法国的蔚蓝海岸，阿尔卑斯山下，有一个蒙顿小镇，那里有着完美的森林风景……在法国的温泉之乡依云，有一位卡雀绅士，传说他花园里的温泉水能治百病……当然，中国的"卡雀"花园里不会有温泉，但那里有一条名叫"潮白河"的河。

有时候，开发商为了吸引人的眼球，连英语和法语都觉得不够洋了。例如有一个楼盘的6期项目叫做"水岸生活"，开发商给它起了个英文名字"Art by Shore"，不过，它的书写则使用了一种仿佛天书的字母。一个名叫乔尔·马丁森的老外说："我根本不知道他们要表达什么意思。如果我要打车去这个地方，可怜的北京出租车司机肯定要下工夫辨认一下这个地名。"

"中国人不够自信"

在接受《环球时报》记者采访时，来自奥地利的留学生沃尔夫冈一开始说，他能理解中国的开发商喜欢给楼盘起欧洲名字。他说："与中国相比，欧洲的环境显然要好。这就像卖饼干一样，为了吸引买家，你总会告诉别人你的饼干与众不同。我想，他们可能是想告诉买房子的人，虽然外面的环境不那么好，但我们的小区能给你一个欧洲那样的环境。"不过，当他从记者口中听到几个小区的洋名后，觉得有些奇怪。"柏林这个词给我们的印象多半是有关政治和历史的，那里有不少苏联式的火柴盒房子，特别是东柏林，它们毫无美感。虽然那里比北京干净，但事实上没有人会把它与环境好联系起来。不知道北京人为什么喜欢？"

另一个在北京购置了房产的美国人在得知北京有这么多洋名楼盘后觉得有些纳闷。"外国人在北京买房子必须要起一个中文名字并花钱进行公证，最后房产证上不仅要写上户主的外文名字，还要写上公证后的中文名字，他们说这样做方便。既然是为了方便,为什么这些楼房要起些中国人念不对的外国名字呢?"而且,那些洋名小区承诺的外国氛围并不让他感到亲切,最后他选择住在一个很传统的中国小区里,每天早上和老年人一起打太极拳。另一个让他不理解的现象是:"我曾经看到一个广告牌,上面的画像全是外国人——白人,他们说自己是一个高档社区,可是那些外国人看上去都像黑手党的,我可不敢住在那里。"

在北京一所学校教授英语的埃文斯则不停地对记者强调,他很喜欢中国的文化,可来了中国之后,多多少少有点失望,因为"中国太洋化了,本土的韵味越来越少了"。他想了想后说,还是中国人不够自信,把欧美的东西想象得太美好,所以挂了一个欧美名称的楼盘就好卖,这也刺激了开发商不断地把新楼盘取上了洋名。这表面上是市场的因素,深层次还是中国人缺乏文化自信。停顿了一会儿后,埃文斯补充说:"中国是独一无二的,经济发展这么快,中国人迟早会找到充足的自信心。"

暴发户时代的典型特征

北京大学景观设计学研究院院长俞孔坚教授曾有一段辛辣的评论。他说,洋名小区表现的是一种暴发户的意识和心态,"开放以后,我们往往把西方当成富有的社会,所以起西方的名字就显得档次很高。把自己化妆成古罗马帝国,把自己打扮成欧洲的所谓权贵、美国的暴发户,最终使我们失去了自己,这是很可悲的"。

洋名小区的泛滥在中国引起了不小的争议。去年,昆明因为洋名小区太多而立法禁止新楼盘用洋名。关于这个立法,很多中国人拍手叫好。不过,一些中国人对洋名小区的过度反映也让不少外国人感到不理解。美国人贝柯克在接受《环球时报》记者采访时说,用立法来禁止一个小区起外国名字没有道理。"如果在美国有这样的立法,那肯定会被指责成种族主义。老实说,我并不在乎一个小区的名字是中文的还是英文的,这样的立法其实是过度敏感了。他们应该有更多的立法去管理开发商的欺诈行为。"德国人柯多福委婉地说:"如果有足够的自信,就不会为外国的名字担心。德国王宫无忧宫(Sans Souci)的名字就是法语的,没有人会提议把它改成德语。"

……

"最近几年，亚洲一些国家小区取洋名现象是在全球化大背景下出现的，西方文化在全球化中占据强势地位，这更加深了亚洲一些国家对民族文化的不自信，洋名小区泛滥是这种不自信的体现。"一位研究社会文化的专家告诉记者，要想彻底改变这种状况，可能会需要较长的时间，需要社会、经济、政治的全面进步，民众才能重新拾起对民族文化的信心。

(李宏伟等，《环球时报》，2006年12月13日)

案例分析参考题

1. 你是如何认识现代我国大城市中楼盘的洋名风的？你认为这股风反映出某些人的什么心态？

2. 请在本市中国居民和外国人士中做一社会调查，了解他们对楼盘洋名风的反映并做出自己的评论。

3. 何谓"现代化"？何谓"西洋化"？对二者之间的区别应当如何看？

4.4.2 改革开放要避免时尚误区

现在一个有趣的矛盾现象是，没有到过中国的许多西方人还以为中国男子穿的仍是长袍马褂加瓜皮帽，女子还是"小脚女人"；到中国来一看却对中国青年男女和一些明星名人的"时尚"装扮大为震惊。着装跟上时代，青年人追求时尚，装扮个性化，是时代在发展的好现象。值得注意的是，什么叫"时尚"？什么叫"跟上时代"？追求时尚和个人自由与职业、场合及文化素养要求有无关系？……这些都是人们应该认真了解和严肃对待的问题。更加值得警惕的是，有人误把时尚化与低俗化混淆起来。想象中的"时尚"对于一般人来说，是别人无权干涉的自由，在体现职业身份以外的场合，别人也许不能太挑剔。然而，如果不顾自己的身份，不顾职业要求，也不理会场合规则，盲目地去追求想象中的"时尚"，那将只会让国人侧目，让外国人耻笑，把自己置于为人看不起的低俗化境地，也会影响自己所在机构和本人的声誉和工作效果。下面一个案例的作者的说法似乎过于挑剔和尖刻，读者可以做出自己的判断和评论。

第四节　国际大都市公民的多元文化适应

案例 35. 中国穿着文化陷入时尚误区

【新加坡《联合早报》12 月 18 日文章】题：形象"加"分

中国处处有时尚杂志，街上也不乏追求时尚的人，"时尚"一词之普遍并不亚于"吃饭"。但让人纳闷的是，如此地冲往时尚前线，却是没有穿衣章法。

早上 8 点半就可以看到街上有人穿着钉珠片的衣饰，大概是提早穿好"饮衫"好赴晚上的宴会。但那种钉珠片真要赴宴也不行，因为金银珠片是钉在棉织便装上，乡镇出来的女子穿起它以标榜投入花花世界，花花世界的大婶则上半身闪烁璀璨到农贸市场站在鱼档前展示她的强烈时代感。

老百姓没穿衣章法能理解，约定俗成的穿着文化肯定比一场文化革命需要更长时间。但作为替社会提供时尚信息、领导潮流的视觉媒体，屏幕上的各种穿着，本该是一种润物无声的文化教育，但无论是综艺节目、生活栏目、新闻播报，甚至电视剧里，一个个"穿"不惊人死不休的例子，倒成为特殊国情的精彩经典。

假如说形象是如此重要，为何综艺红牌李咏先生上台领主持人奖项时是钉珠片的 T 恤再配个与场合冲突无比的眼镜？综艺主持李湘女士才够搞怪，她身上总是数不清的"块状分布"，让人怀疑她全身布满地雷，她的晚装其实就是一张野战行军地图。

中国屏幕上的时尚误区，是只有"加"法，是"时尚必须做得足够才有东西给人看"。"多"不一定好。"多"可以是乱。香港陈慧琳不就经常一袭剪裁简练、淡雅大方的灰色套装？但站出来就大方得体，简练的款式让焦点更能集中在她的举止与气质上。

屏幕上让人匪夷所思的造型，还有那些唱新民歌的女歌手，那是一种"民族时尚新样板"：鸡窝髻，加一袭露肩的伞状大裙，裙上极尽铺张，恐怕连徐小凤都甘拜下风，而且几乎个个如此，电视台服装部也太轻松了吧？不只是综艺台，时事新闻台的造型偶尔也会触目惊心。有次中国某电视台国际频道女播报坐在严肃的背景前，外套是得体的深蓝色套装，内穿白色上衣，这原本已经很好，但那次不知为什么，大概是要靓丽些吧，她围上了条特大号红色领巾，抱歉，不是围，是几乎把领巾"铺"在胸前，看新闻时一直怀疑她刚刚中弹。但中国央视国际英文台却从来不会出现造型失误的例子，全部主持与播报都是国际级的得体形象。

对从日本回国的色彩专家于女士做专访时，她不讳言回中国这么久了仍在做时尚扫盲工作。"堆砌各种元素"是时下中国时尚的流行感冒，一切只有"加法"，够多，够浓，够怪，几乎就是站在时尚前沿的证明。有次看中国某国家代表乐团在维也纳音乐厅作国际性演出，其女歌手的造型，肯定给国际友人留下"深刻"印象。鸡窝发型上加了一个莫名其妙的半透明昭君式丝绸斗篷，穿着钉满珠片的晚礼服却披上一袭吉普赛式的大披巾。而这还不是最精彩部分，最精彩的是晚礼服还添上两只古装般的大袖子，袖子上还有龙与凤的刺绣。万千功夫于一身，精彩绝伦。来这里做服装生意？

一件衣服上只要什么都"加"一点，那就不能看了。

（吴韦材，《参考消息》，2006年12月20日）

案例分析参考题

1. 何谓"时尚"？什么叫"追求时尚"？你的看法是什么？
2. 什么叫"穿衣章法"？你认为现代中国的"穿衣章法"应当是什么？
3. 什么是"时尚误区"？你认为现代中国有"时尚误区"吗？
4. 你对演员和公众人物的服装打扮如何看？电视广播员和节目主持人如何正确处理时尚与体现中国文化特点之间的关系？

5. 冷静地适应国际环境，理性地迎接国际挑战

5.1 清醒认识国际大环境

中国的高速发展和迅速崛起已举世瞩目。中国在全世界越来越大的影响已为全世界所公认。作为中华人民共和国公民，我们感到终于在世界上挺起了腰板。然而，中国的发展还刚刚起步，我们还未改变第三世界不发达国家的地位，我们的经济发展还远远落后于世界先进水平。我们离融入世界还有一段漫长而又艰险的路程。对于世界如何看中国，我们需要冷静地观察和理性地分

析。世界对待中国可以区分为三种态度：广大第三世界国家和人民基本上是为我国的发展和成就而欢欣鼓舞，对我国采取支持与合作的态度。绝大多数欧美国家的人民对我们的历史、文化和社会还所知甚少，认识还有很大距离。加之中西巨大文化差异和欧美中心论的根深蒂固的影响，他们短期内还难以摆脱对华的文化偏见和文化误解的困扰，西方文化的主导地位及其对世界舆论的控制更让西方普通民众难以正确了解和认识这个巨大的东方古国。最值得注意和警惕的是第三种态度，西方大国政府害怕其独霸世界的地位动摇，千方百计阻碍中国的经济发展，企图从文化上控制和改变中国，让中国按其价值观念从事。西方反动势力则充分利用其控制的媒体机器，处心积虑地丑化中国，甚至妖魔化中国，制造谣言，生造"新闻"，反复不断地炮制"中国威胁论"，在中国与世界之间精心构筑起一堵厚大之墙。世界上绝大多数人，特别是绝大多数第三世界国家人民，来中国是为了进一步了解中国，与中国人民交朋友，或与中国开展各个经济领域的合作；许多西方人士则是满腹狐疑地来观察和探索中国。他们在中国通过亲眼所见和亲耳所闻，会不同程度地调整自己对中国的认识，也会不同程度地改变对中国的态度。至于那些唯恐中国不乱的反华势力在铁的事实和强大压力面前也可能不得不暂时有所收敛。CNN主持人卡弗蒂和美国女演员莎朗·斯通就是西方反动势力雇佣的典型代言人。他们前后态度的无奈变化就体现了中国人民愤怒抗议的强大作用和世界舆论压力的巨大影响。不过，在欧美记者、企业家，甚至政府官员中，在中国问题上讲负面的话多、讲正面的话少的人也不一定都是敌视中国的人。号称"民主"和"自由"的西方社会并不那么"民主"和"自由"，号称公正不阿的西方媒体也不一定公正，或者难以做到公正。控制话语权的那些维护独霸世界地位和掠夺世界钱财的大财团和他们的政治代理人是不会给新闻媒体以"新闻自由权"的。我国前驻法国大使和外交部发言人吴建民的一段亲身经历就是极好的例证：

> 有一次，他（吴建民）和几位西方记者吃饭。席间，一位美国记者说："现在，有一些中美合资的企业做得很好。但我去采访，人家也不敢跟我谈，我也不敢做这方面的报道。"吴建民问："你们不是讲新闻自由吗？为什么你不敢报？"

记者说:"由于前一阶段大量的报道给大众造成了中国践踏人权的印象,所以这些企业怕被报道后,民众指责他们跟践踏人权的国家合作,骂他们唯利是图。我若在报道中主张和中国发展关系,也可能受到来自各方面的攻击,会说我没有道义感。虽然,我也觉得不全面地反映中国的现实是不对的,但我不敢报道,因为这样报了后我们的日子会很不好过。"

听记者这么一说,吴建民联想起一些事情。1989年12月,美国总统的国家安全事务助理斯考克罗夫特访华,使得中美在双边关系方面得到了一些进展,新闻媒体将他在欢迎宴会上与中方举杯祝酒的场面拍了下来,登在报纸上,结果西方媒体随即一阵喧嚣,使斯考克罗夫特在美国的处境异常狼狈。

1991年10月,美国总统布什派国务卿贝克来华……贝克11月15日一到北京,就一再向中方表示,请新闻媒体只发他与中国领导人会谈的照片,而不要拍宴会上碰杯的镜头,可见斯考克罗夫特那张碰杯照如何让人心有余悸。

(王凡,吴建民传,《北京青年报》,2008年6月24日)

5.2 冷静地应对反华杂音

中国的崛起威胁了一些人的世界霸权地位,中国的不同制度和不同道路对西方独霸世界的地位构成巨大威胁。中国不用他们的价值观改变制度和文化,他们就永远不会停止敌视行动,反华杂音在世界上也永远不会消失。所以,我们需要头脑清醒,冷静应付各种挑战,学会斗争策略。这一任务不能只靠党和国家领导人去做,应当成为全民的任务。对外交往的发展和国际大都市的环境就为全民的贡献搭造了一个充分施展才华的平台。下面提供两个案例,供大家分析与讨论。

案例36. 西方解读中国为何老走样

瑞典斯德哥尔摩大学传媒学教授安德斯·鲍威尔在接受《环球时报》记者采访时说,自20世纪90年代以来,西方媒体对中国的报道分为三个阶段,

2000年以前，西方媒体对中国的政治类报道居多，主要是指责中国的政治体制、人权等问题，但频率不高；2000年以后，报道中国经济奇迹成为主流，"中国"在西方媒体上开始高频率地出现；今年以来，又进入了一个新阶段，即报道中国的频率更高，但说经济问题的少了，更多的是又回到批评中国政治的老路。

美国南加利福尼亚大学美中学院副院长杜克雷对《环球时报》记者表示，中国应从以下两个方面看待这些声音：一是西方媒体本质上是私企，最终目的是赚钱。二是西方和中国对很多问题的立场不一样。

德国前总理施密特日前接受德国《西德意志日报》采访时，被问到为什么西方对中国的理解总是不正确，或者片面，或者同固有的形象脱不开。施密特回答说，因为西方对中国的诠释受到美国的主导，而美国对中国则抱着双重拒绝态度：一是拒绝共产党政府，二是觉得中国不可捉摸而且非常可怕。为什么可怕？"因为不认识的东西总是很可怕的。"施密特认为，中国文化同西方文化有着本质不同，因此，中国的社会发展必须遵循其他道路。当年古罗马不同于古希腊，雅典也不同于斯巴达。今天，中国的社会秩序也同样与美国的、德国的、英国的有本质不同。"一切都按照美国模式操作的想法，只有美国人才会有。"

（摘自管克江等，西方对华杂音卷土重来，《环球时报》，2008年6月6日）

> 案例分析参考题

1. 西方解读中国为何老走样？你对施密特的观点如何看？
2. 西方反华势力为什么在反华叫嚣中总是抓住人权、民主和自由这三个大棒不放？你是怎么认识人权、民主和自由的？中西方之间在这三个问题上的文化差异和文化冲突何在？

5.3 讲究斗争策略和对外宣传艺术

在当前复杂多变的国际形势中，中国正处在风口浪尖之上。我们需要头脑清醒，讲究对反华势力斗争的策略，讲究对外宣传的艺术，要将广大人民与少数反华势力区分开来,着眼于广大群众,耐心地、采取西方广大群众可以理解和接受的方式介绍中国,宣传中国,策略地揭露和批判反华势力,争取广大人民的理解、同情和支持。如何使用这些策略和艺术,我国驻英大使傅莹起到了极好的示范作用。下面提供一个相关案例,供大家认真讨论和仔细分析,看看从中可以得到哪些警示,可以学到什么样的斗争策略和宣传艺术。

案例37. 中国驻英大使撰文说心里话

批评媒体"妖魔化中国" 担忧"厚墙"阻中西交流

"世界曾等待中国融入世界,而今天中国也有耐心等待世界认识中国。"4月13日,针对发生在伦敦的少数人抗议奥运火炬传递事件以及西方一些媒体对中国的不实报道与歪曲,中国驻英大使傅莹以一种过去并不多见的方式发出了中国人的声音。她所写的《火炬伦敦传递后的思考》一文被英国《星期日电讯报》全文刊登,随即被英国广播公司、美联社、法新社等西方媒体广泛转载。作为奥运火炬传递的亲历者,傅莹在文中向西方传递的不仅是事实真相,还有中国人对世界公正认识的渴望。

感慨中国融入世界之难

傅莹在文章开篇说:"4月6日早上,我看着窗外漫天飞舞的雪花,不禁想:今天的北京奥运火炬伦敦段的传递将会怎样?"抗议分子的骚扰使那天在伦敦的许多中国人感到震惊。文章写道:"在返回机场的大巴上,北京奥组委年轻的女士们都坚定地认为是全英国的人在跟她们作对。一个女孩说,'这哪里是养育了莎士比亚和狄更斯的国家啊?'另一个说,'英国人的绅士风度到哪儿去了?'我花了很长时间试图说服她们,但从她们潮湿的眼睛中我明白,我没有做到。"

傅莹在文中说,"一个年轻朋友看了BBC对火炬伦敦传递的转播,他在给我的信中写道,此刻百感交集,有悲哀、愤怒,也有不解。像他一样,很多人可能从中领悟到,中国融入世界不是凭着一颗诚心就可以的,挡在中国与世界之间的这堵墙太厚重了。"

"我不禁要问:为什么在涉及中国的问题上,一些媒体的一概而论的随意批评能够被西方公众不加思考地接受?为什么没有人质疑?这样的批评到底涉及哪些具体问题？确切情况如何？为什么一些报道，包括数字，能够在毫无事实依据的情况下连日登载在新闻里面？"

傅莹说，在最近事态的冲击下，80后出生的中国年轻一代开始对西方世界进行新的集体反思。"很多对西方持有浪漫看法的青年人，对西方媒体妖魔化中国的企图十分失望，而妖魔化往往会引发相应的反作用。"

文章最后，傅莹表达了对中西方之间消除隔膜的期望。"我衷心希望通过这些事情中国的年轻一代能够对西方有一个更加全面的认识，西方国家仍然是中国改革进程中的重要伙伴。如果西方媒体能够更加关注和报道今天中国的真实情况，而不是纠缠一些不存在或陈旧的问题，这将有助于改善它们的声誉。"

与英国民众分享自身感受

13日，多家西方媒体报道了傅莹的文章，并侧重于报道她对西方媒体"妖魔化中国"做法的批评。法新社称，中国大使提出了一个问题："为什么西方不去理解中国？"

中国驻英使馆一名官员13日向《环球时报》记者透露，对于6日的火炬传递活动，傅大使有很多体会和感受，她认为很有必要与英国民众一起分享，告诉他们一个真实的中国，因此才写了这样一篇文章。

傅莹大使10日曾走访旗下拥有《每日电讯报》及《星期日电讯报》等英国主流报纸的英国电讯传媒集团。这两家报纸的负责人告诉她，英国民众对中国历史、文化和当代政治发展所知甚少，英媒体中真正了解中国的人也不多，热衷在人权、西藏问题上炒冷饭，但英国媒体对中国的人民没有恶意。在此次访问结束后，傅莹写下了《火炬伦敦传递后的思考》一文。

"中国声音"向世界传递真相

实际上，在伦敦火炬传递结束第二天，《每日邮报》等英国媒体便开始反思，称火炬传递过程中的胡闹行为将英国置于尴尬境地。近一段时间以来，一些华人也在海外媒体上撰文支持中国，向世界传递真相。9日，著名华裔电影人陈冲在《华盛顿邮报》上发表文章反对干涉奥运会，抗议诋毁中国。在西方媒体对中国的诋毁和歪曲中，这些声音显得弥足珍贵。

"让世界其他国家和地区特别是西方来接受中国所传达的事实，不是一朝一夕可以做到的。"中国人民大学新闻传播学院喻国明教授13日在接受《环球时报》记者采访时说,"事实上,世界上的大国都是媒体批判的对象,你越是大,媒体越是批评你。"喻国明说,作为中国驻英大使,傅莹以个人化的表达方式传达中国人的感受与声音,非常容易引起读者共鸣,从而达到在世界上正面传播中国的效果。

(张多佳等,《环球时报》,2008年4月14日)

案例分析参考题

1. 你如何回答傅莹文中提到的几个问题?

2. 傅莹为什么说"中国融入世界不是凭着一颗诚心就可以的"?她说的挡在中国与世界之间的"墙"指的是什么?

3. 傅莹文章的策略体现在什么地方?我们可以从中学到什么?

6. 不断增强跨文化意识,积极培养跨文化交际能力

不断培养跨文化意识和积极培养跨文化交际能力是跨文化适应的根本条件。

身处多元文化环境之中的国际大都市的每个居民都需要重视跨文化意识的提高和跨文化交际能力的培养。

6.1 不断增长有关本国文化和外国文化的知识

跨文化意识不是跨文化知识,但是跨文化知识是跨文化意识的基础和前提条件。要增强跨文化意识,不仅要学习和具备丰富的外国文化知识,还要深入学习和深刻了解本国的文化。例如:"民主"、"自由"和"人权"的含义是什么?表现何在?"民主"、"自由"和"人权"有无文化差异?如果有,差异又在什么地方?要清楚认识这些问题,首先就要有丰富的知识和准确的辨别能力。一些人喜欢用西方术语谈论中国的社会,喜欢运用西式套话讨论中国的问题,这就不仅有脱离中国国情和无的放矢的危险,还有可能失去正确的方向和明晰的辨别力。关于世界知识问题,不能不纠正一种偏向:许多人注意西方发达国家多,对广大第三世界国家关注不够;对西方文化了解多,对广大第三世界国家文化却了解不多,不少人还知之甚少。这不能不是应当引起高度重视的大事。

第四节　国际大都市公民的多元文化适应

案例 38. 中国人对非洲人仍很好奇

出席 11 月初在北京举行的非洲峰会的非洲代表们回到了家，他们对与这个人口众多的国家的牢固关系感到乐观。

但是，在中国的这次活动也暴露出了一些挑战，它们有可能对重要的中非关系造成阻碍。大多数中国人不会讲英语，非洲人对中文也一无所知。在一场贸易展览会上，中国商人和乌干达商人面面相觑，语言方面的隔阂显露无遗。

非洲人渴望推销自己的产品，但中国人听不懂他们的话，这令非洲人一筹莫展。在那次展览会上，辛亏有中国学生前来救场，他们自愿给非洲人当翻译。

除此之外，中国人也迫切需要习惯于看到非洲人。峰会期间，许多中国人坦承这是头一次跟非洲人说话，从脸上表情判断，这是他们的一种奇特体验。他们跟我们说话时注意的是我们的牙齿，看得出来一些中国人想摸我们的头发。一些人礼貌地提出请求，希望摸头发或与我们合影。

少数中国人很困惑地盯着我们看，他们还对我们的身体特征（头发、皮肤等）指指点点，好像在说："这是真的吗？"我们激起了中国人的好奇心，他们把我们当展品也别见怪。

中国的旅行社要求我们做出努力，使中国人更多地了解非洲。非洲必须不断投入大量资金，向中国人推介非洲大陆。这包括了从简单的交流访问或学习考察到积极主动的促销活动等计划。当要求说出非洲国家的名称时，大多数中国人只知道两三个。

只有当中国人发现非洲的有趣之处——就像中国的长城或故宫一样时，中国庞大的旅游人群才会被吸引到非洲。因而，除野生动物之外，我们还必须宣传我们的文化和历史，只有这样中国人才能全面地了解非洲。

（丽莲·恩桑布嘉，中非关系面临的大挑战，汪析译，摘自 11 月 19 日乌干达《新视野》，《环球时报》，2006 年 11 月 21 日）

案例分析参考题

1. 案例中提到的荒唐和无知的错误的原因何在？
2. 人们现在有无重视西欧北美发达国家文化，却轻视甚至忽视第三世界国家文化的不正常倾向？请做一社会调查，了解和分析这方面情况。
3. 我们在对外交往中如何才能解决这种厚此薄彼的反常现象？

案例39. 如何正确认识和对待传统中国文化与西洋化

近年来，围绕传统节日展开的激烈争论成为独特的人文现象。今年的焦点是七夕节改名：有的建议改为"中国情人节"、"中国情侣节"，还有人建议改为"女儿节"或"爱人节"。建议虽不同，但初衷大体相同，也值得赞赏。人们痛感西方情人节在中国大行其道，忧虑中国七夕节日渐式微，希望通过更改节日名称促使人们重视七夕节，以便保存历史记忆、传承传统文化。然而，七夕节之忧恐怕既不在于中国人不重视，也不在于改名称，而在于从过节方式到改名建议等一系列的西洋化倾向。这种借西洋化而复兴传统文化的做法，说到底还是一种不自信的表现。

……

将七夕节改为"中国情人节"不但扭转不了"中节西过"的局面，而且还会把名称也西洋化，甚至是忽视乃至偏离了传统，古代中国是一个非常重视纯洁两性关系的国度，这与西方的传统有些不同，"情人"二字在许多人眼里仍然是一个十分暧昧的字眼，将七夕节改为"中国情人节"，极有可能为两性道德的堕落推波助澜。再把目光扩展得更宽一些，何止是七夕节的西洋化，整个传统节日都有西洋化的倾向！将孔诞确立为"中国圣诞节"、将孟诞确立为"中国母亲节"、将重阳节改为"中国老人节"、将风筝节改为"中国儿童节"等建议不绝于耳。

非但传统节日，整个传统文化、整个中国社会都有西洋化的倾向：中国大学按照西方学科分类将本不分家的中国传统文化划分为文史哲等不同学科；大学教授把孔子比附于"中国的苏格拉底"，并按照西方学术范式来讲授中国传统文化；中国人习惯了谈论舶来的自由、民主、平等而忘记了重温传统的道德、仁爱、中庸；幼童只知道英文字母a而不知道汉语拼音ɑ；传统建筑被推倒而代之以高楼大厦；中医在科学名义下西医化……

从传统节日到传统文化再到整个中国，西洋化已经成为流行时尚，"西洋无限好，只恨皮肤黄"构成了中国人的一种潜在心理特质，也在不断地消磨着我们的民族自信心。失去了传统又何来自信呢？前不久，美国《新闻周刊》上有文章说："世界汉语热，中国英语火。"套用这句话，我们可以说"世界正在中国化，中国正在西洋化。"

1935年，萨孟武等十位大学教授曾在《中国本位的文化建设宣言》里感叹："在文化的领域中，我们看不见传统的中国了。"如今，在文化领域不要说看不到传统的中国了，就连我们想象传统中国的能力也受到很大局限，多半打上了西方的烙印，按照西方的标准描述古代中国和重塑现代中国——七夕节举办接吻大赛的事实和将七夕节改为"中国情人节"的建议，就是典型的例子。

西洋化确实曾是一个无可奈何的选择。百余年前，中国人震惊于西方列强的船坚炮利，因此提出了"以西方为师"、"向西方学习"的命题，并最终出现了"打倒孔家店"、"不读中国书"、"拼命往西走"的激烈反传统和全盘西化的现象。中国成为世界上走向现代道路的重要国家中割裂和抛弃自身传统最为严重的国家。

世与时异。当救亡图存的命题得以解决、中国复兴的势头日渐强劲之际，中国人逐渐走出了"妖魔化中国传统"和"乌托邦化西方文化"的历史阴影，开始重新重视和缓慢回归自己的传统。美国学者亨廷顿在《文明的冲突》一书中曾说：有些国家走向现代化的过程中，初期往往是以"西方化"促进现代化，后期往往是以现代化成就促进"非西方化"和本土文化的复兴。这是民族自尊感和自信心使之。然而，重视归重视，到底该如何对待传统的问题并没有真正解决。原因是我们已经离开传统太久了，因此对传统产生了严重的陌生感和疏离感，我们很难从陌生的传统中去获取自信。更为重要的是，"中劣西优"的价值取向和"以西为师"的思维模式，因长期的影响和积淀，已经成为中国人的"集体无意识"，它也在慢慢地毁掉新一代年轻人的民族自信力。

假如我们还承认中国传统文化有其优越性并决心给予必要的重视和积极的回归，就必须明白：一个民族所以为一个民族而不是其他民族，就在于这种特色和韵味的传承和持守。犹太民族能够影响世界，绝不仅仅因为其产生了马克思、爱因斯坦和弗洛伊德等世界名人，还因为他们两千年来执着恪守犹太教的教义教规和风俗习惯。要知道，以色列建国前后，甚至复活了消失千年之久的古希伯来文！

中国传统文化不必西洋化，西洋化也不是中国传统文化的出路。当然，保持原汁原味的传统，在目前也遭遇到不少困难，比如城市年轻人在七夕节时要找个葡萄园去听私语就确属不易。然而，这也正是对中国人在传统和现代、中国与西方的二元张力下如何恪守并传承传统的一种考验。处理得当的话，智慧将由此迸发，传统将由此传承，自信将由此建立。中国人将为世界贡献出更为光辉灿烂的文明。

（王达三，传统文化不能靠西洋化复兴，《环球时报》，2007年9月4日）

案例分析参考题

1. 你对人们乐于将中国传统节日改为西化名称的看法是什么？依据何在？

2. 什么是"西洋化"？案例的作者认为"传统文化不能靠西洋化复兴"，你的看法是什么？理由何在？

3. 西方一些人认为中华文化的"天人合一"指的是"只要经济发展，只向地球索取，不顾地球生命"；将"韬光养晦"解释为"隐藏能力，等待时机"，给人以充满杀机的阴险战略之感。你是如何理解这两个成语的含义的？

4. 现在一方面是中国不少人喜欢盲目照搬西方文化理论和仿效西方习俗，另一方面西方不少人又总是误读中国和诋毁中国，你是如何看待这一现象的？

6.2 注意了解文化差异，学会恰当处理文化冲突

我们在本书第一章中已经讨论过，世界上各种文化之间是存在差异的，文化差异又会导致文化误解，甚至文化冲突。一些持有文化偏见和别有用心的人

则喜欢利用文化差异和文化冲突，借题发挥，大做褒贬文章。在我国一般群众中也存在需要严肃回答和认真对待的问题：我们是否也需要认真了解和正确对待中外文化差异和文化冲突？我们对待此有彼无、此无彼有和彼此不同的东西应当如何看？又应持何种态度？国际大都市的群众迫切需要清楚地认识文化差异，既要全面了解外国文化，又要有的放矢地大力进行对外宣传，努力消除外国人的猜疑，帮助他们正确认识中国，不断消除外国人了解中国的障碍，致力于拆除横隔在中外之间的大墙。

案例40. 美国的"围墙"

最近，记者和几位不同国籍的朋友一起聊天，话题是美国的围墙。大家就此展开了热烈的讨论。

有形之墙

行走在美国的大街上，人们很难看到围墙。不管是政府部门、高等学府、公司企业，还是民居庭院，都看不到高墙挡道。不仅白宫、国会的部分地区对公众开放，游人可以进去参观，多数美国庭院式民宅的前门也没有围墙遮拦。记者曾经路经一些据说是亿万富翁和明星大腕居住的豪宅大院，也没有看到有高墙护卫，顶多是鲜花树丛形成的"植物墙"环绕四周。

一位美国教师解释说，美国一般只有民宅有围墙，但只限于和邻居毗邻的三个方向，即左边、右边和后面，面对街道的前院是没有围墙的，所以外人看不到围墙，从这个意义上说，美国是一个没有围墙的国家。

为什么美国没有围墙？他分析说，第一，从政治层面分析，美国是个"开放式"的国家，政府是"透明"的，不需要向百姓遮掩什么，所以不会因害怕公众而躲在高墙后面；第二，从民众心理分析，美国人"很自信，心胸坦荡"，他们希望向外人展示自己美丽的房子和庭院；第三，从美学角度看，美国的庭院大都鲜花盛开，绿草如茵，一眼望去像一个美不胜收的大花园，如果户户建高墙，美国的美丽就会大打折扣。

无形之墙

但一位旅居美国的中国学者指出，美国虽然看不到有形的围墙，却存在"无形的围墙"。比如说，美国的民宅经常有"私人领地，非请勿入"的警示牌，而私人领地是"神圣的"。如果外人不经邀请而贸闯私人领地，或在别人门前东张西望，那是十分忌讳、甚至是危险的。美国的许多家庭拥有枪支，路人行为如不"检点"，可能会招惹麻烦。

他提起了十余年前发生在美国的一起事件。当时，一名日本留学生去美国朋友家作客，不小心误入陌生人的庭院，主人误以为他是盗贼，端枪将其击毙。后来法庭审案时认定，事件的发生是因为受害者未经邀请而闯入私人领地，主人是出于自卫心理而过失杀人，所以判他无罪释放。这位中国学者当时就住在事发地点的社区附近。他说，直到今天，每当他路过美国人的庭院时总是小心翼翼地沿着公共通道行走，不敢越雷池一步，甚至不敢四处张望。他认为，人们虽然用肉眼很难看到美国的围墙，但在他本人心理却有一堵虽看不见但却令他退避三舍的无形的墙。

记者想起不久前当地媒体报道的一则消息，说是某人在某个社区遇劫，他拼命奔逃，最后被歹徒追上杀死。事后人们评论说，如果此人当时进入"私人领地"敲门求救或许能得到帮助，他之所以没这么做或许是因为他心里清楚，非请误入私人领地同样是十分危险的。

冷漠之墙

一位从泰国移居美国的商人接过话茬说，美国的邻里之间也存在一堵无形的"冷漠之墙"，它阻挡了邻里之间的正常往来。他十年前搬到洛杉矶一个白人社区，直到今天只和邻居打过一次交道，那是因为公共下水道坏了，不得已需要两家商量修理。之后，两家又形如陌生人。在他生活的社区，邻里之间近在咫尺生活了几年，甚至十几年，叫不上对方名字的事情一点不奇怪，更不用说相互串门了，真可谓"鸡犬之声相闻，老死不相往来"。他说，他最近听洛杉矶公共电台广播时被主持人的一段话深深打动。主持人说，当今年夏季百年不遇的高温袭击加州时，160多名老弱病残者"被孤独地热死在家里"，直到死后人们才知道他们生前是多么的无助。如果平常邻里之间能相互照应，经常去敲敲邻居的门，看看是否需要帮助的话，就不会有那么多人死亡。

种族之墙

记者根据平常的观察，也提出了美国一个值得深思的社会现象供讨论者分析：作为移民国家，美国采取了诸如立法等措施来消除种族歧视，取得了很好的效果。可以说，今天谁在公开场合搞种族歧视必遭千夫所指，但种族歧视仍像一股暗流在涌动，久而久之形成了一种奇特的种族文化现象。比如在美国人口最多、种族成分最复杂的加州，人们基本以种族来划分居住区，拉美裔有自己的生活圈子，白人有白人的领地，华人有华人的地盘，黑人有黑人的社区，形成了"人以类聚，物以群分"的态势。

在一些社区，不同族裔甚至有属于自己的医院、餐馆、娱乐场所，非英语的族裔不用说英语也活得很自在，而英语族裔也很少到其他族裔的地区。

一名从事房地产生意的华人朋友曾对记者说，他时常遇到这样的怪事，在白人社区，白人不愿将房子出售给出大价钱的有色人种，但却愿意卖给出低价钱的白人。记者问，这种现象是否说明美国的各种种族之间也存在一堵无形的围墙？一名黑人记者回答说："这是一堵文化隔阂之墙，而且这堵墙很难逾越。"由于这堵墙的存在，美国社会存在着"种族分离"现象，只不过这种分离是人们自愿形成的而不是强迫的。他认为，美国没有围墙并没有什么不好，但如果认为美国没有围墙其他的一切就很完美，那是没有真正了解美国。他最后强调，"人们拆除有形的围墙不易，但摧毁无形的围墙更难"。

（于大波，《参考消息》，2006年10月5日）

案例分析参考题

1. 中国为什么围墙多？
2. 请向外国人士做一调查，了解一下是否只有中国有围墙，他们如何看待中国的围墙。
3. 这一案例说明的问题是什么？
4. 对于中国突出的甚至特有的文化现象如何有针对性地对外宣传和解释？
5. 怎样认识美国的"Indian Reserves（印第安保护地）"和现在的"Amish people（阿米希派人）"等现象？

6.3 清醒对待有关"中国热"的议论

"中国热"和"汉语热"是当今国内外人们"热议"的话题。关于"汉语热",人们看法并不一致。的确,世界上学习汉语和希望学习汉语的人不仅越来越多,而且发展越来越迅速,然而是否已到了"汉语热"的地步恐怕就需要做一冷静统计和分析了。西方有人开玩笑说:"中国人在大谈'汉语热',他们自己却已掀起'英语热'了。"至少,目前在世界上汉语的普及面还大大落后于英语,这与中国的大国地位和众多人口、远不相称,因此离"汉语热"还有不小距离。至于"中国热",就更要头脑冷静地对待了:一方面要看到中国经济的高速发展已为世人瞩目,中国在世界上的影响在迅速增长并已成为世人不可忽视的世界大国;另一方面又要冷静地进行分析和清醒地加以认识,清楚了解我国还是一个经济不发达、人民还不很富裕的大国,盲目自我陶醉是不合适的。我们不能不注意到三种情况:第一,世界上对中国有清楚了解的人还不是很多,尤其是在广大欧美国家,人们的了解还极有限;第二,多种因素造成外国人,尤其是西方人,对中国的误解还不少;第三,外国,尤其是西方,对中国的关注不仅表现在正面,负面态度也不可忽视。所以,我们需要清醒地认识到,世界对中国的了解和认识还很不够,对外国人对中国的兴趣也不能估计过高,我们对外介绍和宣传自己的工作还有待大力加强。这种对外宣传和介绍自己的工作,不是少数人的事情,而是全中国人民的任务。作为国际大都市的居民更是义不容辞,责无旁贷,每个人都需要高度重视对外宣传和介绍中国,每个人都需要学习对外介绍和宣传中国的方法和策略。这种宣传和介绍不仅包括现代中国,还包括中华悠久的文明史和传统道德风尚;不仅包括物质文明,还包括精神文明;不仅通过语言,更为重要的是通过我们的文明行为和热情礼貌的行动。

案例41. 看看古今"中国热"

眼下如果打开一张外国报纸,很难找到没有关于中国的报道。很显然,一股"中国热"正在全球的大多数地方出现。这让人联想起200多年前欧洲的"中国热"。同样是对中国的热情关注,内容却大有差别。

18世纪左右,中国成为了欧洲关注乃至学习的目标。中国的哲学思想成为欧洲知识界反封建和反宗教专制的利器,成为欧洲启蒙思想运动的一个重要思想动力。法国启蒙运动最重要的思想家伏尔泰极力推崇中国文化,以中国文化来抨击欧洲宗教的黑暗和专制,并大声感叹:"我们不能像中国人一样,真是大不幸!"当时法国主要哲学思想流派百科全书派以及重农学派等,都从中国哲学中汲取很多营养,推动法国的思想启蒙运动。百科全书派最重要的思想家狄德罗曾这样评价中国:"中国民族,其历史的悠久,文化、艺术、智慧、政治、哲学的趣味,无不在所有民族之上。"重农学派的始祖魁奈,因自信是孔子学说的继承人,被称为"欧洲的孔子"。

中国文化和哲学对德国近代哲学思想发展的影响,也明显可见。莱布尼茨是承认中国文化促进西方发展的第一个人。莱氏弟子、哲学家沃尔夫因极力赞美儒学轻视基督教,结果被驱逐出国境。费希特、谢林、黑格尔等也都直接或间接受到中国文化和哲学的影响。德国最伟大作家歌德对中国文化也极力推崇,他大量阅读来自中国的著作,学中国诗的体裁做诗,学写中国字。

当年欧洲的这股"中国热",给欧洲人带来的影响涉及方方面面,许多欧洲人尤其是当时的上流社会,都以学习中国风格为荣,绘画、室内装饰、建筑、家具、瓷器、纺织品等都模仿中国的风格。法语中甚至有一个专有名词Chinoiserie来形容这股学习中国文化的浪潮,意思就是"中国风"或"中国热"。在今天欧洲各地,仍然有许多建筑显示出这股中国热的烙印。德国波茨坦无忧宫里的中式茶亭,英国的逑园宝塔,瑞典、丹麦的中式凉亭,维也纳的美丽泉宫里的中国房间以及许许多多的瓷器、家具用品和大量的中国风格的绘画,都让人感受到当年的"中国热"的情形。

今天,中国又"热"起来了,同样在欧洲也很"热"。但是不难看出,今天包括欧洲在内的世界对中国的关注,更多的是出于经济目的,主要是看中了中国这个大市场。笔者最近几年在德国做记者,亲身经历德国政界和经济界对中国的关注,多是局限于经济和投资话题。这种"热"在别的欧洲国家也大同小异。虽然这其中也有一些文化交流,但是文化很大程度上还是装饰作用,重点还是为经济和商业交流服务。当地人谈到中国文化,印象中还只是武术、京剧脸谱、大红灯笼等。

从二百多年前和今天的两股"中国热"中,我们也许应该反思我们对自己文化的态度。当年的"中国热"上演的时候,其实中国已经到了开始衰落的时期,但这个文明古国体现出来的整体风度依然让欧洲人景仰,在欧洲人看来,中国仍然是一个从物质到文化都让人敬佩的国家。而有见识的欧洲思想家们努力借鉴中国文化,也侧面印证了传统中国文化思想的弥足珍贵之处。

如今,外国人从中国的一些文化推介中看到的那种能够震撼他们心灵的东西并不多。在对外交流中,中国还存在大规模的文化赤字。比如,这几年中国引进图书和出口图书的比率依然高达7:1左右。此外,中国出版的外国书籍多来自欧美国家,而绝大部分图书出口的目的地却是东南亚等地,尚未形成影响全球的文化力。

歌德在1827年与助手的一次谈话中,曾这样评价心目中的中国人:"那些人几乎和我们有着同样的思想、行为和感情……只不过在他们那里,一切都来得更加明朗、纯洁,也更符合道德。"要是让歌德评价今天的中国人,也许说的会很不一样吧。

(赵州,看看二百年前的中国热,《环球时报》,2006年11月20日)

案例分析参考题

1. 何谓"中国热"?请研究一下中国历史和世界史,看看历史上世界有几次"中国热"?每次"热"在何处?
2. 如何认识今天世界上的"中国热"?可以向中外人士做一调查和分析。
3. 我们应当为在世界上实现真正的"中国热"做哪些工作?

6.4 理性对待国际反应,辨证认识来华工作的外国人

中国在对外开放和融入国际社会过程中,必须珍视国家声誉,一举一动注意国际影响,这是每个公民的神圣义务。需要注意的是,重视国际影响决不是跟着影响走,重视国际反映也决不是唯国际反映是从。至于个别人的崇洋心理则更是要不得的。我们中华民族是伟大的民族,我国人民是勤劳智慧的人民,我们的文化是世界上历史最悠久的文化之一。我们所从事的事业是既无先例,也为当今世界上独有的伟大创造。我们既要虚心向他人学习对我有用的经验,更要独立自主,自力更生,按自己国情办事;既要戒骄戒躁,也要具有强烈自尊心和自信心。在对外交往中应当落落大方,不卑不亢。向世界展示的应当是

屹立于世界各民族之林的伟大中华民族形象。

案例42. 不必在意西方的掌声

我们中国人似乎并不太在意自己的国人怎么看自己，倒是特别在意外国人怎么看自己；不太敢用自己的标准衡量事物，而是特别喜欢用想象中的外国人的标准衡量事物。

从国家层面说，外国人要是说个什么"中国威胁论"，有人就着急得要命，一个劲儿地跟人家解释咱们自娘胎里带出来的就是爱和平、不爱打仗；外国媒体要是夸中国两句，很多人就觉得飘飘然，认为中国已经成了世界强国。从社会层面说，评价一个电影，或其他什么艺术作品，好不好，不是自己喜不喜欢，中国人喜不喜欢，而是外国人喜不喜欢，在外国拿没拿奖；评价一个人的学术水平高不高，不是他有多少原创性，回答了中国的什么问题，而是他得没得到"国际承认"；就连改个随地吐痰什么的陋习，也得乘"迎奥运"的东风，讲不能在外国人面前丢脸。

中国人这么在意外国人的评价，是否反映出我们的国人缺乏自信心，甚至有点"崇洋媚外"呢？说老实话，还就是有点这么回事。国人多半也承认是这么回事：一项调查显示，有59.2%的人认为中国人普遍崇洋媚外，48.7%的人称，作为中国人在面对发达国家的公民时不自信。

那么，在乎外国人怎么看而不在乎国人怎么看，以想象中的外国人的标准衡量事物，乃至有点崇洋媚外，这个样子好不好呢？平心而论，我们也不能说这个样子就完全没有道理，没有好处。因为我们确实在近代落后了，现在也没有完全翻身，所以，确实有很多东西，人家比我们更明白，而人家的那个明白，也往往是用巨大的代价换来的，我们注意倾听人家怎么看，乃至用人家的标准衡量，就免除了那个代价，这叫做"后发优势"。

然而，万事都不能过分，崇洋媚外到了一切要以外界评价作为"好与坏"的标准，那我们也是问题不小，甚至可以说是病得不轻。具体说这个样子的坏处究竟在哪里呢？首先，外国人的有些看法和标准并不是中性的，他们的出发角度往往基于自己的国家和民族利益：他认为好的东西，也许是对他有利对你不利的东西，你如果听从他的看法和标准，就是自残自戕。外国人不满意，并不是说咱们做错了；外国人给了掌声，也许是在"捧杀"我们。如果我们和外国的利益冲突并不大，国人听从外国人的喜好所带来的损失多半还是我们可以承受的，可谁也保不齐将来就一定不会有大的冲突，一旦有大的冲突，国人的这种喜好可是致命的。

其次，正像生活中很多勇于创新的人一样，他们成长的过程并不一定能得到周围人的理解和掌声，有的时候甚至饱受质疑。对于一个国家来说，如果跟在别的国家后边，这是对其他国家发展模式的肯定，自然也更容易获得先发展国家的认可。然而，中国发展的历史证明，如果中国不是"摸着石头过河"、闯出了自己的道路，中国很难取得今天的成绩。同样，今天中国人如果老是担心外国人怎么看就不可能有创造性了。要有创造性，就必须超越别人的评价，打破别人的标准，以自己为主来判断事物。一个人也好，一个国家也好，事事担心外国人怎么看，在精神上就站不起来，就更不要谈什么创造性，什么"创新型国家"了。更不要说，我们还有可能搞错外国人的标准，结果是想用"后发优势"，借助外国人的经验，却成了"邯郸学步"。笔者就常常看到国人以所谓"与国际接轨"的"严格标准"来扼杀自己有价值的新思想。

再次，太在意外界的掌声，我们就容易被人忽悠了。过于相信外国人的看法和标准，不仅容易被外国人忽悠了，还容易被国人忽悠了。拿外国说事，拿外国人说事，其实是忽悠别人，自己谋利。这样的事，实在也是很多很多。当然，国人上当多了，也精明了许多，现在国人大致都明白，一些所谓的"与国际接轨"，其实主要是与说这话的人自己的利益接轨，跟"国际"没有多大关系。但这类的忽悠仍旧没完没了，还是说明了上当受骗的人不在少数。

中国的国情决定，中国势必要走出一条有特色的发展道路来，这个过程也注定充满了争议与质疑，而不会是由掌声伴随始终。笔者并不主张外国人说东，我们就非说西——要是那样，我们也还是没有摆脱精神上为外国人所左右的附庸地位，因为这只不过是事事听从外国人的精神附庸的一个镜像反射而已，所以也还是精神附庸。我们听从外国人的标准也好，不听从也好，在意外国人的看法也好，不在意也好，要旨是以自己为主，并以平常心待之。

(王小东，《环球时报》，2008年1月3日)

第四节　国际大都市公民的多元文化适应

案例分析参考题

1. 最近西欧北美一些媒体声称，他们经过民意调查，发现欧美人对中国的印象越来越差，你是怎么看待这一问题的？
2. 请在中国人中间做一调查，了解人们如何看待外国人对中国人的反映和评价。你的看法是什么？
3. 请在外国人中做一调查，了解外国人对中国的看法，并做出自己的分析与判断。
4. 在对外交往中如何处理好民族自信与倾听他人意见之间的关系？

案例43. 在华外教什么人都有

这一案例是一个极端而又个别的例子。绝大多数在华工作的外教（外国教师）和外国专家是具有良好品德、较好水平和优良工作态度的。选择这一案例的原因有二：第一，以这一极端事例作为一个警示，以引起人们的高度重视和必要警惕；第二，文中评论的某些情况和作者的看法有一定代表性，这才是需要相关部门和相关人士认真和严肃对待的大问题。

一个自称在上海高校教英文的"流氓老外"最近被网友炒得火热。据报道，这名来自英格兰的外教在自己的博客里，"用极其淫秽、肮脏的语言记录他在上海玩弄中国女人的过程，而这些中国女人大部分竟然是他的学生；与此同时，他又极尽所能侮辱、诋毁、歪曲中国政府和中国男性"。一时间，"外教都是些什么人"又成为人们关注的话题。

不少学校找外教以貌取人

20年前，只有中国的大学和少数几个外语学校里才有外教，他们或者经过教育部门安排，或者作为访问学者来到中国。而如今，外教不仅在全国各地的大学里随处可见，在北京、上海等大城市中，许多中学、小学，甚至幼儿园里都有外教。在很多民营的外语学校里，"外教小班授课"、"外教单独辅导"成为课程介绍里最显眼的部分。

在中国教英语的外教并非都来自说英语的国家。记者就曾在北京一家知名的五星级饭店的培训部遇到过来自俄罗斯的英语老师。一个专门为在华外国人介绍工作的网站上,有这么一个常见问题:"如果我的母语不是英语,我能在中国教英语吗?"回答是:"如果你的母语是英语更好,但是如果你的英语足够好,而且口音不太重,也不一定要求你的母语是英语。在中国,有很多外教并非出生在英语国家,但他们在英语国家接受了教育,而且没有太重的口音。"

这种情况已经引起一些人的抱怨。一个姓潘的华裔加拿大外教说,很多中国学校只看重一张外国脸,而并不在乎他们究竟能教什么。另一个名叫杰的外教认为,以貌取人还不止于此,"那些长相年轻的外教更受欢迎,学生们都喜欢他们,给他们评分很高"。

来教书为的是"国际经历"

为什么来中国教书?记者采访的几位外教都表示,他们看重的是这里的生活和经历,而不是"为了钱"。在北京,一般外教月收入为6000元左右,比他们在自己国家的收入少多了,想多挣钱就得多上课。

来自美国的斯蒂芬是北京一所英语学校的老师。他退休前是硅谷一家公司的制造部经理,他告诉《环球时报》的记者:"2004年来中国时我是想去重庆做一笔生意,但与我做生意的中国女士似乎对跟我结婚更感兴趣,我只好回了美国。后来,我又通过教育机构联系到北京一家学校。可来了之后我才发现自己被骗了。他们告诉我,来北京后可以住别墅,可这里根本没有别墅,只有3个男人和一条狗,还有一个小公寓,而且那条狗还要和我们共用卫生间。我非常生气,怎么可以这么不讲信用呢?他们告诉我,你是美国人,那么有钱,也不在乎这点儿……我不一定非要住别墅,但也不能骗人啊!于是我辞职了,来到现在这所学校。"

"我没有教书的收入也能活得很好,但我需要这份工作帮我建立关系——我知道这在中国很重要,将来我要利用这些关系开自己的公司。"斯蒂芬说,虽然在中国有很多"惨痛"经历,但他是一个屡败屡战的人,所以可能还会在中国再住十年,甚至娶个中国太太。斯蒂芬说,能离开美国来中国教书的

第四节　国际大都市公民的多元文化适应

人多半思想非常开放、勇于打破常规。

美国人乔纳森在大学里学的是金融,后来一直在这个领域工作。他2004年来到中国,在此之前他思考了很久。"我那时开始厌倦自己的工作,每天都要和各种数字打交道,出一个错就会遇到大麻烦。我想改变这一切。"于是,乔纳森来到中国,他发现这里的生活非常自在,还在北京结识了关系很铁的朋友。如今他已经在亚运村买了房,"我可能这辈子都不会离开中国"。

来自加拿大的杰说,现在是全球化的时代,国际经历是履历表上不可缺少的一笔。他来北京看重的就是这种国际化的经历。

最大的问题是文化差异

这些外教中大多数人没有专业教授语言的背景。但乔纳森认为,这并不是一个障碍。"那些所谓经过专业训练的人可能更容易失败。因为他们接受的培训是结构性的语言培训,一旦发现教学中出现问题,他们首先反省的是结构性的问题,而在中国教书,最大的问题是文化差异。你面对的是一个完全不同于美国的课堂,也并不是一个完全中国化的课堂。"

斯蒂芬也认同这一点。"中国学生总是微笑、点头,事实上他们可能根本没有听懂。我花了很久才发现这个问题。而且,如果他们发现你的课有什么问题,他们也不会直接告诉你,而是通过其他途径解决。我认为,能理解这种文化差异并解决这些问题的外教才是最成功的外教。"

(李宏伟,《环球时报》,2006年9月1日)

案例分析参考题

1. 这个"流氓老外"给我们提出了什么警示?

2. 你认为在聘请外教时有无文中所说的"以貌取人"的现象?这一做法出于什么心态?造成了什么后果?

3. 请通过社会调查了解一下:西方来华工作的人中有多大比例的人持文中所谈及的"看重的是国际经历"?他们的想法是什么?你的看法是什么?如何与这些人合作共事?

第五节　跨文化适应与第二语言教学

本节重点讨论的是跨文化适应与第二语言教学之间的关系。第二语言教学在本节指在外语国家的外语教学，我国对外汉语教学就属这一类型。这种教学最为根本的特点是，学生的第二语言习得过程永远与文化适应过程相伴。所以，要清楚认识第二语言教学的性质和特点，就不能不深入研究和清楚了解第二语言习得过程与文化适应过程之间同步发展关系（Synchronized development），探索出行之有效的第二语言教学途径。本节将讨论四个问题：研究文化适应与第二语言习得之间关系的必要性，文化适应与第二语言习得之间同步发展关系，第二语言习得的文化"关键期"，跨文化适应门槛与跨文化语言交际能力习得门槛。鉴于我国在这方面的理论研究还较薄弱，本节将重点介绍和讨论西方学者的相关理论。

1. 研究文化适应与第二语言习得之间关系的必要性

在第二文化中学习第二语言所遇到的困难使文化适应变得更加困难，更加难以应对。文化休克是在第二文化中第二语言学习者所普遍遇到的大问题。这是因为，语言作为每种文化中人们相互交往的最重要的工具，是文化的载体。这也因为，陌生的第二语言成为第二语言学习者在陌生的第二文化环境中赖以生存和与人交往的唯一手段。（Brown, 1987）第二语言学习者语言习得的困难与其所遭遇到的文化休克之间存在着相互作用的密不可分的关系：文化休克削弱了第二语言学习的积极性；第二语言学习的困难反过来又加剧了文化休克。所以，文化适应的过程也就是在第二文化中初学第二语言者艰难的语言习得过程。下面是1999年来北京语言大学学习的美国某大学一名学生的切身体会：

> （文化适应的）最大障碍是语言隔阂，表现为吃饭和购物时难以与人进行有效的交流。我花了数月时间才学会听懂别人谈话的意思。这一困难不是简单的语言问题，而是如何学会理解他人的礼貌方式并能够与人们交流。例如，如何正

确理解与使用体态语、如何恰当使用词语、如何向人打招呼、何时用何种方法询问别人的姓名与年龄……还表现在学习新文化过程中常犯的意图表达的错误。所以，语言能力的不足就会让你难以摆脱文化休克的境地。

  当我看到经过四个月的语言学习所取得的进步时，我惊喜不已。我现在购物不再有困难了，可以讨价还价，买到称心如意的商品了，我可以看懂城市地图和路标，知道如何找到重要地标了。能够用汉语叫出租车也让人兴奋不已。不过更让人欣喜的是，我学会了乘坐公共汽车随意去任何想去的地方，也学会了乘坐地铁的简单易行的方法。

第二语言教师不能不认真研究文化休克与文化适应，但是第二语言教师是从语言教学角度，或者说是从外国留学生学习汉语的角度和过程研究文化休克和文化适应的，第二语言教师研究的内容是学生第二语言习得过程与其文化适应过程之间的同步关系。

2. 文化适应过程与第二语言习得过程之间的同步发展关系

文化适应与第二语言教学之间的关系需要从在第二文化中学习第二语言者的文化适应过程与第二语言习得过程之间的同步发展关系角度去讨论。"文化适应"在此指的是布朗、阿克顿和费利克利所使用的概念"acculturation"，即逐步适应外语文化但不必放弃母语身份（native language identity）（Valdes,1986：20），也就是在第二文化中学习第二语言期间所需要的短期文化适应。

关于文化休克和文化适应问题，西方许多学者都是从在第二文化中学习第二语言的角度进行研究的，在前面"文化休克与文化适应"一节中提及的莱文等人和布朗的理论都是针对第二语言学习者讨论的。但是，他们基本是从文化适应的角度讨论第二语言学习，也有许多学者从第二语言学习的角度讨论文化适应问题。例如，有些学者就分别从语言学习与文化适应（acculturation）、认知的变化过程（cognitive development）、感情态度与文化适应过程（affect and acculturation）以及语言身份与角色的转变过程（personality and role development）等方面研究在第二文化中学习第二语言的过程。（Valdes, 1986：20）

2.1 第二语言习得的心理适应过程

阿克顿和费利克斯总结了有关在第二文化中学习第二语言的一些理论，从语言习得与对第二文化的心理适应过程之间关系的角度将文化适应过程分为四个阶段（Valdes, 1986：22）：

（1）旅游者心理阶段（Tourist）

初到第二文化环境的第二语言学习者对新的文化感到几乎一点也不能接受，这一阶段在一定程度上涉及文化休克问题，所讲的语言只能算是词语拼凑，学习者基本上还是按母语的一套表达意思。

（2）生存需求阶段（Survivor）

这一阶段所学的是急用语言和适用的文化知识。只有通过了这一阶段，才能学到优雅的语言能力，然而许多人难以通过这一关，只能停留在第二阶段，学到的只是"洋泾浜"式的语言。

（文化适应门槛 The Acculturation Threshold）

（3）移民心理阶段（Immigrant）

这是有文化的人通过较长时间的国外工作和生活渴望达到的阶段，不过绝大多数人难以越过这一阶段。

（4）公民心理阶段（Citizen）

到这一阶段就可达到第二文化的公民的语言水平，只会偶尔遇到一些语言和文化上的细微困难，其发音和体态语可望近似于侨居地本土居民。

后两个阶段已经超出了短期文化适应的要求。达到移民和当地公民的水平不是短期适应可以奢望的目标。

2.2 第二语言习得的认知变化过程

菲尔莫尔（Wong-Fillmore）（1983, 见 Valdes, 1986:23）也是从语言技能提高过程的角度将文化适应过程分为与阿克顿的阶段论类似的五个水平：

第一阶段是初级阶段（Novice speakers）。新的语言学习者基本上完全依靠环境的提示（situational clues），使用的是第一语言的词语与表达方法。这一阶段相当于阿克顿和费利克斯理论中的第一阶段。

第二阶段是提高阶段（Advanced beginners）。第二语言学习者能听懂日常对话，并且可以按语法规则组织语言，但一般只限于日常实用性交流(functional kinds of tasks and interactions)。这一阶段同阿克顿和费利克斯的第二阶段。

第三阶段是合格的交际者（Competent speakers）。同阿克顿和费利克斯的第三阶段。到达这一阶段的学习者已学会基本语法和对话，可以运用新的语言思维，很少出现大的语言错误。

第四阶段为语言运用熟练阶段（Proficient speakers）。同阿克顿和费利克斯的第四阶段。到达这一阶段尽管还要依赖语法规则，但已有较好的语感，能够根据具体需求有效地选用不同的语言表达方式，已经学会遣词造句了。

第五阶段是专业水平阶段。语言已经达到专业水平，能够运用第二语言撰写诗歌。这一阶段是阿克顿和费利克斯理论中没有的。

菲尔莫尔划分的阶段中第一、二阶段基本上是依赖母语交际，运用母语思维方式组织第二语言，或者干脆是母语的硬译。通过一段实践，第二语言学习者思维方式逐步转为第二语言方式。从第二阶段向第三阶段过渡时中间存在着一个"文化适应的门槛（the acculturation threshold）"。新来者跨越了"文化适应门槛"，语言就会有一个质的飞跃，开始摆脱母语束缚和负迁移，逐步学会地道的第二语言。

2.3 第二语言习得的感情态度转变过程

许多学者强调要学好第二语言，对第二语言的感情和态度至关重要。加德纳（Robert Gardner）和兰伯特（Wallace Lambert）等人曾指出，要学好第二语言就必须对该语言采取积极的态度。除了理解能力和学习天赋外，具备与目的语文化的人交往和结合的愿望可以促进第二语言习得。这些学者将第二语言学习者愿意和第二文化的人相处并逐步培养第二文化的习惯的这种愿望称为"结合意愿（integrative orientation）"。舒曼（Schumann）甚至认为，第二语言学习者还必须有强烈的吸收第二文化的要求，否则是难以学好第二语言的。西方有些学者认为，只把语言当成某种需要的工具来学习是不够的，只有具有强烈的结合意愿的人才能通过第三阶段并进入第四阶段。（Valdes, 1986:24）

2.4 第二语言习得与个性、角色的变化

"个性"在此指第二语言学习者的行为、态度、信仰、思想、动作和情感。

西方学者认为，人的个性因素，如自尊、压抑、焦虑、冒险和外向，会影响第二语言学习，因为这些因素能够影响第二语言学习者的学习动机和策略的选择。"角色变化"在此指第二语言身份的培养过程（the process of developing a second language identity）。阿克顿和费利克斯从心理学角度讨论文化适应与第二语言习得之间的关系（Acculturation and Mind by Will R. Acton and Judith Walker de Felix, see, Valdes，1986），用四个有代表性的模式讨论第二语言习得问题：Guiora 模式（1972）、Cope 模式（1980）、Lozanov 模式（1979）和 Curran 模式（1976）。四种模式都注意到文化适应对第二语言习得过程的作用，都强调文化适应门槛在文化适应过程中的关键作用。以 Guiora 模式为例，Guiora 提出了"语言自我感"的概念。所谓"语言自我感（language ego）"，指的是在第二语言学习中，人们对于自身的人格、特性及价值方面的看法（即自我感）与他们母语的某些方面的关系。Guiora 等人认为，一个人的自我感是在学习母语的过程中形成的。母语的某些方面，尤其是发音，会与自我感联系紧密，这种紧密关系会对第二语言学习起到障碍作用。Guiora 将第二语言身份（second language identity）看成是第二语言学习者获得的"另一人格（another personality）"。他从在第二文化中习得第二语言的角度将文化适应分成四个阶段：旅游心态阶段（tourist）、生存需求阶段（survivor）、移民阶段（immigrant）和第二文化公民阶段（citizen）。在第一、二阶段，第二语言学习者依赖的仍是母语，到了第三、四阶段，就应当对第二语言运用自如，基本上具备了第二语言身份，从第二阶段向第三阶段的过渡是关键，这两阶段之间横越的是文化适应门槛。文化适应门槛是这一适应过程中的紧要关头。（Valdes, 1986：26~29）

这些学者从不同的研究角度得出了一些大同小异的结论：第一，在第二文化中学习第二语言会遇到文化休克和洋泾浜外语的干扰；第二，克服文化休克需要渡过一个适应过程，这一过程存在明显的不同阶段；第三，伴随文化适应过程，语言学习也有一个从母语向目的语转化的过程，这一过程与文化适应过程不仅密不可分，而且同步发展，在整个过程中二者都会相互影响，互相作用；第四，文化适应过程中需要越过一个"文化适应门槛"才能摆脱母语文化的羁绊，达到适应新文化的目的。第二语言习得也需要跨越这一文化适应门槛，由用母语交际的习惯转变为适应第二语言要求的运用习惯；第五，文化适应和第二语言习得成败的关键都在于学习者对第二文化和第二语言的态度，即是否有强烈的学习第二文化和第二语言的要求，是否对第二文化和第二语言持正面的态度。

3. 第二语言习得的文化关键期（Acculturation and a Cultural Critical Period）

我们需要认真研究在第二文化中学习第二语言的"文化关键期"，一要认真研究相关的理论，包括语言自我感（language ego）、第二语言学习的语境（2LL context）、社会距离和感知社会距离（social distance and perceived social distance）以及在这些理论的基础上兰伯特提出的"文化失落感（anomie）"和布朗提出的"文化关键期（a cultural critical period）"理论；二要认真进行调查研究，提出符合我国实际的看法。下面讨论西方一些相关理论。

3.1 第二语言学习与语境

第二语言学习的语境包括：一、在第二文化中学习第二语言；二在本文化中学习第二语言以满足在本文化环境中某些职业领域的需要，如教育部门、政府部门、商业场合的应用。在印度、菲律宾、巴基斯坦等国，这是某些职业人士的必须要求，但人们学到的是一种混合语（lingua franca，即母语与外语的结合，句子结构和词汇简单）；三、外语学习环境，即在本文化中学习外语。我们在此讨论的是第一种情况，如外国人到中国来学习汉语的环境。这种学习环境使第二语言学习者遇到严重的文化适应问题。学习者必须完全依靠所学得的第二语言进行交际，同时还必须学会在一种陌生而又"怪异"的文化环境中求得生存。

3.2 第二语言学习环境与社会距离之间的关系

社会距离是第二语言学习中必须研究的问题。布朗认为"社会距离（social distance）"指的是两种文化在一个人身上相碰时所产生的认知和感情上的距离感。两种文化之间差别越大，社会距离就越大，学习的困难也就越大。舒曼认为（Valdes, 1986：40），由于存在这种社会距离，第二语言学习者会遇到不同的学习环境，这些学习环境都可分为对学习有利和不利的两种环境。有利的环境包括：

(1) 第二语言学习群体受到第二文化的影响比反影响大时，对学习有利；

(2) 第二语言学习者与第二文化人士都有同化的要求或至少第二语言学习者有适应新文化的愿望时，对学习有利；

(3) 第二语言学习者与第二文化的人都不大在意文化圈子局限时，对学习最为有利；

(4) 第二语言学习者与第二文化的人之间关系融洽时，对学习有利；

(5) 第二语言学习群体小而且群体意识不太强时，对学习有利；

(6) 两种文化的人彼此之间都持积极态度时，对学习有利；

(7) 第二语言学习者具有在第二文化中长期居留的愿望，有利于学习。

对在第二文化中学习第二语言的不利环境，舒曼的看法是（Valdes, 1986：40）：第一类不利环境包括第二文化的人和第二语言学习者都认为第二语言学习群体居主导地位；两个文化群体的人都有维持第二语言学习群体与社会严格隔离的愿望；第二语言学习群体庞大而又结合紧密；两种文化之间不能融合一致；两种文化群体都对对方持负面态度；第二语言学习群体不愿长期居留在第二文化之中。第二类不利的环境是，第二语言学习群体认为本群体被两种文化都置于从属地位。

3.3 第二语言学习与感知社会距离

阿克顿（Acton, 1979）提出的感知社会距离（perceived social distance）有别于舒曼的实际社会距离（Valdes, 1986：41），这一理论中有两个观点值得注意和研究：

(1) 人类用自己的世界观"过滤"和"折射"的方法去认识文化环境，然后再按照这一认识去行动。按照阿克顿的看法，第二语言学习者接触到新文化后，其文化适应的过程就会使其从第一、二文化之间关系的角度去认识母语文化和目的语文化。这一理论启发我们注意到母语语言与文化对第二语言学习会起到负迁移的作用。我国学者张占一（1990）、王建勤（1995）将这一现象称为母语文化的"过滤"过程，也就是通过母语文化的过滤去消化目的语文化所提供的信息，其结果往往是将目的语文化所提供的信息通过母语文化的折射"变了形"，造成文化误解，甚至文化冲突，产生对新文化的适应过程和摆脱母语文化的负迁移过程之间的关系问题。我们只有通过语言与文化对比才能发现两种语言、两种文化之间的同异点，并恰当地处理语言与文化差异，避免用一种语言和文化的眼光观察和理解另一语言和文化。

(2) 阿克顿提出的最佳感知社会距离论（the optimal perceived social distance）将感知社会距离分为三种类型：一，学习者与母语文化的人群之间的距离；二，学习者与目的语文化的人群之间的距离；三，母语文化与目的语文化人群之间的距离。认为在第二文化中学习第二语言期间有一个最佳感知社会距离时机。学习者感觉自己与母语文化之间的距离感或与目的语文化之间的距离感过近或过远都会不利于学习，而有利于第二语言学习的最佳时机是与第一、二文化都保持一定距离。

阿克顿提出的这一时机正是文化适应过程中渡过文化休克阶段后进入的初步适应阶段。

3.4 第二语言学习的文化"关键期"（Valdes，1986：42~43）

关于文化"关键期"的理论，布朗做了简要但明确的论述：

> 阿克顿的最佳感知距离论支持兰伯特的看法，即外语能力的习得与文化失落感之间关系密不可分。这种感觉发生在外语学习者已经远离了自己的母语文化，但又未完全融入或适应目的文化之时。更为重要的是，阿克顿的模式指出了一个至关重要的难题，让我们开始思考应如何理解文化休克以及文化适应与语言学习之间的关系。将阿克顿的研究与兰伯特的理论结合起来，就会提出一个非常有趣的假说：在第二文化中，第二语言能力的熟练掌握时刻大约是文化适应的第三阶段开始之时。这一假说的含义是学好语言的最佳时机也许不是第三阶段到来之前，但如果过了第三阶段之初的时机语言仍未学好，以后也就再也无法学好第二语言了。第三阶段不仅提供了最佳距离，也出现了最佳认知和情感压力。这

种压力对第二语言习得是必要的。既不像文化休克期间那样严重,也不像第四阶段那样轻微。在第三阶段语言的习得反过来又会从心理上将文化适应过程从第三阶段最终推进到第四阶段。

根据我的假说,成年人在第二文化中不能同时学好第二语言和第二文化的原因也许多种多样。如果在第三阶段之前已经学会非语言行为就可应对在第二文化中的要求,就会在通过第三阶段进入第四阶段时学到过多的僵化语言形式,以后就永远难以学好第二语言,因为他既已学会不用规范语言就可与人交际,就不必须学好第二语言了。他也许不必掌握正确的语法,只学一些实用的语言形式就足够了。反之,如果在第三阶段之前就过早地掌握了第二语言,就很可能无法达到正常的文化适应。因为尽管他的语言技能已经非常熟巧,他却无法对付心理上的文化适应困难。根据这一分析,我在此提出,不分年龄差异,在第二文化中学习第二语言存在着一个文化关键期。

(Brown,1987:138~139)

布朗的文化"关键期"理论是在舒曼的"社会距离"、阿克顿的"认知社会距离"及其他相关理论的基础上发展起来的。他的"文化关键期"更是直接与涂尔干(Emile Durkheim)的"文化失落感"论有关。"文化失落感(concept of anomie)"指的是无所适从之感或不满心理。这种感觉在第二语言学习与对外国文化的态度之间关系上作用极大。人们在开始失去与母语文化之间的联系而去适应第二文化时就会产生这一感觉,惶恐、失落与害怕进入新文化的心理交错在一起。这种失落感也许可以称之为文化适应第三阶段的最初表现,这一感受的特点是无家可归和没有着落之感,既无与母语文化之间的紧密联系之感,又尚未完全适应新文化。兰伯特的研究支持的看法是,这种失落感最强烈的时候是在开始"学会(master)"外语之时。到了完全进入第三阶段以后,这种失落感才会逐渐减弱。因为这时第二语言学习者"已经渡过了由一种文化过渡到另一文化的最艰难的时期了"。(Valdes,1986:36~37)这里的"学会"实际

第五节 跨文化适应与第二语言教学

上指的是学会日常急用语（survival language）。

布朗的文化关键期理论不仅与阿克顿的感知社会距离论、舒曼的社会距离论等理论有密切关系和共识之处，也与古迪孔斯特等学者的文化休克与文化适应论相呼应（Gudykunst, 2003: 182）：

> 如果要适应新文化，外来者并不想完全降低其惶恐与茫然之感。如果无所适从和惶恐不安的感觉过强，他们就难以与居留国的人进行有效的交际；如果无所适从感太强，他们就会难以准确理解居留国人们行为所传递的信息，也无法准确预测居留国人们行为的含义。如果惶恐不安感太强，他们就会失去对交际的掌控，而用本文化的参照系（cultural frames of reference）去理解居住国人们的行为。如果惶恐心情过强，就会对信息的加工过于简单化，导致其无法充分预测居留国人们行为的含义。但是，如果茫然之感太弱，又会过于自信，以为对居留国人们的行为理解不会有问题，而不考虑自己的判断是否准确。如果惶恐感太弱，就又会缺乏与居留国人士交际的能力。所以，外来者要谨慎地掌控自己的无所适从和惶恐不安的心理。

古迪孔斯特的这一理论说明的观点是：心理压力过大会吓退身处第二文化之中的第二语言学习者，使其失去学习第二语言的信心；但如果一点压力也没有，第二语言学习者又会失去文化适应和第二语言学习的动力。这一理论说明必须克服文化休克才能实现文化适应。然而，有点文化休克不仅不是坏事，反而会成为文化适应的动力，有了必要的压力，就会产生认真去了解和学习新文化的行为准则和要求；有了必要的压力，就会脚踏实地地探求各种行之有效的适应途径。最根本的一点是，文化适应的动力只能在既排除了因过于惶恐不安和无所适从而失去信心，又不盲目自满，缺乏对困难必要的准备之时才会最为强烈和明确。

无论是古迪孔斯特等人的文化适应论，还是布朗等人的第二语言习得的文化关键期论，谈的都是同一个道理：文化休克会给初居第二文化的人造成重大心理压力，这种心理压力既给文化适应造成了巨大困难，也是第二语言学习的重大障碍。因此必须努力克服，步步实现文化适应。但是，我们又不可忽视事物的另一面：文化休克造成的困难又会成为文化适应的动力，或者说是推动前进的必要压力，可以驱使在第二文化中的第二语言学习者不失时机地去习得第二语言和第二文化。正确认识和恰当把握文化休克、文化适应以及第二语言学习之间既相互矛盾又相互作用的辩证关系，无论对文化适应还是第二语言习得都至关重要，值得第二语言师生严肃对待和深入研究。

关于文化适应与第二语言教学之间关系的研究对对外汉语教学和外国留学生管理工作都具有现实意义，特别是有关文化适应门槛和文化关键期理论更值得关注和研究。其意义有二：第一，文化适应的关键期发生在第二语言学习者跨越"文化适应门槛"之时，学生面临着文化适应和语言学习双过关的关键时刻，做好这一阶段语言教学和跨文化适应导向教育，学生就会渡过文化适应难关，进入基本正常的第二文化学习时期，留学生管理工作也就较为主动和顺利。第二，留学生此时已经通过了基础语法学习阶段，渴望扩大词汇量并学习与中国人交际的技能。如果抓住了这一文化关键期，就会稳定学生学习情绪，激发学生的学习兴趣，充分调动学生持续学习的积极性，推动对外汉语教学。

我们也发现，有些"中国通"和研究中国问题的外国"专家"不是在中国（包括港台）长住十几甚至几十年，就是对中国做过无数次社会调查与实际研究，但他们不仅对中国文化有不少偏见和误解，对汉语的含义也不乏误解和曲解，其原因就是他们只把汉语作为工具学习（instrumental），缺乏甚至拒绝理解和接受中国文化，更谈不上融入中国文化。因此，这些人始终是没有跨越文化适应门槛的"外人"和"旁观者"。"三大敌人"成为他们观察中国文化和语言的指导原则。他们由于缺乏文化适应的要求，虽然学会了用汉语与中国人打交道或研究中国，却没有理解中国文化和汉语言的真实含义与内容，因此永远不会完全掌握汉语语言这一交际工具。错误理解和错误运用总在其谈话和著作中层出不穷。

4. 通过第二语言教学培养学生的跨文化交际能力

跨文化交际学的核心是跨文化适应问题，包括跨文化交际中交际双方的相互适应和对异文化环境的适应。这两种文化适应都有赖于第二语言能力。跨文化交际与第二语言教学之间的关系实质上是跨文化适应与第二语言教学之间的关系。前面讨论的"文化适应门槛"和"文化关键期"理论涉及的都是这种关系，主要是短期文化适应与第二语言习得之间的关系。第二语言教师关心的是，跨文化交际学理论如何起到指导第二语言教学的作用，第二语言教学又如何为跨文化交际服务。二者之间关系的具体体现是，在第二语言教学中运用跨文化交际学理论进行跨文化交际教育和通过第二语言教学培养学生的跨文化交际能力。英国都林大学 (Durham University) 迈克尔·拜伦教授的 *Teaching and Assessing Intercultural Communicative Competence*（《跨文化交际能力的教学与测试》，Mutilingual Matters Ltd. 1997）就是从外语教学角度阐述跨文化交际能力的培养的。他的理论体现了"三性"：实用性、可操作性和可检测性。

4.1 第二语言教学要求的定位

鉴于在我国进行跨文化交际研究的主力军是第二语言教师（包括外语教师和对外汉语教师），也鉴于我国在大城市中全民学外语和开展"全民外交"的需求，我们急需从第二语言教学和学习的角度进行跨文化交际研究，尤其是跨文化交际能力与第二语言运用能力之间关系的研究。我们从引进跨文化交际学理论到自己进行系统的跨文化交际学研究已有 20 余年历史。可是，跨文化交际理论研究一直引不起我国第二语言师生的重视，跨文化交际学与第二语言教学仍是"两张皮"，其主要原因在于跨文化交际学研究脱离了第二语言教学研究，跨文化交际教学进不了第二语言教学的课堂。我们应当尽快摆脱这种不正常状态。第二语言教学中如何培养学生的跨文化交际能力就是一个亟待解决的大问题。

来华外国留学生属于短期文化适应者。短期文化适应者第二语言学习的目标应当是什么？学习的主要要求是哪些？这似乎是一个普通常识问题。因为人们都会不加思索地回答：教会第二语言学习者运用第二语言与操第二语言的人进行交际，即培养学生的第二语言交际能力。如何才能培养学生的第二语言交际能力呢？人们就众说纷纭，莫衷一是了。下面几点都是不能不倍加注意的问题：学生所表达的语言信息需要在第二文化语境中或跨文化语境中得到理解和传递；教学要以学生为中心，站在学生立场上去了解教学的需求和学生在学习中的困难所在；学习效果不只是看学生的语言信息交流能力，更应当关注他们对交际双方关系的沟通与适应能力，也就是说，跨文化交际的成败更有赖于交际双方的跨文化交际愿望和克服文化障碍与相互适应的能力。例如，教师要帮助学生认识到，如果要学会跨文化交际，要学会正确得体运用礼貌语言，就必须了解和学会决定礼貌语言和交际行为的跨文化规则，就必须了解和学会处理思维方式和价值观念的文化差异和文化冲突所在，就必须了解和学会克服文化优越感和文化偏见的干扰、在跨文化交际中善于正确而又得体地处理文化差异和排除文化障碍的方法，这样才能达到相互理解和彼此适应的目的。所以，交际的跨文化语境、教师的换位思维和跨文化意识是第二语言师生在语言教学和语言习得中必须关注的问题。

4.2 第二语言教学中的跨文化交际能力教育

美国跨文化交际学者在研究跨文化交际时没有明确提出跨文化交际与第二语言教学之间的关系，在他们的理论中更难以找到有关第二语言教学中如何进行跨文化交际教育的论述。这是跨文化交际理论的不足，但也给我们提供了一个开拓跨文化交际研究的新领域和新角度，也拓宽了第二语言教学研究的范围。当前，我国跨文化交际研究中需要注意的一个大问题是，不应当只注意引进和研究美国的跨文化交际理论，还需要拓宽视野，注意了解西方其他国家的理论研究，如欧洲的德、英等国相关研究。更要立足于创立符合我国实际的跨文化交际学理论体系。第二语言教学中如何培养学生的跨文化交际能力已经成为一个亟待解决的大问题。

4.2.1 第二语言教学的目标

许多人，包括不少学者（如范埃克〔van Ek〕）和一些第二语言教师，都认为第二语言教学应以第二语言国家人士的语言水平为标准，确定教学的理想目标。如认为学习英语的人的英语水平要以英语国家的人的英语能力为奋斗的终极目标，在学习过程中要全力模仿他们，争取讲出的英语与英语国家的人说的英语一样准确地道。拜伦不同意这一观点，他的理由是：第一，这一目标不仅不可能实现，还常常会导致第二语言学习的失败。因为持这种看法的人忽略了第二语言学习者与母语学习者的语言习得环境和条件的根本差异。第二，即使这种模仿模式有成功的可能,习得的也只能是一种错误的能力。因为那将意味着第二语言学习者与自己的母语断裂,以放弃一种语言为代价去屈从于另一语言环境,求得操第二语言的人将其纳入他们的母语圈子;以与自己的母语文化分离为代价换取地道的第二文化的社会文化能力和第二文化的"社会文化身份(sociocultural identity)"。拜伦认为,第二语言教学比较理想的成果应当是培养学生的理解和处理两种文化之间关系的能力。使学生在运用第二语言与第二文化的人交际时,能够清楚认识和得体处理两种文化在信仰、行为和语言含义等方面的关系。

拜伦提出了"intercultural speaker(文化过渡语使用者)"的概念,认为第二语言教学的目标应当是培养学生的文化过渡能力。拜伦所说的"文化过渡语使用者",指的是这样一种人:他既了解母语文化,又了解第二语言文化,并且能在两种文化的人相互交际中起到平等对待双方文化的"协调(mediation)"作用。了解两种文化和跨文化交际双方的社会身份是发挥这种作用的决定因素。外交官、驻外新闻记者、访问教师和大部分留学生都属于这一类人。严格地说,出于适用目标的短期文化适应者所学的语言只是一种"混合语(lingua franca)",其特点是语音、词汇和语法不能完全摆脱母语的影响,而且词汇量较小,语法结构比较简单。

拜伦将第二语言教学的目标定位于培养"文化过渡语使用者"是合理的,因为这一目标既现实,又便于第二语言教师操作,我国的对外汉语教学就是这一类型的教学。拜伦否定以操第二语言的人的语言水平为目标的两个理由中第一个理由是符合实际的。成人到国外学习外语的语言环境,显然与从儿时学说话时起就学母语的人的语言学习环境无法比拟,效果也不可能相同。他提出的第二个理由有点耸人听闻,缺乏依据。正确的看法应当是,使学生的第二语言达到第二语言母语国家的人的语言水平,超出了第二语言教学课程的能力范围。因为这种水平只能是移民长期文化适应的结果,即成为文化身份完全改变以后的一个标志。将其作为短期文化适应期间第二语言教学的目标既不现实,也会损害第二语言学习者的信心,还会误导第二语言学习的方法:只会盲目模仿外语国家的人的语言而忽略了语言差异和文化差异的比较,让学生难以找到外语学习的正确途径。这是我国大量存在的外语培训班和社会上形形色色的外语课程中值得研究的一个大问题。盲目模仿外国人的口语、不伦不类的外语语音（如盲目模仿"美国音"而出现的儿化音的滥用）、随意捡拾马路语言，以及不分场合与交际对象地滥用外语就是不加分析地模仿的后果。

拜伦的跨文化交际能力（ICC）概念不同于美国跨文化交际学者的概念。他是从第二语言教学的角度提出的。拜伦的 ICC 包括语言能力（linguistic competence）、社会语言能力（sociolinguistic competence）和跨文化能力（intercultural competence）。他集中讨论的是跨文化能力，甚至在其书中就干脆故意删去"communicative（交际）"。他也避开使用"语言能力"，其理由是不是讨论语言，而是强调知识、态度和技能在交际中的作用。拜伦认为"交流应对（interaction）"比"交际（communication）"含义更加广泛。他在该书中使用的 ICC 实际上指的只是"跨文化能力（intercultural competence，简称 IC）"，或者说跨文化语言交际能力，是针对第二语言课堂教学提出的语言交际能力的培养。拜伦的"intercultural speaker（文化过渡语使用者）"，习得的是由母语向外语过渡的动态过程中外语学习者不断提高的外语运用能力。这一能力的提高过程就是逐步接近以外语为母语的国家人士的语言水平的过程，但永远难以达到外语国家的人的语言水平，尤其是口语水平。

4.2.2 跨文化语言交际能力培养的标准

4.2.2.1 外语能力习得门槛

拜伦提出的"跨文化交际能力习得门槛（A threshold of intercultural communicative competence）"，也有人称为"外语能力习得门槛（A Threshold in foreign language competence）"。后一名称是由 the Council of Europe Team 提出的。范埃克将这一门槛视为达到外语国家的人的语言水平之前必经的一道关卡。拜伦由于对外语教学目标持不同看法，认为这一门槛实际上只是在一定语境中具备跨文化语言交际能力的一个可以达到的目标，而不是通向无法实现的目标（操第二语言的人的母语水平）途中的一个阶段。拜伦的这一看法的意思是：外语能力习得包括知识（knowledge）、态度（attitude）和技能（skills）等三个方面，达到了这三方面的培养目标（文化过渡期语言水平）就算达到了跨文化语言交际能力培养的目标。达不到这三方面的既定目标就不具备跨文化语言交际能力。

4.2.2.2 跨文化语言交际能力的衡量标准

拜伦将在第二语言教学中衡量学生的跨文化能力的三个标准的内容做了明确而又具体的界定。

（1）态度

拜伦用三个词概括态度所包含的内容：curiosity（求知欲）、openness（开放态度）和 willingness or readiness（愿意或乐于放弃只相信自己的文化却不信任别的文化的态度）。他认为，人们在跨文化交际中常常会受到文化偏见和文化模式化的干扰，需要摆脱以自我为中心，从交际对方角度观察问题和认识问题。拜伦提出的态度方面的具体要求（objectiveness）是：

①愿意以平等的态度探索和实践与他人的交际。他们与旅游者的猎奇心理和商人的利益追求态度不同，愿意了解他人的日常生活；

②有兴趣了解别人对双方熟悉和不熟悉事物的看法和处理方法；

③愿意对本文化环境中文化行为体现出的价值意图提出质疑。主动了解别人对自己想当然的现象的看法，并将他们的评价与本文化的看法进行比较；

④乐于在异文化居留期间体验不同阶段的文化适应和与他人交际的环境，学会应对居留期间遇到的各种困难；

⑤乐于在与他人的语言交际和非语言交际中遵从对方文化习俗和礼仪规则。留意采取那些别人认为合适的行为，认真考虑别人对旅居的外国人行为举止的期求。

（2）知识

了解和比较交际双方的文化以及群体与个体交际的一般过程。例如，可以通过比较了解两种文化之间在下述方面的同异点：

① 了解双方国家的历史和当前关系，熟悉重大历史事件、人物和双方的不同理解、看法及其历史影响，了解当前政治经济状况；

② 了解与不同文化的人之间进行有效交流的方法，了解两种文化之间通信、旅游、商业、文化、休闲方面的组织机构；

③ 了解不同文化群体之间误解的原因与过程，了解双方交际习俗、非语言交际行为的差异和礼俗规范的不同；

④ 了解本国重大事件、这些事件与交际对方国之间关系以及交际对方的

看法；

⑤ 了解交际对方国家的重大事件及交际双方的看法；

⑥ 了解国家领土面积的界定及交际对方的看法，了解国家与地区情况、方言；

⑦ 了解交际双方国家的社会生活与制度；

⑧ 了解交际双方国家社会特色及主要标志；

⑨ 了解影响日常生活的制度和观念及其对交际双方关系的影响；

⑩ 了解在交际对方国家中的社交过程。

（3）技能

技能指的是对另一文化发现（discover）和解读（interpreting）的能力。具体的能力要求为：

① 能够识别文化优越感的表现并解释其根源；

② 能够识别交际中的误解和失误所在，并能解释文化差异所在。能辨别误解和失误的根源，并能运用交际双方文化的知识加以解释；

③ 能够调解对事物理解的文化冲突及交际双方的关系。能够向有关人士解释误解和失败的根源，帮助他们消除误解，克服冲突。

这些技能可以使第二语言学习者迅速理解新文化环境，能够应对交际对象文化中复杂多样的交际环境与交际行为。

除了知识、态度和技能等三要素以外，拜伦还提出了另一重要因素：文化评析意识（critical cultural awareness）或政治教育（political education），指的是依据双方文化中明确的标准、观念和创作进行评价的能力。具体标准为：

① 判别和解读双方文化中文字和具体事件的价值，能运用各种分析方法揭示其相关思想意识；

② 能够用明确的评判方法评析文字表述和具体事件，了解本文化的观点和价值观念，如对人权、社会主义、自由、穆斯林、基督教等的看法，而且以此为依据进行评析；

③ 依据明确的标准进行和调节文化交往，运用自己的知识、技能和态度与交际对方协商交流中可接受的程度。了解交际双方的潜在冲突并能用协商一致的标准给以解决，或者求同存异地加以处理。

4.2.3 跨文化语言交际能力的测试

拜伦理论的另一大特点是将跨文化语言交际能力加以量化，进行测试，以检查第二语言教学的成绩，满足颁发学生职业资格证书的要求。拜伦认为，外语教学是一种社会现象，要注意语境的作用。要做好测试工作，需要注意两个重要问题：第一，测试的内容就是跨文化语言交际教学的内容，即拜伦所说的"目标"（objectives，本书改为"跨文化语言交际能力的衡量标准"）（参见本节4.2.2.2）。第二，测试的标准要由语境决定。语境包括教育制度、社会和地缘政治对教育的要求，突出表现在培养目标要满足社会职业资格的要求。

测试的基本要求是能力的量化显现，即行为表现（performance），可以看得见，摸得着，可以用成绩衡量。拜伦主要采取的是选择题、问答题和撰写文章的方法进行测试。测试内容就是教学的三方面内容：

（1）态度

对于"态度"所包括的五条标准的测试可用选择题回答态度的具体表现（evidence）：

① 对于"意愿"的检测可以用选择题："如果我可以选择，我会……"，还可让学生说明选择的理由。

② "兴趣"的选择不是内心意愿的选择，而是外在行动的解释。例如，怎样才能更加适合对方的看法。

③ 了解外语文化的人对学习者文化中习以为常的现象的评论。

前三项是相互关联的，可以放在一起进行测试。

④ 此项标准牵涉的是文化休克问题。拜伦认为，这一项无法直接观察，只能采用了解第二语言学习者的反映的方法进行测试，让学生自己反映心理感受。我们认为，拜伦的这一看法并不全面，因为文化休克有外在的表现。当然也需要了解学生的心理反映。

⑤ 这一条涉及交际习俗问题。拜伦注意到了交际习俗的文化特征及其复杂性。除了礼俗规范本身的文化特性的复杂性以外，还存在旅居者和居留国的人的态度问题，例如，主人不一定要求旅居者完全按自己的一套礼俗办事，特别是非语言交际行为更为复杂。旅居者也不一定完全接受居留国文化的习俗规则。但是，对于这一条的测试，拜伦似乎办法不多，而且态度比较悲观。其

实，礼俗规范和交际行为是可以测试的。（参见第三章）

所以，态度部分的教学和测试包括五方面内容，测试的内容就是教学的内容。但是具体内容不同，测试的方法有别：

① 强调的是平等的与人交往，可用选择题；

② 了解别人对同一事物的不同看法，也可用选择题；

③ 愿意了解别人对本文化价值观念的看法，也可用选择题；

④ 文化休克，可以用问答方式了解心理反映；

⑤ 对于交际习俗与礼俗规范，可以自己分析适应的过程，了解居住国文化对自己行为的期待。

(2) 知识

拜伦对跨文化交际中的知识的看法是，知识可分为三类：有关外国文化的知识、有关本国文化的知识以及二者之间的关系。前两种知识是文化比较的基础。学习者需要了解另一种文化的人是如何认识自己文化的，也需要了解两种文化之间的关系和相互影响。关于知识学习的测试应当比较易于操作。例如，对于两种文化之间历史和现代的关系和对两种文化之间相互误解的表现的原因分析，都可以用问答题和案例分析进行测试。

(3) 技能

技能在此指理解和解释的技能。拜伦指出，理解和分析的技能要以知识为基础，以事实为依据。对交际中遇到的问题要有辨别力和理解能力、评析能力和调解文化误解和文化冲突的能力。拜伦将技能的测试分为以下几个方面：

① 理解与关联能力（Interpreting and relating）的测试

包括对文化优越感的识别、对文化误解和交际失误的识别以及调解理解差异的技能。可以通过事实分析和交谈情况分析进行测试。

② 发现和交流能力（Discovering and interaction）的测试

可用交谈的方法向母语国家的人进行调查；

可用交谈方法鉴别相关现象；

可参考相关著述，阐述自己的看法；

可用回顾历史的方法探索习俗的共同点；

可以检测应对文化差异的方法；

检查文化交往的制度；

检查对不同文化之间交际的调节技能。

③ 文化评析意识（Critical cultural awareness）的测试

这是一种比较和评价能力的测试。检测的目的不仅是交际效果，更主要的是考查学生如何讲清本文化的思想观点和按照另一文化观念与之交际的能力。这种能力不仅包括和谐交际关系的建立，还包括对观念的冲突的处理能力。具体检测包括三个方面：

第一，价值观念的辨别（Identifying values）能力：有理有据地对书面材料或具体事件进行鉴别和解读的能力；

第二，评估能力（Evaluating by criteria）：用明确的标准对书面材料和具体事件进行评估分析的能力；

第三，交谈与调解能力（Interacting and mediating）：依据明确的标准对跨文化交流中交谈与调解能力进行测试。检查学生是否能够运用自己的知识、技能和态度通过协商寻求可接受的程度。可以采用评论和分析的方法进行测试。

拜伦的理论改变了跨文化交际学与第二语言教学分离的研究状况，试图从第二语言教学的角度研究跨文化交际及其教学，将外语教学的目标定位于培养学生的跨文化交际能力，并提出了具有实用性、可操作性和可检测性的措施，但是并未解决跨文化交际教学与第二语言教学的具体结合问题。拜伦指出跨文化交际能力包括态度、知识与技能，强调的是认知能力（理解和解释的技能），却未涉及跨文化交际的有效性和恰当性。尽管如此，拜伦的理论对第二语言教学与跨文化交际教学之间的关系的研究具有重要意义。

> **思考题**

1. 请在总结学习本书心得的基础上，评论有关第二语言教学与跨文化交际之间关系的相关理论，并参照拜伦的理论，全面阐述你对跨文化交际研究与第二语言教学之间关系的看法，提出你对跨文化交际教育进入第二语言课堂教学的设想和处理建议。

2. 可以开展一次较大的课堂讨论。就第1点中的问题展开自由辩论，看看能否提出比较一致的看法并拿出行之有效的教学方案。

本章重点推荐参考文献

1. 毕继万，1985，中国文化介绍在对外汉语教学中的作用，《第一届国际汉语教学讨论会论文集》，北京语言大学出版社，1987。
2. Brown, H. Douglas, 1987, *Principles of Language Learning and Teaching*, Prentice Hall.
3. Gudykunst, William B., 2003, *Cross-Cultural and Intercultural Communication*, Sage Publications, Inc.
4. Kim Y.Y. and Gudykunst William B. 2005, *Theorizing about Intercultural Communication*, Sage Publications.
5. Levine, Deena R. & Adelman, Mara B. 1982, *Beyond Language*, Prentice Hall, Inc.
6. Valdes, Joyce Merril, 1996, *Culture Bound*, Cambridge University Press.

后 记

本书大篇幅地讨论了跨文化交际理论研究与第二语言教学、中外交往和汉外翻译之间的关系。其实，还有一个问题需要强调：语言学习的态度与方法。一个值得人们高度重视和警惕的现象是，读书不求甚解，甚至还有人满足于雾中看花，依赖于自己的"丰富想象力"去理解语言或社会，然后再依据自己的"理解"进行分析和评判，还认为这是一种"创新精神"，实际上大大干扰了人们的认识，对学生的语言学习造成了干扰。因此这样的学习态度是十分有害的。本书多次提到西方的有些"中国问题专家"和"汉学家"就是采取这种态度和方法研究汉语和中国文化的。下面一个例子就很能说明问题："在中国教育中，你还没有开始研究，往往什么是经典、经典讲的什么意思，就全已经定好了。你从小就背那些古诗，意思和感受早就定型化了，还有什么创见的余地？再看看美国那几个汉学家：一首在我们从小就熟读的并且自以为知道其意思的唐诗，对他们而言是第一次见到的新鲜东西，兴奋得很；而且他们对文字的理解全无信心，于是拿一堆词典，一个字一个字地研究，最后看出与我们常规理解不同的意思。再加上人家良好的文学训练，一分析可不就有创见了吗？如果让我总结的话，这些美

后 记

国的汉学家读古诗，就像个刚刚认字的孩子，荡漾着新鲜的生命，所以有创造力。我们的孩子读古诗，则像个暮气沉沉的老人，心灵已经枯萎。"（薛涌，《一岁就上常青藤》，《北京青年报》，2009年1月25日转载）看了这一"介绍"，我们就不难理解西方某些研究中国的"专家"认识中国的问题所在了。值得我们注意的是，第二语言教师需要高度重视对学生进行第二语言学习的态度和方法教育，澄清社会上一些错误认识，不断排除各种错误倾向对学生学习的干扰。否则教学质量就会大受其害。

如何才能学好第二语言？又如何才能学会进行成功的跨文化交际呢？关键是学习的态度：态度既要正确，还要积极。我们可以说，对语言与文化之间关系的认识是前提，合适的学习方法是保证，正确的态度则是成功的关键。

态度包括两个方面：第一，以积极的态度排除跨文化交际和第二语言教学中的文化障碍，一要高度警惕用一种文化的交际准则、思维方式和价值观念指导和评判所有文化的交际行为；二要将跨文化交际中的困难当成第二语言学习的动力，而要做到这一点，关键在于对第二语言和第二文化的信任、感情和强烈的学习愿望；三要严防"三大敌人"的干扰，以正确的态度对待文化差异和文化冲突。第二，以积极的态度探索第二语言教学中跨文化交际能力的培养，一要积极研究第二语言教学的目标，二要积极探索跨文化交际能力培养的方法，三要不断克服学习和研究不求甚解的浮躁作风。

毕继万
2009年10月

参考文献

包惠南，2001，《文化语境与语言翻译》，中国对外翻译出版公司。
毕继万，1987，中国文化介绍在对外汉语教学中的作用，《第一届国际汉语教学讨论会论文集》，北京语言大学出版社。
毕继万，1991，《中国和英语国家非语言交际对比》，译自 Leger Brosnahan 的手稿：*Chinese and Enlish Gestures: Contrastive Nonverbal Communication*，北京语言大学出版社。
毕继万，1993，跨文化非语言交际研究及其与对外汉语教学之间的关系，《汉语学习》，第 3 期。修改稿见柳英绿主编，《对外汉语教学的理论与实践》，延边大学出版社，1997。
毕继万，1994，汉英句子结构与思维方式初探，胡文仲主编，《文化与交际》，外语教学与研究出版社。
毕继万，1996，"礼貌"的文化特性研究，《世界汉语教学》，第 1 期。
毕继万，1996，"礼貌的语用悖论"与礼貌的文化差异，《语文建设》，第 6 期。
毕继万，1996，汉英感谢语的差异，《语文建设》，第 7 期。
毕继万，1996，"谦逊"的文化特性，《语文建设》，第 10 期。
毕继万，1997，汉英社交称谓的差异，《语文建设》，第 1 期。
毕继万，1997，汉英招呼语的差异，《语文建设》，第 2 期。
毕继万，1997，汉英寒暄语的差异，《语文建设》，第 4 期。
毕继万，1997，汉英介绍语的差异，《语文建设》，第 6 期。
毕继万，1997，汉英告别语的差异，《语文建设》，第 7 期。
毕继万，1997，汉英感谢语的文化特性，《语言文化论丛》，第 1 辑，华语教学出版社。
毕继万，1998，汉英请客与授礼习俗差异，《语文建设》，第 1 期。
毕继万，1999，《跨文化非语言交际》，外语教学与研究出版社。
毕继万，2000，"貌合神离"的词语文化含义对比研究，《外语与外语教学》，第 9 期。
毕继万主编，2003，《世界文化史故事大系 英国卷》，上海外语教育出版社。
毕继万，2005，第二语言教学的主要任务是培养学生的跨文化交际能力，《中国外语》，第 1 期。

参考文献

陈定安，1991，《英汉比较与翻译》，中国对外翻译出版公司。

陈建民，1987，《说话的艺术》，语文出版社。

陈　如、张起旺，1989，《高级口语》，华语教学出版社。

陈松岑，1989，《礼貌语言初探》，商务印书馆。

陈望道，1932，《修辞学发凡》，上海大江书铺。

陈向明，1998，《旅游者与"外国人"》，湖南教育出版社。

陈向明，2000，《质的研究方法与社会科学研究》，教育科学出版社。

陈　原，1983，《社会语言学》，学林出版社。

程美珍、李　珠，1997，《汉英病句辨析九百例》，华语教学出版社。

邓明以等，1983，《修辞新论》，上海外语教育出版社。

邓炎昌、刘润清，1989，《语言与文化——英汉语言文化对比》，外语教学与研究出版社。

法斯特，1988，《体态与交际》，孟小平译，北京语言大学出版社。

方文惠，1991，《英汉对比语言学》，福建人民出版社。

高一虹，1993，对"同志"和"个人主义"的不同理解，陈建民、谭志明主编，《语言与文化多学科研究：第三届社会语言学术讨论会文集》，北京语言大学出版社。

耿二岭，1988，《体态语概说》，北京语言大学出版社。

古敬恒，2000，《人体词与人的秘密》，团结出版社。

顾曰国，1990，*Politeness Phenomena in Modern Chinese*, Journal of Pragmatics 14，North Holland。

顾曰国，1992，《礼貌、语用与文化》，《外语教学与研究》，第4期。

关世杰，1995，《跨文化交流学——提高涉外交流能力的学问》，北京大学出版社。

桂诗春，1988，《应用语言学》，湖南教育出版社。

郝铭鉴、孙　为主编，1991，《中国应用礼仪大全》，上海文化出版社。

郝侠君等，1990，《中西500年比较》，中国工人出版社。

何九盈，2000，《汉字文化学》，辽宁人民出版社。

何秀峰，2006，《汉语"红"与英语"red"的褒贬义对比及探源》，北京语言大学硕士论文。

何自然，1997，《语用学与英语学习》，上海外语教育出版社。

何道宽，1995，*Chinese Privacy*，《第五届跨文化交际国际学术研讨会论文集》，哈尔滨工业大学出版社。

侯　俊等译，1986，《现代西方礼仪》（*Etiquette and Modern Manners*, ed. by Elisie Burch Donald），上海翻译出版公司。

胡明扬，1987，问候语的文化心理背景，《世界汉语教学》，第2期。

胡曙中，1994，《汉英修辞比较研究》，上海外语教育出版社。

胡文仲，1982，文化差异与外语教学，《外语教学与研究》，第4期。

胡文仲，1988，《跨文化交际与英语学习》，上海译文出版社。
胡文仲、高一虹，1997，《外语教学与文化》，湖南教育出版社。
胡文仲，1999，《跨文化交际学概论》，外语教学与研究出版社。
胡文仲，2002，《超越跨文化的屏障》，外语教学与研究出版社。
黄皇宗、翁建华，1990，《中国话》，美术教育出版社。
贾玉新，1997，《跨文化交际学》，上海外语教育出版社。
康玉华、来思平，1990，《汉语会话301句》，北京语言大学出版社。
李德津、李更新主编，1988，《现代汉语教程·口语课本》，北京语言大学出版社。
李德津、李更新主编，1988，《现代汉语教程·听力课本》，北京语言大学出版社。
李黎峰，1999，《对外汉语教学中的文化词语研究》，北京语言大学硕士论文。
李美基、鲍博瑞，1986，《孔子未解开的谜》，台湾活石出版社。
李行健，1993，《新词语词典》（增订本），语文出版社。
利　奇、斯瓦特维克，1983，《英语交际语法》，戴炜东等译，上海译文出版社。
连淑能，2002，《英汉对比研究》，高等教育出版社。
林大津、谢朝晖，2005，《跨文化交际学：理论与实践》，福建人民出版社。
刘　珣、赵淑华等，1986，《实用汉语课本》，商务印书馆。
刘纯豹，1993，《英语委婉语词典》，江苏教育出版社。
刘光准、黄苏华，1999，《俄汉语言文化习俗探讨》，外语教学与研究出版社。
刘润清，2000，《外语教学中的科研方法》，外语教学与研究出版社。
刘　珣，2000，《对外汉语教育学引论》，北京语言大学出版社。
吕叔湘，1977，通过对比研究语法，《语言教学与研究》，第2期。
吕叔湘、朱德熙，1979，《语法修辞讲话》，中国青年出版社。
吕玉兰，1998，《来华欧美留学生文化适应问题调查研究》，北京语言大学硕士论文。
马盖斯，1994，《汉英文化差异在问候、致谢、赞美用语上的一些反映》，北京语言大学硕士论文。
潘文国，1997，《汉英对比纲要》，北京语言大学出版社。
钱乃荣，1995，《汉语语言学》，北京语言大学出版社。
任继愈，1978，《老子新译》，上海古籍出版社。
申小龙，1990，《中国文化语言学》，吉林教育出版社。
申小龙，1991，《中国句型文化》，东北师范大学出版社。
申小龙，2000，《语言与文化的现代思考》，河南人民出版社。
施家炜，2000，汉英文化称赞语对比分析，《汉语学习》，第5期。
田　运，1996，《思维词典》，浙江教育出版社。
佟慧君，1986，《外国人学习汉语病句分析》，北京语言大学出版社。
王德春，1990，《汉语国俗词典》，河海大学出版社。

参考文献

王　钢，1988，《普通语言学》，湖南教育出版社。
王建勤，1995，跨文化研究的新维度，《世界汉语教学》，第3期。
王菊泉，2001，吕叔湘先生对我国语言对比研究的贡献，《外语教学与研究》，第5期。
王　力，1985，《王力文集（第一卷）》，山东教育出版社。
王　力，1985，《王力文集（第二卷）》，山东教育出版社。
王　力，1986，龙虫并雕斋琐谈·劝菜，《中国烹饪》，第6期。
王希杰，1983，《汉语修辞学》，北京出版社。
吴　森，1978，《比较哲学与文化》，台湾东大图书公司。
吴　森，1984，《比较哲学与文化》（修订版），台湾东大图书公司。
吴叔平，1991，《口语中阶》，北京语言大学出版社。
吴叔平，1993，《说汉语》，北京语言大学出版社。
伍谦光，1988，《语义学导论》，湖南教育出版社。
邢福义，1990，《文化语言学》，湖北教育出版社。
邢福义，2000，《文化语言学》(修订本)，湖北教育出版社 。
熊文华，1997，《汉英应用对比概论》，北京语言大学出版社。
许国璋，1988，Culturally Loaded Words and English Language Teaching，胡文仲编，《跨文化交
　　　　际与英语学习》，上海译文出版社。
许余龙，1992，《对比语言学概论》，上海外语教育出版社。
于根元，1994，《现代汉语新词词典》，北京语言大学出版社。
喻云根，1994，《英汉对比语言学》，北京工业大学出版社。
张安德、杨元刚，2002，《英汉词语文化对比》，湖北教育出版社。
张岱年、成中英，1991，《中国思维偏向》，中国社会科学出版社。
张道真，2002，《张道真英语语法》，商务印书馆。
张德鑫，1996，《中外语言文化漫议》，华语教学出版社。
张　维，2008，中国模式可能是最不坏的模式，《环球时报》，1月4日。
张宇平等，1988，《委婉语》，新华出版社。
张占一，1990，试论知识文化与交际文化，《语言教学与研究》，第3期。
张志公，1982，《现代汉语》，人民教育出版社。
张祖尧，1992，《实用汉语会话》，中国人民大学出版社。
赵爱国、姜雅明，2003，《应用语言文化学概论》，上海外语教育出版社。
赵燕皎、张起旺，1989，《汉语口语》，华语教学出版社。
郑春苗，1994，《中西文化比较研究》，北京语言大学出版社。
周　健，1999，《言词中的趣味》，新世界出版社。

周奇勋，1993，《走遍美国》，（*Family Album, U.S.A.*），外语教学与研究出版社。

朱永涛，2002，《美国价值观》，外语教学与研究出版社。

诸葛蔚东，1987，东西文化的比较研究，《中国文化报》，11月11日。

祝畹瑾，1992，《社会语言学概论》，湖南教育出版社。

宗延虎，1983，《修辞新论》，上海教育出版社。

Bond, Michael H.,1994, *Beyond the Chinese Face*, Oxford University Press, 6th impression.

Borden, George A., 1991, *Cultural Orientation—An Approach to Understanding Intercultural Communication*, Prentice Hall, Inc.

Boye Laffayette De Mennte, 1995, *NTC's Dictionary of China's Cultural Code Words*, NTC Publishing Company

Brown, Douglas, 1980, *Principles of Language Learning and Teaching*, Reprinted by permission of Prentice Hall, Inc.

Brown, H. Douglas, 1987, *Principles of Language Learning and Teaching*, Prentice Hall, Inc.

Brown, Penelope and Levinson, Stephen, 1987, *Politeness: Some universals in language usage*, Cambridge University Press.

Burrell, G., & Morgan, G., 1988, *Sociological paradigms and organizational analysis*, Portsmouth, NH: Heinmann.

Byram, Michael, 1997, *Teaching and Assessing Intercultural Communicative Competence*, Multilingual Matters Ltd.

CIDA, 1995, *Working with a Chinese Partner.*

Condon, J., 1975, *An Introduction to Intercultural Communication*, The Bobbs Merrill Company, Inc.

Cooper, Pamela J., 1988, *Speech Communication for the Classroom Teacher*, 3rd ed. Gorsuch Scarishbrick Publishers.

Davis, Linell, 2001, *Doing Culture—Cross-cultural Communication in Action*, 外语教学与研究出版社。

Fraser, Bruce, 1990, *Perspectives on Politeness*, Journal of Pragmatics, 14, 219~236.

Fries, Charles C., 1945, *Teaching and Learning English as a Foreign Language*, University of Michigan Press.

Grice, H.P., 1968, *Logic and Conversation*, in Studies in the Way of Words.

Gu Yueguo, 1990, *Politeness Phenomenon in Modern Chinese*, Journal of Pragmatics, 14.

Gudykunst, William B., Ting-Toomey, Stella & Tsukasa Nishida, 1996, *Communication in Personal Relationships Across Cultures*, Sage Publications.

参考文献

Gudykunst, William B. & Kim, Yongyun, 2003, *Communicating with Strangers*, The McGraw-Hill Companies, Inc.

Gudykunst, William B., 2003, *Cross-Cultural and Intercultural Communication*, Sage Publications, Inc.

Gudykunst, William B.2005, *Theorizing About Intercultural Communication*, Sage Publications.

Hall, E.T., 1959, *The Silent Language*, Anchor Books.

Hall, E.T., 1966, *The Hidden Dimension*, Doubleday.

Hall, E.T., 1977, *Beyond Culture*, Anchor Books.

Hanvey, Robert G., 1979, *Cross-Cultural Awareness, Toward Internationalism: Readings in Cross-cultural Communication*, Elise C. Smith & Lousise Fiber Luce(eds), Newbury House Publications, Inc.

Harrison, R.P., 1974, *Beyond Words: An Introduction to Nonverbal Communication*, Prentice-Hall.

Hartzell, Richard W., 1988, *Harmony in Conflict*, Cave Books, Ltd.

Hartzell, Richard W., 1994, *Harmony in Conflict*, Oxford University Press.

Hsu, Francis L.K., 1971, *Americans and Chinese: The Passage to Differences*, University Press of Hawaii.

Hu Wen-zhong & Grove, Cornelius, 1991, *Encountering the Chinese: A Guide for Americans*, Intercultural Press, Inc.

Ishii, Satoshi, 1985, *Thought Patterns as Modes of Rhetoric: the United States and Japan*, in *Intercultural Communication: A Reader*, ed. by Larry A. Samovar and Richard E. Porter, Wadsworth Publishing Company.

James, Carl, 1980, *Contrastive Analysis*, Longman Group UK Limited.

Kaplan, Robert B., 1987, *Cultural Thought Patterns in Intercultural Education, Intercultural Communication: A Perceptual Approach by Singer*.

Kim, Youngyun & Gudykunst, William, B., 1988, *Theories in Intercultural Communication*, Sage Publications.

Kim, Youngyun, 2001, *Becoming Intercultural*, Sage Publications.

Kim, Yongyun and Gudykunst, William B., 2005, *Theorizing About Intercultural Communication*, Sage Publications.

Knapp, M. 1978, *Nonverbal Communication in Human Interaction*, 2nd ed., Holt, Rinehart Winston.

Larsen-Freeman, Diane and Long, H. Michael, 1991, *An Introduction to Second Language Acquisition Research*, Longman Group UK Limited.

Leech, Geoffrey, 1983, *Principles of Pragmatics*, Longman Group Limited.

Leech, Geoffrey, 1983, *Semantics*, Penguin Books Ltd., Harmondswoth, Middlesex, England.

Levine, Deena R. & Adelman, Mara B., 1982, *Beyond Language*, Prentice Hall, Inc.

Levine, Deena et al, 1987, *The Culture Puzzle, Cross-Cultural Communication for English as a Second Language*, Prentice-Hall, Inc.

Maoleod, Roderick, 1988, China Inc., *How to do business with the Chinese*, Library of Congress.

Malandro, Barker et al, 1989, *Nonverbal Communication*, 2nd ed., Newbery Award Records.

Maley, Alan, 1988, *The Sad Fate of Good Intentions, Intercultural Communication—What It Means to Chinese Learners of English*, ed. by Hu Wenzhong, Shanghai Translation Publishing House.

Martin, Judith N. & Nakayama, Thomas K., 1999, *Thinking Dialectically About Culture and Communication*, International Communication Association.

Norton, Robert F., 1990, *A Comparison of Thinking and Writing Patterns in Korea and the United States*, in 胡文仲,《跨文化交际学选读》, 湖南教育出版社.

Oatey, Helen, 1987, *The Cusstoms and Language of Social Interaction in English*, Shanghai Foreign Language Education Press.

Osgood, *The Nature and Measurement of Meaning*, Library of Congress Cateloging-in-Publication Data.

Osgood, Charles E. and Tseng, Oliver C.S., 1990, *Language, Meaning, and culture*.

Quirk, R. et al, 1985, *A Comprehensive Grammar of the English Language*, Longman.

Samovar, Larry A. et al, 1981, *Understanding Intercultural Communication*, Wadsworth, Inc.

Samovar, L & Porter, R., 1995, *Communication Between Cultures*, 2nd ed., Wadsworth Publishing Co.

Samovar & Porter, eds., 1997, *Intercultural Communication*, A Reader, Wadsworth Publishing Co.

Sinclair, Kevin, with Iris Wong Po-yee, 1990, *Culture Shock! CHINA*, Graphic Arts Center Publishing Company.

Szalay, Lorand B. and Fisher, Glen H., 1979, *Communication Overseas, Toward Internatrionalim: Readings in Cross-Cultural Communication*, ed. by Elise C. Smith and Louise Fiber Luce, Newbury House Publishers, Inc.

Valdes, Joyce Merrill, ed. 1986, *Culture Bound: Bridging the Cultural Gap in Language Teaching*, Cambridge University Press.

Valdes, Joyce Merril, 1996, *Culture Bound*, Cambridge University Press.

Weaver, Gary R., 1986, *Understanding and Coping with Cross-Cultural Adjustment Stress*, in Cross-Cultural Orientation: New Conceptualizations and Applications, ed. by R. Michael Paige, University Press of America, Inc.

参考文献

Wolfson, Nessa, 1981, *Compliments in Cross-cultural Perspective* (A), TESOL Quarterly, Vol. 15. No. 2. June.

Wolfson, Nessa, 1990, *Rules of Speaking, Language and Communication*, ed. by Jack C. Richards and Richard V. Schmidt, Longman Group Limited, fifth impression.

Xu Guozhang, 1988, *Culturally Loaded Words and English Language Teaching*, in 胡文仲,《跨文化交际与英语学习》, 上海译文出版社.